“十二五”国家重点图书出版规划项目

21世纪普通高等教育法学精品教材

婚姻家庭继承法学（第五版）

◆ 主编　陈苇

◆ 副主编　朱凡　杜志红

◆ 撰稿人（以撰写章节先后为序）

李洪祥　李秀华　丁慧
陈苇　石婷　陈法
宋豫　张翼杰　朱凡
刘淑芬　杜志红　杨晋玲
海棠　叶英萍　袁敏殊
皮锡军　冉启玉

中国政法大学出版社

2025·北京

声　明　1. 版权所有，侵权必究。

　　　　2. 如有缺页、倒装问题，由出版社负责退换。

图书在版编目（CIP）数据

婚姻家庭继承法学 / 陈苇主编. -- 5 版. -- 北京 ：
中国政法大学出版社, 2025.8. -- ISBN 978-7-5764
-2232-0

Ⅰ. D923.01

中国国家版本馆 CIP 数据核字第 20257F08V2 号

出　版　者　中国政法大学出版社

地　　　址　北京市海淀区西土城路 25 号

邮　　　箱　fadapress@163.com

网　　　址　http://www.cuplpress.com（网络实名：中国政法大学出版社)

电　　　话　010-58908435(第一编辑部) 58908334(邮购部)

承　　　印　保定市中画美凯印刷有限公司

开　　　本　787mm×1092mm　1/16

印　　　张　25.75

字　　　数　643 千字

版　　　次　2025 年 8 月第 5 版

印　　　次　2025 年 8 月第 1 次印刷

印　　　数　1~4000 册

定　　　价　76.00 元

作者简介

（除主编、副主编外，以撰写章节先后为序）

陈　苇　西南政法大学民商法学院教授、博士生导师，中国法学会婚姻家庭法学研究会副会长。

朱　凡　西南政法大学民商法学院教授、法学博士、硕士生导师，中国法学会婚姻家庭法学研究会理事。

杜志红　西南大学法学院副教授、法学博士，中国法学会婚姻家庭法学研究会理事。

李洪祥　吉林大学法学院教授、法学博士、博士生导师，中国法学会婚姻家庭法学研究会副会长。

李秀华　扬州大学法学院教授、硕士生导师，中国法学会婚姻家庭法学研究会常务理事。

丁　慧　辽宁师范大学法政学院教授、法学博士、硕士生导师，中国法学会婚姻家庭法学研究会常务理事。

石　婷　西南政法大学民商法学院讲师、法学博士，中国法学会婚姻家庭法学研究会理事。

陈　法　重庆市第一中级人民法院法官助理，民商法博士研究生，中国法学会婚姻家庭法学研究会会员。

宋　豫　重庆工商大学法学教授，西南政法大学兼职教授和兼职硕士生导师。

张翼杰　山西工程科技职业大学马克思主义学院教授、山西大学法学院硕士生导师，中国法学会婚姻家庭法学研究会理事。

刘淑芬　贵州大学法学院教授、硕士生导师，中国法学会婚姻家庭法学研究会常务理事。

杨晋玲　云南大学法学院教授、硕士生导师，中国法学会婚姻家庭法学研究会理事。

海　棠　内蒙古大学法学院教授、法学博士、硕士生导师，中国法学会婚姻家庭法学研究会理事。

叶英萍　海南大学法学院教授、法学博士、博士生导师，中国法学会婚姻家庭法学研究会常务理事。

袁敏殊　安徽大学法学院副教授，中国法学会婚姻家庭法学研究会理事。

皮锡军　西南政法大学应用法学院讲师，法学硕士。

冉启玉　西南政法大学民商法学院副教授、法学博士、硕士生导师，中国法学会婚姻家庭法学研究会会员。

出 版 说 明

　　"十二五"国家重点图书出版规划项目是由国家新闻出版总署组织出版的国家级重点图书。列入该规划项目的各类选题，是经严格审查选定的，代表了当今中国图书出版的最高水平。

　　中国政法大学出版社作为国家一级出版社，有幸承担规划项目中系列法学教材的出版，这是一项光荣而艰巨的时代任务。

　　本系列教材的出版，凝结了众多知名法学家多年来的理论研究成果，全面而系统地反映了现今法学教学研究的最高水准。它以法学"基本概念、基本原理、基本知识"为主要内容，既注重本学科领域的基础理论和发展动态，又注重理论联系实际以满足读者对象的多层次需要；既追求教材的理论深度与学术价值，又追求教材在体系、风格、逻辑上的一致性。它以灵活多样的体例形式阐释教材内容，既推动了法学教材的多样化发展，又加强了教材对读者学习方法与兴趣的正确引导。它的出版也是中国政法大学出版社多年来对法学教材深入研究与探索的职业体现。

　　中国政法大学出版社长期以来始终以法学教材的品质建设为首任，我们坚信"十二五"国家重点图书出版规划项目的出版，定能以其独具特色的高文化含量与创新性意识成为集权威性与品牌价值于一身的优秀法学教材。

中国政法大学出版社

第五版说明

2022 年 1 月《婚姻家庭继承法学》（第四版）被修订出版后，受到广大读者的欢迎。此后，近年又有一批婚姻家庭继承领域的相关法律被颁布或修改，并且发布了相关的司法解释及修订了涉及具体实施的办法、条例和工作规范，如 2021 年 12 月通过的《最高人民法院关于适用〈民法典〉总则编若干问题的解释》，2022 年 3 月修正的《最高人民法院关于适用〈中华人民共和国民事诉讼法〉的解释》；2022 年 6 月通过的《最高人民法院关于办理人身安全保护令案件适用法律若干问题的规定》；2022 年 10 月修订的《妇女权益保障法》；2023 年 9 月修正的《民事诉讼法》；2023 年 5 月通过的《最高人民法院关于适用〈中华人民共和国民法典〉合同编通则若干问题的解释》；2023 年 7 月修订的《中国公民收养子女登记办法》；2023 年 11 月通过的《最高人民法院关于审理涉彩礼纠纷案件适用法律若干问题的规定》和 2024 年 11 月通过的《最高人民法院关于适用〈民法典〉婚姻家庭编的解释（二）》；2025 年 4 月修订的《婚姻登记条例》；2025 年 5 月修订的《婚姻登记工作规范》等。为了反映最新立法和相关的司法解释及办法、条例、工作规范，我们结合近年来我国婚姻家庭继承法理论和实践的研究成果，对《婚姻家庭继承法学》（第四版）进行修订后出版第五版。

为便于学生学习、理解和掌握本门课程的基本知识和基本原理，并兼顾学生参加国家司法考试以及研究生入学考试的需要，除对本书相关章节内容修订外，我们还更新了"阅读参考文献"和"主要法律、法规和司法解释的简称"，并将第四版增补的 2012~2017 年间司法考试中与婚姻家庭继承法相关的试题保留在第五版"思考题"的模块。[1] 必须说明，为便于适用 2021 年 1 月 1 日起实施的《民法典》进行相关问题的分析，我们修改了部分司法考试题中案件或事件发生的时间和内容。

---

〔1〕 必须说明，根据我国司法部有关规定，于 2018 年开始就不再公布试题和参考答案。"为适应法律职业资格考试计算机化考试的需要，提高法律职业资格考试题库数量，司法部将不再公布试题及参考答案，考试试题或将在一定的考试年度内循环使用。"参见"2018 年国家统一法律职业资格考试相关政策规定问答"中第 26 问。发布时间：2018-06-14，来源：司法部政府网，网址：http://www.moj.gov.cn/organization/content/2018-06/14/575_20797.html。

本书第五版修订的情况如下：首先由陈苇主编撰写"关于中政大出版社婚姻家庭继承法教材修订第五版的说明"，包括本书修订的主要内容、书写格式、作者的交稿时间和副主编、主编的审阅修改时间及校对时间等工作做出安排。然后，根据最新法律法规及司法解释，朱凡副主编更新编制了"主要法律、法规和司法解释的简称"发送给本书各章作者。根据最新法律法规及司法解释，各章作者分别修订自己撰写的各章正文内容，并适当增补或删除相关注释和"阅读参考文献"后完成修订的初稿。然后，朱凡副主编对各章作者提交的修订初稿进行审阅和适当修改补充，并且根据最新法律法规及司法解释对"思考题"的部分试题修改补充后完成了修订第二稿。接着，陈苇主编对各章修订第二稿进行审阅和适当修改补充，并且根据婚姻家庭继承法领域近年的理论与实务之研究成果，对"主编注"进行适当更新和对"主要参考文献"进行补充后完成定稿。必须说明，由于本次教材修订的审阅和校对时间紧，我们增补杜志红副教授担任第二副主编，由其承担本书全部文稿的校对工作，并且协助陈苇主编适时收集本书"主编注"更新的最新论著等资料。此外，陈苇主编委托杜志红副主编制作了"新法律法规和司法解释目录与简称"，并及时下载这些新规范发给各位作者，为各章作者修订时对相关内容引用最新法律法规及司法解释提供便利。在出版社编辑老师将此书的定稿排版后进行审阅期间，2025年1月公布了2024年11月通过的《最高人民法院关于适用〈民法典〉婚姻家庭编的解释（二）》；2025年4月公布了修订的《婚姻登记条例》；2025年5月公布了修订的《婚姻登记工作规范》，为在此书内容反映这些最新规定，编辑老师将已经排版的稿件打印一式三份，请全体作者和主编、副主编进行审阅修订。为提高审阅修订稿件工作的质量和效率，本次对打印稿件的审阅修订是采取的"三轨"并行：第一份打印稿作为作者审阅稿，各章作者首先对自己撰写的稿件进行审阅修订后交给朱凡副主编，由其负责进行审阅修订；第二份打印稿作为副主编审阅稿，曰杜志红副主编负责对全书各章内容进行审阅修订；第三份打印稿作为主编审阅稿，由陈苇主编负责对全书各章内容进行审阅修订。以上三份打印稿各自被审阅修订后，由陈苇主编对以上三份打印稿被修订的内容进行统一修改完成定稿。同时，为使本书思考题保持前沿性、新颖性，陈苇主编安排杜志红副主编根据增补的以上新规定内容，对相关思考题修订完成了初稿；朱凡副主编对此思考题初稿审阅修订后发送给陈苇主编，由其审阅统一修改完成定稿。

本书第五版各章的撰稿人如下（以撰写章节先后为序）：

第一、二章，李洪祥；

第三章，李秀华；

第四章，丁慧；

第五章，陈苇、石婷、陈法；

第六章，宋豫；

第七、八章，张翼杰；

第九章，朱凡；

第十章，刘淑芬、杜志红；

第十一章，杨晋玲；

第十二、十三章，陈苇、朱凡；

第十四章，海棠；

第十五章，叶英萍；

第十六章，袁敏殊；

第十七章，皮锡军；

第十八章，冉启玉。

最后，我代表本书的全体作者衷心地感谢中国政法大学出版社的编辑老师们为本书第五版的出版所做的辛勤编辑工作！

陈　苇

2025 年 6 月 18 日

第四版说明

　　2018 年 2 月《婚姻家庭继承法学》(第三版) 被修订出版后，受到广大读者的欢迎。此后，又有一批相关的法律颁布或修改：2017 年 11 月 4 日修订的《中华人民共和国母婴保健法》、2018 年 3 月 11 日修正的《中华人民共和国宪法》、2018 年修正的《中华人民共和国刑事诉讼法》、2018 年修正的《中华人民共和国妇女权益保障法》、2019 年修订的《中国公民收养子女登记办法》、2020 年修订的《中华人民共和国未成年人保护法》、2020 年修订的《中华人民共和国预防未成年人犯罪法》、2021 年修正的《中华人民共和国人口与计划生育法》、2021 年修订的《中华人民共和国民事诉讼法》和 2020 年 5 月 28 日通过、2021 年 1 月 1 日起施行的《中华人民共和国民法典》以及 2020 年 12 月 29 日通过，且 2021 年 1 月 1 日起施行的《最高人民法院关于适用〈中华人民共和国民法典〉婚姻家庭编的解释 (一)》和《最高人民法院关于适用〈中华人民共和国民法典〉继承编的解释 (一)》等。为了反映最新立法及相关司法解释，我们结合近年来我国婚姻家庭继承法理论和实践的研究成果，对《婚姻家庭继承法学》(第三版) 进行修订后出版第四版。

　　此外还须说明，根据 2013 年 1 月 14 日最高人民法院发布的《关于废止 1980 年 1 月 1 日至 1997 年 6 月 30 日期间发布的部分司法解释和司法解释性质文件 (第九批) 的决定》，我们在本教材第三版中就对事实重婚的相关内容进行了修订。为便于学生学习、理解和掌握本门课程的基本知识和基本原理，并兼顾学生参加国家司法考试以及研究生入学考试的需要，除对重点章节内容修订外，我们还更新了 "阅读参考文献" 和 "主要法律、法规和司法解释的简称" 并将 2012～2017 年间司法考试中与婚姻家庭继承法相关的试题增补进入 "思考题" 的模块。[1] 必须说明，为适用 2021 年 1 月 1 日起实施的《民法典》进行相关问题的分析，我们修改了部分司法考试题中案件或事件发生的时间。

---

　　[1] 必须说明，根据我国司法部有关规定，于 2018 年开始就不再公布试题和参考答案。"为适应法律职业资格考试计算机化考试的需要，提高法律职业资格考试题库数量，司法部将不再公布试题及参考答案，考试试题或将在一定的考试年度内循环使用。" 参见 "2018 年国家统一法律职业资格考试相关政策规定问答" 中第 26 问。发布时间：2018-06-14，来源：司法部政府网，网址：http://www.moj.gov.cn/organization/content/2018-06/14/575_20797.html。

本教材第四版修订的情况如下：根据最新法律法规及司法解释，首先由原各章的作者分别修订各自撰写的本教材各章的正文内容，并增补相关的"阅读参考文献"和"主要法律、法规和司法解释的简称"。并且，根据相关章节修改补充工作的需要，我们新增了石婷、陈法和杜志红三位作者。然后，朱凡副主编对各章作者修订后的内容进行修改补充，并且补充了2012~2017年最新国家司法考试的部分试题。接着，陈苇主编根据婚姻家庭继承法领域近年的最新研究成果，对全书各章的内容、参考文献进行审阅和修改补充，并对"主编注"进行适当更新，最后完成定稿，于2021年1月交付出版。[1]

本书第四版各章的撰稿人如下（以撰写章节先后为序）：

第一、二章，李洪祥；

第三章，李秀华；

第四章，丁慧；

第五章，陈苇、石婷、陈法；

第六章，宋豫；

第七、八章，张翼杰；

第九章，朱凡；

第十章，刘淑芬、杜志红；

第十一章，杨晋玲；

第十二、十三章，陈苇、朱凡；

第十四章，海棠；

第十五章，叶英萍；

第十六章，袁敏殊；

第十七章，皮锡军；

第十八章，冉启玉。

最后，我代表本书的全体作者衷心地感谢中国政法大学出版社的编辑老师们为本书第四版的出版所做的辛勤编辑工作！

陈　苇

2021 年 12 月 28 日

---

〔1〕 必须说明，此后，2021年8月修正的《中华人民共和国人口与计划生育法》、2021年12月修订的《中华人民共和国民事诉讼法》先后颁布实施，为反映最新立法，陈苇主编和朱凡副主编根据这些最新立法分工对本书第四版的相关内容进行修改补充后交付出版。

第三版说明

2014 年 2 月《婚姻家庭继承法学》（第二版）修订出版后，受到广大读者的欢迎。此后，又有一批法律被颁布或修改：2012 年 8 月 31 日修正的《中华人民共和国民事诉讼法》；2012 年 10 月 26 日修正的《中华人民共和国未成年人保护法》和《中华人民共和国预防未成年人犯罪法》；2012 年 12 月 28 日修正的《中华人民共和国老年人权益保障法》；2015 年 12 月 27 日修正的《中华人民共和国人口与计划生育法》；2015 年 12 月 27 日通过的《中华人民共和国反家庭暴力法》；2017 年 3 月 15 日通过的《中华人民共和国民法总则》；等等。为了反映最新立法，我们对《婚姻家庭继承法学》（第二版）再次进行修订。除上述法律外，本次教材修订还增加了如下的法律法规及司法解释：2011 年实施的《中华人民共和国涉外民事关系法律适用法》以及 2013 年实施的《最高人民法院关于适用〈中华人民共和国涉外民事关系法律适用法〉若干问题的解释（一）》；2015 年实施的《最高人民法院关于适用〈中华人民共和国民事诉讼法〉的解释》；2015 年实施的《最高人民法院、最高人民检察院、公安部、民政部关于依法处理监护人侵害未成年人权益行为若干问题的意见》；等等。同时根据 2013 年 1 月 14 日最高人民法院发布的《关于废止 1980 年 1 月 1 日至 1997 年 6 月 30 日期间发布的部分司法解释和司法解释性质文件（第九批）的决定》，我们对教材中事实重婚的相关内容进行了修订。为便于学生学习、理解和掌握本门课程的基本知识和基本原理，并兼顾学生参加国家司法考试以及研究生入学考试的需要，除对重点章节内容修订外，我们还更新了"阅读参考文献"和"主要法律、法规和司法解释的简称"，并将 2012~2016 年间司法考试中与婚姻家庭继承法相关的试题增补入思考题。

本教材第三版的修订工作情况如下：原章的各作者李秀华、刘淑芬、杨晋玲和皮锡军代替冉启玉根据最新法律法规及司法解释分别修订了本教材第三章、第十章、第十一章以及第十八章的正文内容，并增补了"主要参考文献"和"主要法律、法规和司法解释的简称"。副主编朱凡副教授根据 2017 年 3 月颁布的《民法总则》新增撰写"第八章监护制度"，并对以上作者修订后的章节进行修改补充，还根据最新法律法规及司法解释对本教材部分章节的正文内容作出修订，补充了 2012~2016 年最新国家司法考试的部分试题。主编陈苇教授根据最新法律法规及司法解释和婚姻家庭继承法领域近年的最新研究成果，对全书各章的内容、阅读参考书目和参考文献进行审阅和修改补充，并对"主编注"进行适当更新，最后完成定稿。

本书第三版各章的撰稿人如下（以撰写章节先后为序）：

第一、二章，李洪祥；

第三章，李秀华；

第四章，丁慧；

第五章，陈苇；

第六章，宋豫；

第七、九章，张翼杰；

第八章，朱凡；

第十章，刘淑芬；

第十一章，杨晋玲；

第十二、十三章，陈苇、朱凡；

第十四章，海棠；

第十五章，叶英萍；

第十六章，袁敏殊；

第十七章，皮锡军；

第十八章，冉启玉。

必须说明，我指导的博士研究生陈钏和硕士研究生郭庆敏对全书进行了耐心的文字校对工作，在此，我代表本书的全体作者向她们表示衷心的感谢！并且我代表全书的作者衷心地感谢中国政法大学出版社的编辑老师们为本书第三版的出版所做的辛勤编辑工作！

陈　苇

2017 年 11 月 28 日

第二版说明

　　本教材第一版自 2011 年 2 月出版以来，受到广大读者的欢迎，于 2012 年 2 月已第二次印刷。为适应调整我国婚姻家庭新情况新问题的需要，2011 年 7 月 4 日，《最高人民法院关于适用〈中华人民共和国婚姻法〉若干问题的解释（三）》经最高人民法院审判委员会第 1525 次会议通过，于 2011 年 8 月 9 日公布，自 2011 年 8 月 13 日起施行。为及时介绍此最新司法解释的相关规定，特对本教材的相关内容进行修订，出版第二版。

　　本教材第二版修订时，由副主编朱凡副教授增补了最新司法解释的内容，并酌情补充了 2011 年最新国家司法考试的部分试题，然后，由主编陈苇教授根据婚姻家庭继承法领域近年的最新研究戍果，采用主编注的方式对相关章节的内容进行修改和补充，并且删除、补充了部分阅读参考书目和参考文献后完成定稿。

　　在此，我谨代表本书的全体作者衷心地感谢中国政法大学出版社的编辑老师们为本书第二版的出版所做的辛勤编辑工作！

陈　苇

2013 年 11 月 28 日

前　言

在我国，为适应调整 21 世纪婚姻家庭关系的需要，2001 年修正后的《婚姻法》于 2001 年 4 月 28 日起施行。为指导司法实践，最高人民法院先后于 2001 年、2003 年颁行《关于适用〈中华人民共和国婚姻法〉若干问题的解释（一）》《关于适用〈中华人民共和国婚姻法〉若干问题的解释（二）》。目前，最高人民法院《关于适用〈中华人民共和国婚姻法〉若干问题的解释（三）》正在制定之中，其"征求意见稿"正在广泛征求各方面的意见。我们以 2001 年修正后的《婚姻法》、现行《继承法》和其他最新的法律、法规及司法解释为依据，编写这部法学专业本科生教材，以适应培养高层次法学人才的需要。本书亦可供法学专业研究生和其他从事法律工作的人员学习参考。

我们根据高等学校法学专业"婚姻家庭继承法学"课程的教学目的和要求，适应综合性大学法学院对本科生的教学要求，按照便于学生学习、理解和掌握本门课程的基本知识和基本原理的需要，兼顾学生参加国家司法考试以及研究生入学考试的需要，编写本教材。本教材主要具有以下特色：

第一，在写作队伍上，本书的大部分作者是全国各综合性大学法学院的专职教师。他们具有扎实的婚姻家庭继承法学专业理论基础，并且长期从事婚姻家庭继承法学课程的教学工作，积累了丰富的教学经验。

第二，在写作结构上，根据法学专业本科生教学的目的和要求，本书各章内容的写作结构主要包括三大部分：引文、正文和结尾。首先，在引文部分，写明本章"学习的内容和重点"，然后以"导入案例"作为全章内容的学习引导。其次，在正文部分，以阐释基本知识和基本原理为主要内容，尤其注意重点阐明我国最新现行法律及相关司法解释的内容。再次，结尾部分由三部分内容组成：一是以"导入案例之要点评析"阐明"导入案例"之答案要点；二是设置"思考题"（包括选择题、判断分析题、简答题、论述题和案例分析题），其中部分"思考题"直接选自近几年"国家司法考试试题"，以帮助学生深入理解和熟练掌握相关的基本知识和基本理论，以达到法学本科教学的目的，兼顾适应学生参加国家司法考试和研究生入学考试的需要；三是"阅读参考文献"，以帮助学生拓展阅读视野，启迪学生的思维。

　　第三，在写作内容上，本教材以本科生为主要对象，注意适应本科生教学对基本知识和基本原理深入浅出地阐释的要求，同时，兼顾国家司法考试中对相关法律条文内容理解和掌握的基本要求，以及学生参加研究生入学考试必备的专业知识要求，注意适当反映本学科各领域的最新研究成果。此外，在注释中采用"主编注"的方式，介绍了一些最新学术观点、相关前沿理论或相关参考文献，以扩展学生的知识面和深化相关理论知识，启发学生思考新问题。尽管我们尽了最大的努力，但由于学识有限，如有不当之处，恳请学术界同仁和读者不吝指正。

　　本教材由西南政法大学民商法学院陈苇教授担任主编、西南政法大学民商法学院朱凡副教授担任副主编，由主编拟定写作提纲和写作要求后，全体作者分工撰稿，最后由主编、副主编统一修改、定稿。

　　本书各章的撰稿人如下（以撰写章节先后为序）：

　　第一、二章，李洪祥；

　　第三章，李秀华；

　　第四章，丁慧；

　　第五章，陈苇；

　　第六章，宋豫；

　　第七、八章，张翼杰；

　　第九章，刘淑芬；

　　第十章，杨晋玲；

　　第十一、十二章，陈苇、朱凡；

　　第十三章，海棠；

　　第十四章，叶英萍；

　　第十五章，袁敏殊；

　　第十六章，皮锡军；

　　第十七章，冉启玉。

　　最后，必须说明，我的博士研究生段伟伟同学冒着八月重庆的酷暑，对本书的全部稿件做了耐心细致的文字校对工作，在此我向他表示诚挚的谢意！此外，我还要代表本书的全体作者衷心地感谢中国政法大学出版社的同志们为本书的出版所做的辛勤编辑工作！

陈　苇

2010 年 8 月 28 日

主要法律、法规和司法解释的简称

1. 1950 年《中华人民共和国婚姻法》（已废止）简称：1950 年《婚姻法》。

2. 1980 年《中华人民共和国婚姻法》（已废止）简称：1980 年《婚姻法》。

3. 2001 年修正后的《中华人民共和国婚姻法》（已废止）简称：2001 年修正的《婚姻法》。

4. 1985 年《中华人民共和国继承法》（已废止）简称：《继承法》。

5. 1986 年《中华人民共和国民法通则》（已废止）简称：《民法通则》。

6. 2018 年修正后的《中华人民共和国宪法》简称：现行《宪法》。

7. 2017 年修正后的《中华人民共和国母婴保健法》简称：2017 年修正的《母婴保健法》或现行《母婴保健法》。

8. 1991 年《中华人民共和国收养法》（已废止）简称：1991 年《收养法》；1998 年修正后的《中华人民共和国收养法》（已废止）简称：1998 年修正的《收养法》。

9. 2022 年修订的《中华人民共和国妇女权益保障法》简称：2022 年修订的《妇女权益保障法》或现行《妇女权益保障法》。

10. 2024 年修正的《中华人民共和国未成年人保护法》简称：2024 年修正的《未成年人保护法》或现行《未成年人保护法》。

11. 2018 年修正后的《中华人民共和国义务教育法》简称：现行《义务教育法》。

12. 2018 年修正后的《中华人民共和国老年人权益保障法》简称：2018 年修正的《老年人权益保障法》或现行《老年人权益保障法》。

13. 2015 年修正和 2021 年修正的《中华人民共和国人口与计划生育法》分别简称：2015 年修正的《人口与计划生育法》与 2021 年修正的《人口与计划生育法》或现行《人口与计划生育法》。

14. 2023 年修正后的《中华人民共和国民事诉讼法》简称：2023 年修正的《民事诉讼法》或现行《民事诉讼法》。

15. 2018 年修正后的《中华人民共和国刑事诉讼法》简称：2018 年修正的《刑事诉讼法》或现行《刑事诉讼法》。

16. 2017 年修正后的《中华人民共和国行政诉讼法》简称：2017 年修正的《行政诉讼法》或现行《行政诉讼法》。

17. 2023 年修正后的《中华人民共和国刑法》简称：2023 年修正的《刑法》或现行《刑法》。

18. 2012 年修正后的《中华人民共和国治安管理处罚法》简称：2012 年修正的《治安管理处罚法》或现行《治安管理处罚法》。

19. 2015 年《中华人民共和国反家庭暴力法》简称：《反家庭暴力法》。

20. 2010 年《中华人民共和国涉外民事关系法律适用法》简称：《涉外民事关系法律适用法》。

21. 2017 年《中华人民共和国民法总则》（已废止）简称：《民法总则》；

22. 2020 年《中华人民共和国民法典》简称：《民法典》；《中华人民共和国民法典》第五编婚姻家庭简称：《民法典》婚姻家庭编或婚姻家庭编；《中华人民共和国民法典》第六编继承简称：《民法典》继承编或继承编。

23. 2003 年《婚姻登记条例》简称：2003 年《婚姻登记条例》；2025 年修订的《婚姻登记条例》简称：现行《婚姻登记条例》。

24. 1985 年《最高人民法院关于贯彻执行〈中华人民共和国继承法〉若干问题的意见》（已废止）简称：1985 年《执行继承法意见》。

25. 1988 年《最高人民法院关于贯彻执行〈中华人民共和国民法通则〉若干问题的意见（试行）》（已废止）简称：1988 年《执行民法通则意见》。

26. 1989 年《最高人民法院关于人民法院审理未办结婚登记而以夫妻名义同居生活案件的若干意见（试行）》（已废止）简称：1989 年《审理以夫妻名义同居生活案件的意见》。

27. 1989 年《最高人民法院关于人民法院审理离婚案件如何认定夫妻感情确已破裂的若干具体意见》（已废止）简称：1989 年《认定夫妻感情确已破裂的意见》。

28. 1993 年《最高人民法院关于人民法院审理离婚案件处理财产分割问题的若干具体意见》（已废止）简称：1993 年《离婚财产分割意见》。

29. 1993 年《最高人民法院关于人民法院审理离婚案件处理子女抚养问题的若干具体意见》（已废止）简称：1993 年《子女抚养意见》。

30. 1996 年《最高人民法院关于审理离婚案件中公房使用、承租若干问题的解答》（已废止）简称：1996 年《公房使用、承租问题解答》。

31. 1999 年《外国人在中华人民共和国收养子女登记办法》简称：1999 年《涉外收养办法》。

32. 2023 年修订的《中国公民收养子女登记办法》简称：2023 年《收养子女

登记办法》或现行《收养子女登记办法》。

33. 2001 年《最高人民法院关于适用〈中华人民共和国婚姻法〉若干问题的解释（一）》（已废止）简称：《婚姻法解释（一）》。

34. 2003 年颁布、2017 年修正的《最高人民法院关于适用〈中华人民共和国婚姻法〉若干问题的解释（二）》（已废止）简称：《婚姻法解释（二）》。

35. 2017 年《最高人民法院关于适用〈中华人民共和国婚姻法〉若干问题的解释（二）第 24 条的补充规定》（已废止）简称：2017 年《婚姻法解释（二）第 24 条的补充规定》。

36. 2018 年《最高人民法院关于审理涉及夫妻债务纠纷案件适用法律有关问题的解释》（已废止）简称：2018 年《涉及夫妻债务纠纷案件适用法律解释》。

37. 2011 年《最高人民法院关于适用〈中华人民共和国婚姻法〉若干问题的解释（三）》（已废止）简称：《婚姻法解释（三）》。

38. 2012 年发布、2020 年修正后的《最高人民法院关于适用〈中华人民共和国涉外民事关系法律适用法〉若干问题的解释（一）》简称：《涉外民事关系法律适用法解释（一）》。

39. 2023 年发布、2024 年 1 月 1 日起施行的《最高人民法院关于适用〈中华人民共和国涉外民事关系法律适用法〉若干问题的解释（二）》简称：现行《涉外民事关系法律适用法的解释（二）》。

40. 2022 年修正的《最高人民法院关于适用〈中华人民共和国民事诉讼法〉的解释》简称：现行《民事诉讼法解释》。

41. 2021 年《最高人民法院关于适用〈中华人民共和国民法典〉婚姻家庭编的解释（一）》简称：《婚姻家庭编解释（一）》。

43. 2021 年《最高人民法院关于适用〈中华人民共和国民法典〉继承编的解释（一）》简称：《继承编解释（一）》。

44. 2022 年《最高人民法院关于办理人身安全保护令案件适用法律若干问题的规定》简称：《人身安全保护令案件适用法律的规定》

45. 2022 年《最高人民法院关于适用〈中华人民共和国民法典〉总则编若干问题的解释》简称：《总则编解释》。

46. 2023 年《最高人民法院关于适用〈中华人民共和国民法典〉合同编通则若干问题的解释》简称：《合同编通则解释》。

47. 2024 年《最高人民法院关于审理涉彩礼纠纷案件适用法律若干问题的规定》简称：《涉彩礼纠纷案件适用法律的规定》。

48．2020 年民政部发布的《收养评估办法（试行）》，简称《收养评估办法

（试行）》。

49. 2020 年修订的《中华人民共和国预防未成年人犯罪法》简称：2020 年修订的《预防未成年人犯罪法》或现行《预防未成年人犯罪法》。

50. 2018 年修正的《中华人民共和国残疾人保障法》，简称：2018 年修正的《残疾人保障法》或现行《残疾人保障法》。

51. 2012 年颁布、2018 年修正的《中华人民共和国精神卫生法》简称：2018 年《精神卫生法》。

52. 2015 年修正后的《中华人民共和国保险法》简称：2015 年修正的《保险法》。

53. 2023 年修正后的《中华人民共和国立法法》简称：2023 年修正的《立法法》。

54. 2006 年发布的新《农村五保供养工作条例》简称：2006 年《农村五保供养工作条例》。

55. 2023 年修订的《中华人民共和国公司法》简称：现行《公司法》。

56. 2001 年 10 月 1 日实施的《中华人民共和国信托法》简称：《信托法》。

57. 2007 年 6 月 1 日实施的《中华人民共和国企业破产法》简称：《企业破产法》。

58. 2023 年修订的《中华人民共和国行政复议法》简称：现行《行政复议法》。

59. 2022 年 1 月 1 日实施的《中华人民共和国家庭教育促进法》简称：《家庭教育促进法》。

60. 2024 年实施的《最高人民法院关于适用〈中华人民共和国民法典〉侵权责任编的解释（一）》简称：《侵权责任编解释（一）》。

61. 2025 年实施的《最高人民法院关于适用〈中华人民共和国民法典〉婚姻家庭编的解释（二）》简称：《婚姻家庭编解释（二）》。

62. 2025 年修订的《婚姻登记工作规范》简称：现行《婚姻登记工作规范》。

63. 2024 年修订的《外国人在中华人民共和国收养子女登记办法》简称：2024 年《涉外收养办法》。

目　录

第一章　婚姻家庭法概述 ··· 1

　　第一节　婚姻家庭概述 ··· 1

　　第二节　婚姻家庭法 ·· 8

　　第三节　婚姻家庭法的编制体例 ·································· 12

　　第四节　中国婚姻家庭法的演变 ·································· 14

第二章　亲属关系原理 ·· 26

　　第一节　亲属关系概述 ·· 26

　　第二节　亲系与辈分 ··· 30

　　第三节　亲等与代数 ··· 32

　　第四节　亲属关系的发生和终止 ·································· 34

　　第五节　亲属关系的法律效力 ····································· 36

第三章　《民法典》婚姻家庭编的基本原则和倡导性规定 ············· 42

　　第一节　婚姻家庭受国家保护原则 ································ 43

　　第二节　婚姻自由原则 ·· 45

　　第三节　一夫一妻制原则 ·· 49

　　第四节　男女平等原则 ·· 53

　　第五节　保护妇女、未成年人、老年人、残疾人的合法权益原则 ·········· 54

　　第六节　树立优良家风的倡导性规定 ······························ 66

第四章　结婚制度 ·· 71

　　第一节　结婚概述 ·· 71

　　第二节　婚约 ·· 74

　　第三节　结婚条件 ·· 77

　　第四节　结婚程序 ·· 81

第五节　无效婚姻和可撤销婚姻 ……………………………………………………… 84

第六节　事实婚姻 ……………………………………………………………………… 91

第七节　非婚同居关系 ………………………………………………………………… 93

第五章　婚姻的效力 …………………………………………………………………… 98

第一节　婚姻效力概述 ………………………………………………………………… 98

第二节　夫妻人身关系 ………………………………………………………………… 100

第三节　夫妻财产关系 ………………………………………………………………… 110

第六章　父母子女关系 ………………………………………………………………… 138

第一节　父母子女关系概述 …………………………………………………………… 138

第二节　生子女 ………………………………………………………………………… 145

第三节　继子女 ………………………………………………………………………… 151

第四节　人工生育子女 ………………………………………………………………… 153

第五节　父母对未成年子女的照护权 ………………………………………………… 157

第七章　收养制度 ……………………………………………………………………… 163

第一节　收养概述 ……………………………………………………………………… 163

第二节　收养制度的基本原则 ………………………………………………………… 166

第三节　收养的成立 …………………………………………………………………… 168

第四节　收养的效力 …………………………………………………………………… 177

第五节　收养关系的解除 ……………………………………………………………… 179

第八章　祖孙关系和兄弟姐妹关系 …………………………………………………… 185

第一节　祖孙关系 ……………………………………………………………………… 185

第二节　兄弟姐妹关系 ………………………………………………………………… 187

第九章　监护制度 ……………………………………………………………………… 192

第一节　监护制度概述 ………………………………………………………………… 192

第二节　未成年人之监护 ……………………………………………………………… 198

第三节　成年人之监护 ………………………………………………………………… 199

第四节　监护人的职责与权利、监护职责的履行与法律责任 ……………………… 200

第五节　监护的撤销、变更与终止 …………………………………………………… 204

第十章　离婚制度 ·· 209
　　第一节　离婚概述 ·· 209
　　第二节　我国处理离婚问题的指导思想 ············· 215
　　第三节　我国登记离婚制度 ····························· 216
　　第四节　我国诉讼离婚制度 ····························· 219
　　第五节　判决离婚的法律原则 ·························· 223

第十一章　离婚的法律效力 ································ 230
　　第一节　离婚对当事人身份上旳效力 ················ 231
　　第二节　离婚对当事人财产上旳效力 ················ 232
　　第三节　离婚损害赔偿 ···································· 244
　　第四节　离婚对父母子女的法律后果 ················ 249

第十二章　继承制度概述 ··································· 262
　　第一节　继承的概念和特征 ····························· 262
　　第二节　《民法典》继承编修订的主要内容 ········ 264
　　第三节　《民法典》继承编的基本原则 ·············· 267
　　第四节　继承的开始 ······································ 271
　　第五节　继承法律关系 ···································· 273
　　第六节　继承权 ·· 275
　　第七节　遗产 ··· 286

第十三章　法定继承 ·· 292
　　第一节　法定继承概述 ···································· 292
　　第二节　法定继承人的范围及顺序 ··················· 293
　　第三节　法定继承的份额与酌分遗产 ················ 298
　　第四节　代位继承与转继承 ····························· 300

第十四章　遗嘱继承 ·· 304
　　第一节　遗嘱和遗嘱继承 ································· 304
　　第二节　遗嘱成立的条件 ································· 308
　　第三节　遗嘱的效力 ······································ 315
　　第四节　遗嘱的撤回、变更与执行 ··················· 317

第十五章　遗赠和遗赠扶养协议 ……………………………………………………… 324

　　第一节　遗赠 …………………………………………………………………… 324

　　第二节　遗赠扶养协议 ………………………………………………………… 330

第十六章　遗产处理 ………………………………………………………………… 339

　　第一节　遗产的管理 …………………………………………………………… 339

　　第二节　遗产的分割 …………………………………………………………… 342

　　第三节　被继承人债务的清偿 ………………………………………………… 346

　　第四节　无人承受遗产和"五保户"遗产的处理 …………………………… 349

第十七章　少数民族、华侨、港澳台同胞的婚姻家庭 …………………………… 354

　　第一节　少数民族婚姻家庭 …………………………………………………… 354

　　第二节　涉及华侨、港澳台居民的婚姻和收养 ……………………………… 362

第十八章　涉外婚姻、涉外收养与涉外继承 ……………………………………… 367

　　第一节　涉外婚姻 ……………………………………………………………… 367

　　第二节　涉外收养 ……………………………………………………………… 371

　　第三节　涉外继承 ……………………………………………………………… 374

主要参考文献 ………………………………………………………………………… 379

第 一 章
婚姻家庭法概述

✚学习的内容和重点

通过本章的学习，要求学生理解婚姻家庭的概念和性质，掌握婚姻家庭法的概念、调整对象、性质和特点等基本知识，了解我国婚姻家庭法的历史演变情况，把握《民法典》婚姻家庭编对 2001 年修正后的《婚姻法》修订的主要内容。

 **导入案例**

2015 年 12 月 8 日，甲男（20 岁）与乙女（19 岁）共同去申请办理结婚登记，由于丙人均未达到法定婚龄，婚姻登记机关未给予登记。2016 年 5 月 1 日，在双方父母的主持下，甲男与乙女举行了婚礼，男女双方的亲属、同事、同学等应邀参加了他们的婚礼。2017 年 1 月，甲男与乙女生育一男孩丙。2025 年 6 月，甲男与乙女因家庭事务经常发生纠纷，乙女诉至法院要求离婚，并主张丙随其生活。甲男不同意离婚，请求法院做调解和好工作，同时主张丙随其生活。

请问：

1. 本案甲男与乙女是否形成婚姻关系？
2. 甲男、乙女与其生育的男孩丙有何关系？

第一节　婚姻家庭概述

一、婚姻家庭的概念

（一）婚姻

1. 婚姻的概念。关于婚姻的概念，不同的历史时期有不同的含义或解释。

中国古代把婚姻称为"昏因"，其含义有三：①指创设夫妻关系的行为，即结婚仪式，如"婚姻之道，谓嫁娶之礼"。[1]《白虎通》诠释说："婚姻者何谓也，昏者，昏时行礼，故曰婚。姻者，妇人因夫而成，故曰姻。"[2] 在中国古代"崇嫁娶之要"，认为"昏礼者，礼之本也"，把婚姻制度看成全部社会制度的根基。[3] ②指男女双方结婚形成的夫妻关系，

---

〔1〕《诗经·郑风·丰》郑玄笺。转引自法学教材编辑部《婚姻法教程》编写组编：《婚姻法教程》，法律出版社 1982 年版，第 19 页。

〔2〕 法学教材编辑部《婚姻法教程》编写组编：《婚姻立法资料选编》，法律出版社 1983 年版，第 62 页。

〔3〕 陶毅、明欣：《中国婚姻家庭制度史》，东方出版社 1994 年版，第 172 页。

如"婿曰婚，妻曰姻"。[1] ③指姻亲关系，如"婿之父为姻，妇之父为婚，……妇之父母、婿之父母相谓为婚姻"。[2]

国外不同历史时期关于婚姻的定义也不相同。我国有学者将其归纳如下：①古罗马法时期，著名法学家莫德斯汀将婚姻定义为：结婚是男女之间的结合，是生活各方面的结合，是神法和人法的结合。②寺院法时期，将婚姻视为"神作之合"，标志着基督与教会结合的一种宗教性契约，它是不可解除和永恒的。③近代大陆法系的学者大多认同后期罗马法学家对婚姻所下的定义：婚姻是一男一女以永续共同生活为目的之结合。1791 年的法国宪法明文规定，"法律只承认婚姻是一种民事契约"。④当代英美法系的学者对婚姻所下的定义，认为婚姻是一男一女排他的自愿结合。[3]

我国《民法典》婚姻家庭编没有对"婚姻"一词作出界定。学者们对婚姻的定义也有所不同，概括起来有以下几种：①婚姻是"男女双方以永久共同生活为目的，以夫妻权利义务为内容的合法结合"；②婚姻是"为当时社会制度所确认的，男女两性以互为配偶为目的的结合"；③婚姻是"男女双方以永久共同生活为目的的，具有社会认可的夫妻身份的男女两性的结合"；④婚姻是"男女双方以共同生活为目的而缔结的，具有公示的夫妻身份的两性结合"。我们赞同最后一种定义。[4] 因此，婚姻的成立应当具备以下要件：

（1）婚姻须为男女两性的结合。这是婚姻与其他社会关系相区别的特征之一。男女两性的生理差别和性本能的需要，是婚姻成立的自然条件，是实现种族延续的前提和保证。因此，婚姻须为异性的结合，世界上许多国家不承认同性结合为婚姻。但是，随着社会的发展，人们对同性恋者人权保护的问题日益关注，[5] 承认同性恋者结合"合法化"的呼声越来越高，世界上有部分国家已承认同性结合的伴侣关系，有的国家甚至承认同性结合的婚姻合法。[6]

（2）婚姻须男女两性以夫妻身份共同生活为目的。这一特征使婚姻与有配偶者与他人同居以及其他非婚同居关系区别开来。婚姻之男女两性结合须以夫妻名义共同生活为目的，其内涵十分丰富，不仅包括夫妻共同的精神生活和经济生活，而且还包括共同的性生活。

---

[1] 《礼记·经解》郑玄注。转引自杨大文主编：《婚姻法教程》，法律出版社 1982 年版，第 17 页。

[2] 《尔雅·释亲》。转引自胡平主编：《婚姻家庭继承法论》，重庆大学出版社 2000 年版，第 2 页。

[3] 夏吟兰主编：《婚姻家庭继承法》，中国政法大学出版社 2004 年版，第 2 页。

[4] 陈苇主编：《婚姻家庭继承法学》，群众出版社 2005 年版，第 1~2 页。

[5] 关于同性恋者的结婚权问题，参见孙振东："同性恋者人权保护问题研究"，载梁慧星主编：《民商法论丛》（总第 24 卷），金桥文化出版社（香港）有限公司 2002 年版，第 587~710 页。关于中国现代同性恋的情况，参见刘达临·鲁龙光主编：《中国同性恋研究》，中国社会出版社 2005 年版，第 33~132 页。

[6] 主编注：目前世界上有些国家对同性结合关系予以法律调整和保护，有些国家已经颁布了调整同性伴侣或者同性结合关系的制度，有些国家甚至允许同性恋者结婚。参见陈苇主编：《婚姻家庭继承法学》，群众出版社 2012 年版，第 2~3 页。关于我国同性恋问题的立法问题，参见王森波：《同性婚姻法律问题研究》，中国法制出版社 2012 年版，第 180~203 页。在美国，21 世纪初期除马萨诸塞州允许同性伴侣结婚外，至少还有 4 个州也允许同性伴侣缔结类似婚姻的民事结合，但却有 40 个州颁布了新法规或州宪法的修正案，明确禁止同性伴侣结婚，并且禁止本州的法院承认在另一州缔结的同性婚姻的合法性。但现在据报道，美国最高法院已于 2016 年 6 月 26 日作出裁决，为同性伴侣提供了结婚的权利。这一裁决意味着，各州不能禁止同性缔结婚姻。同性婚姻将在美国的全部 50 个州合法，美国已成为全球第 21 个承认同性婚姻的国家。http://news.hnaxi100.com/show-228-646814-1.html，访问日期：2017 年 2 月 9 日。对于当代法国、德国、意大利、瑞士、日本、英国、美国和澳大利亚八个国家调整同性伴侣或者同性结合关系制度的研究，参见陈苇主编：《当代外国婚姻家庭法律制度研究》的相关内容，中国人民公安大学出版社 2022 年版。

此外，关于婚姻是否须以终身永久共同生活为目的，[1] 我们认为，从美好的愿望出发，婚姻当事人都普遍希望夫妻能够"白头偕老""百年好合"。然而，这并不意味着婚姻当事人不可离婚。因此，男女在结婚时不得附加禁止解除婚姻的条件或期限。目前，世界上大多数国家都实行"许可离婚主义"，婚姻可以因离婚或者死亡而终止。

（3）婚姻须具有公示的夫妻身份的结合。即夫妻身份须通过一定的方式表现出来，为周围的民众所知晓。例如，进行结婚登记或者举行结婚仪式等。

此外，关于婚姻是否须为"合法结合"或者须为"当时社会制度所确认"，[2] 我们认为，"合法性"只是合法婚姻必须具备的特征，而违法婚姻则不具备此特征。[3] 因此，作为合法婚姻与违法婚姻的上位概念的"婚姻"，无须具备"合法性"的特征。

2. 婚姻的性质。关于婚姻性质的学说，不同的国家、不同时期由于对婚姻实质的认识差别所得结论是不相同的，可谓各执一词，众说纷纭。我们择其要者，简介如下：

（1）"契约说"。该说视婚姻为一种契约，这是在西方国家产生并至今仍在西方法学界占统治地位的重要学说。该学说的最早提出者和代表人物为康德，他认为："婚姻就是两个不同性别的人为了终身互相占有对方的性功能而产生的结合体。""它是依据人性法则而产生其必要性的一种契约。""婚姻双方彼此的关系是平等的关系，无论在互相占有他们的人身以及他们的财产方面都是如此。"[4] "契约说"在法律上最早被法国1791年《宪法》所确认：法律只承认婚姻是一种民事契约。[5] "契约说"认为婚姻双方当事人的地位是平等的，这对于反对具有不平等的人身依附关系的封建婚姻具有历史进步作用。但该说也存在某些缺陷及消极作用。[6]

（2）"伦理说"。该说视婚姻为伦理关系、实体性的关系，是具有法的意义的伦理性的爱，该学说的代表人物是黑格尔。"伦理说"对倡导建立以爱情为基础的互爱互助的婚姻具

---

〔1〕　主编注：关于是否以终身永久共同生活为目的作为婚姻的构成要件，我国专家学者有不同的看法。"肯定说"参见杨大文主编：《婚姻家庭法学》，复旦大学出版社2002年版，第4页；巫昌祯主编：《婚姻与继承法学》，中国政法大学出版社1997年版，第26页；史尚宽：《亲属法论》，荣泰印书馆股份有限公司1980年版，第84页。"否定说"参见方文晖："论婚姻在法学上的概念"，载《南京大学学报》2000年第5期。

〔2〕　主编注：我国婚姻法学界传统上认为，"婚姻是男女两性的结合，这种结合形成了为当时社会制度所确认的夫妻关系"。近年来，我国有些学者对传统的婚姻概念提出质疑。有的认为应摈弃婚姻的"合法性"内涵，"不合法的两性结合也是婚姻"。有的提出将婚姻界定为"男女两性以永久共同生活为目的的结合，而不论其是否合法，这样它就成为合法婚姻、违法婚姻的上位概念，涵盖这两类不同性质的婚姻关系"。有的认为"男女以夫妻名义同居生活，群众认可，就构成婚姻关系"。前述引文分别参见方文晖："婚姻概念质疑"，载《南京大学法律评论》1996年秋季号；乔生彪："非法同居的法律概念质疑"，载《宁夏大学学报（哲社版）》1998年第1期；薛宁兰："关于无效婚姻的几点思考"，中国法学会婚姻法学研究会1998年年会论文，第2页。我们认为，从结婚是男女双方确立夫妻身份关系的民事行为这一角度来看，这些见解不无道理。由于原始社会群婚制和对偶婚制下的婚姻当事人并无永久共同生活的目的，为使婚姻的概念能适用于人类各种不同类型的社会，故我们主张将婚姻界定为："婚姻是男女以夫妻名义公开共同生活，并被当时社会人们认为是夫妻关系的两性结合的社会形式。"转引自陈苇：《中国婚姻家庭法立法研究》，群众出版社2000年版，第122页。

〔3〕　陈苇："无效婚姻的静态识别与动态监控"，载《法商研究》1999年第4期。

〔4〕　［德］康德："公正的哲学原理"，载法学教材编辑部《西方法律思想史编写组》编：《西方法律思想史资料选编》，北京大学出版社1983年版，第412~413页。

〔5〕　参见李浩培、吴传颐、孙鸣岗译：《拿破仑法典》（法国民法典），商务印书馆1979年版，"译者序"第2页。

〔6〕　参见巫昌祯主编：《婚姻与继承法学》，中国政法大学出版社1997年版，第106~107页；蒋月：《婚姻家庭法前沿导论》，科学出版社2007年版，第40~43页。

有积极意义。[1] 但该说也存在某些不足。[2]

（3）"信托说"。该说为当代英美法传统的国家中部分学者所提出，他们认为，国家和法律早已把信托方式适用于婚姻了。国家作为委托人，将配偶置于受托人的地位，给予他们在处理家庭问题上的一系列权利，或者说把不完全的婚姻所有权及其附属的自然权利交给配偶；同时，国家又保留了婚姻利益中一些对社会有潜在影响的权利。国家所保留的这部分权利是婚姻信托利益的重要组成部分。[3] "信托说"对于揭示国家以法律对婚姻当事人赋权并对其权利的行使进行监督和干预具有一定意义。但该说也有某些不足。[4]

（4）"制度说"。该说始创于大陆法系的法国。1902 年法国学者卢斐补（Lefebvre）创立"制度说"，他主张婚姻并非契约，而为制度之一。该学说认为，婚姻当事人仅有制度上的权能，婚姻效力的发生与婚姻当事人的意思如何无任何关系。[5] 在 20 世纪 40 年代，英国思想家罗素也主张婚姻是一种制度。他认为："这种制度通过生育这一事实，成为社会内部结构的一部分，它的价值远远超过夫妻之间的私人感情。"[6] 诚然，婚姻关系是由法律制度确认的，但并不能由此认为制度是婚姻的本质。否则，任何法律关系的本质均可认定为制度。

---

[1]　主编注：黑格尔认为："所谓爱，一般说来，就是意识到我与别人的统一，……爱是伦理性的统一。""婚姻作为直接伦理关系首先包括自然生活的环节。因为伦理关系是实体性的关系，所以它包括生活的全部……""婚姻实质上是伦理关系。以前，特别是大多数关于自然法的著述，只是从肉体方面，从婚姻的自然属性方面来看待婚姻，因此，它只被看成一种性关系，……至于把婚姻理解为仅仅是民事契约，这种在康德那里也能看到的观念，同样是粗鲁的，因为根据这种观念，双方彼此任意地以个人为订约的对象，婚姻也就降格为按照契约而互相利用的形式。第三种同样应该受到唾弃的观念，认为婚姻仅仅是建立在爱的基础上。爱既是感觉，所以在一切方面都容许偶然性，而这正是伦理性的东西所不应采取的形态。所以，应该对婚姻作更为精确的规定如下：婚姻是具有法的意义的伦理性的爱，这样就可以消除爱中一切倏忽即逝的、反复无常的和赤裸裸主观的因素。""就其实质基础而言，婚姻不是契约关系，……由于双方人格的同一化，家庭成为一个人。……这种同一化就是伦理的精神。""伦理结合则完全在于互爱互助。""对夫妻共同财产加以限制的婚姻协议，以及继续给子女以法律上辅助等的安排，只有在婚姻关系由于自然的死亡和离婚等原因而消灭的情况下，才有意义。这些都是保障性的措施，以保证在此情况下家庭成员各从共有物中取得其应有部分。"可见，黑格尔的"伦理说"，一方面主张婚姻当事人基于双方"人格的同一化"而"互爱互助"，这体现了婚姻的伦理性；另一方面也主张婚姻在因死亡和离婚而解除时应当以法律手段保障家庭成员的权益，这体现了法律的强制性。所以"婚姻是具有法的意义的伦理性的爱"。参见［德］黑格尔：《法哲学原理》，范扬、张企泰译，商务印书馆 1982 年版，第 175、176、177、179、180、186 页。

[2]　夏吟兰主编：《婚姻家庭与继承法学原理》，中国政法大学出版社 1999 年版，第 48 页；蒋月：《婚姻家庭法前沿导论》，科学出版社 2007 年版，第 49～50 页。

[3]　主编注："信托说"认为，婚姻是一种信托关系，是国家与个人之间的信托关系。国家自己作为委托人，而将配偶置于受托人的地位，给予他们在处理家庭问题上的一系列权利，同时又保留了婚姻利益中一些对社会有潜在影响的权利。国家所保留的这部分权利是婚姻信托利益的重要组成部分。因此，婚姻信托的效果在于把不完全的婚姻所有权及其附属的自然权利，如子女抚养、夫妻性生活以及婚姻身份权等交给配偶。但如果父母虐待或遗弃子女，他们就会失去其家长权。同样，配偶享有彼此性爱的权利，但国家从来都保留着对夫妻一方在夫妻生活中过度淫乱行为的惩罚权。法律上把婚姻当做一种信托关系所要达到的目的仅是防止配偶因获得完全的所有权而损害社会利益。参见［美］威廉·杰·欧·唐奈、大卫·艾·琼斯：《美国婚姻与婚姻法》，顾培东、杨遂全译，重庆出版社 1986 年版，第 8～9 页。

[4]　夏吟兰主编：《婚姻家庭与继承法学原理》，中国政法大学出版社 1999 年版，第 49 页；蒋月：《婚姻家庭法前沿导论》，科学出版社 2007 年版，第 46～47 页。

[5]　巫昌祯主编：《婚姻与继承法学》，中国政法大学出版社 1997 年版，第 106 页。

[6]　［英］伯特兰·罗素：《婚姻革命》，靳建国译，东方出版社 1988 年版，第 53 页。

（5）"身份关系说"。该说认为，婚姻关系本质上是一和身份关系，夫妻在财产上的关系附随于人身关系。创设婚姻的行为是一种身份法上的行为，行为人须有结婚的合意，但婚姻成立的条件、程序，婚姻的效力，婚姻解除的条件等都是法定的，而不是意定的。该说是我国婚姻法学界当前的通说。[1]

3. 婚姻的种类。婚姻依不同的划分标准可分为不同的种类。

（1）初婚和再婚。这是依当事人结婚的次数不同进行的划分。初婚是指从未结婚的人第一次缔结的婚姻；再婚是指已结婚的人丧偶或离婚后又与他人再次缔结的婚姻。当代各国均无再婚次数的限制。

（2）单婚和重婚。这是依结婚主体人数的构成不同进行的划分。单婚是指一男一女结成的婚姻；重婚是指有配偶者又与他人缔结的婚姻。目前绝大多数国家实行单婚。

（3）要式婚和事实婚。这是依结婚是否履行法定程序的不同进行的划分。要式婚是指男女依照法定程序缔结的婚姻；事实婚是指符合结婚条件的男女，未履行结婚法定程序，以夫妻名义同居生活而形成的婚姻。当代世界各国立法对事实婚的态度有三种：不承认主义、限制承认主义、承认主义。

（4）合法婚姻和违法婚姻。这是依据是否符合结婚法定要件的不同进行的划分。合法婚姻是指符合结婚法定要件的婚姻；违法婚姻是指不符合结婚法定要件的婚姻。在我国，事实婚姻、无效婚姻、可撤销婚姻都是违法婚姻。

（二）家庭

1. 家庭的概念。家庭一词的含义在中国古代有多种解释，最早见于《后汉书·均传》，其他文献一般简称为家。有学者将其含义归纳为五种：一为人居住的地方；二为夫妇；三为室内；四为女子出嫁；五为亲属共同生活团体。[2]

家在法制上，主要有两种立法原则：①形式主义的立法原则。以同籍确定为家。凡属同一户籍的为一家，否则不为一家。如唐律规定：同籍及期亲为一家。②实质主义的立法原则。以同居生活关系确定为家。凡是经常共同生活的为一家，至于是否同籍在所不问，如我国民国时期的民法规定：称家者谓以永久共同生活为目的而同居之亲属团体。[3]

在现代社会，学界一般认为，家庭是一定范围内的亲属所构成的共同生活单位。对个人来说，家庭是一定范围的亲属的生活场所；对社会来说，家庭是社会的组织形式，是社会的细胞。

（1）家庭是一个独立的共同生活的单位。家庭作为社会的一个细胞，是以婚姻、血缘为纽带而构成的生活单位。共同生活的内容是非常广泛的，包括经济生活、道德生活、情感生活及宗教生活等。与其他社会关系相比，家庭表现出以下特征：共同生活、共同消费；家庭成员间有共同的财产关系；家庭成员互享法定权利并互负法定义务。如果家庭成员间发生影响情感的问题，往往会影响家庭关系的和睦，特别是夫妻间的情感破裂有可能导致家庭解体。因此，我国法律将离婚的法定理由规定为"夫妻感情确已破裂"。[4]

（2）家庭是由一定范围的亲属所构成的生活单位。家庭是一个生活单位，但不是任何

---

〔1〕　杨大文主编：《亲属法》，法律出版社1997年版，第68页。

〔2〕　陈小君主编：《婚姻家庭法学》，中国检察出版社1995年版，第3页。

〔3〕　李忠芳主编：《婚姻法学》，辽宁人民出版社1989年版，第138~139页。

〔4〕　参见李洪祥：《我国民法典立法之亲属法体系研究》，中国法制出版社2014年版，第30页。

人构成的生活单位都是家庭。只有亲属，而且是一定范围内的亲属构成的生活单位，才能称为家庭。

2. 家庭的职能。家庭的职能是指家庭作为社会关系的特定单位对社会所起的作用。在我国，随着城市化的推进和人口流动的加剧，家庭功能或者说部分家庭功能呈现出衰落和外移的趋势，包括子女的生育抚养、家庭教育、物质生产、扶助养老等传统的家庭功能都逐渐被社会化的机构所取代。[1] 如今的家庭职能概括起来主要有以下三个方面：

（1）人口再生产的职能。人口再生产的职能又称为生育功能。根据历史唯物主义的观点，生产本身有两种：①物质资料的生产，即食物、衣服、住房以及为此所需要的工具的生产；②人类自身的生产，即种的繁衍或者称为人口再生产，是人类社会存在和可持续发展的必然要求。人口再生产的职能又必然落实在婚姻家庭的职能上，这是由婚姻家庭的自然属性和社会属性决定的。

人口再生产是婚姻家庭的自然属性的必然产物。但人口生产的规律，则是由婚姻家庭的社会属性决定的。人口再生产是受包括社会物质生活条件和人们生育观在内的社会条件制约的。因此，社会制度不同，婚姻家庭在实现人口再生产的职能时也会呈现出不同的特点，如在古代的奴隶社会和封建社会，人口再生产与当时分散的小农经济相适应，出生率高，死亡率也高。在近代资本主义社会，人口再生产受人口相对过剩规律的制约，这是由劳动力市场盲目的、自发的供求规律决定的。在现代社会，实行计划生育反映了人口再生产必须与物质资料生产相适应的客观规律的要求。一些国家，如我国、印度等均从本国实际出发，制定符合本国国情的计划生育政策。总之，人口再生产的过程，绝非是纯生物学的自然的过程，而是受一定的社会条件制约，并在一定的社会关系中才能实现的过程。婚姻家庭是人口再生产的社会单位，是实现人口再生产的载体。

（2）组织经济生活的职能。组织经济生活的职能，包括生产职能与消费职能，消费职能包含生活消费（抚养扶助等）与生产消费。家庭的经济职能，是社会生产方式和生活方式的集中反映。在古代社会，与奴隶社会、封建社会的小农经济结构相适应，当时的家庭是组织生产和消费的最重要的经济单位。到近代资本主义社会，由于大工业的发展和机械化的广泛采用，家庭的生产职能与生产消费职能减弱，许多家庭仅具有生活消费的职能，而不再具有组织生产的职能。到现代社会，除农村家庭和城市个体工商户家庭仍具有生产职能外，其他城市家庭一般只具有生活消费的职能。

从我国现实生活看，随着工业现代化进程的加快，家庭的物质生产职能正在减弱，除农村家庭和城市个体工商户家庭等仍然具有物质生产职能外，城市中的绝大部分家庭已经没有此职能。然而家庭的生活消费职能，将随着社会经济的发展和人民群众物质文化生活水平的提高，发挥更大的作用。

（3）教育职能。教育职能在家庭产生之初就已经形成。家庭是人们最初的生活环境和活动场所，家庭作为教育单位，承担着教育家庭成员、培养后代的作用。教育、监督和保护子女是家庭法定的权利和义务。家庭成员之间所具有的亲情、血缘、共同经济、共同生活上的联系使得家庭教育与其他社会教育具有不同的特点。家庭教育是社会教育的有机组成部分和根基，只有把家庭教育、学校教育和社会教育结合起来，才能更好地完成教育后

---

〔1〕 丁慧："再论中国亲属法的立法价值选择——在《民法典》起草和制定的语境下"，载陈苇主编：《21世纪家庭法与家事司法：实践与变革》，群众出版社2016年版，第50页。

代的使命，将婚姻家庭成员打造成为多姿多彩的社会存在的主体。[1]

（三）婚姻与家庭的关系

婚姻与家庭之间既有联系又有区别。两者的联系在于：婚姻是家庭产生的前提，家庭是婚姻成立的结果，家庭关系包括婚姻关系；两者的区别在于：婚姻仅存在于结为夫妻的男女两性之间，家庭存在于婚姻当事人及家庭成员之间。

二、婚姻家庭的属性

婚姻家庭是以两性结合为前提，以血缘联系为纽带的社会关系，具有自然属性和社会属性。

（一）婚姻家庭的自然属性

婚姻家庭的自然属性是婚姻家庭赖以形成的不可缺少的自然因素。婚姻是男女两性的结合，家庭以血缘联系为其自然条件，如果没有这种自然条件，也就无所谓婚姻家庭，但少数承认同性结合婚姻合法的国家除外。因此，这些自然因素是婚姻家庭与其他社会关系相区别的显著特征：①男女两性的生理差异和固有的性本能是建立婚姻关系的自然基础。生理学、生物学中的某些自然规律必然会对婚姻家庭关系发生作用，故人们一般认为只有两性的结合才能构成婚姻。②家庭成员之间的血缘联系具有生物学上的特征。例如，婚姻法关于禁止近亲结婚的规定，就是生理学和生物学的要求。③建立婚姻家庭要受到自然规律的约束。婚姻家庭立法要正视婚姻家庭的自然属性，尊重自然规律。如婚姻法规定结婚当事人必须达到一定年龄，一定范围的近亲属结婚必须受到禁止，以及以出生的事实作为确定亲子关系的依据，等等。

（二）婚姻家庭的社会属性

婚姻家庭的社会属性是指它的存在和发展取决于社会生产关系，同时受社会上层建筑各个因素的影响和制约。婚姻家庭关系是人类社会特有的社会关系，它的性质是由当时的社会生产关系的性质决定的。马克思说："人的本质并不是单个人所固有的抽象物，实际上，它是一切社会关系的总和。"[2] 人类的根本属性是社会性，人绝不能脱离社会而单独存在。婚姻家庭是人与人之间的社会关系，它也不能脱离社会而孤立存在。正如马克思指出的："在生产、交换和消费发展到一定阶段时，就会有一定的社会制度、一定的家庭、等级或阶级组织，一句话，就会有一定的市民社会。"[3] 可见，有什么样的社会生产关系，就有什么样的社会，就有与这个社会相适应的婚姻家庭。例如，在奴隶社会和封建社会，基于小农经济的需要，人与人之间的关系是人身依附关系，婚姻家庭是以包办强迫婚姻、男尊女卑、夫权统治、家长专制、漠视子女利益为特征的；在资本主义社会，基于资本主义工业化生产的需要，人与人之间的关系是契约关系，婚姻家庭也被视为一种"契约关系"；在社会主义社会，以社会主义公有制为基础且多种经济成分并存，人与人之间地位平等，婚姻家庭关系是平等主体之间的人身关系。并且，必须注意婚姻家庭的性质还受当时社会上层建筑各种因素的影响和制约。如现代社会以市场经济为基础，采取了功利主义的价值态度、理性主义的思维方式和法治主义的政治思想，对婚姻家庭原本的整体性、利他

---

[1]　参见李洪祥：《我国民法典立法之亲属法体系研究》，中国法制出版社2014年版，第45页。

[2]　《马克思恩格斯全集》（第3卷），人民出版社1972年版，第5页。

[3]　《马克思恩格斯全集》（第27卷），人民出版社1972年版，第477页。

主义造成冲击，使婚姻家庭出现新的特点与矛盾。[1]

总之，婚姻家庭的社会属性是婚姻家庭的本质属性：①婚姻家庭是社会关系的特定形式，具有复杂的社会内容。婚姻家庭关系包括物质的社会关系和思想的社会关系。物质的社会关系是人们维持生存的必要条件，而思想的社会关系包括感情的、伦理的、政治的、法律的等社会关系，是与当时社会上层建筑相适应的。②婚姻家庭是社会发展的产物。人类社会的两性关系从杂乱性交的非婚姻家庭状态，发展到血缘群婚、亚血缘群婚、对偶婚到一夫一妻制婚姻[2]，以及一夫一妻制婚姻发展的不同类型，都是社会历史发展的结果。③婚姻家庭是一定社会的缩影。以婚姻为基础的家庭是社会的细胞，其担负着重要的社会职能。

（三）婚姻家庭的自然属性和社会属性的关系

婚姻家庭的自然属性，决定了婚姻家庭关系的形成和维系都不同于一般的社会关系，它使婚姻家庭关系区别于其他社会关系，是婚姻家庭关系自身具有的特征。婚姻家庭的社会属性决定了婚姻家庭关系的性质，它是婚姻家庭关系的根本属性。

我们在不否定婚姻家庭自然属性的同时，绝不能夸大自然属性，更不能只承认自然属性而否认其社会属性。有关婚姻家庭的性质及其发展规律，只能从它的社会属性中得到合理的解释。虽然婚姻家庭的社会属性是婚姻家庭关系的根本属性，但是立法者不能忽视婚姻家庭的自然属性。[3]

第二节　婚姻家庭法

一、婚姻家庭法的概念和种类

（一）婚姻家庭法的概念

婚姻家庭法是调整婚姻家庭关系的法律规范的总和。关于婚姻家庭法的名称，世界各国的规定不一，归纳起来主要有四种，即婚姻法、家庭法、婚姻家庭法和亲属法。形成不同称谓的原因主要有两个：①由于调整对象或内容和范围的不同，其称谓不尽相同，如调整婚姻关系的法称为婚姻法，调整家庭关系的法称为家庭法，既调整婚姻关系又调整家庭关系的法称为婚姻家庭法。②由于认识上的原因和传统习惯的影响不同，其称谓不同，如同为调整婚姻关系和家庭关系的法，有的国家称为婚姻法，如我国2001年修正的《婚姻法》；有的则称为家庭法，罗马尼亚采此称谓；有的则称为婚姻家庭法，如我国《民法典》婚姻家庭编；大陆法系的国家一般称为亲属法；而英美法系国家一般采取名副其实的命名原则，使名称和内容相统一，如英国的1973年《婚姻诉讼法》、1996年《家庭法》、1999

---

〔1〕　参见李拥军、雷蕾："论我国婚姻家庭关系的伦理价值与立法表达——以《民法典（婚姻家庭编）》制定为背景"，载《政法论丛》2019年第2期。

〔2〕　参见杨怀英主编：《中国婚姻法论》，重庆出版社1989年版，第66~86页。

〔3〕　关于自然属性和社会属性，对个人性行为的影响，我国有专家认为，"一个人在性方面的成熟并不仅仅指生理功能的发育齐全"，更是指个人在性方面的实践中，"已经逐步在性心理和性行为方面建立起道德上的自控能力，已经具备了按照社会的要求去建立和维系性关系的独立能力"。参见潘绥铭、［美］白维廉、王爱丽、［美］劳曼：《当代中国人的性行为与性关系》，社会科学文献出版社2004年版，第52~54页。

年《儿童保护法》[1]，美国的 1970 年《统一结婚离婚法》、1973 年《统一父母身份法》、1992 年《统一州际抚养法》[2] 等。

（二）婚姻家庭法的种类

在法学领域中，根据不同的划分标准，可以将婚姻家庭法划分为不同的类型。

1. 狭义的婚姻家庭法与广义的婚姻家庭法。按其调整对象的不同，可划分为狭义的婚姻家庭法与广义的婚姻家庭法。狭义的婚姻家庭法是指调整婚姻关系的法律规范的总和，它只对婚姻关系的内容进行规范，不涉及其他家庭成员之间的权利与义务，如美国的《统一结婚离婚法》。广义的婚姻家庭法是指既调整婚姻关系又调整家庭关系的法律规范的总和，其内容不仅包括婚姻关系，也包括家庭关系，如我国《民法典》婚姻家庭编。

2. 形式意义的婚姻家庭法与实质意义的婚姻家庭法。按其调整内容的不同，可划分为形式意义的婚姻家庭法和实质意义的婚姻家庭法。形式意义的婚姻家庭法是指以法典形式命名的调整婚姻家庭关系的基本法，如我国《民法典》婚姻家庭编。它只是调整婚姻家庭关系的基本准则，而不是全部婚姻家庭关系的法律规范。实质意义的婚姻家庭法是指调整婚姻家庭关系的法律规范的总和。它不仅包括形式意义的婚姻家庭法，还包括在其他法律中调整婚姻家庭关系内容的规范。[3] 在我国，包括 2025 年修订的《婚姻登记条例》、2022 年修正的《妇女权益保障法》、2024 年修正的《未成年人保护法》、2021 年修正的《人口与计划生育法》、2017 年修正的《母婴保健法》以及我国最高人民法院 2020 年 12 月为适用《民法典》发布的《婚姻家庭编解释（一）》和 2025 年实施的《婚姻家庭编解释（二）》等。[4] 总之，凡涉及调整婚姻家庭关系的法律规范，包括法律、法规、司法解释、条例、办法等均属于实质意义的婚姻家庭法。因此，学习和研究婚姻家庭法，应当包括全部实质意义上的婚姻家庭法律规范体系，而不能仅以形式意义上的婚姻家庭法为限。

二、婚姻家庭法的调整对象

（一）婚姻家庭法调整对象的内容

我国《民法典》第 1040 条规定："本编调整因婚姻家庭产生的民事关系。"这明确了婚姻家庭编的调整对象。

1. 因婚姻关系产生的民事关系。因婚姻关系产生的民事关系是指婚姻关系的成立、婚姻效力和婚姻终止等关系。对此，法律上规定有婚姻成立的条件、程序、婚姻的无效与撤销、夫妻间的权利与义务、离婚的原则、条件、程序、法律效力，以及夫妻一方死亡的法律后果等。

---

〔1〕　前述英国立法，参见蒋月等译：《英国婚姻家庭制定法选集》，法律出版社 2008 年版，第 56、229、289 页。

〔2〕　前述美国立法，参见［美］哈里·D. 格劳斯、大卫·D. 梅耶：《美国家庭法精要（第五版）》，陈苇等译，中国政法大学出版社 2010 年版，第 205、84、128 页。

〔3〕　法学教材编辑部《婚姻法教程》编写组：《婚姻法教程》，法律出版社 1982 年版，第 15 页。

〔4〕　必须注意，自 2021 年 1 月 1 日起我国《民法典》施行后，我国 1986 年《民法通则》、1985 年《继承法》和 2001 年修正的《婚姻法》以及最高人民法院为适用 1980《婚姻法》、1986 年《民法通则》和 2001 年修正后的《婚姻法》先后发布的 1985 年《执行继承法意见》、1988 年《执行民通则意见》、1989 年《审理以夫妻名义同居生活案件的意见》、1989 年《认定夫妻感情已破裂的意见》、1993 年《离婚财产分割意见》、1993 年《子女抚养意见》、1996 年《公房使用、承租问题解答》和《婚姻法解释（一）》《婚姻法解释（二）》《婚姻法解释（三）》以及 2017 年《婚姻法解释（二）第 24 条的补充规定》、2018 年《涉及夫妻债务纠纷案件适用法律解释》等司法解释均已废止，详见本书"主要法律、法规和司法解释的简称"的说明。

2. 因家庭关系产生的民事关系。因家庭关系产生的民事关系是指基于家庭成员间的身份关系而形成的各种权利与义务关系。我国《民法典》婚姻家庭编确认的相互之间具有权利与义务关系的亲属包括：配偶、血亲和符合法定条件的姻亲。配偶、父母、子女、兄弟姐妹、祖父母、外祖父母、孙子女、外孙子女为近亲属。配偶、父母、子女以及其他共同生活的近亲属为家庭成员。他（她）们在家庭中的地位，相互间身份的产生和消灭，权利义务的内容和条件等均是婚姻家庭法的调整对象。

（二）婚姻家庭法调整对象的社会关系的性质

婚姻家庭法调整对象的社会关系的性质，是指婚姻家庭方面的人身关系以及由此而产生的财产关系。

1. 婚姻家庭的人身关系。婚姻家庭的人身关系是指婚姻家庭中具有特定身份的主体之间，不直接体现经济内容的权利义务关系。诸如姓氏权、社会活动自由权、忠实请求权、教育保护权、计划生育义务等均属之。婚姻家庭关系主体依法享有权利和承担义务，都是由这种特定身份决定的，不具有这种特定的身份就不具有婚姻家庭法上的权利义务。因此，我国《民法典》婚姻家庭编对婚姻家庭方面的人身关系的发生、权利与义务的消灭予以明确规定。《婚姻家庭编解释（一）》对一些具体问题作出了进一步明确规定，如同居关系、补办结婚登记的效力、生育权等。

2. 婚姻家庭的财产关系。婚姻家庭的财产关系是指婚姻家庭中具有特定身份的主体之间，直接体现经济内容的权利义务关系。诸如家庭成员间的扶养、抚养、赡养的权利与义务，夫妻间的财产权利与义务，监护人对被监护人造成的经济损失的赔偿义务等均属之。婚姻家庭法所调整的财产关系以特定身份为前提，且具有强烈的身份关系附随性，并不同于一般财产关系。[1] 因此，我国《民法典》婚姻家庭编对婚姻家庭方面的财产关系的发生、内容与终止等予以明确规定；《婚姻家庭编解释（一）》对一些具体问题作出进一步明确规定，如知识产权的收益、其他应当归夫妻共同所有的财产等的解释。

婚姻家庭的财产关系与民法调整的其他财产关系是不同的，其主要区别有：①主体不同。婚姻家庭法调整的财产关系发生在有特定的亲属身份的家庭成员之间并以此为前提；民法上的其他财产关系的发生则无此限制，可以是自然人，也可以是法人。②性质不同。婚姻家庭法调整的财产关系从属于人身关系，与特定的亲属关系不能分离，且具有特定性、持续性和无偿性特征；民法上的其他财产关系则无此特征，且一般具有等价、有偿的性质。③功能不同。婚姻家庭法调整的财产关系受亲情伦理的影响较大，反映家庭经济职能和亲属间相互扶助的要求，目的在于维护婚姻家庭的稳定与和谐；民法上的其他财产关系则不具有这样的功能，且主要反映市场经济条件下商品交换的要求，目的在于维护流通秩序和交易安全。

三、婚姻家庭法的性质

婚姻家庭法的性质是指其自身的特性，它是实体法、部门法、国内法、身份法。

（一）婚姻家庭法是实体法

实体法是相对于程序法而言的。婚姻家庭法主要是实体性的规范，主要规定婚姻家庭的主体在人身关系和财产关系方面的权利与义务，从实体上确定人们在婚姻家庭领域的行

---

[1] 夏沁："婚姻家庭本质与民法体系中的婚姻家庭法"，载《四川理工学院学报（社会科学版）》2018年第1期。

为规则。尽管在婚姻家庭法中也有一些程序性的规定，诸如结婚登记、离婚登记、收养登记、解除收养登记等，但这些规定并不影响其作为实体法的性质。

（二）婚姻家庭法是国内法

国内法是相对于国际法而言的。婚姻家庭法是调整本国自然人婚姻家庭关系的法律规范，基于本国主权，其效力也及于本国领域内的外国人和无国籍人。按照我国法律的规定，我国缔结或参加的有关婚姻家庭的国际条约、国际协定，以及我国认可的国际惯例也是婚姻家庭法的法律渊源，但这并不影响其国内法的性质。

（三）婚姻家庭法是身份法

身份法是指关于亲属身份的发生、变更、终止，以及由此而产生的权利与义务关系的法律规范。婚姻家庭法调整夫妻之间、父母子女之间、祖孙之间、兄弟姐妹之间等亲属之间关系的产生、变更与终止，并调整由此而产生的权利与义务关系。尽管这种权利与义务包括人身性权利与义务，也包括财产性权利与义务，但后者是以前者为基础而产生并随着前者的变化而变化。

（四）婚姻家庭法是私法

在我国，婚姻家庭法已经回归到我国《民法典》之中。只要是以调整私人领域为主的法律就应当认定为私法，就应当适用私法的理念、原则和规则。意思自治是私法的核心和基础，这一点在婚姻家庭编中有充分表现[1]"但个人本位、私法自治、契约自由、民事主体地位平等的私法特性在带来积极意义的同时，也造成了一定的弊端"[2]。"对家庭暴力的国家公权力介入是亲属法私法公法化的重要标志"。[3]

四、婚姻家庭法的特点

婚姻家庭法调整对象的特殊性，决定了它的特点，即适用的广泛性、内容的伦理性和规范的强行性。

（一）适用的广泛性

社会成员既是婚姻家庭关系的产物，又是婚姻家庭关系的主体。婚姻家庭关系是人类社会中普遍存在的社会关系。任何人，不论其性别、年龄和其他情况如何，都是婚姻家庭关系的主体。1950年我国第一部《婚姻法》颁布时，毛泽东同志就指出："婚姻法是有关一切男女利害的、普遍性仅次于宪法的国家根本大法之一。"[4]一般情况下，人人都要结婚，人人都在一定的家庭中生活。每一个人，不论年幼或年老，不论已婚或未婚，不论有子女或无子女，都在婚姻家庭法的调整范围之内。婚姻家庭法是适用于我国领域内一切自然人的普通法，而不是适用于部分自然人的特别法。因此，婚姻家庭法的调整对象极为广泛，具有适用上的广泛性。

（二）内容的伦理性

婚姻家庭关系既是一种重要的法律关系，也是一种重要的伦理关系。婚姻家庭法具有

---

〔1〕　参见李洪祥：《我国民法典立法之亲属法体系研究》，中国法制出版社2014年版，第12页。

〔2〕　参见杨晋玲：《亲属法基础理论问题研究》，法律出版社2017年版，第11页。

〔3〕　参见夏吟兰、薛宁兰主编：《民法典之婚姻家庭编立法研究》，北京大学出版社2016年版，第87页。

〔4〕　1950年4月14日，中央人民政府法制委员会发布《关于中华人民共和国婚姻法起草经过和起草理由的报告》。

身份法性质，而不是财产法。婚姻家庭伦理是一个民族在自己的历史进程中形成的[1]，为人们普遍遵守的有关夫妻、父母子女等亲属关系的价值、观念及行为准则。[2]　婚姻是一个伦理实体，人们的婚姻家庭关系，既受法律规范的调整，也受道德规范的调整。而道德规范调整的内容比法律规范更为广泛，调整婚姻家庭关系的法律规范有部分来源于道德规范。如我国《民法典》第1067条第2款关于赡养老人的规定，既是道德义务，也是法定义务，具有双重属性。[3]　因此，强烈的伦理性是婚姻家庭法的又一特点。[4]

（三）规范的强行性

法律规范的强行性是相对于任意性而言的。婚姻家庭法规定的当事人之间的权利和义务具有强行性，当事人双方不得任意变更。当事人为一定行为时（如结婚、离婚、收养等）必须依照婚姻家庭法规定的条件和程序进行；作为婚姻家庭关系的当事人之间，如夫妻之间、父母子女之间、其他家庭成员之间的权利和义务是法律预先规定的，当事人不得随意抛弃、不得加以限制、不得加以改变或者通过协议加以改变。诚然，在婚姻家庭法中也有部分任意性规范，但当事人必须在法律允许的范围内协商约定，其选择的余地较小，如夫妻对财产关系的约定、离婚时的财产分割和子女抚养的协议等。因为婚姻家庭法具有团体性，集体主义色彩浓厚，个人主义色彩较为薄弱，因此须对私人自治在家庭生活中予以较大的限制。[5]　通过亲属、婚姻家庭法律规范的设定，应当倡导人类文明，使主流的伦理价值取向得以贯彻，构建和谐婚姻、和谐家庭及和谐社会。[6]

第三节　婚姻家庭法的编制体例

调整婚姻家庭关系的法律，在不同的社会里其地位是不同的。从婚姻家庭法的历史发展看，大体经历了三个阶段，即诸法合体时期的古代婚姻家庭法、属于民法组成部分的近现代婚姻家庭法、形成独立法律部门的婚姻家庭法。这表明在人类不同的历史时期，婚姻家庭法的编制体例有所不同。

一、诸法合体的古代婚姻家庭法

在整个古代，不论奴隶社会还是封建社会，立法多采取"诸法合体"的形式：①立法没有民事和刑事之分，也没有实体法和程序法之别，一切法律规定被统括于一部法典之中。中国是这样，外国也是如此。例如，我国古代的《唐律》就是把犯罪、刑罚、行政制度、司法制度、财产关系、亲属关系、户籍、土地、税收等诸多关系，统一规定于一部法律中，

---

〔1〕　主编注：关于中国传统法律伦理化进程的探讨，参见张中秋：《中西法律文化比较研究》，法律出版社2009年版，第121~127页。

〔2〕　薛宁兰："婚姻家庭法定位及其伦理内涵"，载陈苇主编：《21世纪家庭法与家事司法：实践与变革》，群众出版社2016年版，第33页。

〔3〕　参见朱晓峰："孝道理念与民法典编纂"，载《法律科学（西北政法大学学报）》2019年第1期。

〔4〕　主编注：关于亲属法的伦理性及其与法律的关系之研究，参见曹贤信：《亲属法的伦理性及其限度研究》，群众出版社2012年版，第181~218页；关于我国婚姻家庭法中所蕴含的伦理道德之研究，参见夏吟兰主编：《中华人民共和国婚姻法评注 总则》，厦门大学出版社2016年版，第42~44页。

〔5〕　参见肖新喜："论民法典婚姻家庭编的社会化"，载《中国法学》2019年第3期。

〔6〕　李洪祥：《我国民法典立法之亲属法体系研究》，中国法制出版社2014年版，第49页。

婚姻家庭关系与户籍、土地、税收等内容被编制在《户婚律》之中；国外古巴比伦的《汉穆拉比法典》、古罗马的《十二铜表法》、古希伯来奴隶制王国的古希伯来法等，也是把有关婚姻家庭方面的一切法规统一于一部法律之中。可见，婚姻家庭法与其他法律并存于统一的一部法律之中是当时立法特点之一。②有关婚姻家庭方面的法律规范均与刑罚联系在一起。例如中国古代的《唐律》规定："诸同姓为婚者，各徒二年。""妾与奴婢为良人，而与良人为夫妻者，徒二年。"〔1〕《汉穆拉比法典》第129、143条分别规定："倘自由民之妻与其他男人同寝而被捕，则应捆缚此二人投之于河。""倘她不贞洁而常他往，使其家破产，其夫蒙羞，则此妇应投之于水。"〔2〕③在法律之外，其他社会规范对婚姻家庭关系也有规范作用，诸如道德、宗教、风俗习惯等。中国古代对婚姻家庭关系的调整实行"以礼辅法，礼法并用"方式。由于古代法律规范的不全面，所以有关婚姻家庭的礼，实际上起着法的作用，从广义上说是婚姻家庭法的组成部分。〔3〕

二、属于民法组成部分的婚姻家庭法

到资本主义社会时期，在法制史上结束了诸法合体的时代，法律被划分为实体法与程序法、公法与私法等。婚姻家庭法作为私法的组成部分被包括在民法之中，属于民法的一个组成部分，如《日本民法典》第四编"亲族法"、1900年《德国民法典》第四编"亲属法"等，该"亲族法"或"亲属法"，就是调整婚姻家庭关系的法律。资本主义国家把婚姻家庭法归属于民法之中，是认为婚姻家庭关系是一种契约关系。正如英国法学家亨·萨·梅因所说，与以前的各个时代相比，我们的全部进步就在于从身份到契约，从过去留传下来的状态进到自由契约所规定的状态。〔4〕1791年的法国宪法规定："法律只承认婚姻是一种民事契约。"因此，婚姻家庭关系当然应该由民法调整，婚姻家庭法当然属于民法的组成部分。

在编制体例上，资本主义国家有大陆法系和英美法系（或称为海洋法系）之分，两大法系在婚姻家庭法的编制体例上有所不同。

（一）大陆法系的编制体例

大陆法系国家也称法典法系国家，均有统一的民法典。婚姻家庭法的编制体例又有罗马法编制体例与德国民法典编制体例之分。罗马法编制体例也被称为法国式的编制法，它以1804年的《法国民法典》为代表。其编制方法是将婚姻家庭中有关婚姻成立、婚姻终止、父母子女等人身关系的产生和消灭、亲权、监护的身份关系和行为，统一规定在第一编"人法"之中；将婚姻家庭中涉及财产关系的内容，诸如夫妻间的扶养、夫妻财产制、亲属间的遗产继承等统一规定在第三编"取得财产的各种方法"〔5〕之中。德国民法典编制体例或称德国式的编制法，以1900年的《德国民法典》为代表，其编制方法是将婚姻家庭关系集中编制在第四编，称为"亲属编"。日本、瑞士的民法典以及我国民国时期的民法均采此种编制法。

---

〔1〕　张希坡：《中国婚姻立法史》，人民出版社2004年版，第41、43页。

〔2〕　《世界著名法典汉译丛书》编委会编：《汉穆拉比法典》，法律出版社2000年版，第60、67页。

〔3〕　杨大文主编：《婚姻法学》，北京大学出版社1991年版，第23页。

〔4〕　［英］梅因：《古代法》，沈景一译，商务印书馆1959年版，第3页。

〔5〕　李浩培等译：《拿破仑法典》，商务印书馆1979年版，第94页。

（二）英美法系的编制体例

英美法系编制体例以英国法和美国法为代表。这些国家除通行习惯法和判例法外，调整婚姻家庭关系的法律是由一系列的单行法规构成的，诸如结婚法、离婚法、夫妻财产法等。这些单行法规无论在理论上还是在法律的分类上，都不是独立的法律部门，而只是民法的有机组成部分。[1]

三、成为独立法律部门的婚姻家庭法

婚姻家庭法成为一个独立的法律部门，是从苏联十月革命胜利后开始的。苏联1918年和1926年的《婚姻、家庭和监护法典》，已经从民法中分离出来成为一个独立的法律部门。第二次世界大战后，包括我国在内的亚洲、欧洲的一些社会主义国家相继建立，也都按苏联模式先后将婚姻家庭法从民法中分离出来而成为独立的法律部门。我国1950年和1980年的两部《婚姻法》，虽然内容简要，条文不多，但都是独立的法律，被视为是我国社会主义法律体系中的一个独立部门。[2] 然而，就一般学理而言，亲属关系属于市民关系、婚姻家庭法的私法属性以及身份权的私权属性都表明婚姻家庭法应为民法的组成部分。[3] 婚姻家庭法在调整对象和调整方法上与民法（财产法）既有相同性，也有差异性，商品关系和亲属关系虽是两类社会关系，适用的基本原则有别，但他们共同构成市民社会的基础，一并是民法的调整对象。[4] 2020年5月28日颁布的我国《民法典》中婚姻家庭法已经独立成编。这也证实了许多学者认为婚姻家庭法属于民法典组成部分的观点。[5]

第四节　中国婚姻家庭法的演变

关于中国婚姻家庭法的演变之考察，主要包括以下历史时期的立法：中国古代的婚姻家庭法、中国半殖民地半封建社会的婚姻家庭法、中国民主革命根据地的婚姻家庭法和中华人民共和国婚姻家庭法。[6]

一、中国古代的婚姻家庭法

中国古代自公元前21世纪的夏朝开始，经历数千年奴隶制社会和封建制社会的历史，作为其法律制度组成部分的婚姻家庭立法，与社会制度的发展一脉相承，在立法宗旨、立法内容和调整方法上，形成了自身的特征。

---

〔1〕　主编注：关于近现代民法中家庭法立法体例的比较考察之研究，参见陈晓敏："论我国家庭法立法体例的选择"，载陈小君等：《民法典结构设计比较研究》，法律出版社2011年版，第140~149页。

〔2〕　但我国有学者认为，随着《民法通则》的颁行，就2001年修正的《婚姻法》在现行民事法律体系中的地位而言，应是民法的组成部分，而不是一个独立的法律部门。参见杨大文主编：《亲属法》，法律出版社2004年版，第18页。

〔3〕　夏沁："婚姻家庭本质与民法体系中的婚姻家庭法"，载《四川理工学院学报（社会科学版）》2018年第1期。

〔4〕　薛宁兰："婚姻家庭法定位及其伦理内涵"，载陈苇主编：《21世纪家庭法与家事司法：实践与变革》，群众出版社2016年版，第30页。

〔5〕　参见李洪祥："我国亲属法应当回归未来民法典"，载《吉林大学社会科学学报》2011年第2期。

〔6〕　主编注：关于从女性主义视角对中国婚姻家庭法的历史演进之研究，参见黄宇：《婚姻家庭法之女性主义分析》，群众出版社2012年版，第163~209页。

（一）中国古代婚姻家庭立法的宗旨

中国古代婚姻家庭立法的宗旨是维护统治阶级的宗法制度，以达到维护统治阶级利益之目的。宗法制度也称为宗法等级制度，是原始社会父系氏族的血缘结构在阶级社会中的转化形态。它始自夏、商，完备于西周，[1] 统治者通过血缘纽带将同姓贵族联合起来，以天子为大宗，以诸侯为小宗，诸侯在本诸侯国为大宗，卿、大夫为小宗。各个大宗小宗都成为一个家长制的大家庭，形成一个庞大的宗族体系、亲属网络，这也是一种国家的统治体系。国王是国家的最高统治者，是整个国家的大宗，拥有至高无上的权力。家庭则实行家长制，由男性尊长担任家长，家长对家庭成员与国王对臣民一样，享有至高无上的家长权。这种宗法制度是中国古代社会国家的根本制度，也是婚姻家庭立法必须遵循和维护的制度。在宗法制度下，以男子为中心的家长制家庭是国家的缩影，婚姻家庭立法的内容都是按宗法制度的要求制定，并为宗法制度服务的。

（二）中国古代婚姻家庭法的调整方法

奴隶制社会为维护宗法制度，调整婚姻家庭关系主要是依礼制规范，其核心是主张尊卑、贵贱、长幼、亲疏有别，要求人们不同的身份有不同的行为规范。最早的"礼"出现在西周，以周公为代表的奴隶主统治者总结夏、商及周初的习惯和经验，制定了通行全国的比较系统的礼制，史称"周公制礼"。[2] 礼的主要内容是"婚礼"和"家礼"。所谓婚礼，指嫁娶之礼，即当时结婚的"六礼"；[3] 所谓家礼，指冠、丧、祭等礼。至封建制社会，对婚姻家庭关系的调整是礼法并用，一方面，加强对婚姻家庭关系的法律调整，多在统一的法典中设置专章规定婚姻成立、婚姻障碍及对违律嫁娶的处罚等；另一方面，对家长的权力、家属的义务等都作出较为详尽的规定。但此时，礼制仍然起着重要的作用，形成礼为"禁恶于未然"，法为"禁恶于已然"的礼法并用的特定调整方法。

（三）中国古代婚姻家庭法的基本特征

中国奴隶制社会和封建制社会及其婚姻家庭制度，在我国延续了数千年。由于它们有着共同的经济基础、阶级根源和思想根源，决定了婚姻家庭制度的特征的一致性。

1. 包办强迫、婚姻不自由。中国古代，包括奴隶制社会和封建制社会，实行包办强迫的婚姻制度，当事人没有任何自由，只能安心顺从。

从婚姻的缔结来看，"父母之命，媒妁之言"，是合法形式。所谓"父母之命"，是指主婚权完全掌握在家长之手，在以男子为中心的宗法社会里，父母之命主要是男性尊长之命。《唐律疏义》解释："尊长"为祖父母、父母、伯叔父母、姑、兄姊。明清律明文规定：嫁娶者，由祖父母、父母主婚，祖父母父母俱无者，从余亲主婚。即婚姻缔结权属于尊长，而不属于婚姻当事人本人。所谓"媒妁之言"，是指婚姻的缔结必须经过媒介环节，如《诗经·齐风·南山》中载："娶妻如之何？匪媒不得。"唐律规定：娶妻无媒不可。"父母之命，媒妁之言"，最初是封建礼制的要求，后又由礼入法。

从婚姻的目的来看，《礼记·昏义》记载："昏礼者，将合两姓之好，上以事宗庙，下

──────────

〔1〕　张希坡：《中国婚姻立法史》，人民出版社 2004 年版，第 13 页。

〔2〕　张希坡：《中国婚姻立法史》，人民出版社 2004 年版，第 15 页。

〔3〕　所谓"六礼"，即纳采、问名、纳吉、纳征、请期、亲迎。此"六礼"程序一直被中国古代历代王朝所肯定，只是在后世有所简化。"六礼"的具体内容，参见陈成国点校：《周礼·仪礼·礼记》仪礼之"士昏礼第二"，岳麓书社 1989 年版，第 141~147 页。

以续后世也。"[1] 这表明婚姻是两个家族的事，其目的是借以扩大家族的利益，传宗接代。因此，必然要求门当户对，把"门第高低、财产多寡"作为这种婚姻的实际内容。此目的下的男女结合，是无须征得婚姻当事人同意的。

从婚姻的解除来看，婚姻当事人也无自由，按照法律规定，离婚的主要方式是"七出""义绝""和离"三种。从它们的内容看，离婚不自由，妇女的离婚权几乎完全被剥夺，实行男子或男方家长单方享有离婚权的专权离婚制度。

2. 男尊女卑、公开的一夫多妻制。男尊女卑，是指男子无论在家庭中还是在社会上都处于统治地位，而女子则处于被统治、应服从的从属地位。在奴隶制和封建制宗法制下，男女有别就别在："男尊女卑""男外女内"等。夫为妻纲是中国伦理纲常的重要组成部分。

中国古代伦理纲常对女性提倡"三从四德"，从思想上对女性进行束缚和统治。所谓"三从"，是指妇女在家从父兄、出嫁从夫、夫死从子，将妇女的一生置于男子的支配之下；所谓"四德"，是指妇德、妇言、妇容、妇功，按照男性的要求对妇女各方面进行规范。女性只承担义务而不享有权利，她们没有独立的人格和地位、没有独立财产。所谓"子妇无私货、无私畜、无私器、不敢私假、不敢私与"，对儿子、儿媳的财产权利予以剥夺。夫妻在违反法律处以刑罚时，同罪不同罚。按照汉律的规定，如果夫与人通奸，则"耐为鬼薪"（三年徒刑）；如果妻与人通奸，或者私自改嫁，或者夫死未葬而嫁，则处以死刑。《唐律·斗讼》中规定，夫殴妻者，减凡人二等；死者以凡人论。反之，妻殴夫徒一年，若殴伤重者，加凡人伤三等，死者斩。

一夫多妻也是男尊女卑的具体反映。封建社会的一夫多妻是通过纳妾的形式实现的，从天子、诸侯到卿、大夫、士都有具体明确的规定，如"古者天子后立六宫、三夫人、九嫔、二十七世妇、八十一御妻……""公侯有夫人、有世妇、有妻、有妾"[2]。然而，对女子则要求"从一而终"，守"贞"守"节"，封建主义婚姻家庭制度是强压在女子身上的沉重枷锁。

3. 漠视子女利益、实行家长专制。在家长制下，子女的利益毫无保障，既没有财产权也没有人身权，家长可以任意支配一切。封建家长制是封建土地所有制和小农经济的必然产物。

在人身关系方面，子女、卑幼对家长必须绝对服从。依照封建礼教和法律的规定，一家之内，子必从父，弟必从兄，妻必从夫，全家必从家长，即所谓"家事统于一尊"。家长的权力在家庭之内是至高无上的，"父为子纲""夫为妻纲"，是天经地义的信条，孝道是亲子关系的最高原则，妻和子女等家属在家庭中处于无权的被支配地位。

在财产关系方面，家庭财产的管理权和处分权被操于家长之手。同居卑幼不经家长而私自擅用本家财产的，须受法律处罚。为维护家长制的家庭制度，历代封建法律都规定禁止子孙"别籍异财"。

家长专制集中体现在法律对家长赋予的各种权利，以及对家属权利的剥夺上。家长的权利主要有：统帅家属权、家庭财产支配权、婚姻缔结权、教育家属权、惩戒家属权等；而家属则几乎没有任何权利。[3]

---

〔1〕　陈戍国点校：《周礼·仪礼·礼记》，岳麓书社 1989 年版，第 536 页。

〔2〕　陈戍国点校：《周礼·仪礼·礼记》，岳麓书社 1989 年版，第 537、293 页。

〔3〕　陈苇主编：《婚姻家庭继承法学》，群众出版社 2005 年版，第 17 页。

二、中国半殖民地半封建社会的婚姻家庭法

1840 年鸦片战争以后，由于帝国主义的入侵，中国逐步沦为半殖民地半封建社会。当时社会制度的性质和特点，决定了当时婚姻家庭制度的性质和特点。此时期经历了太平天国运动、戊戌变法、辛亥革命和五四运动，提出了一些改革的主张和尝试。由于历史条件和社会条件的变化，婚姻家庭制度已发生了一定的变化。清王朝、北洋军阀政府、民国改府都对婚姻家庭立法作出一些形式上的改变，但是，由于社会性质没有发生根本性的改变，所以，也没有从本质上改变封建婚姻家庭制度。

（一）清末的婚姻家庭立法

这一时期的立法主要有两个：一个是 1910 年（宣统二年）颁布的《大清现行刑律》；另一个是 1911 年起草但未颁行的《大清民律草案》。前者是在《大清律例》的基础上制定的，立法体例上仍然是诸法合体，但它在婚姻家庭和其他纯民事方面的规定不再有刑罚的内容，以示民刑分离，而其他内容则是《大清律例》的翻版。这部法律颁行不久，清王朝即被辛亥革命推翻。这部法律中的有关婚姻家庭和其他民事方面的内容，在清王朝覆灭后相当长的时间里仍被北洋军阀政府所援用，被称为"民事有效部分"。后者为清王朝修订法律馆于宣统三年编制，史称"民律第一次草案"[1]，其中第四编为"亲属法"，分设 7 章、共计 143 条。这 7 章的章名分别是：总则、家制、婚姻、亲子、监护、亲属会、扶养之义务。这是中国第一部民法典草案，是中国民法（包括婚姻家庭法）近代化的最初尝试。

（二）北洋军阀政府时期的婚姻家庭立法

这一时期婚姻家庭立法主要包括三部分：①1915 年起草的《民律亲属编草案》，共 7 章、共计 141 条，其章目大致与第一次民律亲属编草案相同。②1926 年制定的民律第二次草案，其中亲属编为 7 章、共计 243 条。这两部草案基本上是抄袭资本主义国家亲属法和大清民律草案的内容，均未正式颁行，仅由北洋军阀政府司法部通令各级法院作为内部条例援用。③北洋军阀政府通过其大理院作出的法律解释和判例。

（三）民国政府时期的民法亲属编

1930 年 12 月 26 日，民国政府公布了《中华民国民法》亲属编，于 1931 年 5 月 5 日施行。同时，还制定了《民法亲属编施行法》，于 1931 年 1 月 24 日公布，同年 5 月 5 日施行。该"民法亲属编"共 7 章、共计 171 条，主要内容有：通则、婚姻、父母子女、监护、扶养、家、亲属会议等，对婚姻家庭的各项主要制度作出具体规定。该法的颁行，在形式上实现了中国婚姻家庭法从古代型向近现代型的转变。但它是仿照资本主义大陆法系的德国、日本、瑞士等国的民法典亲属编制定的，具有资本主义性质；同时，它又承袭了清末民律草案中的部分内容，体现了封建婚姻家庭法的残余影响。1949 年中华人民共和国成立后，该法在我国内地被废止，但它在我国台湾地区一直被沿用至今并已经过多次修正。[2]

---

〔1〕　杨立新主编：《中国百年民法典汇编》，中国法制出版社 2011 年版，"百年中的中国民法华丽转身与曲折发展（代前言）——中国民法一百年历史的回顾与展望"第 8 页。

〔2〕　主编注：在我国台湾地区，该"民法亲属编"自 1985 年起至 2015 年的历次修正情况，参见宋豫、陈苇主编：《中国大陆与港、澳、台婚姻家庭法比较研究》，重庆出版社 2002 年版，第 27~35 页；许莉编著：《〈中华民国民法·亲属〉研究》，法律出版社 2009 年版，第 202~227 页；陈苇主编：《当代中国内地与港、澳、台婚姻家庭法比较研究》，群众出版社 2012 年版，第 39~54 页；高凤仙：《亲属法理论与实务》，五南图书出版股份有限公司 2017 年版，第 1~7 页。

三、中国民主革命根据地的婚姻家庭法

（一）土地革命和第二次国内革命时期的婚姻家庭法

中国民主革命的婚姻家庭立法，是在中国共产党领导下的革命根据地诞生的，其斗争锋芒直接指向封建主义婚姻家庭制度。革命根据地初创时期，不少地区就发布了取缔娼妓制度、解放奴婢、实行男女平等、禁止买卖婚姻等决议和法令。例如，1930 年 3 月，闽西根据地第一次工农兵代表大会通过的《保护青年妇女条例》和《婚姻法》，1931 年鄂豫皖根据地通过的《婚姻问题决议案》。[1]

在全国性的工农民主政权建立以后，1931 年《中华苏维埃共和国宪法大纲》指出："中华苏维埃政权以保证彻底地实行妇女解放为目的，承认婚姻自由，实行各种保护妇女的办法。"同年 12 月，中华苏维埃共和国中央执行委员会第一次会议通过了《中华苏维埃共和国婚姻条例》，1934 年又颁行了《中华苏维埃共和国婚姻法》。这是改革封建婚姻家庭制度的第一批婚姻家庭立法，它们的公布施行，标志着中国婚姻家庭制度大革命的开端。这些法律确立了婚姻自由、男女平等、一夫一妻、保护妇女和子女利益的基本原则，废除一切封建包办的、强迫的与买卖的婚姻制度。它们为后来各解放区的婚姻家庭立法和新中国成立后的婚姻立法，奠定了初步的法律基础。

《中华苏维埃共和国婚姻条例》和《中华苏维埃共和国婚姻法》的主要内容包括：①婚姻法的总则。实行新民主主义婚姻家庭制度，确立了其基本原则，对封建主义婚姻家庭制度予以废除。②结婚与离婚的法定条件。结婚的条件是：须男女双方同意，须男女双方达到法定婚龄（男满 20 岁、女满 18 岁），禁止五代以内的亲族血统者结婚，禁止患危险性的传染病者、神经病者和疯人结婚。结婚的程序是：男女结婚须同行至乡苏维埃或市区苏维埃进行结婚登记，领取结婚证。废除以聘金、聘礼及嫁妆作为结婚的条件。同时还规定凡男女实行同居者，无论登记与否，均以结婚论。离婚的条件和程序是：男女双方同意离婚的，须向乡或市的苏维埃登记，如有争议则由裁判部处理。③对军人婚姻的特殊保护。红军战士之妻要求离婚须得其夫同意，但在通信便利的地方，如红军战士 2 年内不给家里写信者，或通信困难的地方经 4 年不通信者，其妻可向当地政府请求登记离婚。④对妇女和儿童的照顾与保护。如离婚后男女原来的土地财产债务各自处理，在结婚满 1 年男女共同经营所增加的财产，男女平分，如有小孩则按人口平分。男女同居时所负的共同债务，归男子负责清偿。离婚后女子如未再婚，并缺乏劳动能力，或没有固定职业，因而不能维持生活者，男子须帮助女子耕种土地或维持其生活。女方在怀孕期间及产后 4 个月内，男方不得提出离婚。在抚养子女问题上规定，一切非婚生子女享有婚生子女的一切权利，禁止对其虐待和遗弃，所生子女一般归女方抚养，女方不愿意抚养的则归男方抚养。女方抚养子女的，由男方负担小孩必需生活费的 2/3，直至 16 岁为止。

（二）抗日战争时期和解放战争时期的婚姻家庭法

抗日战争时期、解放战争时期，随着革命斗争的胜利和革命政权的进一步发展，各个革命根据地的民主政权，先后颁布了一系列有关婚姻、家庭关系等方面的条例。抗日战争时期地区性的婚姻条例很多，如 1939 年的《陕甘宁边区婚姻条例》、1941 年的《晋西北婚姻暂行条例》、1942 年的《晋冀鲁豫边区婚姻暂行条例》、1943 年的《晋察冀边区婚姻条例》、1944 年的《修正陕甘宁边区婚姻暂行条例》等。解放战争时期，有的边区还对原有

---

[1] 张希坡：《中国婚姻立法史》，人民出版社 2004 年版，第 128 页。

的条例加以修订，重新颁行，如 1946 年的《陕甘宁边区婚姻条例》等[1]。婚姻、家庭、妇女问题上的革命锋芒，仍然指向封建主义的制度和习俗，这些条例的原则和基本精神同苏区革命根据地时期的婚姻立法是完全一致的，只是在具体问题上有所补充、修改，使之更加符合当时的实际情况。

这一时期的婚姻家庭立法具有以下特征：①继承和发展了中华苏维埃共和国时期的婚姻立法。其基本原则与《中华苏维埃共和国婚姻法》是完全一致的，如 1939 年的《陕甘宁边区婚姻条例》规定，男女婚姻以自愿为原则，实行一夫一妻制；禁止强迫包办和买卖婚姻，而且许多条例在内容上作出了更为具体的规定，如增加了订婚的条件和程序、婚约的解除以及再婚自由等规定。②具有"地区性"的特点。"地区性"是指各根据地的立法都是根据本地区的具体情况和实际需要制定的，所以它们在内容上有所差异。如陕甘宁边区地处少数民族地区，为尊重少数民族的婚姻习俗，其婚姻条例规定："少数民族婚姻，在不违反本条例之规定下，将尊重其习惯。"有的地区有订婚的习俗，其婚姻条例则用专章规定婚约问题，包括婚约订立的条件、婚约的解除以及违约责任等。有的地区有早婚习俗，法定婚龄一般规定为男 18 岁、女 16 岁。③具有"时代性"的特点。"时代性"是指当时处于战争环境，立法中的一些内容反映了这一特定历史条件。如有的条例明确规定，一方充当汉奸或有危害抗战行为者，为他方诉讼离婚的法定理由。抗日军人配偶提出离婚，须得到军人之同意。抗日军人生死不明 4 年以上，他方始得请求离婚。同时，这一时期立法对离婚的处理，采取了慎重的态度：各根据地的婚姻条例都规定，双方自愿离婚，须到当地政府登记离婚，发给离婚证；对一方要求的离婚，须经裁判部或人民法庭审理，具有法定离婚理由者才准予离婚。

革命根据地婚姻立法及贯彻执行，实现了对封建主义婚姻家庭制度的初步改革。旧婚姻家庭制度开始崩溃，新婚姻家庭制度正在形成。当然，由于历史条件的限制，它的改革还不够彻底，婚姻立法也有其不完备之处。但它为新中国成立后从根本上改革旧的封建主义婚姻家庭制度积累了宝贵的经验和做了重要的准备。

四、中华人民共和国婚姻家庭法[2]

（一）1950 年《婚姻法》

1949 年中华人民共和国的建立，使我国的婚姻家庭制度改革进入了一个新的发展阶段。我国新民主主义革命胜利后，广大群众、广大妇女从三座大山的压迫下解放出来，在婚姻家庭关系方面也迫切地要求摆脱封建束缚。当时，封建主义婚姻家庭制度还没有在全国范围内废除，包办买卖婚姻、虐待妇女的事件还经常发生。如果不从根本上对封建主义婚姻家庭制度进行改革，势必严重影响全国人民特别是广大妇女的革命和建设的积极性。1950 年 4 月 13 日，中央人民政府委员会第七次会议通过了《中华人民共和国婚姻法》，并于同年 5 月 1 日公布施行。它是中华人民共和国成立后颁行的第一部具有基本法性质的重要法律。

1. 1950 年《婚姻法》的基本精神。在该法第 1 条中作了明确的表述，即"废除包办强

---

[1]　张希坡：《中国婚姻立法史》，人民出版社 2004 年版，第 155 页。

[2]　主编注：关于现代婚姻家庭法的立法宗旨与变革趋势及其启示，参见陈苇："论现代婚姻家庭法的立法宗旨与变革趋势及其启示"，载陈苇等：《中国婚姻家庭法理论与实践研究》，中国人民公安大学出版社 2019 年版，第 3~20 页。关于当代中国内地与港、澳、台婚姻家庭法的渊源和特征，参见陈苇主编：《当代中国内地与港、澳、台婚姻家庭法比较研究》，群众出版社 2012 年版，第 13~18、23~26、33~36、54~56 页。

迫、男尊女卑、漠视子女利益的封建主义婚姻制度。实行男女婚姻自由、一夫一妻、男女权利平等、保护妇女和子女合法权益的新民主主义婚姻制度。"这也是 1950 年《婚姻法》的基本任务和基本原则。

2. 1950 年《婚姻法》的主要内容。该法共计 8 章、27 条，其主要内容包括：①基本原则。该法从正反两个方面进行规定，即废除包办强迫、男尊女卑、漠视子女利益的封建主义婚姻制度。实行男女婚姻自由、一夫一妻、男女权利平等、保护妇女和子女合法权益的新民主主义婚姻制度。同时还规定，禁止重婚、纳妾，禁止童养媳。禁止干涉寡妇婚姻自由。禁止任何人借婚姻关系索取财物。②结婚。包括结婚的条件和程序，明确规定结婚须男女双方本人完全自愿和进行结婚登记。③夫妻的权利和义务。夫妻有各自使用自己姓名的权利、有参加社会活动的自由、对家庭财产有平等的处理权、有互相扶养和继承遗产的权利。④父母子女关系。父母子女之间有抚养、赡养的权利和义务以及继承的权利，确认对非婚生子女、养子女和有抚养关系继子女的平等保护。⑤离婚。包括离婚的条件和程序，强调对妇女、对军人的特殊保护。对离婚后的子女抚养和教育，确认离婚后双方仍然有抚养教育子女的义务。离婚后的财产和生活，确定财产归属、财产分割、债务清偿等规则。⑥附则。包括法律责任及该法生效的时间。

3. 1950 年《婚姻法》的贯彻实施。该法公布并施行后，为了使新民主主义婚姻家庭制度普遍施行于全国，中央人民政府政务院以及内务部、最高人民法院等有关部门，多次发出了贯彻婚姻法的指示，并确定 1953 年 3 月为"贯彻婚姻法运动月"。贯彻婚姻法的运动，取得了显著的成绩：①进一步摧毁了封建主义婚姻家庭制度，批判了婚姻家庭问题上的旧思想、旧风俗和旧习惯；②通过宣传，干部和群众的法制观念大大提高；③社会主义新思想、新风尚得到发扬，自由婚姻显著增加，和睦家庭大量涌现，从而奠定了社会主义婚姻家庭制度的牢固基础。

（二）1980 年《婚姻法》

1950 年《婚姻法》施行了 30 年，随着社会主义现代化建设的进行，在婚姻家庭方面出现了许多新情况和新问题。为巩固和发展社会主义婚姻家庭制度，保护民众的合法权益，促进社会主义现代化建设，第五届全国人民代表大会第三次会议于 1980 年 9 月 10 日通过了新的《中华人民共和国婚姻法》，1980 年 9 月 10 日公布，1981 年 1 月 1 日起施行，同时 1950 年《婚姻法》被废止。1980 年《婚姻法》共计 5 章、37 条。它是 1950 年《婚姻法》的继承和发展，这表现在以下五个方面：

1. 完善了婚姻法的基本原则。1980 年《婚姻法》保留了 1950 年《婚姻法》关于婚姻自由、一夫一妻、男女权利平等、保护妇女和子女合法权益的原则，同时，把"男女权利平等"的"权利"二字删除；扩大受保护主体的范围，增加了保护"老人"；增加了规定"实行计划生育"的原则。

2. 修改了结婚条件。①提高了法定婚龄，即从 1950 年《婚姻法》的男 20 岁、女 18 岁始得结婚，提高到男 22 周岁、女 20 周岁始得结婚，并增加了"晚婚晚育应予鼓励"的规定。②明确规定禁止结婚的血亲的范围，即直系血亲和三代以内旁系血亲间禁止结婚，其实质意义在于禁止"中表婚"。[1]

---

〔1〕 "中表婚"是指表兄弟姐妹间缔结的婚姻。我国古代社会以来长期盛行"中表婚"，由于自古形成"同宗同姓不婚""辈分不同不婚"的习俗，所以，我国 1980 年《婚姻法》禁止三代以内旁系血亲间结婚的规定，其实际意义主要就是禁止"中表婚"。

3. 扩大了家庭关系调整的范围。1980年《婚姻法》在保留1950年《婚姻法》规定的夫妻关系、父母子女关系的基础上，增加了其他家庭成员之间的关系。并且增加规定男女可以互为家庭成员；子女可以随父姓，也可以随母姓；夫妻财产可以约定；等等。

4. 规定了离婚的法定条件。1980年《婚姻法》明确规定了离婚的法定条件，即夫妻"感情确已破裂，调解无效"应准予离婚。将夫妻感情已破裂作为准予离婚的原则界限。

5. 对制裁和执行作出了相应规定。1980年《婚姻法》规定了违反本法的制裁种类，即行政处分和法律制裁；对具有财产内容的判决或裁定的执行问题也作了较为具体的规定。

（三）2001年修正的《婚姻法》[1]

改革开放以来，婚姻家庭领域出现了许多新情况和新问题。因此，"一方面，要加强婚姻家庭方面的道德建设，另一方面要加强婚姻家庭方面的制度建设。具体构想是：填补立法空白，增设必要的法律制度；充实薄弱环节，完善现有的法律制度。总体目标就是要把婚姻法修改成有中国特色和时代精神的，体系完整、内容全面的，具有前瞻性、系统性、科学性的婚姻家庭法"[2]。2001年4月28日通过《全国人民代表大会常务委员会关于修改〈中华人民共和国婚姻法〉的决定》，对1980年《婚姻法》，在结构上和条文上作了33项修改，内容为6章、共计51条。最高人民法院随之先后发布《婚姻法解释（一）》《婚姻法解释（二）》《婚姻法解释（三）》等司法解释，2001年修正的《婚姻法》修改和增加的主要内容包括如下方面：

1. 基本原则的修改与增加。在"禁止重婚"之后，增加规定："禁止有配偶者与他人同居。禁止家庭暴力。"这是为了保障婚姻法相关原则的贯彻与实施。该法还新增规定："夫妻应当互相忠实，互相尊重；家庭成员间应当敬老爱幼，互相帮助，维护平等、和睦、文明的婚姻家庭关系。"

2. 结婚制度的修改与增加。删除了麻风病患者禁止结婚的规定，修改为"患有医学上认为不应当结婚的疾病"者禁止结婚，将原列举与概括相结合的立法模式改为概括式的立法模式。增加了无效婚姻与可撤销婚姻制度，其内容包括无效婚姻与可撤销婚姻的原因、请求权人、请求权行使的期限、程序、法律后果等。同时，还新增规定："未办理结婚登记的，应当补办登记。"

3. 家庭关系的修改与增加。在夫妻财产关系上，明确了夫妻共同财产和夫妻个人财产的范围；对约定财产的范围、形式、法律效力等作出了规定。在其他家庭成员关系上，把最高人民法院的相关司法解释上升为法律的规定等。

4. 离婚制度的修改与增加。把原概括性离婚理由的规定改为列举与概括相结合的例示主义离婚理由的立法；增加离婚后父母对子女的探视权；对现役军人配偶要求离婚作出了适当的修改；新增了离婚经济补偿请求权；等等。

---

[1] 主编注：必须说明，为系统、全面地介绍我国2001年修正的《婚姻法》、1998年修订的《收养法》和1985年《继承法》及相关司法解释的主要内容，中国法学会婚姻法学研究会于2016年6月启动"家事法评注丛书"的撰写工作，厦门大学出版社先后出版以下9本书籍：2016年9月出版夏吟兰主编的《中华人民共和国婚姻法评注 总则》、李明舜和林建军主编的《中华人民共和国婚姻法评注 救助措施与法律责任》、雷明光主编的《中华人民共和国收养法评注》；2018年11月出版薛宁兰主编的《中华人民共和国婚姻法评注 家庭关系》；2019年10月出版王歌雅和任江合著的《中华人民共和国继承法评注 法定继承》、陈苇主编的《中华人民共和国继承法评注 遗产的处理》；2020年9月出版龙翼飞主编的《中华人民共和国继承法评注 总则》；2021年1月出版蒋月编著的《中华人民共和国婚姻法评注 夫妻关系》、樊丽君主编的《中华人民共和国婚姻法评注 离婚》。

[2] 巫昌祯主编：《中华人民共和国婚姻法讲话》，中央文献出版社2001年版，第3页。

5. 救助措施与法律责任的修改与增加。增加了对家庭暴力、虐待、遗弃家庭成员的救助措施和处理的规定；增加了离婚损害赔偿制度的规定；等等。[1]

（四）2020 年《民法典》婚姻家庭编

2020 年 5 月 28 日，十三届全国人大三次会议表决通过了我国《民法典》，自 2021 年 1 月 1 日起施行，其中第五编为婚姻家庭。[2] 为指导司法实践，2020 年 12 月 29 日最高人民法院发布了《婚姻家庭编解释（一）》，于 2021 年 1 月 1 日起与我国《民法典》同步施行。该解释施行后最高人民法院关于适用《中华人民共和国婚姻法》若干问题的解释（一）、（二）、（三），以及相关具体意见、补充规定等文件已同时废止。[3] 目前根据新时期指导司法实践的需要，最高人民法院先后发布了 2022 年《人身安全保护令案件适用法律的规定》和 2024 年《涉彩礼纠纷案件适用法律的规定》，以及 2025 年实施的《婚姻家庭编解释（二）》。我国《民法典》婚姻家庭编修改增补的主要内容如下：

1. 婚姻家庭编的立法价值理念。我国《民法典》婚姻家庭编在坚持实行婚姻自由、一夫一妻、男女平等的婚姻制度，坚持保护妇女、未成年人、老年人和残疾人的合法权益这些基本原则的基础上，重申了宪法关于"婚姻家庭受国家保护"的规定，提出遵循最有利于被收养人的原则。删除了"实行计划生育""晚婚晚育应予鼓励"的规定；在婚姻家庭关系上，立法倡导树立优良家风、弘扬家庭美德、重视家庭文明建设等内容。

2. 我国《民法典》婚姻家庭编的体例。我国的婚姻法回归民法典后，其内容被统一规定在《民法典》第五编"婚姻家庭"中，具体包括："一般规定""结婚""家庭关系""离婚""收养"等五章。

3. 婚姻家庭编的一般规定。我国《民法典》婚姻家庭编的"一般规定"除立法调整对象、立法价值取向、基本原则的规定之外，还增加了收养的基本原则。同时对亲属、近亲属、家庭成员作出了规定，第 1045 条规定"亲属包括配偶、血亲和姻亲。配偶、父母、子女、兄弟姐妹、祖父母、外祖父母、孙子女、外孙子女为近亲属。配偶、父母、子女和其他共同生活的近亲属为家庭成员。"

4. 结婚制度。将 2001 年修正的《婚姻法》对"患有医学上认为不应当结婚的疾病者禁止结婚"的规定删除；增加"婚前隐瞒重大疾病"作为可撤销婚姻的法定情形；将胁迫婚姻中被胁迫一方申请撤销婚姻的时间起点由"结婚登记之日"改为"胁迫行为终止之日"，撤销婚姻的机关由"婚姻登记机关或人民法院"改为"人民法院"；在无效和可撤销

---

〔1〕 参见李明舜主编：《婚姻法中的救助措施与法律责任》，法律出版社 2001 年版。关于我国 2001 年修正后的《婚姻法》之修改立法的主要理由及其成功与不足，参见陈苇：《中国婚姻家庭法立法研究》，群众出版社 2010 年版，第 12~88 页。关于当代中国内地与港、澳、台婚姻家庭法的发展趋势，参见陈苇主编：《当代中国内地与港、澳、台婚姻家庭法比较研究》，群众出版社 2012 年版，第 57~77 页。

〔2〕 主编注：关于民法典的意义和价值的研究，参见王利明：《我国民法典重大疑难问题之研究》，法律出版社 2006 年版，第 1~33 页。关于新中国制定民法典艰难历程的研究，参见杨立新主编：《民法总则重大疑难问题研究》，中国法制出版社 2011 年版，第 11~15 页。关于我国民法典体系中婚姻家庭法的相对独立性研究，参见夏吟兰、薛宁兰主编：《民法典之婚姻家庭编立法研究》，北京大学出版社 2016 年版，第 1~20 页。关于《民法典》婚姻家庭编的立法理念与新制度新规则及其立法理由的研究，参见陈苇、贺海燕："论中国民法典婚姻家庭编的立法理念与制度新规"，载《河北法学》2021 年第 1 期。

〔3〕 必须说明，据我国全国人大法工委发言人介绍，随着 2021 年 1 月 1 日起《民法典》的实施，婚姻法、继承法、民法通则、收养法、担保法、合同法、物权法、侵权责任法、民法总则等 9 部法律已同时废止。载全国人大网，https://mp.weixin.qq.com/s/_TrbJRnljTpfhM9fQ7_WwA，访问日期：2021 年 1 月 19 日。

婚姻的法律后果中，增加"无过错方有权请求损害赔偿"的规定等。

5. 夫妻关系。在夫妻人身关系方面，新增了夫妻抚养、教育和保护子女的权利义务平等和日常家事代理权的规定；在夫妻财产关系方面，一方面将夫妻共同财产和个人财产的范围进行修正，规定婚姻关系存续期间的"劳务报酬""投资收益"也为夫妻共同财产；另一方面明确了夫妻共同债务的范围，规定夫妻双方共同签名或者夫妻一方事后追认等共同意思表示所负债务，以及夫妻一方在婚姻关系存续期间为家庭日常生活需要所负债务，属于夫妻共同债务；夫妻一方以个人名义超出家庭日常生活需要所负债务，不属于夫妻共同债务，但债权人能够证明该债务用于夫妻共同生活、共同生产经营或者基于夫妻双方共同意思表示的除外。并新增规定"婚姻关系存续期间夫妻一方在一定条件下可以请求分割夫妻共同财产"的制度。

6. 亲子关系及其扩展。一定的亲属间具有赡养、抚养、扶养的法定权利与义务关系。《民法典》婚姻家庭编在坚持原有规定的基础上，增加了亲子关系的确认与否认之诉的规定：对亲子关系有异议且有正当理由的，父或者母可以向人民法院提起诉讼，请求确认或者否认亲子关系；成年子女可以请求确认亲子关系。

7. 离婚制度。在离婚诉讼中，明确"经人民法院判决不准离婚后，双方又分居满一年，一方再次提起离婚诉讼的，应当准予离婚"；在登记离婚程序中，增加婚姻冷静期制度；规定了解除婚姻关系生效的时间；关于子女抚养问题，人民法院应当根据双方的具体情况，按照最有利于未成年子女的原则判决，子女已满八周岁的，应当尊重其真实意愿；同时，将"哺乳期内的子女，以随哺乳的母亲抚养为原则"修改为"不满两周岁的子女，以由母亲直接抚养为原则"；在离婚损害赔偿中，增加"有其他重大过错"兜底条款作为请求损害赔偿的条件之一；离婚经济补偿制度中，删除了"夫妻书面约定婚姻关系存续期间所得的财产归各自所有"的适用条件。

8. 收养关系。将收养的相关规定从1998年修正的《收养法》合并到我国《民法典》婚姻家庭编第五章中，扩大了被收养人的范围，取消十四周岁的限制，修改为符合条件的未成年人均可被收养；根据国家计划生育政策的调整，将收养人须无子女的要求改为收养人无子女或者只有一名子女；增加收养人的条件，明确规定收养人须"无不利于被收养人健康成长的违法犯罪记录"；为防止无配偶者利用收养行为达到不法目的，对其收养异性子女的，均要求年龄相差四十周岁以上，而不仅仅是对"无配偶的男性收养女性"予以必要限制；并增加规定民政部门应当进行收养评估。[1]

导入案例之要点评析

婚姻家庭法是调整婚姻家庭关系和一定范围亲属关系[2]的法律规范的总和。男女结

---

〔1〕 主编注：习近平总书记在《充分认识颁布实施民法典重大意义 依法更好保障人民群众合法权益》一文中指出，民法典在中国特色社会主义法律体系中具有重要地位，是一部体现对生命健康、财产安全、交易便利、生活幸福、人格尊严等各方面权利平等保护的民法典。民法典颁布实施，并不意味着一劳永逸解决了民事法治建设的所有问题，仍然有许多问题需要在实践中检验、探索，还需要不断配套、补充、细化。要坚持问题导向，在新的实践基础上推动民法典不断完善和发展。这为我国法学理论工作者和法律实务工作者指明了今后继续开展民法典发展完善工作的方向。载《人民法院报》2020年5月30日，第1版。

〔2〕 参见《民法典》第1045条。

婚，必须符合法定的条件和程序。从本案案情看，2015 年 12 月 8 日，甲男与乙女共同申请办理结婚登记时，由于两人均未达到结婚的法定年龄[1]，因此登记机关不予登记是正确的。《民法典》第 1049 条规定："要求结婚的男女双方应当亲自到婚姻登记机关申请结婚登记。符合本法规定的，予以登记，发给结婚证。完成结婚登记，即确立婚姻关系。未办理结婚登记的，应当补办登记。"即结婚登记是目前我国确立夫妻关系的唯一合法途径。未办理结婚登记，以夫妻名义同居的当事人虽然举行了结婚庆典（婚礼），仍然不能确立夫妻关系。所以，本案当事人甲男与乙女之间没有婚姻关系。但随着时间的经过，甲男与乙女双方在均达到法定婚龄之后，双方已符合我国《民法典》规定的结婚实质要件。《婚姻家庭编解释（一）》第 7 条规定："未依据民法典第一千零四十九条规定办理结婚登记而以夫妻名义共同生活的男女，提起诉讼要求离婚的，应当区别对待：……1994 年 2 月 1 日民政部《婚姻登记管理条例》公布实施以后，男女双方符合结婚实质要件的，人民法院应当告知其补办结婚登记。未补办结婚登记的，依据本解释第三条规定处理。"《婚姻家庭编解释（一）》第 3 条规定"当事人提起诉讼仅请求解除同居关系的，人民法院不予受理；已经受理的，裁定驳回起诉。当事人因同居期间财产分割或者子女抚养纠纷提起诉讼的，人民法院应当受理。"据此规定，人民法院应首先告知当事人补办结婚登记。已补办结婚登记的，可按照离婚予以处理；未补办结婚登记的，由于当事人没有确立夫妻关系，应当按照解除同居关系的规定处理。由于本案当事人在提出解除同居关系的请求外，还对子女抚养产生了纠纷，因此法院应当受理该案件。

父母子女关系是一种家庭关系，属于婚姻家庭法调整的对象。父母子女关系属于直系血亲关系，它是基于出生这一法律事实产生的。父母与子女之间的血缘关系是客观存在的，而不受父母之间有无婚姻关系的影响。本案双方当事人甲男与乙女，如果已补办结婚登记，双方即确立了夫妻关系，他们所生的子女丙为婚生子女；如果没有补办结婚登记，双方不能确立夫妻关系，他们所生的子女丙为非婚生子女。即依据甲男与乙女是否补办结婚登记，他们所生育的男孩丙与生父母之间，或形成婚生子女与父母的关系，或形成非婚生子女与父母的关系。我国《民法典》第 1071 条规定："非婚生子女享有与婚生子女同等的权利，任何组织或者个人不得加以危害和歧视。不直接抚养非婚生子女的生父或者生母，应当负担未成年子女或者不能独立生活的成年子女的抚养费。"父母子女关系一经形成，父母对子女在法律上即有抚养和教育的权利义务，无论父与母是否结婚或离婚，父母对子女抚养和教育的权利义务都不受影响。

 **思考题**

一、选择题

（一）单项选择题

1. 婚姻家庭的根本属性是（　　）。

A. 自然属性　　　　　　　　　B. 社会属性

C. 人身属性　　　　　　　　　D. 财产属性

---

[1]《民法典》第 1047 条规定："结婚年龄，男不得早于 22 周岁，女不得早于 20 周岁。"

2. 婚姻家庭法的性质是（　　）。

A. 程序法　　　　　　　　　　B. 财产法

C. 国外法　　　　　　　　　　D. 身份法

（二）多项选择题

1. 婚姻法按其调整对象可分为（　　）。

A. 实质意义的婚姻法　　　　　B. 形式意义的婚姻法

C. 广义的婚姻法　　　　　　　D. 狭义的婚姻法

2. 下列选项属于中国封建婚姻缔结实际内容的是（　　）。

A. 婚姻论财　　　　　　　　　B. 父母之命

C. 媒妁之言　　　　　　　　　D. 门当户对

二、判断分析题

1. 婚姻家庭法的调整对象是婚姻家庭的人身关系。

2. 夫妻对其财产关系可以约定，任意性是婚姻法的特点之一。

三、简答题

1. 简述婚姻必须具备的要件。

2. 简述婚姻家庭法的性质和特点。

3. 简述中国古代婚姻家庭法的调整方法。

四、论述题

1. 试论婚姻家庭法的调整对象。

2. 结合近年来我国婚姻家庭领域新的立法、修法及相关司法解释，谈谈你对婚姻家庭法立法趋势和价值取向变化的理解。

五、案例分析题

我国某省的甲男与乙男相恋，去民政局申请登记结婚，民政局工作人员告诉他们，在我国，当事人双方的性别为同性的不允许登记结婚。婚姻以男女两性结合为必要条件。但是，目前在世界上已经有少数国家承认同性结合的婚姻合法，如荷兰。通过我国对婚姻主体性别的规定和允许同性结婚的国家对婚姻主体性别的规定，试析婚姻家庭的自然属性。

 阅读参考文献

1. 巫昌祯主编：《婚姻家庭法新论》，中国政法大学出版社 2002 年版。

2. 杨大文主编：《亲属法》，法律出版社 2004 年版。

3. 李忠芳：《两性法律的源与流》，群众出版社 2002 年版。

4. 夏吟兰、薛宁兰主编：《民法典之婚姻家庭编立法研究》，北京大学出版社 2015 年版。

5. 李洪祥：《我国民法典立法之亲属法体系研究》，中国法制出版社 2014 年版。

6. 陈苇主编：《当代外国婚姻家庭法律制度研究》，中国人民公安大学出版社 2022 年版。

第 二 章

亲属关系原理

✤学习的内容和重点

通过本章的学习，要求学生掌握亲属的概念、特征以及亲等、代数的计算方法，了解亲属的分类、近亲属的范围、亲属关系的发生、终止和效力。

导入案例

甲男离婚后经人介绍与乙女（丧偶妇女）相识并恋爱，2010 年 1 月两人在婚姻登记机关申请登记结婚。当时，甲男与前妻所生的一儿一女均已成年并在参加工作后离家独立生活，乙女再婚后带来与前夫所生 10 岁的女儿丙，与甲男共同生活。2019 年 1 月，丙出国留学。2025 年 3 月 1 日，乙女病重住院治疗。在此期间，甲的两个子女经常前去看望她，并且在乙女临终前还到医院日夜轮流照料。2025 年 3 月 20 日，乙女因病医治无效去世。丙闻讯急忙从国外乘飞机返家，在途中不幸因事故于 2025 年 3 月 21 日死亡。乙女去世时遗留有私房 2 间，存款 10 万元。丙去世后留有人身保险金 40 万元，其保险合同指定的受益人为法定继承人。

请问：

1. 甲男与乙女各与对方的子女有何种亲属关系？

2. 他们之间的权利与义务如何？

3. 本案哪些人有权继承乙女的遗产和取得丙的人身保险金？

第一节　亲属关系概述

一、亲属的概念与种类

（一）亲属的概念和特征

1. 亲属的概念。亲属，是指因婚姻、血缘和法律拟制而产生的一种人与人之间的社会关系。亲属一词，最早见于《礼记·大传》，"亲者，属也"，自明代始见于律。[1] 如明律有"妻与夫亲属相殴"条；《大清律例》贼盗门有"亲属相盗"条，斗殴门有"同姓亲属相殴"条，犯奸门有"亲属相奸"条。从清末民律草案到《中华民国民法》，都把"亲属"列为一编。"亲"者，指有血缘关系的人而言，"属"者，指其相互之间的关系而言。在现

---

〔1〕 张贤钰主编：《婚姻家庭继承法》，法律出版社 1999 年版，第 66 页。

代社会，亲属关系通则制度是婚姻家庭法的重要组成部分。[1] 法学上的亲属是指由法律确认的，因婚姻、血缘和法律拟制而产生的，相互之间在法律上有权利义务的社会关系。婚姻为亲属之源，血亲为亲属之流，姻亲则是以婚姻为中介而发生的。亲属关系一经法律调整，便在相关的主体之间产生法定的权利和义务。[2]

2. 亲属的特征。

（1）亲属之间有特定的身份和固定称谓。亲属作为一种社会关系，都有一定的身份和称谓。生育我者为父母；我所生育者为子女；同出于一个父母的称兄弟姐妹；男的配偶称为妻，女的配偶称为夫；等等。一个人在家庭生活中，有着多种亲属身份和称谓，由此可以看出亲属关系的亲疏远近。因此，恩格斯在《家庭、私有制和国家的起源》一书中指出："父母、子女、兄弟、姊妹等称谓，并不是简单的荣誉称号，而是一种负有完全确定的、异常郑重的相互义务的称呼。这些义务的总和便构成这些民族的社会制度的实质部分。"[3] 亲属的称谓一经形成，非经法定事由不得随意变更。

（2）亲属的产生是基于婚姻、血缘和法律拟制而形成的。基于婚姻关系而形成的亲属，是由男女双方的结婚行为发生的，如夫与岳父母及妻的其他亲属、妻与公婆及夫的其他亲属，他们之间都是因结婚行为而形成的亲属关系。基于自然血缘形成的亲属，是由于本人的出生或本人所生子女的法律事实而产生的，如父母、子女、兄弟姐妹、伯叔姑、舅姨等。基于法律拟制的血缘而形成的亲属，是指由收养的法律行为或因扶养的法律事实而产生的，如养父母、养子女，形成抚养教育关系的继父母与继子女等。

（3）一定范围的亲属具有法定的权利和义务。按照法律规定，一定范围的亲属不仅有称谓，而且依法具有法定的权利义务关系，如夫妻之间、父母子女之间的扶养、抚养、赡养的义务以及遗产继承权，祖孙之间，兄弟姐妹之间在特定条件下也具有一定的权利义务。[4] 具有一定权利和义务关系的亲属，是法律规定的，具有确定的范围。根据我国《民法典》规定，配偶、父母、子女、兄弟姐妹、祖父母、外祖父母、孙子女、外孙子女为近亲属。配偶、父母、子女以及其他共同生活的近亲属为家庭成员。在我国，近亲属依法具有法定的权利义务。[5]

3. 亲属与家属、家庭成员的区别。

（1）亲属与家属不同。家属是家长的对称。中国古代把同居一家、除家长以外的人统称为家属，除亲属外，还包括如奴婢等，故其概念广于亲属。《吏学指南》说："内曰家亲曰属，谓同居有服之人"，但无服的内亲与有服的外亲也可为亲属。[6] 在家庭中，家长

---

〔1〕 主编注：在我国，1950 年《婚姻法》、1980 年《婚姻法》和 2001 年修正的《婚姻法》均无亲属关系通则制度，我国有学者提出应当填补此立法空白。参见巫昌祯：《我与婚姻法》，法律出版社 2001 年版，第 16 页；关于我国亲属关系通则的立法探讨，参见陈苇：《中国婚姻家庭法立法研究》，群众出版社 2000 年版，第 81~85 页。近年我国学者对婚姻身份行为、亲子身份行为等基本身份行为的价值取向和基本原则研究，参见田韶华：《民法典背景下身份行为的体系化研究》，社会科学文献出版社 2023 年版，第 126~136 页。

〔2〕 马忆南：《婚姻家庭法新论》，北京大学出版社 2002 年版，第 68 页。

〔3〕《马克思恩格斯全集》（第 21 卷），人民出版社 1971 年版，第 40 页。

〔4〕 主编注：关于亲属身份权利体系与分类的探讨，参见雷春红：《婚姻家庭法的地位研究》，法律出版社 2012 年版，第 133~137 页。

〔5〕 主编注：关于法律行为规范对身份行为的适用限度探讨，参见刘征峰："法律行为规范对身份行为的有限适用"，载《现代法学》2024 年第 1 期。

〔6〕 戴炎辉：《中国法制史》，三民书局 1979 年版，第 212 页。

和家属是一种从属关系。亲属不一定是家属，家属也不一定是亲属。现实生活中仍有家长和家属的称谓，但其与中国古代所称谓的家长、家属含义不同。现在家长和家属地位是平等的，权利义务是相互的。

（2）亲属与家庭成员不同。家庭成员是指一定范围内的亲属在家庭内共同生活，彼此享有权利、负有义务的成员。按照《民法典》的规定，家庭成员是指配偶、父母、子女和其他共同生活的近亲属。诚然，伯、叔、姑、舅、姨等也属于亲属，但因他们不属于具有法定权利义务关系的近亲属，故即使是同居一家共同生活的，也不能属于家庭成员。可见，亲属不都是家庭成员，而家庭成员都是亲属。

（二）亲属的种类

社会制度不同，亲属制度也不同，在亲属分类上也呈现差异。

1. 中国古代亲属的分类。奴隶社会、封建社会实行男尊女卑的婚姻家庭制度，亲属的分类以男子为中心，把亲属分为内亲与外亲（明清以后为宗亲、外亲、妻亲）、有服亲与无服亲、血族与准血族、至亲、正亲与余亲等。[1]

（1）内亲和外亲。内亲是以父亲的血缘确定的，出自同一祖先的同姓男系血亲，又称为宗亲、本亲、宗族、本族等，包括男系血族的配偶、在室女（未出嫁之女）或大归女（出嫁后因离婚而回娘家的女子）。外亲是指母族（外祖父母、舅、姨、姨表兄弟姐妹等）、女系血族（姑表兄弟姐妹、外孙等）和妻族（岳父母等）。外亲又称为外族、外姻等。唐宋时，外亲包括母族、女系血族和妻族。到明清时，妻族从外亲中分出，单独成为妻亲。

（2）宗亲、外亲与妻亲。宗亲，是指同一祖先所出的男系血缘亲属，诸如父、祖父、伯叔、兄弟、子、子孙等，还包括来归之妇（母、妻、子孙媳妇）、在室女和大归女。

外亲，指由女系血统联系的亲属，包括两种：一种是母族的母的姐妹、母的姐妹之子、母的兄弟等；另一种是出自同一祖先已婚的父系女性血亲、夫族及其所生的后代，如女婿、外孙子女、姐妹夫、外甥子女、姑父、姑表兄弟姐妹等，旧律称之为"出嫁族"。

妻亲，是指以妻为中介联系的亲属，包括妻的父母、妻的兄弟姐妹、妻的伯叔等，旧律称之为"妻族"。[2]

2. 中国现代亲属的分类。我国现代的亲属立法，根据结婚事实和血缘联系以及男女平等原则，将亲属分为血亲、姻亲和配偶三类。[3] 我国《民法典》第1045条规定："亲属包括配偶、血亲和姻亲"。

（1）血亲。血亲，是指具有血缘关系的亲属。可分为自然血亲和拟制血亲。

自然血亲，是指出于同一祖先有事实上血缘联系的亲属，如父母、子女、兄弟姐妹等。自然血亲是因出生而产生的，无论婚生的，还是非婚生的，也无论是全血缘（同父同母的兄弟姐妹），还是半血缘（同父异母或同母异父的兄弟姐妹）的都是自然血亲。

---

〔1〕 按照亲属之间是否有服制的关系，将亲属分为有服亲与无服亲，后者也称为"袒免亲"。血族则是指男系自然血亲，如果没有自然的血缘联系，被视为血族的则称为准血族。亲属依其亲疏，有至亲、近亲、正亲及余亲等称谓。

〔2〕 主编注：关于中国古代亲属的分类与计算亲属关系远近的单位采取"服制"的目的意义，参见金眉：《中国亲属法的近现代转型》，法律出版社2010年版，第2~3页。

〔3〕 主编注：关于现代社会两大法系国家包括法国、德国、意大利、瑞士、日本、俄罗斯、英国、美国和澳大利亚共计九国对亲属的范围和种类的立法，参见陈苇主编：《当代外国婚姻家庭法律制度研究》，中国人民公安大学出版社2022年版，第35、107、179、232、298、361、421、485、588~589页。

拟制血亲，是指本无与该种血亲相应的血缘联系，但法律上确认其地位、权利与义务与该种血亲相同的亲属。例如，伯叔与侄子女虽有血缘联系，但属于旁系血亲，而非直系血亲。如果伯叔收养侄子女为养子女，则发生法律上确认的养父母与养子女的拟制血亲关系。拟制血亲，也被称为"准血亲""法定血亲"或"假血亲"。在我国，拟制血亲除养父母及其近亲属与养子女外，还有继父母与形成扶养关系的继子女。[1]

（2）姻亲。姻亲，是指除配偶外，以婚姻关系为中介而产生的亲属。分为血亲的配偶、配偶的血亲、配偶血亲的配偶和血亲配偶的血亲。

血亲的配偶，指自己血亲的配偶，如兄弟之妻、伯叔之妻、侄之妻和侄孙之妻，以及姑姐妹之夫、女婿、儿媳等。

配偶的血亲，指自己配偶的血亲，如岳父母、妻之伯叔、妻之兄弟姊妹等。

配偶血亲的配偶，指自己配偶的血亲的配偶，如妻的兄弟之妻、妻的伯叔之妻等。

血亲配偶的血亲，指自己与自己血亲的配偶的血亲关系，如继兄弟姐妹关系、夫妻双方的父母之间的关系（俗称亲家）。

（3）配偶。配偶，是指男女双方因结婚而产生的亲属。自人类进入阶级社会以来，"法律所确认的两性结合形式，主要是婚姻"。[2] 男女因结婚而互为配偶，妻是夫的配偶，夫是妻的配偶。夫妻不是血亲，也不是姻亲。但是它却是血亲和姻亲的基础，没有配偶就不可能有父母子女等血亲，也没有夫妻双方的姻亲，所以配偶是亲属的重要组成部分。

配偶是否为亲属，各国立法规定不一，亲属有广义和狭义之分：广义亲属则认为配偶为亲属，如《日本民法典》之规定。在我国，封建法律把配偶列入宗亲之内，2001 年修正的《婚姻法》对此无明文规定，但在我国《民法典》和其他立法中，配偶是亲属。[3] 狭义亲属，则不承认配偶为亲属，如德国民法和瑞士民法均属之。

二、亲属的范围

亲属的范围是指负有法律上权利义务关系的亲属。亲属法并不调整全部亲属关系，原则上仅调整近亲属关系，也就是说一般仅有近亲属之间才有法律上的权利义务。因此，亲属法有必要划定近亲属的范围。[4] 由于各国风俗习惯、历史传统和具体国情不同，亲属的范围也不同。立法关于亲属范围的界定有两种不同的方式：一为抽象的限定法；二为具体的限定法。

抽象的限定法，是指通过总则的方式直接规定亲属的范围。中国古代礼制和法律均采此种方式，如在礼制上，凡丧服所及者（有服亲）认为是亲属；凡丧服所不及者（无服亲）则认为不是亲属。在法律上，按服制图所定，亲属范围为：宗亲以四世为限，五世祖免，实际为五服亲；外亲以三世为限；妻亲以二世为限。[5] 在国外，日本采此种方式，如《日本民法》亲属编第 725 条规定："下列人为亲属：①六亲等内的血亲；②配偶；③三亲

〔1〕 我国有学者提出，结合我国老龄化进程加快的社会现实，为鼓励家庭承担起更多的赡养老年人的义务，继父母与继子女之间应当形成双向的扶养关系。参见李洪祥、隋悦："现行法亲属规定的不足及亲属通则构建"，载夏吟兰、龙翼飞主编：《家事法研究》（2017 年卷），社会科学文献出版社 2017 年版，第 9～10 页。

〔2〕 李忠芳：《两性法律的源与流》，群众出版社 2002 年版，第 35 页。

〔3〕 参见我国《民法典》第 1045 条。在我国 2018 年修正的《刑事诉讼法》第 108 条第 6 款规定的近亲属包括：夫、妻、父、母、子、女、同胞兄弟姐妹。

〔4〕 郭明瑞："关于婚姻法修订的若干问题"，载《汉江论坛》2018 年第 2 期。

〔5〕 张贤钰主编：《婚姻家庭继承法》，法律出版社 1999 年版，第 68～69 页。

等内的姻亲。"[1]

具体的限定法，是指仅对亲属间在法律上享有的权利和承担的义务作出列举性规定，并以此确定亲属的范围；或者法律只对亲属之间的禁婚、扶养、继承、监护、司法回避等列举出具体的亲属范围。我国现行立法关于亲属的范围的规定，采此种方式。依照我国《民法典》规定，禁婚亲的范围为直系血亲和三代以内旁系血亲；相互有扶养关系的亲属范围包括：配偶、父母子女、祖父母、外祖父母、孙子女、外孙子女、兄弟姐妹。我国《民法典》规定的法定继承人的范围包括：配偶、父母、子女、祖父母、外祖父母、兄弟姐妹；另外，子女的直系晚辈血亲、兄弟姐妹的子女为代位继承人，尽了主要赡养义务的丧偶儿媳或女婿为第一顺序继承人。另外，还有一些法律和司法解释也对近亲属的范围进行了规定，但其范围不尽相同。[2]

第二节　亲系与辈分

一、亲系

亲系，是指亲属之间的血缘联系。

从历史上看，亲系有其发展的过程。在原始社会，亲系以女系为中心，在奴隶社会、封建社会，亲系以男系为中心。这个时期，亲系的划分比较复杂，可以划分为三类：男系亲和女系亲；父系亲和母系亲；直系亲和旁系亲。到了资本主义社会，男女地位在法律上渐趋平等，一般把亲系分为直系亲和旁系亲。依照我国现行法的规定和现实生活的实际情况，也作直系亲和旁系亲的区分。

（一）直系亲

直系亲是指亲属之间有直接的纵向关系者，又分为直系血亲和直系姻亲两种。

直系血亲，是指具有直接血缘关系的亲属，即生育自己和自己所生的上下各代亲属，或称从己身所出和己身所从出的亲属，如父母与子女，祖父母与孙子女，外祖父母与外孙子女等。己身所从出的血亲即生育己身的各代长辈直系血亲，如父母、祖父母、外祖父母、曾祖父母、外曾祖父母、高祖父母、外高祖父母等；己身所出的血亲即己身生育的后代，如子女、孙子女、外孙子女、曾孙子女、外曾孙子女、玄孙子女、外玄孙子女等。直系血亲除自然直系血亲外，还包括法律拟制的直系血亲，后者在我国如养父母与养子女、养祖父母与养孙子女等，以及有扶养关系的继父母与继子女。

直系姻亲，是指夫对妻或妻对夫的直系血亲而言：妻的直系血亲就是夫的直系姻亲，如女婿与岳父母；夫的直系血亲就是妻的直系姻亲，如儿媳与公婆。也可以表述为己身直系血亲的配偶或配偶的直系血亲。己身直系血亲的配偶如儿媳、女婿、孙媳、孙女婿、养儿媳、养女婿、无扶养关系的继父母等；配偶的直系血亲如公婆、岳父母、无扶养关系的

---

〔1〕　渠涛编译：《最新日本民法》，法律出版社 2006 年版，第 155 页。

〔2〕　例如，现已废止的 1988 年《执行民法通则意见》第 12 条规定，《民法通则》规定的近亲属包括：配偶、父母、子女、兄弟姐妹、祖父母、外祖父母、孙子女、外孙子女。依 2018 年《最高人民法院关于适用〈中华人民共和国行政诉讼法〉的解释》第 14 条规定，《行政诉讼法》第 25 条规定的"近亲属"，包括配偶、父母、子女、兄弟姐妹、祖父母、外祖父母、孙子女、外孙子女和其他具有扶养、赡养关系的亲属。我国 2018 年修正的《刑事诉讼法》第 108 条规定的近亲属则只包括：夫、妻、父、母、子、女、同胞兄弟姐妹。

继子女等。

（二）旁系亲

旁系亲是指亲属之间有间接的血缘联系者，也分旁系血亲和旁系姻亲两种。

旁系血亲，是指具有间接血缘关系的，在血缘上同出于一个祖先的亲属。例如，兄弟姐妹与自己同源于父母；伯、叔、姑和堂兄弟姐妹、姑表兄弟姐妹与自己同源于祖父母；舅、姨和舅表兄弟姐妹、姨表兄弟姐妹与自己同源于外祖父母；等等。

旁系姻亲，是指夫对妻或妻对夫的旁系血亲而言。妻的旁系血亲是夫的旁系姻亲，如夫与妻的兄弟姐妹。夫的旁系血亲是妻的旁系姻亲，如妻与夫的兄弟姐妹。也可以表述为旁系血亲的配偶或配偶的旁系血亲。旁系血亲的配偶，如嫂子、弟媳、侄媳、侄女婿、伯母、姑父、姨父、舅母、婶母等；配偶的旁系血亲，如妻的兄弟姐妹、伯叔，夫的兄弟姐妹、伯叔等。

二、辈分

辈分，又称行辈，是指亲属之间的辈分排行或称世代第次。辈分按世代来划分，以一世代为一辈分。根据辈分的不同，一般可分为长辈（父行以上）亲、平辈（同行）亲、晚辈（子行以下）亲三种。

长辈亲，也称尊亲属，[1] 是指辈分排行高于自己的亲属，如父、母、伯、叔、姑等称为父辈（父行）；祖父母、伯叔祖父、祖姑等称为祖辈（祖父行）。我国《民法典》继承编中有"长辈"这一称谓。[2]

平辈亲，也称同辈亲，是指与自己同一世代的亲属，如兄弟姐妹、表兄弟姐妹等。

晚辈亲，也称卑亲属，[3] 是指辈分排行低于自己的亲属，如子辈、孙辈等。子女以及侄、甥等，称为子辈；孙子女、外孙子女以及侄孙、甥孙等称为孙辈。我国《民法典》继承编中有"晚辈"这一称谓。[4]

辈分也有直系亲和旁系亲之分。依我国民国时期民法的规定，自父母以上的直系血亲，为直系血亲尊亲属；自子女以下的直系血亲，为直系血亲卑亲属；父母同辈及其以上的旁系血亲，为旁系血亲尊亲属；子女同辈及其以下的旁系血亲，为旁系血亲卑亲属。姻亲的尊亲属与卑亲属的划分同上。

中国古代实行宗法制度，礼制和法律均要求长幼尊卑有序。同宗内亲不得结婚，在可以结婚的亲属中，也不得长辈与晚辈婚配；立嗣也同，须同宗且昭穆相当，只能在长辈与晚辈之间进行。

在现代社会，辈分的划分除具有礼仪上的意义外，在法律上也有其意义。例如，在我国，对于亲属之间的扶养，依据辈分的不同，法律的用语上区分为平辈之间的"扶养"、长辈对晚辈的"抚养"与晚辈对长辈的"赡养"，并且对子女的抚养，以父母为第一顺序抚养义务人，以祖父母、外祖父母为第二顺序抚养义务人；在监护人的确定上，依据辈分的不同，以父母为第一顺序监护人，以祖父母、外祖父母为第二顺序监护人；在代位继承时被继承人子女的"直系晚辈血亲"作为代位继承人，不受代数限制，但以亲等即辈分近者为先。

---

〔1〕 在国外，有些外国民法典如《法国民法典》《意大利民法典》等均将辈分高于自己的亲属称为尊亲属。

〔2〕 我国《民法典》第 1121 条。

〔3〕 在国外，有些外国民法典如《法国民法典》《意大利民法典》等均将辈分低于自己的亲属称为卑亲属。

〔4〕 我国《民法典》第 1128 条。

第三节　亲等与代数

亲等是计算亲属亲疏远近的方法或单位。亲等是亲属关系亲疏远近的计算单位，其意义在于准确表述亲属间的身份，从而确定其权利义务有无和轻重。[1]古今中外，亲等在法律上运用较广，诸如禁婚的范围、亲属间权利义务的享有与承担等都依亲等来确定。目前，世界上的亲等计算法主要有：罗马法亲等计算法、寺院法亲等计算法和我国《民法典》规定的代数计算法。国外通行的亲等计算方法是世代亲等制，它以血缘联系为依据，以世代的多少来计算亲等，一般来说，亲等数小的，表示亲属关系亲近；亲等数大的，表示亲属关系疏远。姻亲比照血亲计算亲等。配偶之间无亲等数。我国《民法典》以代数计算禁婚亲的范围。

一、罗马法亲等制

罗马法亲等计算法是古罗马法规定的计算亲属关系亲疏远近的制度。现在它已成为世界上大多数国家所采用的计算方法，其分为直系血亲的亲等计算法、旁系血亲的亲等计算法和姻亲的亲等计算法三种。

（一）直系血亲的亲等计算法

直系血亲的亲等计算法，以代数为标准计算亲等。把直系血亲从己身往下数或往上数，以一世代为一亲等。往上数包括：父母为一亲等，祖父母、外祖父母为二亲等，曾祖父母、外曾祖父母为三亲等，高祖父母、外高祖父母为四亲等，其他依此类推；往下数包括：子女为一亲等，孙子女、外孙子女为二亲等，曾孙子女、外曾孙子女为三亲等，玄孙子女、外玄孙子女为四亲等，其他依此类推。父母与子女为一亲等的直系血亲，祖父母、外祖父母与孙子女、外孙子女为二亲等的直系血亲，其他依此类推。

（二）旁系血亲的亲等计算法

旁系血亲的亲等计算法，是从己身往上数至同源的直系血亲，再从同源的直系血亲往下数至要计算的亲属，两边代数之和就是亲等数。例如，计算自己与堂兄弟姊妹的亲等，先数至父母为一亲等，再数至祖父母为二亲等；祖父母是自己与堂兄弟姊妹同源的直系血亲，从堂兄弟姊妹往上数至伯叔为一亲等，再数至祖父母为二亲等，两边的代数相加之和等于四，也就是说自己与堂兄弟姊妹的亲等为四亲等。

（三）姻亲的亲等计算法

姻亲的亲等计算法，是姻亲的亲等数以赖以发生姻亲的一方配偶与对方的血亲亲等数为依据，如儿媳与公婆，因夫与其父母是一亲等的直系血亲，故儿媳与公婆是一亲等的直系姻亲；伯叔与侄子女是三亲等的旁系血亲，故侄子女与伯母、婶母是三亲等的旁系姻亲。

二、寺院法亲等制

寺院法亲等制是欧洲中世纪基督教寺院法计算亲属关系亲疏远近的制度。此种计算方法，目前世界上只有少数国家采用，其计算方法也有直系血亲的亲等计算法、旁系血亲的亲等计算法和姻亲的亲等计算法三种。

---

[1]　参见夏吟兰、李丹龙："民法典婚姻家庭编亲属关系通则立法研究"，载《现代法学》2017年第5期。

（一）直系血亲的亲等计算法

直系血亲的亲等计算法，与罗马法相同。

（二）旁系血亲的亲等计算法

旁系血亲的计算法，是从己身与所要计算的亲属，各往上数至同源的直系血亲，如果两者的亲等数相等，则取一方的亲等数为其亲等；如果两者的亲等数不同，则取亲等数大的一方的亲等数为其亲等。如己身与兄弟姐妹的亲等计算，己身与兄弟姊妹的同源血亲是父母，从己身往上数至父母是一亲等，从兄弟姐妹往上数至父母也是一亲等，两者的亲等数相同，则取一方的亲等数为其亲等，故己身与兄弟姐妹间是一亲等的旁系血亲。再如，要计算自己与伯叔的亲等，双方同源的血亲是祖父母，从己身往上数至祖父母为二亲等，从伯叔往上数至祖父母为一亲等，两者的亲等数不同，则取亲等数大的一方的亲等数为其亲等，故自己与伯叔是二亲等的旁系血亲。

（三）姻亲的亲等计算法

姻亲的亲等计算法，是姻亲的亲等数以赖以发生姻亲的一方配偶与对方的血亲的亲等数为依据。

三、我国《民法典》中的代数计算法

在我国，1950 年《婚姻法》规定："其他五代内的旁系血亲间禁止结婚的问题，从习惯。"《民法典》规定，直系血亲或者三代以内的旁系血亲禁止结婚。由此可见，我国血亲关系的亲疏远近是按"代"数计算的。[1] 代数是我国法律规定的亲属之间亲疏远近的单位：代数小的，则亲属关系亲近；代数大的，则亲属关系疏远。[2]

（一）代数的计算

代数的计算分为直系血亲计算法和旁系血亲计算法两种。

1. 直系血亲计算法。直系血亲计算法是指从己身算起，即自己为一代，向上数至父母为二代，至祖父母、外祖父母为三代，至曾祖父母、外曾祖父母为四代，至高祖父母、外高祖父母为五代；从己身往下数，己身为一代，至子女为二代，至孙子女、外孙子女为三代，至曾孙子女、外曾孙子女为四代，至玄孙子女、外玄孙子女为五代。

2. 旁系血亲计算法。旁系血亲计算法是指从己身数至所要计算的亲属的同源血亲的代数，即首先找出同源直系血亲，按直系血亲的计算方法，从己身往上数至同源直系血亲，记下世代数；再从要计算的旁系血亲往上数至同源直系血亲，记下世代数。如果两边的世代数相同，则用一边的世代数确定代数，如果两边的世代数不同，则取世代数大的一边确定代数。如计算己身与表兄弟姊妹是否属于三代以内，可以从己身和表兄弟姊妹都往上数数至同源的祖父母、外祖父母，从己身和表兄弟姊妹算起为一代，到父母、姑舅姨为二代，到祖父母、外祖父母为三代，即己身与表兄弟姊妹属于三代以内。

（二）"三代""五代"以内的旁系血亲

1. 三代以内的旁系血亲。三代以内的旁系血亲是指同源于祖父母、外祖父母的旁系血

---

〔1〕 主编注：关于我国婚姻法对亲属关系通则立法之不足及其立法完善，参见陈苇：《中国婚姻家庭法立法研究》，群众出版社 2000 年版，第 81~85 页。

〔2〕 在《民法典》婚姻家庭编的编纂过程中，因为我国立法中长期缺失亲等计算方法的内容，以致民众对《婚姻法》中"三代以内旁系血亲"的范围不甚明了，给法律的适用带来诸多不便，因此中国法学会婚姻家庭法学会曾建议增加亲等计算方法的条文。参见夏吟兰、龙翼飞主编：《家事法研究》（2019 年卷），社会科学文献出版社 2019 年版，第 487、527 页。

亲，其范围包括：伯、叔、姑、舅、姨、兄弟姐妹、堂兄弟姐妹、表兄弟姐妹、侄子女、外甥子女。

2. 五代以内的旁系血亲。五代以内的旁系血亲是指同源于高祖父母、外高祖父母的旁系血亲，其范围较广，在三代以内旁系血亲基础上，再往上数两代范围内的旁系血亲。

第四节　亲属关系的发生和终止

一、配偶的发生和终止

配偶因男女结婚而发生，因离婚或者一方或双方死亡（包括自然死亡和宣告死亡）而终止。在我国，结婚的男女双方应当亲自到婚姻登记机关申请结婚登记，男女双方符合法定结婚实质要件的，予以登记，发给结婚证。完成结婚登记即确立婚姻关系。[1] 但男女双方如先以夫妻名义共同生活而后申请补办结婚登记的，根据《婚姻家庭编解释（一）》第6条的规定，婚姻关系的效力从双方以夫妻名义同居且均符合我国《民法典》所规定的结婚实质要件时起算。

二、血亲的发生和终止

（一）自然血亲的发生和终止

自然血亲因出生的事实而产生。父母在生育子女后，就产生父母与子女间的直系血亲关系，兄弟姊妹之间就产生旁系血亲关系。出生是自然血亲发生的唯一的原因。

自然血亲只能因死亡而消灭，这是古今中外立法的通例。一方死亡，死者与生存者之间的权利义务关系也随之终止，至于亲属的身份称谓，则仍然存在。自然血亲不能因任何人为条件而予以消灭，如父母子女关系，不能用登报声明等方式消灭，也不能因婚姻关系的终止而消灭。

自然血亲间法律上的权利义务关系在收养关系成立后将消除。我国《民法典》第1111条第2款规定："养子女与生父母以及其他近亲属间的权利义务关系，因收养关系的成立而消除。"即因收养而消除的只是法律上的权利义务关系，但被送养子女与生父母及其他亲属之间基于血缘联系而发生的自然血亲关系仍然存在，所以与自然血亲有关的法律规定，如直系血亲和三代以内旁系血亲禁止结婚等，在适用上不受收养的影响。虽然我国《民法典》第1073条增加了亲子关系异议之诉，规定"对亲子关系有异议且有正当理由的，父或者母可以向人民法院提起诉讼，请求确认或者否认亲子关系"；"对亲子关系有异议且有正当理由的，成年子女可以向人民法院提起诉讼，请求确认亲子关系"，但是这只是为亲子关系异议提出了解决途径，并没有对自然血亲的发生和终止产生影响。

（二）拟制血亲的发生和终止

拟制血亲的发生是基于法律的直接规定而形成的，由于其种类不同，其发生和终止的原因也不同。

因收养的成立，产生在法律上的拟制血亲关系，如养父母与养子女。收养关系可以基于一方死亡和法律规定的条件而人为加以解除，如收养关系因收养人与被收养人双方协议或一方（包括生父母）的要求而解除，收养关系的解除使收养人与被收养人之间的拟制血

---

[1]　参见我国《民法典》第1049条。

亲关系终止。

继子女随父或随母与继父或继母结婚后并受其抚养教育时就产生法律上的拟制血亲关系，即继父母和受其抚养教育的继子女之间发生法律上父与子女间的权利与义务关系。继父母与形成抚养关系的继子女间的拟制血亲关系，一般来说，对未成年的继子女，不能由继父母任意解除，对成年的继子女，如双方关系恶化可以依法解除，但继子女对已尽抚养教育义务的继父母仍应尽赡养义务。

三、姻亲的发生和终止

男女结婚就产生了配偶关系，与之相联系，配偶的血亲、血亲的配偶、配偶血亲的配偶以及血亲配偶的血亲都产生姻亲关系，或者说配偶一方与对方的亲属及双方的亲属之间发生姻亲关系。

姻亲关系除一方死亡而终止外，其他原因是否终止一些国家和地区的立法不一，概括起来有三种不同的立法例。

（一）消灭主义的立法例

采消灭主义的立法例的国家和地区认为，姻亲关系是男女结婚而产生的亲属，如果结婚的男女离婚，这种亲属关系已失去其存在的基础，故离婚导致姻亲关系终止，如《日本民法典》第728条规定："姻亲关系因离婚而消灭。"韩国民法和我国台湾地区"民法"的规定与日本立法的规定相同，都采姻亲关系因离婚而消灭的立法主义，但这种立法主义在禁婚亲上，其效力不消灭。如《日本民法典》第735条规定："直系姻亲间，不得结婚。即使在姻亲关系依第728条规定终止后，也同。"我国《民法典》未规定禁止姻亲结婚，故姻亲关系消灭后，不存在禁婚效力问题。

（二）不消灭主义的立法例

采不消灭主义的立法例的国家和地区认为，姻亲关系一般不发生重大权利义务关系，其法律效力仅限于禁婚效力和诉讼回避效力，因此，法律没有必要规定姻亲关系消灭，如《德国民法典》第90条规定："由婚姻而生的姻亲关系，不因该婚姻解除而消灭。"[1]

至于死亡是否终止姻亲关系问题，许多国家多采不消灭主义的立法。在我国，现行法律未规定姻亲关系因婚姻中介人的死亡而消灭，但依《民法典》规定，如丧偶的儿媳对公婆、丧偶的女婿对岳父母，尽了主要赡养义务的，作为第一顺序继承人继承，其子女可代位继承且不论该生存配偶是否再婚。

（三）有条件消灭主义的立法例

有条件消灭主义，也称部分消灭主义。采取这种立法例的国家和地区赋予当事人在此问题上的意思自治或法律上的特别规定而消灭姻亲关系，如古罗马法规定夫妻双方离婚并根据他们的意愿停止亲属关系。

关于死亡终止姻亲关系，一般限于生存配偶再婚或有终止姻亲关系的意思表示，如现行《日本民法典》第728条规定，夫妻一方死亡，生存配偶表示了消灭姻亲关系的意思时，姻亲关系消灭。

---

[1]　陈苇主编：《外国婚姻家庭法比较研究》，群众出版社2006年版，第154页。

第五节 亲属关系的法律效力

亲属的法律效力，是指一定范围内的亲属所具有的权利和义务。亲属关系一经法律调整，便在具有亲属身份的主体间产生了法定的权利与义务关系。[1] 在我国，民法、刑法、诉讼法、劳动法、国籍法等各部门法对此都有具体规定。

一、亲属在我国《民法典》婚姻家庭编和继承编的效力

根据我国《民法典》的规定，亲属的法律效力主要表现在：一定范围内的亲属有互相扶养的义务；一定范围内的亲属有互相继承遗产的权利；夫妻对共同财产有平等的所有权；一定范围内的亲属禁止结婚。

（一）扶养效力

我国《民法典》规定，夫妻之间有相互扶养的权利与义务；父母有抚养、教育和保护未成年子女的义务，成年子女有赡养父母的义务；祖孙之间、兄弟姐妹之间在一定条件下，有抚养、赡养和扶养的权利与义务。

（二）继承效力

在我国，《民法典》婚姻家庭编规定，配偶、父母、子女之间有相互继承遗产的权利。《民法典》继承编规定，被继承人的配偶、父母、子女为第一顺序法定继承人；兄弟姐妹、祖父母、外祖父母为第二顺序法定继承人；丧偶的儿媳对公婆、丧偶的女婿对岳父母尽了主要赡养义务的为第一顺序法定继承人；子女的直系晚辈血亲以及兄弟姐妹的子女为法定代位继承人。我国法律确定法定继承人的范围和顺序，既关系到对被继承人私有财产权的保护，也涉及家庭扶养职能的实现。[2]

（三）共同财产效力

我国《民法典》规定，夫妻在婚姻关系存续期间所得的《民法典》第 1062 条所规定范围内的财产，为夫妻共同财产。夫妻对共同财产，有平等的处理权。

（四）禁婚效力

我国《民法典》规定，直系血亲或者三代以内的旁系血亲禁止结婚。这里的直系血亲包括法律拟制的直系血亲，如养父母与养子女、有扶养关系的继父母与继子女也在禁婚范围。在国外有的国家的立法中，还禁止直系姻亲之间和一定范围的旁系姻亲结婚。[3]

（五）代理效力

夫妻日常家事代理权，亦称为家事代理权，是指配偶一方在与第三人就家庭日常事务为一定法律行为时，享有代理夫妻他方权利行使的权利。[4] 我国《民法典》规定，夫妻一方因家庭日常生活需要而实施的民事法律行为，对夫妻双方发生效力，但是夫妻一方与相对人另有约定的除外。夫妻之间对一方可以实施的民事法律行为范围的限制，不得对抗

---

〔1〕　夏吟兰、李丹龙："民法典婚姻家庭编亲属关系通则立法研究"，载《现代法学》2017 年第 5 期。

〔2〕　参见陈苇、冉启玉："完善我国法定继承人范围和顺序立法的思考"，载《法学论坛》2013 年第 2 期。

〔3〕　陈苇主编：《外国婚姻家庭法比较研究》，群众出版社 2006 年版，第 154 页。

〔4〕　参见杨立新："民法典婚姻家庭编完善我国亲属制度的成果与司法操作"，载《清华法学》2020 年第 3 期。

善意相对人。

（六）收养条件的除外效力

我国《民法典》规定，收养三代以内旁系同辈血亲的子女，可以不受生父母有特殊困难无力抚养和无配偶者收养异性子女条件的限制。

二、亲属在民法上的效力

根据我国《民法典》合同编、人格权编、婚姻家庭编、侵权责任编等相关规定，亲属在民法上的效力是指除婚姻家庭继承法效力以外，在其他民事基本法上的效力。例如，近亲属为无民事行为能力或者限制行为能力未成年人的法定监护人和非完全民事行为能力成年人的法定监护人；失踪人的财产由其配偶、成年子女、父母等担任代管人。[1]

（一）法定监护效力

我国《民法典》总则编、婚姻家庭编、侵权责任编对法定监护人及其法律责任有明确规定。未成年人的父母是未成年人的监护人，未成年人的父母已经死亡或者没有监护能力的，由下列人员中有监护能力的人担任监护人：①祖父母、外祖父母；②兄、姐；③其他愿意担任监护人的个人或组织，经未成年人住所地的居民委员会、村民委员会或者民政部门同意的。无民事行为能力或者限制民事行为能力的成年人，由下列人员担任监护人：①配偶；②父母、子女；③其他近亲属；④其他愿意担任监护人的个人或者组织，但是须经被监护人住所地的居民委员会、村民委员会或者民政部门同意。监护人依法行使监护权，保护被监护人的人身、财产及其他合法权益。被监护人的人身、财产和其他民事权益受到侵害时，监护人有权要求加害人停止侵害、赔礼道歉、赔偿损失、恢复原状。被监护人对国家、集体和他人的人身或财产造成损害时，监护人应当承担相应的民事责任。

（二）法定代理效力

根据我国《民法典》总则编第27条、第28条的规定，近亲属包括配偶、父母、子女、兄弟姐妹、祖父母、外祖父、孙子女、外孙子女，他们在符合法定条件下互为法定监护人，互有法定代理权。例如，父母是未成年子女的监护人和法定代理人。父母应当依法行使代理权，进行民事活动，诸如父母代理未成年子女缔结合同、代理民事诉讼等。

（三）特定事项作为申请人的效力

我国《民法典》总则编、2023年修正的《民事诉讼法》规定，申请宣告失踪和死亡的利害关系人，包括被申请宣告失踪人的配偶、父母、子女、兄弟姐妹、祖父母、外祖父母、孙子女、外孙子女以及其他与被申请人有民事权利义务关系的人。对不能辨认或者不能完全辨认自己行为的成年人，其近亲属作为利害关系人可以向人民法院申请宣告其无民事行为能力或者限制民事行为能力；其在病愈而具有民事行为能力后，其近亲属作为利害关系人可以向人民法院申请撤销其无民事行为能力或者限制民事行为能力的宣告。

（四）优先购买的效力

根据我国《民法典》合同编第726条的规定，出租人在出卖租赁房屋时，承租人在同等条件下享有优先购买权，但是出租人将房屋出卖给近亲属时，承租人无此优先权。由此可以看出，当近亲属和承租人同时想要购买租赁房屋时，近亲属享有更优先的购买权。

（五）撤销赠与的效力

根据我国《民法典》合同编第663条规定，"受赠人严重侵害赠与人近亲属合法权益"

---

〔1〕　参见《民法典》第27、28、42条。

是赠与人行使法定撤销权的理由之一，如受赠人侵害赠与人近亲属的生命权益时，赠与人有权依法撤销其赠与。

（六）保护死者人格利益的效力

根据我国《民法典》人格权编第 994 条规定，死者的姓名、肖像、名誉、荣誉、隐私、遗体等受到侵害的，其配偶、子女、父母有权依法请求行为人承担民事责任；死者没有配偶、子女且父母已经死亡的，其他近亲属有权依法请求行为人承担民事责任。

（七）特殊事项的同意效力

根据我国《民法典》侵权责任编第 1219 条规定，医务人员在诊疗活动中需要实施手术、特殊检查、特殊治疗的，医务人员应当及时向患者具体说明医疗风险、替代医疗方案等情况，并取得其明确同意；不能或者不宜向患者说明的，应当向患者的近亲属说明，并取得其明确同意。因此，患者的近亲属享有对患者实施手术、特殊检查、特殊治疗的知情同意权。

（八）被侵权人死亡时作为请求主体的效力

根据我国《民法典》侵权责任编第 1181 条第 2 款的规定，当被侵权人死亡时，其近亲属有权请求侵权人承担侵权责任。

三、亲属在刑法上的效力

根据现行《刑法》的规定，某些犯罪的主体必须是一定的亲属；某些犯罪只有亲属告诉才处理；以及是否为亲属决定某些犯罪能否和解；等等。

（一）犯罪构成效力

某些犯罪的构成，必须以具有一定的亲属关系为条件，此乃犯罪构成效力。根据现行《刑法》规定，妨害婚姻家庭方面的虐待罪、遗弃罪等罪名的成立，要求加害人与被害人之间必须具有亲属关系。否则，其罪名不能成立。

（二）亲告效力

该效力也称为"不告不理"原则，是指某些犯罪只有被害人或者被害人亲属亲自告诉，人民法院才处理，如暴力干涉婚姻自由罪、虐待罪等，现行《刑法》规定须告诉才处理。此即亲告效力。

（三）和解效力

2023 年修正的《刑法》第 260～261 条和 2018 年修正的《刑事诉讼法》第 212 条规定，近亲属之间的虐待、遗弃等自诉案件，虽然情节严重已构成犯罪的（除被害人重伤或死亡外），自诉人在宣告判决前，可以同被告人自行和解或者撤回自诉。

（四）减轻刑罚的效力

2013 年《最高人民法院、最高人民检察院关于办理盗窃刑事案件适用法律若干问题的解释》中规定，偷拿家庭成员或者近亲属的财产，获得谅解的，一般可不认为是犯罪；追究刑事责任的，应当酌情从宽。

在国外法上，也有因为罪犯与被害人之间的亲属关系而加重或者减轻刑罚处罚的规定，如《法国刑法》规定，盗窃尊、卑直系亲属和配偶（分居除外）之财物者，不得引起刑事追究；但凡是针对合法直系尊亲属或者养父母或者配偶的故意杀害生命罪、故意伤害身体罪和暴力罪的，要加重处罚。德国、意大利以及日本等国家也有相关规定。

四、亲属在诉讼法上的效力

根据 2018 年修正的《刑事诉讼法》、2023 年修正的《民事诉讼法》和 2017 年修正的

《行政诉讼法》的规定，一定范围的亲属可作为刑事被告的辩护人和民事诉讼代理人、行政诉讼代理人；一定范围的亲属有为被告提出上诉和申诉的权利；一定范围的亲属有申请执行的权利；一定范围的亲属有回避的义务；等等。

（一）作为辩护人或者代理人的效力

一定范围的亲属可以担任刑事被告人的辩护人和民事诉讼的代理人。根据 2018 年修正的《刑事诉讼法》的规定，犯罪嫌疑人、被告人的监护人、亲友可以被委托为辩护人。根据 2023 年修正的《民事诉讼法》的规定，律师、当事人的近亲属、有关的社会团体或者所在单位推荐的人，经人民法院许可的其他公民，可以被委托为代理人。

（二）回避效力

根据 2018 年修正的《刑事诉讼法》、2023 年修正的《民事诉讼法》和 2017 年修正的《行政诉讼法》的规定，审判人员、检察人员、侦查人员、书记员、翻译人员、鉴定人和勘验人员如果是本案的当事人或者是当事人的近亲属，或者与本案有直接利害关系，上述人员应当自行回避；如果本人不回避，诉讼当事人可以申请他们回避。对申请回避有异议的，应由审判委员会、检察委员会、院长或审判长决定，以裁定形式决定是否回避。

（三）上诉、申诉、刑事自诉效力

根据 2018 年修正的《刑事诉讼法》规定，第一审人民法院作出的判决、裁定，当事人的近亲属经被告人同意可以提出上诉；对已经发生法律效力的判决、裁定不服的，可以提出申诉。自诉案件中被害人死亡或者丧失行为能力的，被害人的法定代理人、近亲属有权向人民法院起诉。

（四）强制执行时保留供养亲属扶养费的效力

民事案件、刑事附带民事案件、行政案件的判决、裁定以及调解协议中涉及财产内容的，义务人到期不履行义务，权利人或其法定代理人可以申请强制执行。在强制执行时，应当保留被执行人及其供养亲属的生活费用和必要的财产。

（五）免除部分被告人亲属当庭作证义务的效力

2018 年修正的《刑事诉讼法》规定，经人民法院通知，证人没有正当理由不出庭作证的，人民法院可以强制其到庭，但是被告人的配偶、父母、子女除外。必须注意，此只是免除了被告人配偶、父母、子女当庭作证的义务，但是其仍有采取其他方式作证的义务。

五、亲属在国籍法上的效力

根据我国《国籍法》的规定，公民国籍的取得、恢复、退出（丧失）与亲属关系直接相关。

父母一方或双方为中国公民，本人出生在中国或国外，本人均取得中国国籍，但父母一方或双方为中国公民并定居在国外，本人出生时即具有外国国籍的，不具有中国国籍；父母无国籍或国籍不明定居在中国，本人出生在中国，具有中国国籍；外国人或无国籍人是中国公民的近亲属的，经申请批准可以加入中国国籍；曾经有过中国国籍的外国人具有正当理由，可以申请恢复加入中国国籍；中国公民是外国人的近亲属的，经申请批准可以退出中国国籍。

导入案例之要点评析

根据我国《民法典》第 1061 条、第 1070 条、第 1072 条、第 1127 条规定，夫妻有相互继承遗产的权利。父母与子女有相互继承遗产的权利。继父或继母与受其抚养教育的继子女间的权利和义务，适用本法对父母子女关系的有关规定。有扶养关系的继父母和有扶养关系的继子女属于第一顺序法定继承人。

从本案的实际情况看：首先，2010 年 1 月甲男离婚后与丧偶的乙女申请结婚登记时，甲男与前妻所生的一儿一女均已成年并在参加工作后离家独立生活。这就是说，甲男与前妻所生的已成年的一儿一女不需要乙女的抚养和教育，因此他们之间不能形成抚养教育关系。虽然在乙女病重住院治疗期间，甲的两个子女经常前去看望，并且在乙女临终前还到医院有短期的日夜轮流照料，但也不能形成扶养关系，故甲的两个子女不是乙女的法定继承人；其次，2010 年 1 月甲男与乙女登记结婚后，乙女带来与前夫所生 10 岁的女儿丙，与甲男共同生活，直到 2019 年 1 月丙出国留学。也就是说，甲男对乙女的未成年的女儿丙进行了长达 8 年的物质上的供养和生活上的照料，甲男与丙已形成了抚养教育关系，属于拟制直系血亲，故双方之间有父母子女的权利和义务。

综上所述，甲男的子女因与乙女之间不存在扶养关系，不属于法定继承人，对乙女的遗产不享有继承权。甲男与乙女是夫妻关系，互为第一顺序法定继承人，故甲男有权继承其妻乙女的遗产。丙与乙女为母女关系，互为第一顺序法定继承人，故丙有权继承其母乙女的遗产。甲男为丙有扶养关系的继父，为第一顺序法定继承人，故甲男有权取得丙的人身保险金。

思考题

一、选择题

（一）单项选择题

1. 按照亲属的分类，岳父母是己身的（　　　）。

A. 血亲的配偶　　　　　　　　　B. 配偶的血亲

C. 血亲配偶的血亲　　　　　　　D. 配偶血亲的配偶

2. 下列选项中全部属于自然血亲的是（　　　）。

A. 外甥、姑、舅、姨　　　　　　B. 伯母、婶母、女婿

C. 舅父母、姑爷、夫妻　　　　　D. 养兄弟姐妹

（二）多项选择题

1. 父母、子女、兄弟姐妹都是（　　　）。

A. 直系血亲　　　　　　　　　　B. 旁系血亲

C. 亲属　　　　　　　　　　　　D. 血亲

2. 亲属关系发生的原因是（　　　）。

A. 婚姻　　　　　　　　　　　　B. 血缘

C. 法律拟制　　　　　　　　　　D. 共同生活

二、判断分析题

1. 亲属都具有法律上的权利与义务。

2. 根据《民法典》的规定，继父母与继子女是拟制血亲。

三、简答题

1. 简述亲属的概念以及亲属与家庭成员的关系。

2. 三代以内旁系血亲具体包括哪些亲属？

3. 对旁系血亲亲等的计算，罗马法计算法与寺院法计算法有何不同？

四、论述题

1. 试论自然血亲关系的发生与终止。

2. 试论亲属关系在我国《民法典》婚姻家庭编、继承编上的效力。

五、案例分析题

甲男与乙女于 2010 年 2 月经人介绍相识，在谈恋爱期间两人即同居生活。2011 年 1 月，乙女生了一个女儿，甲男为其取名晓月。2013 年 2 月，甲男与乙女因性格不合，两人经协商同意结束同居关系，晓月由乙女独自抚养，甲男一次性给付抚养费 5 万元。2015 年 2 月，乙女与丙男结婚，婚后才半年，两人就争吵不断，乙女生气外出打工后一直音讯杳无。此后，丙男独自抚养晓月。2023 年 1 月乙女从外地返家，并提出要求与丙男离婚，且由她直接抚养晓月，但要求丙男每月给付晓月抚养费 500 元。丙男同意离婚，但不同意给付晓月抚养费。

请问：

1. 甲男与晓月之间有何种亲属关系及有无权利义务？

2. 丙男与晓月之间有何种亲属关系及有无权利义务？

 阅读参考文献

1. 夏吟兰主编：《婚姻家庭继承法》，中国政法大学出版社 2021 年版。

2. 马忆南：《婚姻家庭继承法学》，北京大学出版社 2023 年版。

3. 金眉：《中国亲属法的近现代转型》，法律出版社 2010 年版。

4. 曹贤信：《亲属法的伦理性及其限度研究》，群众出版社 2012 年版。

5. 叶英萍主编：《中国传统亲属法律文化和谐性研究》，法律出版社 2015 年版。

6. 杨晋玲：《亲属法基础理论问题研究》，法律出版社 2017 年版。

第 三 章

《民法典》婚姻家庭编的基本原则和倡导性规定

✤学习的内容和重点

通过本章学习，要求学生理解掌握婚姻家庭受国家保护原则，婚姻自由原则，一夫一妻制原则，男女平等原则，保护妇女、未成年人、老年人、残疾人合法权益原则的基本理论。了解《民法典》、《反家庭暴力法》、现行《妇女权益保障法》、现行《未成年人保护法》和现行《老年人权益保障法》等法律规定的主要内容、重点掌握处理各种违反《民法典》婚姻家庭编基本原则行为的法律规定。

导入案例

原告：郑某，男，30岁，某单位项目经理。被告：于某，女，28岁，某单位职员。郑某与于某于2022年初在朋友家聚会时相识，两人一见钟情。一个月后，郑某与于某结婚。婚后郑某发现与于某在生活习惯等方面不合。于某内向，喜欢安静。郑某外向，喜欢热闹，经常带朋友到家里。郑某性格有些急躁，偶尔会因为一些小事对于某拳脚相加。2024年7月，于某生下一女。2024年12月1日，于某因为指责丈夫缺少责任心，双方发生激烈争吵。郑某于次日向法院起诉，以双方感情不和为由坚决要求离婚。法院受理案件后，经调解无效，认为夫妻感情确已破裂，于2025年3月底判决双方离婚，女儿随于某生活。收到判决后，于某不服，向中级人民法院提起上诉，提出自己生育女儿后不到1年就被判决离婚，一审法院未注意保护妇女与儿童的合法权益，该判决违背《民法典》的有关规定。二审法院审理该离婚案件后认为，根据《民法典》保护妇女、儿童合法权益原则的规定及第1082条的规定，郑某在妻子分娩后1年内不得提出离婚，一审法院的判决违反法律规定，因此裁定撤销一审判决，驳回郑某的起诉。

请问：本案二审法院的处理是否正确？为什么？

《民法典》婚姻家庭编的基本原则是婚姻家庭立法的指导思想，是制定和适用婚姻家庭编的重要依据。《民法典》第五编婚姻家庭第一章一般规定中，在坚持婚姻自由、一夫一妻、男女平等、保护妇女、未成年人和老年人的合法权益等基本原则前提下，结合社会发展的现实需要，修改补充了部分基本原则。《民法典》婚姻家庭编中新增婚姻家庭受国家保护原则，并且将"树立优良家风"写进法律，旨在弘扬家庭美德，明晰夫妻应当互相忠实，倡导家庭成员应敬老爱幼，互相帮助，维护平等、和睦、文明的婚姻家庭关系。家和万事兴，家是社会的细胞，是人生的第一所学校。调整婚姻家庭关系涉及法治和德治，两者相辅相成，缺一不可。[1]《民法典》婚姻家庭编的基本原则包括：婚姻家庭受国家保护，婚姻自由，一夫一妻制，男女平等，保护妇女、未成年人、老年人、残疾人的合法权益。在立法价值导向上，以上规定体现着强化保护婚姻家庭的国家责任，倡导具有中国特色的婚姻家庭文化理念，重视婚姻家庭关系的人伦本质与人文关怀，强调维护婚姻家庭的伦理属性及家庭团体价值，坚持将扶老携幼、维护婚姻家庭的和谐关系作为婚姻家庭编立法的指引方向。为实现法律的实质正义，将对未成年人、老年人、残疾人等弱势群体权益的保护放在突出位置，始终保持着对正确婚姻家庭观的引领，体现了立法的与时俱进、问题导向和对民意的充分尊重。

《民法典》婚姻家庭编在坚持2001年修正的《婚姻法》之基本原则基础上作了部分修改补充，发展和完善了我国婚姻家庭法的基本原则。[2] 其从正、反两方面规定了以下基本原则及其禁止性规定，第1041条规定："婚姻家庭受国家保护。实行婚姻自由、一夫一妻、男女平等的婚姻制度。保护妇女、未成年人、老年人、残疾人的合法权益。" 第1042条规定："禁止包办、买卖婚姻和其他干涉婚姻自由的行为。禁止借婚姻索取财物。禁止重婚。禁止有配偶者与他人同居。禁止家庭暴力。禁止家庭成员间的虐待和遗弃。" 第1043条继续沿用2001年修正的《婚姻法》第4条的规定并增补倡导 "优良家风"："家庭应当树立优良家风，弘扬家庭美德，重视家庭文明建设。夫妻应当互相忠实，互相尊重，互相关爱；家庭成员间应当敬老爱幼，互相帮助，维护平等、和睦、文明的婚姻家庭关系。" 第1044条增设了收养基本原则的规定。[3]《民法典》婚姻家庭编有关基本原则的贯彻与落实，对建立新型、和谐的婚姻家庭关系具有指导意义。

第一节　婚姻家庭受国家保护原则

婚姻家庭受国家保护原则，既是宪法原则，也是《民法典》婚姻家庭编的基本原则。在我国，现行《宪法》第49条规定："婚姻、家庭、母亲和儿童受国家的保护。"《民法典》婚姻家庭编第1041条新增规定 "婚姻家庭受国家保护" 原则，体现了我国宪法有关婚姻家庭受国家保护原则之精神，以民事法律切实保障自然人的婚姻家庭基本权利。

一、婚姻家庭受国家保护原则的内涵与意义

（一）婚姻家庭受国家保护原则的内涵

婚姻家庭受国家保护原则，是指国家依法保障自然人在婚姻家庭领域的基本人权，如婚姻权、生育权、扶养权、财产权等，以保证有效发挥婚姻家庭的各项职能，维护平等、和睦、文明的婚姻家庭关系。婚姻家庭受国家保护原则，明确了国家保护婚姻家庭的责任，要求国家应当尊重和保护自然人在婚姻家庭领域享有的合法权利，预防和制止侵犯自然人

---

[1] 最高人民法院民法典贯彻实施工作领导小组主编：《中华人民共和国民法典婚姻家庭编继承编理解与适用》，人民法院出版社2020年版，第34~82页。

[2] 主编注：关于我国改革开放三十年婚姻家庭法基本原则研究的主要学术观点，参见陈苇、马钰凤："改革开放三十年中国婚姻家庭法基础理论研究之回顾与展望"，载陈苇主编：《改革开放三十年（1978~2008）中国婚姻家庭继承法研究之回顾与展望》，中国政法大学出版社2010年版，第78~82页。

[3]《民法典》第1044条增设关于收养基本原则的阐述，见本书第七章第二节收养制度的基本原则，本章从略。

婚姻家庭权利的违法行为。婚姻家庭制度因时代变化而呈现出不同特点。不同时期，不同国家对婚姻家庭都采取多种手段进行保护，而法律则是对婚姻家庭进行有效保护的一个重要手段。因为，婚姻家庭是社会的细胞，婚姻家庭的和睦与文明是社会安定与健康发展的基础，所以国家加强婚姻家庭的法律保护具有十分重要的意义和价值导向。《民法典》增加婚姻家庭受国家保护原则，体现着宪法原则的具体化，体现了国家对婚姻家庭的重视和保护。[1]

（二）婚姻家庭受国家保护原则的意义

婚姻家庭受国家保护原则的意义在于明确了国家责任。根据婚姻家庭受国家保护原则，不仅要求国家保障自然人个体的婚姻家庭基本权利不被侵犯，同时也要从宏观上保障婚姻家庭制度的科学、有效运行。[2]《民法典》婚姻家庭编新增婚姻家庭受国家保护的原则，明确了保护婚姻家庭是国家责任。并且，婚姻家庭编除已经删除的计划生育原则外，仍然坚持 2001 年修正的《婚姻法》规定的婚姻家庭法的其他基本原则，通过各项基本原则规定与运行，能够切实保障婚姻家庭受国家保护原则的有效实施。

二、落实婚姻家庭受国家保护原则的具体法律规定

婚姻家庭受国家保护原则因其为宪法原则的具体化，具有统领地位而成为婚姻家庭编最具核心力的条款之一，并以国家倡导的价值理念为切入点，有助于推进相关部门将自然人的婚姻家庭基本权利条文化、具体化，并注意通过多种路径维护婚姻家庭制度的核心理念、体系与内容。目前，世界上有许多国家将宪法规定的自然人的婚姻家庭方面的性别平等权、婚姻自由权、财产权、继承权、居所权、生育权、扶养权等纳入婚姻家庭立法中，这已成为很多国家的立法潮流与趋势。

在我国，婚姻家庭受国家保护原则被体现在以下具体规定之中：现行《宪法》第 48 条规定：中华人民共和国妇女在政治的、经济的、文化的、社会的和家庭的生活等各方面享有同男子平等的权利。国家保护妇女的权利和利益，实行男女同工同酬，培养和选拔妇女干部。

在《民法典》婚姻家庭编，对于基本原则增加了婚姻家庭受国家保护原则，这是该编最具价值引领的基本原则，其不仅蕴含宪法保护婚姻家庭的精神，并通过婚姻家庭编的具体法律条文贯彻与落实国家保护婚姻家庭的职责。例如，在婚姻家庭编的具体条文中，第 1041 条规定：婚姻家庭受国家保护。实行婚姻自由、一夫一妻、男女平等的婚姻制度。保护妇女、未成年人、老年人、残疾人的合法权益；第 1056 条规定：夫妻双方都有各自使用自己姓名的权利；第 1057 条规定：夫妻双方都有参加生产、工作、学习和社会活动的自

---

〔1〕黄薇主编：《中华人民共和国民法典婚姻家庭编释义》，法律出版社 2020 年版，第 8 页。

〔2〕在《民法典》婚姻家庭编制定过程中，我国有学者指出：民法典规定了男女平等、保护特定群体权益、婚姻自由等基本原则，彰显了宪法平等、自由等价值。建议将婚姻家庭受国家保护的规定纳入婚姻家庭编的一般规定中。新中国成立后 4 部宪法均规定"婚姻、家庭受国家的保护"。如何理解宪法对婚姻家庭的保障，从宪法的视角看，国家保护"婚姻家庭条款"因宪法的"根本法"地位而成为核心规范，公法、私法均应共享其价值基准，相关部门法应将婚姻家庭基本权利成文化、具体化，并维护婚姻家庭制度的核心内容。从民法视角看，《民法总则》"根据宪法，制定本法"是一种"合宪性自我宣明"，宪法为民法典各编的法源，各编应遵循宪法的价值和规范设定。从婚姻家庭编视角看，婚姻家庭法将宪法原则（平等、自由等）、宪法权利（结婚、生育、抚养子女、教育子女等）纳入婚姻家庭法规范，已成为持续性国际发展趋势。参见林建军："婚姻家庭编应承载宪法对婚姻家庭的保障"，载《中国妇女报》2019 年 7 月 31 日。

由，一方不得对另一方加以限制或者干涉；第 1058 条规定：夫妻双方平等享有对未成年子女抚养、教育和保护的权利，共同承担对未成年子女抚养、教育和保护的义务。又如，现行《妇女权益保障法》第 60 条规定："国家保障妇女享有与男子平等的婚姻家庭权利"；第 66 条第 1 款规定："妇女对夫妻共同财产享有与其配偶平等的占有、使用、收益和处分的权利，不受双方收入状况等情形的影响。"此外，我国现行的《未成年人保护法》、《老年人权益保障法》和《残疾人保障法》各自从不同角度对未成年人、老年人和残疾人的婚姻家庭权益保护也做出了具体规定。[1] 这些规定明确了国家保护婚姻家庭的责任，体现了对我国宪法中婚姻、家庭、母亲和儿童受国家的保护之基本原则贯彻落实的力度，符合我国强化家庭成员人身权与财产权保护的现实需要。

总之，基于立法和司法经验，及时回应调整我国婚姻家庭新情况新问题的现实需要，《民法典》在婚姻家庭编中增设婚姻家庭受国家保护原则，补充完善了我国婚姻家庭编的基本原则，彰显了婚姻家庭编立法的价值取向，表明了国家重视和保护婚姻家庭的决心与立场，为依法保护自然人的婚姻家庭权利提供了坚实的制度基础。

第二节　婚姻自由原则

婚姻自由是《民法典》婚姻家庭编的一项基本原则，亦是宪法赋予公民的一项基本权利。在我国，婚姻自由为法律所确认和保护。我国现行《宪法》第 49 条，《民法典》第 1041~1042 条、第 1046 条、第 1051 条、第 1055 条、第 1076 条等都对保障婚姻自由作了明确规定。

一、婚姻自由的由来和发展

婚姻自由并非从来就有的，它是社会发展到一定历史阶段的产物。人们有无婚姻自由婚姻自由的实现程度，归根结底都取决于一定的社会制度。在奴隶社会和封建社会时期人们缔结婚姻的主要目的是实现家族利益，满足传宗接代的要求。父母对子女的婚事享有特权，实行包办强迫婚姻，当事人根本没有缔结和解除婚姻的自由。正如恩格斯所指出的："在整个古代，婚姻的缔结都是由父母包办，当事人则安心顺从。古代仅有的那一点夫妇之爱，并不是主观的爱好，而是客观的义务；不是婚姻的基础，而是婚姻的附加物。"[2] "婚姻自由是近现代婚姻家庭立法努力推进的一项基本原则，以人格的独立、平等、自由、尊严为基础。"[3] 婚姻自由是资产阶级革命的产物。资产阶级在提出"民主、自由、平等"政治主张的同时，把婚姻自由宣布为"天赋人权"。随着封建主义制度为资本主义制度所代替，一些资本主义国家将婚姻自由用法律形式固定下来，成为一项法律原则。法国大革命

---

〔1〕 我国现行的《未成年人保护法》、《老年人权益保障法》和《残疾人保障法》的具体规定，详见第四节保护妇女、未成年人、老年人、残疾人的合法权益原则的相关内容。

〔2〕 参见《马克思恩格斯选集》（第 4 卷），人民出版社 1966 年版，第 72、74 页。

〔3〕 有学者认为，近现代的西风东渐，使国人开始认真思考人格的独立平等与婚姻自由的关系，并提出婚姻自主，反对强迫包办婚姻的主张。清末民初，进步人士开始主张恋爱自由，婚姻自由，并以实际行动践履婚姻自由，进而使婚姻自由为社会理解和认同。及至 20 世纪 30 年代，婚姻自由开始纳入红色根据地的婚姻立法。参见王歌雅："中国婚姻法：制度构建与价值探究之间——婚姻法与改革开放三十年"，载陈苇主编：《改革开放三十年（1978~2008）中国婚姻家庭继承法研究之回顾与展望》，中国政法大学出版社 2010 年版，第 42 页。

时期，1792 年的法国立法会议宣言中提出："法律乃民事契约，得自由缔结之。" 1804 年《法国民法典》明确规定："未经合意不能成立婚姻。"这把视为"神作之合"的婚姻从宗教势力的束缚下解放出来，无疑具有历史进步意义。但在资本主义社会，婚姻自由具有一定的历史局限性。

在我国，《民法典》婚姻家庭编规定了婚姻自由原则，否定了封建的包办买卖婚姻及其他干涉婚姻自由的行为。国家大力贯彻男女平等原则，实行男女同工同酬，为实现婚姻自由提供了经济条件，法律明确禁止包办买卖婚姻、禁止借婚姻索取财物，为实行婚姻自由提供法律保障，有利于婚姻自由的实现。

二、婚姻自由的概念和内容

（一）婚姻自由的概念

婚姻自由是指婚姻当事人有权按照法律规定自主自愿地决定自己婚姻问题的自由，排除任何人的强制与干涉。这一概念蕴含两层含义：

1. 婚姻自由是法律赋予当事人的一项权利，任何人不得强制和干涉。当事人享有婚姻自由的权利，即其是否结婚，与谁结婚，只能由其本人自己来决定。这种婚姻自由的权利为法律所规定并受到法律的保护。任何第三者，包括当事人的父母在内，都不能侵犯这种权利。我国现行《宪法》第 49 条规定："禁止破坏婚姻自由。"为保障婚姻自由，《民法典》第 1041 条、第 1042 条等作出了相关规定，即婚姻自由是法律所确认和保护的权利，如果他人侵犯了这一权利，就是违法行为；如果构成犯罪，就要依法受到刑事制裁。

2. 婚姻自由权的行使必须符合法律规定。婚姻自由权利不是绝对的、毫无限制的。任何自由都有一定范围和限度。《民法典》婚姻家庭编规定了结婚必须具备的条件和必须履行的程序，规定了离婚程序和处理原则，尤其是离婚冷静期的设置具体指明了婚姻自由的范围，对结婚、离婚的法定条件和程序的规定，划清了婚姻问题上合法与违法的界限。人们行使婚姻自由的权利时，必须受法律的约束，不得滥用权利损害他人的合法权益和社会公共利益。如果违反法律规定，不仅得不到法律的承认和保护，还要受到法律制裁，以保障婚姻自由原则的实现。

（二）婚姻自由的内容

婚姻自由包括结婚自由和离婚自由两个方面。《民法典》婚姻家庭编对结婚自由与离婚自由均作了规定，两者是互相结合，缺一不可的统一整体。

1. 结婚自由。结婚自由是指婚姻当事人有依法缔结婚姻关系的自由。《民法典》婚姻家庭编第 1046 条规定："结婚应当男女双方完全自愿，禁止任何一方对另一方加以强迫，禁止任何组织或者个人加以干涉。"据此规定，结婚当事人有权依法决定是否结婚，与谁结婚，不许任何一方强迫他方或任何第三者加以干涉。只有实行婚姻自由，当事人才能按照本人意愿选择理想伴侣。但实行婚姻自由，必须遵守法律有关规定，婚姻当事人应该以对自己、对社会、对后代严肃负责的态度对待婚姻，只有这样，才有可能建立美满幸福的家庭。

2. 离婚自由。离婚自由是指婚姻当事人有依法解除婚姻关系的自由，即在夫妻感情确已破裂的情况下，夫妻任何一方都有权提出离婚，任何人不能加以干涉。在现代社会婚姻道德要求婚姻应当以爱情为基础，法律规定结婚须以双方自愿为条件，在夫妻感情确已破裂，夫妻关系无法维持下去的时候，依法解除这种痛苦婚姻完全必要，这对双方、对社会都是一件幸事。解除痛苦的婚姻，如同列宁同志所指出的，它并不会使家庭瓦解，而相反地会使这种关系在文明社会中唯一可能的坚固的民主基础上巩固起来。[1] 但是离婚关系着家庭和子女、社会的利益，因此婚姻当事人应以慎重态度对待离婚问题，要遵守《民法典》婚姻家庭编有关离婚的规定。例如，《民法典》第 1077 条新增规定了申请登记离婚的"离婚冷静期"，这引起社会的广泛关注和热议，有些人认为"离婚冷静期"制度的建立与婚姻自由原则规定的精神有冲突；有些人则认为有利于防止冲动离婚。我们认为，设置离婚冷静期主要是给离婚当事人一个冷静思考期间，通过全面权衡离婚与不离婚的利弊，思考是否应当离婚，而不是冲动之下做出草率决定，婚姻当事人在离婚时要以对婚姻家庭与子女的责任心，谨慎行使离婚权利。此制度的设立目的是强调婚姻当事人离婚时意思表达要真实，妥善抉择与处理相关离婚问题，既要保障婚姻当事人的离婚自由权利，同时也要保障未成年子女的利益。

3. 结婚自由和离婚自由的关系。结婚是人们进行的普遍行为，是婚姻自由的主要方面；离婚是部分人进行的行为，结婚自由与离婚自由两者互相结合与补充，缺一不可，共同构成了婚姻自由的完整内容。结婚自由与离婚自由虽然各有侧重，但目的都是为了巩固和发展婚姻家庭关系。保障结婚自由旨在使婚姻当事人能完全按照自己的意愿结成共同生活的伴侣。保障离婚自由，则是为了使感情确已破裂、无法共同生活的夫妻能够通过法定途径解除婚姻关系。从现实情况看，人们对结婚自由是能够接受的，但有些人对离婚自由却予以反对或限制。因此只有确认和保障结婚自由和离婚自由，划清合法与非法之界限，婚姻自由才能全面真正地实现。

三、保障婚姻自由原则实施的禁止性规定

为有效保障婚姻自由原则之落实，《民法典》第 1042 条规定："禁止包办、买卖婚姻和其他干涉婚姻自由的行为。禁止借婚姻索取财物。"为贯彻婚姻自由原则，必须做到以下两个禁止。

（一）禁止包办、买卖婚姻和其他干涉婚姻自由的行为

1. 禁止包办婚姻和买卖婚姻。包办婚姻和买卖婚姻是干涉婚姻自由的两种主要形式。包办婚姻是指第三人（包括父母在内）违背婚姻自由的原则，包办强迫他人婚姻的行为。在旧中国"父母之命，媒妁之言"是婚姻成立的必备要件。某些父母干涉子女婚事，是对儿女人身权利（尤其是婚姻自主权）的严重侵犯。买卖婚姻是指第三人（包括父母在内）以索取大量财物为目的，包办强迫他人婚姻的行为。

包办婚姻和买卖婚姻的特征都是婚姻关系以外的第三人对婚姻当事人缔结、解除婚姻关系的干涉、阻挠和强迫，侵犯当事人的婚姻自由权利。包办婚姻和买卖婚姻既有联系，又有区别。包办婚姻不一定都是买卖婚姻，但是买卖婚姻必定是包办婚姻。两者共同之处在于均违背当事人的意愿，对婚事包办强迫。两者的区别主要看是否以索取大量的财物为目的：仅违背婚姻自由原则强迫他人结婚，而不索取财物的，是包办婚姻的主要特征。而索取大量财物同时又强迫他人结婚，是买卖婚姻的主要特征。此外，封建的换亲、转亲、娃娃亲等也都是包办、买卖婚姻不同形式的表现。

2. 其他干涉婚姻自由的行为。其他干涉婚姻自由的行为是指除包办、买卖婚姻以外的干涉婚姻自由的行为。其表现形式很多，如父母干涉儿女婚事，有的父母以种种借口阻挠、

---

〔1〕《列宁全集》（第 20 卷），人民出版社 1989 年版，第 423 页。转引自法学教材编辑部《婚姻法教程》编写组编：《婚姻法教程》，法律出版社 1982 年版，第 174 页。

干涉子女的婚姻选择。干涉离婚自由，即对他人离婚进行干涉或阻挠。干涉复婚自由，即对他人复婚行为进行干涉或阻挠。子女干涉父母再婚，即子女以各种借口对离婚或丧偶的父母的再婚进行干涉、阻挠。目前，子女干涉离婚、丧偶的父母再婚，甚至威胁父母要保持"晚节"的事情时有发生。对此，2018 年修正的《老年人权益保障法》第 21 条第 1 款明确规定："老年人的婚姻自由受法律保护。子女或者其他亲属不得干涉老年人离婚、再婚及婚后的生活。"凡是违反此规定的做法，均属违法行为。根据该法第 76 条规定，干涉老年人婚姻自由的，由有关单位给予批评教育；构成违反治安管理行为的，依法给予治安管理处罚；构成犯罪的，依法追究刑事责任。

　　包办、买卖婚姻和其他干涉婚姻自由的行为，都是违法行为，侵害当事人婚姻自由的合法权利，危害广大青年尤其是妇女的切身利益，同时也容易造成各种纠纷，不利于社会的安定团结。为了禁止包办、买卖婚姻和其他干涉婚姻自由的行为，首先要加强法制宣传教育，帮助广大群众树立正确的法制观念，划清合法与违法的界限。其次要运用法律手段处理违法行为，对违法者进行严肃批评和教育，视其情节和后果，予以相应制裁。包办、买卖婚姻和其他干涉婚姻自由的行为是民事违法行为，受害人可以依法请求停止侵害；属无效婚姻的，可请求宣告婚姻无效；属可撤销婚姻的，可请求撤销婚姻；如果情节恶劣构成犯罪的，要依照现行《刑法》的有关规定，依法追究刑事责任。《刑法》第 257 条规定："以暴力干涉他人婚姻自由的，处二年以下有期徒刑或者拘役。犯前款罪，致使被害人死亡的，处二年以上七年以下有期徒刑。第一款罪，告诉的才处理。"拐卖妇女、收买被拐卖妇女的，强迫其结婚的，依据刑法有关规定追究刑事责任。[1]

（二）禁止借婚姻索取财物

借婚姻索取财物是指除买卖婚姻以外的其他借婚姻索取财物的行为。这种情况下，男女双方结婚基本上是自主自愿的，但是一方（主要是女方或者女方父母）向另一方索要一定财物作为结婚的前提条件。这种行为和买卖婚姻的共同点都是以索取财物为结婚的条件。不同点是买卖婚姻通常是包办强迫婚姻，而借婚姻索取财物，基本上是自主婚，但其不是正确行使婚姻自由的权利，而是滥用此权利。

借婚姻索取财物的行为，妨碍婚姻自由原则的贯彻，腐蚀人们的思想，败坏社会风气，往往给许多家庭造成悲剧。有的为了筹集财物，东借西贷，以致债台高筑，在婚后造成沉重的经济和思想负担，影响家庭的和睦、团结，其危害性不可低估。目前这种婚姻在现实生活中占有一定比例。此类婚姻危害性大，处理不好的容易激化矛盾。

（三）注意划清几个界限

不论是包办、买卖婚姻和其他干涉婚姻自由的行为，还是借婚姻索取财物的行为，都是贯彻婚姻自由原则的障碍。在具体处理因此引起的纠纷时，要正确掌握法律和政策的精神，注意划清以下界限：

1. 包办婚姻和父母主持、经人介绍、本人自愿同意的结婚行为的界限。前者由父母决定，违背婚姻当事人的意愿，违反了婚姻自由原则，是违法行为；后者虽由父母出面主持，但婚姻当事人是同意结婚行为的，它符合婚姻自由原则，是合法行为。

2. 买卖婚姻和借婚姻索取财物的界限。前者是以包办强迫为手段索取大量财物，后者是在婚姻自由的情况下索取财物。虽然两者都是违法行为，但情节、后果不同，处理方法

---

〔1〕　参见我国现行《刑法》第 257、240、241 条。

也不同。根据《民法典》实施前的 1993 年《离婚财产分割意见》第 19 条规定："借婚姻关系索取的财物，离婚时，如结婚时间不长，或者因索要财物造成对方生活困难的，可酌情返还。对取得财物的性质是索取还是赠与难以认定的，可按赠与处理。"[1] 根据《婚姻家庭编解释（一）》第 5 条规定，当事人请求返还按照习俗给付的彩礼的，如果查明属于以下情形，人民法院应当予以支持：①双方未办理结婚登记手续的；②双方办理结婚登记手续但确未共同生活的；③婚前给付并导致给付人生活困难的。适用前款第②、③项的规定，应当以双方离婚为条件。实践中，有学者认为对女方嫁妆的处理未作规定，立法缺失了社会性别视角。嫁妆是女方从娘家带来用于双方共同生活的财物。彩礼与嫁妆均是男女双方为建立与巩固婚姻家庭关系而采取的手段，这种交换对男女双方尽快进入家庭生活秩序有一定意义，但当双方感情破裂时，均会涉及财产分割与处理。《涉彩礼纠纷案件适用法律的规定》第 2 条规定，一方以彩礼为名借婚姻索取财物，另一方要求返还的，人民法院应予支持。第 3 规定，人民法院可以根据一方给付财物的目的，综合考虑双方当地习俗，给付的时间和方式、财物价值、给付人及接收人等事实，认定彩礼范围。下列情形给付的财物，不属于彩礼：①一方在节日、生日等有特殊纪念意义时点给付的价值不大的礼物、礼金；②一方为表达或者增进感情的日常消费性支出；③其他价值不大的财物。结合审判实践，《涉彩礼纠纷案件适用法律的规定》第 5 条进一步规定，双方已办理结婚登记且共同生活，离婚时一方请求返还按照习俗给付的彩礼的，人民法院一般不予支持。但是，如果共同生活时间较短且彩礼数额过高的，人民法院可以根据彩礼实际使用及嫁妆情况，综合考虑彩礼数额、共同生活及孕育情况、双方过错等事实，结合当地习俗，确定是否返还以及返还的具体比例。人民法院认定彩礼数额是否过高，应当综合考虑彩礼给付方所在地居民人均可支配收入、给付方家庭经济情况以及当地习俗等因素；第 6 条规定，双方未办理结婚登记但已共同生活，一方请求返还按照习俗给付的彩礼的，人民法院应当根据彩礼实际使用及嫁妆情况，综合考虑共同生活及孕育情况、双方过错等事实，结合当地习俗，确定是否返还以及返还的具体比例。

3. 借婚姻索取财物和男女自愿赠与的界限。前者是女方或女方父母主动索取，是结婚的先决条件，对方给付财产是被迫与违心的，是违法行为；后者是男女双方自愿赠与，是合法行为。

第三节 一夫一妻制原则

一夫一妻制是人类婚姻步入文明时代的自觉选择，是当代许多国家婚姻制度的一项重要原则。我国 1950 年《婚姻法》废除了纳妾形式的多妻制，确立了一夫一妻制。在我国，维护并实行一夫一妻制原则，对构建和谐的夫妻关系，建立并巩固文明与和谐的婚姻家庭制度有着重要意义。

一、一夫一妻制概述

（一）一夫一妻制的内涵

一夫一妻制，亦称个体婚制，是一男一女结为夫妻的婚姻形式，即一个人只能有一个

---

[1] 此规定现已废止。

配偶，不能同时有两个或更多配偶的婚姻制度。这一概念蕴含以下含义：任何人不论其地位高低，财产多少，都不能同时有两个或更多的配偶；已婚者在配偶死亡或离婚前，不得再行结婚；一切公开的、隐蔽的一夫多妻或一妻多夫的两性关系都是非法的。

（二）实行一夫一妻制的必要性

1. 实行一夫一妻制是婚姻家庭制度发展的必然要求。在人类社会初期，男女两性关系没有限制与约束，呈杂乱性交状态，无所谓婚姻与家庭。随着社会发展，人类婚姻制度发展历经群婚制、对偶婚到一夫一妻制的发展演进过程。一夫一妻制产生于原始社会末期，是财产私有制和阶级不平等的产物。因此，一夫一妻制从产生之日起就具有一种特别性质：它是仅对妇女而言的一夫一妻制。在古代的奴隶社会和封建社会，许多国家实行的是一夫一妻多妾制。在近现代社会，一夫一妻制是针对男女双方而言的，任何一方违反该项原则，如果构成犯罪的，将要承担刑事责任，受到法律制裁。重婚的婚姻不具有法律效力。[1]

2. 实行一夫一妻制，是构建文明、健康婚姻关系的必然要求。实行一夫一妻制，符合婚姻这一伦理实体的性质，又符合现代社会道德观念。实行一夫一妻制，能有效保障夫妻相互忠实，共同承担抚育子女，共建和谐家庭的职责。社会经济的发展，男女平等、同工同酬，为实现一夫一妻制提供了物质条件。在社会主义社会，妇女在政治、经济、文化和社会等各方面取得了与男子平等的地位，为贯彻一夫一妻制奠定了坚实的基础。

在我国现实生活中，由于各种原因，违反一夫一妻制的行为时有发生。根据《民法典》第 1042 条、第 1051 条、第 1079 条、第 1091 条的规定，禁止重婚，禁止有配偶者与他人同居；重婚为婚姻无效的情形之一；重婚或有配偶者与他人同居引起的离婚诉讼，如感情确已破裂，调解无效的，应准予离婚；因重婚或有配偶者与他人同居导致离婚的，无过错方有权请求离婚损害赔偿。这些规定的执行，有助于一夫一妻制原则的实施。

二、禁止重婚、禁止有配偶者与他人同居

（一）禁止重婚

1. 重婚的概念。重婚是指有配偶者再行结婚的行为。重婚是违法行为，是对一夫一妻制原则的严重破坏。

重婚具有以下的特征：①当事人一方或者双方为有配偶者。所谓有配偶，是指男人有妻、女人有夫，且这种夫妻关系被法律承认。在重婚的婚姻关系中，当事人一方或者双方是已经建立了婚姻关系的人。②在前婚未解除的情况下，又与他人缔结婚姻关系。

必须说明，最高人民法院于 1994 年在法复〔1994〕10 号批复中明确规定，1994 年 2 月 1 日民政部《婚姻登记管理条例》发布施行后，有配偶的人与他人以夫妻名义同居生活的，或者明知他人有配偶而与之以夫妻名义同居生活的，仍应按重婚罪定罪处罚。根据该批复，我国司法实践中一直将重婚分为法律上的重婚和事实上的重婚。所谓法律上的重婚是指有配偶者又与他人办理结婚登记。因为我国对婚姻的成立采取的是单一的登记制，对法律上的重婚的认定，关键在于其是否办理了结婚登记。在当事人一方或双方已有配偶的情况下，只要二人去办理了结婚登记，无论其是否同居、是否公开举行婚礼，都构成法律上的重婚。所谓事实上的重婚，是指前婚未解除的情况下，又与他人以夫妻名义同居生活。判断是否"以夫妻名义共同生活"，主要是看其是否以夫妻名义申报户口、是否公开举行婚礼、是否以夫妻名义去探亲访友、是否以夫妻名义外出旅游等。在法律责任的承担上，不

---

〔1〕 参见房绍坤、范李瑛、张洪波编著：《婚姻家庭与继承法》，中国人民大学出版社 2007 年版，第 19 页。

管是法律上的重婚还是事实上的重婚，都承担同样的法律后果。但是，2013 年 1 月 14 日最高人民法院发布《关于废止 1980 年 1 月 1 日至 1997 年 6 月 30 日期间发布的部分司法解释和司法解释性质文件（第九批）的决定》（法释〔2013〕2 号，2012 年 11 月 19 日最高人民法院审判委员会第 1560 次会议通过，2013 年 1 月 18 日起施行），已将上述《批复》废止，其废除的理由是《婚姻登记管理条例》已经被废除，刑法对重婚罪已有明确规定。现在，由于该批复的废止，处理事实重婚罪已于法无据。也就是说，自 2013 年 1 月 18 日起有配偶者如果再与他人以夫妻名义共同生活，不再被认为构成事实上的重婚，而属于法律禁止的"有配偶者与他人同居"的违法行为。

2. 对待重婚的法律和政策。在我国，处理重婚问题的一般原则是：1950 年 5 月 1 日婚姻法施行前的重婚、纳妾，一般可以"不告不理"；但女方提出离婚或者其他合法要求时，人民法院应依法处理。[1] 即当事人相安无事的，法律不予追究；如果当事人提出离婚要求，应准予离婚。

自 1950 年《婚姻法》公布施行后，对于重婚不承认其效力，但对因历史原因或其他特殊原因形成的重婚，要从实际出发，考虑重婚形成的原因、情节和后果，分别情况，区别对待。[2]

对 1981 年《西藏自治区施行〈中华人民共和国婚姻法〉的变通条例》（已于 2004 年修改）施行前形成的一夫多妻或一妻多夫关系，凡不主动提出解除婚姻关系者，准予维持。

对于涉台婚姻中的重婚，1949 年中华人民共和国成立后直到 1981 年前，由于客观上的原因有夫妻关系的台胞与大陆的配偶无法通信，婚姻关系发生了变化。有的单方在台湾地区或者在大陆再婚，在对待这种因为历史的原因而造成的重婚时，要灵活掌握政策，一般情况下，不论在台一方或大陆一方再婚，均不以重婚论处。当事人不告诉的，人民法院不主动干预，如果其中一方当事人提出与其配偶离婚的，人民法院应依照《婚姻法》的有关规定处理。[3]《婚姻家庭编解释（二）》第 1 条规定，当事人依据民法典第 1051 条第 1 项规定请求确认重婚的婚姻无效，提起诉讼时合法婚姻当事人已经离婚或者配偶已经死亡被告以此为由抗辩后一婚姻自以上情形发生时转为有效的，人民法院不予支持

3. 重婚的法律后果。鉴于重婚的情况比较复杂，在具体处理时，要根据重婚原因、情节和后果等情况，依法区别处理。依现行法律，重婚行为在民事和刑事方面都会产生相应的法律后果。

（1）重婚的民事后果。①重婚为无效婚姻，不具有合法婚姻的效力；②一方有重婚行为是法院判决离婚的理由之一；③在民事责任上，因重婚导致离婚的，无过错方有权请求损害赔偿。[4]《婚姻家庭编解释（二）》第 7 条规定，夫妻一方为重婚等违反夫妻忠实义务等目的，将夫妻共同财产赠与他人或者以明显不合理价格处分夫妻共同财产，另一方主张该民事法律行为违背公序良俗无效的，人民法院应予支持并依照民法典第 157 条规定处理。夫妻一方存在前款规定情形，另一方以该方存在转移、变卖夫妻共同财产行为，严重

---

〔1〕 参见《中央人民政府法制委员会有关婚姻法施行的若干问题与解答》（1950 年 6 月 26 日），载西南政法学院民法教研室编：《中华人民共和国婚姻法教学参考资料》（第一辑），1984 年 10 月西南政法学院内部印刷，第 281 页。

〔2〕 陈苇主编：《婚姻家庭继承法学》，群众出版社 2005 年版，第 50 页。

〔3〕 1988 年 8 月 9 日最高人民法院副院长马原："关于人民法院处理涉台民事案件的几个法律问题"。

〔4〕 《民法典》第 1042、1079、1091 条。

损害夫妻共同财产利益为由，依据民法典第 1066 条规定请求在婚姻关系存续期间分割夫妻共同财产，或者依据民法典第 1092 条规定请求在离婚分割夫妻共同财产时对该方少分或者不分的，人民法院应予支持。

（2）重婚的刑事后果。重婚者如果主观上存在故意，则构成重婚罪，应依法给予刑事制裁。2020 年修正的《刑法》第 258 条规定："有配偶而重婚的，或者明知他人有配偶而与之结婚的，处二年以下有期徒刑或者拘役。"此外，由于我国对军婚的特别保护，对与现役军人配偶重婚的，《刑法》第 259 条规定了破坏军婚罪："明知是现役军人的配偶而与之同居或者结婚的，处三年以下有期徒刑或者拘役。"

为维护一夫一妻制原则，许多国家亦明确规定禁止重婚，如《法国民法典》第 147 条规定："第一次婚姻解除之前，不得再婚。"《美国统一结婚离婚法》第 207 条规定："禁止一方尚未离婚又与他人结婚。"《日本民法典》第 732 条规定："有配偶者不得重婚。"在国外，许多国家规定，重婚是禁止结婚的条件及婚姻无效或可撤销的法定事由。[1]

（二）禁止有配偶者与他人同居

在我国《民法典》颁布前，根据《婚姻法解释（一）》的规定，有配偶者与他人同居是指有配偶者与婚外异性，不以夫妻名义，持续稳定地共同居住。《婚姻家庭编解释（一）》第 2 条继续沿用此规定。[2]《婚姻家庭编解释（二）》第 7 条规定了与他人同居的法律后果。男女双方结婚后，同居是夫妻共同生活的基础要件，是婚姻本质所内定的义务。有配偶者与他人同居，是对夫妻间忠实义务的违反和对配偶权利的侵犯。近年来社会上，有配偶者与他人同居的现象时有发生，并且有的情节十分恶劣。有的公然将第三者带进家庭内同居，有的公开恣意离弃或杀害妻子儿女，或生育非婚生子女。这不仅违反了一夫一妻制和社会主义道德的要求，败坏了社会风气，而且容易导致家庭破裂并引发恶性事件，影响社会秩序的安定。

如前所述，《民法典》规定，禁止有配偶者与他人同居。在我国，有配偶者与他人同居是法院判决离婚的法定理由之一。有配偶者与他人同居，导致离婚的，无过错方有权请求损害赔偿。根据《婚姻家庭编解释（一）》第 3 条规定，当事人起诉请求解除同居关系的，人民法院不予受理。但当事人请求解除的同居关系，如属于《民法典》第 1042 条规定的禁止"有配偶者与他人同居"的，人民法院应当受理并依法予以解除。根据《婚姻家庭编解释（二）》第 7 条规定，夫妻一方与他人同居，将夫妻共同财产赠与他人或者以明显不合理的价格处分夫妻共同财产，另一方主张该民事法律行为违背公序良俗无效的，人民法院应予支持并依照民法典第 157 条规定处理。夫妻一方存在前款情况，另一方以该方存在转移变卖夫妻共同财产行为，严重损害夫妻共同财产利益为由，依据民法典第 1066 条规定请求在婚姻关系存续期间分割夫妻共同财产，或者依照民法典第 1092 条规定请求在离婚分割夫妻共同财产时对该方少分或者不分的，人民法院应予支持。

---

〔1〕　主编注：在国外，法律规定重婚为无效婚姻的，有法国、瑞士、意大利、英国、美国等国；法律规定重婚为可撤销婚姻的，有德国、日本等国。参见陈苇主编：《外国婚姻家庭法比较研究》，群众出版社 2006 年版，第 99 页、105 页、113 页、119 页、124 页、126 页、134 页、144 页。

〔2〕　必须说明，《婚姻法解释（一）》颁布于 2001 年，最高人民法院 1994 年的（法复〔1994〕10 号）批复尚未被废止，故《婚姻法解释（一）》将"有配偶者与他人同居"限定在"不以夫妻名义"的范围内。随着最高人民法院 1994 年法复〔1994〕10 号批复的废止，有配偶者与他人以夫妻名义的同居就不应被排除在"有配偶者与他人同居"之外了。

第四节 男女平等原则

男女平等是我国一项基本国策，也是《民法典》婚姻家庭编基本原则。这一原则是我国现行《宪法》确定的男女平等原则的具体体现。为贯彻男女平等原则，《民法典》第1041条第1、2款规定："婚姻家庭受国家保护。实行婚姻自由、一夫一妻、男女平等的婚姻制度。"第1057条规定："夫妻双方都有参加生产、工作、学习和社会活动的自由，一方不得对另一方加以限制或者干涉。"这一原则的实施，有利于男女两性和谐发展，促进了社会的全面发展。这一原则彻底否定了男尊女卑、父权统治的旧传统、旧习俗，是妇女彻底解放的法律保障，是巩固和发展我国婚姻家庭制度的重要法律武器。

一、男女平等原则概述

（一）男女平等概念界定

我国现行《宪法》第48条第1款明确规定："中华人民共和国妇女在政治的、经济的、文化的、社会的和家庭的生活等各方面享有同男子平等的权利。"男女平等一向是联合国对社会发展领域关注的重点。《联合国宪章》序言明确规定："重申基本人权，人格尊严与价值，以及男女与大小各国平等权利之信念。"将男女平等作为一项基本国策，体现了党和国家对男女平等原则的高度重视，是新时期对马克思主义妇女观的丰富和发展。越来越多的学者强调男女之间尊严和价值的平等以及权利、机会和责任的平等是真正意义上的男女平等。《民法典》婚姻家庭编规定的男女平等原则，是指男女在婚姻家庭领域里的一切方面都平等地享有权利、承担义务，禁止对女性任何形式的歧视、虐待。

（二）男女平等的内容

男女平等的内容可以概括为以下三个方面：

1. 男女在婚姻方面权利义务平等。在旧中国，男女在婚姻问题上是权利不平等的，如妇女必须从夫居；男子有休妻特权；女子无离婚自由。按照《民法典》婚姻家庭编规定，在适用结婚、离婚条件方面男女权利义务平等。例如，结婚必须男女双方完全自愿，不许任何一方对他方加以强迫或任何第三者加以干涉。登记结婚后，根据男女双方约定，女方可以成为男方的家庭成员，男方可以成为女方的家庭成员。男女双方均有提出离婚的权利。离婚时，男女双方都有抚养子女、分割共同财产、清偿共同债务以及经济帮助等方面的权利和义务。

2. 夫妻间人身与财产方面权利和义务平等。夫妻在家庭中地位平等，人格独立。夫妻关系包括人身关系与财产关系两个方面。夫妻在人身与财产关系方面的权利义务都是平等的。夫妻都有各用自己姓名的权利；都有参加生产、工作、学习和社会活动的自由；都有抚养和教育子女的权利和义务；夫妻对共同财产有平等的处理权，对共同债务有共同偿还的义务，有相互扶养的义务和相互继承遗产的权利。

3. 其他不同性别家庭成员间法律地位平等。父母子女之间，祖父母、外祖父母与孙子女、外孙子女之间，兄弟姐妹之间法律地位平等。如父母都有抚养教育子女的义务，都有受子女赡养扶助的权利；子女都有接受父母抚养教育的权利，都有赡养扶助父母的义务；父母子女间的继承权利全都是平等的。在这些不同性别的家庭成员间，地位完全平等，享有平等权利，履行平等义务。

二、男女平等原则在我国的贯彻与实施

男女两性在婚姻家庭中的地位，首先取决于他们在社会、经济、政治等方面的地位。历史充分证明，生产资料私有制和阶级剥削制度是男女不平等的社会根源。自有阶级社会以来，男女就处于不平等的地位。在旧中国，男女之间是主从、尊卑、依附的关系。这种男女不平等为封建社会礼制和法律所保护。"三从四德"等封建礼教成为束缚妇女、奴役和压迫妇女的沉重锁链。虽然资产阶级革命中提出自由、平等、博爱的口号并在资产阶级革命胜利后的法律中规定了男女平等原则，在历史上是一大进步，但其早期立法中这种男女平等仍有极大的局限性。当前世界范围内很多国家在立法上废弃了早期立法中男女不平等的条款，男女两性在法律上的地位趋于平等。

中国共产党自成立以来，始终把解放妇女，实现男女平等作为革命事业的重要组成部分。新中国成立前革命根据地颁布的各种法令中，都鲜明地贯穿了男女平等精神。1949 年中华人民共和国成立后，彻底废除了一切歧视妇女、压迫妇女的法律。此后，我国颁行的《宪法》规定，妇女在政治、经济、文化、社会和家庭生活各方面享有同男子平等的权利，男女同工同酬。在有关选举、劳动、教育等法律中，妇女的权利与男子的权利是平等的。2001 年修正的《婚姻法》、《妇女权益保障法》和 2021 年 1 月 1 日起施行的《民法典》等法律的内容中，都明确体现了男女平等原则的要求。但由于封建传统观念的影响，男尊女卑的旧思想、旧习俗尚未绝迹，男女之间尚存在实际差距。2000 年 9 月，我国政府在联合国首脑会议上签署《联合国千年宣言》，把促进性别平等、赋予妇女权利列为新千年发展目标的重要内容。推进男女平等对实现经济与社会的可持续发展、构建和谐社会至关重要。实践性别平等的承诺，不仅是实现社会健康发展、促进社会幸福和谐、公平公正的需要，亦有利于和谐家庭与社会之构建。所以，规定并推进男女平等原则的实施仍具有重要的现实意义与历史价值。

我国社会主义制度从政治、经济、法律等各方面为全面实现男女平等奠定了基础条件，但男女平等原则实现并非一蹴而就。目前，尽管我国在男女平等方面已经取得了很大成就，男女平等的条件得到明显改善，但重男轻女、歧视妇女的传统习惯势力还有一定影响，如家庭暴力案件时有发生，女性权利受侵害的现象时有出现。因此，男女两性在法律上平等还不等于在实际生活中的平等。落实与贯彻男女平等原则是一个系统工程，需要社会多元机构的协作与支持，需要完善相关立法作为保障。此外，将性别意识纳入决策主流，既有助于充分体现出社会公平与公正原则，又能避免实施男女平等原则时陷入以男性为参照标准的误区，使男女有平等获取资源与共享资源的机会。我国社会主义物质文明和精神文明的发展，将为进一步实现男女平等创造必要条件。

第五节　保护妇女、未成年人、老年人、残疾人的合法权益原则

保护妇女、未成年人、老年人、残疾人的合法权益原则，在我国现行《宪法》中有明确规定，也是《民法典》婚姻家庭编中一项重要原则。1950 年《婚姻法》规定了保护妇女、子女的合法权益原则，1980 年《婚姻法》总结多年来的经验，根据现实情况补充了"保护老人合法权益"的内容，从而正式确立了"保护妇女、儿童和老人的合法权益"原则。2001 年修正的《婚姻法》沿用此原则。《民法典》婚姻家庭编坚持并补充完善了此原

则，例如，对于保护的主体进行修改补充：将儿童改为未成年人，将老人改为老年人，同时在此基础上，增加了残疾人，对切实贯彻男女平等原则，弱者利益保护原则，树立尊老爱幼的新风尚和巩固社会主义新型家庭关系具有重要意义。

一、保护妇女合法权益

保护妇女合法权益是对男女平等原则的重要补充。改革开放以来，我国政府不断加大创制保障妇女权益的法律法规的力度。从当前立法情况来看，我国保障妇女权益法律体系已初具规模。目前，我国保护妇女合法权益基本形成了以《宪法》为根据，以现行《妇女权益保障法》为核心，包括《刑法》《民法典》《劳动法》《母婴保健法》和《女职工劳动保护特别规定》等法律、行政法规和地方性法规在内的一整套保障妇女权益和促进妇女发展的法律体系。1992 年 4 月 3 日通过的《妇女权益保障法》是我国第一部保障妇女权益促进男女平等的基本法。我国先后于 2005 年 8 月 28 日、2013 年 10 月 26 日修正，2022 年 10 月修订了《妇女权益保障法》。我国现行保障妇女权益的法律法规涉及妇女在婚姻家庭、参政、劳动、教育、健康等诸多方面的权利。

现行《妇女权益保障法》第七章专门对妇女在婚姻家庭方面的权益作了具体的保障性规定，包括对离婚后妇女的人身、财产权益的保障及生育权行使等内容。[1]

（一）保护妇女合法权益之必要性

从宏观视角而言，对妇女保护程度，是衡量一个国家文明程度的重要标准之一。因此，在强调男女平等原则的同时，应对妇女合法权益进行特殊保护。原因主要有以下三个：

1. 继承立法传统。妇女在历史上受迫害最深，地位最低。在旧中国，妇女深受政权、神权、族权、夫权的四重压迫，她们所遭受的痛苦比男子更深重。早在 1931 年 11 月 28 日《中华苏维埃共和国中央执行委员会第一次会议关于婚姻条例的决议》中就曾强调："在封建统治之下，男女婚姻，野蛮到无人性，女子所受的压迫与痛苦，比男子更甚。只有工农革命胜利，男女从经济上得到第一步解放，男女婚姻就要随着变更而得到自由。目前男女婚姻，已取得自由的基础，应确定婚姻以自由为原则，而废除一切封建的包办强迫和买卖的婚姻制度。但是女子刚从封建压迫之下解放出来，她们的身体许多受了很大的损害（如缠足）尚未恢复，她们的经济尚未能完全独立，所以现时离婚问题，应偏于保护女子，而把因离婚而引起的义务和责任，多交给男子担负。"[2] 后来各边区、解放区有关婚姻家庭的条例和新中国成立后的 1950 年《婚姻法》和 1980 年《婚姻法》，以及 2001 年修正的《婚姻法》和 2021 年 1 月施行的《民法典》都把保护妇女合法权益作为一项重要的基本原则。

2. 妇女生理上的特殊。妇女担负着怀孕、生育和哺育子女的任务，身体与精神负担较男性为重，因此，有必要从立法上照顾妇女生理的特殊情况。现行《妇女权益保障法》和《民法典》婚姻家庭编都根据妇女特殊生理状况与特殊需要，规定了某些只有妇女才能享有的权利，此外，在其他法律中，如《刑法》《劳动法》等对此亦有明确规定。

---

〔1〕 关于我国部分省市妇女儿童权益法律保障情况的实证研究，参见陈苇主编：《中国妇女儿童权益法律保障情况实证调查研究——以我国五省市被抽样调查地区妇女儿童权益法律保障情况为对象》，群众出版社 2017 年版。

〔2〕 西南政法学院民法教研室编：《中华人民共和国婚姻法教学参考资料》（第一辑），1984 年 10 月西南政法学院内部印刷，第 67 页。

3. 基于现实需要。我国妇女虽然在法律地位上已经获得了与男子平等的权利，但在实际生活中还存在着妨碍妇女行使平等权利的消极因素。例如，现实生活中干涉妇女的人身自由，限制妇女行使继承权，女性遭受虐待、遗弃、家庭暴力的现象时有发生。因此在倡导男女平等原则的同时，须基于我国现实的需要，对妇女进行特别保护。

总之，对妇女权益特别保护有历史、立法及现实的考量与基础。

（二）保护妇女合法权益的具体法律规定

《民法典》婚姻家庭编的相关规定均充分体现了对妇女合法权益给予特殊保护的精神。在离婚一章中规定得更为具体。

1. 特定时期限制男方离婚诉权。《民法典》第 1082 条以 2001 年修正的《婚姻法》第 34 条为基础进行调整："女方在怀孕期间、分娩后一年内或终止妊娠后六个月内，男方不得提出离婚。但是，女方提出离婚的或者人民法院认为确有必要受理男方离婚请求的除外。"这一规定的目的是妇女权益与儿童权益保护原则在具体法律规定中的具体体现，旨在保护女方及胎儿、婴儿的身心健康。

2. 离婚时财产分割上照顾女方利益。在离婚时共同财产分割问题上，《民法典》第 1087 条沿用 2001 年修正的《婚姻法》第 39 条规定的照顾女方权益原则，并增加照顾无过错方权益原则。离婚时夫妻共同财产的分割，先由双方协议处理；协议不成时，由人民法院根据财产的具体情况，按照顾子女、女方和无过错方权益的原则判决。对夫或妻在家庭土地承包经营中享有的权益等应当依法予以保护。由于历史、传统文化、社会性别视角关注不足等原因，男女经济地位还存在实际差别，女方经济地位一般低于男方，所以法律规定了照顾女方权益的原则。

3. 离婚时的经济补偿与经济帮助。《民法典》对离婚时的经济补偿与经济帮助的规定是以 2001 年修正的《婚姻法》第 40、42 条为基础规定的。2001 年修正的《婚姻法》第 40 条规定，夫妻书面约定婚姻关系存续期间所得的财产归各自所有，一方因抚育子女、照料老人、协助另一方工作等付出较多义务的，离婚时有权向另一方请求补偿，另一方应当予以补偿。《民法典》第 1088 条对上述规定进行了修改，删除了约定分别财产制的限制。同时，第 1090 条规定，离婚时，如一方生活困难，有负担的另一方应当给予适当帮助。从实际执行的情况看，离婚时主张经济补偿、接受经济帮助的多为女方。保护妇女合法权益原则与男女平等原则的目标是一致的，两者相互补充与作用，最终推进男女平等原则的实现。

二、保护未成年人合法权益

（一）保护未成年人合法权益之必要性

保护未成年人合法权益是振兴国家和民族的需要，是培养和造就祖国建设事业接班人的需要，也是巩固和发展我国婚姻家庭关系的需要。在不同社会制度下，未成年人家庭及法律地位有很大差别。我国封建社会婚姻家庭制度的基本特征之一就是家长专制，漠视子女利益。因此，在旧中国，未成年人被当作父母或家长的私有财产，他们没有独立的人格，合法权益得不到保障。1949 年新中国成立后，从根本上改变了未成年人在社会和家庭中的地位，父母子女关系发生了深刻变化，其合法权益得到了切实保障。我国现行《宪法》第 46 条第 2 款明确规定："国家培养青年、少年、儿童在品德、智力、体质等方面全面发展。"第 49 条第 1 款规定："婚姻、家庭、母亲和儿童受国家的保护。"为了有效保障未成年人的合法权益，现行《未成年人保护法》从家庭、社会、学校、司法等方面对未成年人的合法权益作了全面、具体的保障性规定。保护未成年人合法权益亦与国际社会倡导儿童权利保障的精神一致。[1] 为未成年人创造良好环境，直接关系到未成年人的成长、家庭的稳定、社会的稳定及国家的发展。未成年人是一个特殊的弱势群体，如何关爱青少年、保护青少年，是家庭、学校、社会及国家共同的责任。因此，国家机关、社会团体、家庭、学校和全体公民应该积极地给予未成年人特别的关爱及法律保护。

联合国 1989 年《儿童权利公约》第 19 条强调，缔约国（我国是该公约缔约国）应采取一切适当的立法、行政、社会和教育措施，保护未成年人在受父母、法定监护人或其他任何负责照管未成年人的人的照料时，不致受到任何形式的身心摧残、伤害或凌辱，忽视或照料不周，虐待或剥削，包括性侵犯。以家庭暴力为例，有研究发现，目前全世界每天有 540 多名未成年人死于虐待与家庭暴力。[2] 世界卫生组织的研究表明全球每年有 200 万以上的儿童遭受家庭暴力。调查发现童年时期受暴经历可能是青少年心理和社会问题的重要潜在原因，童年时遭受的身体伤害 26% 来自父母。[3] 在我国现实生活中，其他侵犯儿童权益的现象也时有发生，如遗弃女婴、残疾儿童、拐卖儿童的行为。2015 年 2 月 27 日，最高人民法院发布惩治拐卖妇女儿童犯罪典型案例。[4] 有学者对北京、广东、浙江、湖北、黑龙江、陕西等六省市的 3577 名在校青少年进行调研。被调查学生中，童年时期遭受躯体、情感伤害，包括用物品打、限制活动以及言语羞辱、被忽视等，主要来自父母，约占 26%。施暴主体为亲生父母的案件 521 件，占所有案件 74.75%。施暴方式主要是身体暴力、性侵害、遗弃和出卖孩子，其中身体暴力案件 196 件占 65.33%；性侵害案件 32 件占 10.67%；遗弃案件 37 件占 12.33%。出卖孩子的案件 35 件占 11.67%。另一个儿童暴力的高发群体来自留守儿童家庭。[5] 重婚和同居等带来的非婚生子女抚养纠纷也时有发生。因此，保护儿童合法权益仍然是极为重要的原则。现行《未成年人保护法》进一步完善了未成年人保护的法律制度，针对未成年人保护面临的诸多问题进行了全面修订；进一步明确了未成年人的权利，强化了政府、家庭、学校、社会的保护责任，着力优化未成年人成长环境，加强了社会保护和司法保护。现行《未成年人保护法》第 6 条规定："保护未成年人，是国家机关、武装力量、政党、人民团体、企业事业单位、社会组织、城乡基层群众性自治组织、未成年人的监护人以及其他成年人的共同责任。国家、社会、学校和家庭应当教育和帮助未成年人维护自身合法权益，增强自我保护的意识和能力。"这部法律的颁布实施，有助于更好地保护未成年人身心健康，保障未成年人合法权益，有助于促进未成年

---

　〔1〕　为更全面地保障未成年人身心健康，有效地维护未成年人合法权益，促进未成年人在品德、智力、体质等方面全面发展，1991 年 9 月 4 日由第七届中华人民共和国全国人民代表大会常务委员会第二十一次会议通过了《中华人民共和国未成年人保护法》；该法至今历经了两次修订，两次修正：2006 年 12 月 29 日由第十届中华人民共和国全国人民代表大会常务委员会第二十五次会议第一次修订该法，自 2007 年 6 月 1 日起施行；2012 年 10 月 26 日第十一届全国人民代表大会常务委员会第二十九次会议第一次修正该法，于 2013 年 1 月 1 日起施行；2020 年 10 月 17 日第十三届全国人民代表大会常务委员会第二十二次会议第二次修订该法，于 2021 年 6 月 1 日起施行；2024 年 4 月 26 日第十四届全国人大常委会第九次会议第二次修正。

　〔2〕　周豫："拯救孩子：家暴里断线的风筝"，载《南方日报》2013 年 5 月 24 日。

　〔3〕　景春兰："家庭自治与针对儿童家庭暴力的国家干预"，载《成都大学学报（社会科学版）》2011 年第 2 期。

　〔4〕　2015 年 2 月 27 日发布"最高人民法院发布惩治拐卖妇女儿童犯罪典型案例"，载 http://www.360doc.com/content/15/0227/20/8533258_ 451315619.shtml，访问日期：2024 年 6 月 11 日。

　〔5〕　北京青少年法律援助与研究中心："未成年人遭受家庭暴力案件调查与研究报告"，载青少年维权网，http://www.chinachild.org，访问日期：2016 年 10 月 16 日。

人全面发展。

（二）保护未成年人合法权益的具体法律规定

现行《未成年人保护法》和《民法典》婚姻家庭编中均有保护未成年人合法权益的具体规定。现行《未成年人保护法》第4条特别强调保护未成年人，应当坚持最有利于未成年人的原则，即处理涉及未成年人事项，应当符合下列要求：其一，给予未成年人特殊、优先保护；其二，尊重未成年人人格尊严；其三，保护未成年人隐私权和个人信息；其四，适应未成年人身心健康发展的规律和特点；其五，听取未成年人的意见；其六，保护与教育相结合。[1]

1. 父母对子女有抚养、教育及监护的义务。在《民法典》中，第1068条规定："父母有教育、保护未成年子女的权利和义务。未成年子女造成他人损害的，父母应当依法承担民事责任。"据此，父母有保护和教育未成年子女的权利和义务。第1067条规定："父母不履行抚养义务的，未成年子女或者不能独立生活的成年子女，有要求父母给付抚养费的权利。成年子女不履行赡养义务的，缺乏劳动能力或者生活困难的父母，有要求成年子女给付赡养费的权利。"第1084条规定："父母与子女间的关系，不因父母离婚而消除。离婚后，子女无论由父或者母直接抚养，仍是父母双方的子女。离婚后，父母对于子女仍有抚养、教育、保护的权利和义务。"可见，离婚后，父母对子女仍有抚养教育的权利和义务，如果父母不履行抚养义务，未成年的或不能够独立生活的子女有要求父母给付抚养费的权利。

现行《未成年人保护法》从六个方面规定对未成年人的学校保护、家庭保护、社会保护、网络保护、司法保护、国家保护。对于加强对未成年人的家庭保护，该法第15条规定："未成年人的父母或者其他监护人应当学习家庭教育知识，接受家庭教育指导，创造良好、和睦、文明的家庭环境。共同生活的其他成年家庭成员应当协助未成年人的父母或者其他监护人抚养、教育和保护未成年人。"第16条规定："未成年人的父母或者其他监护人应当履行下列监护职责：（一）为未成年人提供生活、健康、安全等方面的保障；（二）关注未成年人的生理、心理状况和情感需求；（三）教育和引导未成年人遵纪守法、勤俭节约，养成良好的思想品德和行为习惯；（四）对未成年人进行安全教育，提高未成年人的自我保护意识和能力；（五）尊重未成年人受教育的权利，保障适龄未成年人依法接受并完成义务教育；（六）保障未成年人休息、娱乐和体育锻炼的时间，引导未成年人进行有益身心健康的活动；（七）妥善管理和保护未成年人的财产；（八）依法代理未成年人实施民事法律行为；（九）预防和制止未成年人的不良行为和违法犯罪行为，并进行合理管教；（十）其他应当履行的监护职责。"第17条规定：未成年人的父母或者其他监护人不得实施下列行为："（一）虐待、遗弃、非法送养未成年人或者对未成年人实施家庭暴力；（二）放任、教唆或者利用未成年人实施违法犯罪行为；……（九）允许、迫使未成年人结婚或者为未成年人订立婚约；（十）违法处分、侵吞未成年人的财产或者利用未成年人牟取不正当利益；（十一）其他侵犯未成年人身心健康、财产权益或者不依法履行未成年人保护义务的行为。"这些规定有利于依法保障未成年人的生存权、发展权、受保护权、参与权等权利。并且，该法还规定，国家、社会、学校和家庭应当对未成年人进行理想教育、道德教育、科

---

〔1〕　主编注：关于最有利于未成年人原则的体系化适用路径之探讨，参见邓丽："最有利于未成年人原则的实践基础与制度理性"，载《政治与法律》2024年第6期。

学教育、文化教育、法治教育、国家安全教育、健康教育、劳动教育，加强爱国主义、集体主义和中国特色社会主义的教育，培养爱祖国、爱人民、爱劳动、爱科学、爱社会主义的公德，引导未成年人树立和践行社会主义核心价值观，以促进未成年人身心健康成长。[1]

2. 不同类型的子女具有平等的法律地位，不得虐待和歧视。在我国，除婚生子女以外，还有非婚生子女、继子女和养子女。不论是哪种类型的子女，其在家庭中地位完全平等。非婚生子女和继子女等不受歧视和虐待。在《民法典》中，第 1071 条规定："非婚生子女享有与婚生子女同等的权利，任何组织或者个人不得加以危害和歧视。不直接抚养非婚生子女的生父或者生母，应当负担未成年子女或者不能独立生活的成年子女的抚养费。"第 1072 条规定："继父母与继子女间，不得虐待或者歧视。继父或者继母和受其抚养教育的继子女间的权利义务关系，适用本法关于父母子女关系的规定。"第 1111 条规定："自收养关系成立之日起，养父母与养子女间的权利义务关系，适用本法关于父母子女关系的规定；养子女与养父母的近亲属间的权利义务关系，适用本法关于子女与父母的近亲属关系的规定。养子女与生父母以及其他近亲属间的权利义务关系，因收养关系的成立而消除。"上述规定有利于保障非婚生子女、继子女和养子女的合法权益。

3. 祖父母、外祖父母对未成年的孙子女、外孙子女以及兄、姐对未成年的弟、妹有条件地承担抚养义务。《民法典》中，第 1074 条规定："有负担能力的祖父母、外祖父母，对于父母已经死亡或父母无力抚养的未成年孙子女、外孙子女，有抚养的义务。"第 1075 条规定："有负担能力的兄、姐，对于父母已经死亡或父母无力抚养的未成年的弟、妹，有抚养的义务。"

综上，为落实保护未成年人合法权益原则，必须贯彻实施《民法典》及前述《未成年人保护法》等法律的规定，以全面贯彻尊重和保障人权的宪法原则，更好地履行联合国《经济、社会及文化权利国际公约》《儿童权利公约》等我国加入的国际公约规定的义务，使未成年人享有的生存权、发展权、受保护权、参与权等权利得到有效保障，促进我国人权保护事业的发展进步。

三、保护老年人合法权益

（一）保护老年人合法权益之必要性

随着我国改革开放不断深入和市场经济体制的建立，随着家庭结构的变化与成年子女的经济独立，保障老年人合法权益问题面临诸多挑战。[2] 保障老年人合法权益问题迫切需要政府、有关部门、社区等社会各界的高度关注，需要从物质、精神、文化、法律等方面完善老年人保障体系。我国《老年人权益保障法》于 1996 年颁布实施，随着经济社会的发展和家庭结构的变化，老年人权益保障出现了一些新问题新动向。我国《老年人权益保障

---

〔1〕 主编注：我国审判实践中对于未成年人的保护，参见法大基地、屯宁宁：《首批入选人民法院案例库的41 个未成年人保护案件裁判要旨》，载 https://mp.weixin.qq.com/s/9chtTtGdKCirKN21AT-nrQ，访问日期：2024年 4 月 23 日。

〔2〕 保障老年人合法权益面临的挑战包括：①现实生活中遗弃、虐待老年人的违法行为时有发生。如子女相互推诿、拒养老人的现象时有发生，许多新问题未得到真正解决。②家庭养老功能弱，"空巢"现象日趋普遍。老年人参与生活的能力与活动范围十分局限。③养老机构有待拓展。养老服务体系与保障机制不够完善，难以满足老年人的多层次需要。④精神赡养问题得不到重视。赡养老年人不能仅仅停留在物质层面，应在感情、心理等方面给予老年人关心和帮助。

法》在 2012 年的修订中，增加了三章内容，即社会服务、社会优待、宜居环境。该部法的修正，使老年人权益具有了全面保障。现行《老年人权益保障法》第 18 条规定："家庭成员应当关心老年人的精神需求，不得忽视、冷落老年人。与老年人分开居住的家庭成员，应当经常看望或者问候老年人。用人单位应当按照国家有关规定保障赡养人探亲休假的权利。"这也就是备受关注并引发热议的将"常回家看看"纳入法律规定。从婚姻家庭法律法规的角度强调对老年人合法权益的保护，主要基于下列原因：

1. 老龄化时代的要求。随着社会发展、生活质量提升、人类寿命大大延长，中国已进入老龄化社会。中国老龄化是一个发展迅速的过程，速度比其他国家更快。据第七次全国人口普查数据，全国 65 岁以上人口比重为 13.50%，可以看到，我国老年人口比重已大幅上升。现行《老年人权益保障法》第 4 条规定，"积极应对人口老龄化是国家的一项长期战略任务。国家和社会应当采取措施，健全保障老年人权益的各项制度，逐步改善保障老年人生活、健康、安全以及参与社会发展的条件，实现老有所养、老有所医、老有所为、老有所学、老有所乐。"老年人特殊的生理、心理和行为特征，产生了不同于其他人口群体的特殊物质需求和精神需求。保护老年人合法权益是我国老龄化时代的要求。

2. 敬老爱老是我国人民的优良传统和美德。保护老年人的合法权益已引起全球许多国家重视。在许多国家，不同程度地保留着敬老的传统美德。1995 年第 50 届联合国大会上，联合国秘书长在报告中提出要"建立不分年龄、人人共享的社会"，并将其确定为 1999 年"国际老年人年"的主题，使老年人共享社会发展成果。这一倡议立即得到世界许多国家的积极响应。在我国，国家对老年人问题提出了"五有"倡议，即老有所养、老有所学、老有所为、老有所医、老有所乐，这一倡议在立法中得到肯定。随着我国老龄化进程的加速，强化家庭赡养老年人的功能十分重要。维护平等、和睦、文明的婚姻家庭关系，必须要保护老年人的合法权益。老年人为国家、民族、社会和家庭贡献了毕生精力，创造出巨大的物质财富和精神财富。他们在年老体弱、丧失劳动能力的时候，理应得到社会和家庭的尊敬和照顾。子女应在生活上给以关心，在经济上给以照顾，在精神上给以安慰，使他们能够安度晚年。这不仅是法律规定的义务，也是社会主义道德的要求。我国现行《宪法》第45 条第 1 款规定："中华人民共和国公民在年老、疾病或者丧失劳动能力的情况下，有从国家和社会获得物质帮助的权利。国家发展为公民享受这些权利所需要的社会保险、社会救济和医疗卫生事业。"现行《老年人权益保障法》第 3 条规定："国家保障老年人依法享有的权益。老年人有从国家和社会获得物质帮助的权利，有享受社会服务和社会优待的权利，有参与社会发展和共享发展成果的权利。禁止歧视、侮辱、虐待或者遗弃老年人。"我国保护老年人合法权益的法律规定，为各地制定有关保障老年人权益实施办法提供了明确法律依据，为维护老年人合法权益提供了法律保障。[1]

（二）保护老年人合法权益的具体法律规定

1. 子女对父母有赡养扶助的义务。我国法律强调家庭成员应从物质、生活上关爱与照顾老年人、精神上慰藉老年人。在《民法典》中，第 1067 条第 2 款规定："成年子女不履行赡养义务的，缺乏劳动能力或者生活困难的父母，有要求成年子女给付赡养费的权利。"

---

〔1〕 主编注：为加强农村留守老年人的关爱服务工作，2018 年 2 月民政部、公安部等九部门联合印发《关于加强农村留守老年人关爱服务工作的意见》，参见中国法学会编：《中国法治建设年度报告（2018）》，法律出版社 2019 年版，第 45 页。

第 1069 条规定,"子女应当尊重父母的婚姻权利,不得干涉父母离婚、再婚以及婚后的生活。子女对父母的赡养义务,不因父母的婚姻关系变化而终止。"第 1070 条规定,"父母和子女有相互继承遗产的权利。"第 1074 条第 2 款规定,有负担能力的孙子女、外孙子女对于子女已经死亡或者子女无力赡养的祖父母、外祖父母,有赡养的义务。第 1075 条第 2 款规定,由兄、姐扶养长大的有负担能力的弟、妹,对于缺乏劳动能力又缺乏生活来源的兄、姐,有扶养的义务。现行《老年人权益保障法》第 13 条规定,老年人养老以居家为基础,家庭成员应当尊重、关心和照料老年人。第 14 条规定,赡养人应当履行对老年人经济上供养、生活上照料和精神上慰藉的义务,照顾老年人的特殊需要,赡养人是指老年人的子女以及其他依法负有赡养义务的人。赡养人的配偶应当协助赡养人履行赡养义务。第 15 条规定,赡养人应当使患病的老年人及时得到治疗和护理;对经济困难的老年人,应当提供医疗费用。对生活不能自理的老年人,赡养人应当承担照料责任;不能亲自照料的,可以按照老年人的意愿委托他人或者养老机构等照料。第 16 条规定,赡养人应当妥善安排老年人的住房,不得强迫老年人居住或者迁居条件低劣的房屋。老年人自有的或者承租的住房,子女或者其他亲属不得侵占,不得擅自改变产权关系或者租赁关系。老年人自有的住房,赡养人有维修的义务。第 17 条规定,赡养人有义务耕种或者委托他人耕种老年人承包的田地,照管或者委托他人照管老年人的林木和牲畜等,收益归老年人所有。第 18 条规定,家庭成员应当关心老年人的精神需求,不得忽视、冷落老年人。与老年人分开居住的家庭成员,应当经常看望或者问候老年人。用人单位应当按照国家有关规定保障赡养人探亲休假的权利。第 19 条规定,赡养人不得以放弃继承权或者其他理由,拒绝履行赡养义务。赡养人不履行赡养义务,老年人有要求赡养人付给赡养费等权利。赡养人不得要求老年人承担力不能及的劳动。第 20 条规定,经老年人同意,赡养人之间可以就履行赡养义务签订协议。赡养协议的内容不得违反法律的规定和老年人的意愿。基层群众性自治组织、老年人组织或者赡养人所在单位监督协议的履行。第 21 条第 2 款规定,对老年人的赡养义务不因老年人婚姻关系的变化而终止。即赡养人对老年人赡养扶助的义务不因老年人离婚、再婚而消除。同时,赡养不再局限于物质层面,还包括了常回家看望老人及经常问候老人等精神层面的内容。第 24 条规定,赡养人、扶养人不履行赡养、扶养义务的,基层群众性自治组织、老年人组织或者赡养人、扶养人所在单位应当督促其履行。如果赡养人不履行赡养老年人的义务,无劳动能力的或生活困难的老年人,有要求赡养人给付赡养费的权利。

2. 禁止家庭暴力、禁止虐待和遗弃老年人。现行《老年人权益保障法》第 3 条第 3 款规定:"禁止歧视、侮辱、虐待或者遗弃老年人"、第 25 条规定,"禁止对老年人实施家庭暴力",与《民法典》第 1042 条所规定的"禁止家庭暴力""禁止家庭成员间的虐待和遗弃"的精神一致。《反家庭暴力法》第 3 条第 2、3 款规定:"反家庭暴力是国家、社会和每个家庭的共同责任。国家禁止任何形式的家庭暴力"。

3. 设立了老年人意定监护制度。老年人监护制度是一项重要的民事法律制度,在现代社会其正在经历着一场理念与制度的变革:放弃传统老年人监护模式,以保护模式取代传统禁治产宣告制度成为通行理念。许多国家开始重视对被保护人人身的照顾以及本人在日常生活中的自主决定权,从而建立起以充分尊重被监护人人权为核心的现代监护制度。随着我国进入老龄化社会和维护老年人人权观念的深入,老年人监护制度改革已迫在眉睫。现行《老年人权益保障法》第 26 条规定:"具备完全民事行为能力的老年人,可以在近亲属或者其他与自己关系密切、愿意承担监护责任的个人、组织中协商确定自己的监护人。

监护人在老年人丧失或者部分丧失民事行为能力时，依法承担监护责任。老年人未事先确定监护人的，其丧失或者部分丧失民事行为能力时，依照有关法律的规定确定监护人。"《民法典》第 33 条规定："具有完全民事行为能力的成年人，可以与其近亲属、其他愿意担任监护人的个人或者组织事先协商，以书面形式确定自己的监护人，在自己丧失或者部分丧失民事行为能力时，由该监护人履行监护职责。"现行《老年人权益保障法》和《民法典》的以上规定，有利于更好地保障老年人的合法权益。

四、保护残疾人合法权益

《民法典》中许多规定直接涉及残疾人权益保障，充分体现了《民法典》以人民为中心、最大程度保护弱者立法思想。

（一）保护残疾人合法权利的必要性

《民法典》婚姻家庭编充分肯定残疾人作为民事主体的平等地位，注重残疾人婚姻家庭权利的平等保护。第 1041 条第 3 款明确规定"保护妇女、未成年人、老年人、残疾人的合法权益。"《民法典》重视对残疾人民事权利的特殊保护。在婚姻家庭编和继承编中，明确家庭成员对不能独立生活者或者缺乏劳动能力者的抚养、扶养、赡养义务，对缺乏劳动能力者在分配遗产时的照顾和必留份制度，残疾人将成为重要受益者；放宽收养残疾未成年人的条件限制，更多残疾未成年人通过被收养可以享受家庭的温暖。坚持"特别法"优先于"一般法"原则，确认法律对残疾人的"民事权利保护有特别规定的，依照其规定"，肯定了《残疾人保障法》等专门立法在法律适用上的优先地位。根据 2007 年第二次全国残疾人抽样调查主要数据公报，全国残疾人口中，0～14 岁的残疾人口为 387 万人，占 4.66%；15～59 岁的人口为 3493 万人，占 42.10%；60 岁及以上的人口为 4416 万人，占 53.24%（65 岁及以上的人口为 3755 万人，占 45.26%）。全国 15 岁及以上残疾人口中，未婚人口 982 万人，占 12.42%；在婚有配偶的人口 4811 万人，占 60.82%；离婚及丧偶人口 2116 万人，占 26.76%。[1]

与健康人相比，由于残疾人、特别是女性残疾人身体状况较为特殊，多半是父母或其他人包办婚姻，急于成婚。从其婚姻状况看，丧偶率高，主要因为残疾人平均寿命较短；离婚率高，说明残疾人婚姻不稳定；由于系父母包办、自身条件弱，婚姻质量难以得到保护。同时反映出残疾人婚姻家庭在预防冲突、调整婚姻家庭关系等方面都存在某些问题。因此，对残疾人婚姻家庭权利的保护，有利于更全面地维护妇女、未成年人及老年人的合法权益。

（二）保护残疾人合法权益的具体法律规定

《民法典》中有不少涉及残疾人权利保障的法律规定，例如，第 21 条规定，不能辨认自己行为的成年人为无民事行为能力人，由其法定代理人代理实施民事法律行为。第 22 条规定，不能完全辨认自己行为的成年人为限制民事行为能力人，实施民事法律行为由其法定代理人代理或者经其法定代理人同意、追认；但是，可以独立实施纯获利益的民事法律行为或者与其智力、精神健康状况相适应的民事法律行为。第 24 条规定，不能辨认或者不能完全辨认自己行为的成年人，其利害关系人或者有关组织，可以向人民法院申请认定该成年人为无民事行为能力人或者限制民事行为能力人。被人民法院认定为无民事行为能力

---

〔1〕　参见国家统计局 2007 年 5 月 28 日发布的"第二次全国残疾人抽样调查主要数据公报"（第二号），载 http：//www.stats.gov.cn/tjsj/ndsj/shehui/2006/html/fu3.htm，访问日期：2021 年 10 月 2 日。

人或者限制民事行为能力人的，经本人、利害关系人或者有关组织申请，人民法院可以根据其智力、精神健康恢复的状况，认定该成年人恢复为限制民事行为能力人或者完全民事行为能力人。第34条规定，监护人的职责是代理被监护人实施民事法律行为，保护被监护人的人身权利、监护人依法履行监护职责产生的权利，受法律保护。监护人不履行监护职责或者侵害被监护人合法权益的，应当承担法律责任。因发生突发事件等紧急情况，监护人暂时无法履行监护职责，被监护人的生活处于无人照料状态的，被监护人住所地的居民委员会、村民委员会或者民政部门应当为被监护人安排必要的临时生活照料措施。第36条规定，监护人有下列情形之一的，人民法院根据有关个人或者组织的申请，撤销其监护人资格，安排必要的临时监护措施，并按照最有利于被监护人的原则依法指定监护人：①实施严重损害被监护人身心健康的行为；②怠于履行监护职责，或者无法履行监护职责且拒绝将监护职责部分或者全部委托给他人，导致被监护人处于危困状态；③实施严重侵害被监护人合法权益的其他行为。本条规定的有关个人、组织包括：其他依法具有监护资格的人，居民委员会、村民委员会、学校、医疗机构、妇女联合会、残疾人联合会、未成年人保护组织、依法设立的老年人组织、民政部门等。前款规定的个人和民政部门以外的组织未及时向人民法院申请撤销监护人资格的，民政部门应当向人民法院申请。并且，第1179条规定，侵害他人造成人身损害的，应当赔偿医疗费、护理费、交通费、营养费、住院伙食补助费等为治疗和康复支出的合理费用，以及因误工减少的收入。造成残疾的，还应当赔偿辅助器具费和残疾赔偿金；造成死亡的，还应当赔偿丧葬费和死亡赔偿金。为了更有效地保障残疾人的合法权益，在现行《残疾人保障法》中，第3条第1款规定："残疾人在政治、经济、文化、社会和家庭生活等方面享有同其他公民平等的权利。"第9条规定："残疾人的扶养人必须对残疾人履行扶养义务。残疾人的监护人必须履行监护职责，尊重被监护人的意愿，维护被监护人的合法权益。残疾人的亲属、监护人应当鼓励和帮助残疾人增强自立能力。禁止对残疾人实施家庭暴力，禁止虐待、遗弃残疾人。"这些具体规定，有助于保障残疾人的合法权益，强化与残疾人权益保障有关的个人、家庭、社会与国家责任，营造更加和谐、更安定与更健康的家庭、社会及国家助残氛围和秩序。

五、禁止家庭暴力、禁止家庭成员间的虐待和遗弃

《民法典》第1042条第3款规定："禁止家庭暴力。禁止家庭成员间的虐待和遗弃。"这是为贯彻保护妇女、未成年人和老年人合法权益原则作出的禁止性规定。早在1980年《婚姻法》已有禁止虐待和遗弃家庭成员的规定。2001年修正的《婚姻法》增设了禁止家庭暴力的规定。《反家庭暴力法》特别强调"反家庭暴力是国家、社会和每个家庭的共同责任。国家禁止任何形式的家庭暴力"。这一规定彰显了国家禁止家庭暴力的立场与决心。[1]

（一）禁止家庭暴力

1. 家庭暴力概念界定。《反家庭暴力法》第2条界定的"家庭暴力"，是指家庭成员之间以殴打、捆绑、残害、限制人身自由以及经常性谩骂、恐吓等方式实施的身体、精神等侵害行为。《民法典》第1045条对"家庭成员"规定为："配偶、父母、子女和其他共同生活的近亲属为家庭成员。"从行为类型来看，家庭暴力除身体暴力，立法还明确包括精神暴

---

〔1〕 主编注：关于防治家庭暴力国际立法演变之研究，参见罗杰：《防治家庭暴力立法与实践研究》，群众出版社2013年版，第115~120页。

力。《反家庭暴力法》定义虽然没有明确列举出性暴力，但"等侵害行为"的表述给了法官具体情况的自由裁量空间，可以把性暴力纳入"等"的行为类型之中。因为现实生活中，家庭成员间的性暴力客观存在，已经有很多案例。简言之，家庭暴力发生在家庭内部，它既指肉体上的伤害，例如殴打、体罚、行凶、残害、捆绑、限制人身自由等行为，也指精神上的折磨，通常表现为以威胁、恐吓、咒骂、讥讽、凌辱人格等方式，造成对方精神上的痛苦、心理上的压抑等，还包括性虐待。

从主体范围来看，《反家庭暴力法》第37条规定，家庭成员以外共同生活的人之间实施的暴力行为，参照本法规定执行。在附则中增加准用条款，共同生活的人之间实施的暴力行为参照《反家庭暴力法》，扩大了家庭暴力的主体适用范围。有着同居关系、扶养照料关系等共同生活的人之间实施的暴力行为，都可以适用《反家庭暴力法》予以规制。[1]

2. 家庭暴力的危害。家庭暴力受害者多为女性，这是世界许多国家普遍存在的问题。世界卫生组织的一项调查结论认为，夫妻间的暴力是比战争更加凶恶的杀手。许多研究认为配偶间的暴力更为严重。[2] 由于家庭暴力具有隐蔽性、长期性和涉及个人隐私的特点，施暴者和受害者的夫妻关系往往使人们把家庭暴力当成是家务事，受"家丑不可外扬""清官难断家务事"等传统观念的影响，受害者较少寻求法律保护。而某些执法人员不愿介入家庭私人领域，以致家庭暴力在现实生活中受谴责和处罚的很少。《民法典》《反家庭暴力法》的规定及最高人民法院的司法解释，对家庭暴力受害人的救助方式及公权力介入形式作了规定，对改变视家庭暴力为家务事的观念具有重要作用。

3. 防治家庭暴力的具体法律规定。在我国，2001年修正的《婚姻法》增设了"禁止家庭暴力"的规定，并首次作出救助措施与法律责任的法律规定。《民法典》继续确认了禁止家庭暴力的规定。这些规定初步建立了对家庭暴力受害者的救济体系。[3]《反家庭暴力法》确定了预防和制止家庭暴力的原则，即对家庭暴力零容忍的原则；共同责任原则；预防为主，教育、矫治与惩处相结合原则；尊重受害人真实意愿，保护当事人隐私原则；特殊群体特殊保护原则。该法在"家庭暴力处置"一章为家庭暴力受害人设立了报警求助、申请庇护、申请人身安全保护令及起诉追究法律责任等较为充分的救济途径和家庭纠纷的调解、强制报告义务、公安告诫制度等更为有效的处置家庭暴力的措施体系。其中，强制报告义务是该法的亮点之一。学校、幼儿园等机构及其工作人员在工作中发现无民事行为能力人、限制民事行为能力人遭受或者疑似遭受家庭暴力的，有向公安机关报案的义务。这是对特殊保护原则的具体化。而公安告诫制度是该法的又一大亮点，即对于家庭暴力情节轻微，依法不给予治安管理处罚的，由公安机关对加害人给予批评教育或者出具告诫书，公安告诫制度为警察及时干预家庭暴力提供了利器。同时明确了告诫书的证据作用，即人民法院审理涉及家庭暴力的案件，可根据公安机关出警记录、告诫书、伤情鉴定意见等证据，认定家庭暴力事实，并据此裁定人身安全保护令，或者判决准予离婚，对受害者给予

---

〔1〕　主编注：对于我国《反家庭暴力法》规定的家庭暴力主体范围应进一步扩大的探讨，参见李明舜、林建军主编：《中华人民共和国婚姻法评注 救助措施与法律责任》，厦门大学出版社2016年版，第70页。

〔2〕　离婚阶段是婚姻暴力事件高发期。笔者曾对80个离婚案件分析，80%以上的女性表示此阶段受过不同程度的婚姻暴力。《中国妇女状况》一书中，显示中国离婚率为1.54%，其中25%是婚姻暴力所致，婚姻暴力成为引发离婚案件的重要原因之一。由于婚姻暴力具有隐蔽性，实际数量难以统计。参见李秀华："社会性别与婚姻暴力实证研究"，载《法学杂志》2005年第2期。

〔3〕　参见2001年修正的《婚姻法》第32、43、46条，《民法典》第1042、1079、1091条。

损害赔偿。对于父母等监护人实施家庭暴力导致严重伤害被监护人的情况，法律还特别规定了撤销监护人的制度。《反家庭暴力法》首次建立人身安全保护令制度，从事后惩治变为事前预防。根据《反家庭暴力法》规定，当事人若遭受家庭暴力或者面临家庭暴力的现实危险，即可向法院申请人身安全保护令。保护令包括禁止被申请人实施家庭暴力，禁止被申请人骚扰、跟踪、接触，责令被申请人迁出申请人住所等措施。《反家庭暴力法》特别提出，申请人的相关近亲属，也被纳入人身安全保护令的保护范围，申请人身安全保护令不再依附其他诉讼。如果受害人不想离婚，也不要抚养费、赡养费，就是不想再遭受家庭暴力了，可以单独申请人身安全保护令。只要是面临被家庭暴力的危险，当事人依法就可以申请。法院"应当"受理，而不是"可以"受理，这就为受害者提供了一个硬性的保护方法。被申请人若违反人身安全保护令，可被处以 1000 元以下罚款、15 日以下拘留，若构成犯罪还将依法追究刑事责任。

我国《民法典》第 1042、1079、1091 条规定："禁止家庭暴力"，并且对实施家庭暴力的民事后果及法律责任有具体规定。因家庭暴力导致起诉请求离婚的，经调解无效可认定为夫妻感情破裂准予离婚；如果因家庭暴力离婚的，无过错方有权要求离婚损害赔偿。[1]

（二）禁止家庭成员间的虐待和遗弃

虐待，是指以作为或不作为的形式，对家庭成员歧视、折磨、摧残，使其在精神上、肉体上遭受损害的违法行为，如打骂、恐吓、冻饿、患病不予治疗等。此前，《婚姻法解释（一）》在定义"虐待"时，认为"持续性、经常性的家庭暴力，构成虐待"。《婚姻家庭编解释（一）》第 1 条继续沿用此规定的内容。遗弃，是指家庭成员中负有赡养、扶养、抚养义务的一方，对需要赡养、扶养和抚养的另一方，不履行其应尽义务等违法行为，如父母不抚养未成年子女、子女不赡养无劳动能力或生活困难的父母、配偶不履行扶养对方的义务、有负担能力的其他家庭成员不尽扶养责任等。遗弃以不作为的形式出现，致使被遗弃人的合法权益受到侵害。《民法典》规定："禁止家庭成员间的虐待和遗弃"，并且对虐待和遗弃家庭成员的民事后果及法律责任有具体规定。对于拒不履行赡养、抚养、扶养义务的人，可依法强制其履行相应的义务。因虐待和遗弃家庭成员导致起诉请求离婚的，经调解无效可认定为夫妻感情破裂准予离婚；如果因虐待和遗弃家庭成员离婚的，无过错方有权要求离婚损害赔偿。[2] 此外，虐待、遗弃家庭成员的行为，违反现行《治安管理处罚法》的，应追究其行政责任；构成犯罪的，应依法追究刑事责任。我国现行《刑法》第260 条第 1、2 款规定："虐待家庭成员，情节恶劣的，处二年以下有期徒刑、拘役或者管制。犯前款罪，致使被害人重伤、死亡的，处二年以上七年以下有期徒刑。"第 261 条对遗弃罪作了规定："对于年老、年幼、患病或者其他没有独立生活能力的人，负有扶养义务而拒绝扶养，情节恶劣的，处五年以下有期徒刑、拘役或者管制。"

---

〔1〕 笔者认为涉家庭暴力的案件调解必须在双方自愿的基础上，在符合法律规定的前提下进行协议和处理，不能强迫受害人接受调解。有效干预家庭暴力，对于构建和谐家庭、稳定社会秩序、推进社会变革与进步等具有重要作用。参见李秀华主编：《反家庭暴力法律诊所理论与实务》，厦门大学出版社 2023 年版，第 21 页。

〔2〕 参见《民法典》第 1042、1067、1079、1091 条。

第六节　树立优良家风的倡导性规定

一、增补树立优良家风的倡导性规定之意义

2001 年修正的《婚姻法》第 4 条规定："夫妻应当互相忠实，互相尊重；家庭成员间应当敬老爱幼，互相帮助，维护平等、和睦、文明的婚姻家庭关系。"《民法典》第 1043 条在此基础上，增加了"家庭应当树立优良家风，弘扬家庭美德，重视家庭文明建设"的规定，并且还补充了相关内容。

家庭是社会的细胞，家庭健康，社会才能健康发展与进步。在《民法典》中，第 1 条规定："弘扬社会主义核心价值观"。第 1043 条第 1 款规定："家庭应当树立优良家风，弘扬家庭美德，重视家庭文明建设"。将社会主义核心价值、优良家风与家庭美德、家庭文明建设写入民法典，这是社会主义核心价值观与现代民法相辅相成、相得益彰的重要体现，也是新时代推进"德法共治"的具体举措。[1] 所谓优良家风，是一个家庭良好的风格、风尚与风气，为家庭成员建构了无形的却是无处不在的价值准则。家庭是社会细胞，优秀家风是社会风气的重要组成部分。所谓家庭美德，是指敬老爱幼、夫妻互相尊重、相互扶助、家庭和睦等传统家庭美德等。从法律制度层面倡导弘扬家庭美德，有助维护平等、和睦、文明的婚姻家庭关系。家庭成员的个体素质与社会发展状况密切相关。因为国家现代化建设发展会受国民素质的直接影响。任何一个人均是从家庭步入社会，每个人要在家庭中出生、成长，家庭是人走向社会的重要场所。现实生活中，受到良好家庭教育的人，通常是遵守法律、遵守规则与社会公德、职业道德的好公民。因此树立优良家风、建设家庭美德与家庭文明是基础，它能较好地促进社会公德与文明秩序的形成和发展。婚姻家庭制度是一个系统与复杂的工程，它需要法律、道德、习惯等各种力量共同建构与维系。婚姻家庭的伦理道德属性决定了新时期的婚姻家庭制度必须与依法治国、以德治国价值理念有机结合。婚姻家庭不仅需要法律加以保护，更需要优良家风和家庭美德润泽与巩固。家庭成员在情感、生活和工作等方面互相关心、互相帮助、互相支持、互敬互爱，是中华民族的传统美德，也是家庭对个人、对社会所承担的不可替代的重要职能。[2] 所以，增补优良家风的倡导性规定，有利于建立平等、和睦、文明的新型婚姻家庭关系。[3]

二、贯彻优良家风倡导性规定的具体要求与规范

（一）夫妻应当互相忠实，互相尊重，互相关爱

1. 夫妻应当相互忠实。夫妻忠实义务，主要是指夫妻不为婚姻外之性交，在性生活上保持专一，也包括一方不得恶意遗弃配偶以及不得为第三人利益而损害配偶利益的内容。[4] 将夫妻忠实义务引入立法，具有重要立法与现实价值：设立夫妻忠实义务是体现和贯彻社会主义一夫一妻制的客观要求；有助于净化社会风气，推进法治与德治相融，起到

---

〔1〕　参见黄薇主编：《中华人民共和国民法典婚姻家庭编释义》，法律出版社 2020 年版，第 15 页。

〔2〕　夏吟兰、薛宁兰主编：《民法典之婚姻家庭编立法研究》，北京大学出版社 2016 年版，第 11 页。

〔3〕　主编注：关于社会主义核心价值观融入民法典婚姻家庭编的伦理维度之探讨，参见曹贤信：《社会主义核心价值观融入民法典婚姻家庭编的伦理维度》，载李俊主编：《中国民法典婚姻家庭编与继承编理论与实务研究》，中国人民公安大学出版社 2024 年版，第 57~65 页。

〔4〕　参见李志敏主编：《比较家庭法》，北京大学出版社 1988 年版，第 105 页。

预防功能；从法律和道德视角对夫妻双方行为加以约束，可以有基本原则加以参照和遵循为受害者主张维权提供了法律依据；夫妻忠实义务的规定符合国际立法惯例。不少国家和地区都有关于夫妻应尽忠实义务之规定。[1] 中国澳门地区夫妻关系根据《葡萄牙民法典》法律规范规定，家庭关系第九章中明确规定："夫妻有忠诚义务和同居义务"。《德国民法典》第 1353 条规定：婚姻双方互相间有义务过共同的婚姻生活，婚姻双方相互向对方负责；日本《民法典》第 777 条规定：配偶可因另一方违反夫妻忠实义务的行为请求离婚。夫妻相互忠诚，不仅涉及夫妻关系的幸福，而且关系到子女、后代生活环境的和睦，对于优化人口生产和子女健康成长至关重要。

2. 夫妻应当互相尊重、互相关爱。婚姻是社会风俗习惯和法律规范化了的人类的两性结合形式，夫妻互相尊重与互相关爱，是夫妻伦理的必然要求。在婚姻中，夫妻人格尊严以及生命权益是平等的，夫妻应该互敬互爱、互助互让。恩格斯说过，只有以爱情为基础的婚姻才是符合道德的婚姻，要保证夫妻之爱的真诚与稳定，最重要的原则之一：相互尊重与相互关爱。夫妻互相尊重，互相关爱是建立平等、和睦、文明婚姻关系的基本要求。夫妻在人身方面要尊重彼此人格，不得打骂、虐待、侮辱，不得进行精神摧残；尊重对方姓名、社会工作、私生活的权利，不得非法约束和限制对方的正常社会活动；当夫妻对方有困难时，要尽力关心、协助、照料；在财产上，不得隐瞒收入，在与家庭经济利益有关的对外经济等各项重大活动要互相商量，严守家庭隐私和秘密；在性生活上，夫妻要尊重对方的意见和身体状况。

总之，立法规定夫妻应当互相忠实，互相尊重，互相关爱，这是现代法律彰显权利、维护公序良俗之应有之义。

(二) 家庭成员应当敬老爱幼，互相帮助

《民法典》第 1043 条第 2 款规定："家庭成员应当敬老爱幼，互相帮助"。并且，在法律上具体规定了夫妻、父母子女、兄弟姐妹、祖父母、外祖父母、孙子女、外孙子女家庭成员间的扶养义务，包括子女对父母的精神慰藉义务。

1. 家庭具有精神抚慰与调节功能。家庭成员最重要的情感交流场所是家庭。人们的喜怒哀乐总是首先在家庭成员中得到交流，并获得帮助、鼓励。随着我国经济体制改革的全面深入，生活与工作节奏加快，社会竞争激烈，人们有时出现精神紧张、疲劳。家庭是否能否起到"避风港"的作用，起到最大限度地减少人的紧张状态，达到养精蓄锐的目的，这涉及家庭的精神氛围、家庭情感交流质量等问题。

2. 家庭具有教育功能。家庭教育主要是指父母有意识地按一定社会规则与要求对下一代传授知识、指导生活的教育活动。家庭教育是子女社会化的重要方面，家庭对家庭成员性格塑造、品质形成具有重要的影响，家庭教育具有其他教育不可替代的功能。

3. 家庭具有扶养功能。家庭成员间的扶养概念包括物质供养、生活照料和精神扶助等方面。物质供养就是指扶养人为被扶养人在生活上给予物质帮助与支持，体现为直接为被

---

〔1〕《法国民法典》第 213 条规定："夫妇互负忠实、帮助、救援的义务"。《瑞士民法典》第 159 条规定："配偶双方互负忠诚及扶助救助。"《德国民法典》第 1353 条规定："婚姻双方相互间有义务过共同的婚姻生活；婚姻双方互相向对方负责。"我国澳门特别行政区"民法典"第 1532 条规定："夫妻双方互负尊重、忠诚、同居、合作及扶持之义务。"参见王卫国总主编、夏吟兰主编：《民法学卷五婚姻家庭继承法》，中国政法大学出版社 2004 年版，第 72 页。

扶养人提供一定的物质资源或经济帮助。例如：有负担能力的扶养人为被扶养人提供必要的生活费、教育费用和医疗费用。所谓生活照料是指以提供劳务为主要表现方式的帮助，主要是针对年老、年幼，患病或其他没有独立生活能力的被扶养人，有负担能力的扶养人应提供一定的家务劳动、购物做饭、看病护理等等生活帮助。这既是物质扶养实现的方式，又是扶助照料被扶养人的表现形式。精神扶养是指扶养人在物质生活得到保障的前提下，夫妻、父母子女间在精神上给予更多的关心和帮助。父母的慈爱，子女的尊敬体贴，夫妻之间的甘苦共享等是精神扶养的主要内容。物质供养、生活照料和精神扶养是相辅相成、不可分割的。目前，从我国实际出发，尤其要强化赡养老人的功能。随着我国进入老龄化社会，子女对父母赡养扶助义务与社会扶助老人相结合，才能实现国家"老有所养，老有所依"的目标。

综上所述，《民法典》婚姻家庭编的上述基本原则和倡导性规定是互相联系、互相制约、不可分割的统一整体。它们的立法价值在于："实现形式平等与实质平等协调相容，更好保护家庭弱者权益"。[1] 全面贯彻这些原则和倡导性规定，对于实现家庭成员间互相尊重、敬老爱幼、互相帮助，维护平等、和睦、文明的新型婚姻家庭关系，推进社会主义物质文明和精神文明的建设，促进婚姻家庭的稳定和社会全面进步有着十分重要的意义。

导入案例之要点评析

本案涉及如何理解和执行婚姻家庭法律中规定的保护妇女和未成年人合法权益原则。我国《民法典》第 1082 条规定：女方在怀孕期间、分娩后 1 年内或终止妊娠后 6 个月内，男方不得提出离婚。女方提出离婚的，或人民法院认为确有必要受理男方离婚请求的除外。这一规定是保护妇女和未成年人权益原则的具体体现，旨在保护女方及胎儿、婴儿的身心健康。二审法院审理该离婚案件后认为，根据《民法典》第 1082 条的规定，郑某在妻子分娩后 1 年内不得提出离婚，一审法院的判决违反法律规定，因此裁定撤销一审判决，驳回郑某的离婚起诉。本案夫妻感情破裂虽是客观存在的事实，但郑某与于某对是否在此时离婚存在重大分歧。郑某要求离婚时，女方生育后不到 1 年的时间，符合法律规定对妇女和婴儿应予以特别保护的情形，本案亦无法律规定例外受理男方离婚请求的情形，按照法律规定郑某不得提起离婚诉讼，如果其提出离婚诉讼，人民法院也应依法驳回。本案一审法院忽略了法律规定，错误受理和判决离婚，二审法院的处理完全正确。二审法院的处理是保护妇女、未成年人合法权益原则在离婚案件审理中的具体体现。

 **思考题**

一、选择题

（一）单项选择题

1. 甲男与乙女通过网聊恋爱，后乙提出分手遭甲威胁，乙无奈遂与甲办理了结婚登记。婚后乙得知，甲婚前就患有医学上不应当结婚的疾病且久治不愈，乙向法院起诉离婚。下列哪一说法是正确的？（　　）（2009 年国家司法考试试题）

---

〔1〕肖新喜："论民法典婚姻家庭编的社会化"，载《中国法学》2019 年第 3 期。

A. 法院应判决撤销该婚姻

B. 法院应判决宣告该婚姻无效

C. 对该案的审理应当进行调解

D. 当事人可以对法院处理结果依法提起上诉

2. 我国《反家庭暴力法》规定的家庭暴力行为不包括（ ）。

A. 殴打、捆绑、残害　　　　　B. 限制人身自由

C. 经常性谩骂、恐吓　　　　　D. 有病不给治疗

（二）多项选择题

1. 以下属于侵害老年人权益的行为是（ ）。

A. 暴力干涉老年人婚姻自由

B. 对老年人负有赡养义务、扶养义务而拒绝赡养、扶养

C. 捏造事实诽谤老年人或者虐待老年人

D. 家庭成员盗窃、勒索、故意毁坏老年人财物

E. 以暴力或者其他方法公然侮辱老年人

2. 人身安全保护令案件中，人民法院根据（ ），认为申请人遭受家庭暴力或者面临家庭暴力现实危险的事实存在较大可能性的，可以依法作出人身安全保护令。

A. 公安机关出具的家庭暴力告诫书

B. 被申请人曾出具的悔过书或者保证书

C. 医疗机构的诊疗记录

D. 记录家庭暴力发生或者解决过程等的视听资料

E. 公安机关的出警记录

二、判断分析题

1. 于某（男）与王某经人介绍认识后 3 个月双方登记结婚，婚后生育一女。后于某被单位派往南方某市工作。在外期间，于某认识了某单身女青年张某，两人一见钟情，于某隐瞒自己有已婚事实，并谈起恋爱。1 年后，于某与张某在该市举行了婚礼。于某的妻子王某得知丈夫的此事后，异常震惊，遂向法院控告于某重婚。根据法律规定，于某的行为不构成重婚。

2. 小美（女）3 岁时母亲与生父离婚。小美 5 岁时，母亲再婚。继父与母亲一起共同将小美抚养成人。目前小美在一家外企工作，收入颇丰。继父亦因车祸住院，请求小美承担赡养责任。生父身体多病，亦希望小美承担赡养责任。根据法律规定，小美对生父与继父均有赡养责任。

三、简答题

1. 简述包办婚姻、买卖婚姻的联系与区别。

2. 简述重婚的认定与处理。

四、论述题

1. 试论保护妇女、未成年人、老年人、残疾人合法权益原则。

2. 试论防治家庭暴力的法律措施。

五、案件分析题

被告肖某（女）系农村女青年。经人介绍肖某认识了常某并确定了恋爱关系。不久，两人去见常某的母亲，常母认为肖某会做事，长得漂亮，当下给肖某 3000 元。2021 年元月

1 日，常某与肖某按农村习俗举行订婚仪式，并于当日书写订婚书一份。2021 年元月 15 日，两人办理结婚登记时，肖某母亲提出必须给彩礼 2.8 万元，否则甭想结婚。男家认为给 2 万元可以了，但是女家坚持要 2.8 万元。男方家被迫同意给 2.8 万元。两人登记结婚后，由于负债生活，夫妻间的冲突不断。婚后半年，肖某就提出要求离婚，常某对此表示同意。但常某提出肖某返还 3.1 万元。肖某认为彩礼系对方自愿给的，不予退还。常某最后诉至某法院。

请问：肖某是否应返还 3.1 万元给常某？为什么？

 阅读参考文献

1. 巫昌祯、夏吟兰主编：《婚姻家庭法学》，中国政法大学出版社 2007 年版。

2. 夏吟兰主编：《家庭暴力防治法制度性建构研究》，中国社会科学出版社 2011 年版。

3. 李秀华主编：《反家庭暴力法律诊所理论与实务》，厦门大学出版社 2023 年版。

4. 陈苇主编：《中国妇女儿童权益法律保障情况实证调查研究——以我国五省市被抽样调查地区妇女儿童权益法律保障情况为对象》（上卷、下卷），群众出版社 2017 年版。

5. 林建军主编：《最新妇女权益保障法条文解读与适用要点》，法律出版社 2022 年版。

6. 田韶华：《民法典背景下身份行为的体系化研究》，社会科学文献出版社 2023 年版。

第四章

结婚制度

**学习的内容和重点**

　　通过本章的学习，了解结婚的概念和特征，掌握结婚的法定条件和程序、婚姻无效与可撤销的法定事由、请求权的行使以及法律后果，以及司法实践中对于同居关系和事实婚姻的认定和处理。

导入案例〔1〕

　　原告与被告于 2022 年 2 月 12 日经人介绍相识，同年 2 月 28 日经婚姻登记机关登记结婚。双方结婚时，原告送被告彩礼 5 万元、金手镯一个、电动车一辆。原告送彩礼 5 万元在原告与被告婚后回门时被告的爷爷已退还给原告，××牌电动自行车一辆被告已将购买电动车的款项支付给原告姐姐。2022 年 7 月 28 日，被告回娘家后由被告爷爷送其去上班，当天因被告与老板发生争吵后被同事送回村里，被告父亲遂将被告领回家，次日送被告到潜江市××医院治疗。2022 年 9 月，原告向法院提出申请，以被告婚前患有精神病为由，请求撤销其与被告的婚姻关系，并且要求返还支付的彩礼。法院在审理本案时，被告的法定代理人辩称其已将被告患有精神病的情况告知媒人，但其并未向法院提交相关证据予以证明。另外，法院在审理中还查明，被告因精神病发作，先后于 2019 年 8 月、9 月及 2021 年 8 月、10 月、11 月曾在潜江市××医院住院接受治疗。2022 年 9 月，被告的病情经宜昌市××医院法医××司法鉴定所鉴定结论为：（1）鉴定诊断：双相情感障碍，目前为狂躁发作（2）被鉴定人孙某患有"双相情感障碍"，目前为病情发作期，尚属无民事行为能力的人不具有诉讼能力。原告支付鉴定费 5500 元。

　　请问：

　　1. 原告提出撤销婚姻的诉讼请求能否得到支持？为什么？

　　2. 对于原告返还彩礼的诉讼请求，人民法院应当如何处理？

第一节　结婚概述

　　结婚制度，是指关于男女结成夫妻必须具备的条件和程序的一系列的法律规范，是婚姻法律制度的重要组成部分。结婚不仅关系到婚姻当事人的切身利益，而且还关系到民族的繁衍和社会的发展。因此，古今中外所有的国家都从巩固、发展与其政治、经济、社会

　　〔1〕　参见湖北省潜江市人民法院（2022）鄂 9005 民初 3230 号民事判决书。

要求相适应的婚姻家庭制度出发，对结婚的条件和程序制定了必要的法律制度。[1]

一、结婚的概念

（一）结婚的含义

结婚又称婚姻的成立，是指男女双方按照法律规定的条件和程序，确立夫妻关系的民事法律行为。这一定义表明结婚属于一种法律行为。从严格意义上讲，结婚属于身份行为，该行为产生的是身份上的法律效果，与财产行为相比具有鲜明的特点，身份行为具有事实的先在性[2]、自然性、伦理性、团体性和社会性的特点。[3] 综观古今中外各国的婚姻立法，结婚的概念有一个从广义向狭义演进的过程。古代法多采用广义说，认为结婚包括订婚和结婚两个环节。订婚被视为结婚必经的前置程序。近代、现代婚姻家庭立法则多采用狭义说，认为结婚仅指夫妻关系的建立，不包括订婚。订婚并非结婚的必经程序，事前未订立婚约者亦可缔结婚姻。《民法典》婚姻家庭编秉承了我国婚姻立法传统，亦对结婚概念持狭义说，没有对婚约的问题作出相关规定。

（二）结婚的特征

依民法原理，结婚作为一种法律行为，除了具有法律行为的一般性特征之外，还具有如下的法律特征：

1. 结婚主体的特殊性。我国结婚行为的主体必须是异性男女，同性不能成为婚姻的主体。因为两性差别和性本能是婚姻关系成立的自然条件。尽管有些国家和地区的法律已经认可"同性婚姻"，并赋予同性同居者享有部分夫妻的权利和义务，社会生活中对"同性婚姻"也逐渐持宽容态度。但是，我国立法对于"同性婚姻"的效力，法律依然没有予以确认。

2. 结婚条件和程序的严格性。结婚行为是要式民事法律行为，其特定的法律效力的发生必须以一定法律条件的满足作为前提，因此结婚行为必须遵循法律事先规定的条件，按照法定的程序进行。对于结婚条件和程序的严格规范，主要是基于婚姻关系是自然性、伦理性、社会性和团体性的考虑，婚姻不仅是男女双方的私事，关系到社会多方的利益，国家立法且有必要对这种社会关系的形成进行干预、审查和监督。结婚行为只有符合法定条件和程序，才能为当时的社会制度所承认。

3. 法律效果的身份性。结婚是一种亲属身份法律行为，其目的是男女双方形成夫妻关系。[4] 结婚行为的法律后果是婚姻当事人取得配偶身份，建立夫妻关系。婚姻关系一旦确立，男女双方从此相互享有法定权利，承担法定义务，而且非经法定程序，双方不得任意解除已经建立的夫妻关系。这一特点充分说明了结婚行为是以夫妻关系的确立为目的的。

二、结婚的要件

结婚的要件，又称之为婚姻缔结的条件，是指成立的婚姻能受法律保护并能在当事人

---

[1] 主编注：关于当代中国内地与港、澳、台结婚法的发展趋势研究，参见陈苇主编：《当代中国内地与港、澳、台婚姻家庭法比较研究》，群众出版社 2012 年版，第 203~205 页。

[2] 身份关系具有事实先在性，是指身份关系先有身份事实（结婚、生子），法律再进行评价和加以规范。参见王泽鉴：《民法概要》，中国政法大学出版社 2003 年版，第 603 页。

[3] 主编注：关于婚姻身份行为、亲子身份行为等基本身份行为的体系化研究，参见田韶华：《民法典背景下身份行为的体系化研究》，社会科学文献出版社 2023 年版，第 175~187 页。

[4] 郭明瑞：《家事法通义》，商务印书馆 2022 年版，第 77 页。

之间产生夫妻权利义务所应具备的条件。[1] 结婚作为一种要式民事法律行为，其成立必须具备法定的条件和程序，才能成立。按照许多国家和地区兼采的立法例，也是亲属法学[2]公认的见解和通说，通常认为，结婚的要件可作如下的分类：

（一）实质要件和形式要件

结婚的实质要件是指法律规定的结婚当事人本身及双方之间的关系必须符合的条件。例如，当事人双方必须有结婚的合意；达到法定婚龄；须有婚姻行为能力；无禁止结婚的亲属关系等其它事项。

结婚的形式要件是指法律规定的结婚方式或程序。在婚姻制度的发展过程中，关于结婚的方式有两种立法主义：事实婚主义和要式婚主义。事实婚主义主张当事人双方有结婚的意思，并且有以夫妻名义共同生活的事实，无须履行任何手续即具有婚姻的效力。要式婚主义主张当事人须履行法定的方式或程序，才能具有合法婚姻的效力，否则，当事人虽有以夫妻名义共同生活的事实，但未履行法定的结婚方式，仍不受法律的承认和保护。事实婚主义重事实轻形式，虽有其合乎情理的一面，但不利于国家对结婚行为的引导、审查和监督，故当代许多国家的结婚立法多采用要式婚主义。

（二）必备条件和禁止条件

结婚的必备条件又称积极要件，是指结婚当事人双方必须具备的不可缺少的条件，如当事人须达法定婚龄、须有结婚的合意等。

结婚的禁止条件又称消极要件或婚姻障碍，是指法律规定的不允许结婚的情况。例如，直系血亲及三代以内的旁系血亲不得结婚。

从狭义上说，必备条件和禁止条件的分类只适用于实质要件；从广义上说，形式要件也是必备要件。在实质要件中，必备要件和禁止要件区分有时只具有相对的意义。例如，可以将符合一夫一妻制作为必要条件，也可以将重婚作为禁止条件，法律规定的角度虽然不同，实质内容的要求却是完全一致的。

（三）公益要件和私益要件

在传统的亲属法学中，有关婚姻成立的要件还有公益要件和私益要件的分类。例如在法国、德国等国家的民法学说中，有公益要件和私益要件之分。前者指关乎社会公共利益的要件，后者指仅与个人利益有关的要件。至于哪些要件涉及公益，哪些要件涉及私益，不同国家及地区的亲属法学者有不同的主张。[3] 如对于法定婚龄，有的认为是公益要件，有的则认为是私益要件。就《民法典》婚姻家庭编中有关婚姻要件来看，既要保护当事人的私人利益，又要满足社会公共利益的要求，两者不能截然分开。

按照我国婚姻家庭立法和司法实践中的习惯用语，历来是将婚姻的实质要件称为结婚的条件，将婚姻成立的形式要件称为结婚程序。本书在下面的论述中亦采用这种表述。

---

〔1〕　余延满：《亲属法原论》，法律出版社 2007 年版，第 160 页。

〔2〕　关于婚姻家庭立法的名称，学界尚有争论，长期以来我国立法一直用婚姻法代替亲属法，用婚姻家庭关系代替亲属身份关系，婚姻法、婚姻家庭法与亲属法所调整的社会关系具有同一性。亦然，在此，依惯例称亲属法学。

〔3〕　张贤钰主编：《婚姻家庭继承法》，法律出版社 1999 年版，第 82 页。

第二节　婚约

一、婚约概述

（一）婚约的概念和性质

婚约，又称为婚姻预约。婚约是男女双方以将来结婚为目的而作的事先约定。通常，订立婚约的行为称为订婚，婚约当事人俗称未婚夫妻。

关于婚约的性质，学界有两种不同的主张：契约说与非契约说。持契约说者认为，婚约是结婚契约的预约，虽然由于有其自身的特点不得强制履行，但是，无正当理由而不履行的一方应当承担违约责任。持非契约说者认为，婚约并不具有契约的性质，订婚不是法律行为而是事实行为，这种事实是按照法律的规定而发生一定效力的。因此，无正当理由而不履行婚约的一方应承担侵权行为责任。

婚约在我国的历史上早已有之。目前，在我国现实生活中婚约现象仍有存在，司法实践中也经常需要处理基于婚约问题而引起的财物纠纷。但是，我国 1980 年《婚姻法》、2001 年修正的《婚姻法》和《民法典》婚姻家庭编对婚约问题均未作出规定，这意味着婚约关系并未纳入我国法律调整的范围。现实生活中的婚约，在性质上只是无配偶的男女之间达成的具有道德约束力的协议。

（二）婚约的类型

从婚约的历史沿革来看，不同时代、不同国家的立法有很大的差别，婚约大致经历了两个发展阶段：早期型婚约和晚期型婚约。早期型婚约是婚姻成立的组成部分；晚期型婚约已不再是婚姻缔结必备的前置条件。我国现行立法就不认可订婚是婚姻成立的必经阶段，也不认可其效力。

1. 早期型婚约。早期型婚约包括奴隶社会和封建社会的婚约，其主要特征是：

第一，订立婚约是结婚的必经程序，无婚约的婚姻被视为无效。古巴比伦的《汉穆拉比法典》规定："倘自由民娶妻而未订婚约，则此妇非其妻。"在罗马法中，无婚约的结合只能视为姘居，不称其为婚姻。中国古代关于结婚的"六礼"中的前四礼都属于订婚，历代的户婚律对此都予以肯定。

第二，订婚权不属于当事人而属于其父母等尊亲属，订婚无须征得订婚当事人双方的同意。

第三，婚约一经订立，便产生法律拘束力，无故悔婚要受到法律的制裁。例如，古罗马法规定，婚约成立后，男方毁约即失去所交的聘礼，女方毁约须交付相当于聘礼 1~4 倍的罚金。在我国古代，法律用刑罚强制维护婚约的效力。例如，唐律规定："诸许嫁女以报婚书而辄悔者，杖六十；更许他人者，杖一百；与他人成婚者，徒一年半。原婚依然有效。"

第四，解除婚约须有法定理由。我国古代对婚约解除时财产的处理，一般采用过错原则，如果是男方要求解除婚约的，不得追还聘财；而女方要求解除婚约的，则要加倍返还聘财。如果是非过失原因解除婚约（如一方死亡等），则不返还聘财。各朝代立法均有类似规定。

2. 晚期型婚约。晚期型婚约为近、现代的婚约。它与早期型婚约相比在性质、主体、效力等方面都发生了重大变化，其特点如下：

第一，订立婚约已不再是结婚的必经程序，是否订立婚约可由当事人自由选择。有的国家对婚约采取不干涉主义，法律亦不设相关条款，如法国、日本、美国等。有的国家虽然法律中有关于婚约的规定，但也不将其看作结婚的必经程序，如墨西哥、秘鲁、德国等。

第二，订婚的权利主体是婚姻当事人本人，订立婚约须有男女双方当事人的合意，完全排除了父母或其他亲属代为订立婚约的权利，只是要求未成年人订婚须得到父母或监护人的同意，其目的主要在于保护、监督而不是干涉、包办。

第三，对婚约成立的形式要件，法律一般不作规定，视其为非要式行为。口头允诺、书面协议、交换订婚戒指、举行订婚仪式、刊登订婚启示等，均可视为婚约成立的形式。

第四，婚约无法律约束力，不因婚约的订立而发生必须结婚的义务，法院不受理婚约履行之诉。

第五，婚约既可以基于法定理由而解除，也可以依婚约当事人双方或一方的意愿随时解除。婚约解除后，双方当事人便不再受任何约束，包括道德性约束。但是，有些国家在法律中对基于婚约而引起的财产问题规定了若干处理原则。

二、我国现行法律、政策对婚约的态度

我国 1950 年《婚姻法》、1980 年《婚姻法》、2001 年修正的《婚姻法》和《民法典》婚姻家庭编对婚约均无明文规定。新中国成立以来，民事法律政策对婚约多持否定态度。1950 年 6 月 26 日，原中央人民政府法制委员会在《有关婚姻法施行的若干问题的解答》中根据当时的实际情况对婚约问题作出规定："订婚不是结婚的必要手续，任何包办强迫的订婚，一律无效。男女自愿订婚者，听其订婚。订婚的最低年龄男为 19 岁，女为 17 岁。一方自愿取消订婚者，得通知对方取消之。"1953 年 3 月 15 日，该委员会在《有关婚姻问题的解答》中再次对婚约问题作出了解释。这两个解答的精神完全一致，表明了新中国成立初期我国法律对待婚约问题的立场与态度。1979 年最高人民法院在《关于贯彻执行民事政策法律的意见》中指出："现役军人的婚约关系，应予以保护。"1980 年《婚姻法》颁布后，中国人民解放军总政治部曾明确提出对军人的婚约不承认其效力。除此之外的相关法律法规以及最高人民法院的司法解释对婚约的问题再无相应的规定和说明。根据上述文件的精神，司法实践当中在处理婚约问题时，应当坚持以下几个原则：

1. 订婚不是结婚的必经程序。我国法律对订立婚约既不提倡，也不禁止。是否订婚，听由当事人的意愿。订婚不是结婚的必经程序。男女双方确立夫妻关系，完全以他们在登记时所表示的意愿为依据，这样有利于保障婚姻自由。

2. 订婚的权利主体是当事人本人。订婚必须出于双方当事人本人自愿，任何人不得强迫和干涉。我国现行《未成年人保护法》第 17 条第 9 项明文规定，父母或者其他监护人不得允许、迫使未成年人结婚，不得为未成年人订立婚约。父母包办强迫未成年子女订立的婚约，一律无效。

3. 婚约不具有法律的约束力。当事人自行订立的婚约并无法律上的约束力，只有双方完全自愿，婚约才能实际履行。如果一方不愿意履行婚约，另一方不得请求强制履行。

4. 解除婚约无须经由诉讼程序。双方均要求解除婚约的，可以协议解除；一方要求解除的，只要向对方作出意思表示即可解除，无须征得对方同意，也无须经由诉讼程序处理。

三、涉彩礼纠纷的处理

在我国，近年来高额彩礼问题受到了社会公众的普遍关切，成为社会的一大痛点。在我国部分农村地区尤其是经济相对不发达农村地区，结婚给付财物（俗称彩礼）的现象比较普遍，通常是因传统婚姻习俗所致，并非自愿。尽管法律没有将婚约纳入其调整范围，婚约对双方当事人并无法律约束力，但因婚约引起的财物纠纷，人民法院应当受理。2021年以来，中央一号文件连续4年对治理高额彩礼等移风易俗工作，提出了相关要求，明确提出遏制彩礼陋习，培育文明风尚。在此背景下，2024年1月17日最高人民法院公布了《涉彩礼纠纷案件适用法律的规定》，于2024年2月1日起施行。

（一）彩礼的概念

彩礼，原意是指男方在婚礼之前或举办婚礼时给予女方的礼物或财物。彩礼来源于古代婚俗的"六礼"，彩礼的形式和价值因时代和地区的不同而有所差异，反映中国社会结构和文化观念的演变。根据《涉彩礼纠纷案件适用法律的规定》，彩礼是一方以婚姻为目的，依据习俗给付另一方的财物。

应当注意的是，彩礼有别于借婚姻索取财物。《民法典》第1042条规定，禁止借婚姻索取财物。与彩礼相比，借婚姻索取财物具有明确的违法性，其违反了婚姻自由原则，应当予以禁止。

（二）涉彩礼纠纷的认定与处理

《涉彩礼纠纷案件适用法律的规定》在《婚姻家庭编解释（一）》第5条规定的基础上，[1]做了适度调整和细化形成涉彩礼纠纷案件的法律适用规则。

1. 涉彩礼纠纷的诉讼主体。

（1）解除婚约财产纠纷的诉讼主体。在解除婚约财产纠纷中，婚约当事人一方及其实际给付彩礼的父母可以作为共同原告；婚约另一方及其实际接收彩礼的父母可以作为共同被告。

（2）离婚案件中涉彩礼纠纷的诉讼主体。离婚纠纷中，一方提起返还彩礼诉讼请求的，当事人仍为夫妻双方。此规定主要是考虑到离婚纠纷的诉讼标的主要是解除婚姻关系，不宜将婚姻之外的其他人作为当事人。

2. 彩礼范围的界定。人民法院在审理涉彩礼纠纷案件中，可以根据一方给付财物的目的，综合考虑双方当地习俗、给付的时间和方式、财物价值、给付人及接收人等事实，认定彩礼范围。

实践中应当注意区分彩礼与恋爱期间一般赠与行为。二者发生的时间阶段、给付目的和原因有所不同。下列情形给付的财物，不属于彩礼：①一方在节日、生日等有特殊纪念意义时点给付的价值不大的礼物、礼金；②一方为表达或者增进感情的日常消费性支出；③其他价值不大的财物。对取得财物的性质是索取还是赠与难以认定的，可按赠与处理。

3. 彩礼的返还规则。办理结婚登记和共同生活是婚姻的重要内容。结婚登记是婚姻有效成立的法定形式要件，共同生活是婚姻的实质内容。人民法院对彩礼返还纠纷的处理与裁判，要充分考虑这两个因素。

（1）未办理结婚登记且未共同生活。依照《婚姻家庭编解释（一）》第5条的规定，当事人请求返还按照习俗给付的彩礼的，如果查明属于以下情形，人民法院应当予以支持，

---

〔1〕《婚姻家庭编解释（一）》第5条规定："当事人请求返还按照习俗给付的彩礼的，如果查明属于以下情形，人民法院应当予以支持：（一）双方未办理结婚登记手续；（二）双方办理结婚登记手续但确未共同生活；（三）婚前给付并导致给付人生活困难。适用前款第二项、第三项的规定，应当以双方离婚为条件。"

其中第一种情形就指向"双方未办理结婚登记手续且未共同生活"的情形。

（2）未办理结婚登记但已共同生活。[1] 根据《涉彩礼纠纷案件适用法律的规定》第6条的规定内容。双方未办理结婚登记但已共同生活，一方请求返还按照习俗给付的彩礼的，人民法院应当根据彩礼实际使用及嫁妆情况，综合考虑共同生活及孕育情况、双方过错等事实，结合当地习俗，确定是否返还以及返还的具体比例。

（3）已办理结婚登记但未共同生活。如果男女双方已经办理结婚登记，但确未共同生活，给付彩礼方请求返还彩礼，人民法院可以根据双方共同生活的时间、彩礼数额并结合当地风俗习惯等因素，确定是否返还及具体返还的数额。

（4）已办理结婚登记且已经共同生活。根据《涉彩礼纠纷案件适用法律的规定》第5条，双方已办理结婚登记且共同生活，离婚时一方请求返还按照习俗给付的彩礼的，人民法院一般不予支持。但是，如果共同生活时间较短且彩礼数额过高的，人民法院可以根据彩礼实际使用及嫁妆情况，综合考虑彩礼数额、共同生活及孕育情况、双方过错等事实，结合当地习俗，确定是否返还以及返还的具体比例。

除此之外，司法实践中应当注意下列问题：其一，人民法院认定彩礼数额是否过高，应当综合考虑彩礼给付方所在地居民人均可支配收入、给付方家庭经济情况以及当地习俗等因素。其二，无论是已经办理结婚登记还是未办理结婚登记，如果有证据证明彩礼已经被用于举办婚礼、置办酒席或者已在双方共同生活中消费的，可以在返还时扣减相应数额。其三，婚前给付并导致给付人生活困难的，在司法实践中也是确定彩礼是否需要酌情返还必须考虑的要素。

第三节　结婚条件

一、结婚的必备条件

根据《民法典》婚姻家庭编的规定，结婚的必要条件有三：男女双方完全自愿，达到法定婚龄，符合一夫一妻制原则。

（一）男女双方完全自愿

《民法典》第1046条规定："结婚应当男女双方完全自愿，禁止任何一方对另一方加以强迫，禁止任何组织或者个人加以干涉。"这一规定将是否结婚、与谁结婚的决定权，完全赋予当事者本人，这是婚姻自由原则在结婚制度中的具体体现，也是《民法典》确立的意思自治原则在婚姻家庭编中的具体反映。[2] 该条件是结婚必备的首要条件。

1. 男女双方完全自愿的含义。《民法典》关于"结婚应当男女双方完全自愿"的规定包含以下三层含义：一是当事人双方自愿，而不是一厢情愿。这就排除了一方对另一方的强迫。二是当事人本人自愿，而不是父母或其他人"自愿"，这就排除了各种外来的干涉和

---

〔1〕 2011年，最高人民法院曾以《全国民事审判工作会议纪要》的形式对此进行明确，《婚姻法解释（二）》第10条第1款第（一）项中"双方未办理结婚登记手续"，并非针对双方已共同生活的情形。参见陈宜芳、吴景丽、王丹："《关于审理涉彩礼纠纷案件适用法律若干问题的规定》的理解与适用"，载《人民司法》2024年第10期。

〔2〕 主编注：关于契约的概念在现代婚姻法中已经从单纯的婚姻缔结扩展到婚姻生活内容的研究，参见刘征峰：《论民法教义体系与家庭法的对立与融合：现代家庭法的谱系生成》，法律出版社2018年版，第167~176页。

影响。当然，关于结婚应当男女双方完全自愿的规定，并不排斥男女双方就个人婚姻大事向父母等亲属征求意见，也不排斥父母等亲属出于对当事人的关心和爱护，按照法律和道德的要求提出各种有益的建议。当然是否采纳他人的建议，完全由当事人自己决定。这不但不会妨碍当事人行使权利，而且有助于当事人全面地、审慎地考虑婚姻大事，更好地实现婚姻自主。三是完全自愿，不是附加条件的勉强同意。婚姻的订立可能会受到感情之外的其他因素的制约，但是无论如何，结婚需要双方的"合意"，即意思表示的一致。

2. 男女双方完全自愿与意思表示真实。《民法典》关于男女双方完全自愿的表述实际上与民法上的意思表示真实的内容是完全一致的。结婚作为一种重要的身份行为，双方当事人的合意是婚姻缔结身份行为的核心要素，因此结婚合意若要取得法律上的效力，必须满足以下条件：

（1）同意结婚的意思表示必须出自具有婚姻行为能力的当事人。婚姻权利不同于其他民事权利，婚姻行为能力是一种特殊的主体资格。婚姻行为能力的取得，须以达到法定婚龄、具有判断婚姻的意义和后果的能力为必要条件。因此，未达法定婚龄的人、因患精神病而丧失行为能力的人、处于无意识状态或精神错乱的人所作的同意结婚的意思表示，都是无效的。在一些国家的立法中，法定婚龄低于成年年龄，因此，设有未成年人结婚须得法定代理人同意的规定。在法定婚龄同于或高于成年年龄的国家，则没有此类规定。

（2）同意结婚的意思表示必须真实。结婚是设定夫妻关系的重要身份行为，对意思表示的真实性应当有严格的要求，虽有形式上的结婚合意，但当事人意思表示不真实的，其合意并无法律上的效力。例如，当事人因受胁迫而作出的同意结婚的意思表示就是不真实的，可能会导致婚姻的可撤销。

（3）同意结婚的意思表示必须符合法定方式。婚姻行为是要式行为，双方同意结婚的意思只有以法定方式表示，才具有法律效力。在我国，申请结婚的男女须亲自到婚姻登记机关办理结婚登记，同意结婚的意思表示必须经法定程序认可。当事人双方以其他方式或者在其他场合所作的同意结婚的表示，不具有法律的效力，只能被视为订婚的合意。

（二）男女双方达到法定婚龄

法定婚龄是法律规定的准予结婚的最低年龄。确定法定婚龄的依据，主要有两个方面的因素：一是自然因素；二是社会因素。自然因素主要是指人的生理和心理发育状况。人们只有达到一定年龄，生理和心理发育成熟，才能具备适合结婚的生理条件和心理条件，才能正确地认识结婚的意义和后果，才能在婚后承担对配偶、子女、家庭和社会的责任。社会因素是指一定的生产方式以及与之相适应的其他社会条件，包括经济、政治、人口状况、人口政策、道德、宗教及民族风俗习惯等。其中最主要的是社会生产力的发展状况和人口状况，这是确定法定婚龄的主要依据。因此，不同时代、不同国家的法定婚龄的规定不会过于悬殊，但会有一定差别。

《民法典》婚姻家庭编第1047条规定："结婚年龄，男不得早于二十二周岁，女不得早于二十周岁。"此对法定婚龄的规定，保留了1980年《婚姻法》的法定最低婚龄的规定，相比1950年《婚姻法》的规定提高了2周岁。《民法典》依然以男22周岁、女20周岁为法定婚龄，这是符合我国的实际情况的，主要是考虑青年人身体发育的程度，学习、就业的情况和独立生活的条件。[1] 但是，在我国有些特殊地区，法律允许对法定婚龄作一些变通的规定，如民族自治地区可以根据本民族的实际情况，制定地方性法规，适当降低结婚年龄。

《民法典》第 1047 条删除了原立法中"晚婚晚育应予鼓励"导向性的内容，这一规定在 1980 年《婚姻法》与 2001 年修正的《婚姻法》时代是符合我国基本国情的。但由于我国现在的人口状况、基本构成和生育政策已经发生了重大变化，2021 年修正的《人口与计划生育法》第 18 条规定："一对夫妻可以生育三个子女。" 2015 年修正该法时，原规定的内容"国家稳定现行生育政策，鼓励公民晚婚晚育"已经被删除，晚婚晚育已经不再提倡，故此，婚姻家庭编也删除此规定。

（三）符合一夫一妻制

结婚必须符合一夫一妻制，是当代法治文明和法治文化对结婚关系的必然要求。《民法典》婚姻家庭编在结婚一章中对此虽无专门条款加以规定，但在总则部分已明确规定了实行"一夫一妻"的婚姻制度，第 1042 条第 2 款又从反向规定："禁止重婚。禁止有配偶者与他人同居。"可见，一夫一妻制是结婚的必备条件。一夫一妻制是指一个人同时只能有一个配偶，不能同时有两个或两个以上配偶。对未婚男女来说，只能同时与一人结婚；已婚男女在配偶未死亡或婚姻关系未解除前不得再婚，否则构成重婚。重婚为我国法律所禁止，构成重婚罪的依法应当追究刑事责任。

二、结婚的禁止条件

不同国家的法律对于结婚的禁止条件的规定有宽有严。综观外国一些国家的婚姻禁例，有近亲禁例、疾病禁例、监护关系禁例、种族禁例、离婚或丧偶女子待婚期禁例等。在我国，2001 年修正的《婚姻法》对于结婚禁止条件的规定有两项内容：一是直系血亲和三代以内的旁系血亲禁止结婚；二是患有医学上认为不应当结婚的疾病者禁止结婚。《民法典》对有关规定作了修改补充，不再将"患有医学上认为不应当结婚的疾病"作为禁止结婚的情形，并相应增加"一方隐瞒重大疾病的，另一方可以向人民法院请求撤销婚姻"的规定；同时依然将"直系血亲或者三代以内的旁系血亲禁止结婚"的规定加以保留。

（一）禁婚亲的概念和立法根据

禁婚亲（禁止一定范围的血亲结婚）是指禁止结婚的亲属关系。禁止一定范围的血亲结婚是古今中外婚姻家庭立法的通例，有的国家还禁止一定范围的姻亲结婚。禁止一定范围的亲属结婚，其立法依据主要有二：一是基于优生的要求；二是基于伦理观念的要求。

禁止一定范围的血亲结婚，反映了自然法则的要求，具有优生学上的科学根据。人类生活的长期实践和遗传学、优生学的研究成果证明，由于遗传基因的影响，血缘关系过近的亲属通婚，容易将父母双方在各自的遗传基因缺陷累积地遗传下来，给后代乃至民族的健康带来不良的后果。血缘关系较远或无血缘关系者的婚配，可以预防或减少遗传上的消极影响，有利于后代的健康和民族的兴旺。

---

〔1〕 必须说明，在起草《民法典》的过程中，有学者提出国家推行计划生育政策发生了重大改变，计划生育原则已由现行《人口与计划生育法》专门规定，故已在《民法典》婚姻家庭编中被删除，从社会的角度来看降低法定婚龄能够提升我国的人口出生率，建议婚姻家庭编应当适当降低法定婚龄。对此建议，由于争议较大且考虑到婚姻家庭法律制度已经实施 40 年，民众相对认可并接受，为了保证法律的稳定性，婚姻家庭编对法定婚龄未作调整。

禁止一定范围的亲属结婚，也反映了人类在长期生活实践中所形成的伦理观念的要求。人们通常认为近亲结婚有碍风化，为社会道德所不容。我国古籍《白虎通·嫁娶》说："不娶同姓者，重人伦，防淫佚，耻与禽兽同也。"其他民族的风俗习惯中也都有关于亲属通婚的限制。禁止一定范围的姻亲结婚，更是伦理观念起作用的极好例证。

（二）我国立法关于禁婚亲规定的演变

中国古代实行宗族外婚制，长期奉行"同姓不婚"的原则。封建社会律法继承了这一精神，《唐律·户婚》规定："诸同姓为婚者，各徒二年；缌麻以上，以奸论。"但是，在法律适用中则对同姓作狭义的限制性的解释，即"同宗共姓，皆不得为婚"。清光绪时在法律上将"同姓"改为"同姓同宗"。"同姓不婚"原则的确立，一方面是出于优生的考虑，另一方面则是为了维护宗法组织的根本利益和内部秩序。这一原则不适当地扩大了禁止结婚的宗亲范围。但是，除个别时期外，并不禁止异性平辈近亲结婚，中表婚在历史上长期盛行。

我国 1950 年《婚姻法》第 5 条规定，"为直系血亲，或为同胞的兄弟姊妹和同父异母或同母异父的兄弟姊妹者"禁止结婚；"其他五代内的旁系血亲间禁止结婚的问题，从习惯"。按照我国当时社会的风俗习惯，凡属五代以内旁系血亲，不论辈分是否相同，一般都不得结婚。但也有例外，在一些地区还保留着历史上遗留下来的中表婚习惯，认为表兄弟姊妹是可以结婚的。鉴于当时的实际情况，1950 年《婚姻法》没有禁止中表婚，而是允许人们按习惯处理。我国 1980 年《婚姻法》和 2001 年修正的《婚姻法》规定，"直系血亲和三代以内的旁系血亲"禁止结婚。

《民法典》婚姻家庭编 1048 条沿用此项规定，即我国禁止结婚的血亲范围，包括以下两类亲属：

1. 直系血亲。包括父母子女、祖父母与孙子女、外祖父母与外孙子女等，不问亲等或代数，凡属直系血亲关系的都禁止结婚。关于法律拟制直系血亲能否结婚的问题，《民法典》婚姻家庭编没有作出规定。但从学理上分析，拟制直系血亲之间不得结婚。因为我国现行法律明确规定，养父母与养子女、继父母与受其抚养教育的继子女之间的权利和义务，适用法律关于父母子女关系的有关规定。另外，从养子女和受抚育的继子女的利益来看，拟制血亲之间通婚，可能损害养子女、受抚养教育的继子女的利益，这与婚姻家庭编立法所确定的原则相违背。

2. 三代以内的旁系血亲。按照《民法典》的代数计算法，与己身出自同一父母或同一祖父母、外祖父母的血亲，除直系血亲以外的都属于三代以内旁系血亲。具体说来包括：①兄弟姊妹。包括同父同母的全血缘的兄弟姊妹，同父异母或同母异父的半血缘的兄弟姊妹。②伯、叔、姑与侄子、侄女、舅、姨与外甥子、外甥女。③堂兄弟姊妹、表兄弟姊妹。

关于禁止三代以内旁系血亲结婚的规定是对 1950 年《婚姻法》的一项重要修改，就其立法的指向而言，主要是禁止中表婚之间的通婚，即表兄弟姊妹之间的婚姻。这是我国婚姻习俗的一大改革，对提高人口素质，保障民族健康发展具有十分重要的意义。

关于直系姻亲间能否结婚，1980 年《婚姻法》及 2001 年修正的《婚姻法》均对此未作规定，《民法典》婚姻家庭编亦未作规定。在《民法典》的立法过程中，有学者再次提出，应当明令禁止直系姻亲结婚。因为，这种婚姻关系违背传统伦理道德，而且容易引起亲属关系的混乱，许多国外立法例都有禁止直系姻亲结婚的规定。但这一意见未被采纳，主要是考虑到，姻亲之间一般没有血缘关系，姻亲结婚并不产生遗传学上的后果，因而是否禁止姻亲结婚以及禁止的范围，属于伦理上的禁忌，可以用道德和习惯来调整。现实生活中，传统道德对公公与儿媳、岳母与女婿等直系姻亲结婚持强烈否定的态度，但从我国婚姻习俗看，对某些旁系姻亲结婚，如丧偶后，女方与大伯结婚，男方与小姨妹结婚，则一般予以认可。

第四节 结婚程序

一、结婚程序概述

（一）结婚程序的概念

结婚程序亦称结婚的形式要件，是指法律规定的缔结婚姻所必须采取的方式。在通常情况下，符合结婚条件的当事人，只有履行法定的结婚程序，其婚姻关系才被国家和社会所承认，发生相应的法律效力。

（二）结婚程序的种类

在人类历史发展的长河中，结婚程序可分为仪式制、登记制和登记与仪式结合制三种主要类型。

1. 仪式制。是指以当事人履行一定的仪式为婚姻成立的形式要件。它是一种古老的结婚程序，产生于个体婚制出现之初并且长期沿袭下来。中国古代的聘娶婚也是一种仪式婚。在当代，采取仪式制的国家和地区仍多，如法国、意大利、瑞士、德国等。结婚仪式有三种，即宗教仪式、世俗仪式和法律仪式。宗教仪式是按宗教要求，由神职人员主持的结婚仪式；世俗仪式是按民间习俗举行的结婚仪式，通常均有主婚人和证婚人参加；法律仪式是依法在政府官员面前举行的仪式，它实际上是一种行政程序。当代一些国家法律对结婚仪式的规定繁简不同。简单者只作一般性要求，繁杂者则规定了种种具体程序，如公告、许可、仪式等，其目的除了表示郑重外，主要在于防止有婚姻障碍的人结婚。

2. 登记制。是指依法进行结婚登记为婚姻成立的唯一形式要件。在这种制度下，婚姻当事人必须接受法定机关的审查，履行登记程序，而不必举行仪式。登记制是近代发展起来，并日益为许多国家所肯定的结婚方式。当前，实行单一登记制的国家不仅有中国，还有日本、古巴、墨西哥、朝鲜、保加利亚、俄罗斯等国。

3. 登记与仪式结合制。是指结婚既须进行登记，又须举行仪式，婚姻始得成立，两者缺一不可。这种制度实际上是将现代结婚程序和传统结婚程序结合到一起，采取这一制度的国家有法国、美国多数州、罗马尼亚、匈牙利、捷克斯洛伐克等。[1]

二、结婚登记的机关和程序

在我国，对于婚姻实行登记制，婚姻登记包括结婚登记、离婚登记和复婚登记。通常情况下，婚姻登记的具体程序和要求，一般以颁布行政法规的方式作出专门性的规定。为引导建立平等、和睦、文明的婚姻家庭关系，维护婚姻当事人的合法权益，现行《婚姻登记条例》第5条第2款、第6条分别规定"婚姻登记机关应当提供婚姻家庭辅导服务，充分发挥婚姻家庭辅导师等专业人员及其他社会力量在婚前教育、婚姻家庭关系辅导等方面的作用。妇女联合会等组织协助和配合婚姻登记机关开展婚姻家庭辅导服务。""婚姻登记

---

[1] 巫昌祯主编：《婚姻与继承法学》，中国政法大学出版社2007年版，第109页。

机关从事婚姻登记的工作人员应当接受婚姻登记业务培训，依照有关规定经考核合格，方可从事婚姻登记工作。婚姻登记机关办理婚姻登记，不得收取费用。婚姻登记机关及其工作人员在婚姻登记工作中发现疑似被拐卖、绑架的妇女的，应当依法及时向有关部门报告；发现当事人遭受家庭暴力或者面临家庭暴力的现实危险的，应当及时劝阻并告知受害人寻求救助的途径。婚姻登记机关及其工作人员应当对在婚姻登记工作中知悉的个人隐私、个人信息予以保密，不得泄露或者向他人非法提供。"以上规定明确了婚姻登记机关的职责、婚姻登记员的资格和职责与保密义务。并且，该条例第 22 条规定了婚姻登记机关及其工作人员违反职责与保密义务的法律责任："婚姻登记机关及其工作人员有下列行为之一的，对负有责任的领导人员和直接责任人员依法依规给予处分：（一）为不符合婚姻登记条件的当事人办理婚姻登记的；（二）违反规定泄露或者向他人非法提供婚姻登记工作中知悉的个人隐私或者个人信息的；（三）玩忽职守造成婚姻登记档案损毁、灭失的；（四）办理婚姻登记收取费用的；（五）其他违反本条例规定的行为。违反前款第四项规定收取的费用，应当退还当事人。"

（一）办理结婚登记的机关

在我国，进行结婚登记是当事人缔结婚姻唯一必经的法定程序。从 1950 年《婚姻法》颁布以来，之后我国 1980 年《婚姻法》、2001 年修正后的《婚姻法》均有结婚须依法办理登记的规定。《民法典》第 1049 条规定："要求结婚的男女双方应当亲自到婚姻登记机关申请结婚登记。符合本法规定的，予以登记，发给结婚证。完成结婚登记，即确立婚姻关系。未办理结婚登记的，应当补办登记。"结婚登记制度是我国婚姻登记制度的重要组成部分。

现行《婚姻登记条例》第 2 条第 1 款规定："内地居民办理婚姻登记的机关是县级人民政府民政部门或者省、自治区、直辖市人民政府按照便民原则确定的乡（镇）人民政府。"这一规定明确了婚姻统一登记的原则，同时也有利于我国婚姻登记档案信息化管理。

（二）结婚登记的具体程序

1. 申请。《民法典》第 1049 条规定："要求结婚的男女双方应当亲自到婚姻登记机关申请结婚登记。符合本法规定的，予以登记，发给结婚证。完成结婚登记，即确立婚姻关系。未办理结婚登记的，应当补办登记。"现行《婚姻登记条例》第 8 条第 1 款规定，办理结婚登记的内地居民应当出具下列证件和书面材料：本人的居民身份证；本人无配偶以及与对方当事人没有直系血亲和三代以内旁系血亲关系的签字声明。

申请结婚的当事人应当如实向婚姻登记机关提供上述证件和证明材料，对婚姻登记机关要求出具的上述材料以外的其他材料，当事人可以拒绝提供，婚姻登记机关不得因此拒绝办理。特别需要说明的是，依此规定办理结婚登记手续时无需再到单位或户口所在地的居民委员会或村民委员会等部门开具婚姻状况证明。申请结婚的双方当事人在婚姻登记机关共同签署"申请结婚登记声明书"，提交上列文件就可以立即办理结婚登记手续。

2. 审查。审查是结婚登记程序中的中心环节。婚姻登记机关应当依法对当事人的结婚申请从两个方面进行严格审核查实。一方面，审查当事人所持证件是否真实、完备，有无伪造、涂改或冒名顶替的迹象；另一方面，审查当事人双方是否都符合法定的结婚条件。在审查中，婚姻登记机关就需要了解的情况，可以向当事人提出询问，根据需要对当事人进行法制教育。当事人有如实提供情况的义务，不得弄虚作假。现行《婚姻登记条例》第 23 条规定："当事人应当对所出具证件和书面材料的真实性、合法性负责，出具虚假证件或者书面材料的，应当承担相应法律责任，相关信息按照国家有关规定记入信用记录，并纳入全国信用信息共享平台。"

3. 登记。婚姻登记机关对当事人的结婚申请审查后，对于符合结婚条件的应当场予以登记，发给结婚证；对不符合登记条件的，不予登记，并向当事人说明理由。[1] 当事人从取得结婚证起，确立夫妻关系。

在审查中如果发现申请结婚的当事人有下列情形之一的，婚姻登记机关不予登记：①未达法定婚龄的；②非双方自愿的；③一方或双方已有配偶的；④属于直系血亲或三代以内旁系血亲的。[2] 对不予登记的，婚姻登记机关应当以书面形式说明不予登记的理由。当事人不服婚姻登记机关不予登记的决定，可依照《行政复议条例》的规定申请复议；对复议决定不服的，可以依照现行《行政诉讼法》的有关规定提起行政诉讼。

必须注意，如果在结婚登记过程中存在程序瑕疵，如有冒名登记结婚的、一方或双方当事人未亲自到场申请登记等情形的，当事人又以该瑕疵为由起诉要求撤销结婚登记的，可按照《婚姻家庭编解释（一）》第 17 条第 2 款的规定处理，即"当事人以结婚登记程序存在瑕疵为由提起民事诉讼，主张撤销结婚登记的，告知其可以依法申请行政复议或者提起行政诉讼。"[3]

三、结婚登记的效力

我国结婚制度在结婚形式要件上规定严格法定婚。《民法典》第 1049 条规定："完成结婚登记，即确立婚姻关系。"这意味着，婚姻当事人履行了婚姻登记手续，无论是否举行结婚仪式，也无论是否同居生活，他们都是合法的夫妻关系，其合法婚姻关系即受到法律保护，如果一方反悔，要求解除夫妻关系，必须按离婚程序办理。

如当事人因胁迫结婚，或因对方隐瞒重大疾病而结婚。根据《民法典》第 1052、1053 条和现行《婚姻登记条例》第 12 条之规定，受胁迫的当事人或被隐瞒的当事人可以向人民法院请求撤销该婚姻。

此外，如果当事人遗失或者损毁结婚证的，现行《婚姻登记条例》第 21 条规定："当事人需要补领结婚证或者离婚证的，可以持居民身份证或者本条例第八条第二款至第四款规定的有效身份证件向婚姻登记机关申请办理。婚姻登记机关对当事人的婚姻登记档案进行查证，确认属实的，应当为当事人补发结婚证或者离婚证。"

对于离婚后申请复婚的，结婚登记机关依照结婚登记的程序办理。《民法典》第 1083 条规定："离婚后，男女双方自愿恢复婚姻关系的，应当到婚姻登记机关重新进行结婚登记。"[4]

四、补办结婚登记及其效力

《民法典》婚姻家庭编虽然保留了婚姻无效制度，但并没有将未办结婚登记列入婚姻无效的原因，而是作了应当补办结婚登记的规定。《民法典》第 1049 条规定，完成结婚登记，即确立婚姻关系。依此规定可以推出，未完成结婚登记、未取得结婚证，夫妻关系当然不能确立。该条规定依然沿用了 2001 年修正的《婚姻法》的规定："未办理结婚登记的，应

---

〔1〕　现行《婚姻登记条例》第 10 条。

〔2〕　现行《婚姻登记条例》第 9 条。

〔3〕　我国有学者提出，"程序瑕疵的婚姻登记行为具有不可撤销的性质，应由人民法院确认违法"，"对程序瑕疵的婚姻登记行为予以补正或重新确认，是具有合法性的"。参见马忆南："论结婚登记程序瑕疵的处理——兼评'《婚姻法》司法解释（三）征求意见稿'第 1 条"，载《西南政法大学学报》2011 年第 2 期。

〔4〕　参见现行《婚姻登记条例》第 18 条。

当补办登记"，可以推知，《民法典》婚姻家庭编对事实婚姻及非婚同居的立场与 2001 年修正的《婚姻法》保持一致，并没有采取全部否定的立法态度，而是给满足结婚实质要件的同居双方一个程序上的补救措施。[1]《民法典》保留了"未办理结婚登记的，应当补办登记"的规定，这一规定从积极的角度重申了办理结婚登记的必要性，督促那些符合结婚的实质要件，举行了结婚仪式或已经以夫妻名义共同生活，但未办理结婚登记的男女，尽早补办结婚登记，以确保婚姻合法化。对于不愿补办结婚登记或者是不符合结婚的实质要件的同居关系当事人，他们之间的关系只能作为非婚同居处理。

关于补办结婚登记的程序，现行《婚姻登记条例》第 11 条规定："要求结婚的男女双方未办理结婚登记的，应当补办登记。男女双方补办结婚登记的，适用本条例结婚登记的规定。"可见，补办结婚登记的流程和男女双方申请结婚登记的流程一致。

至于补办结婚登记是否具有溯及以往的效力，《民法典》第 1049 条未作规定。根据《婚姻家庭编解释（一）》第 6 条规定，补办结婚登记的，婚姻关系的效力从双方均符合民法典所规定的结婚的实质要件时起算。据此规定，补办结婚登记具有溯及以往的效力，溯及力的溯及起算点是同居双方当事人均符合法定的结婚实质要件之时。比如，双方以夫妻名义同居之时，一方未达到法定婚龄，在一方达到法定婚龄后，双方补办了结婚登记手续，该婚姻关系的有效的效力时点应追溯至双方均达到法定婚龄之时。

第五节　无效婚姻和可撤销婚姻

一、无效婚姻和可撤销婚姻概述

（一）无效婚姻和可撤销婚姻的概念

无效婚姻是指虽已成立，但因违反法定的公益有效要件而自始无效或经法院宣告后自始无效的婚姻。可撤销婚姻是指虽已成立，但因违反法定的有效要件（主要指私益要件），享有请求权的婚姻当事人可以向有权机关请求撤销的婚姻。

许多国家的立法例都有无效婚姻或可撤销婚姻的法律制度，该制度是结婚法律制度不可缺少的组成部分。关于无效婚姻和可撤销婚姻制度，主要有两种不同的立法例，有的国家在立法中同时规定无效婚姻和可撤销婚姻两种制度，例如德国、日本、瑞士等。我国亦采取此两种制度并行的双轨制[2]；有的国家只采用无效婚制，不采用可撤销婚制。在兼采无效婚制和可撤销婚制的国家中，无效婚姻和可撤销婚姻在概念、原因、认定程序、时间效力和法律后果等方面都是有区别的。从原因看，无效婚原因的违法性大于可撤销婚的违法程度。通常认为违反公益要件者为无效婚姻，但各国的具体规定并不完全一致。从认定程序看，可分为两种：当然无效制与宣告无效制。有些国家或地区的法律对无效婚姻采取

---

〔1〕　在《民法典》婚姻家庭编起草论证的过程中，有学者提出，目前未办理结婚登记即以夫妻名义同居生活的现象多有存在，未办理登记的原因很复杂，有的是不符合结婚条件，更多的是符合结婚条件，但因登记不便或其他原因而没有履行登记程序。因此，对没登记即以夫妻名义同居生活的男女双方，应区别情况分别处理。对违反结婚实质要件的，应确定为非婚同居关系；对符合结婚实质要件，只是没有办理登记手续的，应当通过加强法治宣传教育和完善登记制度等工作，采取补办登记手续的办法解决。否则，一律简单宣布为非婚同居关系，对保护当事人的权益十分不利。

〔2〕　主编注：参见我国《民法典》第 1051~1054 条。

当然无效制，即在具有法定的无效原因时，无须提出诉讼或经法院宣告，当事人自行主张即可以使婚姻归于无效，如日本民法、我国台湾地区"民法"即是如此。但多数国家的法律则采用宣告无效制，即须经诉讼程序由法院宣告婚姻无效，如德国、法国、墨西哥等。在我国，2001 年修正后的《婚姻法》增设了无效婚姻与可撤销婚姻制度，根据《婚姻法解释（一）》第 13 条规定，无效婚姻与可撤销婚姻的自始无效，"是指无效或者可撤销婚姻在依法被宣告无效或被撤销时，才确定该婚姻自始不受法律保护。"即对具有无效或者可撤销原因的婚姻，"须经婚姻登记机关或者人民法院依法宣告无效"，此表明我国亦采取宣告无效制。[1] 值得注意的是，自 2021 年 1 月 1 日起我国《民法典》施行后，根据《婚姻家庭编解释（一）》第 9~15 条的规定，对无效婚姻与可撤销婚姻的认定，须经民事诉讼程序由人民法院予以"确认"，故对我国无效婚姻与可撤销婚姻的程序可称为"确认无效制"。

在我国，无效婚姻具有以下主要特点：一是无效婚姻是已经成立的婚姻，且在形式上办理了结婚登记；二是从其发生原因来看，是由于欠缺结婚的某些公益性要件，其违法程度较重，因此法律对其作出了否定性的价值评判；三是无效婚姻须依法被确认无效时才确定其自始无效[2]，自成立之日起不产生法律效力，不受法律保护，当事人之间自始不能产生法定的夫妻间的权利义务关系。可撤销婚姻具有以下特点：一是可撤销婚姻是已经成立的婚姻，且在形式上办理了结婚登记；二是从其发生的原因来看，我国 2001 年修正后的《婚姻法》仅规定了受胁迫结婚一种情形，可撤销婚姻事由表现为对私益要件的违反，当事人的意思表示不真实或具有瑕疵。《民法典》仍然将胁迫结婚作为可撤销婚姻的事由，同时增加了"重大疾病"作为撤销婚姻的事由。《民法典》第 1053 条规定："一方患有重大疾病的，应当在结婚登记前如实告知另一方；不如实告知的，另一方可以向人民法院请求撤销婚姻。请求撤销婚姻的，应当自知道或者应当知道撤销事由之日起一年内提出。"将"重大疾病"从以往的禁婚事由改为可撤销婚姻的事由，由婚姻当事人自己决定是否认可婚姻的效力，尊重了结婚主体的意思自治；三是可撤销婚姻得由享有撤销权的一方当事人主张撤销，其他任何单位和个人均无权主张撤销，人民法院也不能依职权主动撤销；四是从法律效力来看，属于相对无效，可撤销婚姻在未被撤销之前具有法律效力，须依法被确认撤销时才确定其自始无效[3]，即婚姻自成立之日起不产生法律效力，当事人之间自始不能产生夫妻间法律上的权利义务关系。[4]

（二）无效婚姻和可撤销婚姻的区别

无效婚姻与可撤销婚姻共同点是在性质上都是违法婚姻，都欠缺法定的有效条件，但

---

〔1〕　主编注：关于我国 2001 年修正后的《婚姻法》之婚姻无效与撤销制度的主要内容及立法理由，参见陈苇：《中国婚姻家庭法立法研究》，群众出版社 2010 年版，第 169~173 页。

〔2〕　《婚姻家庭编解释（一）》第 20 条。

〔3〕　参见《婚姻家庭编解释（一）》第 20 条。

〔4〕　主编注：关于无效婚姻制度的发展趋势，有学者认为，无效婚姻与可撤销婚姻的区别正在缩小。参见马忆南、高庆："改革开放三十年中国结婚法研究之回顾与展望"，载陈苇主编：《改革开放三十年（1978~2008）中国婚姻家庭继承法研究之回顾与展望》，中国政法大学出版社 2010 年版，第 25 页。关于当代两大法系国家的法国、德国、意大利、瑞士、日本、俄罗斯、英国、美国和澳大利亚的无效婚姻或可撤销婚姻制度的研究，参见陈苇主编：《当代外国婚姻家庭法律制度研究》，中国人民公安大学出版社 2022 年版，第 41、114、185~186、237~238、303、366、428~430、492~493、596 页。

两者区别十分明显，主要包括以下几点：

第一，立法价值不同。无效婚姻体现了国家公权力对婚姻家庭的干预，是对婚姻在法律效力上作出的否定性的价值评判。可撤销婚姻将对婚姻效力进行评判的权利赋予婚姻当事人本人，体现了法律对当事人意思自治的尊重。

第二，发生原因不同。无效婚姻违反的法定要件通常是公益要件，即违反了法律的强制性和禁止性规定，损害了社会公共利益。可撤销婚姻违反的法定要件主要是私益要件，即一方当事人的意思表示有欠缺或具有重大瑕疵，以及当事人对另一方当事人重大疾病情况的知情权受到侵害。

第三，法律效力不同。无效婚姻一般是自始的无效和绝对无效，除非法律另有规定，它不可能成为有效婚姻。可撤销婚姻是相对无效，其在没有被撤销前是有效的。在我国，可撤销婚姻在被人民法院撤销后，具有溯及力。然而，在国外有些国家规定，可撤销婚姻在被撤销后，不具有溯及力，例如，瑞士、日本、德国等国立法。[1] 此外，如果当事人的撤销权因除斥期间的经过而消灭，该可撤销婚姻与有效婚姻具有同等的法律效力。

第四，启动程序不同。无效婚姻的请求权主体的范围要比可撤销婚姻请求权主体的范围广泛，可撤销婚姻撤销权的行使主体包括胁迫婚姻中的受胁迫方以及未如实告知患有重大疾病一方的对方当事人。无效婚姻的请求权主体既可以是婚姻当事人，也可以是利害关系人和基层组织。无效婚姻请求权的行使期间可以是在婚姻无效原因消灭前的任何时间内，可撤销婚姻请求权的行使分三种情况，胁迫婚姻的受胁迫方请求撤销婚姻的，应当自胁迫行为终止之日起一年内提出；被非法限制人身自由的当事人请求撤销婚姻的，应当自恢复人身自由之日起一年内提出；未在结婚登记前如实告知患有重大疾病一方的对方当事人，应当自知道或者应当知道撤销事由之日起一年内提出。

二、我国无效婚姻和可撤销婚姻制度

1980 年《婚姻法》没有无效婚姻和可撤销婚姻的规定，2001 年修正的《婚姻法》在第二章"结婚"制度中增加了无效婚姻和可撤销婚姻的规定，填补了此立法空白，对进一步完善我国的结婚制度，制裁和处理违法婚姻起到重要的规范作用。[2]《民法典》婚姻家庭编在原有规定的基础上，对无效婚姻和可撤销婚姻制度作出了重要的修改补充。

（一）婚姻无效的原因和确认程序

1. 婚姻无效的原因。《民法典》第 1051 条规定："有下列情形之一的，婚姻无效：（一）重婚；（二）有禁止结婚的亲属关系；（三）未到法定婚龄。"从法律解释学的角度来看，该条规定并未设有"兜底条款"。因此，除了上述明列的婚姻无效的三种法定情形之外，再没有其他婚姻无效的法定原因。《婚姻家庭编解释（一）》第 17 条第 1 款重申了上述规定，并规定当事人以民法典第 1051 条规定的三种无效婚姻以外的情形请求确认婚姻无效的，人民法院应当判决驳回当事人的诉讼请求。必须说明，相比 2001 年修正的《婚姻法》的规定，《民法典》对无效婚姻的法定情形进行了调整，不再将"婚前患有医学上认为不应当结婚的疾病，婚后尚未治愈的"的情形作为请求确认婚姻无效的法定原因。

---

〔1〕 陈苇主编：《外国婚姻家庭法比较研究》，群众出版社 2006 年版，第 115、124、125、159 页。

〔2〕 主编注：关于我国 2001 年修正后的《婚姻法》新增无效婚姻与可撤销婚姻主要理由分析，参见陈苇主编：《结婚与婚姻无效纠纷的处置》，法律出版社 2001 年版，第 43~51 页。

应当注意的是，我国无效婚姻的法定原因具有相对性，其无效的法律后果具有可逆性。[1] 根据《婚姻家庭编解释（一）》第10条规定，当事人依据民法典第1051条规定向人民法院请求确认婚姻无效，法定的无效婚姻情形在提起诉讼时已经消失的，人民法院不予支持。此规定揭示了婚姻无效与一般民事行为无效的一个重大区别：一般民事行为无效是自始的、绝对的、当然的和确定的无效，无效法律效果具有不可逆性。但婚姻的无效却不然，其无效的法律后果具有相对性、不确定性和可逆性。即使有的婚姻在缔结时存在无效的法定原因，如无效婚姻情形已消失的，其效力即获得补正，法院不能再确认该婚姻无效，该婚姻为有效婚姻。然而，重婚原则上不适用效力补正。《婚姻家庭编解释（二）》第1条规定：当事人依据民法典第一千零五十一条第一项规定请求确认重婚的婚姻无效，提起诉讼时合法婚姻当事人已经离婚或者配偶已经死亡，被告以此为由抗辩后一婚姻自以上情形发生时转为有效的，人民法院不予支持。

2. 婚姻无效的确认程序。

（1）婚姻无效的请求权主体。在我国，对已办理结婚登记的婚姻，有权依法向人民法院请求确认婚姻无效的主体，除婚姻当事人和利害关系人以外，还包括：一是以重婚为由请求确认婚姻无效的，为当事人的近亲属及基层组织。二是以未到法定婚龄为由请求确认婚姻无效的，为未达法定婚龄者的近亲属。三是以有禁止结婚的亲属关系为由请求确认婚姻无效的，为当事人的近亲属。[2] 可见导致婚姻无效的原因不同，请求确认婚姻无效的主体也不同。

（2）确认婚姻无效的机关和程序。对于确认婚姻无效的机关，《民法典》未予规定。根据《婚姻家庭编解释（一）》第10条的规定，婚姻无效的确认机关只能是人民法院，其他任何机关和个人均无权确认婚姻无效。[3]

对于确认无效婚姻的程序，目前我国采取诉讼程序。[4] 确认无效婚姻程序的启动有两种方式：第一，婚姻当事人和利害关系人通过起诉的方式请求人民法院对确认婚姻无效的，只要符合立案条件，人民法院应当受理，在此情形下，人民法院对于婚姻无效案件适用不告不理的原则。第二，人民法院受理离婚案件后，经审查确属无效婚姻的，应当将婚姻无效的情形告知当事人，并依法作出确认婚姻无效的判决。在此情形下，人民法院对于无效婚姻的确认带有一定的司法能动性，属于法院的职权行为。[5]

根据司法解释的有关规定，人民法院审理请求确认婚姻无效案件在适用程序上应当注意以下几个问题：

第一，人民法院受理请求确认婚姻无效案件后，经审查确属无效婚姻的，应当依法作

---

〔1〕　房绍坤等编著：《亲属与继承法》，科学出版社2006年版，第27页。

〔2〕　参见《婚姻家庭编解释（一）》第9条。

〔3〕　在我国以往的规定中，确认婚姻无效的程序除诉讼程序之外，还有行政程序。2003年《婚姻登记条例》，取消了婚姻登记机关确认婚姻无效的规定。因此，目前我国有权确认婚姻无效的机关只有人民法院。

〔4〕　主编注：关于婚姻无效是否须经法定程序确认，当代外国有两种立法例：宣告无效与当然无效。前者指婚姻即使具有婚姻无效的法定原因，也须经法定程序，由法院或者行政主管机关宣告无效，而婚姻在被宣告无效之前是有效的。如法国、意大利、瑞士、俄罗斯等国立法。后者指婚姻只要具有婚姻无效的法定原因，无须经法定程序，无须由法院或主管机关宣告无效，婚姻就当然无效。如日本最高法院1959年的判例和英格兰现行法。参见陈苇主编：《当代外国婚姻家庭法律制度研究》，中国人民公安大学出版社2022年版，第41、185～187、238、303、366、428～429、596页。

〔5〕　参见《婚姻家庭编解释（一）》第9、12条。

出确认婚姻无效的判决。原告申请撤诉的，不予准许。这是由于无效婚姻属于违法婚姻，其违反的强制性规定事关公益，当事人对诉权的处分权法律是有所限制的。

第二，人民法院审理确认婚姻无效案件，对婚姻效力的审理不适用调解，应当依法作出判决；涉及财产分割和子女抚养的，可以调解。调解达成协议的，另行制作调解书；未达成调解协议的，应当一并作出判决。

第三，人民法院就同一婚姻关系分别受理了离婚和请求确认婚姻无效案件的，对于离婚案件的审理，应当待请求确认婚姻无效案件作出判决后进行。确认婚姻无效之诉相对于离婚之诉在审理上具有优先性，一旦婚姻被确认无效，便不存在离婚问题。

（二）可撤销婚姻的原因和撤销程序

《民法典》婚姻家庭编仍然采取无效婚姻和可撤销婚姻并存的二元制结构，将意思表示有瑕疵的婚姻规定为可撤销的婚姻。可撤销的婚姻虽然也欠缺婚姻成立的要件，但对它的确认要以当事人提出请求为前提，法院不会主动地确认婚姻可撤销。与无效婚姻制度相比，可撤销婚姻制度体现了尊重当事人的意思自治，有利于稳定婚姻家庭关系。

1. 可撤销婚姻的原因。根据《民法典》的规定，可撤销婚姻的法定情形有下列两种情况：

（1）胁迫婚。胁迫婚，是指行为人以给另一方当事人或者其近亲属以生命、身体、健康、名誉、财产等方面造成损害为要挟，迫使另一方当事人违背自己的真实意愿而缔结的婚姻。[1]《民法典》第1052条第1款规定："因胁迫结婚的，受胁迫的一方可以向人民法院请求撤销婚姻。"可见，基于胁迫的结婚可以请求人民法院撤销婚姻，即当事人是受胁迫而非自愿结婚的。胁迫的主体可能是另一方当事人、男女双方的父母或亲属，也可能是拐卖妇女的人贩子等。不论是受到谁的胁迫，只要受胁迫方认为结婚是非自愿的，是受到强制的，就可以请求有关机关撤销该婚姻。从民法学原理的角度来认识，胁迫是可撤销民事法律行为的法定情形之一。[2]

（2）重大疾病婚。《民法典》第1053条规定："一方患有重大疾病的，应当在结婚登记前如实告知另一方；不如实告知的，另一方可以向人民法院请求撤销婚姻。请求撤销婚姻的，应当自知道或者应当知道撤销事由之日起一年内提出。"[3]

《民法典》第1051条只对直系血亲或者三代以内旁系血亲禁止结婚作了规定，删除了2001年修正的《婚姻法》第7条关于禁婚疾病的内容，这是对我国结婚制度的重大调整。无疑，将疾病作为禁婚的法定理由过于严厉，限制了当事人的婚姻自由权利，不符合《民

---

〔1〕　参见《婚姻家庭编解释（一）》第18条第1款。

〔2〕　至于其他的基于婚姻当事人表意能力的欠缺，或者意思表示不真实，或者虚伪意思表示等，可否适用《民法典》总则的规定，对本条款作出扩大解释的问题，学界对此认识不一。

〔3〕　本次立法过程当中，关于是否禁止"患一定疾病的人结婚"的问题一直存有争论。实际上，早在2001年修正的《婚姻法》起草时，就有学者明确反对将"患有医学上认为不应当结婚的疾病"列入无效婚姻的法定情形之中。持禁止观点的理由在于：法律之所以禁止患一定疾病的人结婚，是由婚姻的本质和婚姻关系的基本特征决定的，是保护当事人权益和社会利益的需要。禁止结婚的疾病可分为两类，第一类是严重的精神方面的疾病，如先天性痴呆、精神病等。患这类疾病的人通常是无行为能力人，既不能独立为财产上之行为，也不能独立为身份上之行为，而且在结婚后有可能将精神方面的疾病遗传给后代。第二类是重大不治且有传染性的身体方面的疾病。患这类疾病的人结婚会严重危害他方和后代的健康。此外，有些国家还规定，有生理缺陷不能为性行为者，禁止结婚。其立法理由显然是以婚姻的自然属性为依据的。我国从1950年《婚姻法》到1980年《婚姻法》，再到2001年修正的《婚姻法》均秉持此种立场。

法典》意思自治原则的基本要求，而把是否认可婚姻效力的权利交给对方当事人自主评判和自我决定，符合现代法治的基本精神。"患有医学上认为不应当结婚的疾病者禁止结婚"这一规定在实践中很难操作，且在对方知情的情况下，是否患有疾病并不必然会影响当事人的结婚意愿。该规定体现了对当事人婚姻自主权的尊重。

人类的两性结合毕竟反映了人的自然属性和社会属性的要求，因此，患有重大疾病的当事人在处理结婚问题时，一定要向对方说明此情况，双方需要慎重考虑，以免日后发生纠纷。为此，婚姻家庭编增设的第1053条规定，特别强调了患有疾病的一方的婚前告知义务，这有利于保障另一方的知情权，防止由于疾病给另一方及子女和家人的利益带来损害。如果一方在婚后患重大疾病，另一方要求解除婚姻关系的，应按离婚处理。

2. 可撤销婚姻的撤销程序。

（1）可撤销婚姻的请求权人。可撤销婚姻中享有请求权的主体包括两类：一是胁迫婚中的受胁迫方。《民法典》第1052条第1款规定："因胁迫结婚的，受胁迫的一方可以向人民法院请求撤销婚姻"。《婚姻家庭编解释（一）》第18条第2款明确规定："因受胁迫而请求撤销婚姻的，只能是受胁迫一方的婚姻关系当事人本人。"可见，在可撤销婚姻中，享有撤销权的人只能是受胁迫一方。是否请求撤销受胁迫的婚姻，应是受胁迫一方当事人的意思自治的范畴。[1] 结合第1052条第3款的规定，即使请求权人暂时处于被非法限制人身自由的状态，其请求权也不能由他人代为行使。二是疾病婚中不知情的一方当事人。一方患有重大疾病的，应当在结婚登记前如实告知另一方；不如实告知的，另一方可以向人民法院请求撤销婚姻。由此看来，在疾病婚的状态之下，撤销婚姻的请求权也只归于不知情的当事人一方。

（2）可撤销婚姻请求权的行使时间。可撤销婚姻立法目的是修正婚姻当事人一方意思表示的重大瑕疵，依民法学原理，处于撤销权之下的民事法律关系处于一种极其不稳定的状态，婚姻关系的不稳定必然导致家庭关系的不稳定。为此，婚姻家庭编第1052条第2款将2001年修正的《婚姻法》第11条关于撤销权除斥期间"自结婚登记之日起一年内提出"，修改为"自胁迫行为终止之日起一年内提出"，目的是为了更好地保护胁迫一方当事人的合法权益。第3款特别强调："被非法限制人身自由的当事人请求撤销婚姻的，应当自恢复人身自由之日起一年内提出。"《民法典》第1053条第2款也明确了患有重大疾病的一方应当履行告知义务，另一方请求撤销婚姻，应当自知道或者应当知道撤销事由之日起一年内提出。即对于可撤销婚姻请求权的除斥期间均规定为1年，不适用诉讼时效中止、中断或者延长的规定。但受胁迫或者被非法限制人身自由的当事人请求撤销婚姻的，不适用民法典第152条第2款关于撤销权消灭的规定。[2]

（3）确认可撤销婚姻的机关和程序。根据《民法典》第1052条的规定，我国可撤销婚姻的确认机关是人民法院，因此，可撤销婚姻的撤销程序为民事诉讼程序。在《民法典》颁布之前，立法关于可撤销婚姻的程序规定的是双轨制，即法院和婚姻登记机构均有权撤

---

[1] 主编注：必须注意，关于可撤销婚姻的请求权人，有些国家立法规定的可撤销婚姻的法定原因与我国不同，撤销婚姻的请求权人亦与我国不同。例如，依《日本民法典》第743~747条的规定，可撤销婚姻分为公益撤销与私益撤销两种。前者基于公益的理由，对未达法定婚龄的早婚、重婚、近亲婚等，当事人、近亲属和检察官均可请求法院宣告撤销；后者基于私益的理由，对胁迫、欺诈成立的婚姻，仅限于受胁迫、欺诈的婚姻当事人本人有权请求法院宣告撤销。参见陈苇主编：《结婚与婚姻无效纠纷的处置》，法律出版社2001年版，第46页。

[2] 参见《婚姻家庭编解释（一）》第19条。

销婚姻。《民法典》第 1052 条删除了 2001 年修正的《婚姻法》第 11 条规定的可以向婚姻登记机关请求撤销的内容。人民法院依诉讼程序审理申请撤销婚姻案件，经审理发现确实有婚姻可撤销事由的，应当依法予以撤销。

（三）无效婚姻和可撤销婚姻的法律后果

1. 对当事人和子女的法律后果。《民法典》第 1054 条第 1 款规定："无效的或者被撤销的婚姻自始没有法律约束力，当事人不具有夫妻的权利和义务。同居期间所得的财产，由当事人协议处理；协议不成的，由人民法院根据照顾无过错方的原则判决。对重婚导致的无效婚姻的财产处理，不得侵害合法婚姻当事人的财产权益。当事人所生的子女，适用本法关于父母子女的规定。"可见，婚姻被确认无效或撤销后发生完全相同的法律效果。关于无效婚姻和可撤销婚姻"自始没有法律约束力"，是指无效婚姻和可撤销婚姻在依法被确认无效或者被撤销时，才确定该婚姻自始不受法律保护，即具有溯及力。[1]

自始无效的婚姻关系是针对当事人的配偶身份而言的。无效婚姻和可撤销婚姻的当事人自始没有夫妻身份，但是对于同居期间所得的财产，当事人可以协商处理，在协商不成时，则由法院根据照顾无过错方的原则判决。这体现了法律对善意当事人的保护。《婚姻家庭编解释（一）》第 22 条规定："被确认无效或者被撤销的婚姻，当事人同居期间所得的财产，除有证据证明为当事人一方所有的外，按共同共有处理。"此明确了同居期间所得财产为共同共有，但有证据证明为当事人一方所有的除外。同时，考虑到因重婚导致的婚姻无效的法律情形，为加强对合法配偶一方的保护，该解释第 16 条规定："人民法院审理重婚导致的无效婚姻案件时，涉及财产处理的，应当准许合法婚姻当事人作为有独立请求权的第三人参加诉讼。"

对于无效婚姻和可撤销婚姻当事人所生子女，该婚姻家庭编没有明确是婚生子女还是非婚生子女，只规定了"适用本法关于父母子女的规定"。不过我国的婚姻立法一直是将婚生子女和非婚生子女同等对待，禁止对非婚生子女的歧视，只要非婚生子女能够证明其与生父母的血缘关系，就能主张子女的权利，所以婚姻被确认无效或被撤销对父母子女的权利义务关系没有影响。[2]

必须注意，人民法院根据当事人的申请，依法确认婚姻无效或者撤销婚姻的，应当收缴双方的结婚证书并将生效的判决书寄送当地婚姻登记机关。[3] 现行《婚姻登记条例》第 20 条规定："婚姻登记机关收到人民法院确认婚姻无效或者撤销婚姻的判决书副本后，应当在当事人的婚姻登记档案中及时备注婚姻无效或者撤销婚姻的信息，并将相关信息上传至全国婚姻基础信息库。"

2. 无过错方的损害赔偿请求权。《民法典》婚姻家庭编相比较 2001 年修正的《婚姻法》，针对无效婚姻和可撤销婚姻的法律后果，增加规定了无过错方的损害赔偿请求权。

---

〔1〕 参见《婚姻家庭编解释（一）》第 20 条。

〔2〕 主编注：关于建立我国无效婚姻制度的设想，在修改我国 1980 年《婚姻法》的讨论中，主要有两种观点：第一种观点主张采取单轨制，不必作婚姻无效与可撤销的区分，在立法上仅设立无效婚姻制度，不设立可撤销婚姻制度，此为 20 世纪 90 年代我国学术界的通说，参见杨大文主编：《亲属法》，法律出版社 1997 年版，第 104 页；李洪祥、吕大可：《婚姻法律制度研究》，长春出版社 2000 年版，第 94~111 页。第二种观点主张采取双轨制，同时设立无效婚姻制度和可撤销婚姻制度的二元结构，参见王洪：《婚姻家庭法热点问题研究》，重庆大学出版社 2000 年版，第 67~77 页。

〔3〕 《婚姻家庭编解释（一）》第 21 条。

《民法典》第 1054 条第 2 款明确规定"婚姻无效或者被撤销的，无过错方有权请求损害赔偿"。此损害赔偿是指因一方过错导致婚姻无效或被撤销的，过错方给予无过错方的赔偿。将损害赔偿制度适用到无效婚姻和可撤销婚姻之中，加大了对婚姻当事人无过错方的保护力度，反映出不仅要从法律原则上否定违法婚姻，还通过法律责任的方式使用经济手段制裁过错行为人的立法价值取向。在理解和适用本规定时，应当特别注意以下几个问题：

其一，损害赔偿的请求权主体只能是无过错方，也即因重婚、未达法定婚龄结婚、近亲婚等向法院起诉请求确认婚姻无效的当事人，或者因被胁迫结婚、婚前未被告知重大疾病等请求撤销婚姻的当事人，只要对无效婚姻、被撤销婚姻的发生并无过错，均有权提出损害赔偿。在无效婚姻或可撤销婚姻中确立损害赔偿制度的初衷是对无过错一方所受损害给予补偿。其二，应当把握该损害赔偿的构成要件。根据《民法典》婚姻家庭编的立法精神，无效婚姻或可撤销婚姻中损害赔偿的构成要件可以从以下方面考量：在主观方面，夫妻一方在主观上、行为上对婚姻的无效或可撤销具有过错，该"过错"必须是导致婚姻无效或可撤销的过错；在客观方面，夫妻一方的行为具有违法性，也即因过错方的行为违反了《民法典》婚姻家庭编的相关规定，导致婚姻无效或可撤销；在受害人方面，无效婚姻或可撤销婚姻中的受害方必须无主观过错，若受害方对婚姻的无效或可撤销也存在过错，则其不能请求损害赔偿。其三，关于赔偿范围，损害赔偿包括物质损害赔偿和精神损害赔偿。例如，在暴力限制人身自由或者侵害健康权的情形之下，产生的医疗费、误工费、交通费、营养费、残疾赔偿金和精神损失费等。

必须明确，无效婚姻或可撤销婚姻的损害赔偿制度与离婚损害赔偿制度的区别。无效婚姻或可撤销婚姻的损害赔偿制度与《民法典》第 1091 条规定的离婚损害赔偿制度，二者的区别在于：其一，适用的范围不同，离婚损害赔偿适用于合法婚姻，无效婚姻与可撤销婚姻的损害赔偿适用于违法婚姻。其二，离婚损害赔偿制度明确规定了法定情形，无过错方可以请求由这些情形产生的损害赔偿，条件是这些情形导致了离婚的发生。无效婚姻与可撤销婚姻的损害赔偿制度，立法只是明确了无过错方有权主张，至于什么情况下赔偿，如何赔偿，立法对此无具体规定，需要未来通过司法解释加以规定或者法官以司法裁量权加以认定。其三，从《婚姻家庭编解释（一）》第 88 条的相关规定可以看出，离婚损害赔偿必须以离婚作为条件，原则上要求与离婚诉讼一并提出，这表明此制度是对因过错方违法行为导致离婚而受损害的无过错配偶提供救济。以此推论，无效婚姻和可撤销婚姻的损害赔偿也只能在请求确认婚姻无效或者撤销婚姻的诉讼中一并提出。

第六节　事实婚姻

一、事实婚姻概述

（一）事实婚姻的概念

事实婚姻是法律婚姻的对称，在我国，事实婚姻指没有配偶的男女双方未经结婚登记即以夫妻名义同居生活，群众也认为是夫妻关系的结合，其特征在于：第一，主体的限定性。事实婚姻的主体仅限于无配偶的男女。第二，夫妻的名义性。事实婚姻的认定必须以夫妻名义为前提。同居双方以夫妻自称，而且他人也认为是夫妻。第三，同居生活的公示性。这一点与姘居、通奸等具有隐蔽性、非公开性等不正当的男女两性关系有着严格的区分。第四，无法律婚姻的程式性。事实婚姻之所以称之为事实婚姻，是指男女双方符合结婚的实质条件，就是由于未履行结婚登记手续，而使之与合法婚姻区别开来。[1]

（二）我国立法及司法实践对待事实婚姻的态度

许多国家都有事实婚姻和法律婚姻并存的现象。事实婚姻在各国法律上的效力由于认识上的原因和社会习俗的不同，大体分为三种：一是承认主义，二是限制承认主义，三是不承认主义。在单一实行登记婚制的国家中，事实婚姻属于违法婚姻。我们国家在一个相当长的时期内，并没有一般性地否认事实婚姻的效力，而是分别情况区别对待，有条件地承认事实婚姻，并且呈现出从相对承认主义到不承认主义的过渡趋势。

根据民政部1994年2月1日颁布的《婚姻登记管理条例》和最高人民法院2020年12月公布、2021年1月1日起施行的《婚姻家庭编解释（一）》等规定，对未办结婚登记而以夫妻名义同居生活的男女两性结合，应当分别情况，区别对待，有条件地承认事实婚姻。即对未办结婚登记即以夫妻名义同居生活的男女两性结合，有两种不同的定性：一是事实婚姻关系，二是同居关系。必须注意，我国自1994年《婚姻登记管理条例》施行之日起对事实婚姻实现了从有条件承认到不承认的转变。

根据《婚姻家庭编解释（一）》第6、7条的规定，未依法办理结婚登记而以夫妻名义共同生活的男女，应当区别以下不同情况进行处理：

1. 1994年2月1日民政部《婚姻登记管理条例》公布实施以前，男女双方已经符合结婚实质要件的，应当按事实婚姻处理。

2. 1994年2月1日民政部《婚姻登记管理条例》公布实施以后，男女双方符合结婚实质要件的，人民法院应当告知其补办结婚登记。未补办结婚登记的，应当按同居关系处理。

综上可见，自1994年2月1日《婚姻登记管理条例》实行之后，对未办结婚登记而以夫妻名义同居的男女两性关系一律按同居关系处理。

必须注意，2001年修正的《婚姻法》实施后，对未办理结婚登记即以夫妻名义同居生活的当事人给予程序上的救济，该《婚姻法》第8条中明确规定："未办理结婚登记的，应当补办登记。"根据《婚姻法解释（一）》第4条规定，补办登记的效力溯及至双方均符合结婚的实质要件之时起。《民法典》第1049条和《婚姻家庭编解释（一）》第6条沿用了以上规定，同居关系的男女双方依据《民法典》第1049条规定补办结婚登记的，婚姻关系的效力从双方均符合民法典所规定的结婚的实质要件时起算。

二、事实婚姻的处理

（一）离婚诉讼的处理

在离婚诉讼中，法院经审理认定双方当事人的同居关系构成事实婚姻，则对事实婚姻离婚诉讼的处理应适用法律婚姻的诉讼离婚程序进行，因为此时对事实婚姻是比照合法婚姻处理的，即承认事实婚姻具有合法婚姻的效力，因此，此时的事实婚姻与法律婚姻的法律效力是基本相同的。唯一的差异之处，根据1989年《审理以夫妻名义同居生活案件的意见》的规定，审理事实婚姻关系的离婚案件，应当先进行调解，经调解和好或撤诉的，确

---

[1] 主编注：1949年~2009年的六十年期间，我国学界关于事实婚姻的讨论，参见柳经纬主编：《共和国六十年法学论争实录民商法卷》，厦门大学出版社2009年版，第403~426页。关于建议将疾病婚列入可撤销婚的立法理由研究，参见宋豫主编：《国家干预与家庭自治：现代家庭立法发展方向研究》，河南人民出版社2011年版，第50~52页。

认婚姻关系有效，发给调解书或裁定书，经调解不能和好的，应调解或判决准予离婚。依此本意，对于事实婚姻当事人的离婚诉讼请求，不允许法院判决不准离婚。

（二）对事实婚姻财产问题的处理

被认定为事实婚姻关系的，同居期间共同所得的财产应认定为夫妻共同财产，在离婚分割财产时，应本着照顾妇女、儿童利益的原则处理。处理事实婚姻涉及的财产问题一般应当比照法律婚姻的处理原则，具体分割财产时应本着照顾妇女、儿童利益的原则，考虑财产的实际状况和双方的过错程度，妥善予以分割。在司法实践当中应注重保护无过错方的利益。

（三）对事实婚姻子女抚养问题的处理

事实婚姻关系的双方在同居生活期间所生的子女为婚生子女，当事实婚姻的双方离婚时，其子女抚养问题适用《民法典》婚姻家庭编的有关规定。事实婚姻期间所生子女的抚养问题，离婚时由双方协议处理；协议不成的，不满两周岁的子女，原则上由女方直接抚养。不直接抚养子女的一方应支付子女的抚养费。如果子女已满 8 周岁的，应尊重其真实意愿。

（四）对事实婚姻继承关系的处理

事实婚姻的男女双方具有配偶的身份，因此具有夫妻间的权利和义务，彼此互有继承权。按《婚姻家庭编解释（一）》第 8 条规定，未依法办理结婚登记而以夫妻名义共同生活的男女，一方死亡，另一方以配偶身份主张享有继承权的，如果双方构成事实婚姻关系的，则请求权人享有配偶继承权。反之，则不享有继承权。[1]

第七节　非婚同居关系

一、非婚同居关系概述

（一）非婚同居关系的概念

我国的非婚同居关系，既包括不以夫妻名义公开同居生活的试婚、姘居等两性关系，也包括未办结婚登记以夫妻名义同居生活，但不符合事实婚姻法定条件的男女两性结合。根据《婚姻家庭编解释（一）》第 7 条规定，同居关系是不同于事实婚姻的一种男女两性结合关系。同居关系可分为两种类型：一是双方均无配偶的同居，此类同居不被法律所禁止，不具有违法性；二是单方或双方有配偶又与他人的同居，此类同居具有违法性。[2]

（二）非婚同居关系的特征

非婚同居与事实婚姻既有相同之处又有不同的特点，其特征在于：一是非婚同居关系的主体既可以是未婚男女，也可以是已婚男女；二是男女双方不具有缔结婚姻的目的性或者缔结婚姻的目的性不明显；三是一般不以夫妻名义共同生活或虽以夫妻名义共同生活但不符合事实婚姻的其他法定条件；四是同居行为有的违法，有的不违法，前者如有配偶

---

〔1〕　主编注：关于我国事实婚姻制度的立法构想，参见陈苇、高伟："我国事实婚姻制度之重构——澳大利亚的《事实伴侣关系法》的启示"，载《法学杂志》2008 年第 2 期。

〔2〕　参见陈苇主编：《婚姻家庭继承法学》，法律出版社 2002 年版，第 146~147 页。

者与他人同居，后者如双方为无配偶者的同居。[1]

二、非婚同居关系的处理[2]

（一）双方均无配偶者非婚同居关系的处理

双方均无配偶者的非婚同居关系既可以以夫妻名义同居，也可以不以夫妻名义同居，前者如不符合事实婚的法定条件，其不能被认定为事实婚姻关系。法律对此类同居既不禁止也不保护，同居的男女双方不具有夫妻的权利义务关系。根据《婚姻家庭编解释（一）》第3条第1款规定，当事人提起诉讼仅请求解除同居关系的，人民法院不予受理。可见，此类同居关系不属于法律调整的范围。但当事人因同居期间财产分割或者子女抚养纠纷提起诉讼的，人民法院应当受理。

根据最高人民法院相关司法解释，同居双方的财产纠纷问题和子女抚养问题按照以下要点处理：

第一，同居期间共同所得的收入和购置的财产为共有财产，双方各自所得、继承和受赠的财产为双方个人财产；

第二，为共同生产、生活形成的债权、债务，按共同债权、共同债务处理；

第三，在同居生活前一方自愿赠与对方的财物，按赠与关系处理；

第四，一方向另一方索取的财物，应根据双方同居生活时间的长短、对方的过错程度以及双方的经济状况等实际情况酌情返还；

第五，同居双方所生子女为非婚生子女，对子女的抚育问题应依《民法典》婚姻家庭编的有关规定处理；

第六，同居生活期间一方死亡，另一方不能以配偶身份继承遗产，但如果符合《民法典》第1131条规定的，可根据相互扶养的具体情况，作为法定继承人以外的人分得适当的遗产。

必须注意，针对同居析产纠纷案件的处理，《婚姻家庭编解释（二）》第4条规定如下：双方均无配偶的同居关系析产纠纷案件中，对同居期间所得的财产，有约定的，按照约定处理；没有约定且协商不成的，人民法院按照以下情形分别处理：①各自所得的工资、奖金、劳务报酬、知识产权收益，各自继承或者受赠的财产以及单独生产、经营、投资的收益等，归各自所有；②共同出资购置的财产或者共同生产、经营、投资的收益以及其他无法区分的财产，以各自出资比例为基础，综合考虑共同生活情况、有无共同子女、对财产的贡献大小等因素进行分割。

（二）单方或双方有配偶又与他人同居关系的处理

根据司法解释的有关规定，"有配偶者与他人同居"是指有配偶者与婚外异性，不以夫妻名义，持续、稳定地共同居住。可见我国立法对双方均无配偶者的同居关系和单方或双方有配偶者的同居关系法律态度截然不同，对前者并不强制干预，而对后者采取强制干预主义，因为有配偶者与他人同居是一种严重的违法行为。根据《民法典》第1079条第3款

---

〔1〕　主编注：关于人类两性关系的非传统伴侣模式考察，参见王歌雅：《中国亲属立法的伦理意蕴与制度延展》，黑龙江大学出版社2008年版，第143~147页。

〔2〕　主编注：关于外国非婚同居立法的研究，参见王薇：《非婚同居法律制度比较研究》，人民出版社2009年版；关于我国非婚同居立法的研究，参见何丽新：《我国非婚同居立法规制研究》，法律出版社2010年版；关于同性婚姻立法的研究，参见王森波：《同性婚姻法律问题研究》，中国法制出版社2012年版。

第1项和第1091条第1款第2项的规定，有配偶者与他人同居，既是法定的离婚事由之一，也是离婚时无过错方请求损害赔偿的法定事由之一。[1]

 导入案例之要点评析

1. 本案原告依法有权向人民法院提出撤销与被告婚姻关系的申请，法院依法应当受理。《民法典》第1053条规定："一方患有重大疾病的，应当在结婚登记前如实告知另一方；不如实告知的，另一方可以向人民法院请求撤销婚姻。请求撤销婚姻的，应当自知道或者应当知道撤销事由之日起一年内提出。"被告在婚前就患有双相情感障碍，应属患有重大疾病，对婚姻关系存续产生重大影响。被告在法院审理时辩称其已将患病情况告知媒人。但是在法院审理期间，被告未向法院提交相关证据予以证明，应当认定本案被告婚前未履行告知义务。原告在知道被告患有重大疾病后一年内提出撤销婚姻之诉，符合法律规定，对原告要求撤销婚姻的诉讼请求，人民法院依法应当予以支持。

2. 关于原告要求被告返还彩礼、茶钱及××牌电动车等财产的诉讼请求，对于原告所送彩礼，原告在庭审中认可被告爷爷已退还给原告，并且原告也承认所送电动车被告先前已支付价款给原告的姐姐，故不存在返还问题。对于原告要求被告返还茶钱的诉讼请求，因提供证据不足，法院不予支持。对于原告要求被告返还金手镯的诉讼请求，在庭审期间，被告的代理人承认金手镯1只现由被告保管，被告应当返还原告。本案原告与被告虽已结婚登记并共同生活，但共同生活时间较短，且被告隐瞒婚前患有重大疾病，没有履行应当在结婚前如实告知的法定义务，侵犯了原告的知情权，导致婚姻因被申请撤销而自始无效。结合本案事实和当事人举证，法院依据《民法典》第1053条、第1054条及《婚姻家庭编解释（一）》第20条及《民事诉讼法》第68条之规定作出上述判决是正确的。

 **思考题**

一、选择题

（一）单项选择题

1. 依据《涉彩礼纠纷案件适用法律的规定》，下列何种情形给付的财物，不属于彩礼？（　）

A. 婚约关系确立时男方给付女方订婚金58888元

B. 婚前男方在女方生日时为其购买的价值500元的首饰

C. 男方父母为儿子结婚给女方购买的三金，价值20000元

D. 男方按照当地习俗在婚礼举办时给付女方68888元礼金

2. 甲已婚，对外宣称自己单身与乙恋爱并隐瞒已婚身份与乙结婚，后因担心事情败露

---

[1] 主编注：关于我国设立非婚同居法的社会基础及制度构想，参见陈苇、王薇："我国设立非婚同居法的社会基础及制度构想"，载《甘肃社会科学》2008年第1期。And See Chen Wei & Wang Wei, On the Social Basis and Legislative Propositions of Establishing Non-marital Cohabitation Law of the PRC, US-China Law Review, Volume 6 Number1 January 2009（Serial Number 50），David Publishing Company, U. S. A. ，pp. 1~13. 关于外国非婚同居法律制度的立法概况及评析，参见王薇：《非婚同居法律制度比较研究》，人民出版社2009年版，第117~404页。关于我国非婚同居关系现状的研究，参见何丽新：《我国非婚同居立法规制研究》，法律出版社2010年版，第43~63页。

与原配丙离婚。婚后乙才得知甲重婚的事实，遂向法院起诉请求确认其与甲婚姻无效，甲抗辩说自己已经与丙离婚，不再构成重婚。下列哪一说法是正确的？（　　　）

A. 法院应判决撤销该婚姻

B. 法院应判决确认该婚姻无效

C. 法院应判决不支持乙的请求

D. 法院对该案的审理应当进行调解

3. 高甲患有精神病，其父高乙为监护人。2019 年高甲与陈小美经人介绍认识，同年 12 月陈小美以其双胞胎妹妹陈小丽的名义与高甲登记结婚，2012 年生育一子高小甲。2021 年高乙得知儿媳的真实姓名为陈小美，遂向法院起诉。诉讼期间，陈小美将一直由其抚养的高小甲户口迁往自己原籍，并将高小甲改名为陈龙，高乙对此提出异议。下列哪一选项是正确的？（　　　）（2017 年国家司法考试试题）[1]

A. 高甲与陈小美的婚姻属无效婚姻

B. 高甲与陈小美的婚姻属可撤销婚姻

C. 陈小美为高小甲改名的行为侵害了高小甲的合法权益

D. 陈小美为高小甲改名的行为未侵害高甲的合法权益

（二）多项选择题

1. 甲与乙登记结婚 3 年后，乙向法院请求确认该婚姻无效。乙提出的下列哪些理由可以成立？（　　　）（2011 年国家司法考试试题改编）

A. 乙登记结婚的实际年龄离法定婚龄相差 2 年

B. 甲与乙是表兄妹关系

C. 甲以揭发乙父受贿为由胁迫乙结婚

D. 乙发现甲与其结婚时已有配偶

2. 2025 年修订的现行《婚姻登记条例》在总则中新增了哪些理念和要求？（　　　）

A. 提升婚姻登记服务水平

B. 治理高额彩礼问题

C. 加强婚姻家庭辅导服务体系建设

D. 保障婚姻登记工作人员的职业培训

E. 婚姻登记不得收取费用

二、判断分析题

1. 当事人向人民法院请求确认婚姻无效的，申请时，法定的无效婚姻情形已经消失的，人民法院不予支持。

2. 借婚姻索取财物是在婚姻自主的情况下一方当事人的行为，它与买卖婚姻不同，因此不属于违法行为。

三、简答题

1. 简述彩礼与普通赠与的区别。

2. 简述双方均无配偶的同居关系析产纠纷中对同居期间所得财产的处理方法。

---

[1]　由于我国《民法典》于 2021 年 1 月 1 日起施行，为适用《民法典》分析相关法律问题，此试题中当事人起诉或事件的发生时间被更改为 2021 年 1 月 1 日之后，特此说明。

四、论述题

1. 试论事实婚姻与非婚同居关系的认定与处理。

2. 试论无效婚姻的相对性与可逆性。

五、案例分析题

原告肖某（女，23 周岁）与被告温某（男，22 周岁）系同村村民，2023 年 1 月双方确定恋爱关系。2023 年年底，双方协商结婚事宜。2024 年 1 月 18 日，肖某与温某双方亲自到当地的婚姻登记机关办理结婚登记，因未提交二人的结婚合影照片，当日未能领取结婚证。同年 1 月 20 日双方因彩礼问题发生争执，肖某提出悔婚，温某表示同意。同年 1 月 22 日肖某从温某处取回结婚证，却发现结婚证男方持证人的姓名不是温某，而是温某其兄。原告肖某遂于同年 1 月 28 日，诉至当地县法院要求确认其与温某的婚姻无效。

请问：

1. 肖某与温某的夫妻关系是否建立？

2. 人民法院对此案能否受理？

3. 此案依法应当如何处理？

 阅读参考文献

1. 杨大文、龙翼飞主编：《婚姻家庭法》，中国人民大学出版社 2020 年版。

2. 陈苇主编：《当代中国内地与港、澳、台婚姻家庭法比较研究》，群众出版社 2012 年版。

3. 蒋月：《20 世纪婚姻家庭法：从传统到现代化》，中国社会科学出版社 2015 年版。

4. 王歌雅主编：《中国民法典 婚姻家庭编释论》，法律出版社 2022 年版。

5. 郭明瑞：《家事法通义》，商务印书馆 2022 年版。

6. 最高人民法院民事审判第一庭编：《最高人民法院民事审判第一庭裁判观点 婚姻家庭卷》，人民法院出版社 2023 年版。

第五章

婚姻的效力

✤学习的内容和重点

通过本章的学习，要求学生把握婚姻的效力、夫妻人身关系、夫妻财产制、夫妻扶养义务等基本概念，了解夫妻财产制的分类及夫妻继承权，重点把握我国现行夫妻财产制的内容。

 **导入案例**

陈男是某市运动员，与外企职工张女于 2019 年 2 月结婚。婚后次年，张女生育一子后，即辞职回家从事家务，相夫教子。2025 年 3 月，因夫妻双方感情不和，陈男提出要求与张女离婚。张女同意离婚，但对于婚姻期间所得财产的分割与陈男争执不下，陈男遂向法院提起离婚诉讼。

法院审理查明：夫妻双方对婚姻期间的财产关系无约定。在结婚时，陈男的父母曾与陈男签订赠与协议指明赠与儿子陈男一套 100 平方米的住房。在婚姻期间，夫妻有存款 25 万元，双方用工资收入购置了一套 140 平方米的商品住房。此外，陈男参加全国性比赛获得 2 枚金牌、奖金 20 万元。

请问：离婚时对婚姻当事人双方争执的存款、住房、金牌、奖金等应如何处理？为什么？

第一节　婚姻效力概述

一、婚姻效力的概念

婚姻效力是指男女因结婚而产生的法律约束力或法律后果。它随婚姻关系的确立而发生，并随婚姻关系的消灭而终止。

婚姻的效力，有广义和狭义之分。广义的婚姻效力，指婚姻成立后在婚姻家庭法及其他相关部门法中产生的法律后果。例如，《民法典》、2023 年修正的《刑法》、2023 年修正的《民事诉讼法》和现行的《刑事诉讼法》《劳动法》《国籍法》等部门法中都有涉及婚姻效力的规定。狭义的婚姻效力，仅指婚姻在婚姻家庭法上的效力。其又可分为婚姻的直接效力和间接效力。前者指因婚姻而产生的夫妻间的权利义务关系；后者指婚姻引起的其他亲属间的权利义务关系。本章阐述的婚姻效力，专指婚姻的直接效力，即夫妻间的权利义务关系。

婚姻的直接效力，从性质上可分为两个方面：①婚姻在身份法上的效力；②婚姻在财产法上的效力。从国外立法看，前者包括夫妻的姓名权、同居义务、忠实义务、婚姻住所决定权及日常家事代理权等；后者包括夫妻财产制、夫妻扶养义务和夫妻继承权，其中夫妻财产制的内容包括夫妻财产的归属、管理和使用、收益及处分等权利，家庭生活费用的负担和夫妻债务的清偿，以及各种夫妻财产制的设立、变更和终止等法律规定。

夫妻关系即夫妻法律关系，它是夫妻之间权利和义务的总和。夫妻关系的内容包括人身关系和财产关系两个方面。人身关系指与夫妻的身份相联系而不具有经济内容的权利义务关系。财产关系指夫妻间具有经济内容的权利义务关系。夫妻人身关系决定夫妻财产关系，夫妻财产关系从属于夫妻人身关系。[1]

在我国，2001年修正后的《婚姻法》有关婚姻效力的规定，主要集中在第13~20条，以及第3、4、9、24条的有关规定。其内容有夫妻人身关系和财产关系两个方面：夫妻人身关系的内容包括夫妻姓名权、夫妻人身自由权、婚姻住所决定权、计划生育义务，以及倡导夫妻应当相互忠实等；夫妻财产关系的内容主要包括夫妻财产制、夫妻扶养义务、夫妻继承权。《婚姻法解释（一）》第17条间接承认了夫妻日常家事代理权。2001年《人口与计划生育法》第17条规定公民（包括夫妻）有生育权，并对有关夫妻计划生育的权利义务予以规定。2021年修正后的《人口与计划生育法》第17条继续沿用原第17条的规定。《婚姻法解释（二）》增补规定了夫妻结婚前为结婚而赠与对方的彩礼之归属、夫妻共同财产中其他应当归夫妻共同所有的财产的范围、离婚时对婚姻期间夫妻一方或双方取得的某些特殊财产的分割，包括：知识产权的收益、军人的复员费和自主择业费、股票、债券、投资资金份额、股权及合伙财产份额、独资企业财产、房屋产权等，以及当事人结婚前父母为双方购房的出资款的赠与性质、离婚时夫妻个人债务的清偿及夫妻对共同债务的连带清偿责任等。[2]《婚姻法解释（三）》进一步对婚内夫妻一方请求分割共同财产的法定条件、夫妻一方个人财产在婚后的孳息及自然增值的归属、婚前或婚后婚姻当事人之间约定的赠与之撤销、婚后父母出资为子女购买的不动产之归属、夫妻的生育纠纷之处理、夫妻一方婚前首付款购买在婚后以共同财产还贷的不动产之归属、夫妻一方擅自出售夫妻共有房屋的效力、夫妻婚后以共同财产购买的以一方父母名义参加房改的房屋之归属、夫妻一方养老金期待利益之归属、夫妻之间借款协议的效力等作出了具体的规定。

《民法典》婚姻家庭编对于婚姻效力的规定，以2001年修正的《婚姻法》有关婚姻效力的规定为基础进行了修改补充，主要集中在第1055~1066条，以及第1042、1043、1050条的规定。这些条文涉及夫妻人身关系和财产关系两个方面的内容。首先，在夫妻人身关系方面，包括夫妻姓名权、夫妻人身自由权、婚姻住所约定权、夫妻对子女享有的平等权利和义务、夫妻日常家事代理权、夫妻应当相互忠实等内容。与2001年修正的《婚姻法》相比，《民法典》婚姻家庭编对夫妻人身关系方面修改补充的主要内容如下：其一，基于生育政策的改变以及我国人口形势的需求，删除了计划生育义务；其二，首次将"优良家风"

---

[1] 有关当代中国内地与港、澳、台夫妻关系法的发展趋势研究，参见陈苇主编：《当代中国内地与港、澳、台婚姻家庭法比较研究》，群众出版社2012年版，第295~300页。

[2] 参见《婚姻法解释（二）》第10~27条。有关《婚姻法解释（二）》对我国夫妻财产制的新发展之研究，参见陈苇："论我国夫妻财产制的新发展及其立法完善"，载梁慧星主编：《民商法论丛》（第36卷），法律出版社2006年版，第240~259页；And see Chen Wei, "Recent Developments in the Marital Property System of the People's Republic of China", The International Survey of Family Law, 2006 Edition, Published on behalf the International Society of Family Law in May 2006, Printed and Bound in Great Britain by Antony Rowe Limited, Chippenham, Wiltshire, pp. 145~164.

纳入立法规范中，提倡家庭应当树立优良家风，夫妻应当相互关爱；其三，夫妻平等享有和共同承担对未成年子女抚养、教育和保护的权利与义务；其四，增补夫妻日常家事代理权及其限制。其次，在夫妻财产关系方面，包括夫妻财产制、夫妻个人财产和共同债务的认定、婚内夫妻共同财产的分割、夫妻扶养义务和夫妻继承权等内容。与 2001 年修正的《婚姻法》相比，《民法典》婚姻家庭编对夫妻财产关系方面修改补充的主要内容如下：其一，明确婚姻期间夫妻一方的劳务报酬、投资收益为夫妻共同财产；其二，吸收 2018 年《涉及夫妻债务纠纷案件适用法律解释》的规定，明确了夫妻共同债务的认定规则；其三，以《婚姻法解释（三）》第 4 条[1]为基础，增补婚姻期间夫妻一方请求分割共同财产的两种法定情形。这些标志着我国夫妻财产制的最新发展。为指导司法实践，最高人民法院的《婚姻家庭编解释（一）》对《民法典》婚姻家庭编有关婚姻效力规定的具体适用做出了规定。

二、《民法典》婚姻家庭编对夫妻法律地位的规定[2]

《民法典》婚姻家庭编第 1055 条规定："夫妻在婚姻家庭中地位平等。"这是男女平等原则的具体体现，是对夫妻法律地位的原则性规定。《民法典》婚姻家庭编对夫妻关系的其他具体规定，都体现了这一原则的精神。夫妻是家庭的基本成员，只有在家庭地位平等的基础之上，才能平等地行使权利，平等地履行义务。实现夫妻在家庭中的地位平等，有利于消除夫权统治和家长专制等封建残余的影响，建立互相忠实、互相尊重的夫妻关系。

根据《民法典》婚姻家庭编规定的精神，夫妻在人身关系和财产关系两个方面的权利和义务都是完全平等的。法律不允许夫妻任何一方只享受权利而不尽义务，或者只尽义务而不享受权利。

夫妻在家庭中地位平等，既是确定夫妻间权利和义务的总原则，也是处理夫妻间权利和义务纠纷的基本依据。对于夫妻间的权利和义务纠纷，《民法典》有具体规定的，应按具体规定处理；无具体规定的，则应按夫妻在家庭中地位平等原则的精神予以处理。

第二节　夫妻人身关系

关于夫妻人身关系，在我国，1980 年《婚姻法》规定有夫妻的姓氏权、人身自由权、婚姻住所决定权、计划生育义务等四个方面内容。2001 年修正的《婚姻法》新增规定，夫妻应当互相忠实。《婚姻法解释（一）》第 17 条的规定间接承认了夫妻的日常家事代理权。2001 年《人口与计划生育法》和 2015 年修正的《人口与计划生育法》都对公民（包括夫妻）有生育权以及其他有关夫妻计划生育的权利义务进行了规定。2011 年《婚姻法解释（三）》对夫妻的生育纠纷之处理作出了规定。《民法典》婚姻家庭编对夫妻人身关系的内容做出了新的修改补充：一是删除了计划生育义务；二是提倡家庭应当树立优良家风，

---

〔1〕《婚姻法解释（三）》第 4 条："婚姻关系存续期间，夫妻一方请求分割共同财产的，人民法院不予支持，但有下列重大理由且不损害债权人利益的除外：（一）一方有隐藏、转移、变卖、毁损、挥霍夫妻共同财产或者伪造夫妻共同债务等严重损害夫妻共同财产利益行为的；（二）一方负有法定扶养义务的人患重大疾病需要医治，另一方不同意支付相关医疗费用的。"

〔2〕关于夫妻关系立法的演变，参见陈苇主编：《婚姻家庭继承法学》，群众出版社 2005 年版，第 107～109 页。

夫妻应当相互关爱；三是明确夫妻双方平等享有对未成年子女抚养、教育和保护的权利，共同承担对未成年子女抚养、教育和保护的义务；四是增补夫妻间的日常家事代理权及其对第三人的效力。

一、夫妻的姓名权

姓名权是自然人依法享有的决定、使用、改变自己姓名的权利，它是人格权的重要组成部分，是一项重要的人身权利。有无姓名权是有无独立人格的重要标志，姓名权的行使既包含对姓氏的决定权，也包含对名字的决定权。夫妻的姓氏作为婚姻的效力之一，主要是基于姓氏在传统习惯上具有特殊意义。有的认为，姓是血缘的代表符号，为尊重血统，应采姓氏不因结婚而改变的原则；有的认为，姓是一个家族的代号，为保持婚姻共同体的同一性，应采取夫妻同一婚姓的原则；有的认为，姓仅是个人的代号，为尊重当事人的意思，应实行夫妻既可以夫妻一方的姓为共同婚姓，也可各自保持其本来之姓。正由于结婚可能使夫妻的姓氏发生变化，所以夫妻的姓氏被法律规定为婚姻的效力之一。

从我国古代的婚姻习俗来看，夫妻结婚后，一般会影响妻子的姓氏，但不影响妻子的名字。在我国封建社会，婚姻多实行男娶女嫁，女子婚后即加入夫宗，冠以夫姓而丧失其独立的姓氏（但赘夫则冠以妻姓）。到民国时期，1930 年 "民法亲属编" 第 1000 条亦规定："妻以其本姓冠以夫姓，赘夫以其本姓冠以妻姓，但当事人另有订定者不在此限。" 这里虽有但书的规定，但仍带有明显的封建残余。直至 1998 年 6 月 17 日我国台湾地区当局修正 "民法亲属编"，修正后的第 1000 条规定："夫妻各保有其本姓。但得书面约定以其本姓冠以配偶之姓，并向户政机关登记。冠姓之一方得随时回复其本姓。但于同一婚姻关系存续中以一次为限。" 即我国台湾地区立法规定的是夫妻姓氏权。

1949 年中华人民共和国成立后，先后颁布的 1950 年《婚姻法》、1980 年《婚姻法》、2001 年修正的《婚姻法》均规定 "夫妻双方都有各用自己姓名的权利"。《民法典》第 1056 条规定 "夫妻双方都有各自使用自己姓名的权利。" 可见，《民法典》继续沿用原来的规定，仅作了个别文字上的修改。这里虽然是夫妻并提，但其针对的主要是保护已婚妇女的姓名权。这体现了男女平等原则，有利于破除旧的习俗和法律。当然，此规定并不妨碍夫妻就姓名问题另作约定。只要夫妻双方自愿达成一致的协议，无论是夫妻别姓（各用自己的姓氏）、夫妻同姓（妻随夫姓或夫随妻姓）或相互冠姓，法律都是允许的。

夫妻享有平等的姓名权对子女姓氏的确定有重要意义。《民法典》第 1015 条规定："自然人应当随父姓或者母姓，但是有下列情形之一的，可以在父姓和母姓之外选取姓氏……" 即子女的姓氏，可以由父母双方协商确定。在我国，奴隶社会和封建社会中，子女从来都是从父姓，这是宗法制度对姓氏问题的必然要求。民国时期的 1930 年 "民法亲属编" 也以子女从父姓、赘夫之子女从母姓为一般原则。[1]《民法典》对子女姓氏的规定，体现了夫妻双方法律地位平等的精神，有利于改变子女只能从父姓的旧传统，有利于破除以男系为中心的宗法制度的残余影响。

二、夫妻的人身自由权

夫妻有人身自由权是夫妻家庭地位平等的重要标志。在旧中国，妇女受 "男女有别" "男外女内" "三从四德" 等封建礼教的束缚，只能从事家务，侍奉丈夫和公婆，没有参加

---

　　[1]　关于我国台湾地区 "民法" 对子女姓氏的立法于 1985 年、2007 年和 2010 年进行的三次修订，参见高凤仙：《亲属法理论与实务》，五南图书出版股份有限公司 2017 年版，第 244~256 页。

工作和社会活动的权利，完全丧失了人身自由，成为家庭奴隶。这不仅摧残了妇女本身，也阻碍了社会经济的发展。

1949 年中华人民共和国成立后，1950 年《婚姻法》第 9 条规定，夫妻双方均有选择职业、参加工作和参加社会活动的自由。1980 年《婚姻法》第 11 条进一步规定，夫妻双方都有参加生产、工作、学习和社会活动的自由，一方不得对他方加以限制或干涉。2001 年修正的《婚姻法》第 15 条沿用此规定。《民法典》婚姻家庭编第 1057 条规定："夫妻双方都有参加生产、工作、学习和社会活动的自由，一方不得对另一方加以限制或者干涉。"可见，只有个别文字修改，《民法典》仍然沿用的原婚姻法规定。此规定既是夫妻地位平等的标志，又为夫妻平等地行使权利和承担义务提供了法律保障。夫妻双方都有参加生产、工作、学习和社会活动的自由。此规定适用于夫妻双方，任何一方都有权参加生产、工作、学习和社会活动，另一方不得对他方行使该项人身自由权利进行限制或干涉。但就其针对性而言，主要是为了保障已婚妇女享有参加生产、工作、学习和社会活动的自由权利，防止丈夫限制或干涉妻子的人身自由。目前，我国妇女在政治、经济、文化和婚姻家庭等方面获得了与男子平等的地位，在社会生产劳动中发挥了重要作用。但在现实生活中，由于男女在经济、文化等方面仍存在着事实上的差距，在一些家庭的夫妻关系中，封建夫权思想的残余影响还仍然存在，有的丈夫对妻子的人身自由常常加以限制。因此，进一步破除封建思想的残余影响，保障已婚妇女的人身自由具有积极意义。

必须指出，夫妻双方都必须正当行使上述人身自由权，不得滥用权利损害他方和家庭的利益。任何一方在行使该项权利时，都必须同时履行法律规定的自己对婚姻家庭承担的义务。如果夫妻任何一方不当行使该项权利，对方有权提出意见，进行必要的劝阻。应当把善意的帮助、建议与非法的限制、干涉区别开来。

三、夫妻的婚姻住所决定权

所谓婚姻住所，是指夫妻婚后共同居住和生活的场所。婚姻住所决定权，是指选择、决定夫妻婚后共同生活住所的权利。对于夫妻婚后共同生活的居所由谁决定，古今中外立法有所不同。在奴隶社会和封建社会，夫妻关系是男尊女卑，夫为妻纲，妻子从属于丈夫。婚姻住所的决定权亦专属于丈夫，实行"妻从夫居"的婚居方式。到资本主义社会，资本主义国家早期立法仍将婚姻住所决定权片面地授予丈夫。如 1804 年《法国民法典》第 214 条规定，妻以夫之住所为住所。妻对于夫仍处于从属地位。随着社会发展，一些资本主义国家先后修改立法，规定婚姻住所由夫妻共同决定。如《法国民法典》1975 年修改后的第 215 条第 2 款规定："家庭的住所应设在夫妻一致选定的处所。"在社会主义国家，基于男女平等原则，法律规定夫妻双方平等地享有婚姻住所决定权。

在我国，1980 年《婚姻法》第 8 条明确规定："登记结婚后，根据男女双方约定，女方可以成为男方家庭的成员，男方也可以成为女方家庭的成员。"2001 年修正的《婚姻法》第 9 条将 1980 年《婚姻法》第 8 条"……男方也可以成为女方家庭的成员"的规定，删除了"也"字，修改为"……男方可以成为女方家庭的成员"，以进一步体现了夫妻双方平等地享有婚姻住所决定权，《民法典》第 1050 条继续沿用此规定。从其立法精神看，是提倡男方成为女方家庭成员，这是对我国传统的"妇从夫居"婚姻居住方式的一项重要改革。

这一规定的含义有二：

（1）登记结婚后，夫妻双方平等地享有婚姻住所决定权。对于婚后夫妻共同生活的住所的选择，应由夫妻双方自愿约定。一方不得强迫另一方，第三人也不得干涉。

（2）夫妻双方享有互为对方家庭成员的约定权。登记结婚后，根据男女双方约定，女方可以成为男方家庭的成员，即"女到男家落户"，妻从夫居；男方可以成为女方家庭的成员，即"男到女家落户"，夫从妻居。对于结婚时的约定，婚后也可以通过协商加以变更。当然夫妻婚后也可另组新家庭，不加入任何一方原来的家庭，即从新居。这里必须明确，一方成为对方家庭成员后，他（她）与对方的亲属间只是姻亲关系，并不因此而产生法律上的权利和义务。

男到女家落户的婚姻与旧式的"入赘婚"有本质区别。所谓入赘婚，又称赘婿婚，指婿入妻家所成的婚姻。由于赘婚为"家贫无聘财，不能娶妇，及身入妇家作质"[1]，即所谓"家贫子壮出为赘"。在以男系为中心的封建宗法制度下，入赘违反了男娶女嫁、妇从夫居的通例，故赘婿在社会上和家庭中受到歧视，被称为"无能小子"。旧式"入赘婚"与男到女家落户的婚姻主要有如下区别：

（1）两者的性质和目的不同。"入赘婚"是在以男系为中心的宗法制度下，女方家庭招赘婿以达到传宗接代的目的。男到女家落户的婚姻，是在社会主义男女平等原则的基础上，提倡男到女家落户，其目的主要是树立新型的婚姻家庭观和生育观，解决有女无儿户的实际困难，促进计划生育。

（2）两者产生的条件和法律地位不同。"入赘婚"往往是男子被迫的行为，即所谓"家贫子壮出为赘"，其夫妻法律地位也不平等，赘夫往往受到社会和女家的歧视。男到女家落户的婚姻，是男女双方协商自愿选择婚姻住所的结果，其夫妻法律地位平等，男方在社会上和女家不受歧视。

四、夫妻的日常家事代理权

《民法典》婚姻家庭编新增规定了夫妻的日常家事代理权，填补了我国此方面的立法空白。《民法典》第1060条规定："夫妻一方因家庭日常生活需要而实施的民事法律行为，对夫妻双方发生效力，但是夫妻一方与相对人另有约定的除外。夫妻之间对一方可以实施的民事法律行为范围的限制，不得对抗善意相对人。"此夫妻日常家事代理权，其范围为"因家庭日常生活需要而实施民事法律行为"，即不再局限于原《婚姻法解释（一）》第17条第1项规定的"处理夫妻共同财产"。并且还增加规定了家事代理权对第三人的效力，以保护善意第三人的利益。虽然此规定没有直接使用"家事代理权"的用语，但结合《民法典》规定的夫妻日常家事代理权行为的范围及效力，可以从以下方面理解与适用夫妻日常家事代理权。

（一）夫妻日常家事代理权的概念

夫妻日常家事代理权，又称夫妻家事代理权，是指夫妻一方因家庭日常生活需要与第三人为一定民事法律行为，对夫妻双方生效的互为代理的权利，但另有约定的除外。即夫妻对于日常家庭事务互为代理人，互有代理权；代理所处理的事项仅是指与家庭日常生活相关的事务；被代理方须对代理方从事日常家事行为所产生的债务承担连带责任，但夫妻一方与相对人另有约定的除外。

（二）夫妻家事代理权行使的主体

根据《民法典》第1060条规定，夫妻一方因家庭日常生活需要而实施的民事法律行为，对夫妻双方发生效力。因此，家事代理权的行使主体是特定的，即日常家事代理权的

---

[1]　陈鹏：《中国婚姻史稿》，中华书局1990年版，第741、742页。

权利主体仅限于具有合法婚姻关系的夫妻。关于没有办理结婚登记而以夫妻名义共同生活的男女，能否成为家事代理权的主体？应当根据《婚姻家庭编解释（一）》第 7 条的规定，实行区别对待：如果属于符合事实婚姻条件的双方当事人，因系比照合法婚姻对待，则互有家事代理权；反之，如果属于同居关系的双方当事人，因无合法婚姻关系，则互无家事代理权。[1]

（三）夫妻家事代理权行使的范围

根据《民法典》规定，夫妻的家事代理权行使的范围限于因"家庭日常生活所需要实施的民事法律行为"。通常可以概括称为"日常家庭事务"或"日常家事"，是指建立在家庭生活的日常性和必要性的基础上，用于满足家庭成员物质生活和精神生活之需的家庭事务。根据国家统计局的有关统计资料，把我国城乡居民家庭消费的种类分为八大类，包括：食品、衣着、家庭设备用品及维修服务、医疗保健、交通通信、文娱教育及服务、居住、其他商品及服务。所以我国家庭日常生活需要的范围，可以参考以上家庭消费八大类的分类，结合夫妻共同生活和经济收入的实际情况以及当地的生活习惯来确定。[2] 例如，日常家庭生活中需要发生的衣食住行（包括子女抚养、老人赡养）、教育、医疗、保健、文化娱乐、雇佣家务服务人员等可认定为家庭日常生活事务。判断某一事项是否属于日常家庭生活需要，应当从夫妻共同生活的状态（如夫妻双方的职业、身份、资产、收入、兴趣、家庭人数等）与当地一般社会生活习惯结合进行认定。凡民事法律行为超出家庭日常生活需要事务范围的，家事代理权则不再适用。[3]

（四）夫妻家事代理权的行使方式及其限制

家事代理权基于夫妻关系产生，不以夫妻一方明示为必要，具有法定代理权的性质。[4] 夫妻家事代理权的行使，不同于一般民事代理权的行使，无论是委托代理或法定代理，代理人都必须以被代理人的名义实施民事法律行为。而夫妻一方在日常家事范围内行使家事代理权时，既可直接以自己的名义、也可以夫妻他方的名义或夫妻双方的名义行使。

---

〔1〕　根据《婚姻家庭编解释（一）》第 7 条规定，未办理结婚登记而以夫妻名义共同生活的男女，起诉到人民法院要求离婚的，应当区别对待：（一）1994 年 2 月 1 日民政部《婚姻登记管理条例》公布实施以前，男女双方已经符合结婚实质要件的，按事实婚姻处理。（二）1994 年 2 月 1 日民政部《婚姻登记管理条例》公布实施以后，男女双方符合结婚实质要件的，人民法院应当告知其在案件受理前补办结婚登记；未补办结婚登记的，属于同居关系。

〔2〕　黄薇主编：《中华人民共和国民法典婚姻家庭编释义》，法律出版社 2020 年版，第 70 页。

〔3〕　对于家庭日常生活需要的判断，我国有法律实务工作者提出，家事代理权的行使范围，应该从以下方面判断：一是适用家事代理权的民事法律行为应限于纯粹的财产性行为，如购买家庭日常生活的物品或服务等。涉及收养等身份行为或具有较强人身性的财产交易行为，则不应属于家事代理权的适用对象。二是家事代理所涉及的民事法律行为生成或指向的利益最终归属于夫妻团体或家庭成员，或者直接以家庭或家庭成员为交易行为的受益对象。如夫妻一方以子女教育或娱乐为目的而与第三人订立合同的行为，其法律后果自然应由夫妻双方连带负担。三是综合衡量构成"日常家事"行为的核心要素，包括交易所涉标的金额大小、购买或处分财产的价值与家庭收入间的比例关系、行为目的与家庭事务的关联程度等。四是处理紧急性重大家庭事务的行为应当视为日常家事代理行为，适用家事代理权规则。在某些急迫情形下，即使是超出"日常家事"一般性标准的民事法律行为也应赋予其家事代理的法律效果。参见肖明明："日常家事代理行为的要件与判定"，载《人民法院报》2018 年 2 月 7 日第 007 版。

〔4〕　作为法定代理权的家事代理权，与一般的法定代理权之区别主要有四点：设立的目的不同，权利的范围不同，权利的行使方式不同，权利消灭的原因不同。参见梁慧星主编：《中国民法典草案建议稿附理由：亲属编》，法律出版社 2013 年版，第 93~94 页。

并且，为便于满足家庭日常生活的需要，夫妻之间一般对于一方行使家事代理权是没有设立限制的。但在特殊情况下，为防止夫妻一方滥用家事代理权，夫妻一方对于夫妻他方行使家事代理权可设立一定的限制。为保护第三人的利益和交易安全，《民法典》第 1060 条第 2 款规定此限制不能对抗善意相对人。

（五）夫妻家事代理权行使的法律效力

家事代理权行使的法律效力，是指家庭中的夫妻一方因家庭日常生活需要与第三方发生的民事法律行为，该行为对夫妻中的另一方以及相关利害关系人所形成的法律上的约束力。此法律约束力分为对内法律效力和对外法律效力：

第一，行使夫妻家事代理权的对内法律效力。根据《民法典》的规定，夫妻互有家事代理权，夫妻任何一方行使家事代理权，除夫妻一方与相对人另有约定外，该行为的法律效力都会及于夫妻另一方，此即其对内法律效力。夫妻一方行使家事代理权的对内法律效力包括：所获权利由夫妻双方共同享有，所生义务也由夫妻双方共同承担。如有法律责任，则夫妻双方承担连带责任。但是，如果夫妻一方在行使家事代理权时与第三人另有约定的，则法律效力依其约定。

第二，行使夫妻家事代理权的对外法律效力。根据《民法典》的规定，夫妻在行使家事代理权时，一方对另一方可以实施的民事法律行为范围的限制，不得对抗善意相对人。因为，夫妻之间约定行使家事代理权的限制，一般不为第三人知晓。为保护善意第三人的利益，故《民法典》规定夫妻之间关于家事代理权的约定，不得对抗善意相对人。也就是说，夫妻一方行使家事代理权时，该民事法律行为会因第三人的主观是否"善意"会产生不同的法律效力，此即对外法律效力。此对外法律效力包括：其一，如第三人主观为善意，不知夫妻一方滥用家事代理权或超越代理权限范围行使家事代理行为，并且第三人有证据证明或有合理的理由确信夫妻一方有代理权时，则该家事代理行为有效，第三人可以要求夫妻双方对家事代理行为的后果承担连带责任。其二，如第三人主观上为恶意，明知夫妻一方的行为系滥用或超越权限范围而为的代理行为，仍与其为法律行为，则该家事代理行为对该第三人具有法律效力。但对夫妻另一方不具有法律效力而不使另一方承担连带责任。

综上所述，夫妻家事代理权之法律效力的理解，必须明确以下两点：第一，在对内效力上，夫妻一方因日常家庭生活需要所为的所有民事法律行为，不需要第三人举证证明夫妻一方已经获得夫妻他方的授权，即对夫妻双方内部均发生法律效力。但法律也尊重当事人的意思自治，如夫妻一方与第三人已约定民事法律行为属于双方个人行为的，则仅对夫妻一方与该第三人发生法律效力，而对夫妻另一方不发生法律效力。第二，在对外效力上，夫妻日常家事代理制度的重要作用之一，就是保护与夫妻一方交易的外部善意第三人的合理信赖利益。此处保护的善意第三人是夫妻一方因日常家庭生活需要与其实施民事法律行为的相对人；如果夫妻一方实施的不属于日常家庭生活需要的民事法律行为，则一般适用表见代理规则，该第三人需要证明为夫妻双方共同的意思表示，否则不能对没有直接实施民事法律行为的夫妻他方发生法律效力。[1]

五、夫妻的同居义务与忠实义务

关于夫妻的同居义务与忠实义务，我国 1950 年、1980 年前后两部《婚姻法》均无规

---

〔1〕 参见最高人民法院民法典贯彻实施工作领导小组主编：《中华人民共和国民法典婚姻家庭编理解与适用》，人民法院出版社 2020 年版，第 139~141 页。

定。2001 年修正的《婚姻法》第 4 条增加了"夫妻应当互相忠实，互相尊重"的规定。《民法典》第 1043 条在沿用《婚姻法》第 4 条规定的基础上，增加"家庭应当树立优良家风，弘扬家庭美德，重视家庭文明建设"的规定，同时对夫妻关系新增"互相关爱"的规定。这弘扬了社会主义核心价值观，体现了法治与德治相结合，从法律制度层面进一步倡导弘扬家庭美德，维护互相忠实、互相尊重、互相关爱的夫妻关系。但对夫妻的同居义务仍未作出规定。

（一）夫妻的同居义务与忠实义务的概念

1. 夫妻同居义务的概念。夫妻同居义务，从国外立法的规定看，指夫妻婚后互负共同生活的义务，但有不能同居的正当理由的，不在此限。

2. 夫妻忠实义务的概念。夫妻忠实义务，从国外立法的规定看，大体有狭义的与广义的两种解释。狭义的夫妻忠实义务，主要指夫妻贞操义务，也就是夫妻婚后互负专一的性生活义务，不得为婚外性行为。广义的夫妻忠实义务，除指夫妻贞操义务外，还包括不得恶意遗弃配偶，以及不得为第三人的利益而损害或牺牲配偶他方的利益。[1] 但须注意，在社会学的解释上，夫妻相互忠实是指夫妻婚后共同生活中在感情上和性生活两方面的相互诚实、专一。

（二）夫妻的同居义务与忠实义务的性质

婚姻关系是以"人伦秩序为基础"的亲属身份关系。[2] 夫妻结婚后应当在一起共同生活，以享受婚姻的权利，并承担婚姻的义务。夫妻同居义务是基于婚姻成立而当然产生的夫妻间的本质性义务。因为，夫妻共同生活是婚姻关系得以维系的基本条件。自人类社会进入个体婚时代以来，夫妻互相忠实，是维护一夫一妻制、保证夫妻共同生活圆满幸福的基本要求。由于婚姻关系具有伦理性，它既要受法律调整，也要受道德规范。事实上，并非夫妻在婚姻生活中的一切行为都是由法律调整的，道德也是调整夫妻婚姻生活的重要行为规范。婚姻关系作为一种人伦秩序，夫妻在婚姻生活中的许多行为都是由道德来规范的。在近现代社会，虽然不同类型国家的婚姻道德不尽相同，但在不少实行一夫一妻制的国家，占主导地位的婚姻道德都要求夫妻之间互负同居义务与忠实义务，以维护婚姻家庭关系的稳定。婚姻家庭关系既是伦理关系，也是一种民事法律关系，婚姻家庭中的权利义务，既须道德规范，也须法律规范，两者是相辅相成的。[3] 如果立法者基于维护一夫一妻制婚姻关系的意旨，把夫妻互负同居义务与忠实义务的道德要求上升为立法，并明确规定了违反夫妻同居义务与忠实义务的法律后果，它们就变成了法定义务。也就是说，夫妻互负同居义务与忠实义务，一般来说是婚姻道德的要求。但如果通过立法规定了夫妻的同居义务与忠实义务，并且违反这些义务的严重行为将承担相应的法律责任，则其就已转变成为法定义务。否则，如果夫妻忠实义务仅属道德义务而非法定义务，那么严重违反夫妻忠

〔1〕　李志敏主编：《比较家庭法》，北京大学出版社 1988 年版，第 105 页。

〔2〕　陈棋炎、黄宗乐、郭振恭：《民法亲属新论》，三民书局 1995 年版，第 10～11 页。

〔3〕　参见陈苇："应建立离婚损害赔偿制度"，载李银河、马忆南主编：《婚姻法修改论争》，光明日报出版社 1999 年版，第 234 页。

实义务的行为者如我国的重婚者、有配偶者与他人同居者将承担法律责任就没有法理基础。[1]

（三）夫妻的同居义务与忠实义务之立法演变

在古代社会，一般实行妻从夫居。在家长制家庭中，夫妻地位是不平等的，妻子无独立的人格，必须服从丈夫。妻不得无正当理由擅自离开夫家。如《汉穆拉比法典》规定，如妻无正当理由离开夫家，要依法予以处罚。并且，该法仅片面地要求妻子承担贞操义务，如违反者则依法予以处罚。[2] 在古罗马，"妻子因违反配偶间的忠诚义务而受到为通奸行为规定的处罚"[3]。到近代社会，早期资本主义国家立法规定了夫妻同居义务与忠实义务。但从其规定的内容看，也是夫妻不平等的，尤其是在夫妻相互忠实问题上是对妻严、对夫宽。例如，根据1804年《法国民法典》第212、214、229、230条之规定，夫妻互负忠实义务，妻负与夫同居的义务。夫得以妻与他人通奸为由诉请离婚，而妻只能以夫与他人通奸，并在婚姻住所姘居为由诉请离婚。此外，在法律责任方面也是不平等的，夫通奸与妻通奸，各自承担的法律责任有轻重之不同。随着社会的发展及男女平等原则的贯彻，法国法删除了早期立法中对夫妻法律责任的差别规定。现代社会一些国家的立法亦规定为"夫妻互负忠实义务"。关于违反夫妻忠实义务的法律责任，由于此行为涉及第三人，故法律责任可分为两个方面：①夫妻中有过错方的法律责任。如夫妻一方违反夫妻忠实义务，无过错方除可以此为由提出离婚之诉外，还可以在离婚时请求对方给予精神损害赔偿。但对他方过错表示"宥恕"或超过一定期限者除外。[4] ②与有配偶者通奸或姘居的第三人的法律责任。有的国家如日本1979年的判例认为，第三人与有配偶者通奸或姘居，属对配偶他方的侵权行为，允许无过错的受害配偶向破坏他人婚姻家庭关系的第三人请求损害赔偿。[5] 在美国，北卡罗来纳州法院1997年8月5日作出了美国司法史上首次"第三者"受罚的判例。[6] 但世界上也有的国家，现在已不承认违反夫妻忠实义务要承担法律责任。例如，英国1970年修正《婚姻诉讼法》时，删除了1965年《婚姻诉讼法》中有关因通奸所产生的损害赔偿请求权的规定。[7] 但根据英国1971年《离婚改革法》第2条规定，夫妻一方与他人通奸且夫妻他方不能容忍与之共同生活，是证明婚姻关系破裂的法定情形之一。

----

〔1〕　在我国，有学者明确指出，婚姻家庭关系是私法关系，对婚外性关系的法律调整应当以"将该行为界定为侵害配偶权的行为，并辅之以相应的责任机制"的形式进行。参见刘引玲：《婚姻权利问题研究》，法律出版社2019年版，第330页。但目前我国仍有法律实务人士认为，《民法典》规定的夫妻忠实义务属于"道德规范的规定，属于倡导性的规定"。但其同时又承认违背夫妻忠实义务的，需要承担相应的法律责任，立法在民事法律责任、行政法律责任、刑事法律责任各个层面相配合，设计了对夫妻和睦关系侵害人的法律责任以及被侵害人权利救济的途径。参见最高人民法院民法典贯彻实施工作领导小组主编：《中华人民共和国民法典婚姻家庭编继承编理解与适用》，人民法院出版社2020年版，第35~36页。

〔2〕　《汉穆拉比法典》第129、132、133、143条，载《世界著名法典汉译丛书》编委会：《汉穆拉比法典》，法律出版社2000年版，第60~62页。

〔3〕　[意]彼德罗·彭梵得：《罗马法教科书》，黄风译，中国政法大学出版社1992年版，第146页。

〔4〕　关于此精神损害赔偿的侵权性质之学说，参见李洪祥、吕大可：《婚姻法律制度研究》，长春出版社2000年版，第143~145页。

〔5〕　罗丽："日本关于第三者插足引起家庭破裂的损害赔偿的理论与实践"，载《法学评论》1997年第3期。

〔6〕　"美国一妇女向第三者索赔百万美元"，载《民主与法制》1997年第21期。

〔7〕　丁保庆译：《英国婚姻诉讼法》（1965年）第41条，载任国钧、王瑞华编：《外国婚姻家庭法资料选编》，中国政法大学民法教研室1984年内部印刷，第49~51页。

（四）国外立法有关夫妻同居义务与忠实义务的规定

目前，国外一些国家立法对夫妻互负同居义务和忠实义务有明文规定，使其成为法定义务。例如，《法国民法典》（1970 年修订的法律）第 215 条规定："夫妻互负共同生活的义务。"第 212 条规定："夫妻互负忠实、帮助、救援的义务。"根据《德国民法典》第 1353 条第 1 款的规定，夫妻双方互负共同生活的义务，夫妻双方相互向对方负责；并于第 1314 条第 2 款第 5 项规定："如果婚姻双方在结婚时一致认为，其无意承担本法第 1353 条规定的义务，婚姻可以被撤销。"根据《瑞士民法典》第 159 条的规定，夫妻双方互负婚姻共同生活的义务。夫妻双方互负忠实及扶助的义务。《意大利民法典》第 143 条第 2 款规定："基于婚姻的效力，夫妻间互负忠实的义务、相互给予精神和物质扶助的义务、在家庭生活中相互合作和同居的义务。"

（五）我国立法对夫妻同居义务与忠实义务的态度

在我国，1950 年《婚姻法》第 7、8 条对夫妻共同生活关系也曾经作出规定："夫妻为共同生活的伴侣，在家庭中地位平等。""夫妻有互爱互敬，互相帮助……的义务。"这对于指导夫妻双方建立平等和睦的共同生活关系起了良好的作用。但我国 1980 年《婚姻法》对于夫妻共同生活关系即同居关系却未予规定，也没有夫妻互负同居义务和忠实义务的条款。而现实生活中如夫妻一方违背同居义务或忠实义务，往往导致夫妻因感情破裂而提出离婚，故 1989 年《认定夫妻感情确已破裂的意见》第 7、8 条规定，因感情不和分居已满 3 年，确无和好可能的，或者经人民法院判决不准离婚后又分居满 1 年，互不履行夫妻义务的；以及一方与他人通奸、非法同居等是诉请法院裁判离婚的法定事由之一。这表明我国间接地承认夫妻互有同居义务和忠实义务。由于该《婚姻法》对夫妻的同居义务和忠实义务尚无明文规定，故其性质属于道德义务。

必须肯定，1980 年《婚姻法》是对 1950 年《婚姻法》的继承和发展。它在夫妻人身关系方面的立法，反映了男女平等原则，体现了夫妻法律地位平等的要求，在一定历史时期和一定程度上满足了调整我国夫妻人身关系的需要。但由于当时社会条件的限制，该法有关夫妻人身关系的规定仍存在一些缺失。随着我国社会主义市场经济的发展，人们物质文化生活水平得到很大提高，人们的婚姻家庭观念也发生了很大变化。在新的形势下，夫妻人身关系方面出现了一些新情况新问题，如有些人婚姻家庭观念逐渐淡化，婚姻的排他性受到挑战，有配偶的人与他人姘居、重婚的现象增多。[1] 而 1980 年《婚姻法》在夫妻同居义务和忠实义务立法上的空白，使有配偶者重婚或与他人同居而导致离婚者，不能依法承担相应的民事责任。一些深受这些破坏婚姻家庭行为之害的离婚当事人，发出了强烈要求填补此立法漏洞的呼声。[2] 因此，2001 年修正的《婚姻法》根据男女平等和夫妻法律地位平等原则，适应调整婚姻家庭新情况的需要，总结司法实践经验，借鉴国外立法经验，新增第 4 条规定："夫妻应当互相忠实，互相尊重……"这是"从法律的角度，对夫妻提出的规范要求"，是"婚姻家庭道德规范的法律化"。[3]《民法典》第 1043 条在原婚姻

---

〔1〕　陈敏："浅谈婚姻家庭案件的特点及审理"，载《法学评论》1997 年第 5 期。

〔2〕　"'婚外恋'应受法律制约"，载《民主与法制》1997 年第 2 期；郑红霞："法律有没有漏洞？"，载《中国妇女》1997 年第 5 期。

〔3〕　全国人大常务委员会法工委研究室编：《中华人民共和国婚姻法实用问答》，中国物价出版社 2001 年版，第 18 页；胡康生主编：《中华人民共和国婚姻法释义》，法律出版社 2001 年版，第 16 页。

法规定为基础上补充规定为"夫妻应当互相忠实，互相尊重，互相关爱"。然而，对于夫妻的同居义务，2001 年修正的《婚姻法》以及《民法典》仍无规定，继续由道德予以规范。但《民法典》第 1079 条"因感情不和分居满二年"，调解无效的，为准予离婚的法定情形之一，以及新增的"经人民法院判决不准离婚后，双方又分居满一年，一方再次提起离婚诉讼的，应当准予离婚"的规定，表明我国法律已间接地承认了夫妻应当同居生活，互有同居的义务。我们认为，夫妻的同居生活是保障夫妻生活圆满幸福的基本要求，故建议我国借鉴外国立法经验，今后在对《民法典》修改补充时增补规定：夫妻互负同居生活的义务。但有不能同居生活的正当理由的，不在此限。[1]

必须指出，重婚、有配偶者与他人同居的行为，既严重违背了夫妻的忠实义务，又违反我国《婚姻法》的禁止性规定，往往可能导致离婚而破坏婚姻家庭，损害无过错配偶的合法权益。因此，在民事责任方面，2001 年修正的《婚姻法》增设了离婚损害赔偿责任。该法第 46 条规定，因重婚、有配偶者与他人同居，导致离婚的，无过错方有权请求赔偿。《民法典》第 1091 条在沿用原《婚姻法》此规定的基础上，对于因法定过错情形导致离婚的损害赔偿，新增了兜底条款，即"有其他重大过错"。也就是说，如果因该条列举的法定过错情形之外的其他重大过错导致离婚的，依据该兜底条款，无过错方也可以请求损害赔偿。这体现了对过错方的惩罚和对无过错方的权利救济，有利于对夫妻忠实义务的保障。[2]

此外，还须说明，在修改 1980 年《婚姻法》的过程中，对于立法是否应规定"夫妻的忠实义务"，我国有些学者持否定意见。他们认为，夫妻的忠实义务"是一项道德义务"，不应当由法律来规定。"夫妇间是否相互忠诚，应该是夫妇双方之间的私事，也只应由他们私下解决，而不应诉诸公堂，寻求公共权力的干预。"[3] 我们认为，诚然，夫妻忠实既包括思想感情上相互忠诚，又包括性行为的专一。夫妻在思想感情上相互忠诚，应当由道德来规范。因为思想感情不是法律调整的对象。但是，夫妻性行为的专一，则应由道德和法律共同来规范。婚姻家庭关系既是重要的伦理关系，又是重要的法律关系。在婚姻家庭领域，法律与道德的作用是相辅相成的，保护婚姻家庭是法律和道德的共同使命。所以，我国 2001 年修正的《婚姻法》在第 4 条增补规定"夫妻应当互相忠实"，同时在第 46 条规定，对严重违反夫妻忠实义务的重婚、有配偶者与他人同居而导致离婚的，无过错方配偶享有损害赔偿请求权。《民法典》第 1091 条沿用了 2001 年修正的《婚姻法》第 46 条的规定，并新增了"有其他重大过错"兜底条款。这有利于引导夫妻遵守一夫一妻制原则，在互相忠实、互相尊重、互相关爱的基础上建立平等、和睦、文明的婚姻关系。总之，"夫妻应当互相忠实"，这既是道德的要求，也是法律的要求。如果夫妻有违背忠实义务的行为，应当区别不同行为的性质及过错程度，采取不同的方法处理。[4] 即"采用道德调整与法律

〔1〕　参见陈苇：《中国婚姻家庭法立法研究》，群众出版社 2000 年版，第 165、166、168 页。

〔2〕　我国现实生活中有些夫妻为保证爱情的专一，双方签订了"夫妻忠诚协议"。对于身份关系协议的类型之探讨，参见薛宁兰、崔丹："身份关系协议的识别、类型与法律适用"，载夏吟兰、龙翼飞主编，马忆南执行主编：《家事法研究》（2023 年卷），法律出版社 2023 年版，第 12~14 页。

〔3〕　王建勋："把道德的东西还给道德"，马春华："公共权力不应干涉私人领域"，载李银河、马忆南主编：《婚姻法修改论争》，光明日报出版社 1999 年版，第 27、311 页。

〔4〕　关于婚姻性爱的排他性与性自主权之探讨，参见孙若军：《身份权与人格权冲突的法律问题研究——以婚姻关系为视角》，中国人民大学出版社 2013 年版，第 86~89 页。

调整相结合的方式，分层规范"。[1] 这样才能达到维护一夫一妻制，促进社会文明进步之目的。[2] 目前，我国现实生活中违反夫妻忠实义务的行为，主要表现为通奸、有配偶者与他人同居、卖淫嫖娼、重婚等行为。对于上述违反夫妻忠实义务的行为，我国分别由相关法律或道德调整。根据《民法典》第1091条的规定，因重婚、有配偶者与他人同居而导致离婚的，无过错方有权请求损害赔偿。此即违反夫妻忠实义务的民事法律责任。对夫妻中的卖淫嫖娼者，应当依据不同情况，按照《治安管理处罚法》或《刑法》处理。[3] 此即违反夫妻忠实义务的行政法律责任和刑事法律责任。至于通奸，一般由道德规范调整，无法律责任。最后，必须明确，对于违反夫妻忠实义务的行为追究法律责任，必须针对法定的违法行为提出相关诉讼。因为，《婚姻家庭编解释（一）》第4条规定："当事人仅以民法典第一千零四十三条为依据提起诉讼的，人民法院不予受理；已经受理的，裁定驳回起诉。"

第三节　夫妻财产关系

我国《民法典》有关夫妻财产关系的内容主要包括夫妻财产制、夫妻扶养义务和夫妻继承权三个方面。

一、夫妻财产制

（一）夫妻财产制概述[4]

夫妻财产制又称婚姻财产制，是指规定夫妻财产关系的法律制度，其内容包括各种夫妻财产制的设立、变更与终止，夫妻婚前财产和婚后所得财产的归属、管理、使用、收益、处分，以及家庭生活费用的负担，夫妻债务的清偿，婚姻终止时夫妻财产的清算和分割等问题。

男女因结婚产生夫妻人身关系，并随之产生夫妻财产关系。法律为确保夫妻地位平等和婚姻生活的圆满，并保障夫妻与第三人交易安全，维护社会秩序，设立夫妻财产制，调

---

〔1〕　马原主编：《新婚姻法条文释义》，人民法院出版社2002年版，第58~61页。

〔2〕　参见陈苇主编：《婚姻家庭继承法学》，群众出版社2005年版，第118~120页。在我国有学者已明确指出："明确夫妻有相互忠实的法定义务，不仅是落实一夫一妻制的需要，还为追究侵犯合法婚姻的违法行为提供法律依据。"参见蒋月：《婚姻家庭法前沿导论》，科学出版社2007年版，第69页。关于我国夫妻忠实义务的救济机制，参见卢文捷：《夫妻忠实义务制度研究》，中国政法大学出版社2016年版，第145~277页。

〔3〕　例如，我国《治安管理处罚法》分别规定：第66条规定，卖淫、嫖娼的，处十日以上十五日以下拘留，可以并处五千元以下罚款；情节较轻的，处五日以下拘留或者五百元以下罚款。在公共场所拉客招嫖的，处五日以下拘留或者五百元以下罚款。第67条规定，引诱、容留、介绍他人卖淫的，处十日以上十五日以下拘留，可以并处五千元以下罚款；情节较轻的，处五日以下拘留或者五百元以下罚款。我国现行《刑法》对组织、强迫、引诱、容留、介绍卖淫，构成犯罪的，也分别作了规定：第358条规定，组织他人卖淫或者强迫他人卖淫的，处五年以上十年以下有期徒刑，并处罚金；情节严重的，处十年以上有期徒刑或者无期徒刑，并处罚金或者没收财产。组织、强迫未成年人卖淫的，依照前款的规定从重处罚。犯前两款罪，并有杀害、伤害、强奸、绑架等犯罪行为的，依照数罪并罚的规定处罚。为组织卖淫的人招募、运送人员或者有其他协助组织他人卖淫行为的，处五年以下有期徒刑，并处罚金；情节严重的，处五年以上十年以下有期徒刑，并处罚金。第359条规定，引诱、容留、介绍他人卖淫的，处五年以下有期徒刑、拘役或者管制，并处罚金；情节严重的，处五年以上有期徒刑，并处罚金。引诱不满十四周岁的幼女卖淫的，处五年以上有期徒刑，并处罚金。

〔4〕　参见曹诗权主编：《婚姻家庭继承法学》，中国法制出版社1999年版，第160~167页；陈苇：《中国婚姻家庭法立法研究》，群众出版社2000年版，第175~180页。

整夫妻财产关系。在现代社会许多国家，夫妻财产制是在男女平等理念下，以规范夫妻财产关系为目的的一种技术。夫妻财产制基于合理主义的精神，不断地进化。[1]

在古代，各国立法对夫妻财产的规定基于夫妻一体主义，多采"吸收财产制"。妻的财产因结婚而为夫家或夫所有，否认妻有独立的财产权，这是男女不平等的财产制。到近现代社会，夫妻财产制随着社会的发展而变化，出现了多种形式。对其可从不同的角度，作如下分类：

1. 按夫妻财产制的发生根据分类。按夫妻财产制的发生根据不同，可分法定财产制与约定财产制。

（1）法定财产制。它指在夫妻婚前或婚后均未就夫妻财产关系作出约定，或所作约定无效时，依法律规定而直接适用的夫妻财产制。由于各国政治、经济、文化及民族传统习惯不同，不同时代不同国家规定的直接适用的法定财产制形式也不尽相同。

法定财产制按适用情况不同，又可分为通常法定财产制与非常法定财产制。[2]

第一，通常法定财产制。它指在通常情况下，婚姻当事人双方无约定时依法律的直接规定而适用的财产制。目前世界上的通常法定财产制主要有共同财产制、分别财产制、剩余共同财产制等形式。

第二，非常法定财产制。非常法定财产制是指在特殊情况下，当出现法定事由时，依据法律之规定或经夫妻一方的申请由法院宣告，撤销原依法定或约定设立的共同财产制，改设为分别财产制。

非常财产制，依其产生的程序不同，可分为当然的非常财产制和宣告的非常财产制：①当然的非常财产制。它指夫妻一方受破产宣告时，基于法律的规定，其夫妻财产制当然设定为分别财产制。如依《意大利民法典》第191条的规定，在配偶一方破产的情况下，夫妻共同财产关系终止，实行分别财产制。②宣告的非常财产制。它指依据法定事由，经夫妻一方或债权人申请，由法院裁决宣告撤销原共同财产制 改为分别财产制。关于撤销共同财产制之诉的法定事由，各个国家的规定不尽相同，大体包括：夫妻一方无能力管理共同财产或滥用管理共同财产的权利；夫妻分居；夫妻不履行扶养家庭的义务；夫或妻的财产不足以清偿其债务或夫妻财产不足以清偿其总债务；夫妻一方无正当理由，拒绝对共同财产的通常管理予以应有的协作或拒绝他方为夫妻财产上之处分；配偶一方受禁治产宣告等。如《德国民法典》第1447、1448、1469条之规定。

（2）约定财产制。约定财产制是相对于法定财产制而言的，指由婚姻当事人以约定的方式，选择决定夫妻财产制形式的法律制度。许多国家的立法都规定了约定财产制，它具有优先于法定财产制适用的效力。例如，俄罗斯的立法既允许夫妻以婚姻合同就财产关系作出约定且优先适用，同时也规定了法定财产制是夫妻婚后所得共同财产制。[3] 在允许约定财产制的国家，立法内容不尽相同，有详略之分和宽严之别。从立法限制的程度看，大体可分为两种情况：一种是立法限制较少的，即对婚姻当事人约定财产关系的范围和内容

---

〔1〕　林秀雄：《夫妻财产制之研究》，中国政法大学出版社2001年版，第98~99页。

〔2〕　我国1980年《婚姻法》仅规定有通常法定财产制，而未规定非常法定财产制。参见陈苇："完善我国夫妻财产制的立法构想"，载《中国法学》2000年第1期。

〔3〕　参见鄢一美译：《俄罗斯联邦家庭法典（1995年）》第33条，载口国法学会婚姻法学研究会编：《外国婚姻家庭法汇编》，群众出版社2000年版，第475页。

不予严格限制，立法既未设立几种财产制形式供当事人选择，在程序上也无特别要求，英国等国立法即属此类。另一种是立法限制较多的，即在约定财产制的范围上，明确规定可供选择的财产制种类；在约定的内容上明列不得相抵触的事由；在程序上，还要求夫妻订立要式契约，法国、德国、瑞士等国立法即属此类。

2. 按夫妻财产制的内容分类。按夫妻财产制的内容，可分为统一财产制、联合财产制、共同财产制、分别财产制、剩余共同财产制。

（1）统一财产制。统一财产制指婚后除特有财产外，将妻的婚前财产估定价额，转归丈夫所有，妻则保留在婚姻关系终止时，对此项财产原物或价金的返还请求权。此制为早期资本主义国家法律所采用。因其将对婚前财产的所有权转变为婚姻终止时对夫的债权，使妻处于不利地位，有悖男女平等原则，故现代国家已少有采用。

（2）联合财产制。联合财产制又称管理共同制，指婚后夫妻的婚前财产和婚后所得财产仍归各自所有，但除特有财产外，将夫妻财产联合在一起，由夫管理。夫对妻的原有财产有占有、使用、管理、收益权，必要时有处分权，而以负担婚姻生活费用为代价；婚姻关系终止时，妻的财产由其本人收回或由其继承人继承。此制源于中世纪日耳曼法，被近现代一些资本主义国家所沿用并发展。其虽较统一财产制有明显进步，但夫妻在财产关系上仍处于不平等地位，有悖男女平等原则。故现代社会里原采此制的一些国家如德国、日本、瑞士等已废止此制而另采新制。

（3）共同财产制。共同财产制指除特有财产外，夫妻的全部财产或部分财产归双方共同所有。依共有的范围不同，又分为一般共同制、动产及所得共同制、婚后所得共同制、婚后劳动所得共同制等形式。

第一，一般共同制。它指除特有财产外，夫妻婚前、婚后所得的一切财产（包括动产和不动产）均为夫妻共同所有的财产制。如据我国1950年《婚姻法》第10、23条及有关立法解释所规定的夫妻财产制，就是除法定的或者约定的特有财产外，夫方婚前财产及夫妻婚后所得财产归双方共有的一般共同制。[1]

第二，动产及所得共同制。它指除夫妻婚前的不动产及特有财产外，夫妻婚前的动产及婚后所得的财产归夫妻共同所有的财产制。[2]

第三，婚后所得共同制。它指除特有财产外，夫妻在婚姻关系存续期间所得的财产（包括劳动所得财产与非劳动所得财产），归夫妻共同所有的财产制。[3]

第四，婚后劳动所得共同制。它指夫妻婚后劳动所得的财产归夫妻共同所有，非劳动所得的财产如继承、受赠所得财产以及其他特有财产等，则归各方个人所有的财产制。[4]

上述不同共有范围的共同财产制，为世界上一些国家分别采用。有的被采为法定财产制，如巴西、荷兰、法国等国；有的被采为约定财产制形式之一，如德国、瑞士等国。必

---

〔1〕　参见中央人民政府法制委员会《关于中华人民共和国婚姻法起草经过和起草理由的报告》（1950年4月14日），载西南政法学院民法教研室：《中华人民共和国婚姻法教学参考资料》（第一辑），1984年10月内部印刷，第255～256页。

〔2〕　李浩培等译：《拿破仑法典》第1401条，商务印书馆1979年版，第192页。

〔3〕　马骧聪译：《苏俄婚姻和家庭法典》（1968年）第20、22条，载张贤钰主编：《外国婚姻家庭法资料选编》，复旦大学出版社1991年版，第195页。

〔4〕　仲联译：《南斯拉夫塞尔维亚社会主义共和国婚姻法》第46条，载《外国婚姻家庭法典选编》，北京政法学院民法教研室1981年内部印刷，第160页。

须指出，共同财产制具有符合婚姻生活共同体本质的要求，有利于保障夫妻中经济能力较弱一方的权益，实现夫妻家庭地位事实上的平等等优点，但其缺陷是因夫妻一方不能未经对方同意擅自行使共同财产权，有时不能满足夫妻个人的某些特殊需要。因此，在实行共同财产制的国家，大多对夫妻共有财产的范围设有限制性规定，如"法律另有规定或夫妻另有约定者除外"。这些规定即属于夫妻特有财产的规定。其目的是保护夫妻个人财产所有权，并满足夫妻个人对财产关系的特殊要求。

（4）分别财产制。分别财产制指夫妻婚前、婚后所得的财产均归各自所有，各自独立行使管理、使用、收益和处分权；但不排斥妻以契约形式将其个人财产的管理权交付夫或妻行使，也不排斥双方拥有一部分共同财产。如《美国纽约州家庭法》规定："已婚妇女现在所有的或其在婚姻存续期间取得的，或者按本章规定取得的财产，不论是动产还是不动产，以及由这些财产产生的租金、利息、收入和利润，如同婚前一样，是她个人所有的财产，既不受丈夫支配或处分，也不对丈夫的债务承担责任。"〔1〕英美法系的多数国家及大陆法系的个别国家如日本，以分别财产制为法定财产制，还有部分国家以此制为供选择的约定财产制形式之一。必须指出，分别财产制使夫妻婚后财产各自保持独立，便于夫妻一方独立行使财产权，以尊重其个人意愿和满足其特殊需要，在一定程度上也有利于社会经济的发展。但其缺陷是，在现代社会，男女两性的经济地位事实上存在差距，实行分别财产制，往往会造成事实上夫妻家庭地位不平等。故一些实行分别财产制的国家已在分别财产制中引入共同财产制的因素，以补救其缺陷。目前，在一些实行分别财产制的英美法系国家，例如，在澳大利亚，离婚诉讼中法院可以依据公平、平等的原则，作出变更婚姻当事人财产权益的命令，体现承认家庭中从事家务劳动一方的非直接经济贡献之价值。〔2〕在加拿大安大略省，离婚时法院可依法对夫妻双方公平分配婚姻期间夫妻一方所得的财产。〔3〕在美国，大部分州授予法院在处理离婚案件时有更多的自由裁量权，以"公平"地分配"婚姻财产"。〔4〕

（5）剩余共同财产制。剩余共同财产制，又称净益共同制或财产增加额共同制，是指夫妻对于自己的婚前财产及婚后所得财产，各自保留其所有权、管理权、使用收益权及有限制的处分权，夫妻财产制终止时，以夫妻双方在婚姻期间的增值财产（夫妻各自最终财产多于原有财产的增值部分）的差额为剩余财产，由夫妻双方分享的一种夫妻财产制。大陆法系的德国以剩余共同财产制作为法定财产制，法国则将其作为约定财产制之一。〔5〕我国台湾地区学者指出，剩余共同财产制"虽名为共同制，而其实为分别财产制"。因为在婚姻期间，夫妻的婚前财产及婚后各自取得的财产均归各自所有，夫妻各独立管理自己的财产，仅在婚姻解销时，以各配偶最终财产扣除结婚时之原有财产，计算其剩余额。剩余额

〔1〕罗思荣译：《美国纽约州家庭法》第50条，载张贤钰主编：《外国婚姻家庭法资料选编》，复旦大学出版社1991年版，第125~126页。

〔2〕陈苇（项目负责人）：《澳大利亚家庭法（2008年修正）》，群众出版社2009年版，第244~245页。

〔3〕参见魏绪巧、罗芳译：加拿大《安大略省家庭法》第5条第6款，载陈苇主编：《加拿大家庭法汇编》，群众出版社2006年版，第98~99页。

〔4〕[美]哈里·D.格劳斯、大卫·D.梅耶：《美国家庭法精要（第五版）》，陈苇等译，中国政法大学出版社2010年版，第218页。

〔5〕《德国民法典》第1363~1390条，参见陈卫佐译注：《德国民法典》，法律出版社2010年版，第428~436页；《法国民法典》第1569~1581条，参见罗结珍译：《法国民法典》，北京大学出版社2010年版，第380~384页。

较少的配偶，对于剩余额较多的配偶，就剩余差额的 1/2 有债权的请求权（为保全此分配请求权，各配偶之财产处分权受有限制）[1]，即此制以分别财产制为基础，引进共同财产制的因素，是兼具两种财产制优点的一种复合形态的财产制。

3. 按夫妻财产的归属分类。按夫妻财产的归属不同，可分为特有财产制与共同财产制。

如前所述，不少设有共同财产制的国家，对婚后夫妻共有财产的范围加以限制，把婚后所得的一定范围财产依法定或夫妻约定作为夫妻一方个人所有的财产。所谓夫妻特有财产，又称夫妻保留财产，是指夫妻婚后在实行共同财产制的同时，依法律规定或夫妻约定，夫妻各自保留的一定范围的个人所有财产。特有财产制，就是在夫妻婚后实行夫妻共同财产制时，依法律规定或夫妻约定，夫妻各自保留一定个人所有财产的范围，由夫妻对该财产的管理、使用、收益、处分权，以及相应的财产责任和特有财产的效力等相关规定组成的法律制度。[2]

根据特有财产发生的原因，可分为法定的特有财产和约定的特有财产。

（1）法定的特有财产。法定的特有财产是依照法律的规定夫妻婚后双方各自保留的个人财产。在国外立法中，其范围大体如下：①夫妻个人日常生活用品和职业必需用品；②具有人身性质的财产和财产权，包括人身损害和精神损害赔偿金、补助金、不可让与的物及债权等；③夫妻一方因指定继承或受赠而无偿取得的财产；④由特有财产所生的孳息及代位物等。

（2）约定的特有财产。约定的特有财产是夫妻双方以契约约定归夫妻一方个人所有的财产。

总之，特有财产制与共同财产制同时并存，是对共同财产制的限制和补充。特有财产为夫妻各自保留的个人财产，它独立于夫妻共同财产之外，实质上属于部分的分别财产，故其效力适用分别财产制的规定。即夫妻各方对其特有财产，享有独立的占有、使用、收益及处分等权利，他人不得干涉。但对家庭生活费用之负担，在夫妻共同财产不足以负担家庭生活费用时，夫妻得以各自的特有财产分担。

综上可见，夫妻财产制种类繁多，内容多样，但法定财产制与约定财产制是其他财产制发生的根据；法定财产制又分为通常法定财产制与非常法定财产制，前者适用于一般的通常情况，后者则是在特殊情况下对法定财产制或约定财产制的变通；而共同财产制与分别财产制，则是夫妻财产制的两种最基本形态。在现代社会，促进夫妻平等、维护婚姻共同生活之圆满、保护第三人的利益及交易安全已成为夫妻财产制立法的立法原则和目的。当代夫妻财产制立法的发展趋势是，分别财产制增加夫妻共享权，共同财产制引进分别财产制的因素。可以相信，兼采分别财产制与共同财产制的合理因素，将成为越来越多国家之夫妻财产制的改革方向。[3]

---

〔1〕　史尚宽：《亲属法论》，中国政法大学出版社 2000 年版，第 331～332 页。

〔2〕　史尚宽：《亲属法论》，中国政法大学出版社 2000 年版，第 358～370 页。

〔3〕　关于现代夫妻财产制的立法宗旨与立法原则，参见陈苇：《中国婚姻家庭法立法研究》，群众出版社 2010 年版，第 217～223 页。关于夫妻财产制立法原则研究的主要学术观点，参见陈苇、陈思琴："改革开放三十年中国夫妻关系法研究之回顾与展望"，载陈苇主编：《改革开放三十年（1978～2008）中国婚姻家庭继承法研究之回顾与展望》，中国政法大学出版社 2010 年版，第 161～162 页。

（二）我国现行夫妻财产制[1]

在我国，1980 年《婚姻法》第 13 条规定："夫妻在婚姻关系存续期间所得的财产，归夫妻共同所有，双方另有约定的除外。夫妻对共同所有的财产，有平等的处理权。"2001 年修正的《婚姻法》在此基础上作了修改和补充，具体规定了婚姻关系存续期间的以下财产为夫妻共同财产：工资、奖金；生产、经营的收益；知识产权的收益；继承或赠与所得的财产；其他应当归共同所有的财产。《民法典》第 1062 条在沿用以上规定的基础上，新增"劳务报酬"和"投资的收益"属于夫妻共同财产。其中"投资收益"主要是吸收了《婚姻法解释（二）》第 11 条"其他应当归共同所有的财产包括：（一）一方以个人财产投资取得的收益"以及《婚姻法解释（三）》第 5 条"夫妻一方个人财产在婚后产生的收益，除孳息和自然增值外，应认定为夫妻共同财产"的规定。《民法典》新增的上述内容对夫妻共同财产的内涵外延进行了补充细化，符合我国婚姻家庭生活的实际情况。[2] 并且，《民法典》于第 1064 条新增了夫妻共同债务的认定规则，于第 1066 条新增了婚内析产的两种法定情形。其立法的基本精神仍然是坚持夫妻在家庭中地位平等，约定先于法定，保护夫妻双方的合法财产权益，并注意保护与夫妻交易的第三人的利益和维护交易安全。[3]

根据《民法典》婚姻家庭编第 1062 条至第 1066 条的规定，我国继续采取法定财产制与约定财产制相结合的夫妻财产制。夫妻财产制的调整范围，不仅有夫妻的积极财产（夫妻共同财产与个人财产）关系，也有夫妻的消极财产（夫妻共同债务与夫妻个人债务）关系。

为明确区分夫妻共同债务与夫妻个人债务，《民法典》专门在夫妻关系中于第 1064 条增加规定了夫妻共同债务的认定规则。以下对于我国夫妻财产制，从法定财产制、约定财产制和夫妻共同债务的认定规则三个方面进行阐述。

1. 法定财产制（婚后所得共同制）。依《民法典》规定，我国的夫妻法定财产制仍继续实行婚后所得共同制。我国习惯称之为夫妻共同财产制。[4] 它指在婚姻关系存续期间，夫妻双方或一方所得的财产，除法律规定或当事人另有约定的外，均归夫妻共同所有，夫妻对共同所有的财产，平等地享有占有、使用、收益和处分的权利以及对共同债务的清偿责任等的财产制度。其内容主要有夫妻婚前婚后所得财产的归属、夫妻共同财产和夫妻个人财产（又称夫妻特有财产）的范围、夫妻对共同财产和个人财产的权利义务以及夫妻共同财产制终止时财产的分割和清算等。

（1）夫妻共同财产的概念和特征。《民法典》规定，夫妻共同财产是指夫妻双方或一方在婚姻关系存续期间所得的财产，但法律另有规定或当事人另有约定的除外。夫妻共同

---

[1]　关于中国夫妻财产制的沿革，参见陈苇主编：《婚姻家庭继承法学》，法律出版社 2002 年版，第 186~189 页。

[2]　参见江必新主编：《民法典重点修改及新条文解读》（下册），中国法制出版社 2020 年版，第 825 页。

[3]　必须注意，这里是简介我国 1980 年《婚姻法》施行以来我国夫妻财产制的立法修改概况，自 2021 年 1 月 1 日起《民法典》施行后，2001 年修正的《婚姻法》及最高人民法院的《婚姻法解释（一）》《婚姻法解释（二）》《婚姻法解释（三）》对于夫妻财产制的规定均已废止。

[4]　关于我国采用婚后所得共同制作为法定夫妻财产制的主要理由，参见夏吟兰、薛宁兰主编：《民法典之婚姻家庭编立法研究》，北京大学出版社 2016 年版，第 190~191 页。并参见李贝（博雅法学人）：《我国夫妻法定财产制的反思与重构》，载 https://mp.weixin.qq.com/s/tbmHB7GoEaoQdP_tGCjXdQ，访问日期：2025 年 6 月 1日。

财产具有以下特征：

第一，夫妻共同财产所有权的主体，只能是具有婚姻关系的夫妻，包括具有合法婚姻关系的夫妻和依《婚姻家庭编解释（一）》被认定为事实婚姻关系的夫妻。无效婚姻、被撤销的婚姻、非婚同居的男女均不能作为其主体。

第二，夫妻共同财产所有权的取得时间是婚姻关系存续期间。合法婚姻当事人从领取结婚证之日起；自 1994 年 2 月 1 日《婚姻登记管理条例》施行前，男女未办结婚登记即以夫妻名义同居被认定为事实婚姻的当事人，从同居之日起；自 1994 年 2 月 1 日《婚姻登记管理条例》施行后，男女未办结婚登记即以夫妻名义同居，补办结婚登记后领取结婚证的当事人，从双方符合结婚实质要件时起[1]；以上三种情况均至配偶一方死亡或离婚生效时止。恋爱或订婚期间不属婚姻关系存续期间，夫妻分居或离婚判决未生效的期间仍为婚姻关系存续期间。

第三，夫妻共同财产的来源，包括夫妻双方或一方所得的财产，但法律另有规定或当事人另有约定的除外。这里的"所得"，是指对财产所有权的取得，而非对财产必须实际占有。如果婚前已取得某财产所有权（如继承已开始），即使该财产在婚后才实际占有（如婚后遗产才分割），该财产仍不属于夫妻共同财产。相反，如婚后已经取得某财产权利，即使婚姻关系终止前未实际占有，该财产也属夫妻共同财产。

以上三个特征同时具备的，才是夫妻共同财产。

（2）夫妻共同财产的范围。《民法典》第 1062 条规定，夫妻在婚姻关系存续期间所得的下列财产，为夫妻共同财产，归夫妻共同所有：①工资、奖金、劳务报酬；②生产、经营、投资的收益；③知识产权的收益；④继承或者受赠的财产，但本法第 1063 条第 3 项规定的除外；⑤其他应当归共同所有的财产。夫妻对共同所有的财产，有平等的处理权。

我们理解夫妻共同财产的范围，必须注意以下几点：

第一，工资、奖金和劳务报酬。其中工资、奖金是指夫妻双方或一方在婚后所得的工资和作为工资组成部分的奖金。劳务报酬，是指根据提供服务性劳动的数量和质量获得的劳动报酬。目前，我国职工的基本工资只是个人收入的一部分，在基本工资之外，还有各种形式的奖金、福利补贴费、劳务报酬及一些实物分配等收入，这些共同构成了职工的个人收入，属于夫妻共同财产。[2]

第二，生产、经营、投资的收益，是指夫妻双方或一方在婚后从事生产、经营及投资所得的劳动收入和资本性收入（如买卖股票、债券所得收益或对公司、企业的投资分红所得收入）。《民法典》规定的投资收益，既指夫妻一方利用共同财产进行投资所获的收益，也包含一方利用个人财产在婚姻存续期间进行投资活动所获得的收益。《婚姻家庭编解释（一）》第 26 条规定："夫妻一方个人财产在婚后产生的收益，除孳息和自然增值外，应认定为夫妻共同财产。"因为，夫妻一方以个人财产在婚后进行投资活动所得的收益，属于其在婚姻期间投入一定人力、物力所得的经济利益，按照婚后所得共同制，该财产应当属于夫妻共同财产。

第三，知识产权的收益，指夫妻在婚后转让或许可他人使用自己的著作权、专利权、

---

　　〔1〕　参见《婚姻家庭编解释（一）》第 7 条。
　　〔2〕　关于婚姻期间一方所得的荣誉性奖金是否归夫妻共同所有，我国学者中有"肯定说"与"否定说"两种观点。这两种观点的具体内容，参见裴桦：《夫妻共同财产制研究》，法律出版社 2009 年版，第 131～132 页。

商标专用权和发明权等得到的经济收入。必须注意，"知识产权的收益"属于夫妻共同财产，但"知识产权"之权利本身属于实际取得知识产权的夫妻一方所有，因为"知识产权"具有人身性。根据《婚姻家庭编解释（一）》第 24 条规定，"知识产权的收益"，是指婚姻关系存续期间，实际取得或者已经明确可以取得的财产性收益。比如，一方在婚姻关系存续期间已经和出版社签订了合同，关于稿酬的约定也是明确具体的应当取得的经济利益，即使离婚时其还没有实际拿到这笔稿酬，该稿酬也应属于夫妻共同财产"。

值得注意的是，我国 1993 年《离婚财产分割意见》第 15 条规定："离婚时一方尚未取得经济利益的知识产权，归一方所有……"因为知识产权具有人身性，与人身不可分离，故婚后一方取得的知识产权本身只能由权利人一方享有。但夫妻婚后一方所得知识产权在离婚后可能带来的预期经济利益是否应属于夫妻共同财产？目前，我国学界有"肯定说"和"否定说"两种不同的观点。[1] 2021 年 1 月 1 日起此司法解释已废止，对此问题仍有待继续深入研究。

第四，继承或者受赠的财产，但《民法典》第 1063 条第 3 项规定的除外。这是指夫妻双方或一方在婚后继承或者受赠的财产，除遗嘱或赠与合同确定只归夫或妻一方的财产外，均为夫妻共同财产。《婚姻家庭编解释（一）》第 29 条第 2 款规定，当事人结婚后，父母为双方购置房屋出资的，依照约定处理；没有约定或者约定不明确的，按照《民法典》第 1062 条第 1 款第 4 项规定的原则处理。即该出资原则上被认定为对夫妻双方的赠与，但父母明确表示赠与一方的除外。必须说明，夫妻一方如果放弃其在婚姻期间继承或者受赠的财产，夫妻他方能否以遗产为夫妻共同财产为由起诉请求分割遗产或者以个人名义要求接受赠与？我们认为，根据《民法典》第 1124 条的规定，继承人有权放弃继承[2]，受赠人有权放弃接受赠与。因此，如果夫妻一方放弃继承或者放弃接受赠与，则并没有形成夫妻共同财产，夫妻另一方无权请求分割夫妻一方放弃继承或者放弃接受赠与的财产。[3]

第五，其他应当归共同所有的财产，这是一项概括性规定。因为，随着我国社会经济的发展，人们经济收入的不断增加，夫妻财产的种类也会不断增多，立法难以逐一列举，

---

[1]　"否定说"认为，"如果在婚姻存续期间知识产权的收益并未明确可以取得而是在离婚后取得，则不能认定为夫妻共同财产。"参见江必新主编：《民法典重点修改及新条文解读》（下册），中国法制出版社 2020 年版，第 825 页。"肯定说"认为，知识产权除商标权不直接涉及人身权利的内容以外，其他各类知识产权都具有人身权和财产权之双重属性，因此，基于知识产权的人身性，婚姻期间夫妻一方所得知识产权本身只能归该方个人所有。但由该知识产权取得的经济利益，包括既得利益和期待利益，则应属于夫妻共同财产。因为，我国法定夫妻财产制是婚后所得共同制，只要是夫妻在婚姻期间取得的财产权，包括有形财产权本身和无形财产权所带来的经济利益，都应属于夫妻共同财产。例如，婚后一方所得的工资是有形财产，归夫妻共有；婚后一方完成的著作在发表后取得的稿酬，也归夫妻共有。但如该著作尚未发表，可能取得的稿酬就只是一种期待经济利益，此期待经济利益也应当归夫妻共有才是公平、合理的。参见陈苇："婚内所得知识产权的财产期待权之归属探讨——兼谈对《婚姻家庭法》（1999 年法学专家建议稿）的修改建议"，载《现代法学》2000 年第 4 期；余延满：《亲属法原论》，法律出版社 2007 年版，第 269 页。并且，我国有学者建议将"未发表的作品，当成婚姻合伙未完成的事业，待作品的经济收益取得后这部分合伙业务才算完成，因而另一方配偶享有将来收益的分割权"。参见胡苷用：《婚姻合伙视野下的夫妻共同财产制度研究》，法律出版社 2010 年版，第 96 页。

[2]　根据《婚姻家庭编解释（二）》第 11 条的规定，夫妻一方作为继承人有权放弃继承，夫妻另一方主张该放弃继承无效的，人民法院不予支持。

[3]　参见陈苇、王巍："论放弃继承行为不能成为债权人撤销权的标的"，载陈苇等：《中国继承法理论与实践研究》，中国人民公安大学出版社 2019 年版，第 202～210 页；江必新主编：《民法典重点修改及新条文解读》（下册），中国法制出版社 2020 年版，第 825～826 页。

所以设此概括性的弹性条款。依《婚姻家庭编解释（一）》第 25 条规定，"其他应当归共同所有的财产"，包括婚姻关系存续期间，①一方以个人财产投资取得的收益；②男女双方实际取得或者应当取得的住房补贴、住房公积金；③男女双方实际取得或者应当取得的基本养老金[1]、破产安置补偿费。这是因为上述财产或具有工资积累的性质如住房补贴、住房公积金或主要来源于工资的积累如基本养老金[2]。此外，婚姻期间发放到军人名下的复员费、自主择业费在婚姻期间所得的部分也为夫妻共同财产。[3]

必须明确，根据《婚姻家庭编解释（一）》第 31 条规定，夫妻一方的个人财产，不因婚姻关系的延续而转化为夫妻共同财产。但当事人另有约定的除外。依该解释第 26 条规定，夫妻一方个人财产在婚后产生的收益，除孳息和自然增值外，应认定为夫妻共同财产。此外，值得探讨的是，关于夫妻一方在婚姻期间因另一方的支持付出协力而获得的成就和地位或取得的学历文凭及职业资格证书（即其人力资本上升，可能将来的预期经济收入会增加）能否被视为"无形财产"，在离婚时予以估价分割？我国有些学者认为，在婚姻期间，夫妻一方牺牲自己提高人力资本的机会而从事家务劳动，或为对方提高人力资本在经济上和生活上予以支持，如果一方因另一方的牺牲而获得的成就和地位没有转化为有形的物质财富，离婚时应该把因这些牺牲而导致的人力资本的变化所产生的预期利益作为婚内财产的一种形式公平分割。[4] 还有学者提出，夫妻一方在婚姻期间获得的学历文凭及职业资格证书等应当属于夫妻共有的"无形财产"，建议立法规定对其在离婚时予以分割。[5] 但另有一些学者则认为，学历文凭及职业资格证书不能被视为"无形财产"予以分割，而应当在离婚

---

〔1〕《婚姻法解释（三）》第 13 条规定："离婚时夫妻一方尚未退休、不符合领取养老保险金条件，另一方请求按照夫妻共同财产分割养老保险金的，人民法院不予支持；……"《婚姻家庭编解释（一）》第 80 条略作文字修改后继续沿用此规定："离婚时夫妻一方尚未退休、不符合领取基本养老金条件，另一方请求按照夫妻共同财产分割基本养老金的，人民法院不予支持；婚后以夫妻共同财产缴纳基本养老保险费，离婚时一方主张将养老金账户中婚姻关系存续期间个人实际缴纳部分及利息作为夫妻共同财产分割的，人民法院应予支持。"即我国现行最新司法解释仍然不承认夫妻一方在婚姻期间积累的全部养老金利益（基本养老金的来源于两个部分：一是个人缴纳的部分；二是个人所在工作单位缴纳的部分）及其期待利益都属于夫妻共同财产。然而，我们认为，目前我国只承认以夫妻共同财产缴纳的部分才属于夫妻共同财产是不合理的。因为，基于我国《婚姻法》规定的婚后所得共同制、基于婚姻期间积累的养老金一般都源于个人工资、基于承认家务劳动与社会生产劳动具有同等价值的理念、基于联合国文献倡导的夫妻应当平等地共享婚姻期间所得的一切财产权利，夫妻一方在婚姻期间积累的全部养老金利益包括期待经济利益，应当属于夫妻共同财产，这才是科学的、合理的。参见陈苇："婚后积累的养老金期待利益应当由夫妻共享——《婚姻法解释（三）》（征求意见稿）第 14 条之商榷"，载《中国社会科学报》2010 年 12 月 7 日，第 10 版。至于婚后所得养老金利益由夫妻共享的法理基础及其分割方法，参见陈苇、陈思琴："论婚后所得养老金利益由夫妻共享之法理基础及其分割方法——以澳大利亚离婚夫妻养老金分割的立法与实践为研究视角"，载夏吟兰等主编：《呵护与守望——庆贺巫昌祯教授八十华诞暨从教五十周年文集》，中国妇女出版社 2008 年版，第 107~120 页。

〔2〕 参见薛宁兰、谢鸿飞主编：《民法典评注婚姻家庭编》，中国法制出版社 2020 年版，第 193~194 页。

〔3〕《婚姻家庭编解释（一）》第 71 条规定："人民法院审理离婚案件，涉及分割发放到军人名下的复员费、自主择业费等一次性费用的，以夫妻婚姻关系存续年限乘以年平均值，所得数额为夫妻共同财产。前款所称年平均值，是将发放到军人名下的上述费用总额按具体年限均分得出的数额。其具体年限为人均寿命 70 岁与军人入伍时实际年龄的差额。"

〔4〕 参见夏吟兰："在国际人权框架下审视中国离婚财产分割方法"，载《环球法律评论》2005 年第 1 期。

〔5〕 参见蒋月："试论学历学位和职业资格在离婚时视为'财产'予以分割"，载《法令月刊》2007 年第 8 期。

时对夫妻一方在婚姻期间从事家务劳动的价值及其职业机会利益损失进行补偿。[1]

第六，夫妻分居两地分别管理、使用的婚后所得财产，应认定为夫妻共同财产。婚后夫妻双方对一方婚前财产上的"添附"，应认定为夫妻共同财产。婚后夫妻双方对婚前一方所有的房屋进行过修缮、装修、原拆原建的，其增值部分或扩建部分应认定为夫妻共同财产。

第七，由一方婚前承租、婚后用共同财产购买的房屋，房屋权属证书登记在一方名下的，应当认定为夫妻共同财产。[2]

（3）夫妻个人财产的范围。如前所述，夫妻特有财产，又称保留财产，是相对于共同财产而言的，指夫妻婚后在实行共同财产制时，依法律规定或依夫妻约定，夫妻各自保留的一定范围的个人所有财产。特有财产包括法定的特有财产与约定的特有财产。前者指夫妻依法律规定各自保留的个人财产；后者指夫妻依约定各自保留的个人财产。例如，夫妻一方的婚前财产，依《民法典》规定，属于该方的个人财产，但夫妻可以通过约定将其约定为夫妻共同财产或夫妻他方的个人财产。我国的《民法典》和司法解释虽未使用"夫妻特有财产"的概念，但允许夫妻在婚后实行共同财产制的同时，按双方约定或依法规定保留一定范围的个人所有财产。这些财产独立于夫妻共同财产之外，实际上就是夫妻特有财产。

关于夫妻个人财产的范围，《民法典》第1063条规定："下列财产为夫妻一方的个人财产：（一）一方的婚前财产；（二）一方因受到人身损害获得的赔偿或者补偿；（三）遗嘱或者赠与合同中确定只归一方的财产；（四）一方专用的生活用品；（五）其他应当归一方的财产。"

关于夫妻个人财产的范围，应当注意以下几点：

第一，夫妻婚前个人所有的财产，包括夫妻一方婚前个人劳动所得财产、继承或受赠的财产及其他合法收入、个人出资购置的结婚物品以及婚前军人的复员费、自主择业费[3]等。并且，根据《婚姻家庭编解释（一）》第26条的规定，夫妻一方个人财产在婚后所

---

〔1〕　参见陈苇、曹贤信："论婚内夫妻一方家务劳动价值及职业机会利益损失的补偿之道——与学历文凭及职业资格证书之'无形财产分割说'商榷"，载《甘肃社会科学》2010年第4期。此外，值得注意的是，在美国有学者认为"职业资格证是不可出售的抽象概念"，其代表着专业人士更强的赚钱能力，而未来的赚钱能力完全不符合法律上公认的"财产"内涵。目前，美国除纽约州外，几乎所有的州都反对将职业资格证或其他说明未来收入能力的证书作为婚姻财产。但这些州都规定法院应当考虑夫妻一方对他方获得职业技能所做的贡献，离婚分割财产时应当给予其一定的经济补偿或判决给付一定的离婚扶养费（此为恢复性离婚扶养费）。参见［美］哈里·D. 格劳斯、大卫·D. 梅耶：《美国家庭法精要（第五版）》，陈苇等译，中国政法大学出版社2010年版，第225~227页。

〔2〕　《婚姻家庭编解释（一）》第27条。

〔3〕　参见《婚姻家庭编解释（一）》第71条。

得的孳息和自然增值，也属于夫妻一方的个人财产。[1]

第二，一方因受到人身损害获得的赔偿或者补偿，因为具有人身性，故只能归该方个人所有。依 2001 年修正的《婚姻法》第 18 条第 2 项规定，"一方因身体受到伤害获得的医疗费、残疾人生活补助费等费用"，属于夫妻一方的个人财产。《民法典》第 1063 条第 2 项对上述规定修改为"一方因受到人身损害获得的赔偿或者补偿"。[2] 也就是说，因人身损害获得的医疗费、残疾人生活补助费、残疾赔偿金、护理费、营养费等具有人身性质的费用，均属于夫妻一方的个人财产。但须注意，不能把因人身损害获得的所有费用均认定为夫妻一方的个人财产，例如，因误工减少的收入，该收入对应的时间如为婚姻关系存续期间，应当认定为夫妻共同财产。[3] 但对于夫妻一方死亡的死亡赔偿金，应认定为对死亡者近亲属的赔偿，因为"民事权利始于出生、终于死亡"，死者不能成为获得死亡赔偿金的主体。

第三，关于遗嘱或者赠与合同中确定只归一方的财产，基于私法自治原则，应尊重遗嘱人和赠与人的意愿，依法保护其处分个人财产的权利，故将该财产作为夫妻一方的个人财产。《婚姻家庭编解释（一）》第 29 条第 1 款规定，当事人结婚前，父母为双方购置房屋出资的，该出资应当认定为对自己子女的个人赠与，但父母明确表示赠与双方的除外。

第四，关于夫妻个人财产中"一方专用的生活用品"，是指夫妻因各自日常生活所需的

---

〔1〕　必须说明，在我国，自 2001 年修正后的《婚姻法》施行之日起，夫妻一方婚前财产在婚后所得的孳息，属于夫妻一方的个人财产。参见全国人大常务委员会法工委研究室编：《中华人民共和国婚姻法实用问答》，中国物价出版社 2001 年版，第 69 页。但是，从国外立法看，夫妻一方婚前财产在婚后所得孳息的所有权之归属，在采取婚后所得共同制的一些国家，主要有以下三种不同的立法例：①一律属于夫妻共同财产，如《意大利民法典》第 177 条之规定。参见费安玲、丁玫译：《意大利民法典》，中国政法大学出版社 2004 年版，第 153 页。②一律属于夫妻个人财产，如《俄罗斯联邦家庭法典》（1995 年）第 36 条之规定。参见鄢一美译：《俄罗斯联邦家庭法典》，载中国法学会婚姻法学研究会编：《外国婚姻家庭法汇编》，群众出版社 2000 年版，第 476～477 页。③部分共有、部分个人所有，如《法国民法典》第 1401、1406 条之规定。参见罗结珍译：《法国民法典》，北京大学出版社 2010 年版，第 362～364 页。我们认为，法国的立法例值得我国借鉴。即对夫妻婚前个人财产在婚后所得孳息应当区别对待，除与有价证券相关的法定孳息（因无需投入人力物力）归属于夫妻个人财产外，其余的归属于夫妻共同财产，这是较为合理的。这既有利于保障婚姻家庭生活的圆满幸福，也能兼顾保护夫妻个人财产所有权。参见陈苇主编：《婚姻家庭继承法学》，法律出版社 2002 年版，第 197～198 页。值得注意的是，目前我国对于夫妻婚前个人财产在婚后所得孳息的归属，我国法律实务界有两种观点：第一种观点认为，孳息归原物所有权人，这是民法的一般原理，并且孳息和自然增值与夫妻一方或双方对该财产所付出的劳务、扶持无关，故认定为个人财产符合民法的一般原理，亦符合公平原则。参见最高人民法院民法典贯彻实施工作领导小组主编：《中华人民共和国民法典婚姻家庭编继承编理解与适用》，人民法院出版社 2020 年版，第 155 页。第二种观点认为，对该孳息的归属，应当区别不同情况进行认定。判断婚姻期间夫妻一方个人财产所得的天然孳息和法定孳息，是否属于夫妻共同财产的标准主要看对其产生夫妻一方是否有积极推动的行为或夫妻另一方是否有给予协助的行为，如是，则应为夫妻共同财产；反之，则应为夫妻一方的个人财产。参见江必新主编：《民法典重点修改及新条文解读》（下册），中国法制出版社 2020 年版，第 826～827 页。

〔2〕　根据《民法典》第 1179 条规定，侵害他人造成人身损害的，应当赔偿医疗费、护理费、交通费、营养费、住院伙食补助费等为治疗和康复支出的合理费用，以及因误工减少的收入；造成残疾的，还应当赔偿辅助器具费和残疾赔偿金；造成死亡的，还应当赔偿丧葬费和死亡赔偿金。

〔3〕　参见最高人民法院民法典贯彻实施工作领导小组主编：《中华人民共和国民法典婚姻家庭编继承编理解与适用》，人民法院出版社 2020 年版，第 157 页。

专用物品，如个人使用的衣物、书籍等。[1]

第五，关于其他应当归一方的财产，这是一个概括性规定，包括难以逐一列举的其他个人财产。《婚姻家庭编解释（一）》第30条规定，军人的伤亡保险金、伤残补助金、医药生活补助费属于个人财产。必须注意，对于"其他应当归一方的财产"，应当掌握从严解释的原则。只有在前四项之外的明确具有人身专属性的财产，才能认定为一方的个人财产。如果无法确定是共同财产或个人财产时，原则上应当推定为共同财产。[2]

（4）夫妻对共同财产和个人财产的权利和义务。夫妻对共同财产的权利和义务是平等的。夫妻对共同财产享有平等的所有权。夫妻共同财产的性质是共同共有。夫妻对全部共同财产，不分份额地平等地享受权利和承担义务。因此，不能根据夫妻双方收入的有无或高低，来确定其享有共有财产所有权的有无或多少。夫妻双方对于共同财产享有平等的占有、使用、收益、处分的权利。处分权是所有权的重要权能之一。《民法典》第1062条第2款明确规定："夫妻对共同财产，有平等的处理权。"对此应当理解为：①夫或妻在处理夫妻共同财产上的权利是平等的。因日常生活需要而处理夫妻共同财产的，任何一方均有权决定。②夫或妻非因日常生活需要对夫妻共同财产做重要处理决定，夫妻双方应当平等协商，取得一致意见。他人有理由相信其为夫妻双方共同意思表示的，另一方不得以不同意或不知道为由对抗善意第三人。也就是说，夫妻对共同财产的处分权是平等的，除在日常家事范围内夫妻一方有权独自决定对夫妻共同财产的处理外，其他非因日常生活需要而对夫妻共同财产做重要处理的，应当经过双方协商，取得一致意见后进行。凡重大财产问题未经双方同意，任何一方不得擅自处分。夫妻一方未经他方同意擅自处分重要共同财产的，夫妻他方有权否认该无权处分的法律效力，然而不得对抗善意第三人。由此给他方配偶造成的损失，应由擅自处分共同财产的配偶一方予以赔偿。《婚姻家庭编解释（一）》第28条规定："一方未经另一方同意出售夫妻共同所有的房屋，第三人善意购买、支付合理对价并已办理不动产权登记，另一方主张追回该房屋的，人民法院不予支持。夫妻一方擅自处分共同所有的房屋造成另一方损失，离婚时另一方请求赔偿损失的，人民法院应予支持。"[3] 针对现实生活中夫妻处分财产纠纷案件如何处理的新问题，《婚姻家庭编解释（二）》第7条规定："夫妻一方为重婚、与他人同居以及其他违反夫妻忠实义务等目的，将夫妻共同财产赠与他人或者以明显不合理的价格处分夫妻共同财产，另一方主张该民事法律行为违背公序良俗无效的，人民法院应予支持并依照民法典第一百五十七条规定处理。"第9条规定："夫妻一方转让用夫妻共同财产出资但登记在自己名下的有限责任公司股权，另一方以未经其同意侵害夫妻共同财产利益为由请求确认股权转让合同无效的，人民法院不予支持，但有证据证明转让人与受让人恶意串通损害另一方合法权益的除外。"第15条规定："父母双方以法定代理人身份处分用夫妻共同财产购买并登记在未成年子女名

---

[1] 我们认为，基于公平原则，婚后购置的贵重首饰、健身器械、价值较大的图书资料以及供上班代步使用的摩托车、小汽车等生活资料，虽属个人使用，也应视为夫妻共同财产。今后如分割共同财产，可以采取这些物品归使用方所有，对他方予以作价补偿的方式，以方便生活。

[2] 参见最高人民法院民法典贯彻实施工作领导小组主编：《中华人民共和国民法典婚姻家庭编继承编理解与适用》，人民法院出版社2020年版，第158页。

[3] 此规定源于《婚姻法解释（三）》第11条，只是对个别文字略有修改。必须说明，在2010年《婚姻法解释（三）》草案征求意见期间，我国有学者对此条规定提出了质疑，认为应当采取例外的但书规定对婚姻家庭住房权给予优先保护。参见陈苇："婚姻家庭住房权的优先保护"，载《法学》2010年第12期。

下的房屋后，又以违反民法典第三十五条规定损害未成年子女利益为由向相对人主张该民事法律行为无效的，人民法院不予支持。"以上系列规定，其目的在于维护社会公序良俗和诚实信用原则，既要保护夫妻的财产权益，又要保护善意当事人的财产权益和保障社会交易安全。

夫妻双方对共同财产平等地享有权利，对共同债务亦平等地承担清偿义务。根据《民法典》《婚姻家庭编解释（一）》及相关司法解释的规定，夫妻共同债务可分为约定的共同债务与法定的共同债务，前者指夫妻双方约定的共同债务；后者包括夫妻为共同生活（包括履行抚养、赡养义务的费用）、共同生产经营以及为共同收益之投资等所生共同债务。[1] 夫妻共同债务，应当以夫妻共同财产清偿；如共同财产不足清偿时，由夫妻双方的个人财产清偿。夫妻对共同债务应承担连带清偿责任。[2]

关于夫妻对个人财产的权利义务，夫妻对其个人财产可依自己的意愿独立行使占有、使用、收益和处分的权利，无需征得对方同意。夫妻一方在婚姻期间所负的个人债务（包括约定的个人债务和法定的个人债务）以及个人特有财产所生的个人债务等，应以夫妻一方的个人财产承担清偿责任。根据《民法典》第 1065 条第 3 款规定，凡夫妻约定实行分别财产制的，夫或妻一方对外所负的债务，相对人知道该约定的，以夫或妻一方个人所有的财产清偿。

（5）婚内析产的法定事由。针对我国现实生活中，有的夫妻一方基于特殊情况婚姻期间请求分割共同财产的现实需要，《民法典》第 1066 条新增婚内析产（即婚姻期间分割夫妻共同财产）法定事由之规定："婚姻关系存续期间，有下列情形之一的，夫妻一方可以向人民法院请求分割共同财产：①一方有隐藏、转移、变卖、毁损、挥霍夫妻共同财产或者伪造夫妻共同债务等严重损害夫妻共同财产利益的行为；②一方负有法定扶养义务的人患重大疾病需要医治，另一方不同意支付相关医疗费用。"并且，《婚姻家庭编解释（一）》第 38 条规定，婚姻关系存续期间，除民法典第 1066 条规定情形以外，夫妻一方请求分割共同财产的，人民法院不予支持。针对现实生活中有的夫妻一方对直播者大额打赏的新情况，《婚姻家庭编解释二》第 6 条规定，"夫妻一方未经另一方同意，在网络直播平台用夫妻共同财产打赏，数额明显超出其家庭一般消费水平，严重损害夫妻共同财产利益的，可以认定为民法典第一千零六十六条和第一千零九十二条规定的'挥霍'。另一方请求在婚姻关系存续期间分割夫妻共同财产，或者在离婚分割夫妻共同财产时请求对打赏一方少分或者不分的，人民法院应予支持。"也就是说，基于夫妻共同财产制的立法目的，为保障家庭共同生活，一般情况下夫妻一方在婚姻期间不能请求分割夫妻共同财产，只有在具备以上

---

〔1〕 参见《民法典》第 1062 条、1064 条、1065 条第 3 款、1089 条；《婚姻家庭编解释（一）》第 33 条。另外，现已废止的 1993 年《离婚财产分割意见》第 17 条和第 18 条曾规定，夫妻为共同生活或为履行抚养、赡养义务等所负债务，应认定为夫妻共同债务，离婚时应当以夫妻共同财产清偿。婚前一方借款购置的房屋等财物已转化为夫妻共同财产的，为购置财物借款所负债务，视为夫妻共同债务。

〔2〕 《婚姻家庭编解释（一）》第 35 条规定："当事人的离婚协议或者人民法院生效判决、裁定、调解书已经对夫妻财产分割问题作出处理的，债权人仍有权就夫妻共同债务向男女双方主张权利。一方就夫妻共同债务承担清偿责任后，主张由另一方按照离婚协议或者人民法院的法律文书承担相应债务的，人民法院应予支持。"关于离婚后夫妻一方承担共同债务连带清偿责任后，可以追偿权纠纷为由向另一方追偿垫付款的类案检索大数据报告、可供参考的案例、裁判规则提要，参见杨奕主编：《夫妻共同债务纠纷案件裁判规则》，法律出版社 2021 年版，第 262~275 页。

法定事由的情形下，才能请求分割夫妻共同财产。

必须说明，以上有关婚内析产的新规定是针对目前我国仅有"通常法定财产制"而欠缺"非常法定财产制"的一种补救。[1] 但是，由于其所列举的法定事由过少，一方面可能仍然不能满足我国现实生活中婚姻当事人基于其他原因要求在婚内分割共同财产的需要；另一方面因婚内析产后仍然继续实行夫妻共同财产制，这也不能满足有的夫妻一方在婚内析产后要求实行分别财产制的需要。因此，今后我国需要从中国实际出发，借鉴外国立法经验，补充完善法定财产制的立法，增设"非常法定财产制"。[2]

（6）夫妻共同财产制的终止与夫妻财产的清算。夫妻共同财产制因夫妻一方死亡而终止，也可因离婚或其他原因，如改用其他夫妻财产制，或依共同财产制撤销之诉等终止。夫妻共同财产制终止，意味着夫妻共同财产关系消灭，从而发生夫妻财产的清算。因一方死亡而终止夫妻共同财产制的，夫妻共同财产的分割，应按《民法典》第1153条第1款的规定处理，即"夫妻共同所有的财产，除有约定的外，遗产分割时，应当先将共同所有的财产的一半分出为配偶所有，其余的为被继承人的遗产。"因离婚而终止夫妻财产制时，关于夫妻财产的清算和分割，详见本书第十一章离婚的法律效力之有关内容。

2. 约定财产制。在调整夫妻财产关系的法律规范中，约定财产制是与法定财产制相对应的一种夫妻财产制。

（1）约定财产制的概念和意义。约定财产制是法律允许夫妻用协议的方式，对夫妻在婚姻关系存续期间所得财产所有权的归属、管理、使用、收益、处分以及家庭生活费用负担和债务清偿、婚姻解除时财产的清算等事项作出约定，排除法定财产制适用的制度。

关于约定财产制的意义，依1980年《婚姻法》规定，夫妻可依双方的意愿，约定处理双方的财产关系。这可以满足新形势下夫妻因各种原因（如个人承包经营，再婚夫妻的财产，涉外婚姻及涉及港、澳、台同胞的婚姻等）以多种形式处理双方财产问题的需要，体现了夫妻享有平等的财产权利，有利于减少家庭纠纷，保护当事人的合法权益，促进家庭经济和社会经济的发展。但该法仅允许夫妻就财产关系进行约定，而对约定财产制的具体内容，如约定的条件和方式、约定的时间和范围、约定的效力、约定的变更或废止等均未规定，故约定财产制缺乏可操作性。针对此不足，2001年修正后的《婚姻法》进一步补充、完善了约定财产制。《民法典》沿用2001年修正的《婚姻法》的规定，只对个别用语有修改补充。

关于约定财产制的立法例，国外主要有三种类型：第一种是概括式，即立法对约定的限制较少，对婚姻当事人约定财产关系的范围和内容均不予严格限制，立法既未设立几种财产制形式供当事人选择，在程序上一般也无特别要求。英国立法即属此类。第二种是列举式，即立法对约定的限制较多，对于约定财产制的范围，明确规定了约定时可供选择的财产制种类；对于约定的内容，明确列举了不得相抵触的事由；在程序上，还要求夫妻订

---

[1] 参见陈苇："完善我国夫妻财产制的立法构想"，载《中国法学》2000年第1期，And see Chen Wei, "Legislative Conception of Perfecting the Marital Property System of China", China Legal Science, publish China Legal Science Journal Agency, 2001, pp. 122~125.

[2] 关于我国法定财产制的不足与建立我国非常法定财产制的立法建议，参见陈苇："夫妻财产制立法研究——瑞士夫妻财产制研究及其立法对完善我国夫妻财产制的启示"，载梁慧星主编：《民商法论丛》第15卷，法律出版社2000年版，第326~327页；薛宁兰、许莉："我国夫妻财产制立法若干问题探讨"，载《法学论坛》2011年第2期；陈法："论我国非常法定夫妻财产制的立法建构"，载《现代法学》2018年第1期。

立要式契约。法国、瑞士、意大利等国立法即属此类。第三种是例示式，在此种模式中，既有概括式又有列举式，以列举式对一种或数种典型财产制加以具体规定，以概括式规定夫妻可以对其财产关系作出其他约定。德国立法即属此类。概括式的优点是比较灵活且简便易行，缺点是缺乏公示性，不利于保护第三人的利益和交易安全；列举式的优点是符合物权法定原则和物权公示原则，有利于保护第三人的利益，缺点是欠缺一定的灵活性；例示式则在概括式与列举式之间取长补短，兼具两者的优点。[1] 我国立法机关从实际出发，借鉴外国立法经验，并考虑到人民群众对约定财产制的了解和接受程度，在 2001 年修改后的《婚姻法》和《民法典》中，原则上规定了约定财产的范围及可供选择的约定财产制的内容，并明确规定约定应当采用书面形式，以便今后有据可查；明确规定为第三人所明知的约定，才对相对人具有法律效力，即夫妻对进行交易的相对人负有告知义务。这既能保护夫妻的合法财产权益，又能维护第三人的利益和交易安全。

（2）约定财产制的内容。对于夫妻约定财产制，《民法典》具体规定了约定的范围、内容、方式以及约定的适用及效力（对夫妻的效力和对第三人的效力）等内容。《民法典》第 1065 条规定，男女双方可以约定婚姻关系存续期间所得的财产以及婚前财产归各自所有、共同所有或者部分各自所有、部分共同所有。约定应当采用书面形式。没有约定或者约定不明确的，适用本法第 1062 条、第 1063 条的规定。夫妻对婚姻关系存续期间所得的财产以及婚前财产的约定，对双方具有法律约束力。夫妻对婚姻关系存续期间所得的财产约定归各自所有，夫或者妻一方对外所负的债务，相对人知道该约定的，以夫或者妻一方的个人财产清偿。

根据上述规定和《民法典》关于民事法律行为的一般性规定，对约定财产制应明确以下几点：

第一，约定的条件和方式。夫妻就财产关系进行约定是一种双方民事法律行为，必须符合民事法律行为的以下构成要件才能有效：①约定的主体必须是具有完全民事行为能力的夫妻双方。约定不得由他人代理。[2] ②约定必须双方自愿。夫妻双方对约定的意思表示必须真实自愿，凡以欺诈、胁迫手段或乘人之危使对方违背真实意思作出的约定可撤销。③约定的内容必须合法。约定不得规避法律，或损害国家、集体和他人的利益。约定的内容不得超出夫妻财产的范围，如不得将其他家庭成员的财产或国家、集体及他人的财产列入约定财产的范围，不得规避养老育幼、清偿第三人债务等法律义务。④约定的方式须符合法律规定。依《民法典》的规定，约定应当采用书面形式。即约定是要式行为，应当采取书面形式。那么，夫妻双方就财产关系所做的口头约定是否有效？根据意思自治原则，对此应当区别处理，如属于夫妻双方有争议的口头约定，不予承认其效力。如属于夫妻双方无争议的口头约定，除规避法律的外，为有效约定。并且，依据《民法典》第 1065 条第 3 款规定的精神，如果与夫妻交易的相对人知道该口头约定的，对该相对人具有法律效力。[3]

---

〔1〕　参见陈苇主编：《外国婚姻家庭法比较研究》，群众出版社 2006 年版，第 242~243 页。

〔2〕　在国外，有的国家有限制地允许他人代为订立夫妻财产契约。如《德国民法典》第 1411 条规定："法定代理人得为无行为能力的夫妻一方订立婚姻契约，但不得对共同财产制作出协议或废除。""法定代理人为监护人者，仅在经监护法院许可后始行订立此种契约。"

〔3〕　关于外国夫妻约定财产制的形式要件之比较评析，参见陈苇主编：《外国婚姻家庭法比较研究》，群众出版社 2006 年版，第 240~241 页。

第二，约定的时间和范围。《民法典》对夫妻财产约定的时间无限制。夫妻可以在结婚前、结婚时或婚姻关系存续期间进行约定。关于约定的范围，对夫妻婚前财产或婚后所得财产均可以进行约定。关于约定的具体内容，可以约定婚前财产或婚后所得财产归各自所有、共同所有或部分各自所有、部分共同所有。即可以约定采取分别财产制、一般共同制或限定共同制等。并且，根据民法的意思自治原则，夫妻还可以就财产的使用权、管理权、收益权、处分权等进行约定，也可以约定家庭生活费用的负担、债务清偿责任、婚姻关系终止时财产的清算及分割等。

第三，约定的效力。约定的效力，指夫妻就财产关系进行约定后，对双方当事人及第三人发生的法律约束力。约定的效力可分为对内（指夫妻双方）效力与对外（指相对人）效力。从对内效力看，依民法的意思自治原则，夫妻财产关系经双方约定成立后，无论是口头约定、书面约定或公证约定，均可立即发生对内效力，即对夫妻双方发生法律约束力。例如，《婚姻家庭编解释（一）》第82条规定："夫妻之间订立借款协议，以夫妻共同财产出借给一方从事个人经营活动或者用于其他个人事务的，应视为双方约定处分夫妻共同财产的行为，离婚时可以按照借款协议的约定处理。"从对外效力看，为保护相对人的利益和维护交易安全，根据《民法典》第1065条第3款和《婚姻家庭编解释（一）》第37条的规定，夫妻约定婚姻期间所得财产归各自所有的，对第三人负有告知义务，并对第三人知道该约定负有举证责任。即夫妻对财产关系的约定只有已告知相对人的，才能发生对外效力，对该相对人发生法律约束力。[1]

第四，约定的变更和废止。夫妻对财产关系进行约定后，可以依法对约定进行变更或废止。

第五，约定的无效与撤销。无效的夫妻财产约定，是指已经成立，但因欠缺法律行为的有效要件而不能发生法律效力的约定。可撤销的夫妻财产约定，是指夫妻财产约定成立后，因约定有瑕疵，有撤销权的约定当事人可以诉请法院变更或撤销约定。关于约定的无效及撤销的条件，因《民法典》婚姻家庭编未作规定，应准用《民法典》有关民事法律行为效力的规定。

（3）约定财产制的适用。我国实行法定财产制与约定财产制相结合的夫妻财产制。法定财产制与约定财产制两者的适用原则是"有约定从约定，无约定从法定"。也就是说，约定财产制可排斥法定财产制优先适用，前者具有优先于后者适用的效力。

3. 夫妻共同债务的认定规则。在我国，夫妻共同债务包括基于夫妻双方共同意思表示所负的债务，夫妻一方在婚姻期间以个人名义所负的债务包含为家庭日常生活需要所负的债务、超出家庭日常生活需要但为夫妻共同生活、共同生产经营所负的债务以及夫妻一方在结婚前所欠但用于婚后家庭共同生活的债务。[2]

（1）在夫妻关系法律规范中确立夫妻共同债务清偿认定规则的必要性。从现实生活看，在婚姻关系存续期间，夫妻作为民事活动的主体，为维持家庭生活需要参与社会经济活动，

---

〔1〕《瑞士民法典》第181条规定，夫妻财产契约的缔结、变更及废除，须经公证并经当事人及法定代理人署名后，始得生效。夫妻财产契约依夫妻财产制登记后，对第三人产生效力。《德国民法典》第1412条也规定，婚姻契约已登记或为第三人所明知，始发生对第三人的效力。《日本民法典》第765条规定，夫妻财产契约须结婚申报前进行登记后，始发生对夫妻及第三人的效力。

〔2〕参见《民法典》第1064条和《婚姻家庭编解释（一）》第33条。

如购买家庭日常生活用品和参加生产经营活动等，故夫妻无论是实行法定财产制或约定财产制都有可能发生夫妻共同债务清偿的问题。在夫妻财产关系中，夫妻共同财产属于夫妻双方的"积极财产"，与之相对应，夫妻共同债务属于夫妻双方的"消极财产"，而且并非只有离婚时才需要处理夫妻共同债务的清偿问题，婚姻关系存续期间夫妻也需要处理夫妻共同债务的清偿问题。为引导夫妻妥善处理共同债务清偿的问题，调整夫妻关系的法律有必要设立夫妻共同债务的认定规则。即夫妻共同债务的认定规则，应当属于调整夫妻关系法律规范的重要组成部分。[1] 所以，我国立法机关针对夫妻共同债务的清偿责任被规定在2001年修正的《婚姻法》第四章"离婚"[2] 且立法不够完善的问题，在《民法典》婚姻家庭编第三章第一节夫妻关系中新增第1064条确立了我国夫妻共同债务的认定规则："夫妻双方共同签名或者夫妻一方事后追认等共同意思表示所负的债务，以及夫妻一方在婚姻关系存续期间以个人名义为家庭日常生活需要所负的债务，属于夫妻共同债务。夫妻一方在婚姻关系存续期间以个人名义超出家庭日常生活需要所负的债务，不属于夫妻共同债务；但是，债权人能够证明该债务用于夫妻共同生活、共同生产经营或者基于夫妻双方共同意思表示的除外。"此规定体现了平等保护夫妻双方利益和债权人利益，兼顾维护婚姻家庭共同生活和交易安全的立法理念。[3]

（2）夫妻共同债务认定规则的分类。夫妻共同债务可根据产生的依据不同，分为法定的夫妻共同债务与约定的夫妻共同债务，前者指法律或相关司法解释规定的夫妻共同债务。后者指夫妻双方约定的夫妻共同债务。例如，夫妻一方在婚姻关系存续期间以个人名义为家庭日常生活需要所负的债务，属于法定的夫妻共同债务。夫妻双方共同签名或者夫妻一方事后追认等共同意思表示所负的债务，则属于夫妻双方基于共同的意思表示约定的夫妻共同债务。[4]

以上分类的意义在于，从夫妻对共同债务清偿责任的角度看，一般来说，对于法定的夫妻共同债务，夫妻双方无论是否具有共同举债的意思表示都必须依法共同承担清偿责任；如夫妻另有约定的可除外，但不能对抗善意第三人。对于约定的夫妻共同债务，夫妻双方必须具有共同举债的意思表示，才能依约定共同承担清偿责任。

根据我国《民法典》及相关司法解释，我国夫妻共同债务的认定规则可以分为以下几种类型：

第一，共同生活或共同受益的用途规则，简称用途规则。用途规则，是指夫妻一方或双方为共同生活或者共同生产、经营、投资所负的债务，应当被认定为夫妻共同债务。即该债务是被用于家庭的共同生活，共同生产、经营或为共同财产收益之投资而形成的。因为，基于夫妻共同财产制原理，夫妻对共同财产平等地享受权利和承担义务。夫妻对共同财产的积极财产和消极财产必须"共享盈利、共担风险"。根据《民法典》第1062条规定，夫妻在婚姻关系存续期间所得的生产、经营、投资的收益，属于夫妻共同财产。同时，根据《民法典》第1064条第2款规定，夫妻一方在婚姻关系存续期间以个人名义超出家庭日

〔1〕　关于债的概念在夫妻财产制中的应用之探讨，参见刘征峰：《论民法教义体系与家庭法的对立与融合：现代家庭法的谱系生成》，法律出版社2018年版，第190~204页。

〔2〕　参见2001年修正的《婚姻法》第41条。

〔3〕　关于我国《民法典》确立夫妻共同债务认定规则之立法理由分析，参见陈苇、贺海燕："论中国民法典婚姻家庭编的立法理念与制度新规"，载《河北法学》2021年第1期。

〔4〕　参见《民法典》第1064条第1款。

常生活需要所负的债务，不属于夫妻共同债务，但债权人能够证明该债务用于夫妻共同生活、共同生产经营的除外。《婚姻家庭编解释（一）》第 33 条规定："债权人就一方婚前所负个人债务向债务人的配偶主张权利的，人民法院不予支持。但债权人能够证明所负债务用于婚后家庭共同生活的除外。"以上规定均体现了夫妻共同债务认定的共同生活或共同受益的"用途规则"。所以，基于此"用途规则"认定夫妻为共同生活、共同生产经营或为共同财产投资所负的债务，为法定的夫妻共同债务，即夫妻无论是否具有共同举债的意思表示，也无论是否实际取得收益，均属于夫妻的共同债务。

第二，家事代理权推定规则，又称家事代理权规则。家事代理权规则，是指夫妻一方在婚姻期间以个人名义为家庭日常生活所需的负债，被推定为夫妻共同债务。[1] 依《民法典》第 1060 条规定，夫妻一方因家庭日常生活需要而实施的民事法律行为，对夫妻双方发生效力，即夫妻互有日常家事代理权。基于日常家事代理权，《民法典》第 1064 条规定，夫妻一方在婚姻关系存续期间以个人名义为家庭日常生活需要所负的债务，属于夫妻共同债务。基于此"家事代理权规则"认定的夫妻共同债务，亦为法定的夫妻共同债务，即夫妻无论是否具有共同举债的意思表示，均属于夫妻的共同债务。[2] 从域外立法经验看，法国、德国、瑞士、日本、英国和美国等国家均立法明确规定了夫妻的日常家事代理权。[3] 目前我国《民法典》确立了"家事代理权规则"，既有利于满足家庭日常生活的需要，也能够便利和维护交易安全。

第三，夫妻双方合意的规则，简称合意规则。夫妻双方合意的规则，是指对于夫妻一方婚前婚后所欠的债务，夫妻双方可以约定为共同债务；对于夫妻一方婚姻期间所欠的债务，夫妻双方可以共同签名或事后追认的方式承认为共同债务。根据《民法典》第 1064 条第 1 款规定，夫妻双方共同签名或者夫妻一方事后追认等共同意思表示所负的债务，属于夫妻共同债务。基于"合意规则"认定的夫妻共同债务，属于约定的夫妻共同债务，体现了民法的意思自治原则。

必须明确，夫妻共同债务认定的以上三项规则中，"用途规则"、"家事代理权规则"与"合意规则"各有其适用的法定条件。根据《民法典》第 1065 条规定的精神，对依"用途规则""家事代理权规则"所认定的法定的夫妻共同债务，如果经夫妻双方协商约定即采取"合意规则"后，可以约定为夫妻一方的个人债务，只由夫妻一方对该共同债务承担清偿责任。但这只是变更的夫妻内部债务清偿关系，不能对抗善意第三人。

此外，必须说明，《婚姻法解释（二）》第 24 条第 1 款规定："债权人就婚姻关系存续期间夫妻一方以个人名义所负债务主张权利的，应当按夫妻共同债务处理。但夫妻一方

---

〔1〕 我国有法律实务工作者主张：夫妻一方负债中的共同债务，不必过分强调使用上的"共同"，凡是家事需要所负的债务，无论是共用、自用或他用（第三人或国家），均为夫妻共同债务。参见王礼仁、何昌林：《夫妻债务的司法认定与立法完善》，人民法院出版社 2019 年版，第 7 页。

〔2〕 《婚姻法解释（一）》第 17 条规定："婚姻法第十七条关于'夫或妻对夫妻共同所有的财产，有平等的处理权'的规定，应当理解为：（一）夫或妻在处理夫妻共同财产上的权利是平等的。因日常生活需要而处理夫妻共同财产的，任何一方均有权决定。（二）夫或妻非因日常生活需要对夫妻共同财产做重要处理决定，夫妻双方应当平等协商，取得一致意见。他人有理由相信其为夫妻双方共同意思表示的，另一方不得以不同意或不知道为由对抗善意第三人。"此司法解释也体现了日常家事代理权的原理。

〔3〕 参见陈苇主编：《外国婚姻家庭法比较研究》，群众出版社 2006 年版，第 230~231 页。对于夫妻家事代理权，关于当代法国、德国、瑞士、日本、英国和美国的最新立法研究，参见陈苇主编：《当代外国婚姻家庭法律制度研究》，中国人民公安大学出版社 2022 年版，第 48~49、124、242、308~310、437~438、499 页。

能够证明债权人与债务人明确约定为个人债务，或者能够证明属于婚姻法第 19 条第 3 款规定情形的除外。"此规定被称为夫妻共同债务认定的"时间推定规则"。[1] 但随着 2018 年 1 月《涉及夫妻债务纠纷案件适用法律解释》的实施，此"时间推定规则"已被废止。[2]

（3）夫妻共同债务认定规则的我国立法演变。在我国，2001 年修正的《婚姻法》实施以来我国夫妻共同债务的认定规则立法演变的大体情况如下：2001 年修正的《婚姻法》在第四章"离婚"第 41 条规定了离婚时的夫妻共同债务清偿，从而确立了夫妻共同债务认定的规则之一，即欠债用于家庭共同生活的"用途规则"；在第三章家庭关系的夫妻财产制中仅以第 19 条第 3 款规定了夫妻个人债务的约定清偿，但该章对夫妻共同债务的清偿规范却呈空白。为指导司法实践，2003 年《婚姻法解释（二）》补充规定了夫妻共同债务的认定规则及其具体情形，包括：①夫妻一方婚前所欠用于婚后家庭共同生活的夫妻共同债务，此为适用"用途规则"的具体情形。②夫妻一方婚姻期间所欠夫妻共同债务的认定之时间推定规则（见前述《婚姻法解释（二）》第 24 条之规定）。[3] 同时，《婚姻法解释（二）》第 25 条还规定了夫妻对共同债务的连带清偿责任："当事人的离婚协议或者人民法院的判决书、裁定书、调解书已经对夫妻财产分割问题作出处理的，债权人仍有权就夫妻共同债务向男女双方主张权利。一方就共同债务承担连带清偿责任后，基于离婚协议或者人民法院的法律文书向另一方主张追偿的，人民法院应当支持。"然而，《婚姻法解释（二）》第 24 条有关夫妻共同债务认定的"时间推定规则"在实施以后，虽然有效地遏制了当时存在的有些夫妻恶意逃债联手侵害债权人利益的现象，较好地维护了交易安全，但也出现了有些夫妻一方与债权人恶意串通损害夫妻另一方权益的现象，有些夫妻一方沦为"被负债"者而其中较多的是离婚妇女，夫妻共同债务纠纷案件呈大量增加之势，成为社会关注的热点问题。[4] 2017 年 2 月最高人民法院对《婚姻法解释（二）》第 24 条增补规定

---

〔1〕　对于时间推定规则与用途规则，我国有学者从"推定论"与"目的论"的关系角度分析两难困局与原因，参见冉克平：《夫妻团体法：法理与规范》，北京大学出版社 2022 年版，第 108~111 页。

〔2〕　必须说明，关于我国夫妻共同债务认定规则的分类，我国学界近年的研讨中主要有以下不同观点：第一种观点主张其分为三项规则，其中，有学者认为其包括目的推定规则、时间推定规则和家事代理权推定规则，参见李洪祥："夫妻一方以个人名义所负债务清偿规则之解构"，载《政法论丛》2015 年第 2 期；有学者认为其包括家庭利益推定规则、家事代理权推定规则和共同财产利益推定规则，参见冉克平："夫妻团体债务的认定及清偿"，载《中国法学》2017 年第 5 期。第二种观点主张其分为四项规则，包括共同生活之用途规则、双方约定之合意规则、家事代理之权限推定规则和婚姻期间借款之时间推定规则，参见陈法："我国夫妻共同债务认定规则之检讨与重构"，载《法商研究》2017 年第 1 期。第三种观点主张其实际上只有一项规则，理由是因为合意规则本是合同法题中之意，家事代理规则实属用途规则，时间推定规则本质上也是用途规则的落实方式，故夫妻共同债务认定规则实质上仅指用途规则，相关司法解释也基本围绕用途规则的具体适用而展开，是据以实现实体规则的程序性事项的规定。参见张力、李倩："夫妻共同债务认定中的用途规则——兼论最高人民法院法释〔2018〕2 号的体系融入"，载《江西师范大学学报（哲学社会科学版）》2019 年第 3 期。此外，我国有学者还主张，没有必要再适用日常家事代理权来认定夫妻共同债务，而是可将其归入"用途论"即适用用途规则。因为将日常家事代理权制度用来解决夫妻共同债务问题仍存在效力不明确、范围不清晰等问题，整体而言弊大于利。参见李洪祥："论日常家事代理权视角下的夫妻共同债务构成"，载《当代法学》2020 年第 5 期。

〔3〕　关于我国夫妻共同债务认定规则的司法实践情况和域外立法研究，参见陈法："我国夫妻共同债务认定规则之检讨与重构"，载《法商研究》2017 年第 1 期。

〔4〕　参见黄薇主编：《中华人民共和国民法典婚姻家庭编释义》，法律出版社 2020 年版，第 88 页。

第 2、3 款，强调虚假债务、违法债务不受法律保护。[1] 此后，针对我国现实生活中对婚姻期间的夫妻个人债务与共同债务难以区别认定的情况[2]，2018 年 1 月最高人民法院出台《涉及夫妻债务纠纷案件适用法律解释》修改了该第 24 条的规定，明确了夫妻共同债务的认定规则。该解释具体规定了三种认定情形：①夫妻双方共同签字或者夫妻一方事后追认等共同意思表示所负的债务，应当认定为夫妻共同债务。此被称为"合意规则"或"共债共签规则"。②夫妻一方在婚姻关系存续期间以个人名义为家庭日常生活需要所负的债务，债权人以属于夫妻共同债务为由主张权利的，人民法院应予支持。此被称为"家事代理权规则"。③夫妻一方在婚姻关系存续期间以个人名义超出家庭日常生活需要所负的债务，债权人以属于夫妻共同债务为由主张权利的，人民法院不予支持，但债权人能够证明该债务用于夫妻共同生活、共同生产经营或者基于夫妻双方共同意思表示的除外。[3] 此认定标准包括"用途规则"和"合意规则"。[4] 该解释实施以后，从总体上看能够平衡各方当事人的利益，总体得到社会各界的一致肯定。[5] 为回应社会关切，在吸收行之有效的 2018 年《涉及夫妻债务纠纷案件适用法律解释》的基础上，《民法典》婚姻家庭编第三章第一节"夫妻关系"中专门设立第 1064 条新增规定了夫妻共同债务的认定规则。

（4）夫妻共同债务认定规则的适用。根据《民法典》第 1064 条的规定，对于夫妻共同债务的认定规则，可分为以下三种情形予以具体适用。[6]

第一，基于夫妻共同意思所负的夫妻共同债务，是指夫妻双方约定或者夫妻双方共同签名或者夫妻一方事后追认的夫妻共同债务。此即根据"合意规则"认定的共同债务，又被称为"共债共签"的共同债务。

第二，基于夫妻日常家事代理权所生的夫妻共同债务，是指夫妻一方以个人名义为家庭日常生活需要所负的夫妻共同债务。此即根据"家事代理权规则"认定的共同债务。

第三，夫妻一方在婚姻关系存续期间以个人名义超出家庭日常生活需要所负的债务，不属于夫妻共同债务。但债权人能证明该债务被用于夫妻共同生活、共同生产经营或者基于夫妻双方共同意思表示的，仍属于夫妻共同债务。即此类夫妻共同债务有两种具体情形：一是根据"用途规则"认定的夫妻一方以个人名义为共同生活、共同生产经营（包括投资）所生的共同债务；二是根据"合意规则"认定的夫妻一方以个人名义但基于夫妻共同

---

〔1〕　《最高人民法院关于适用〈中华人民共和国婚姻法〉若干问题的解释（二）的补充规定》（2017 年 2 月 20 日最高人民法院审判委员会第 1710 次会议审议通过，自 2017 年 3 月 1 日起施行）在《婚姻法解释（二）》第 24 条的基础上增加两款，分别作为该条第 2 款和第 3 款：夫妻一方与第三人串通，虚构债务，第三人主张权利的，人民法院不予支持。夫妻一方在从事赌博、吸毒等违法犯罪活动中所负债务，第三人主张权利的，人民法院不予支持。

〔2〕　关于《婚姻法解释（二）》第 24 条的缺陷之探讨，参见马贤兴：《夫妻债务司法认定及实案评析》，法律出版社 2018 年版，第 19~25 页。

〔3〕　参见 2018 年《涉及夫妻债务纠纷案件适用法律解释》，第 1~3 条。

〔4〕　我国学者认为，2018 年司法解释对于夫妻债务裁判规则的修改，在价值取向上反映了"团体主义与个体主义相结合"。参见蒋月编著：《中华人民共和国婚姻法评注 夫妻关系》，厦门大学出版社 2021 年版，第 250 页。

〔5〕　关于 1950 年《婚姻法》颁行以来我国夫妻债务制度立法及相关司法解释的演进情况，参见最高人民法院民法典贯彻实施工作领导小组主编：《中华人民共和国民法典婚姻家庭编继承编理解与适用》，人民法院出版社 2020 年版，第 164~166 页。

〔6〕　参见最高人民法院民法典贯彻实施工作领导小组主编：《中华人民共和国民法典婚姻家庭编继承编理解与适用》，人民法院出版社 2020 年版，第 167~168 页。

意思所负的共同债务。

这里必须明确，为保护未举债配偶一方的合法权益，原则上夫妻一方在婚姻关系存续期间以个人名义超出家庭日常生活需要所负的债务，不属于夫妻共同债务。但为保护债权人的利益，法律规定让债权人承担举证责任，如债权人能够证明该债务被用于夫妻共同生活、共同生产经营或者基于夫妻双方共同意思表示的，则仍属于夫妻共同债务。这可以促使债权人建立债权债务关系时尽到审慎的注意义务。如果债权人能够做到"共债共签"，既能有效地保护债权人的合法权益，也能够有效地保护未举债配偶一方的合法权益。

综上，《民法典》明确规定的我国夫妻共同债务认定规则包括合意规则、家事代理权规则和用途规则，这既可以引导广大民众依法设立或认定夫妻共同债务以减少纠纷，也可以为人民法院审判实践中认定夫妻共同债务提供明确的法律依据，有利于平等保护夫妻各方的财产权益及夫妻的债权人的合法权益，有利于保障家庭共同生活，也有利于维护交易安全，以促进家庭和谐与社会经济发展。

二、夫妻扶养义务

（一）扶养概述

1. 扶养的概念和特征。

（1）扶养的概念。扶养的概念有广义和狭义之分：

广义的扶养，是指一定范围的亲属间相互在经济上供养和生活上扶助的法定权利义务。它没有身份、辈分的区别，是抚养、赡养、扶养的统称，即包括长辈亲属对晚辈亲属的抚养、晚辈亲属对长辈亲属的赡养和同辈亲属间的扶养。从国外立法看，大多数国家采取广义说。我国《民法典》继承编和《刑法》使用的"扶养"一词，也是采取广义的解释。

狭义的扶养，仅指同辈亲属之间相互在经济上供养和生活上扶助的法定权利义务。东欧一些国家的立法采取狭义说。我国《民法典》婚姻家庭编将夫妻间、兄弟姐妹间的相互供养和扶助的法定权利义务称为扶养，亦采取狭义说。必须指出，目前在我国，《民法典》婚姻家庭编使用的"扶养"一词采取狭义说，而《民法典》继承编和《刑法》使用"扶养"一词采取广义说，这种用语不统一，是有悖法律术语使用统一化要求的。故我国学术界不少学者在 1980 年《婚姻法》修改过程中，就已提出在《婚姻法》中统一使用"扶养"一词的建议。[1]

（2）扶养关系的三要素。婚姻法规定的一定范围亲属间的扶养关系，是一种民事法律关系。同其他民事法律关系一样，它由主体、内容和客体三要素组成。

第一，扶养关系的主体。所谓扶养关系的主体，是指依法律规定在扶养法律关系中享受权利和承担义务的人。扶养关系的主体可分为两种：一种是享受扶养权利的人，被称为扶养权利人；另一种是承担扶养义务的人，被称为扶养义务人。

第二，扶养关系的内容。所谓扶养关系的内容，是指扶养主体依法享有的权利和承担的义务。即扶养权利人享有的受扶养的权利及扶养请求权；扶养义务人承担的扶养义务。也就是说，扶养关系的内容包括扶养权利和扶养义务两个方面，前者是扶养权利人享有的权利，后者是扶养义务人承担的义务。

第三，扶养关系的客体。所谓扶养关系的客体，是指扶养关系主体的权利义务所共同

---

〔1〕　有关当代中国内地与港、澳、台扶养法的发展趋势研究，参见陈苇主编：《当代中国内地与港、澳、台婚姻家庭法比较研究》，群众出版社 2012 年版，第 711~720 页。

指向的对象，包括扶养权利人接受扶养和行使扶养请求权的行为，以及扶养义务人履行扶养义务的行为。在一般情况下，扶养义务由义务人自觉履行。只有在扶养义务人不履行义务时，需要扶养的权利人才行使扶养请求权，要求义务人履行法定的扶养义务。

（3）扶养的特征。《民法典》调整的一定范围亲属间的扶养民事法律关系，不同于一般的民事法律关系，也不同于国家扶助或社会扶助，它具有以下特征：

第一，扶养关系只能发生在法定的近亲属之间。从主体看，扶养关系只能发生在法律规定的一定范围的近亲属之间。《民法典》规定的具有扶养关系的近亲属，包括夫妻、父母子女、兄弟姐妹、祖孙等。非法定范围的近亲属，虽也可能发生扶养关系，如基于遗赠扶养协议，或者基于友谊、同情而发生扶养，但都不属婚姻法上的扶养关系，只是一般的民事扶养或道义上的扶养。

第二，扶养关系须具备法定扶养要件而发生。《民法典》上的扶养关系，因具备法定的扶养要件而当然发生。依法律规定，须扶养权利人符合受扶养的法定条件，且扶养义务人具有扶养能力，即同时具备扶养的两个法定要件，才能发生扶养。例如，兄弟姐妹、祖孙间的扶养必须具备扶养的法定要件才能发生。因此，虽为法定的近亲属，如不具备法定的扶养要件，也不能发生扶养关系。并且，如果非因具备法定要件而发生扶养关系，而是基于其他原因如道义上的帮助而扶养的，则不属于婚姻法上的扶养。

第三，扶养的权利义务具有人身专属性。从权利义务的特点看，扶养权利义务基于一定的亲属身份而发生，具有人身专属性。在扶养关系存续期间，其为义务人和权利人的专属权利义务，不得继承、处分（包括放弃）或抵销。[1]

第四，扶养的权利义务是私法上的权利义务。从性质上看，扶养的权利义务是依《民法典》（国外为亲属法或家庭法）的规定而产生的私法上的权利义务，不同于公法上的国家扶助（如社会保障制度规定的社会救济），也不同于社会扶助（如社区帮助、邻里互助）。亲属法上的扶养权利义务，只能发生于法定的近亲属之间，并具有双向性、对等性的特点。即在相互具有扶养关系的近亲属之间，扶养权利义务是相互对应的，一方享有受对方扶养的权利，同时也承担扶养对方的义务，反之亦然。而国家扶助和社会扶助除发生的依据（或依公法或依道义）不同外，权利义务也都是单向的。

2. 扶养的分类。扶养可从不同的角度进行以下分类：

（1）依扶养主体间辈分分类。依扶养主体间辈分之不同，可分为长辈亲对晚辈亲的抚养、同辈亲之间的扶养及晚辈亲对长辈亲的赡养。

（2）依扶养方式分类。依扶养方式之不同，可分为同居共同生活（经济供养与生活扶助）的扶养与不同居共同生活而给付扶养费的扶养。

（3）依扶养行为内容分类。依扶养行为内容之不同，可分为经济上供养和生活上扶助（照料）。例如，我国继父母与继子女形成抚养教育关系的认定标准之一，就是继父母对继子女有经济上供养或生活上照料的抚养事实。此外，依2018年修正的《老年人权益保障法》第14条规定："赡养人应当履行对老年人经济上供养、生活上照料和精神上慰藉的义务……"我国立法在此对扶养的内容作了扩张解释，对老年人的赡养包括经济上供养、生活上照料和精神上慰藉三个方面的义务。

----

〔1〕　但已届清偿期之后，权利人可依其意愿放弃、让与或抵销其债权。参见史尚宽：《亲属法论》，中国政法大学出版社2000年版，第752页。

（4）依扶养的程度分类。依扶养的程度之不同，可分为生活保持义务与一般生活扶助义务。此种分类，旨在明确扶养的程度，以便于义务人履行义务。世界上有些国家如德国、瑞士等国立法，依扶养关系主体之间亲属关系之远近和权利义务之多少，规定了不同的扶养条件，使义务人承担不同程度的扶养义务。故依扶养程度之不同，扶养义务可分为两类：①生活保持义务；②一般生活扶助义务。

第一，生活保持义务。所谓生活保持义务，是指夫妻间的扶养和父母对未成年子女的扶养，是义务人必须履行的无条件的义务。因为，此种扶养义务为夫妻、父母子女身份关系所不可缺少的要素，维持对方生活即保持自己生活。如父母以其子女的生活作为自己生活的一部分而维持；夫扶养妻或妻扶养夫，即为保持自己的生活。其扶养与自己的生活程度相等，即使因此而降低与自己的生活水平，也应予以维持。可见，这是一种无条件的在扶养人与被扶养人之间必须保持同一生活水平的扶养，故又称为"共生义务"。

第二，一般生活扶助义务。所谓一般生活扶助义务，指除夫妻间的扶养和父母对未成年子女的扶养外，其他法定的亲属间（如我国兄弟姐妹间、祖孙间）的扶养。这种义务是有条件的，是只有在一方无力独立生活，他方有扶养负担能力时，才产生的义务。即扶养义务人仅在不降低与自己地位相当的生活水平限度内给予扶养，这是一种相对的、有条件的扶养，扶养人与被扶养人之间无须保持同一生活水平，故称为一般生活扶助义务。

总之，生活保持义务与一般生活扶助义务两者的性质有所不同，两者的发生要件和内容也有不同。立法根据亲属关系的不同情况，规定不同的扶养条件，确定不同的扶养程度，便于义务人更好地履行扶养义务。另外，在理论上承认两者的区别，也有助于解释婚姻家庭法有关不同主体间扶养义务的发生要件有所不同的规定。

3. 扶养的要件。所谓扶养的要件，指扶养关系成立的条件。世界上许多国家的立法规定，扶养关系成立的条件有以下两个：

（1）扶养权利人有受扶养的必要。如因年老、年幼、病残等原因缺乏劳动能力又无生活来源，不能维持生活者，即需要扶养。

（2）扶养义务人具有扶养能力。扶养义务人为成年人且有劳动能力、经济负担能力的，即具有扶养能力，能够承担扶养义务。

以上两个条件同时具备的，则扶养关系发生。

这里必须指出，由于生活保持义务与一般生活扶助义务两者的性质有所不同，两者的发生要件和内容也有不同，因此，对于生活保持义务，即使扶养义务人扶养能力不足，其也应尽可能地承担扶养义务，甚至即使降低自己的生活水平也须履行扶养义务。然而，对于一般生活扶助义务，原则上扶养义务人仅在不降低与自己地位相当的生活水平限度内给予扶养，如其扶养能力不足的，依法可免除其扶养义务，而由社会保障制度予以救济。

4. 扶养的范围和顺序。

（1）扶养的范围。所谓扶养的范围，指负有扶养义务的一定亲属的远近界限。根据《民法典》规定，我国在法律上享有扶养权利和承担扶养义务的亲属有：夫妻；父母子女；兄弟姐妹；祖父母、外祖父母、孙子女、外孙子女。

（2）扶养的顺序。所谓扶养的顺序，指扶养义务人或者扶养权利人有数人时，确定履行扶养义务人或享受扶养权利人的先后顺位。《民法典》对扶养的顺序虽无明文规定，但从该法有关夫妻、父母子女、兄弟姐妹及祖孙间扶养的法定条件之规定中，大体可以推出两个顺序：第一顺序，夫妻间和父母子女间的扶养权利义务；第二顺序，兄弟姐妹间及祖孙间的扶养权利义务。我们认为，为使当事人明确其扶养顺序，便于依法履行义务，将来在对《民法典》补充完善时可对扶养的顺序作出明文规定。

5. 扶养的程度和方式。

（1）扶养的程度。所谓扶养的程度，是指供给扶养的水平、标准。根据《民法典》和有关司法解释的精神，确定给付扶养费的数额，首先应由当事人协商决定，协商不成，由人民法院判决。人民法院判决给付扶养费的数额，应综合考虑扶养义务人的负担能力、扶养权利人的实际需要和当地的一般生活水平这三个因素来确定。

（2）扶养的方式。关于扶养的方式，主要有两种：①同居共同生活的扶养。这是指扶养人与受扶养人同居在一起共同生活，扶养人对受扶养人采取经济供养、生活扶助的方式来履行扶养义务。②定期给付扶养费的扶养。这是指扶养人与受扶养人不同居，没有共同生活，而采取定期给付扶养费的方式履行扶养义务。

在现实生活中，夫妻间、父母子女间的扶养，一般以同居共同生活的方式为主。其他亲属间的扶养，则一般以定期给付扶养费的方式为主。《民法典》对扶养的方式未作规定，一般由当事人协商决定；协商不成的，由人民法院判决。人民法院应考虑当事人亲属关系的远近、扶养义务人的负担能力、扶养权利人的实际需要等因素来确定采取何种扶养方式。

6. 扶养的变更。所谓扶养的变更，指扶养义务人、扶养权利人的顺序，以及扶养方式或程度的改变。如前所述，扶养的发生须具备法定的扶养要件。如扶养义务人或扶养权利人的条件发生变化，就会引起扶养义务人、扶养权利人的顺序、扶养方式或程度发生变化。《民法典》虽对"扶养的变更"尚无直接的明确用语，但对某些情况下扶养的变更是有所规定的。例如，根据《民法典》第1074、1075条对祖孙间、兄弟姐妹间的扶养条件之规定，可知在父母对未成年子女无力扶养时，可以变更由祖父母、外祖父母或兄姐承担扶养义务。这就是扶养义务人顺序的变更。又如，依《婚姻家庭编解释（一）》第58条规定，离婚后父或母有负担能力的，子女可依法定情形之一，请求其增加抚养费。这就是扶养程度的变更。而该解释第56、57条规定，离婚后，父母一方可以依法要求变更抚养关系。这属于子女扶养方式的变更。

7. 扶养的消灭。所谓扶养的消灭，是指当法定的情形或一定的法律事实出现时，当事人间的扶养权利和扶养义务发生终止。依据法律的有关规定，可引起扶养关系终止的原因如下：

（1）当事人一方死亡。因扶养权利义务具有人身性，故无论是扶养权利人或者扶养义务人一方死亡，均引起扶养关系终止。

（2）扶养要件消灭。如果扶养关系的当事人一方或双方条件发生变化，导致扶养要件不再具备时，如扶养权利人不再需要扶养或扶养义务人丧失扶养能力，扶养关系随之终止。但必须注意，扶养要件消灭是一种相对的消灭原因，如重新具备扶养要件的，则又可以恢复扶养关系。

（3）当事人身份关系消灭。因亲属间的扶养是基于一定的身份关系发生的，当此种亲属身份关系消灭时，其亲属扶养关系也随之终止。例如，养父母子女关系依法解除后，养父母对未成年养子女的扶养义务随之终止；夫妻身份关系因离婚而解除时，夫妻间的扶养义务亦随之终止。离婚后，虽夫妻间的扶养请求权丧失，但为救济离婚后配偶一方的生活困难，国外许多国家的立法规定了离婚扶养费请求权或离婚赡养费请求权，我国则规定了离婚时生活困难的经济帮助请求权。[1] 必须说明，关于离婚后夫妻一方给付另一方的经济帮助费（在国外称为离婚扶养费），其性质是否属于"夫妻扶养义务"的延伸，学者们有不同的看法。[2]

（二）我国夫妻的扶养义务

《民法典》第 1059 条规定："夫妻有相互扶养的义务。需要扶养的一方，在另一方不履行扶养义务时，有要求其给付扶养费的权利。"关于我国夫妻的扶养义务应明确以下几点：

1. 夫妻间扶养义务是婚姻的效力之一。从原因看，夫妻间的扶养义务是基于婚姻的效力而产生的。它是夫妻在经济上相互供养、生活上相互扶助的义务，属于生活保持义务。其目的在于保障夫妻共同生活，是婚姻关系的必然要求。在一般情况下，这种扶养义务是在夫妻共同生活中实现的。

2. 夫妻间的扶养既是义务也是权利。从性质看，夫妻间互相扶养，既是义务也是权利。夫妻都有扶养对方的义务，同时，也都有要求对方扶养的权利。

3. 夫妻扶养义务是法定义务且具有强制性。当夫妻一方没有固定收入和缺乏生活来源，或者无独立生活能力或生活困难，或因患病、年老等原因需要扶养，另一方不履行扶养义务时，需要扶养的一方有权请求对方扶养。如果夫妻双方因扶养问题发生纠纷，可以经有关部门进行调解，或直接向人民法院提起诉讼。人民法院在审理扶养纠纷案件时，可首先进行调解，如调解无效，人民法院应当及时依法判决。如其仍拒绝履行给付扶养费义务的，可依法强制执行。如义务人拒不履行扶养义务，情节恶劣构成犯罪的，应按刑法有关规定追究其刑事责任。

三、夫妻继承权

夫妻继承权，又称配偶继承权，指夫妻结婚后基于配偶身份而依法享有的相互继承遗产的权利。《民法典》第 1061 条规定："夫妻有相互继承遗产的权利。"夫妻关系是家庭关系的基础和核心，夫妻间具有密切的人身关系和财产关系。夫妻继承权是婚姻的效力之一，它随夫妻人身关系的发生而产生。在我国，《民法典》婚姻家庭编关于夫妻互有遗产继承权的规定，与《民法典》继承编的规定是一致的。《民法典》继承编对配偶继承权作了明确具体的规定，配偶与子女、父母同样被列为第一顺序的法定继承人，享有平等的继承权。

处理夫妻相互间的遗产继承，应注意以下问题：

1. 夫妻同为第一顺序法定继承人。丈夫去世后，任何人不得侵犯或限制妻对夫遗产的继承权。反之亦同。

2. 确定死亡配偶遗产范围时，要注意配偶个人财产与其他财产的区别。只有死亡配偶遗留的个人所有财产，才是遗产。首先应分别对夫妻共同财产和家庭共同财产进行分割，分割出死亡配偶享有的份额，作为死亡配偶遗产的组成部分，防止将夫妻共同财产或家庭共同财产作为遗产继承，侵犯生存配偶或其他家庭成员的合法权益。

3. 确定生存配偶遗产继承份额时，对登记结婚后，夫妻尚未同居，一方死亡，或同居时间很短，一方死亡，另一方生存配偶的继承权虽应依法予以承认，但应根据同居时间的

---

〔1〕　参见本书第十一章离婚的法律效力有关内容。

〔2〕　关于离婚后夫妻一方给付夫妻他方的经济帮助费（在国外称为离婚扶养费），其性质是否属于"夫妻扶养义务"的延伸，学者们有不同的见解。参见陈苇、冉启玉："离婚扶养制度研究——中国法与俄罗斯法之比较"，载王利明、郭明瑞、潘维大主编：《中国民法典基本理论问题研究》，人民法院出版社 2004 年版，第 316～335 页。

长短、尽义务的多少及财产的来源情况，酌情确定其继承份额。

4. 夫妻间的继承权，因结婚而发生，因离婚而消灭。在离婚诉讼中，夫妻一方死亡的，他方仍享有配偶继承权。

5. 根据《婚姻家庭编解释（一）》第7、8条规定，未办理结婚登记而以夫妻名义共同生活的男女双方当事人，在同居期间一方死亡，另一方要求继承死者遗产的，如被认定为事实婚姻关系，可以配偶身份按继承法的有关规定处理[1]；如被认定为同居关系，但符合《民法典》第1131条有关酌情分得遗产条件之规定的，可根据相互扶助的具体情况处理。

6. 1950年《婚姻法》施行前的妻和妾，与夫仍均保留夫妻关系的，享有同等的继承权。[2]

 导入案例之要点评析

在本案中，夫妻双方对婚姻期间的财产关系并无约定，应按《民法典》有关婚后所得共同制的规定来确定婚姻期间所得财产的归属。在婚姻期间，夫妻双方的积蓄存款25万元及婚后购买的140平方米住房为夫妻婚后的共同财产。在离婚时，该25万元存款应由双方平分；该住房可由夫妻双方协商确定归一方所有，同时该方应按住房市场价值的一半给予另一方补偿。

对于本案中结婚时其父母指定赠与陈男的100平方米住房，根据《民法典》第1063条第3项规定，指定赠与夫妻一方的个人财产，属于夫妻一方的财产。因此，此住房应属于陈男的个人财产，张女无权分割。

陈男所获奖牌是运动员享有某种荣誉的一种标志，它具有特定的人身属性，只能属于权利人本人，因此陈男所获得的奖牌应归他个人所有。而对其所获得的奖金20万元，因奖金属于财产权利，依据《民法典》第1062条第1款的规定，在婚姻关系存续期间所获得的工资、奖金、劳务报酬属于夫妻共同财产，应由双方平分。

 **思考题**

一、选择题

（一）单项选择题

1. 刘山峰、王翠花系老夫少妻，刘山峰婚前个人名下拥有别墅一栋。关于婚后该别墅的归属，下列哪一选项是正确的？（　　　）（2016年国家司法考试试题）

A. 该别墅不可能转化为夫妻共同财产

B. 婚后该别墅自动转化为夫妻共同财产

C. 婚姻持续满8年后该别墅即依法转化为夫妻共同财产

---

〔1〕根据《婚姻家庭编解释（一）》第7条规定，未办理结婚登记而以夫妻名义共同生活的男女，……1994年2月1日民政部《婚姻登记管理条例》公布实施以前，男女双方已经符合结婚实质要件的，按事实婚姻处理……

〔2〕1950年《婚姻法》于1950年4月13日通过，5月1日公布施行。

D. 刘、王可约定婚姻持续 8 年后该别墅转化为夫妻共同财产

2. 甲乙夫妻的下列哪一项婚后增值或所得，属于夫妻共同财产？（　　）（2013 年国家司法考试试题改编）

A. 甲婚前承包经营果园，婚后出售果树上果实的所得

B. 乙婚前购买的 1 套房屋升值了 50 万元

C. 甲婚前的 10 万元存定期五年，婚后存款到期所得利息

D. 乙婚前收藏的玉石升值了 10 万元

3. 甲乙是夫妻，甲在婚前发表小说《昨天》，婚后获得稿费。乙在婚姻存续期间发表了小说《今天》，离婚后第二天获得稿费。甲在婚姻存续期间创作小说《明天》，离婚后发表并获得稿费。下列哪一选项是正确的？（　　）（2007 年国家司法考试试题）

A. 《昨天》的稿费属于甲婚前个人财产

B. 《今天》的稿费属于夫妻共同财产

C. 《明天》的稿费属于夫妻共同财产

D. 《昨天》《今天》和《明天》的稿费都属于夫妻共同财产

（二）多项选择题

1. 甲与乙离婚，甲乙的子女均已成年，与乙一起生活。甲与丙再婚后购买了一套房屋，登记在甲的名下。后甲因中风不能自理，常年卧床。丙见状离家出走达 3 年之久。甲乙的子女和乙想要回房屋，进行法律咨询。下列哪些意见是错误的？（　　）（2011 年国家司法考试试题）

A. 因房屋登记在甲的名下，故属于甲个人房产

B. 丙在甲中风后未尽妻子责任和义务，不能主张房产份额

C. 甲乙的子女可以申请宣告丙失踪

D. 甲本人向法院提交书面意见后，甲乙的子女可代理甲参与甲与丙的离婚诉讼

2. 张某和王某系夫妻，张某想借钱炒股，王某不同意。张某说："我自己借钱自己还！"此后双方订立书面协议，约定以后各自的收入归各自所有。张某以自己名义向不知有此约定的同事孙某借钱 20 万炒股，双方未约定利息。下列哪些选项是正确的？（　　）（2008 年国家司法考试四川地震灾区延期考试试题改编）

A. 孙某只能要求张某还款

B. 孙某有权要求张某和王某共同还款

C. 孙某如要求张某王某共同还款，应证明借款用于了张某王某的共同生活或共同经营

D. 张某还款时应参照同期银行贷款利息向孙某支付利息

二、判断分析题

1. 妻子在婚后为自己购买的贵重首饰属于个人专用生活用品，应认定为个人财产。

2. 夫妻共同财产所有权的取得时间，一律从领取结婚证之日起计算。

三、简答题

1. 简述夫妻日常家事代理权。

2. 简述我国夫妻共同财产的范围。

四、论述题

1. 试论夫妻的忠实义务。

2. 试论夫妻共同债务的认定规则。

五、案例分析题

小说家顾某（男）在婚前一直没有什么名气。2013 年 1 月，顾某与周某结婚。2023 年 5 月，顾某因其作品在一次比赛中获了大奖而声名鹊起，他遂将以往完成的部分著作向各出版社投稿，结果均被采用，共获得稿酬 28 万元。顾某想把这笔钱全部用于再创作，周某却认为应拿出一部分用于家里的房屋装修，夫妻两人的意见不一。顾某认为这笔钱是自己用婚前完成的作品换来的，应归自己个人所有，怎么用这笔钱应自己一个人说了算，而周某却认为这笔钱是在婚后取得的，自己为顾某出书协助校对也尽了力，这笔钱应是夫妻共有财产，两人应协商决定如何使用。

请问：婚前完成作品，婚后发表所得收入是否属著作权人个人所有？为什么？

 阅读参考文献

1. 夏吟兰：《家事法专论》，中国政法大学出版社 2020 年版。
2. 陈苇：《中国婚姻家庭法立法研究》，群众出版社 2010 年版。
3. 胡苷用：《婚姻合伙视野下的夫妻共同财产制度研究》，法律出版社 2010 年版。
4. 张华贵主编：《夫妻财产关系法研究》，群众出版社 2017 年版。
5. 杨奕主编：《夫妻共同债务纠纷案件裁判规则》，法律出版社 2021 年版。
6. 冉克平：《夫妻团体法：法理与规范》，北京大学出版社 2022 年版。

第六章

父母子女关系

✣学习的内容和重点

通过本章的学习，要求学生把握父母子女关系的基本概念，明确父母子女关系的种类，包括有婚姻关系的父母与子女的关系、无婚姻关系的父母与子女的关系和人工生育的子女与父母的关系，还包括继父母子女关系、养父母子女关系，了解婚生子女的推定与否认、非婚生子女的认领与准正、人工生育子女的法律地位等知识，重点掌握我国父母子女之间的权利义务。

 **导入案例**

2004 年 1 月，甲与乙登记结婚，2006 年 2 月生下一子丙。2009 年 2 月，因甲乙双方性格不合，甲起诉请求与乙离婚，经人民法院调解离婚。按双方约定，丙由母亲乙抚养至成年，甲每月支付抚养费 1000 元。2022 年 9 月，丙就读高一，学习费用大幅度增加。为了孩子的前途，经济条件不怎么好的乙先后安排丙到 3 家私立学校就读。丙就读高中仅 2 年，乙便为他支付了学费、学杂费数万元。2024 年 4 月，丙向人民法院提起诉讼，因物价上涨，要求父亲甲承担母亲乙自 2014 年起至今为他支付的各项费用的一半，并自 2024 年 5 月起每月支付他生活费 1800 元，并承担他此后上大学费用的 50%。

请问：丙的诉讼请求是否有法律依据？

第一节　父母子女关系概述

一、父母子女关系的概念和种类

（一）父母子女关系的概念

父母子女关系，在法律上是指父母和子女之间的权利义务关系。父母子女关系又称亲子关系，亲指父母，子指子女。父母子女是最近的直系血亲，父母子女关系是家庭关系的核心组成部分。

（二）父母子女关系的种类

关于父母子女关系的分类，法律一般将父母子女关系分为两大类：①自然血亲的父母子女关系，包括婚生子女与父母的关系、非婚生子女与父母的关系；②法律拟制的父母子女关系。后者在我国法律上主要指养父母子女关系及形成扶养关系的继父母子女关系。

在我国封建社会，为了确认纳妾制度和宗祧继承制度，除了有基于出生而发生的自然血亲的父母子女关系，包括亲生父母、嫡子女、庶子女、婢生子女、奸生子女等外，还包括基于人为拟制而产生的与名分恩义相关联的父母子女关系，包括嗣父嗣子、养父母子女等。在封建的礼俗中有"三父八母""五父十母"之说。根据《元典章》中"三父八母图"的记载，"三父"是指同居继父、不同居继父、从继母嫁继父；"八母"是指嫡母、继母、养母、慈母、嫁母、出母、庶母、乳母。在我国封建社会，父母子女关系的类别繁多，不同称谓的父母子女除了亲疏有别外，在法律上的地位也不相同。例如，庶子与嫡子的法律地位差别很大，婢生子与奸生子的法律地位很低。至民国时期，1930 年"民法亲属编"借鉴大陆法系父母子女关系法的相关规定，将父母子女关系分为自然血亲和拟制血亲两种。前者又分为婚生子女与父母的关系和非婚生子女与父母的关系，后者即养父母子女关系。1949 年中华人民共和国成立后，废除了纳妾制度和宗祧继承制度，实行男女平等、一夫一妻制。我国 1950 年《婚姻法》、1980 年《婚姻法》和 2001 年修正的《婚姻法》均规定了"保护儿童合法权益原则"。[1] 我国《民法典》第 1041 条亦规定了保护未成年人合法权益原则。[2]

我国《民法典》将父母子女关系分为以下两大类：

1. 自然血亲的父母子女关系。自然血亲的父母子女关系，是指基于出生的事实而产生的父母子女关系，包括婚生的子女与父母的关系和非婚生的子女与父母的关系。自然血亲的父母子女关系因血缘联系而存在，除因一方死亡而自然终止外，不能人为地解除。自然血亲的父母子女之间在法律上的权利义务，一般也只能因依法送养子女而消除。

2. 拟制血亲的父母子女关系。拟制血亲的父母子女关系是基于收养法律行为或再婚后事实上存在抚养教育关系而形成的父母子女关系，在我国包括养父母子女关系、形成抚养教育关系的继父母子女关系。拟制血亲的父母子女关系因法律拟制而形成，除因一方死亡而终止外，还可人为地解除。

20 世纪以来，随着现代医学科学的发展，尤其是人工生殖技术在医学领域的广泛应用，出现了不通过自然的性行为而受孕生育子女的人工生育方式。人工生育技术的采用给父母子女关系带来了新的情况、新的变化，上述父母子女关系的分类已经不能涵盖人工生育的子女与父母的关系。对此，本章将在第四节作专门探讨。

---

〔1〕　主编注：自 1959 年《儿童权利宣言》最早提出"应以儿童的最大利益为首要考虑"的国际性指导原则以来，1979 年联合国《消除对妇女一切形式歧视公约》和 1989 年联合国《儿童权利公约》都作出了"儿童最大利益优先原则"的倡导性规定。在当今世界，"更加注意尊重和保护儿童利益"已是现代婚姻家庭法的发展趋势之一。有学者提出，为实现我国 2004 年《宪法修正案》有关"国家尊重和保障人权"的承诺，在我国婚姻家庭法中……明确规定"儿童最大利益优先原则"是十分必要的。参见陈苇、谢京杰："论'儿童最大利益优先原则'在我国的确立——兼论《婚姻法》等相关法律的不足及其完善"，载《法商研究》2005 年第 5 期。And see Chen Wei and Xie Jing-jie, "On the Establishment of the Paramount Principle of the Best Interests of the Child: in Marriage and Family Law of China", 21st Century Law Review, Volume 2, Number2, 2006, pp. 72 - 91. 此外，有关当代中国内地与港、澳、台亲子法的发展趋势研究，参见陈苇主编：《当代中国内地与港、澳、台婚姻家庭法比较研究》，群众出版社 2012 年版，第 367～369 页。有关以儿童最大利益原则为指导完善我国亲子法的建议，参见曹贤余：《儿童最大利益原则下的亲子法研究》，群众出版社 2015 年版，第 276～290 页。

〔2〕　主编注：我国学者指出，我国《未成年人保护法》几经修改，确立了"保护未成年人的合法权益""尊重未成年人的人格尊严"等原则，在家庭保护章关于父母等监护人对未成年人的尊重和保护义务等规定，进一步凸显了我国亲子关系立法的"子女本位"。参见薛宁兰主编：《中华人民共和国婚姻法评注 家庭关系》，厦门大学出版社 2018 年版，第 20 页。

二、父母子女的权利义务

根据我国《民法典》第26条和第1067～1072条的规定，父母子女的权利义务主要包括以下内容：

（一）父母对子女有抚养教育的义务

《民法典》第26条第1款和第1067条第1款分别规定："父母对未成年子女负有抚养、教育和保护的义务。""父母不履行抚养义务的，未成年子女或者不能独立生活的成年子女，有要求父母给付抚养费的权利。"

1. 抚养义务。抚养，是指父母在经济上、物质上对子女的供养和在日常生活上对子女的照料。抚养义务是父母对子女所负的最基本、最主要的义务，目的在于保障子女的生存和健康成长。

父母对未成年子女的抚养是无条件的。除法律另有规定外，任何情况下父母都必须履行抚养义务。即使父母离婚，双方仍应履行对未成年子女的抚养义务。父母对成年子女的抚养则是有条件的。在一般情况下，父母对子女的抚养到子女成年即18周岁为止，对成年子女不再负有抚养义务。但对于不能独立生活的成年子女，父母又有负担能力的，仍应给付必要的抚养费。《民法典》第1067条所指的"不能独立生活的成年子女"，根据《婚姻家庭编解释（一）》第41条规定，是指"尚在校接受高中及以下学历教育，或者丧失、部分丧失劳动能力等非因主观原因而无法维持正常生活的成年子女"。该条款所称的"抚养费"，根据《婚姻家庭编解释（一）》第42条规定，"包括子女生活费、教育费、医疗费等费用"。

父母不履行抚养义务，使子女受抚养的权利受到侵害时，子女有向父母追索抚养费的权利。追索抚养费纠纷，可由抚养义务人所在单位或有关部门进行调解，也可直接由诉讼程序处理。根据《民法典》第1067条及《婚姻家庭编解释（一）》的规定，婚姻关系存续期间，父母双方或者一方拒不履行抚养子女义务，未成年子女或者不能独立生活的成年子女请求支付抚养费的，人民法院应予支持。必须明确，子女追索抚养费并不以父母在婚姻存续期间为前提。因为，根据《民法典》第1071条第2款和第1084条规定[1]，即使子女的父母不具有婚姻关系或者婚姻关系已经终止，也不影响子女对父母行使请求抚养费的权利，[2] 人民法院应根据子女的实际需要、父母双方的负担能力和当地的实际生活水平，通过调解或判决的方式，确定抚养费的数额、给付期限和方式；对于拒不履行抚养义务，情节恶劣，构成犯罪的，应当依法追究刑事责任。《婚姻家庭编解释（二）》第17条规定："离婚后，不直接抚养子女一方未按照离婚协议约定或者以其他方式作出的承诺给付抚养费，未成年子女或者不能独立生活的成年子女请求其支付欠付的抚养费的，人民法院应予支持。前款规定情形下，如果子女已经成年并能够独立生活，直接抚养子女一方请求另一方支付欠付的费用的，人民法院依法予以支持。"

2. 教育义务。教育，是指父母在思想品德等方面对子女的指引、培养和关怀。父母是

---

〔1〕《民法典》第1071条："非婚生子女享有与婚生子女同等的权利，任何组织或者个人不得加以危害和歧视。不直接抚养非婚生子女的生父或者生母，应当负担未成年子女或者不能独立生活的成年子女的抚养费。"第1084条："父母与子女间的关系，不因父母离婚而消除。离婚后，子女无论由父或者母直接抚养，仍是父母双方的子女。离婚后，父母对于子女仍有抚养、教育、保护的权利和义务。"

〔2〕杨大文主编：《亲属法》，法律出版社2012年版，第212页。

子女最直接的启蒙老师，家庭对子女的健康成长有着很大的影响。父母与子女之间的亲密关系，为教育子女提供了无可替代的有利条件。因此，教育子女是父母法律上的一项重要义务，也是社会道德的必然要求。现行《未成年人保护法》第5条明确规定，包括家庭在内的国家、社会、学校应当对未成年人进行理想教育、道德教育、科学教育、文化教育、法治教育、国家安全教育、健康教育、劳动教育，加强爱国主义、集体主义和中国特色社会主义的教育，培养爱祖国、爱人民、爱劳动、爱科学、爱社会主义的公德，抵制资本主义、封建主义和其他腐朽思想的侵蚀，引导未成年人树立和践行社会主义核心价值观。《家庭教育促进法》第2条明确规定："本法所称家庭教育，是指父母或者其他监护人为促进未成年人全面健康成长，对其实施的道德品质、身体素质、生活技能、文化修养、行为习惯等方面的培育、引导和影响。"未成年人的父母或者其他监护人负责实施家庭教育。[1]　为保障适龄未成年人依法接受并完成义务教育，我国2018年修正的《义务教育法》第11条第1款和第58条规定："凡年满6周岁的儿童，其父母或者其他法定监护人应当送其入学接受并完成义务教育；条件不具备的地区的儿童，可以推迟到7周岁。""适龄儿童、少年的父母或者其他法定监护人无正当理由未依照本法规定送适龄儿童、少年入学接受义务教育的，由当地乡镇人民政府或者县级人民政府教育行政部门给予批评教育，责令限期改正。"2022年修订的《妇女权益保障法》第36条第1款规定："父母或者其他监护人应当履行保障适龄女性未成年人接受并完成义务教育的义务。"

（二）父母对子女有教育和保护的权利和义务[2]

《民法典》第1068条规定："父母有教育、保护未成年子女的权利和义务。未成年子女造成他人损害的，父母应当依法承担民事责任。"

1. 教育义务。1980年《婚姻法》第17条规定父母对子女有"管教"的权利与义务，

---

[1]《家庭教育促进法》第16条对家庭教育的内容从六个方面作出规定：（一）教育未成年人爱党、爱国、爱人民、爱集体、爱社会主义，树立维护国家统一的观念，铸牢中华民族共同体意识，培养家国情怀；（二）教育未成年人崇德向善、尊老爱幼、热爱家庭、勤俭节约、团结互助、诚信友爱、遵纪守法，培养其良好社会公德、家庭美德、个人品德意识和法治意识；（三）帮助未成年人树立正确的成才观，引导其培养广泛兴趣爱好、健康审美追求和良好学习习惯，增强科学探索精神、创新意识和能力；（四）保证未成年人营养均衡、科学运动、睡眠充足、身心愉悦，引导其养成良好生活习惯和行为习惯，促进其身心健康发展；（五）关注未成年人心理健康，教导其珍爱生命，对其进行交通出行、健康上网和防欺凌、防溺水、防诈骗、防拐卖、防性侵等方面的安全知识教育，帮助其掌握安全知识和技能，增强其自我保护的意识和能力；（六）帮助未成年人树立正确的劳动观念，参加力所能及的劳动，提高生活自理能力和独立生活能力，养成吃苦耐劳的优秀品格和热爱劳动的良好习惯。第17条规定，对未成年人实施家庭教育，应当关注未成年人的生理、心理、智力发展状况，尊重其参与相关家庭事务和发表意见的权利，还对教育的方式方法作了列举，包括亲自养育，加强亲子陪伴；共同参与，发挥父母双方的作用；相机而教，寓教于日常生活之中；潜移默化，言传与身教相结合；严慈相济，关心爱护与严格要求并重；尊重差异，根据年龄和个性特点进行科学引导；平等交流，予以尊重、理解和鼓励；相互促进，父母与子女共同成长；其他有益于未成年人全面发展、健康成长的方式方法。第49条规定，公安机关、人民检察院、人民法院在办理案件的过程中，根据情况对父母或者其他监护人予以训诫，并可以责令其接受家庭教育指导。第53条规定，未成年人的父母或者其他监护人在家庭教育过程中对未成年人实施家庭暴力的，依照《未成年人保护法》《反家庭暴力法》等法律规定，追究法律责任。

[2]　主编注：有关大陆法系国家和英美法系国家之父母对未成年子女监护制度的演变，参见曹诗权：《未成年人监护制度研究》，中国政法大学出版社2004年版，第147~232页。有关当代中国内地与港、澳、台监护法的发展趋势研究，参见陈苇主编：《当代中国内地与港、澳、台婚姻家庭法比较研究》，群众出版社2012年版，第642~643页。有关亲权（监护权）是父母的权利抑或义务的定位，参见夏吟兰、薛宁兰主编：《民法典之婚姻家庭编立法研究》，北京大学出版社2016年版，第249~250页。

2001 年修正的《婚姻法》将其修改为"教育"的权利与义务，并为《民法典》沿用，虽然与前述《民法典》第 26 条第 1 款中所称的"教育"在文字上一样，但是两者的侧重点不同。本条规定的"教育"，是指父母有权利和义务按照法律和社会道德的要求，采用正确的、适当的方法，对未成年子女加以管理、教导，并对其行为进行必要的约束，使他们在思想上、品德上得以健康成长。未成年子女属于无民事行为能力或限制民事行为能力人，缺乏对事物的正确判断和处理能力。当子女的言行出现缺点与错误时，父母有责任对其进行批评与帮助，并给予正确的引导。我国 2020 年修订的《预防未成年人犯罪法》第 16 条规定："未成年人的父母或者其他监护人对未成年人的预防犯罪教育负有直接责任，应当依法履行监护职责，树立优良家风，培养未成年人良好品行；发现未成年人心理或者行为异常的，应当及时了解情况并进行教育、引导和劝诫，不得拒绝或者怠于履行监护职责。"根据该法第 29 条的规定，未成年人的父母或者其他监护人发现未成年人有不良行为的，应当及时制止并加强管教。[1]

2. 保护义务。保护，是指父母应当保护未成年子女的人身安全和合法权益，预防和排除来自他人的非法侵害和自然界的危害，使未成年子女的人身、财产及其他合法权益处于安全状态。首先，父母自己不得有危害子女的人身安全、侵害未成年子女财产权益的行为。未成年人的父母不得实施下列行为：虐待、遗弃、非法送养未成年人或者对未成年人实施家庭暴力；放任、教唆或者利用未成年人实施违法犯罪行为；放任或者迫使应当接受义务教育的未成年人失学、辍学；违法处分、侵吞未成年人的财产或者利用未成年人牟取不正当利益等。[2]《家庭教育促进法》第 23 条规定："未成年人的父母或者其他监护人不得因性别、身体状况、智力等歧视未成年人，不得实施家庭暴力，不得胁迫、引诱、教唆、纵容、利用未成年人从事违反法律法规和社会公德的活动。"其次，父母有权利和义务防止、排除外界对未成年子女的侵害，保障他们的安全和健康。[3] 未成年人的父母或者其他监护人发现未成年人身心健康受到侵害、疑似受到侵害或者其他合法权益受到侵犯的，应当及时了解情况并采取保护措施；情况严重的，应当立即向公安、民政、教育等部门报告。未成年人的父母或者其他监护人不得使未满八周岁或者由于身体、心理原因需要特别照顾的未成年人处于无人看护状态，或者将其交由无民事行为能力、限制民事行为能力、患有严重传染性疾病或者其他不适宜的人员临时照护。未成年人的父母或者其他监护人不得使未满十六周岁的未成年人脱离监护单独生活。未成年人的父母或者其他监护人应当提高网络素养，规范自身使用网络的行为，加强对未成年人使用网络行为的引导和监督。未成年人的父母或者其他监护人应当通过在智能终端产品上安装未成年人网络保护软件、选择适合

---

〔1〕 "不良行为"是指未成年人实施的不利于其健康成长的下列行为：（一）吸烟、饮酒；（二）多次旷课、逃学；（三）无故夜不归宿、离家出走；（四）沉迷网络；（五）与社会上具有不良习性的人交往，组织或者参加实施不良行为的团伙；（六）进入法律法规规定未成年人不宜进入的场所；（七）参与赌博、变相赌博，或者参加封建迷信、邪教等活动；（八）阅览、观看或者收听宣扬淫秽、色情、暴力、恐怖、极端等内容的读物、音像制品或者网络信息等；（九）其他不利于未成年人身心健康成长的不良行为。可见，父母依法应当承担对未成年子女进行预防犯罪教育，对其不良行为及时制止并加强管教的责任。

〔2〕 参见现行《未成年人保护法》第 17 条。

〔3〕 未成年人的父母或者其他监护人应当为未成年人提供安全的家庭生活环境，及时排除引发触电、烫伤、跌落等伤害的安全隐患；采取配备儿童安全座椅、教育未成年人遵守交通规则等措施，防止未成年人受到交通事故的伤害；提高户外安全保护意识，避免未成年人发生溺水、动物伤害等事故。

未成年人的服务模式和管理功能等方式，避免未成年人接触危害或者可能影响其身心健康的网络信息，合理安排未成年人使用网络的时间，有效预防未成年人沉迷网络。[1] 根据现行《未成年人保护法》第108条规定："未成年人的父母或者其他监护人不依法履行监护职责或者严重侵犯被监护的未成年人合法权益的，人民法院可以根据有关人员或者单位的申请，依法作出人身安全保护令或者撤销监护人资格。被撤销监护人资格的父母或者其他监护人应当依法继续负担抚养费用。"

父母是未成年子女的法定监护人和法定代理人，当未成年子女的人身或财产权益受到他人侵害时，父母有权以法定代理人的身份提起诉讼，请求停止侵害、排除妨碍、赔偿损失等。在未成年子女被人拐骗、脱离家庭时，父母有权要求归还子女，并要求赔偿为恢复监护状态而支出的合理费用等财产损失。[2] 如某人实施了拐卖人口的行为，父母可请求司法机关追究其刑事责任。

3. 损害赔偿责任。未成年子女造成他人损害的，父母应当依法承担民事责任。《民法典》第1188条规定："无民事行为能力人、限制民事行为能力人造成他人损害的，由监护人承担侵权责任。监护人尽到监护职责的，可以减轻其侵权责任。有财产的无民事行为能力人、限制民事行为能力人造成他人损害的，从本人财产中支付赔偿费用；不足部分，由监护人赔偿。"如父母已离婚的，被侵权人请求离异父母共同承担侵权责任的，人民法院依照《民法典》第1068条、第1084条以及第1188条的规定予以支持。一方以未与该子女共同生活为由主张不承担或者少承担责任的，人民法院不予支持。离异父母之间的责任份额，可以由双方协议确定；协议不成的，人民法院可以根据双方履行监护职责的约定和实际履行情况等确定。实际承担责任超过自己责任份额的一方向另一方追偿的，人民法院应予支持。[3]

（三）子女对父母有赡养扶助的义务

《民法典》第26条第2款、第1067条第2款分别规定："成年子女对父母负有赡养、扶助和保护的义务。""成年子女不履行赡养义务的，缺乏劳动能力或者生活困难的父母，有要求成年子女给付赡养费的权利。"理解子女对父母的赡养扶助义务，应注意以下几个问题：

1. 赡养扶助的义务主体。赡养扶助义务的主体是有独立生活能力的成年子女。我国现行《宪法》第49条明确规定："……成年子女有赡养扶助父母的义务。……"同时，未成年子女或没有独立生活能力的成年子女自身尚需要父母的抚养，客观上不具备履行赡养扶助义务的能力。因此，《民法典》规定的对父母承担赡养扶助义务的主体应为"有独立生活能力的成年子女"。

2. 赡养扶助的内容。赡养，是指子女在经济上对父母的供养，为父母提供必要的生活费用和生活条件。扶助，是指子女在日常生活上、精神上关心、照料父母。依据我国2018

---

〔1〕 参见现行《未成年人保护法》第18条、第20条、第21条和第71条。《家庭教育促进法》第22、23条规定，未成年人的父母或者其他监护人应当合理安排未成年人学习、休息、娱乐和体育锻炼的时间，避免加重未成年人学习负担，预防未成年人沉迷网络。未成年人的父母或者其他监护人不得因性别、身体状况、智力等歧视未成年人，不得实施家庭暴力，不得胁迫、引诱、教唆、纵容、利用未成年人从事违反法律法规和社会公德的活动。

〔2〕 参见《侵权编解释（一）》第1~3条。

〔3〕 参见《侵权编解释（一）》第8条。

年修正的《老年人权益保障法》的规定，赡养人应当履行对老年人经济上供养、生活上照料和精神上慰藉的义务。[1] 赡养人应当使患病的老年人及时得到治疗和护理；对经济困难的老年人，应当提供医疗费用；对生活不能自理的老年人，赡养人应当承担照料责任；不能亲自照料的，可以按照老年人的意愿委托他人或者养老机构等照料；赡养人应当妥善安排老年人的住房，不得强迫老年人迁居条件低劣的房屋。老年人自有的或者承租的住房，子女或者其他亲属不得侵占，不得擅自改变产权关系或者租赁关系；对于老年人自有的住房，赡养人有维修的义务。赡养人有义务耕种或者委托他人耕种老年人承包的田地，照管或者委托他人照管老年人的林木和牲畜等，收益归老年人所有；家庭成员应当关心老年人的精神需求，不得忽视、冷落老年人；与老年人分开居住的家庭成员，应当经常看望或者问候老年人；赡养人不得要求老年人承担力不能及的劳动等。[2]

子女对父母的赡养扶助是无期限的，直至父母死亡为止，也不得附加任何条件。子女不得以放弃继承权或者其他原因为由，拒绝履行赡养义务。子女的赡养义务不因父母婚姻关系的变化而消除。无论子女是否与父母居住在一起，都应履行赡养扶助义务。如有多个子女，则应根据每个子女的实际情况，共同对父母进行赡养扶助。赡养费的数额，应根据子女的负担能力和父母的实际需要确定。经老年人同意，赡养人之间可以就履行赡养义务签订协议。赡养协议的内容不得违反法律的规定和老年人的意愿。基层群众性自治组织、老年人组织或者赡养人所在单位监督协议的履行。子女不履行赡养义务时，缺乏劳动能力或者生活困难的父母，[3] 有要求子女给付赡养费的权利，父母可以请求有关部门进行调解或者通过诉讼程序直接向人民法院起诉。

3. 赡养与抚养的关系。有的子女从小没有得到父母的抚养，成年后对父母是否就没有赡养的义务呢？即赡养与抚养是否对等？对此应区别情况对待。如果父母对子女未尽抚养义务是客观原因或无力抚养导致，如因特大自然灾害、战争等导致父母子女失散，或父母长期身患重病、丧失劳动能力、在监狱服刑等，成年的子女对父母仍负有赡养义务；如果父母对子女未尽抚养义务是基于主观原因，如对子女犯有故意杀人罪（未遂）、强奸罪（父亲强奸女儿）、虐待罪、遗弃罪等，子女成年后，对父母则不负赡养义务。因为这些罪行严重侵害了子女的合法权益，严重伤害了子女的感情。需要注意的是，如果父母仅有虐

---

〔1〕 主编注：对于我国现行《老年人权益保障法》是否应当规定子女对父母有"精神赡养"的法定义务，有学者持否定观点。参见高留志：《扶养制度研究》，法律出版社 2006 年版，第 9 页。但 2012 年修订之后的《老年人权益保障法》第 18 条明确规定了精神赡养："家庭成员应当关心老年人的精神需求，不得忽视、冷落老年人。与老年人分开居住的家庭成员，应当经常看望或者问候老年人。……"

〔2〕 参见我国 2018 年修正的《老年人权益保障法》第二章。

〔3〕 包括有生活来源，但因缺乏劳动能力，生活不能自理而需要照料的父母。

待、遗弃子女的行为，尚未构成犯罪或犯有其他罪行的，子女成年后仍应尽赡养义务。[1]

（四）子女应当尊重父母的婚姻权利

婚姻权利是公民的基本民事权利。婚姻自由是我国婚姻法的基本原则之一，亦是《民法典》婚姻家庭编的基本原则之一。我国现实生活中，对父母的婚姻权利，绝大多数子女都是尊重的，对父母再婚也是赞同、支持的。但漠视父母的婚姻权利，干涉父母再婚的现象仍时有发生。鉴于此，2001年修正的《婚姻法》增设专条以保护父母的婚姻自由权。该法第30条规定："子女应当尊重父母的婚姻权利，不得干涉父母再婚以及婚后的生活。子女对父母的赡养义务，不因父母的婚姻关系变化而终止。"此立法对应体现在《民法典》第1069条的规定："子女应当尊重父母的婚姻权利，不得干涉父母离婚、再婚以及婚后的生活。子女对父母的赡养义务，不因父母的婚姻关系变化而终止。"另外，2022年修订的《妇女权益保障法》第61条规定："国家保护妇女的婚姻自主权。禁止干涉妇女的结婚、离婚自由。"子女应当尊重父母的婚姻权利，包括离婚和再婚的自主权利。司法实务中的有关案例表明，子女之所以干涉父母再婚，一是出于对财产、继承等问题的考虑，担心父母再婚会影响自己的经济利益；二是基于落后的婚姻观念，不能正确对待父母的正当要求。对于干涉父母再婚的子女，应当进行批评教育，责令其改正错误；情节恶劣，后果严重的，应当根据有关规定追究其法律责任。有的子女在干涉父母再婚时，往往以不予赡养要挟。有关赡养义务的规定属于强制性的规范，子女对父母的赡养义务不因父母的婚姻关系变化而终止。

（五）父母子女有相互继承遗产的权利

《民法典》第1070条的规定："父母和子女有相互继承遗产的权利。"这一权利是基于父母子女双方的亲属身份而产生的。依据《民法典》继承编的规定，父母和子女互为第一顺序的法定继承人。父母，包括生父母、养父母和有扶养关系的继父母；子女，包括婚生子女、非婚生子女、养子女和有扶养关系的继子女。

第二节　生子女

基于尊重和保护子女利益的精神，本节名称由原传统教材的"婚生子女与非婚生子女"

---

[1]　2010年，我国台湾地区通过了修改"民法"及"刑法"的修正草案，将父母与子女间的赡养义务调整为"相对义务"，即子女如曾遭父母性侵犯、虐待、遗弃或其他不法侵害，可以请求法院减轻或免除其赡养父母的义务；子女若不扶助、养育或保护曾对他们实施杀人未遂、性侵犯、虐待或弃养等行为的父母，也可免除遗弃罪的追诉。我国台湾地区本次修法强调扶养义务不再是绝对义务，而是依照个案判断的相对义务，民众传统的"天下无不是父母"的观念也会因为修法而产生松动，但并不会瓦解扶养义务制度和动摇良善观念，修正反倒更能符合扶养义务的本意，使得父母子女间能真正为彼此着想，促进双方的情感交流和增进彼此的爱心。根据修法之精神，父母对子女、子女的配偶、子女的直系血亲故意虐待、重大侮辱或为其他不法侵害（依据此条文，未来子女也能以父亲虐待母亲或祖父母为由，要求法院减轻其对父亲的赡养义务），或父母曾弃养子女的，法院可依个案调整减轻子女赡养义务。例如，父母对子女犯有杀人未遂、强制性交、猥亵、妨害幼童发育等重大情节，法院得完全免除子女的赡养责任。子女遗弃曾对其犯有杀人未遂、性侵害、虐待、弃养等罪行的父母，免除遗弃罪的追诉。参见刘文忠："台修'法'免除受虐子女的赡养义务"，载《法制日报》2010年3月23日，第12版。

更改为"生子女"。[1] 对于自然血亲的父母子女关系，从父母是否有婚姻关系的角度进行分类，分为"有婚姻关系的父母与子女的关系"与"无婚姻关系的父母与子女的关系"两部分进行阐述。

在原始社会，人类的婚姻为群婚形态，生育行为处于自然状态，子女没有婚生与非婚生之分。自人类进入到阶级社会，婚姻形式从群婚演变发展为一夫一妻制的个体婚姻以来，人类的生育行为也有了合法与非法之分，所生子女也相应有了婚生子女与非婚生子女之别。

一、有婚姻关系的父母与子女的关系

（一）婚生子女概述

婚生子女，是指在婚姻关系存续期间受胎或出生的子女。严格意义上的婚生子女应具备下列要件[2]：①其父母间须有婚姻关系；②其为生父之妻所怀孕分娩；③其在父母的婚姻关系存续期间受胎；④其为生母之夫的血缘。上述前两个要件很容易证明，但要证明后两个要件很困难。为了解决这一难题，大多数国家的婚姻家庭法基于尊重婚姻道德、维护婚姻制度、维护婚姻家庭的稳定以及保护子女利益的需要，根据医学上的生育经验，设立了婚生子女推定制度。

（二）婚生子女的推定与否认[3]

1. 婚生子女推定的概念。所谓婚生子女的推定，是指子女系生母在婚姻关系存续期间受胎或出生，该子女被法律推定为生母与生母之夫的婚生子女。婚生推定制度是法律为建立婚生亲子关系所设的一种制度。因为，通过外观来证明该子女为生母之夫的血缘，实非易事。为了解决这一难题，大多数国家的婚姻家庭法"依据医学上之统计"以及"信凭婚

---

〔1〕　主编注：依子女的生父母之间是否具有合法的婚姻关系，传统的亲子法将子女区分为婚生子女与非婚生子女。自人类社会普遍确立一夫一妻制以来，严格的婚姻制度一直否认婚外两性关系，此态度自然殃及在婚外两性关系中出生的子女。在古代社会，由于非婚生子女的父母之婚外两性关系受到法律的否认和道德的谴责，非婚生子女通常不能获得与婚生子女同等的法律地位，其在人身和财产问题上均受到歧视。到近代社会，人们认识到子女的法律地位是不能取决于其父母之间有合法婚姻关系的，法律歧视无辜的非婚生子女是不公平的，因此社会舆论和法律对非婚生子女的态度发生了很大的转变，许多国家先后修改法律，删除对非婚生子女的歧视性规定，赋予非婚生子女与婚生子女完全相同的法律地位，并明文禁止对非婚生子女的虐待和歧视。在现代社会，从外国亲子法的最新立法动向看，在承认非婚生子女与婚生子女两者具有完全相同法律地位的基础上，近年有些国家已经从子女的称谓上消除了"婚生子女"与"非婚生子女"的差别，统一称为"子女"，以体现尊重和保护儿童利益的立法意旨。参见陈苇主编：《外国婚姻家庭法比较研究》，群众出版社2006年版，第315~318页。

〔2〕　陈棋炎、黄宗乐、郭振恭：《民法亲属新论》，三民书局1987年版，第202页。

〔3〕　主编注：关于我国是否设立婚生子女的推定与否认制度，国外立法的最新发展动向值得注意。目前世界上有些国家已经在法律上取消了"婚生子女"与"非婚生子女"的称谓，如德国、埃塞俄比亚、英国、澳大利亚、瑞士、法国等。如在德国，在法律上已经没有"婚生子女"与"非婚生子女"的称谓，而仅使用"子女"一词，即有婚姻关系的男女所生子女，与无婚姻关系的男女所生子女，其法律地位都是平等的，其称谓也是相同的，以体现法律对儿童的尊重和保护。我国有学者提出，我国未来有关亲子关系推定与否认制度的立法，可借鉴德国的立法经验，对子女不再作"婚生"与"非婚生"的区分，而从父母的角度立法，对已结婚的父母所生子女，设立"父母身份的推定"与"父亲身份的撤销"制度；对未结婚的父母所生子女，设立"父母身份的认可"与"父亲身份的确认"制度，这样更能体现子女的法律地位和称谓，不受父母有无婚姻关系的影响，既有利于保护子女的合法权益，又能彰显现代法律对儿童尊重和保护的立法意旨。参见陈苇：《中国婚姻家庭法立法研究》，群众出版社2000年版，第315、356~357页；陈苇、靳玉馨："建立我国亲子关系推定与否认制度研究"，载梁慧星主编：《民商法论丛》总第27卷，金桥文化出版（香港）有限公司2003年版，第245~279页；陈苇主编：《外国婚姻家庭法比较研究》，群众出版社2006年版，第315~318页；澳大利亚《1975年家庭法（2008年修正）》第60B条第（2）（a）款，载陈苇（项目负责人）：《澳大利亚家庭法（2008年修正）》，群众出版社2009年版，第115页。

姻道德"[1]，为维护和巩固因合法婚姻关系建立的家庭，保护子女利益，设立了婚生子女推定制度。在有关婚生子女推定制度的立法和理论观点中，对婚生子女的推定有以下几点认识：

（1）婚生子女的推定不仅是对子女婚生身份的推定，同时也是对父亲身份的推定。

（2）在婚生子女的推定中决定父子女关系的要素有二，即婚姻关系和血缘关系，而不是单纯取决于父子女间的血缘关系。

（3）婚生子女的推定只是一种法律上的推定，可以被客观事实推翻。法律允许利害关系人提出否认之诉，但须经法院判决确认后方可撤销婚生推定。

2. 婚生子女推定的原则与方法。对于子女的婚生推定，主要有以下三种原则和方法：

（1）受胎说。即以子女是否在婚姻关系存续期间受胎为标准的原则和方法。依此方法，只要子女系在婚姻关系期间受胎，即推定为婚生子女，如有反证，可提起否认之诉。

（2）出生说。即以子女是否在婚姻关系存续期间出生为标准的原则和方法。依此方法，在母亲已结婚的一切案件中，可对子女作婚生子女的推定。如果子女在婚前受胎，婚后出生，该子女也被推定为婚生子女。但是，如能证明丈夫不能人道，或在子女可能受胎的期间不在，或通过亲子鉴定等证明该丈夫不可能是子女的父亲，则可提起否认之诉。

（3）混合说。此说又分为两种：一种以出生说为原则，以受胎说为补充。即凡是在婚姻关系存续期间出生，或在婚姻关系中受胎而在婚姻关系终止或被撤销后出生的子女，皆为婚生子女，推定夫为父。另一种是以受胎说为原则，以出生说为补充。即凡是在婚姻关系中受胎，不问在何时出生，皆为婚生子女，婚前受胎而婚后出生的子女，也可推定为婚生子女。

我国法律包括2001年修正的《婚姻法》均无明文规定婚生子女推定制度，但在司法实践中实际上已采用婚生推定原则确定婚姻关系中所生子女的父亲。早在1956年最高人民法院在《关于徐秀梅所生的小孩应如何断定生父问题的复函》中指出："小孩是在双方婚姻关系继续存在中所生的，男方现主张非其所生，应提出证据证明。男方既提不出任何证据而法院亦无法另找证明方法，在这种情况下，法院只能认为男方的主张不能证明，在这认定下对小孩问题予以判决。"此司法解释明确了婚生子女推定与否认的原则，即在婚姻关系存续期间所生子女，应认定为夫妻双方的子女；丈夫否认子女非其所生的，应负证明责任。此规定至今仍为人民法院所遵循。

在借鉴国外立法与总结我国司法实践经验的基础上，我们建议未来在《民法典》婚姻家庭编增补对婚生子女的推定规则，以填补父母子女关系立法的漏洞，对婚生子女推定的方法，应以出生说为原则，以受胎说为补充。理由如下：受胎说将婚前受胎而婚后所生的子女排除在婚生子女之外，过于严格，不利于保护子女利益和维护婚姻家庭关系的稳定；出生说的明显缺陷在于，对婚姻关系中受胎而在婚姻终止后出生的子女不能推定为婚生子女。由于两者各有利弊，现代世界各国立法及学说大都倾向于采混合说。我国立法可借鉴混合说。据此，受婚生推定的子女应包括三种：①在婚姻关系中受胎并出生者；②在婚前受胎但于父母婚姻关系存续期间出生者；③在婚姻关系中受胎但于父母婚姻关系终止后出生者。

3. 婚生子女推定的否认。婚生子女推定的否认，是指当事人享有否认被推定的婚生子

[1] 陈棋炎、黄宗乐、郭振恭：《民法亲属新论》，三民书局2013年版，第274页。

女为自己亲生子女的诉讼请求权（又称为否认权）的制度。婚生子女的父亲的身份既然只是一种法律上的推定，就有可能被相反的事实推翻。婚生子女的否认是对婚生子女推定的一种限制，目的是尽可能地使法律上的亲子关系与血缘上的亲子关系相统一，保障当事人及其子女的权益，避免应尽义务的当事人规避抚养责任，体现了法律的公正。我国 2001 年修正的《婚姻法》没有规定婚生推定的否认。但 2011 年 8 月 13 日起施行的《婚姻法解释（三）》规定了对亲子关系否认诉讼之推定规则。[1] 2020 年 5 月颁布的《民法典》第 1073 条增补了亲子关系的确认与否认之诉的规则："对亲子关系有异议且有正当理由的，父或者母可以向人民法院提起诉讼，请求确认或者否认亲子关系。对亲子关系有异议且有正当理由的，成年子女可以向人民法院提起诉讼，请求确认亲子关系。"[2] 此明确了确认亲子关系的请求权主体包括父母、成年子女；否认亲子关系的请求权主体只有父母；请求确认或者否认亲子关系须有正当理由。[3] 同时，2021 年 1 月 1 日起施行的《婚姻家庭编解释（一）》第 39 条明确规定："父或者母向人民法院起诉请求否认亲子关系，并已提供必要证据予以证明，另一方没有相反证据又拒绝做亲子鉴定的，人民法院可以认定否认亲子关系一方的主张成立。父或者母以及成年子女起诉请求确认亲子关系，并提供必要证据予以证明，另一方没有相反证据又拒绝做亲子鉴定的，人民法院可以认定确认亲子关系一方的主张成立。"这弥补了我国婚姻家庭立法的空缺，进一步完善了我国亲子关系制度。

（1）否认的原因。现代大多数国家立法采概括主义，即只要提出的证据能推翻子女为婚生即可。只要能证明在其妻受胎期间未与之同居或妻受胎与夫无关，所生子女即与夫没有血缘上的联系。《民法典》第 1073 条规定否认的原因只要是"正当理由"即可，根据我国司法实践中的经验，丈夫无生育能力、在子女受胎期间与妻子无同居的事实、亲子鉴定结论等都可以作为提出否认之诉的证据。

（2）否认权人。根据现代各国法律的规定，享有否认权的人可分为三类：一是丈夫；二是丈夫和子女；三是丈夫、妻子和子女。[4] 由于否认权人的范围关系到当事人的权益、亲子关系和家庭的稳定，所以，如果当事人之间已发生亲子般的亲情和父亲与子女关系的事实，仍毫无限制地允许任何第三人否认这一亲子关系，一概恢复具有真实血缘的亲子关系，既会伤害当事人之间的感情，不利于子女的健康成长，也无益于婚姻家庭和社会秩序的和谐稳定。[5] 因此，亲子关系的否认规则必须兼顾身份关系的真实性和法律关系的安定性。[6]《民法典》第 1073 条明确规定，亲子关系的否认权人为父亲或者母亲，并没有赋予

---

〔1〕《婚姻法解释（三）》第 2 条第 1 款规定："夫妻一方向人民法院起诉请求确认亲子关系不存在，并已提供必要证据予以证明，另一方没有相反证据又拒绝做亲子鉴定的，人民法院可以推定请求确认亲子关系不存在一方的主张成立。"主编注：关于我国亲子鉴定立法的研究，参见赖红梅：《亲子鉴定法制化进程之思考》，法律出版社 2013 年版，第 98~122 页。

〔2〕此条包含两项内容，一是确认亲子关系，也称为非婚生子女认领，是指生父对于非婚生子承认为其父而领为自己子女的行为。二是亲子关系否认，也叫婚生子女否认，是父或者母对推定为婚生子女的婚生性提供否定性证据推翻该推定的证明，否定其为婚生子女的制度。

〔3〕主编注：我国学者认为，只允许成年子女确认亲子关系而不能否认亲子关系主要是为了保护法律上父母的利益。薛宁兰、谢鸿飞主编：《民法典评注 婚姻家庭编》，中国法制出版社 2020 年版，第 324 页。

〔4〕陈苇主编：《外国婚姻家庭法比较研究》，群众出版社 2006 年版，第 322~323 页。

〔5〕主编注：关于否认权人的范围限制，有学者主张婚姻期间与婚姻终止后应当有所不同。参见王洪：《从身份到契约》，法律出版社 2009 年版，第 156 页。

〔6〕参见江必新主编：《民法典重点修改及新条文解读》（下册），中国法制出版社 2020 年版，第 845 页。

成年子女提起亲子关系否认之诉的权利。即成年子女无权提起亲子关系的否认之诉，这是为防止出现成年子女否认亲子关系后不再对原法律意义上的父母承担赡养义务的情形。法律对亲子关系的否认之诉的主体限制，体现了国家的公权力干预。[1]

（3）否认权的行使期限。为了促使否认权人及时行使权利，早日确定子女的法律身份，绝大多数国家和地区对否认权的期限作了规定。如《法国民法典》规定为 6 个月；《德国民法典》规定为 2 年；《日本民法典》、我国台湾地区"民法"规定为 1 年。时效的计算，一般都从自知悉子女出生之日起开始，亦有国家是从丈夫知悉其妻子在受胎期间有与第三人同居的事实之日起算。我国《民法典》对否认权行使未规定期限。

（4）否认之诉。婚生子女的推定只能经过否认之诉予以推翻，故否认权的行使，须以诉讼方式进行。否认之诉一经判决确定，子女的婚生性即被否认，而成为非婚生子女。

二、无婚姻关系的父母与子女的关系

（一）非婚生子女概述

非婚生子女，是指没有婚姻关系的男女所生子女。非婚生子女包括：未婚男女所生子女、已婚妇女与第三人所生的不受婚生推定的子女、已婚妇女所生但被法院判决否认婚生推定的子女。对于无效婚姻或被撤销婚姻的当事人所生的子女，有的国家将其视为非婚生子女，而多数国家却基于保护子女利益的需要，将其规定为婚生子女。

从生育的自然属性上看，非婚生子女与婚生子女并无区别。但是，从生育的法律属性上讲，非婚生子女是婚生子女的对称。在私有制社会，非婚生子女历来受到歧视，其社会地位、家庭地位和法律地位十分低下，被称为"私生子""奸生子"。事实上，非婚生子女的出现，是由其父母或他人的过错造成的，非婚生子女本身是无辜的，对非婚生子女的歧视是不公平的社会现象。直到 20 世纪初，人们对非婚生子女的态度转向宽容，出于人道主义、人权思想等观念，现代社会趋向于保护非婚生子女的权益，各国开始采取措施改善非婚生子女的法律地位。许多国家通过准正与认领的程序，使非婚生子女婚生化，不少国家开始规定非婚生子女享有与婚生子女同等的权利。[2]

非婚生子女与其生母的法律关系。大多数国家遵循罗马法"谁分娩，谁母亲"之原则，母亲身份都是基于子女出生的事实或者在出生证上登记母亲的姓名而自动取得的，即发生法律上的母子（女）关系。非婚生子女与生父的关系，无法以出生分娩的事实来直接确定。所以，确定生父身份是一个比证明生母身份更为复杂的法律问题。

（二）非婚生子女的认领与准正

1. 非婚生子女的认领。《民法典》第 1073 条规定："对亲子关系有异议且有正当理由的，父或者母可以向人民法院提起诉讼，请求确认或者否认亲子关系。对亲子关系有异议且有正当理由的，成年子女可以向人民法院提起诉讼，请求确认亲子关系。"这里的确认亲子关系，对于非婚生子女而言，也称非婚生子女的认领，是指非婚生子女的生父（或生母）承认该子女是自己的子女的行为。认领的目的，是依法确定非婚生子女的生父（或生母）。

---

〔1〕　参见宋豫主编：《国家干预与家庭自治：现代家庭立法发展方向研究》，河南人民出版社 2011 年版，第 135~136 页。

〔2〕　主编注：值得注意的是，原《日本民法典》曾经规定，非婚生子女继承时，其法定应继份额为婚生子女法定应继份额的 1/2。但在平成二十五年（2013 年）9 月 4 日，日本最高裁判所大法庭对此规定已作出了违宪判决。并在同年，法务省官方主页也公布了此判决，详见 http：//www. moj. go. jp/MINJI/minji07_ 00143. html。

认领主要有两种方式：自愿认领和强制认领。

（1）自愿认领。它是指生父（或生母）自愿承认该非婚生子女为自己子女的行为。又分为两种：①单独行为自愿认领。生父对子女的认领享有决定权，不依赖于其他人的同意，也不管母亲或子女本人是否反对。这种认领表明，生父的意愿对生父身份的确定具有决定性的作用，含有浓厚的父权主义思想，与保护非婚生子女利益的世界潮流相背离，因而为大多数国家的立法所摒弃。②附条件的自愿认领。目前，大陆法系国家普遍实行的是附条件的自愿认领，条件之一就是母亲或子女的同意。如《德国民法典》第 1595 条规定，生父的自愿认领必须经母亲同意，如果母亲在此范围内不享有父母照顾权，认领还必须经子女同意。《日本民法典》规定，对成年子女，非经其承诺，不得认领；父对胎内子女亦可认领，但应经母的承诺。[1] 生父（或生母）认领非婚生子女后，不得任意撤销其认领。如果认领的意思表示有重大瑕疵，认领人可以提起认领无效或撤销之诉；其他利害关系人也可以认领人非该子女之生父（或生母）为由而提起无效或撤销之诉。

（2）强制认领。它是指非婚生子女的生父（或生母）不自愿认领的，非婚生子女本人及其法定代理人向法院请求强制生父（或生母）认领，即谓强制认领。强制生父认领的原因包括：①未婚所生子女，经生母指认的生父不承认该子女与其具有血缘关系；②已婚所生子女，经生母指认该子女的生父为其丈夫以外的第三人而遭否认。

法律要求强制认领的请求权人负有举证责任。请求权人必须提供强制认领的事实和原因，如该子女在受胎期间生父与生母有同居的事实，或有证明确立亲子关系的书面材料等。必要时法院也可依当事人的申请，通过亲子鉴定来确认其生父。关于强制认领的请求权人，一般限定为生母或该子女本人。关于强制认领的时效，各国规定不一，《法国民法典》规定为 2 年，《瑞士民法典》规定为 1 年，美国各州大多规定为生母在怀孕或分娩后的任何时期。

自愿认领和强制认领具有相同的效力。认领一般具有溯及既往的效力，如《日本民法典》规定，认领溯及出生时发生效力，但不得侵害第三人的既得权利。此外，认领的效力还及于认领后子女的姓氏，以及生父对生母在妊娠、生育等方面的补偿责任等。

依据我国《民法典》第 1073 条，只要有正当理由，父或者母都有权认领子女，不受时间和条件的限制。但请求强制认领子女的，应通过向人民法院提起诉讼来实现。成年子女对亲子关系有异议且有正当理由的，也可通过诉讼请求确认亲子关系。

2. 非婚生子女的准正。非婚生子女的准正，是指已出生的非婚生子女因父母结婚或司法宣告而取得婚生子女资格的制度。准正制度始于罗马法。为了保护非婚生子女的利益和尊重婚姻制度，现代大陆法系有些国家和英美法系有些国家设有准正制度。

（1）准正的要件。①非婚生父母子女之间须有其身份赖以确定的血缘关系；②生父母须有结婚的事实或司法宣告。

（2）准正的形式。准正有两种形式：①因生父母结婚而准正。其本身又分为两种情况：一是仅以生父母结婚为准正的要件，如比利时、秘鲁等均采此制；二是以生父母结婚和认领为准正的双重要件，如《日本民法典》第 789 条第 1 项规定："父认领的子女，因其父母结婚而取得婚生子女的身份"。②因法院宣告而准正。其是指生父或生母死亡，或有婚姻障碍，致使结婚准正不能时，得依一方或子女的请求，由法院宣告子女为婚生子女。

---

〔1〕 参见王爱群译：《日本民法典》，法律出版社 2014 年版，第 782~783 条。

（3）准正的效力。准正使非婚生子女取得婚生子女的法律资格。关于效力发生的时间，世界上有些国家的规定有所不同。有的规定从父母结婚并经认领或法院判决宣告之日起发生效力，如《瑞士民法典》第259条；有的则规定认领效力追溯至子女出生之日起发生，而准正无溯及力，从父母结婚时或认领时取得婚生子女身份，如《日本民法典》第784、789条。[1]

目前，我国《民法典》尚无非婚生子女准正的规定。司法实践中，非婚生子女一般因生父母结婚而被视为婚生子女。非婚生子女与其生父的关系，则须生父自己主动承认；或通过生母或其他监护人提出证据，法院经查证属实，能证明非婚生子女与生父关系的，即可判决确认非婚生子女与生父的关系（此为强制认领），并适用婚生子女与父母之间权利义务的规定。[2]

（三）我国非婚生子女的法律地位

《民法典》第1071条的规定："非婚生子女享有与婚生子女同等的权利，任何组织或者个人不得加以危害和歧视。不直接抚养非婚生子女的生父或者生母，应当负担未成年子女或者不能独立生活的成年子女的抚养费。"《民法典》继承编第1127条规定："遗产按照下列顺序继承：（一）第一顺序：配偶、子女、父母……本编所称子女，包括婚生子女、非婚生子女……"可见，我国法律十分强调对非婚生子女的保护，赋予非婚生子女与婚生子女完全相同的法律地位，法律关于父母子女间权利义务的规定，同样适用于父母与非婚生子女之间。

第三节　继子女

一、继父母子女概述

（一）继父母子女的概念

继子女，是指对再婚配偶而言，夫与前妻或妻与前夫所生的子女。继父母，是指对再婚配偶的子女而言，母之后夫或父之后妻。继父母与继子女关系，是由于生父母一方死亡或者父母离婚，生父母一方另行再婚而形成的。

（二）继父母子女关系的类型

我国《民法典》以继父母子女间是否形成抚养教育关系为依据，将继父母子女关系分为两种类型：①未受继父母抚养教育的继子女，与继父母属于直系姻亲关系；②受继父母抚养教育的继子女，与继父母属于法律拟制直系血亲关系。形成了抚养教育关系的继父母子女之间发生父母子女间的权利义务关系；没有形成抚养教育关系的继父母子女之间不具有法律上的权利义务关系。

---

〔1〕　主编注：关于婚生子女的推定与否认制度、部分国家非婚生子女的准正和认领制度以及我国香港地区、澳门地区和台湾地区的相关立法，参见宋豫、陈苇主编：《中国大陆与港、澳、台婚姻家庭法比较研究》，重庆出版社2002年版，第264～267页；陈苇主编：《当代中国内地与港、澳、台婚姻家庭法比较研究》，群众出版社2012年版，第346～351页；法国、德国、意大利、瑞士、日本、英国、美国的相关立法，参见陈苇主编：《外国婚姻家庭法比较研究》，群众出版社2006年版，第281～283、285～287、289～295、297～298、302～303、307～308页。

〔2〕　主编注：关于我国亲子关系制度的构建研究，参见司丹：《亲子关系的体系建构与制度延展》，法律出版社2016年版，第160～208页。

对于怎样才能形成抚养教育关系？我国《民法典》未作规定，理论上和实践中也没有形成统一的标准。主要的理论观点有：①以继父母负担了继子女全部或部分抚养费为标准；②继父母与未成年的继子女长期共同生活，对继子女进行了教育和生活上照料的，即使未负担继子女的抚养费，也应认为形成了抚养教育关系；③只要继父母与继子女长期一起共同生活，就可以认定其间形成了抚养教育关系。从《民法典》的立法意图解释，我们认为第一种和第二种观点均可取。为指导司法实践，需要明确继子女"受其抚养教育"的认定因素，《婚姻家庭编解释（二）》第 18 条规定："对民法典第一千零七十二条中继子女受继父或者继母抚养教育的事实，人民法院应当以共同生活时间长短为基础，综合考虑共同生活期间继父母是否实际进行生活照料、是否履行家庭教育职责、是否承担抚养费等因素予以认定。"[1]

二、继父母子女的法律地位

我国《民法典》第 1072 条规定："继父母与继子女间，不得虐待或者歧视。继父或者继母和受其抚养教育的继子女间的权利义务关系，适用本法关于父母子女关系的规定。"即继父母子女之间应平等相待，不得虐待或歧视。未形成抚养教育关系的继父母子女之间为直系姻亲关系，无法律上的权利义务；形成了抚养教育关系的继父母子女之间为拟制直系血亲关系，与亲生父母子女之间的权利义务是相同的。

需要注意的是，与继父母形成了抚养教育关系的继子女不同于养子女，该继子女与其生父母间的权利义务关系，并不因这种抚养教育关系的形成而终止。即是说，该类继子女既与其生父母间继续存在父母子女间的权利义务关系，同时又与继父母发生父母子女间的权利义务关系。《继承编解释（一）》第 11 条规定："继子女继承了继父母遗产的，不影响其继承生父母的遗产。继父母继承了继子女遗产的，不影响其继承生子女的遗产。"

此外，《民法典》第 1072 条仅规定了形成抚养教育关系的继父母子女之间发生父母子女间的权利义务关系，并未明确该继子女与继父母的近亲属之间是否也产生近亲属间的权利义务。学理上对此也有不同意见，有学者认为，形成了抚养教育关系的继子女与继父母的近亲属之间也产生一定的法律关系。[2] 我们认为，继子女与继父母的法律拟制血亲与养父母子女的法律拟制血亲关系两者形成的原因有着根本的不同，其效力也不应与收养的效力等同。1985 年《执行继承法意见》的相关规定就未承认继父母子女关系的效力可及于其他近亲属。《继承编解释（一）》第 13、15 条分别规定："继兄弟姐妹之间的继承权，因继兄弟姐妹之间的扶养关系而发生。没有扶养关系的，不能互为第二顺序继承人。""被继承人的养子女、已形成扶养关系的继子女的生子女可以代位继承；被继承人亲生子女的养子女可以代位继承；被继承人养子女的养子女可以代位继承；与被继承人已形成扶养关系的继子女的养子女也可以代位继承。"

三、继父母子女关系的终止

关于继父母子女之间的关系能否解除的问题，2001 年修正的《婚姻法》和《民法典》

---

〔1〕　然而，继父母与未成年的继子女共同生活多长时间才能视为"长期"呢？此外，根据权利义务相一致原则，现实生活中，有的继子女在其生父母与继父母结婚时已经成年，对继父母自愿进行了物质上赡养和生活上照料，或者继父母虽未抚养教育过未成年继子女，但继子女在成年后对继父母自愿进行了物质上赡养和生活上照料的，双方之间可否形成子女对父母的"赡养扶助"关系？这些问题的探讨和解决，有利于《民法典》相关规定的实施，有利于司法实践的统一，有助于定分止争。

〔2〕　曹诗权主编：《婚姻家庭继承法学》，中国法制出版社 1999 年版，第 206~207 页。

均无规定。根据有关司法解释及学理通说，其终止可区分两种情况分别处理。

（一）未形成抚养教育关系的情况

未形成抚养教育关系的继父母子女之间属于姻亲关系，不产生父母子女之间的权利义务。在生父与继母或生母与继父离婚时，该姻亲关系随之终止。

（二）形成抚养教育关系的情况

形成抚养教育关系的继父母子女之间属于拟制直系血亲，能否解除应视具体情况而定：

1. 在生父与继母或生母与继父的婚姻关系存续期间，如果继子女未成年，为维护子女的利益，此种拟制血亲的继父母子女关系一般不得解除。

2. 生父与继母或生母与继父的婚姻关系因一方死亡而终止，另一方生父母将子女领回抚养，或生父母与继父母离婚，未成年子女由生父或生母领回抚养的，该继子女与继父或继母的抚养教育关系自然解除。

3. 因生父与继母或生母与继父离婚，如果继父母不同意继续抚养未成年的继子女的，其已形成的抚养教育关系因此而终止；如果继父母愿意继续抚养继子女，生父母又同意的，应当允许。《婚姻家庭编解释（一）》第54条规定："生父与继母离婚或者生母与继父离婚时，对曾受其抚养教育的继子女，继父或者继母不同意继续抚养的，仍应由生父或者生母抚养。"

4. 生父与继母或生母与继父的婚姻关系因生父母死亡而终止，或生父母与继父母离婚的，受继父母抚养教育的继子女已经成年的，其已形成的抚养教育关系不能自然解除。已经形成抚养教育关系的继父母子女之间的拟制直系血亲，可以通过协议解除，也可以通过诉讼解除。如果继父母子女关系恶化、无法共同生活的，继父母或继子女一方或双方提出诉讼，请求解除继父母子女关系的，人民法院可以准许。同时，为维护老人的合法权益，在解除继父母子女关系后，经继父母抚养成年的继子女对缺乏劳动能力又缺乏生活来源的继父母，应承担给付生活费的义务。[1]

值得注意的是，生父与继母或者生母与继父离婚后，当事人主张继父或者继母和曾受其抚养教育的继子女之间的权利义务关系不再适用民法典关于父母子女关系规定的，人民法院应予支持，但继父或者继母与继子女存在依法成立的收养关系或者继子女仍与继父或者继母共同生活的除外。继父母子女关系解除后，缺乏劳动能力又缺乏生活来源的继父或者继母请求曾受其抚养教育的成年继子女给付生活费的，人民法院可以综合考虑抚养教育情况、成年继子女负担能力等因素，依法予以支付，但是继父或者继母曾存在虐待、遗弃继子女等情况的除外。[2]

第四节　人工生育子女

自20世纪以来，随着人工生殖技术的问世和应用，出现了不通过自然的性行为而受孕生育子女的人工生育方式。人工生殖技术带来了诸多全新的伦理和法律问题。在亲子关系领域，人工生殖技术推翻了传统认定父母子女关系基础的血缘联系，产生了生物学上的母

---

〔1〕　参见《民法典》第1118条有关收养拟制血亲关系解除的后果之规定。

〔2〕　《婚姻家庭编解释（二）》第19条。

亲（分娩之母）、遗传学上的父母（精子或卵子的提供者）以及社会学上的父母（不提供生殖细胞且不怀孕分娩的养育者）等的不同，传统的亲子法面临着挑战。为使人工生殖技术得以正确运用，以免造成社会秩序的混乱，一些国家对人工生殖技术以立法进行规范，主要内容包括规范人工生殖技术的实施范围、条件、程序、管理机构、法律责任以及如何确定人工生殖子女的法律地位等。如法国在 1994 年 7 月 29 日通过第 94-653 号法令修改了民法典，其第 311-19、311-20 条对"借助医学方法进行的生育"，精子、卵子捐赠人的法律地位、夫妻对借助医学方法进行的生育表示同意的方式和效力等问题均作了规定。我国卫生部于 2001 年 2 月 20 日发布、并于 2001 年 8 月 1 日起施行的《人类辅助生殖技术管理办法》第 3 条规定："人类辅助生殖技术的应用应当在医疗机构中进行，以医疗为目的，并符合国家计划生育政策、伦理原则和有关法律规定。禁止以任何形式买卖配子、合子、胚胎。……"夫妻双方要求实施人类辅助生殖技术的，应符合国家计划生育政策、伦理原则和有关法律规定，并须签署同意书。针对人工生育子女的法律地位，《婚姻家庭编解释（一）》第 40 条也做了释明："婚姻关系存续期间，夫妻双方一致同意进行人工授精，所生子女应视为婚生子女，父母子女间的权利义务关系适用民法典的有关规定。"

一、人工体内授精子女

人工体内授精是用人工方法将精液注入女子体内，使精子与卵子自然结合，以达到妊娠目的的一种生殖技术。作为一种治疗男子不育症的技术，人工体内授精是我国目前临床主要运用的人工生育方式。按照所用精液的来源不同，通常将其分为同质（同源）人工体内授精和异质（异源）人工体内授精。

（一）同质人工体内授精子女

同质授精（AIH）是指用丈夫的精液对妻子进行体内授精以生育子女的方法。它与自然生殖的区别仅在于授精的方式不同，所生子女的血缘来自夫妻双方。依据婚生推定理论，子女是在婚姻关系存续期间受胎或出生的即为婚生子女，至于受胎方式是自然受胎还是人工受胎，并不影响子女的婚生地位。故同质授精子女当然应解释为夫妻双方的婚生子女。在实践中，由于精子冷藏技术的运用，使 AIH 子女地位的确定变得复杂起来。

1. 妻子未征得丈夫同意或欺骗丈夫实施 AIH 所生子女的地位。施行人工生殖是一种手术，依医疗惯例，夫妻应共同到医院以书面方式同意而为之。但如果妻子未征得丈夫同意或欺骗丈夫实施，所生子女的法律地位如何呢？史尚宽先生认为，婚姻生活系以子女出生及对子女负扶养责任为基础的，从保障子女利益出发，不应容许夫单方任意回避子女之出生，故不问已得夫之承诺或在其协力之下施行手术，抑或夫不知，甚至违反夫之意思而施行手术，只要在婚姻关系存续中以夫之精子受胎者，均应认为是婚生子女。[1] 有的学者则认为，未经丈夫同意出生的 AIH 子女，丈夫有否认权。[2] 我们赞同史尚宽先生的观点。依据婚生推定理论，子女在婚姻关系中受胎或出生的即为婚生子女，丈夫如果要否认该子女非其亲生，须证明该子女与自己没有血缘关系。在 AIH 情况下，妻子虽未征得丈夫同意或欺骗丈夫实施了手术，但该子女却与丈夫有血缘关系，因此，丈夫不能否认。

2. 妻子在夫死亡或离婚后可否使用前夫冷藏的精液实施人工授精生育子女。依据婚生

---

〔1〕 史尚宽："人工授精在民刑法上之问题"，载《宪法论丛——史尚宽法学论文选集之一》，荣泰印书馆 1973 年版，第 525~526 页。

〔2〕 吕国强：《生与死：法律探索》，上海社会科学院出版社 1991 年版，第 70 页。

推定理论,在夫死亡或离婚后,妻因实施人工授精而受胎并非在婚姻关系存续期间,所生子女不得推定为婚生子女。又因父死亡时尚未受胎,并不符合《民法典》关于胎儿利益保护的规定,依《民法典》继承编也不得为其保留必要继承份额。但是,该子女确实与母之前夫具有血缘关系,在血缘上而言,他们与夫生前所生的子女并无实质区别,若视他们与婚生子女的地位迥异,似有歧视之嫌。针对这一点,大多数立法例偏向于禁止在夫死亡或离婚后使用前夫冷藏的精液,以避免争议和维护子女的利益。

(二) 异质人工体内授精子女

异质授精(AID)是指使用第三人捐赠的精子注入妻子体内以生育子女的方法。由于AID所生子女只和母亲一方存在血缘关系,而精子的提供者与母亲并无婚姻关系,因此确定由 AID 所生子女的法律地位远较 AIH 的复杂。有学者主张赋予 AID 子女独立的法律地位,因为其既不像婚生子女是因婚姻、血缘关系而产生的,又不像继子女是姻亲关系的产物,也不像养子女因收养关系而形成,更不像非婚生子女是婚外性行为的结果。AID 子女兼有血缘、婚姻和抚养等多重性,其产生有合法性,因此,应给予其独立的法律地位。[1]也有学者认为,AID 子女应作法律拟制的血亲对待,适用有关养子女或继子女的规定。[2]依婚生推定理论,妻子在婚姻关系存续期间受胎所生子女即受婚生推定,但夫妻一方如能证明该子女非自夫受胎,得依法提起婚生否认之诉。但根据《婚姻家庭编解释(一)》第40 条的规定,夫妻双方一致同意进行人工授精,所生子女应视为婚生子女,故不得提出婚生否认之诉。

二、人工体外授精子女

体外授精—胚胎移植(IVF-ET)是指用人工方法将卵子自体内取出,与精子在培养皿中授精,再将受精卵或胚胎植入女性子宫内以生育子女的方法。使用这种技术生育出来的子女被称为"试管婴儿"。体内授精和体外授精一样都是非自然生殖,但后者比前者更多地替代了自然生殖过程。在这一过程中,当事人可能有不孕夫妇、精子捐赠人、卵子捐赠人及怀孕分娩者等,其涉及的法律问题比体内授精更为复杂。根据 IVF-ET 所使用的精子和卵子的来源不同,可将其分为妻卵体外授精和捐卵体外授精。

(一) 妻卵体外授精

由于精子的来源不同,妻卵体外授精有同质和异质体外授精之别。同质体外受精指的是利用医学技术,将夫的精子和妻的卵子在体外完成授精后再植入妻子子宫以生育子女的方法。这种方法与自然受孕的同质体内授精的细胞来源完全相同,均来自夫妻,区别仅是授精地点一个在体内,一个在体外。因此,妻卵同质体外授精所生子女的法律地位在解释上与 AIH 子女相同,为夫妻双方的婚生子女。异质体外授精指的是用第三人捐献的精子与妻卵在体外完成授精后再植入妻子子宫以生育子女的方法。这种情形与使用第三人捐献精子的 AID 子女的细胞相同,区别仅在于授精地点,所以,妻卵异质体外授精所生子女的法律地位应与 AID 子女的一样。

(二) 捐卵体外授精

传统自然生育过程中,法律上基于"谁分娩,谁为母亲"的推定原则,认为凡女性怀孕且分娩子女即当然地被视为所生子女的母亲,因为卵子与子宫有着不可分离性。但是,

---

〔1〕 杨振山主编:《民商法实务研究·婚姻家庭卷》,山西经济出版社 1997 年版,第 311 页。

〔2〕 杨大文主编:《亲属法》,法律出版社 2012 年版,第 232~233 页。

现代医学技术已经使卵子也可以捐献，即让怀胎分娩的母体与所用卵子的提供者并非一人，造成一为生理上的联系者（分娩者），一为血缘基因上的联系者（捐卵者）。在这种情况下，究竟谁是法律上的母亲？传统的推定原则受到质疑，学说上有三种主张：

第一种主张认为，卵子虽然来自第三人，但胚胎系移植至妻子的体内，且由妻子完成分娩子女，故妻子应为子女法律上的母亲。这种解释与传统的"谁分娩，谁为母亲"的原则一致。

第二种主张认为，为了贯彻血统真实主义，生殖细胞来源于谁，谁即为该子女的母亲。故应以捐卵者为该子女法律上的母亲。此种主张虽然能够维持血统的真实性，但可能出现以下问题：①卵子捐献者若为未婚女性，所生子女即成为法律上的非婚生子女；②卵子捐献者若为已婚女性，父子关系是依生殖细胞捐献人还是依受胎时婚姻关系进行推定，两者产生矛盾；③与人工生殖治疗不孕的目的相违背。

第三种主张认为应以是否有成为子女之母亲的意思作为判断标准。捐献人如仅提供卵子而无成为子女法律上母亲之意思时，自不得使其成为该子女法律上的母亲，反之，则以其为子女法律上的母亲。这种主张以意思主义作为认定身份关系的标准，对子女权益的保障似有不周，若捐献者与分娩人均有意或均无意成为该子女之母时，如何解决其冲突？由此，意思主义仅能作为补充，不能作为唯一的判断标准。

我们认为，比较以上三种主张，似以第一种更为合理。但我国现行法无父子婚生推定的规定，有关母子血缘关系的认定系以分娩事实作为唯一判断标准。随着人工生育技术的发展，这样的规定显然已有疏漏，建议尽快立法填补。

（三）代理母亲

在妻子子宫无法使受精卵着床时，使用妻卵和夫精、妻卵和供精、供卵和夫精或供卵和供精在体外受精后，将胚胎植入他人子宫进行分娩生育，此分娩者即为代理母亲。通过代理母亲生育子女所引起的法律问题十分复杂。例如，谁是孩子的法律上的父母？尤其是妻子与代理母亲两人哪一个是孩子法律上的母亲？代孕合同是否有效？可否强制执行？如果代理母亲为已婚，其夫与孩子之间是什么关系？等等。

由于代理母亲涉及的法律问题异常复杂，法律上是否应当允许其存在的争议颇大。有的国家已通过立法或正在制定法律禁止代理母亲的适用；有的国家和地区则有条件地承认其存在，对有偿代孕合同予以禁止。我国的《人类辅助生殖技术管理办法》第 3 条明确规定："……医疗机构和医务人员不得实施任何形式的代孕技术。"即我国以行政规章禁止医疗机构和医务人员实施任何形式的代孕技术。[1]

---

〔1〕　主编注：目前我国有学者认为，我国在法律层面没有禁止代孕。参见 2019 年 10 月 14 日，在 Re A & Another［2019］HKCFI 1749 一案中，香港高等法院欧阳桂如法官采信中国民法专家杨立新关于内地代孕合法性的中国法意见，认可两名内地代孕双胞胎女儿作为《父母与子女条例》第 12 条所生的子女的法律地位。另外，关于我国建立代孕制度的立法建议，参见石雷：《功能主义视角下外国代孕制度研究》，华中科技大学出版社 2020 年版，第 164~172 页。

第五节　父母对未成年子女的照护权

一、父母照护权概述

父母对未成年子女的照护权，即"父母照护权"或"父母照顾权"，[1] 在历史上许多大陆法系国家的立法中被称为"亲权"。亲权制度源于罗马法的家父权和日耳曼法的保护权，指父母对于未成年子女在人身和财产方面的养育、管教以及保护的权利和义务。[2] 至现代社会，在有的国家的立法中，"亲权"已不再是纯粹的权利，而被代之以包含权利义务的"父母照护权"[3]，是指父母照料未成年子女的日常生活、保障其人身安全、谨慎管理归未成年子女所有的财产，以及代理其为民事法律行为和诉讼行为的权利义务。[4]

我国《民法典》中没有亲权或父母照护权的称谓，而只是把父母称为法定监护人。根据监护对象范围的宽窄，监护有广义和狭义之分。广义上的监护是指对一切未成年人和限制民事行为能力及无民事行为能力的成年人的人身和财产权益进行监督和保护的法律规范之总和。英美法系国家多采用这一体例，如英国、美国等。[5] 狭义上的监护是指对无父母或父母不能照护的未成年人以及其他限制民事行为能力或无民事行为能力成年人的人身和财产权益进行监督和保护的法律规范的总和。狭义的监护排除了父母对未成年子女的监督和保护，对此另设亲权制度加以规定。大陆法系国家多采此立法例，如日本、德国、瑞士等。[6]

我国《民法通则》、2001 年修正的《婚姻法》以及《民法典》均采广义的概念，将亲权的内容包含在监护中。对此在学术上一直存在争议。未成年人的监护与亲权虽然有一定的区别，但也是紧密联系的两个概念，即都是为了维护未成年人的利益，都体现了对未成

---

[1]　主编注：我国有学者认为，父母照顾权虽然名为权利，但实际上以为他人谋利益为目的，是利他性的权利，是一种"义务权"。参见王丽萍：《亲子法研究》，法律出版社 2004 年版，第 152 页。

[2]　孔祥瑞、李黎：《民法典亲属编立法若干问题研究》，中国法制出版社 2005 年版，第 190 页。

[3]　如《德国民法典》在第四编"家庭法"的第二章"亲属"中，设专节即第五节规定了"父母照顾权"。

[4]　主编注：在现代社会，有关父母对未成年子女的"亲权"或称"监护权"立法的变化，以德国最为典型。20 世纪 70 年代以来，德国亲子法进行了一系列修改，为尊重和保护儿童利益，1979 年 7 月 18 日德国的《亲权照顾权新调整法》用"父母照护权"一词取代了原来的"亲权"。此后，1997 年修改的《德国民法典》新增的第 1697 a 条明确规定：法官在处理父母照护权、交往权以及看护等事务方面，"应当考虑……作出最有利于子女利益的裁判"。参见陈苇：《中国婚姻家庭法立法研究》，群众出版社 2010 年版，第 31 页。

[5]　主编注：在英美法系国家，也从过去重视父母对子女的权利转变为强调父母对子女的责任。例如，在英国，依 1989 年《儿童法》第 2、3 条规定，强调父母对子女负有"父母责任"。参见 [英] 凯特·斯丹德利：《家庭法》，屈广清译，中国政法大学出版社 2004 年版，第 263 页。在澳大利亚，1995 年《家庭法改革法》用"父母责任"一词取代了过去父母对子女的"监护"概念。依该法第 61B 条的规定，父母责任是指法律所规定的父母对儿童在人身和财产方面的"权利、义务、责任和职权"，法律强调父母应当依法履行此父母责任。参见陈苇、王鹍："澳大利亚儿童权益保护立法评介及其对我国立法的启示——以家庭法和子女抚养（评估）法为研究对象"，载《甘肃政法学院学报》2007 年第 3 期；并参见澳大利亚《1975 年家庭法（2008 年修正）》第 60B 条，载陈苇（项目负责人）：《澳大利亚家庭法（2008 年修正）》，群众出版社 2009 年版，第 114~115 页。

[6]　主编注：关于现代社会未成年人监护制度公法化改革的情况，参见陈苇、高伟："未成年人监护制度公法化变革研究"，载陈苇：《中国婚姻家庭法立法研究》，群众出版社 2010 年版，第 470~555 页。关于我国未成年人监护制度之立法完善建议，参见董思远：《未成年人监护制度研究》，中国人民公安大学出版社 2019 年版，第 271~294 页。

年人人身和财产权益的维护，亲权人或监护人大多与被监护人存在亲属关系等，只是"监护制度是一项突破了亲属范围的，具有更为广泛的社会性的保护被监护人合法利益的制度"。[1]

二、父母照护权的内容

我国的监护制度是广义的监护，对于未成年人，父母是第一顺序的法定监护人。2022年修订的《妇女权益保障法》第70条规定："父母双方对未成年子女享有平等的监护权。父亲死亡、无监护能力或者有其他情形不能担任未成年子女的监护人的，母亲的监护权任何组织和个人不得干涉。"根据《民法典》和相关司法解释的规定，除父母对未成年子女抚养的权利义务外，父母对未成年子女的其他权利义务即属于外国法中的亲权或父母照护权的内容。基于此，我们可以通过立法将父母对未成年子女的监护确定为我国的父母照护权。父母照护权包括人身照护权和财产照护权两个方面。

（一）父母对未成年子女的人身照护权

父母应当保护未成年子女的身体健康，照顾其生活，依法维护其人身权利不受侵犯。

1. 保护未成年子女的人身安全不受侵犯。父母应当照顾未成年子女的生活，使其在安全健康的环境中成长，避免和排除任何自伤及他伤等意外事件的发生，保障其健康成长。

2. 教育管理被照护的未成年人。父母不仅要保护未成年子女的人身安全不受侵犯，还要关注其心理健康。父母应按照国家法律规定，使未成年子女接受义务教育，并以健康的思想、品行和适当的方法教育子女。为预防和制止未成年人的不良行为和违法犯罪行为，父母应进行合理管教。[2]

3. 指定未成年子女的住所。父母既有教育和管理未成年子女的权利和义务，自应有指定其住所的权利和义务，受到照护的未成年子女不应脱离照护而单独居住。对于指定的住所，未成年子女应当服从。如《德国民法典》《日本民法典》皆明确规定了父母的住所指定权。《德国民法典》第1631条第1项规定："人身照护权包括……确定其居所的义务和权利"；《日本民法典》第821条规定："子女应以亲权人指定的处所为其居所。"在我国，2024年修正的《未成年人保护法》第21条第2款规定："未成年人的父母或者其他监护人不得使不满十六周岁的未成年人脱离监护单独生活。"2020年修订的《预防未成年人犯罪法》第35条规定："未成年人无故夜不归宿、离家出走的，父母或者其他监护人、其所在的寄宿制学校应当及时查找，必要时向公安机关报告。收留夜不归宿、离家出走未成年人的，应当及时联系其父母或者其他监护人、所在学校；无法取得联系的，应当及时向公安机关报告。"

4. 未成年子女的交还请求权。他人不法扣留、拐卖、绑架未成年子女，不但侵害了子女的人身自由，而且侵害了父母的保护教育权。因此，对于不法扣留、藏匿、拐卖、绑架未成年子女之人，法律赋予父母请求返还子女的权利。《德国民法典》第1632条第1项规定："人身照顾权包括要求对子女的父母或父母的一方非法藏匿子女的人交还子女的权利。"

（二）父母对未成年子女的财产照护权

财产照护权，包括父母对未成年子女的财产依法享有管理、使用、收益和必要的处分的权利，财产法上的法定代理权和同意权，以及照护权终止时的财产返还义务等。

---

〔1〕 李开国：《民法总则研究》，法律出版社2003年版，第131页。

〔2〕 参见现行《未成年人保护法》第16条。

1. 财产管理权。根据我国 2024 年修正的《未成年人保护法》第 16 条规定，未成年人的父母应当履行的监护职责中包括"妥善管理和保护未成年人的财产"。在国外，有些国家的法律规定了父母对子女特有财产的管理权。[1] 父母应以与处理自己事务为同样的注意行使对未成年子女财产的管理权。父母未尽此注意义务而致使子女财产受到损害的，应负损害赔偿责任。如因此而危及子女财产的，其管理权也可被宣告停止。管理财产的费用，应当从未成年子女的财产中支付。

2. 使用收益权。有些国家法律规定，父母有合理地支配利用未成年子女特有财产和获取孳息的权利。之所以这样规定，是因为父母既然享有管教保护未成年子女的权利与义务，又对未成年子女的特有财产有管理的权利与义务，自应赋予父母以使用收益权，以补偿其相关费用和损失。如《日本民法典》第 828 条规定："子女达成年时，行使亲权人应从速进行管理计算。但是，子女养育及财产管理的费用，视为与子女财产的收益抵销。"《法国民法典》第 387 条也有类似规定。随着社会的发展，社会更加重视维护未成年子女的财产利益，有些国家的法律对父母的收益权采否定态度，规定未成年子女的特有财产收益剩余应归子女所有。[2]

3. 处分权。在管理财产时，适当的处分行为是不可避免的，为了防止父母滥用权利损害未成年子女的利益，父母对未成年子女财产的处分必须受到限制。除非为未成年子女的利益，父母不得处分该子女的财产。《民法典》第 35 条第 1 款的规定："监护人应当按照最有利于被监护人的原则履行监护职责。监护人除为维护被监护人利益外，不得处分被监护人的财产。"[3] 外国法中的规定更为具体。如《德国民法典》第 1641 条规定："父母不得代理子女为赠与。但与依道德应尽之义务或应予考虑之体面相符合的赠与除外。"《瑞士民法典》第 320 条第 2 款规定："支付子女的抚养、教育或职业训练费用时，监护官厅得许可父母动用子女财产中一定款项。"《日本民法典》第 826 条第二款规定："关于行使亲权的父或母为与其子女利益相反的行为，行使亲权人应请求家庭法院为子女选任特别代理人。"

4. 代理权和同意权。父母是未成年子女的法定代理人。无民事行为能力的未成年子女由其法定代理人代理进行民事活动；限制民事行为能力的未成年子女如从事与其年龄、智力及精神状况不相适应的民事活动的，应由其法定代理人代理进行或者征得其法定代理人的同意。

5. 财产返还。在子女成年或解除照护权时，父母应将子女的全部财产交给子女。如果由于其他原因导致照护权终止的，父母应将属于子女的全部财产交给子女的法定代理人。

6. 财产状况报告。为了督促父母更好地行使照护权，父母应定期或在接到通知后向法院就未成年子女的财产状况作出报告。要求父母报告未成年子女财产状况的还可以是其他利害关系人，他们可以向法院提出申请，法院也可以依职权要求父母报告。

7. 禁止财产受让。为防止父母利用代理人的身份侵害未成年子女的财产，获取不正当

---

〔1〕　如《日本民法典》第 824 条、《瑞士民法典》第 318 条、《法国民法典》第 382 条、《德国民法典》第 1626 条。

〔2〕　参见杜景林、卢谌：《德国民法典——全条文注释》（下册），中国政法大学出版社 2015 年版，第 1649 条；于海涌、赵希璇译：《瑞士民法典》，法律出版社 2016 年版，第 319 条。

〔3〕　但《婚姻家庭编解释（二）》第 15 条规定：父母双方以法定代理人身份处分用夫妻共同财产购买并登记在未成年子女名下的房屋后，又以违反民法典第三十五条规定损害未成年子女利益为由向相对人主张该民事法律行为无效的，人民法院不予支持。

利益，应禁止父母受让未成年子女的财产，不论有偿或无偿。同时，也禁止父母的近亲属或者其他利害关系人受让未成年子女的财产。[1]

 导入案例之要点评析

我国《民法典》第 1067、1084、1085 条分别规定："父母不履行抚养义务的，未成年子女或者不能独立生活的成年子女，有要求父母给付抚养费的权利……""父母与子女间的关系，不因父母离婚而消除。离婚后，子女无论由父或者母直接抚养，仍是父母双方的子女。离婚后，父母对于子女仍有抚养、教育、保护的权利和义务……""离婚后，子女由一方直接抚养的，另一方应当负担部分或者全部抚养费。负担费用的多少和期限的长短，由双方协议；协议不成的，由人民法院判决。前款规定的协议或者判决，不妨碍子女在必要时向父母任何一方提出超过协议或者判决原定数额的合理要求"。《婚姻家庭编解释（一）》第 58 条规定："具有下列情形之一，子女要求有负担能力的父或者母增加抚养费的，人民法院应予支持：原定抚养费数额不足以维持当地实际生活水平；因子女患病、上学，实际需要已超过原定数额；有其他正当理由应当增加。"根据《婚姻家庭编解释（一）》第 41、42 条规定，"不能独立生活的成年子女"，是指尚在校接受高中及其以下学历教育，或者丧失或未完全丧失劳动能力等非因主观原因而无法维持正常生活的成年子女；"抚养费"，包括子女生活费、教育费、医疗费等费用。

本章"导入案例"中，丙的诉讼请求，部分于法无据，部分于法有据。

（1）甲乙离婚后，就丙的抚养费问题达成协议，甲也一直按照协议履行了法定义务。随着物价的上涨及教育费用的增加，每月支付 1000 元抚养费的标准已不能满足丙的生活、学习的合理需求，虽然丙依法有权请求父亲甲增加抚养费，但直到 2024 年 4 月丙才提起诉讼。由于丙在其需要受抚养期间未提出此要求，现不能再针对过去的抚养提出增加抚养费的请求。因此，丙要求父亲甲分担母亲乙自 2014 年起至今为其支付的各项费用的一半的诉讼请求，于法无据，法院应不予支持。

（2）丙虽已成年，但仍在上高中，原来确定的甲每月支付 1000 元的抚养费标准已不能满足他的生活、学习的合理需求。因此，丙请求父亲甲增加 2024 年 5 月以后的抚养费的诉讼请求于法有据，法院应当予以支持。上述费用应当支付至丙高中阶段学习毕业或结业时止。

（3）丙读大学只是一种可能，不是必然发生的事实，而且"不能独立生活的成年子女"是指尚在校接受高中及其以下学历教育的成年子女。一般来说，成年就读大学的子女，在其身体健康的情况下，父母在法律上没有承担其抚养费的义务。因此，丙要求父亲甲分担其上大学的费用，没有事实和法律依据，法院应不予支持。

---

[1]　陈苇主编：《婚姻家庭继承法学》，群众出版社 2017 年版，第 155 页。

 **思考题**

一、选择题

（一）单项选择题

1. 自然血亲的父母子女关系有两种，包括婚生子女与父母的关系和（　　）。

A. 非婚生父母与子女的关系　　　B. 非婚生子女与父母的关系

C. 父母与生子女的关系　　　　　D. 生子女与生父母的关系

2. 甲的儿子乙（8岁）因遗嘱继承了祖父遗产10万元。某日，乙玩耍时将另一小朋友丙的眼睛划伤。丙的监护人要求甲承担赔偿责任2万元。后法院查明，甲已尽到监护职责。下列哪一说法是正确的？（　　）（2015年国家司法考试试题）

A. 因乙的财产足以赔偿丙，故不需用甲的财产赔偿

B. 甲已尽到监护职责，无需承担侵权责任

C. 用乙的财产向丙赔偿，乙赔偿后可在甲应承担的份额内向甲追偿

D. 应由甲直接赔偿，否则会损害被监护人乙的利益

（二）多项选择题

1. 钱某与胡某婚后生有子女甲和乙，后钱某与胡某离婚，甲、乙归胡某抚养。胡某与吴某结婚，当时甲已参加工作而乙尚未成年，乙跟随胡某与吴某居住。后胡某与吴某生下一女丙，吴某与前妻生有一子丁。钱某和吴某先后去世，下列哪些说法是正确的？（　　）

A. 胡某、甲、乙可以继承钱某的遗产

B. 甲和乙可以继承吴某的遗产

C. 胡某和丙可以继承吴某的遗产

D. 乙和丁可以继承吴某的遗产

2. 甲8周岁，多次在国际钢琴大赛中获奖，并获得大量奖金。甲的父母乙、丙为了甲的利益，考虑到甲的奖金存放银行增值有限，遂将奖金全部购买了股票，但恰遇股市暴跌，甲的奖金损失过半。关于乙、丙的行为，下列哪些说法是正确的？（　　）（2016年国家司法考试试题）

A. 乙、丙应对投资股票给甲造成的损失承担责任

B. 乙、丙不能随意处分甲的财产

C. 乙、丙的行为构成无因管理，无须承担责任

D. 如主张赔偿，甲对父母的诉讼时效期间在进行中的最后6个月内因自己系无行为能力人而中止，待成年后继续计算

二、判断分析题

1. 父母的离婚协议约定将双方共有的住宅一套给予子女。离婚后，父母一方在财产权利转移之前请求撤销该约定的，人民法院一律不予支持。

2. 离婚后，不直接抚养子女的父亲未按离婚协议约定给付抚养费，已经成年并能够独立生活的子女请求其支付欠付的抚养费的，人民法院应予支持。

三、简答题

1. 如何理解父母对未成年子女的抚养、教育和保护义务？

2. 简述父母照护权的内容。

3. 简述父母在未成年子女致国家、集体和他人损害时的赔偿责任。

四、论述题

1. 试论我国继父母与继子女形成事实上抚养教育关系的条件。

2. 试论我国《民法典》对非婚生子女的保护。

五、案例分析题

原告李小某之母王某与被告李某于2013年经人介绍相识。2014年1月，王某与李某在证人徐某处租房同居生活，其间王某怀孕。同年12月，王某在某市妇幼保健院生下原告李小某。2015年10月开始，王某与李某在某市某镇租房同居生活，2024年3月双方为抚养费发生纠纷诉至某市人民法院。

在法院的审理中，原告的代理人王某为证明李小某是被告李某的亲生女儿，提供了由某市妇幼保健院出具的《出生医学证明》，该证明上载明李小某的父亲是被告李某。庭审中，魏某等三位证人到庭作证。魏某证实原告之母王某与被告李某是她介绍后才相互认识的；证人徐某证实2014年1月，原告之母王某与被告李某在她家租房共同居住，并看见王某怀有身孕，住了大约一年多后王某和李某搬走；证人陈某证实2015年国庆节过后，看见王某及被告李某带着原告李小某在某镇租房居住共同生活，住了大约半年后就搬走了。三位证人的证词证明王某与被告认识的过程以及同居生活怀孕并生育原告李小某后共同生活的事实。

法院审理认为，原告应当就其主张的事实及诉讼请求提供证据予以证明，原告提供的证据只是证明了原告之母王某生育原告及被告李某与王某有过同居生活、彼此关系亲密的事实，而不能直接证明被告就是原告的父亲。原告向法院申请进行亲子鉴定，但被告拒绝作亲子鉴定。因亲子鉴定必须被告配合才能进行，现被告拒绝作亲子鉴定，致使鉴定无法进行。

请问：本案应当如何处理？为什么？

 阅读参考文献

1. 王丽萍：《亲子法研究》，法律出版社2004年版。

2. 宋豫主编：《国家干预与家庭自治：现代家庭立法发展方向研究》，河南人民出版社2011年版。

3. 曹贤余：《儿童最大利益原则下的亲子法研究》，群众出版社2015年版。

4. 司丹：《亲子关系的体系建构与制度延展》，法律出版社2016年版。

5. 徐健：《家庭权的国家保障研究》，经济日报出版社2022年版。

6. 杨芳：《人类辅助生殖法律制度比较研究》，中国人民大学出版社2022年版。

第 七 章

收养制度

✤学习的内容和重点

通过本章的学习，要求学生了解收养的概念、特征及种类，理解收养制度的基本原则，重点掌握收养成立的实质要件和形式要件、法律效力以及收养的解除。

李建宇和王丽于 2006 年 5 月结婚，一直没有生育子女。2011 年 6 月两人决定共同收养一名弃婴，并依法办理了登记，之后给弃婴取名李芳。由于李建宇常年外出打工，女儿李芳就一直同王丽的母亲赵玉华生活。王丽也常常看望并照料女儿李芳，并每月付给 400 元的生活费。2014 年 6 月，李建宇与王丽因为感情不和而协议离婚，双方商定李芳由王丽直接抚养，并继续与王丽的母亲赵玉华共同生活，李建宇和王丽每月各给付女儿李芳生活费 300 元。2016 年 6 月，王丽与刘伟结婚，李芳仍一直随王丽的母亲赵玉华生活，王丽仍每月给付原定的生活费。2018 年 8 月王丽因为车祸死亡后，李建宇和刘伟都不愿承担给付李芳抚养费的义务。由于赵玉华本人没有固定的生活来源，她多次找李建宇和刘伟，要求给付抚养李芳的生活费。2019 年 2 月，李建宇为彻底摆脱李芳对其的影响，就与赵玉华协商，以一次性给付李芳 8000 元生活费为条件，解除他与李芳的收养关系。2025 年 2 月，赵玉华认为李建宇给的生活费太少，找到李建宇，要求他增加抚养费。而李建宇以他早已与王丽离婚，当时的离婚协议书已经写明李芳由王丽直接抚养，并且自己与赵玉华已协商解除了与李芳的收养关系为由而拒绝支付。赵玉华遂起诉到人民法院。

请问：

1. 李建宇与王丽离婚后，李建宇与李芳的养父女关系是否已经解除？为什么？
2. 李建宇与赵玉华能否协商解除李建宇与李芳的收养关系？为什么？
3. 刘伟对李芳是否有抚养义务？为什么？

第一节 收养概述

一、收养的概念和特征

（一）收养的概念

收养，是指自然人依法领养他人子女为自己子女，从而使收养人和被收养人之间建立拟制亲子关系的民事法律行为。在收养的身份法律关系中，当事人分别是收养人、被收养人和送养人。领养他人子女的人为收养人，即养父母；被他人收养的人为被收养人，即养子女；将子女或儿童送给他人收养的父母、其他监护人和社会福利机构为送养人。由于收养是变更身份关系的民事法律行为，因此，被收养人也是收养法律行为的主体，而不是收养行为的标的。

收养制度是家庭制度的重要组成部分，也是生育制度的必要补充。养父母与养子女间的权利义务关系、养子女与养父母的近亲属间的权利义务关系，都是家庭关系的重要内容。在我国，1950 年《婚姻法》第 13 条、1980 年《婚姻法》第 20 条均规定了养父母与养子女间的民事法律关系。1991 年 12 月 29 日颁布的《中华人民共和国收养法》自 1992 年 4 月 1 日起施行。从此，我国有了专门的调整收养关系的法律。1998 年对《收养法》进行修正时进一步修改补充了我国收养制度。[1] 2020 年 5 月公布的《民法典》婚姻家庭编第五章专门规定了收养制度，包括收养关系的成立、收养的效力、收养关系的解除，其在原收养法内容的基础上进一步补充完善了有关制度：一是扩大被收养人的范围，删除被收养的未成年人仅限于不满 14 周岁的限制，修改为符合条件的未成年人均可被收养（第 1093 条）；二是与国家计划生育政策的调整相协调，将收养人须无子女的要求修改为收养人无子女或者只有一名子女（第 1098 条第 1 项）；三是为加强对被收养人利益的保护，在收养人的条件中增加规定"无不利于被收养人健康成长的违法犯罪记录"（第 1098 条第 4 项），并增加规定民政部门应当依法进行收养评估（第 1105 条第 5 款）。[2]

（二）收养的特征

收养是一种民事法律行为，具有一切民事法律行为共同的特征，同时收养还具有不同于其他民事法律行为的以下特征：

1. 收养行为的身份性。收养是一种变更亲属关系及其权利义务的行为，具有法定的拟制效力和解除效力。一方面，通过收养，收养人和被收养人之间发生法律拟制的亲子关系，双方具有与自然血亲的父母子女相同的权利和义务；另一方面，养子女和生父母之间的权利和义务，则因收养的成立而消除。收养既是引起养父母、养子女权利义务发生的法律事实，又是引起生父母、生子女权利义务终止的法律事实，并且收养变更亲属关系及其权利义务的效力还依法及于养父母子女以外的其他亲属。

必须明确，子女为他人收养后，被收养人与生父母及其他亲属间消除的只是法律上的权利义务关系，基于血缘联系而发生的自然血亲关系并不能人为地消灭，其仍然存在。因此，与自然血亲有关的法律规定，如直系血亲和三代以内旁系血亲禁止结婚等，在适用上不受收养的影响。

2. 收养关系主体的限定性。在一般的民事法律行为中，对主体的身份通常不加限制，但是收养行为涉及人的身份关系问题，所以法律规定了特别的限制：①收养人和被收养人必须是自然人，社会组织不具有收养的主体资格；②收养人、送养人和被收养人必须符合法律所规定的资格和条件，否则不得收养子女、送养子女或者被他人所收养；③收养关系主体间不能违背伦理关系。如原本就存在自然直系血亲关系的自然人之间不得收养，晚辈

---

〔1〕　必须注意：自 2021 年 1 月 1 日《民法典》施行之日起，1998 年修正的《收养法》已废止。

〔2〕　主编注：有关当代中国内地与港、澳、台收养法的发展趋势研究，参见陈苇主编：《当代中国内地与港、澳、台婚姻家庭法比较研究》，群众出版社 2012 年版，第 424～430 页。有关中国内地收养立法的现状及其立法完善的研究，See Chen Wei and Shi Lei, "Present Legislation on Adoption in China and Its Refrom Proposals", The International Survey of Family Law, 2012 Edition, Printed in Great Britain by CPI Antony Rowe, Chippenham and Eastbourne, Published by Family Law a Publishing Imprint of Jordan Publishing Limited, 2012, pp. 53～68.

不得收养长辈，同辈之间也不得收养。

3. 收养关系的可变性。收养行为创设的是拟制血亲的亲子关系，因而也可以通过法律行为来解除。基于收养而发生的亲子关系，既可在符合法定条件时依照法定程序而成立，亦可在具有法定情形时依法定方式解除。这是拟制血亲的父母子女关系与自然血亲的父母子女关系相区别的重要特征。

（三）收养与公养、寄养、认"干亲"的区别

1. 收养与公养的区别。收养是一种民事法律行为，须经有关当事人协议，依法成立；公养则是国家对孤儿、弃婴和儿童的收留、养育，是一种行政法上的行为，是由有关机构（在我国，这些机构由各地民政部门主管）依法实施的。收养可变更亲属身份，收养人和被收养人之间产生父母子女的权利义务；公养则不会变更亲属身份，收留、养育机构和被收留、养育人之间不产生父母子女的权利义务。

2. 收养与寄养的区别。所谓寄养，是指父母因某种原因，暂时不能直接履行对子女的抚养义务，而委托他人代为抚养的行为。收养与寄养有如下区别：①收养关系的成立和解除都必须经法定的程序，而寄养无须经过法定程序；②收养关系建立后，收养人与被收养人之间产生拟制血亲关系，而寄养不产生此关系；③收养关系是长期甚至永久的，而寄养关系随寄养原因的消除而消除，具有临时性。

3. 收养与认"干亲"的区别。认"干亲"是指没有血缘关系的人基于感情而结成的一种名义上的亲戚，如拜认"干爹""干妈"等。"干亲"双方不共同生活，也无收养的合意，只是一种名义上的人际关系形式，不产生任何法律上的权利义务关系，因而没有法律意义。

二、收养的类型

依据不同的标准，可以对收养进行不同的分类：

（一）收养未成年人和收养成年人

根据收养对象的不同，收养分为收养未成年人和收养成年人。收养未成年人，是指收养对象是未成年人；收养成年人，是指收养对象为成年人。我国《民法典》只认可未成年人收养，不允许收养成年人。[1]

（二）完全收养和不完全收养

根据收养效力的不同，收养可分为完全收养和不完全收养。完全收养，是指收养成立之后，养子女与生父母及其近亲属间的权利义务关系完全消灭，只与养父母之间发生亲子关系；不完全收养，是指收养成立之后，养子女不但与养父母之间发生亲子关系，而且与其生父母仍保留一定的权利义务关系。前者只适用于未成年人；后者既适用于未成年人也适用于成年人。我国《民法典》只承认完全收养，不承认不完全收养。

（三）生前收养和遗嘱收养

根据收养发生时间的不同，收养可分为生前收养和遗嘱收养。生前收养，是指收养人在生存期间与被收养人建立收养关系，这是各国法律规定的确立收养关系的主要形式；遗嘱收养，又称为死后收养，是指收养人生前通过订立遗嘱的方式指定养子女，在收养人死亡后遗嘱发生法律效力，被收养人有权继承收养人的遗产。遗嘱收养的目的在于传宗接代。

---

〔1〕 主编注：关于我国《民法典》增设成年人收养制度必要性的探讨，参见白玉：《我国收养制度立法完善研究》，中国人民公安大学出版社 2023 年版，第 210~213 页。

是为死而无后者设定的。我国无遗嘱收养制度，如果有这样的遗嘱，应分别按照遗嘱继承或者遗赠处理。

（四）法定收养和事实收养

根据收养的成立是否履行了法定的形式要件，收养可分为法定收养和事实收养。法定收养，是指依照法定的形式要件和实质要件成立的收养关系；事实收养，是指不具备法律规定的收养的实质要件和形式要件，但已经形成了事实上的父母子女关系的收养。我国对1992年4月1日实施《收养法》以前的"事实收养"原则上予以承认；而对于《收养法》生效以后发生的"事实收养"不予承认，当事人之间不发生养父母与养子女的法律关系。

（五）共同收养和单独收养

根据收养人数量的不同，收养可分为共同收养和单独收养。收养人为一人的收养，是单独收养，它包括独身者的收养和已婚夫妻单方的收养。无配偶者收养子女的，为独身收养。对于已婚夫妻单方收养子女，有的国家允许，有的国家则明确禁止。英、法、德等国法律允许非婚生子女的生父或生母单独收养其子女；我国《民法典》第1103条规定，继父或者继母经继子女的生父母同意，可以收养继子女，此即为单方收养。收养人为2人以上的，是共同收养。在我国，共同收养仅限于夫妻双方收养子女，非夫妻者则禁止2人或2人以上共同收养。已婚夫妻的共同收养是世界许多国家法律普遍规定的类型，也是许多国际公约所倡导和鼓励的收养类型。我国《民法典》第1101条规定："有配偶者收养子女，应当夫妻共同收养。"[1]

第二节　收养制度的基本原则

收养制度的基本原则集中体现了收养的性质和特点。它不仅是国家设立收养制度目的和指导思想，也是自然人实施收养行为必须遵循的准则，同时也是人民法院处理收养纠纷案件的依据。它贯穿于收养制度的始终，具有对一切收养关系都普遍适用的效力。根据《民法典》第1044条和第1104条的规定，我国收养制度有以下三项基本原则：

一、最有利于被收养人的原则

收养制度从"为家"的收养、"为父母"的收养，逐渐发展到现代"为子女"的收养。所谓"为子女"的收养，是指以确保子女的最大利益为优先考虑，以抚育被收养的未成年子女健康成长为目的的收养。这是现代社会许多国家收养法的共同目的，并得到1989年联合国《儿童权利公约》的确认。[2] 我国已于1991年12月29日经第七届全国人大常委会第23次会议批准加入《儿童权利公约》。因此，我国收养法确立的"最有利于被收养人的抚养、成长的原则"和《民法典》确立的"收养应当遵循最有利于被收养人的原则"都是符合《儿童权利公约》精神的，也是我国应该履行的国际义务。

---

〔1〕 主编注：关于当代两大法系国家的法国、德国、意大利、瑞士、日本、美国和澳大利亚的成年人收养制度之研究，参见陈苇主编：《当代外国婚姻家庭法律制度研究》，中国人民公安大学出版社2022年版，第62、150、201～202、260、322、529、619～620页。

〔2〕 联合国《儿童权利公约》第21条规定："凡承认和（或）许可收养制度的国家应确保以儿童的最大利益为首要考虑……"

我国被收养的对象是未成年人，他们缺乏识别能力，没有自我保护能力，需要一个良好的、适宜他们健康成长的条件和生活环境。在收养的过程中，他们的合法权益容易受到侵害。一些人甚至假借收养子女达到种种非法目的，或者借收养来买卖儿童。因此，我国《民法典》第1044条第1款规定：收养应当遵循最有利于被收养人的原则，……；第2款规定：禁止借收养名义买卖未成年人。

在我国，为了保障被收养的未成年人的人身、财产和其他合法权益不因收养而受到侵害，1991年《收养法》和1998年修正的《收养法》均规定了"最有利于被收养人的抚养成长的原则"，《民法典》婚姻家庭编以此为基础规定"收养应当遵循最有利于被收养人的原则"。此原则贯穿于收养活动的全过程，在《民法典》关于收养人条件、被收养人条件、收养关系的解除等具体制度中，有利于被收养人的原则主要体现在以下方面：

1. 《民法典》第1098条第2项、第3项及第4项分别规定收养人应当同时具备：有抚养、教育和保护被收养人的能力；未患有在医学上认为不应当收养子女的疾病；无不利于被收养人健康成长的违法犯罪记录。这些规定都是为了保护被收养人的人身及健康成长。

2. 《民法典》第1093条规定，下列未成年人，可以被收养：①丧失父母的孤儿；②查找不到生父母的未成年人；③生父母有特殊困难无力抚养的子女。

3. 《民法典》第1095条规定：未成年人的父母均不具备完全民事行为能力且可能严重危害该未成年人的，该未成年人的监护人可以将其送养。

4. 《民法典》第1102条规定：无配偶者收养异性子女的，收养人与被收养人的年龄应当相差40周岁以上。

5. 《民法典》第1044条第2款规定：禁止借收养名义买卖未成年人。

6. 《民法典》第1114条第1款规定：收养人在被收养人成年以前，不得解除收养关系，但是收养人、送养人双方协议解除的除外。养子女8周岁以上的，应当征得本人同意。第2款规定：收养人不履行抚养义务，有虐待、遗弃等侵害未成年养子女合法权益行为的，送养人有权要求解除养父母与养子女间的收养关系。送养人、收养人不能达成解除收养关系协议的，可以向人民法院提起诉讼。

二、保障被收养人和收养人合法权益的原则

保障被收养人和收养人的合法权益原则，为1998年修正后的《收养法》增加的一项基本原则。2020年《民法典》继续保留了此原则，第1044条第1款规定："……保障被收养人和收养人的合法权益。"

收养关系涉及收养人和被收养人双方的利益，因此，《民法典》必须同时保障被收养人和收养人双方的合法权益。保障被收养人和收养人合法权益原则在《民法典》婚姻家庭编中，除前述最有利于被收养人原则的具体制度体现外，还体现在收养人条件、送养子女及收养子女的具体要求、收养的效力、收养的解除效力等具体制度中，其主要规定有以下几个方面：

1. 《民法典》第1098条规定，收养人应当同时具备下列条件：①无子女或者只有一名子女；②有抚养、教育和保护被收养人的能力；③未患有在医学上认为不应当收养子女的疾病；④无不利于被收养人健康成长的违法犯罪记录；⑤年满30周岁。

2. 《民法典》第1097条规定：生父母送养子女，须双方共同送养；第1101条规定：有配偶者收养子女，应当夫妻共同收养。

3. 《民法典》第1110条规定：收养人、送养人要求保守收养秘密的，其他人应当尊重其意愿，不得泄露。

4.《民法典》第 1111 条规定：自收养关系成立之日起，养父母与养子女间的权利义务关系，适用本法关于父母子女关系的规定；养子女与养父母的近亲属间的权利义务关系，适用本法关于子女与父母的近亲属关系的规定。养子女与生父母以及其他近亲属间的权利义务关系，因收养关系的成立而消除。

5.《民法典》第 1118 条规定：收养关系解除后，经养父母抚养的成年养子女，对缺乏劳动能力又缺乏生活来源的养父母，应当给付生活费。因养子女成年后虐待、遗弃养父母而解除收养关系的，养父母可以要求养子女补偿收养期间支出的抚养费。生父母要求解除收养关系的，养父母可以要求生父母适当补偿收养期间支出的抚养费；但是，因养父母虐待、遗弃养子女而解除收养关系的除外。

三、收养当事人自愿的原则

《民法典》第 5 条规定："民事主体从事民事活动，应当遵循自愿原则，按照自己的意思设立、变更、终止民事法律关系。"收养行为是民事法律行为，意思自治是实施一切民事法律行为的基本原则，收养当然不能例外。收养当事人自愿的原则，是指收养当事人从事收养活动时的意志自由，不受国家公权力和其他第三人的非法干预。此原则是意思自治原则在收养制度上的体现。收养是人为设立父母子女关系的法律行为，以意思表示真实自愿为收养关系成立的必备条件。收养是改变亲属关系的行为，带有浓厚的感情因素，收养人是否愿意领养他人子女、送养人是否同意将子女送给他人收养、有识别能力的被收养人是否愿意被他人收养等都是由当事人自己的感情和意志决定的。因此，收养必须遵循"收养当事人自愿的原则"，此原则主要体现在当事人是否进行收养、收养关系的成立与协议解除等方面：

1. 收养人、送养人有依法进行收养活动或不进行收养活动的自由，他人无权干涉。并且，当事人有选择收养行为相对人的自由。

2.《民法典》第 1104 条规定：收养人收养与送养人送养，应当双方自愿。收养 8 周岁以上未成年人的，应当征得被收养人的同意。

3.《民法典》第 1114 条第 1 款规定：收养人在被收养人成年以前，不得解除收养关系，但是收养人、送养人双方协议解除的除外。养子女 8 周岁以上的，应当征得本人同意。

4.《民法典》第 1115 条规定：养父母与成年养子女关系恶化、无法共同生活的，可以协议解除收养关系。[1]

第三节　收养的成立

收养的成立，是指收养当事人依照法律规定的收养的条件和程序建立收养关系。由于收养是变更亲属身份和权利义务关系的一项重要法律行为，其后果不仅关系当事人的切身利益，而且关系社会的整体秩序。所以收养关系须同时具备实质要件和形式要件两方面，始能合法成立。我国《民法典》婚姻家庭编第五章第一节规定了收养关系的成立应当具备

---

〔1〕　主编注：关于收养法发展趋势的研究，参见雷明光主编：《中华人民共和国收养法评注》，厦门大学出版社 2016 年版，第 53~54 页。

的实质要件和形式要件。

一、收养成立的实质要件

（一）一般收养的实质要件

按照《民法典》婚姻家庭编的规定，在一般情况下，收养关系的三类民事活动主体各自应依法具备一定的条件。

1. 被收养人的条件。《民法典》第 1093 条规定，下列未成年人，可以被收养：丧失父母的孤儿；查找不到生父母的未成年人；生父母有特殊困难无力抚养的子女。可见，被收养人应当具备以下条件：

（1）被收养人必须是未成年人。这是由收养的性质所决定的，以未成年人为收养对象，有利于培养建立养亲子间的感情，有利于收养关系的稳定和发展。如果为了实现老有所养的愿望，可以通过与特定的成年公民签订遗赠扶养协议的方式实现。

（2）被收养人是丧失父母的孤儿，或查找不到生父母的未成年人，或是生父母有特殊困难无力抚养的子女。这里所指的"孤儿"，是指父母双亡的未成年人。"查找不到生父母的未成年人"，是指被父母或其他监护人丢弃而脱离家庭或监护人的未成年人。[1] 从目前的情况看，丢弃儿童的主要是该儿童的生父母。被丢弃的对象则多为女婴、残疾儿童及非婚生子女。当有关组织多方查找弃婴的生父母无望时，通常由社会福利院将他们抚养起来。"生父母有特殊困难无力抚养的子女"，是指其生父母因身体健康方面的原因或家庭经济方面的原因，遭遇到特殊的困难，丧失了抚养子女的能力，致使其子女陷于得不到生父母抚养的境地。生父母是否有特殊困难，要根据当事人的具体情况来认定。而普通的多子女的家庭，是不能仅根据子女数量多而决定送养的。此条件旨在通过收养使那些没有父母抚养的孩子或者父母无力抚养的孩子，得到养父母良好的抚养教育，重获家庭的温暖。

（3）收养 8 周岁以上的未成年人的，应当征得被收养人的同意。8 周岁以上的未成年人，属于限制民事行为能力人。他们有初步判断、辨明简单行为后果的能力。因此，当收养他们作为养子女时，应当征求、尊重其本人的意愿，取得其同意，以建立和睦的养父母子女关系。

2. 收养人的条件。《民法典》第 1098 条规定：收养人应当同时具备下列条件：无子女或者只有一名子女；有抚养、教育和保护被收养人的能力；未患有在医学上认为不应当收养子女的疾病；无不利于被收养人健康成长的违法犯罪记录；年满 30 周岁。

（1）收养人无子女或者只有一名子女。这里所说的无子女，包括未婚者无子女、已婚者尚无子女以及因欠缺生育能力而不可能有子女等各种情形。在解释上，子女既包括婚生子女，也包括非婚生子女和养子女。在 2015 年《人口与计划生育法》修订前，我国推行的计划生育政策提倡一对夫妻只生一个孩子，我国当时的收养法要求收养人无子女。2015 年修正的《人口与计划生育法》第 18 条规定："国家提倡一对夫妻生育两个子女。"[2]《民法典》婚姻家庭编第 1100 条第 1 款也相应规定："无子女的收养人可以收养两名子女；有子女的收养人只能收养一名子女。"因此，无子女或者只有一名子女者才能收养子女。同时，《民法典》第 1099 条和第 1100 条第 2 款规定，收养孤儿、残疾未成年人或者儿童福利机构抚养的查找不到生父母的未成年人，或者华侨收养三代以内旁系同辈血亲的子女可以不受

---

〔1〕 1992 年 8 月 11 日民政部《关于在办理收养登记中严格区分孤儿与查找不到生父母的弃婴的通知》。

〔2〕 必须注意，我国 2021 年修正的《人口与计划生育法》第 18 条规定："一对夫妻可以生育三个子女。"

"无子女或者只有一名子女"规定的限制。

（2）有抚养、教育和保护被收养人的能力。首先，收养人应当具有完全民事行为能力，无行为能力或限制行为能力的精神病人不能辨认或不能完全辨认其行为，无法承担抚养教育子女的责任，而且还可能有害未成年子女的身心健康，因此这些人不得收养子女。其次，收养人要有抚养教育被收养人的能力，包括有抚养和教育被收养人的经济条件、身体条件和教育能力，能够履行父母的职责，使被收养的未成年人健康成长。

（3）未患有在医学上认为不应当收养子女的疾病。这既是为保障养子女的身体健康，也是收养人抚育养子女的前提条件。如果养父母身患传染病，极易将疾病传染给养子女，危害养子女的身体健康；如果养父母患有严重疾病，生活不能自理，也不能履行抚育子女的义务。

（4）无不利于被收养人健康成长的违法犯罪记录。收养关系确立后，收养人和被收养人就要生活在一个空间内，如果收养人存在有不利于被收养人健康成长的违法犯罪记录，可能会出现侵害被收养人合法权益的行为，很难真正保障被收养人在新的家庭里健康成长。因此，《民法典》对收养人的条件增设了此条件，即收养人无不利于被收养人健康成长的违法犯罪记录，以切实保障被收养人的健康成长。

（5）年满30周岁。法律要求收养人必须达到30周岁，是出于对收养关系的性质和生育时间的考虑。30周岁以下的人，生育子女的机会尚多，不必急于收养他人子女作为自己的子女。到达相当年龄后再收养子女，能够更好地承担养父母的职责。基于我国的人口现状和人口政策，收养人年满30周岁始得收养子女是比较适宜的。

（6）有配偶者收养子女，应当夫妻共同收养。对于有配偶者收养子女，《民法典》第1101条确立了夫妻共同收养原则。因此，只有经夫妻双方同意，收养才能成立。否则，如果允许夫妻单方收养，另一方从感情上、生活上不接纳这个孩子，不仅对子女成长不利，而且还会影响夫妻关系的和睦。

此外，如果夫妻一方长期下落不明，或者丧失民事行为能力不能表达意思时，是否允许他方单方收养？对此《民法典》未作规定。外国收养立法对此问题有两种立法例：①"拟制共同收养"，即夫妻一方不能表意时，他方可以夫妻双方的名义收养子女，而收养的效力及于夫妻双方；②"单方收养"，即夫妻一方不能表意时，他方可以不经其同意而单方收养子女，但收养的效力不能及于不能表意的一方。[1] 我们认为，收养关系的成立应以本人的意愿为基础，基于身份行为不得代理的原则，"拟制共同收养"实不可取。建议今后在修改收养制度时，根据收养应当有利于被收养的未成年人的抚养、成长的原则，可补充规定：当夫妻一方不能表意或失踪时，他方只要符合《民法典》第1098条规定的收养人应当具备的条件，可以单方收养，但收养的效力不及于未表意的一方。

（7）收养人只能收养一名或两名子女。这是《民法典》基于我国现实国情加以制定的。对此条件，收养关系当事人必须遵守。但法律另有规定的除外。

---

〔1〕　主编注：关于有配偶者的单方收养，在国外，目前许多国家以夫妻共同收养为原则，而以特殊情况下允许夫妻一方收养为例外。例如，在法国，如果配偶一方处于不能为意思表示的状态，另一方可以单方收养；在意大利，生父母一方下落不明、较长时间不知去向或持续无判断能力以及不认真关心子女等情况下，生父母另一方的收养意思表示具有法律效力；在英国，生父母得共同收养其非婚生子女，但在父母一方下落不明或有其他重大理由时也可由他方单独收养。德国、美国、日本、法国、俄罗斯等国家的法律也有相似的规定。参见陈苇主编：《外国婚姻家庭法比较研究》，群众出版社2006年版，第337、342、348、351、356、360、364、372页。

（8）无配偶者收养异性子女的，收养人与被收养人的年龄应当相差 40 周岁以上。这一规定是出于伦理道德上的考虑和保护被收养人的需要。

（9）收养人必须为自愿收养。收养人须为具有完全民事行为能力的成年人，其收养的意愿必须为收养人真实的内心意思表示。当他们受到欺诈、胁迫或他人乘人之危迫使其作出意思表示并为收养行为时，可以请求法院依法宣告收养无效。

3. 送养人的条件。依照《民法典》第 1094 条、第 1095 条、第 1096 条的规定，送养人应当符合以下条件：

（1）送养人可以是孤儿的监护人、儿童福利机构或有特殊困难无力抚养子女的生父母。

第一，孤儿的监护人。当被收养人的父母已经死亡时，由其监护人作为送养人。《民法典》第 1096 条规定，监护人送养孤儿的，应当征得有抚养义务的人同意。有抚养义务的人不同意送养、监护人不愿意继续履行监护职责的，应当依照本法第一编的规定另行确定监护人。这是对孤儿的监护人送养孤儿时的限制性规定。依照《民法典》第 27 条的规定，可以作为孤儿的监护人的，既可以是孤儿的祖父母、外祖父母；成年兄姐等近亲属，也可以是其他愿意担任监护人的个人或者组织，但是须经未成年人住所地的居民委员会、村民委员会或者民政部门同意。其中，孤儿的祖父母、外祖父母、成年兄姐等近亲属，为孤儿的法定扶养义务人。因此，由孤儿的近亲属行使同意权，更有利于未成年孤儿的成长。

第二，儿童福利机构。收养弃婴、孤儿时，应由收留他们的社会福利机构作为送养人。而对于某些生父母自费送到福利院寄养的残疾儿童，福利院是无权将他们送养的。

第三，有特殊困难无力抚养子女的生父母。这一规定是同以生父母有特殊困难无力抚养的子女为被收养人的规定相对应的。《民法典》第 1058 条规定："夫妻双方平等享有对未成年子女抚养、教育和保护的权利，共同承担对未成年子女抚养、教育和保护的义务。"父母的这种义务通常是不能免除的。但在社会实际生活中，也确实存在一些父母有特殊困难无力抚养子女的情况。如父母因患病、重残、丧失劳动能力而无可靠经济来源，或因自然灾害等原因造成其无力抚养子女等，在这些情况下，允许生父母将子女送他人收养有利于子女的健康成长。《民法典》第 1095 条规定，未成年人的父母均不具备完全民事行为能力且可能严重危害该未成年人的，该未成年人的监护人可以将其送养。这是因为在未成年人的父母均不具备完全民事行为能力的情况下（属于不能辨认或不能完全辨认自己行为的成年人的），他们不可能表达真实的意愿。而未成年人又没有自我保护能力。为了维护父母和子女的权益，该未成年人的监护人不得将其送养。但是，在生父母对该未成年子女有严重危害可能的情况下，从维护该未成年子女的安全出发，法律允许监护人将未成年人送养。

（2）生父母送养子女，须双方共同送养。生父母送养子女，须经协商一致共同送养（包括须经已离婚的原配偶同意）。一方不同意或未作同意的意思表示的，另一方不得单独送养。但生父母一方不明或者查找不到的，可以单方送养。非婚生子女的生母在下列情形下，可以单方送养：无法确定非婚生子女的生父；经法院宣告非婚生子女的生父失踪；非婚生子女的生父自然死亡或经法院宣告死亡。《民法典》第 1095 条规定，未成年人的父母均不具备完全民事行为能力且可能严重危害该未成年人的，该未成年人的监护人可以将其送养。如果生父母双方确有困难无力抚养子女，而其中一方不具有完全民事行为能力，无法征得其同意的，也应当允许另一方单方送养。

《民法典》第 1108 条规定："配偶一方死亡，另一方送养未成年子女的，死亡一方的父母有优先抚养的权利。"从法理上分析，死亡一方的父母与该未成年人是祖父母与孙子女，或者外祖父母与外孙子女的关系，两者之间有法律上的权利义务关系。从情理上说，死亡一方的父母出于对死者的眷念，通常会对未成年的孙子女或外孙子女十分爱怜。因此，祖父母、外祖父母主张对孙辈的抚养权利，不仅合法合理，也有利于未成年人的成长。在这种情况下，生存的一方不得一意孤行地将孩子送养出去。

（3）送养必须为自愿送养。送养人送养与收养人收养，须双方自愿。送养方同意，主要是指被收养人的生父母的同意（包括已离婚的父母双方同意）。收养父母双亡的孤儿或查找不到生父母的弃婴，应取得其监护人或儿童福利机构的同意。

（二）特殊收养的实质要件

在我国社会实践中，有些收养关系的建立，不能完全适用前述的一般性条件，还需对特殊主体的收养条件作出放宽性或限定性规定。依照《民法典》规定，特殊收养有如下一些情况：

1. 无配偶者收养异性子女。无配偶者是指因未婚、离婚或丧偶而处于非婚姻状态的人。现实社会中，不少人因这样或那样的原因而无意结婚或再婚，但他们却希望能收养子女，以纾解孤独，并老有所养。为维护这些人的切身利益，法律允许无配偶者收养子女。但对无配偶者收养异性子女，《民法典》第1102条作了年龄差的限定性规定："无配偶者收养异性子女的，收养人与被收养人的年龄应当相差40周岁以上。"这是出于对被收养的未成年人人身权益特殊保护作出的特殊规定，包括无配偶的男性对未成年女性的收养、无配偶的女性对未成年男性的收养。然而，对于无配偶的男性收养男性子女、无配偶的女性收养女性子女，《民法典》未作限定性规定。因此，他们只要具备收养的一般性条件，即可允许收养。

2. 收养三代以内旁系同辈血亲的子女。这类收养关系的特殊性主要表现在：收养人与送养人是三代以内旁系同辈血亲，即双方属于兄弟姐妹、堂兄弟姐妹、表兄弟姐妹；被收养人是收养人的侄子女、外甥子女、堂侄子女、表侄子女等旁系血亲。由于这类收养发生在血亲之间，受到我国传统伦理道德的影响和制约，《民法典》规定在一些条件上可以放宽。根据《民法典》第1099条规定，此类收养可以放宽的条件有：①不受未成年人生父母有特殊困难无力抚养子女的限制。②不受送养人应是有特殊困难无力抚养子女的生父母的限制。③不受无配偶者收养异性子女的，收养人与被收养人的年龄应当相差40周岁以上的限制。④华侨收养三代以内旁系同辈血亲的子女，还可以不受收养人须无子女或者只有一名子女的限制。

3. 收养孤儿、残疾未成年人或者儿童福利机构抚养的查找不到生父母的未成年人。《民法典》第1100条第2款规定，收养孤儿、残疾未成年人或者儿童福利机构抚养的查找不到生父母的未成年人，可以不受无子女的收养人可以收养两名子女；有子女的收养人只能收养一名子女的限制。按此规定，有子女的公民亦可收养孤儿、残疾未成年人或者儿童福利机构抚养的查找不到生父母的未成年人，收养1名或数名均可。孤儿、残疾未成年人或者儿童福利机构抚养的查找不到生父母的未成年人为他人收养，有利于其在养父母的抚育下健康成长。放宽条件既是出于保护上述未成年人的需要，也是对此类符合社会公共利益的收养行为的肯定和鼓励。当然，在处理具体问题时应当充分考虑收养人自身的抚养能力和其他条件。

4. 继父（或继母）收养继子女。《民法典》第1103条规定：继父或者继母经继子女的生父母同意，可以收养继子女，并可以不受本法第1093条第3项、第1094条第3项、第

1098 条和第 1100 条第 1 款规定的限制。据此规定，继父或继母收养继子女可以不受下列条款的限制："被收养人为生父母有特殊困难无力抚养的子女"，"送养人为有特殊困难无力抚养子女的生父母"，收养人"无子女或者只有一名子女，有抚养、教育和保护被收养人的能力，未患有在医学上认为不应当收养子女的疾病，无不利于被收养人健康成长的违法犯罪记录，收养人应当是年满 30 周岁"和"无子女的收养人可以收养两名子女；有子女的收养人只能收养一名子女"等限制。

《民法典》第 1072 条第 2 款规定："继父或者继母和受其抚养教育的继子女间的权利义务关系，适用本法关于父母子女关系的规定。"继父或继母对继子女的抚养教育不是法定义务，它是以自愿为前提的。但一旦形成这种抚育关系，该子女就会与生父母和继父（或继母）形成双重的父母子女的权利义务关系。《民法典》允许继父（或继母）将继子女收养为养子女，并在条件上作出了放宽性规定。这种特殊收养具有以下特征：

（1）继父或继母须事先征得其再婚配偶（即子女的生母或生父）的同意，并且取得继子女的另一方生父或生母的同意。继子女如果为 8 周岁以上的，还应征得其本人的同意。

（2）继子女被继父（或继母）收养后，其身份即由继子女变成继父（或继母）一方的养子女，其与再婚关系之外的一方生父（或生母）的权利义务，即因收养关系的成立而消除。这样就改变了原双重权利义务关系，有利于其养亲家庭关系的稳定和睦。同时，继子女与其再婚的婚姻关系内的生母（或生父）一方之间仍保留原直系血亲的母子（或父子）权利义务关系。

5. 隔代收养。即收养孙子女。在现实生活中，有些老年收养人因与被收养人年龄悬殊或辈分不当，不宜成为养父母子女，而将被收养人作为养孙子女收养，因而产生隔代收养问题。《民法典》对隔代收养未作明文规定，也未明文禁止。1984 年《最高人民法院关于贯彻执行民事政策法律若干问题的意见》第 29 条规定："收养人收养他人为孙子女，确已形成养祖父母与养孙子女的关系的，应予承认。解决收养纠纷或有关权益纠纷时，可依照婚姻法关于养父母与养子女的有关规定，合情合理地处理。"但应注意：收养孙子女必须由收养人本人直接收养，而不是为子女代为收养。收养人确实为本人收养孙子女，并符合收养的实质要件，办理了合法的收养手续，只是称谓不同的，其收养关系应被确认为有效。养孙子女（被收养人）与养祖父母（收养人）之间的权利义务关系，适用养父母子女关系的规定，而不适用祖孙关系的规定。

6. 收养成年人。由于成年人已由其生父母抚养成年，若又被他人收养，成年养子女与生父母的权利义务消除，可以不尽赡养扶助义务，这对生父母明显不利，也与现代收养制度的目的不符。因此，《民法典》对收养成年人并未予以规定。

二、收养成立的形式要件

由于收养涉及亲子关系的重大变更，收养关系当事人除要符合收养关系成立的实质要件外，还必须符合法定的形式要件，即履行一定的收养程序，收养才能产生法律效力。依《民法典》规定，收养关系成立的法定程序是收养登记程序。此外，当事人双方可以自愿订立收养协议，当事人双方或一方也可要求办理收养公证。

（一）登记是收养成立的必经程序

我国 1991 年《收养法》第 15 条规定，国内公民之间收养关系的成立有协议、登记、公证三种不同的程序。为了保障《收养法》的正确实施，保护收养关系依法成立，1998 年修正的《收养法》将登记程序作为我国收养合法成立的唯一必经程序。《民法典》第 1105

条规定："收养应当向县级以上人民政府民政部门登记。收养关系自登记之日起成立。收养查找不到生父母的未成年人的，办理登记的民政部门应当在登记前予以公告……"根据2023年《收养子女登记办法》和《民法典》第1105条精神，办理收养登记的机关是县级以上人民政府民政部门。

1. 办理收养登记的机关。办理收养登记的法定机关，是县级以上人民政府的民政部门。按照被收养人情况的不同，又可分为：

（1）收养社会福利机构抚养的查找不到生父母的弃婴、儿童和孤儿的，在社会福利机构所在地的收养登记机关办理登记。

（2）收养非社会福利机构抚养的查找不到生父母的弃婴和儿童的，在弃婴和儿童发现地的收养登记机关办理登记。

（3）收养生父母有特殊困难无力抚养的子女或者由监护人监护的孤儿的，在被收养人生父母或者监护人常住户口所在地（组织作监护人的，在该组织住所地）的收养登记机关办理登记。

（4）收养三代以内旁系同辈血亲的子女，以及继父或者继母收养继子女的，在被收养人生父或者生母常住户口所在地的收养登记机关办理登记。

2. 收养登记的具体程序。收养登记的具体程序可分为申请、收养评估、审查和登记四个阶段。

（1）申请。为保证收养当事人的意思表示的真实性，办理收养登记时，当事人必须亲自到场。首先，夫妻共同收养子女的，一方如果不能亲自到收养登记机关的，应当书面委托另一方办理登记手续，委托书应当经过村民委员会或者居民委员会证明或者经过公证。其次，送养人为自然人的，须送养人亲自到收养登记机关办理收养登记；送养人为社会福利机构的，须由其负责人或委托代理人到收养登记机关办理收养登记。最后，被收养人是8周岁以上的未成年人的，亦必须亲自到收养登记机关。

申请收养登记时，收养人应当向收养登记机关提交收养申请书。收养申请书应包括如下内容：①收养人情况；②送养人情况；③被收养人情况；④收养的目的；⑤收养人作出的不虐待、不遗弃被收养人和抚育被收养人健康成长的保证。

申请办理收养登记时，根据收养人和被收养人的不同情况，收养人应当提供以下证件和证明材料：居民户口簿和居民身份证；由收养人所在单位或者村民委员会、居民委员会出具的本人婚姻状况和抚养教育被收养人的能力等情况的证明，和收养人出具的子女情况声明；县级以上医疗机构出具的未患有在医学上认为不应当收养子女的疾病的身体健康检查证明。收养查找不到生父母的弃婴、儿童的，应当提交收养人经常居住地卫生健康主管部门出具的收养人生育情况证明。其中收养非社会福利机构抚养的查找不到生父母的弃婴、儿童的，收养人还应当提交下列证明材料：收养人经常居住地卫生健康主管部门出具的收养人无子女或只有1名子女的证明；公安机关出具的捡拾弃婴、儿童报案的证明。收养继子女的，可以只提交居民户口簿、居民身份证和收养人与被收养人生父或者生母结婚的证明。

申请办理收养登记时，送养人应当向收养登记机关提交下列证件和证明材料：居民户口簿和居民身份证（组织作监护人的，提交其负责人的身份证件）；《民法典》规定送养时应当征得其他有抚养义务的人同意的，还应提交其他有抚养义务的人同意送养的书面意见材料。不同情况的送养人还应当向收养登记机关提交以下证明材料：①社会福利机构为送养人的，应当提交弃婴、儿童进入社会福利机构的原始记录，公安机关出具的捡拾弃婴、儿童报案的证明，或者孤儿的生父母死亡或者宣告死亡的证明。②监护人为送养人的，应当提交实际承担监护责任的证明，孤儿的父母死亡或者宣告死亡的证明，或者被收养人生父母无完全民事行为能力并对被收养人有严重危害的证明。③生父母为送养人的，应当提交与当地卫生健康主管部门签订的不违反计划生育规定的协议，有特殊困难无力抚养子女的，还应当提交送养人有特殊困难的声明，登记机关可以进行调查核实。其中，因丧偶或者一方下落不明由单方送养的，还应当提交配偶死亡或者下落不明的证明；子女由三代以内旁系同辈血亲收养的，还应当提交公安机关出具的或者经过公证的与收养人有亲属关系的证明。④被收养人是残疾儿童的，应当提交县级以上医疗机构出具的该儿童的残疾证明。

（2）收养评估。根据《收养评估办法（试行）》的规定，收养评估是指民政部门对收养申请人是否具备抚养、教育和保护被收养人的能力进行调查、评估，并出具评估报告的专业服务行为。根据《民法典》第1105条规定，在中国境内收养均要进行收养评估。目前，收养申请人主要包括中国内地居民，华侨，居住在香港、澳门、台湾地区的中国公民，外国人。

第一，收养评估的适用范围。对于不同类型的收养主体，《收养评估办法（试行）》根据情况作出了不同的规定。一是中国内地居民在中国境内收养子女的，按照本办法进行收养评估。但是，收养继子女的除外。二是华侨以及居住在香港、澳门、台湾地区的中国公民申请收养的，当地有权机构已经作出收养评估报告的，民政部门可以不再重复开展收养评估。没有收养评估报告的，民政部门可以依据当地有权机构出具的相关证明材料，对收养申请人进行收养评估。三是外国人收养的，收养评估按照有关法律法规规定执行。同时，根据《民法典》规定，收养继子女的，可以不受收养人"有抚养、教育和保护被收养人的能力"的限制。故该办法规定，收养继子女的不需要进行评估。

第二，收养评估的原则与机构。①收养评估应遵循的原则如下：一是最有利于被收养人的原则。这是统领收养工作的基本原则。地方民政部门和受委托第三方机构及评估人员在实践中要将最有利于被收养人的原则体现到收养评估工作的方方面面。二是独立、客观、公正地对收养申请人进行评估的原则。评估人员、受委托的第三方机构与收养申请人、送养人有利害关系的，应当回避。同时，评估人员应根据了解到的收养申请人的客观情况，运用专业知识做出判断。三是依法保护个人信息和隐私的原则。民政部门、受委托的第三方机构以及评估人员在收养评估过程中接触了解到收养申请人及其他相关人员的个人信息，只能用于收养评估及收养登记办理，不得用于其他用途，也不得向外界公开或向其他人员透露。②收养评估的机构，依《民法典》第1105条规定，收养评估由民政部门依法进行。依《收养评估办法（试行）》规定，民政部门进行收养评估，可以自行组织，也可以委托第三方机构开展。

第三，收养评估的内容与报告期限。依《收养评估办法（试行）》规定，收养评估内容包括收养申请人的收养动机、道德品行、受教育程度、健康状况、经济及住房条件、婚姻家庭关系、共同生活家庭成员意见、抚育计划、邻里关系、社区环境、与被收养人融合情况等。吸纳部分地方经验做法，该办法把收养申请人与被收养人的融合情况作为评估内容，纳入收养申请人"抚养、教育和保护被收养人的能力"中一并考虑，明确规定融合时间不少于30日。由于该办法明确规定收养评估报告应在为收养人确认同意接受评估之日起60日内作出，故实际融合期间为不少于30日，不多于60日。

第四，收养评估的流程。收养评估始于收养关系人提出收养登记申请后，终于收养登记完成前，收养评估期间不计入收养登记办理期限。收养评估流程包括书面告知、评估准备、实施评估、出具评估报告。①书面告知。民政部门收到收养登记申请有关材料后，经初步审查，未发现直接违反收养法律法规规定的，书面告知收养申请人将对其进行收养评估。委托第三方机构开展评估的，民政部门应当同时书面告知受委托的第三方机构。②评估准备。收养申请人确认同意进行收养评估的，第三方机构选派人员进行评估；民政部门自行组织收养评估的，由评估小组开展评估活动。③实施评估。评估人员根据需要，采取面谈、查阅资料、实地走访等多种方式进行评估，全面了解收养申请人的情况。④出具报告。收养评估小组和受委托的第三方机构根据评估情况制作书面收养评估报告。

（3）审查。收养登记机关收到收养登记申请书及有关材料后，应当进行审查。审查的主要内容包括：①收养申请人是否符合法定的收养人条件以及其收养的目的是否正当；②被收养人是否符合法定的被收养人条件；③送养人是否符合法定的送养人条件；④当事人申请收养的意思表示是否真实。⑤是否通过县级以上人民政府民政部门依法进行的收养评估。收养评估报告是民政部门办理收养登记的参考依据。

根据《民法典》第 1105 条第 2 款和现行《收养子女登记办法》第 8 条第 2 款的规定，收养查找不到生父母的弃婴、儿童的，收养登记机关应当在登记前公告查找其生父母；自公告之日起满 60 日，弃婴、儿童的生父母或者其他监护人未认领的，视为查找不到生父母的弃婴、儿童。公告期间不计算在登记办理期限内。根据 2020 年修改的《收养登记工作规范》第 17 条第 2 款要求，公告应当刊登在收养登记机关所在地设区的市（地区）级以上地方报纸上。公告要有查找不到生父母的弃婴、弃儿的照片。办理公告时收养登记员要保存捡拾证明和捡拾地派出所出具的报案证明。派出所出具的报案证明应当有出具该证明的警员签名和警号。

（4）登记。经过审查后，收养登记机关认为申请人证件齐全有效、符合《民法典》规定的收养条件的，应为其办理收养登记，发给收养证。收养关系自登记之日起成立。对不符合《民法典》规定条件的，不予登记，并对当事人说明理由。

收养关系成立后，需要为被收养人办理户口登记或者迁移手续的，由收养人持收养登记证到户口登记机关按照国家有关规定办理。

（二）当事人可以自愿订立书面收养协议和办理收养公证

《民法典》第 1105 条第 3 款规定："收养关系当事人愿意订立收养协议的，可以订立收养协议。"第 4 款规定："收养关系当事人各方或者一方要求办理收养公证的，应当办理收养公证。"可见，收养协议和收养公证并不是收养的法定形式要件，而是由当事人自主选择进行的。

1. 收养协议。收养协议，是收养关系当事人之间依照法律规定订立的关于同意成立收养关系的协议。订立收养协议应当符合如下法律要求：①订立收养协议的当事人即收养人、被收养人与送养人均须符合《民法典》规定的收养成立的条件；②收养协议的主要条款，应当包括收养人、送养人和被收养人的基本情况，收养的目的，收养人不虐待、不遗弃被收养人和抚育被收养人健康成长的保证，以及双方合意订立的其他内容；③收养协议的形式，应当为书面协议。

2. 收养公证。收养公证，是根据收养关系当事人各方或者一方的要求由公证机关对其订立的收养协议依法作出的公证证明。关于收养公证的办理，有如下法律规定：①办理收养公证并不是成立收养关系的必经法律程序。只有在收养关系当事人要求办理收养公证的情况下，才依法予以办理。②办理收养公证时，公证机关应当对申请收养公证的当事人的条件和收养协议内容的合法性进行审查。经过审查后，认为收养人、送养人和被收养人符合法律规定的相关条件，收养协议的内容合法有效的，才能办理收养公证证明。③公证机关对收养公证的文件应当妥善保管。

第四节　收养的效力

一、收养的法律效力

收养的法律效力，是指因收养民事法律行为的成立而产生的法律后果。根据《民法典》第1111条、第1112条的规定，自收养关系成立之日起，将产生一系列的法律效力，可以概括为拟制效力和解销效力两个方面。

（一）收养的拟制效力

收养的拟制效力，亦称为收养的积极效力，是指收养依法创设新的亲属关系及其权利义务的效力。按照《民法典》的规定，收养的拟制效力不仅及于养父母与养子女，也及于养子女与养父母的近亲属。

1. 对养父母与养子女的拟制效力。《民法典》第1111条第1款规定："自收养关系成立之日起，养父母与养子女间的权利义务关系，适用本法关于父母子女关系的规定；……'按此规定，基于收养的拟制效力，养父母养子女关系与自然血亲的父母子女关系具有同等的法律效力，两者在亲子间的权利义务上是完全相同的。例如，在《民法典》中，婚姻家庭编有关父母对子女的抚养教育保护义务、子女对父母的赡养扶助义务等规定，继承编有关父母与子女互为第一顺序的法定继承人的规定，均适用于养父母与养子女。

收养的拟制效力，也表现在养子女的姓氏上，养子女的姓随养亲，这是当代各国亲属法的通例。《民法典》第1112条规定："养子女可以随养父或者养母的姓氏，经当事人协商一致，也可以保留原姓氏。"养子女的姓既可随养父，也可随养母，这样规定既符合收养制度的宗旨和男女平等的原则，又具有一定的灵活性。

2. 对养子女与养父母的近亲属的拟制效力。《民法典》第1111条第1款还规定："……养子女与养父母的近亲属间的权利义务关系，适用本法关于子女与父母的近亲属关系的规定。"

养子女与养父母的近亲属间的权利义务关系，是养父母与养子女关系在法律上的延伸。收养对养子女与养父母的近亲属的拟制效力，表现为养子女与养父母的近亲属以及养父母与养子女的近亲属之间发生的拟制效力，取得相应近亲属的身份和发生权利义务关系。具体来说，养子女与养父母的父母发生祖孙的身份关系和权利义务关系；养子女与养父母的子女，取得兄弟姐妹的身份，发生兄弟姐妹的权利义务关系；养父母对于养子女所出的晚辈直系血亲，也取得祖孙的身份，发生祖孙的权利义务关系。

上述近亲属间的抚养和赡养适用《民法典》第1074条、第1075条的规定；法定继承适用《民法典》第1127条及其相关规定。养兄弟姐妹、养祖父母、养外祖父母为第二顺序法定继承人；养孙子女、养外孙子女可以代位继承其养祖父母、养外祖父母的遗产。

（二）收养的解销效力

收养的解销效力，亦称为收养的消极效力，是指收养依法消灭原有的亲属关系及其权利义务的效力。在当代各国的收养法中，关于收养的解销效力的规定因完全收养和不完全收养而不同。在完全收养的情形下，养子女与生父母及其他近亲属间的权利义务关系基于收养的成立而消除。在不完全收养的情形下，养子女与生父母及其他近亲属间仍保有法定的权利义务关系。在我国，按照《民法典》的规定，收养均属于完全收养，收养的解销效力不仅及于养子女与生父母，也及于养子女与生父母的其他近亲属，他们之间的权利义务关系基于收养的成立而消除。

1. 对养子女与生父母的解销效力。根据《民法典》第 1111 条第 2 款规定，养子女与生父母间的权利义务关系，因收养关系的成立而消除。按此规定，收养的解销效力所消除的，仅为法律上父母子女的权利义务关系，而非自然意义上的父母子女的血缘关系。养子女与生父母间基于出生而具有的直接血缘联系，是客观存在的，不能通过法律手段加以改变。因此，《民法典》中有关禁止直系血亲结婚的规定，对养子女与生父母是仍然适用的。

2. 对养子女与生父母的其他近亲属的解销效力。根据《民法典》第 1111 条第 2 款规定，养子女与生父母以外的其他近亲属间的权利义务关系，亦因收养关系的成立而消除。按此规定，子女被他人收养后，与生父母的父母不再具有祖孙间的权利义务关系；与生父母的其他子女间，不再具有兄弟姐妹间的权利义务关系。但是《民法典》中有关禁止直系血亲和三代以内旁系血亲结婚的规定，对养子女与生父母以外的其他近亲属也是适用的。

二、收养行为的无效

无效的收养行为，是指欠缺收养关系成立的有效条件，因而不能产生收养的法律效力的收养行为。收养子女是一项重要的法律行为，必须符合《民法典》规定的实质要件和法定的形式要件，始能成立合法有效的收养关系，否则无法律效力。

（一）收养无效的原因

《民法典》第 1113 条规定收养行为无效的原因有两类：

1. 违反《民法典》第 143 条规定的收养行为无效。包括：①收养人或者送养人不具有相应的民事行为能力。无民事行为能力人或限制民事行为能力人不能或不能完全辨认自己的行为，依法不得为收养或送养行为，否则其行为无效。②收养人、送养人或 8 周岁以上的被收养人的意思表示不真实。即一方以欺诈、胁迫的手段或者乘人之危，使对方在违背真实意愿的情况下所为的收养行为无效。③违反法律、行政法规的强制性规定，违背公序良俗的收养行为。例如收养人与送养人恶意串通，以收养的名义实为招募童工的行为，与立法的宗旨相违背，因而没有法律效力。无配偶者收养异性子女的，收养人与被收养人的年龄应当相差 40 周岁以上。此外，根据婚姻家庭的伦理性，收养子女应当符合亲属间的辈分要求。晚辈不能收养长辈为养子女，年幼者不能收养年长者为养子女，同辈间也不得收养。

2. 违反了《民法典》规定的收养实质要件或形式要件的，为无效收养。主要包括：①收养人有 2 名以上子女而收养非孤儿、弃儿或非残疾儿童的；②收养人未满 30 周岁而收养的；③无配偶者收养异性子女，双方的年龄差距不足 40 周岁的；④被收养人是成年人的；⑤收养当事人不符合《民法典》规定的其他条件的；⑥收养程序不符合《民法典》规定的。

以上违法现象，仅针对一般收养而言。特殊收养应根据《民法典》的特殊规定，来判断其是否有效。[1]

（二）确认收养无效的程序

我国现行法律、法规规定确认收养无效的程序有两种，即人民法院依诉讼程序确认收养无效和收养登记机关依行政程序确认收养无效。

在审判实践中，依诉讼程序确认收养无效有以下两种情形：①当事人或利害关系人提出请求确认收养无效之诉，由人民法院依法判决收养无效；②人民法院在审理有关案件的过程中发现无效收养行为，在有关判决中确认收养无效。

关于依行政程序确认收养无效的问题，是以民政部关于办理收养登记的有关规定为依据的。现行《收养子女登记办法》第 13 条规定："收养关系当事人弄虚作假骗取收养登记的，收养关系无效，由收养登记机关撤销登记，收缴收养登记证。"

（三）收养无效的法律后果

《民法典》第 1113 条第 2 款规定："无效的收养行为自始没有法律约束力。"收养行为经人民法院或收养登记机关确认无效均是自始无效。确认收养无效的司法判决和行政决定具有溯及既往的效力，这是收养无效和收养关系解除的重要区别。

三、1991 年《收养法》施行前形成的收养关系之效力的确认

我国 1991 年《收养法》自 1992 年 4 月 1 日起施行。1991 年《收养法》施行前形成的收养关系，由于过去没有收养的专门法律，没有规定收养关系成立要履行何种法律手续，为了维护收养人当事人的利益，促进家庭的安定、和睦，1991 年《收养法》施行前形成的下列收养关系应予承认：

1. 对于依照当时有关规定办理了收养公证或户籍登记手续的收养关系，承认其合法有效。

2. 对于 1991 年《收养法》施行前已经形成的事实收养关系应予承认。1984 年《最高人民法院关于贯彻执行民事政策法律若干问题的意见》第 23 条规定："亲友、群众公认，或有关组织证明确以养父母与养子女关系长期共同生活的，虽未办理合法手续，也应按收养关系对待。"可见，对于该《收养法》施行前，符合收养的实质要件，仅是缺少形式要件的收养关系，法律是予以保护的。1991 年《收养法》实施后成立的事实收养关系，须依该《收养法》规定的程序办理，才能具有法律效力；对于不具备该《收养法》形式要件的事实收养，不再承认其效力。2021 年 1 月 1 日《民法典》实施后，收养应当依照《民法典》规定的收养条件及程序规定办理。

第五节　收养关系的解除

收养子女是变更身份和权利义务关系的严肃的法律行为，收养关系成立后一般不得随意解除。但是，收养关系毕竟是一种拟制血亲，可能因各种原因导致收养关系的恶化和事实上的解体，所以收养关系因法律行为而产生，也可以依一定的条件和程序而解除。收养关系的解除，是指收养效力发生后，因一定事由，无法继续亲子关系，而使该关系得以消灭，是收养关系终止的原因之一。根据我国《民法典》的规定，收养关系的解除有协议解

---

[1]　巫昌祯主编：《婚姻与继承法学》，中国政法大学出版社 2007 年版，第 266 页。

除和诉讼解除两种方式，其并对收养关系解除的条件和程序，以及收养关系解除后的法律后果作了规定。

一、协议解除

《民法典》第1114条第1款规定："收养人在被收养人成年以前，不得解除收养关系，但是收养人、送养人双方协议解除的除外。养子女8周岁以上的，应当征得本人同意。"第1115条规定："养父母与成年养子女关系恶化、无法共同生活的，可以协议解除收养关系。……"可见，协议解除收养关系有两种情形：一是收养关系成立后，在被收养人成年之前，收养人、送养人双方可以协议解除收养关系。二是养父母与成年养子女关系恶化、无法共同生活的，双方也可协议解除收养关系。收养关系的协议解除必须符合《民法典》规定的条件和程序。

（一）协议解除的条件

协议解除收养的，应符合以下条件：

1. 当事人须有解除收养关系的合意。养子女未成年时须收养人、送养人双方协商一致；养子女8周岁以上的，还应当征得本人同意。养子女成年后，应由养父母与成年养子女达成解除收养关系的协议。

2. 当事人必须具有完全民事行为能力。只有具有完全民事行为能力的人才能认识解除收养关系这一重要法律行为的重大意义和后果，才能作出真实而有效的意思表示。如果在解除收养关系时，收养人、送养人或成年养子女一方没有相应的民事行为能力，不得由他人代理达成解除收养关系的协议。在此情况下，只能通过诉讼程序办理。

3. 夫妻共同收养者，其终止收养亦须夫妻共同解除收养关系。收养人在收养时有配偶者，依照《民法典》的规定须夫妻共同收养。但终止收养时，如有配偶者，是否须共同终止收养？《民法典》对此无明文规定。通常认为夫妻共同收养者，应由夫妻共同终止收养关系。因为如果可以单方终止收养，与夫妻共同收养原则的立法精神相悖，亦无法谋求身份上的统一。但在有配偶者单方收养子女或者收养人在收养时无配偶终止收养时已有配偶等情形下，可以单方终止收养关系。

（二）协议解除的程序

《民法典》第1116条规定："当事人协议解除收养关系的，应当到民政部门办理解除收养关系的登记。"同时依现行《收养子女登记办法》第10条的规定，收养关系当事人协议解除收养关系的，应当持居民户口簿、居民身份证、收养登记证和解除收养关系的书面协议，共同到被收养人常住户口所在地的收养登记机关办理解除收养关系登记。

收养登记机关收到解除收养关系登记申请书及有关材料后，应当自次日起30日内进行审查；对于符合法律规定的，为当事人办理解除收养关系的登记，收回收养登记证，发给解除收养关系证明。

二、诉讼解除

收养当事人不能达成解除收养关系协议的，收养人、送养人或者已经成年的被收养人可以向人民法院起诉，通过诉讼程序由人民法院处理。人民法院审理这类案件，应当查明当事人要求解除收养关系的真实原因，以及养父母与养子女间的关系状况和实际生活情况，遵循最有利于被收养人的原则，保障被收养人和收养人的合法权益，根据《民法典》的有关规定处理。

1. 养子女为未成年人，养父母要求解除收养关系的。《民法典》第1114条第1款规定："收养人在被收养人成年以前，不得解除收养关系，但收养人、送养人双方协议解除的除外。……"这是因为被收养人一般是抚养上有困难的未成年人，从有利于被收养的未成年人的抚养、成长的原则出发，《民法典》作出在被收养人成年以前收养人不得解除收养关系的限制性规定，以保护被收养的未成年人的利益。因此，在养子女为未成年人时，收养人起诉要求解除收养关系的，人民法院应当对收养人进行法制教育，驳回其诉讼请求。但在审判实践中，有的收养关系成立后，生父母一方反悔，并用种种不正当手段破坏养父母与养子女的关系，以致收养关系恶化，无法继续维持。在此情况下，养父母因有重大理由诉请解除收养关系，且为养子女的利益所必要，人民法院应实事求是地予以支持。

2. 养子女为未成年人，送养人要求解除收养关系的。《民法典》第1114条第2款规定："收养人不履行抚养义务，有虐待、遗弃等侵害未成年养子女合法权益行为的，送养人有权要求解除养父母与养子女间的收养关系。送养人、收养人不能达成解除收养关系协议的，可以向人民法院提起诉讼。"因此，当收养人不履行抚养义务，有虐待、遗弃等侵害未成年养子女合法权益行为，送养人向法院起诉要求解除收养关系的，人民法院应依法解除养父母与养子女间的收养关系。但如果在收养关系成立后，送养人一方反悔，在养父母无过错行为的情况下要求解除收养关系的，人民法院应当从保护合法的收养关系出发，教育当事人信守收养协议，对其诉讼请求不予支持。

3. 被收养人成年以后，养父母与成年养子女关系恶化，一方要求解除收养关系的。《民法典》第1115条规定："养父母与成年养子女关系恶化、无法共同生活的，可以协议解除收养关系。不能达成协议的，可以向人民法院提起诉讼。"对此应根据双方关系的实际情况，遵循最有利于被收养人的原则，保障被收养人和收养人的合法权益，决定是否准予解除：①双方关系尚未恶化到无法共同生活的程度的，应查明纠纷原因，排除不利因素，实现调解和好；②双方关系已经恶化到无法继续共同生活的程度，经调解无效的，应当准予解除收养关系。

三、解除收养的法律后果

无论协议解除或诉讼解除收养关系，都会使因收养关系成立所产生的一切法律效力归于消灭。根据我国《民法典》的规定，收养关系解除后，产生下列法律后果：

（一）拟制血亲关系的解除

《民法典》第1117条规定，收养关系解除后，养子女与养父母及其他近亲属间的权利义务关系即行消除。解除收养关系的直接后果是养父母养子女关系的终止，双方不再具有父母子女间的权利义务关系。养子女与养父母的近亲属的关系，本来就是以收养关系为中介的，解除收养关系，他们之间就不再具有子女与父母的近亲属间的权利义务关系。

（二）自然血亲关系的恢复

《民法典》第1117条还规定，收养关系解除后，养子女与生父母及其他近亲属间的权利义务关系自行恢复，但成年养子女与生父母及其他近亲属间的权利义务关系是否恢复，可以协商确定。

可见，关于养子女与生父母及其他近亲属间的权利义务关系的恢复问题，我国《民法典》是以养子女是否已经成年为界限，区别对待，分别处理的。如果成年养子女与生父母协商确定恢复父母子女间的权利义务关系，该子女与其他近亲属间的权利义务关系即随之恢复。

（三）解除收养后的财产问题及其处理

《民法典》第1118条对解除收养关系后成年养子女的生活费给付义务和养父母的补偿请求权作了明确的规定，其立法精神主要是保护收养人的合法权益，妥善地处理解除收养关系的善后事宜。

1. 成年养子女的生活费给付义务。收养关系解除后，经养父母抚养的成年养子女，对缺乏劳动能力又缺乏生活来源的养父母，应当给付生活费。

关于生活费的数额，应依据养父母的实际生活需要、当地的实际生活水平及成年养子女的负担能力而定。

2. 养父母的补偿请求权。因养子女成年后虐待、遗弃养父母而解除收养关系的，养父母可以要求养子女补偿收养期间支出的抚养费。[1]

生父母要求解除收养关系的，养父母可以要求生父母适当补偿收养期间支出的抚养费；但是因养父母虐待、遗弃养子女而解除收养关系的除外。按此规定，养父母的补偿请求权，得依照不同情形，向成年养子女或其生父母主张。养父母对养子女的虐待、遗弃，是其向生父母主张补偿请求权的法定障碍。

 导入案例之要点评析

1. 李建宇与李芳之间的养父女关系不因李建宇与王丽的离婚而解除。根据我国《民法典》规定的收养成立的条件和程序，李建宇与李芳之间的收养关系合法成立，具有法律效力。从收养关系成立之日起，李建宇与李芳之间的权利义务关系，适用法律关于父母子女关系的规定。《民法典》第1084条规定，父母与子女间的关系，不因父母离婚而消除。离婚后，子女无论由父或者母直接抚养，仍是父母双方的子女。离婚后，父母对于子女仍有抚养、教育、保护的权利和义务。

2. 李建宇与赵玉华不能协商解除李建宇与李芳的收养关系。根据《民法典》第1114条的规定，收养人在被收养人成年以前，不得解除收养关系，但是收养人、送养人双方协议解除的除外。养子女8周岁以上的，应当征得本人同意。

本案中，李芳是弃婴，赵玉华是李芳的养外祖母而非送养人，故不符合送养人和收养人协议解除收养的条件，所以，李建宇与赵玉华不能协商解除李建宇与李芳的收养关系。

3. 刘伟对李芳没有抚养义务。根据《民法典》第1072条的规定，继父或者继母和受其抚养教育的继子女间的权利义务关系，适用本法关于父母子女关系的规定。本案中，李芳与刘伟之间是继父女关系，但李芳一直与养外祖母赵玉华一起生活，并未与刘伟发生抚养教育关系，因此双方之间并未形成有抚养教育关系的继父母子女关系。故刘伟对李芳无法定的抚养义务。

---

〔1〕 主编注：关于养父母的补偿请求权之典型案例，参见最高人民法院案例指导与参考丛书编选组编：《最高人民法院婚姻家庭、继承案例指导与参考》，人民法院出版社2018年版，第223~224页。

 **思考题**

一、选择题

（一）单项选择题

1. 张某和李某达成收养协议，约定由李某收养张某 6 岁的孩子小张；任何一方违反约定，应承担违约责任。双方办理了登记手续，张某依约向李某支付了 10 万元。李某收养小张 1 年后，因小张殴打他人赔偿了 1 万元，李某要求解除收养协议并要求张某赔偿该 1 万元。张某同意解除但要求李某返还 10 万元。下列哪一表述是正确的？（   ）（2014 年国家司法考试试题）

A. 李某、张某不得解除收养关系

B. 李某应对张某承担违约责任

C. 张某应赔偿李某 1 万元

D. 李某应返还不当得利

2. 甲、乙夫妻在一次意外事故中死亡，留下 3 岁的儿子小甲由祖父母抚养。7 年后，祖父母年老体弱，无力抚养，将小甲送养给他人。而小甲的外祖父母知情后不同意送养，其本身有抚养能力。问祖父母的送养行为是否有效？（   ）

A. 有效。因为祖父母是小甲的监护人

B. 有效。因为祖父母是小甲的监护人，而外祖父母无力抚养

C. 无效。因为监护人送养未成年孤儿，须征得有抚养义务的人同意

D. 无效。因为监护人不得送养未成年孤儿

3. 小强现年 6 周岁，生父谭某已故，生母徐某虽有抚养能力，但因准备再婚决定将其送养。徐某的姐姐要求收养，其系华侨富商，除已育有两名子女外符合收养人的其他条件；谭某父母为退休教师，也要求抚养。下列哪一选项是正确的？（2017 年国家司法考试试题改编）

A. 徐某因有抚养能力不能将小强送其姐姐收养

B. 徐某的姐姐因有两名子女不能收养小强

C. 谭某父母有优先抚养的权利

D. 收养应征得小强同意

（二）多项选择题

1. 丙是甲乙夫妻的养女，现已长大成人。丙与甲乙夫妻之间经常因琐事吵架，导致关系恶化，无法共同生活，于是协议解除了他们之间的收养关系。其产生的法律后果包括以下哪些？（   ）

A. 丙与养父母甲乙之间的身份关系及权利义务关系消灭

B. 丙与养父母的其他近亲属间的身份关系及权利义务关系消灭

C. 丙与生父母及其他近亲属间的权利义务关系自行恢复

D. 丙与生父母及其他近亲属间的权利义务关系是否恢复，由双方协商确定

2. 甲乙婚后一直无子，收养了一名男孩小丙。几年后，甲乙因意外事故而死亡。甲乙的父母在处理完后事以后，让小丙回到其生父母的身边。而甲乙的父母都有抚养小丙的能力。下列说法正确的是（   ）。

A. 甲乙的父母应抚养小丙

B. 甲乙的父母与小丙之间已形成了法律拟制的祖孙关系

C. 因收养成立，小丙与其生父母之间的权利义务关系解除

D. 因收养成立，其生父母对小丙已没有抚养教育的义务

二、判断分析题

1. 根据我国《民法典》的规定，继父母经继子女的生父母同意，可以收养继子女，此时，收养人可以不受须年满 30 周岁和收养人有抚养教育被收养人的能力的限制。

2. 根据我国《民法典》的规定，收养关系成立的必经程序是收养人和送养人订立收养协议并办理收养登记。

三、简答题

1. 简述我国收养的基本原则。

2. 简述收养评估的原则与主要内容。

3. 简述收养成立的法律效力。

四、论述题

1. 试论收养成立的一般实质要件。

2. 试论解除收养的法律后果。

五、案例分析题

张某、贾某夫妇为维持生计，经常外出打工。2012 年 2 月，张某、贾某夫妇外出后一直杳无音讯，一去不回。无奈之下，张某的父母于 2016 年 8 月向人民法院请求宣告张某、贾某死亡。人民法院依法发出公告，在公告的期限内张某、贾某夫妇仍无音信，法院于 2017 年 9 月依法作出了宣告张某、贾某夫妇死亡的判决。张某夫妇的儿子张新（9 岁）随其祖父母生活。2018 年 12 月张某的父母因年老无力照顾张新，与收养人刘某某夫妇签订了收养协议，并办理了公证手续。2024 年 2 月，张某夫妇突然出现，想要回儿子张新，随后张某以送养人不合格、张新不符合被收养人的条件为由，请求法院确认刘某某夫妇与张新之间的收养关系无效。请问：

1. 张新是否符合被收养人的条件？

2. 张某的父母是否符合送养人的条件？

3. 该收养关系是否有效？

 阅读参考文献

1. 夏吟兰、龙翼飞主编：《家事法研究》（2020 年卷），社会科学文献出版社 2020 年版。

2. 陈苇主编：《改革开放三十年（1978~2008）中国婚姻家庭继承法研究之回顾与展望》，中国政法大学出版社 2010 年版。

3. 蒋新苗：《收养法比较研究》，北京大学出版社 2005 年版。

4. 林艳琴、李滨主编：《变迁中的社会与家庭法》，中国法制出版社 2020 年版。

5. 薛宁兰、谢鸿飞主编：《民法典评注 婚姻家庭编》，中国法制出版社 2020 年版。

6. 白玉：《我国收养制度立法完善研究》，中国人民公安大学出版社 2023 年版。

第八章

祖孙关系和兄弟姐妹关系

✧学习的内容和重点

通过本章的学习，要求学生了解《民法典》婚姻家庭编和继承编关于祖孙、兄弟姐妹的权利和义务的规定，重点掌握祖孙间抚养、赡养及兄弟姐妹间相互扶养的条件。

导入案例

张某与妻子刘某于1992年1月结婚，次年2月生一子张某晨。1994年1月刘某因车祸死亡，年底张某经朋友介绍认识了赵某，1995年1月两人结婚，共同抚养张某晨。后来，张某与赵某先后生育了张某平、张某伟。张某伟2岁时，因病成为痴呆，生活不能自理。2013年1月，张某去世，当时张某晨20岁，张某平17岁，张某伟6岁，张某平、张某伟均由他们的母亲赵某抚养。2018年2月，赵某也因病去世。自此，张某晨搬出另住，张某伟由张某平扶养，张某晨则分文不给。2023年2月，张某平因为失业，无力负担扶养张某伟的生活费、医疗费等费用，便要求张某晨分担一部分费用，但张某晨坚持不给。双方争执不下，张某平诉至法院，要求张某晨与其共同承担对张某伟的扶养义务。法院经审理查明，张某晨在一大型企业工作，收入较高，有负担能力。

请问：张某晨有无扶养张某伟的法定义务？为什么？

第一节　祖孙关系

一、祖孙关系概述

我国1950年《婚姻法》所调整的家庭成员的范围，仅包括夫妻间、父母子女间的关系。1980年《婚姻法》及2001年修正的《婚姻法》对家庭关系的调整对象有所扩大，增加了祖父母、外祖父母与孙子女、外孙子女之间以及兄弟姐妹之间的关系。我国《民法典》第1045条规定："亲属包括配偶、血亲和姻亲。配偶、父母、子女、兄弟姐妹、祖父母、外祖父母、孙子女、外孙子女为近亲属。配偶、父母、子女和其他共同生活的近亲属为家庭成员。"此规定明确了亲属、近亲属及家庭成员的范围，这既符合我国家庭结构的实际情况，又有利于发扬家庭成员之间敬老爱幼、互帮互助的传统美德，也有利于贯彻婚姻家庭制度有关保护妇女、未成年人、老年人、残疾人的合法权益的原则。

祖孙关系是一种隔代直系血亲关系，包括祖父母与孙子女、外祖父母与外孙子女之间的关系。从其产生原因看，分为自然血亲的祖孙关系和拟制血亲的养祖孙关系。随着社会的变迁，家庭结构虽然已由直系家庭形态向夫妻家庭形态过渡，以夫妻关系和父母子女关系为中心的核心家庭已成为主要的家庭模式，但祖孙关系仍然是具有现代意义的家庭关系。[1] 这是因为：

第一，从我国家庭类型的实际状况看，核心家庭虽然是我国城乡家庭的主要类型，但主干家庭模式仍具有广泛的社会基础，同居生活的祖孙关系在我国还占有相当大的比例。

第二，人口寿命的延长和孩子出生数量的减少扩大了家庭、亲属体系中的纵向关系。也就是说，孩子出生数量的减少紧缩了兄弟姐妹关系、堂兄弟姐妹和表兄弟姐妹关系等横向的家庭关系，人口寿命的延长扩展了祖孙等纵向的家庭关系。这样，祖孙关系作为纵向家庭关系中最为密切的关系，其重要性更加突显。

第三，我国的家庭承担着养老育幼的扶养功能。父母子女或夫妻间因某些客观原因不能或无力承担扶养责任时，需要由祖孙、兄弟姐妹等关系密切的近亲属承担扶养义务，以确保家庭中的老人、儿童及残疾人得到扶养。

二、祖孙间的抚养、赡养义务

祖父母与孙子女、外祖父母与外孙子女之间，是三代以内的直系血亲。一般情况下，子女由父母抚养，父母由子女赡养，祖孙之间不发生扶养关系。但是，当发生某些客观原因，导致父母子女之间无法直接履行抚养、赡养的权利义务时，祖孙之间在一定条件下就产生了抚养、赡养的权利义务关系。《民法典》第1074条规定："有负担能力的祖父母、外祖父母，对于父母已经死亡或者父母无力抚养的未成年孙子女、外孙子女，有抚养的义务。有负担能力的孙子女、外孙子女，对于子女已经死亡或者子女无力赡养的祖父母、外祖父母，有赡养的义务。"据此规定，祖孙之间互负有抚养、赡养义务是有条件的。

（一）祖父母、外祖父母对孙子女、外孙子女承担抚养义务的条件

1. 祖父母、外祖父母有负担能力。所谓祖父母、外祖父母有负担能力，是指祖父母、外祖父母在满足自己的生活及其第一顺序的法定扶养义务人（其配偶、子女、父母）的合理的生活需要后，还有抚养孙子女、外孙子女的经济能力。

2. 孙子女和外孙子女的父母已经死亡或父母无力抚养。父母已经死亡或父母无力抚养包括父母双亡，父母一方死亡但另一方丧失抚养能力，或者父母健在但都没有抚养能力三种情形。

3. 孙子女和外孙子女未成年。未成年是指不满18周岁。未成年的孙子女、外孙子女应以不能维持生活且无谋生能力者为限。孙子女、外孙子女虽为未成年人但能以自己财产或有其他财产来源维持生活的，无需抚养。已经成年的孙子女、外孙子女，无论其是否具有独立生活的能力，祖父母、外祖父母均无法定抚养义务。

以上三个条件必须同时具备，祖父母、外祖父母才承担对孙子女、外孙子女的抚养义务。适用上述条件时，不以是否同居一家、共同生活为限。如果祖父母和外祖父母均有负担能力，应将他们视为同一顺序的抚养义务人，由他们共同承担抚养义务。抚养费的负担与给付由祖父母、外祖父母共同协商确定；协商不成时，由人民法院判决。

（二）孙子女、外孙子女对祖父母、外祖父母承担赡养义务的条件

1. 孙子女、外孙子女为有负担能力的成年人。孙子女、外孙子女为有负担能力的成年人，是指孙子女、外孙子女已年满18周岁，且能以自己的劳动收入和其他收入满足自己及其第一顺序的法定扶养义务人（其配偶、子女、父母）的合理的生活需要后，还有赡养祖

---

[1] 王洪：《婚姻家庭法》，法律出版社2003年版，第299~300页。

父母、外祖父母的经济能力。如果孙子女、外孙子女中数人均有负担能力，应根据他们的经济情况共同负担赡养义务。

2. 祖父母、外祖父母的子女已经死亡或子女确无力赡养。死亡包括自然死亡和宣告死亡。无力赡养，是指祖父母、外祖父母的子女不能以自己的劳动收入和其他收入的全部或部分满足自己及其第一顺序法定继承人包括其父母的基本生活需要。

3. 祖父母、外祖父母必须是需要赡养的人。[1] 祖父母、外祖父母需要赡养，是指祖父母、外祖父母失去劳动能力、生活困难、没有生活来源，或生活来源不能维持当地基本生活需要。

以上三个条件必须同时具备，孙子女、外孙子女才承担对祖父母、外祖父母的赡养义务。在适用上述条件时，不以同居一家、共同生活为限。

三、祖父母、外祖父母的优先抚养权

为了更好的保护祖父母、外祖父母与孙子女、外孙子女的合法权益，《民法典》第1108条规定："配偶一方死亡，另一方送养未成年子女的，死亡一方的父母有优先抚养的权利。"

四、祖孙间的继承权

《民法典》第1127条第1款、第2款规定，遗产按照下列顺序继承：第一顺序：配偶、子女、父母；第二顺序：兄弟姐妹、祖父母、外祖父母。继承开始后，由第一顺序继承人继承，第二顺序继承人不继承；没有第一顺序继承人继承的，由第二顺序继承人继承。可见，祖父母、外祖父母是孙子女、外孙子女的第二顺序法定继承人，没有第一顺序继承人或第一顺序继承人均放弃或者丧失继承权时，祖父母、外祖父母可继承孙子女、外孙子女的遗产。

《民法典》第1128条第1款规定："被继承人的子女先于被继承人死亡的，由被继承人的子女的直系晚辈血亲代位继承。"第3款规定："代位继承人一般只能继承被代位继承人有权继承的遗产份额。"可见，孙子女、外孙子女在其父母先于祖父母、外祖父母死亡时，可以代位继承人的资格继承祖父母、外祖父母的遗产。

第二节　兄弟姐妹关系

一、兄弟姐妹关系概述

兄弟姐妹是最亲近的旁系血亲，包括同父母的兄弟姐妹、同父异母或同母异父的兄弟姐妹、养兄弟姐妹。在现实生活中，由于他们生活在一个家庭里，朝夕相处，兄、姐扶养和教育弟、妹的情况时有发生。而1950年《婚姻法》的法律条文未涉及他们之间的权利义务关系，他们之间的扶助完全是出于道义上的责任，是一种自愿行为。1980年《婚姻法》对兄弟姐妹之间的权利义务进行了规范。我国2001年修正的《婚姻法》和《民法典》继续沿用1980年《婚姻法》对兄弟姐妹间的权利义务的规定。

---

〔1〕 主编注：关于需要扶养（包括赡养、扶养、抚养）应当如何认定？我国有学者认为，所谓扶养权利人有受扶养的必要，通常是指扶养权利人不能维持生活且无谋生能力；所谓不能维持生活，是指其没有财产；无谋生能力则指其没有工作能力。参见余延满：《亲属法原论》，法律出版社2007年版，第524页。

二、兄弟姐妹间的扶养义务

《民法典》第 1075 条规定："有负担能力的兄、姐，对于父母已经死亡或者父母无力抚养的未成年弟、妹，有扶养的义务。由兄、姐扶养长大的有负担能力的弟、妹，对于缺乏劳动能力又缺乏生活来源的兄、姐，有扶养的义务。"由此可见，这种扶养义务是有条件的。

（一）兄、姐扶养弟、妹须具备的条件

1. 兄、姐有负担能力。兄、姐有负担能力，是指兄、姐以自己的劳动收入和其他收入在维持自己及其第一顺序的法定扶养义务人（对其配偶、子女、父母）的合理的生活需要后，还有扶养弟、妹的经济能力。

如果兄、姐中数人均有负担能力，则应根据他们的经济情况共同负担。

2. 被扶养人的父母已经死亡或父母无力抚养。死亡包括自然死亡和宣告死亡。父母无力抚养，是指父母不能以自己的劳动收入和其他收入维持自己和未成年子女的基本生活需要，即父母对其未成年的子女无经济供养能力。

3. 弟、妹必须是未成年人。未成年是指未满 18 周岁。弟、妹包括同父母的弟、妹，同父异母或同母异父的弟、妹，养弟、养妹。

以上三个条件必须同时具备，兄、姐才承担对弟、妹的扶养义务。适用此条件，不以同居一家、共同生活为限。

如果该未成年人的兄、姐、祖父母、外祖父母均有负担能力，应当由谁承担对他的扶养义务呢？《民法典》未作规定。根据法学理论，他们都应被视为同一顺序的扶养义务人。为了确保该未成年人的健康成长，由他们协商分担扶养责任，是符合《民法典》婚姻家庭编之基本原则的。

（二）弟、妹扶养兄、姐须具备的条件

1. 弟、妹由兄、姐扶养长大。由兄、姐扶养长大的弟、妹，是指长期依靠兄、姐提供全部或主要扶养费用直到能以自己的收入作为主要生活来源的成年弟、妹。

2. 弟、妹有负担能力。弟、妹有负担能力，是指弟、妹以自己的劳动收入和其他收入满足本人及其第一顺序法定扶养义务人（其配偶、子女、父母）合理的生活需要后，还有扶养兄、姐的经济能力。

3. 兄、姐缺乏劳动能力又缺乏生活来源。缺乏劳动能力，是指缺乏或丧失一般正常的劳动能力。缺乏生活来源，是指缺乏维持生存所必需的生活费用和用品等。

以上三个条件必须同时具备，弟、妹才承担对兄、姐的扶养义务。适用此条件，不以同居一家、共同生活为限。

需要特别指出的是，祖孙之间、兄弟姐妹之间的扶养义务是第二位的，具有父母对子女抚养义务的补充性质。符合法定条件的扶养人，必须自觉履行扶养义务。否则，被扶养人有权向人民法院提起诉讼，请求法院强制义务人履行扶养义务。

三、兄弟姐妹间的继承权

根据《民法典》第 1127 条第 1 款、第 2 款的规定，兄弟姐妹互为第二顺序法定继承人，没有第一顺序法定继承人或第一顺序法定继承人均放弃或丧失继承权时，被继承人的兄弟姐妹有权继承遗产。

《民法典》第 1128 条第 2 款规定："被继承人的兄弟姐妹先于被继承人死亡的，由被继承人的兄弟姐妹的子女代位继承。"第 3 款规定："代位继承人一般只能继承被代位继承人有权继承的遗产份额。"

 导入案例之要点评析

　　张某晨有扶养张某伟的法定义务。《民法典》第 1075 条第 1 款规定："有负担能力的兄、姐，对于父母已经死亡或者父母无力抚养的未成年弟、妹，有扶养的义务。"根据《民法典》第 1127 条第 5 款的规定，本编所称兄弟姐妹，包括同父母的兄弟姐妹、同父异母或者同母异父的兄弟姐妹、养兄弟姐妹、有扶养关系的继兄弟姐妹。可见，兄、姐对弟、妹承担扶养义务，应符合下列法定条件：一是兄、姐有负担能力；二是弟、妹尚未成年而且其父母已经死亡或父母无抚养能力。本案中，张某平是张某伟的同父同母的兄弟，在其父母双亡时，其应当依法承担扶养弟弟张某伟的义务。然而，张某晨作为张某伟同父异母的兄弟，应否承担扶养张某伟的义务呢？《民法典》所指的兄姐弟妹既包括同父同母的兄弟姐妹，也包括同父异母或同母异父的兄弟姐妹，因此，张某晨作为张某伟的同父异母的兄长，也同样有扶养弟弟张某伟的法定义务。

 **思考题**

　　一、选择题

　　（一）单项选择题

　　1. 下列关于《民法典》所调整的婚姻家庭关系的外延哪个说法是正确的？（　　）

　　A.《民法典》所调整的婚姻家庭关系非常广泛，不但包括夫妻关系，还包括所有其他家庭成员所产生的一切法律关系

　　B.《民法典》所调整的婚姻家庭关系实际上就是夫妻关系

　　C.《民法典》所调整的婚姻家庭关系包括夫妻关系以及父母和子女的关系

　　D.《民法典》所调整的婚姻家庭关系除了夫妻关系之外，还有父母子女关系、兄弟姐妹关系、祖父母与孙子女关系、外祖父母与外孙子女关系

　　2. 下列对于祖父母、外祖父母和父母已经死亡或父母无力抚养的未成年的孙子女、外孙子女之间抚养的关系说法错误的是（　　）。

　　A. 有负担能力的祖父母、外祖父母，对于父母已经死亡或父母无力抚养的未成年的孙子女、外孙子女，有抚养的义务

　　B. 有负担能力的孙子女、外孙子女，对于子女已经死亡或子女无力赡养的祖父母、外祖父母，有赡养的义务

　　C. 祖父母、外祖父母，对于父母已经死亡或父母无力抚养的未成年的孙子女、外孙子女，一定具有抚养的义务

　　D. 孙子女、外孙子女，对于子女已经死亡或子女无力赡养的祖父母、外祖父母，并不必然具有赡养的义务

　　（二）多项选择题

　　1. 詹某妻子因病去世时，有养子詹义、婚生子詹云尚未成年。此后詹某经人介绍与屈某结婚，夫妻两人与詹义（17 岁）、詹云（5 岁）以及屈某与前夫所生子女屈天（15 岁）共同生活，并生育一女詹波。6 年后詹某、屈某因交通意外去世。下列哪些表述是正确的？

（　　）

A. 詹义有抚养詹云的义务

B. 詹义有抚养詹波的义务

C. 屈天有抚养詹云的义务

D. 屈天有抚养詹波的义务

2. 在下列哪些情况下，有负担能力的祖父母、外祖父母有抚养未成年的孙子女、外孙子女的义务？（　　）

A. 孙子女、外孙子女的父母死亡

B. 孙子女、外孙子女的父母一方死亡、另一方确无能力抚养

C. 孙子女、外孙子女的父母未死亡但丧失抚养能力

D. 孙子女、外孙子女的父母失业无经济收入

二、判断分析题

1. 祖父母、外祖父母对孙子女、外孙子女进行抚养的必备前提是：祖父母或者外祖父母有负担能力，孙子女、外孙子女的父母已经死亡或父母无力抚养。

2.《民法典》继承编规定的第二顺序法定继承人包括：兄弟姐妹、祖父母、外祖父母、孙子女、外孙子女。

三、简答题

1. 祖父母、外祖父母抚养孙子女、外孙子女的法定条件有哪些？

2. 孙子女、外孙子女在什么情况下有义务赡养祖父母、外祖父母？

3. 弟、妹在什么条件下对兄、姐负有扶养义务？

四、论述题

试论养祖父母、养外祖父母与养孙子女、养外孙子女之间产生抚养、赡养的义务的法定条件。

五、案例分析题

何某华、何某学、何某文是姐弟关系，他们的父母早年去世，姐弟三人相依为命。为了扶养何某学、何某文两个弟弟，大姐何某华平常省吃俭用，甚至为了扶养弟弟一直没有结婚成家。1996 年，小弟何某文考入大学读书，毕业后进入一所高等学校工作，经济条件较好。大弟何某学则在家乡务农。何某文于 2003 年 1 月结婚，次年 2 月生有一子，为方便工作他便让大姐到他家为其照看孩子、料理家务。2023 年 2 月，70 多岁的何某华因长期劳累、抑郁，患了癌症。住院后，何某文夫妇不但不到医院照料，还打电话让在农村的哥哥何某学来照看姐姐。经治疗，何某华花去医药费 3 万元。何某学住在农村，妻子亦患病在身，经济困难实在难以承担这笔费用。何某华认为，小弟何某文工资收入高，自己对他尽的义务也最多，他应该承担这笔医疗费。双方为此多次进行协商，未达成一致。无奈之下，何某华将何某文告上法庭，要求其支付医疗费 3 万元，并每月给付生活费 500 元。

请问：法院能否支持何某华的诉讼请求？为什么？

🔍 **阅读参考文献**

1. 杨立新：《家事法》，法律出版社 2013 年版。

2. 房绍坤、范李瑛、张洪波编著：《婚姻家庭继承法》，中国人民大学出版社 2021

年版。

3. 江必新主编：《民法典重点修改及新条文解读》，中国法制出版社 2020 年版。

4. 夏吟兰、龙翼飞主编，马忆南执行主编：《家事法研究》（2023 年卷），法律出版社 2023 年版。

5. 陈苇等：《中国婚姻家庭法理论与实践研究》，中国人民公安大学出版社 2019 年版。

6. 李洪波：《困境儿童人格权益的法律保护研究》，中国社会科学出版社 2021 年版。

第 九 章

监护制度

✢学习的内容和重点

　　通过本章的学习，要求学生了解监护的概念、类型及其与亲权的关系，掌握监护的开始，监护人的范围、顺序、职责和权利，以及监护的撤销、变更与终止等基本知识。

导入案例

　　两位原告之子与被告张某于 2018 年初登记结婚，同年 11 月 18 日生子取名陆某。被告张某系两位原告之儿媳。两位原告之子于 2023 年 4 月 27 日因车祸死亡。2023 年 10 月 10 日，两位原告以被告张某从未履行对孩子的监护责任为由诉至法院，要求依法变更并确认陆某的监护抚养权由两原告行使。2023 年 10 月 12 日，被告提起反诉，要求陆某由反诉原告行使抚养和监护权，两位反诉被告将孩子返还反诉原告。

　　法院经审理查明以下事实：2023 年 3 月初，被告与两位原告之子闹矛盾，遂独自返回娘家，两位原告之子曾带着陆某到被告娘家要求被告哺乳，被告拒不开门相见。两位原告之子在此后一个多月因车祸意外死亡。此后，孙子陆某仍然一直与两位原告共同生活至 2023 年 10 月 10 日。两位原告起诉被告张某，要求变更其孙子的直接抚养监护人为祖父母。

　　请问：人民法院应如何处理本案？为什么？

第一节　监护制度概述

一、监护的概念

　　民法上，将自然人通过自己的行为取得、行使民事权利和履行、承担民事义务的能力称为民事行为能力。不具备完全民事行为能力的自然人，不论是限制民事行为能力人还是无民事行为能力人，均需借由监护制度来补充其民事行为能力的不足。根据《民法典》第23 条规定，无民事行为能力人、限制民事行为能力人的监护人是他的法定代理人。由监护人代为或协助被监护人从事各种民事活动，能更好地满足被监护人的社会生活需求。除了弥补行为能力之不足外，民法上设立监护制度尚具有保护限制民事行为能力人和无民事行为能力人的人身、财产及其他合法权益的目的。因此，监护制度是保护无民事行为能力人或者限制民事行为能力人的合法权益，弥补其民事行为能力不足的法律制度。[1] 在监护关

---

　　[1]　参见全国人民代表大会常务委员会副委员长李建国 2017 年 3 月 8 日在第十二届全国人民代表大会第五次会议上关于《中华人民共和国民法总则（草案）》的说明。

系中，履行保护义务的人是监护人，被保护的人是被监护人。监护人是被监护人的法定代理人。监护制度是有关监护的设立、变更、撤销以及监护的权利与职责等法律规范的总和。

　　因监护制度立法体例的差异，监护的概念有广义和狭义之分。[1] 广义的监护，是指对一切未成年人和无民事行为能力、限制民事行为能力成年人的人身和财产进行监督保护的法律规范的总称，包括父母对未成年子女的监护、父母以外的监护人对未成年人的监护以及对成年人的监护。而狭义的监护则是指与亲权制度并行的监护制度[2]，父母对未成年子女的监督保护为亲权制度，而对不在亲权保护下的未成年人以及无民事行为能力、限制民事行为能力成年人的监督保护制度为监护制度。英美法系的很多国家采广义监护的概念，而大陆法系许多国家采狭义监护的概念。[3] 我国《民法通则》、《民法总则》以及我国《民法典》采用的都是广义监护的概念。[4]

二、监护的类型

　　根据设立的原因，监护可以分为法定监护和意定监护。而法定监护因监护人确定的依据不同又可分为协议监护和指定监护。按照监护职责的履行情况还可以分为临时监护和固定监护。

　　（一）法定监护与意定监护

　　法定监护与意定监护（包括父母的遗嘱指定监护与被监护人本人的指定监护）的划分标准，是确定监护人的依据是法律的规定或有关当事人的意愿（父母的遗嘱、被监护人本人的意愿）。

　　1. 法定监护。根据《民法典》的规定，我国的法定监护分为未成年人之监护与成年人之监护。[5] 前者是指对未成年人设立的监督和保护制度，指未成年人有监护能力[6]的父母、祖父母、外祖父母、兄、姐，以及经未成年人住所地的居民委员会、村民委员会或者民政部门同意的其他愿意担任监护人的个人或者组织对未成年人的监护[7]；后者是指对不能辨认或者不能完全辨认自己行为的欠缺民事行为能力的成年人的监督保护制度，即由无民事行为能力或限制民事行为能力成年人的有监护能力的配偶、父母、子女、其他近亲属，以及经被监护人住所地的居民委员会、村民委员会或者民政部门同意的其他愿意担任监护

　　[1]　曹诗权：《未成年人监护制度研究》，中国政法大学出版社 2004 年版，第 68 页。
　　[2]　主编注：关于监护与亲权的区别以及设立监护制度的意义，参见陈苇：《中国婚姻家庭法立法研究》，群众出版社 2010 年版，第 459~462 页。
　　[3]　杨大文主编：《亲属法》，法律出版社 2012 年版，第 266 页。
　　[4]　主编注：关于 20 世纪后半期部分外国监护制度的改革研究，参见杨立新主编：《民法总则重大疑难问题研究》，中国法制出版社 2011 年版，第 59~69 页。
　　[5]　主编注：关于新中国成年人监护制度之立法目的和立法沿革简介，参见王利明主编：《中华人民共和国民法总则详解》，中国法制出版社 2017 年版，第 134~136 页。
　　[6]　监护能力是指监护人履行监护职责所应当具备的能力，《总则编解释》第 6 条指出，"人民法院认定自然人的监护能力，应当根据其年龄、身心健康状况、经济条件等因素确定；认定有关组织的监护能力，应当根据其资质、信用、财产状况等因素确定"。
　　[7]　《民法典》第 27 条规定："父母是未成年子女的监护人。未成年人的父母已经死亡或者没有监护能力的，由下列有监护能力的人按顺序担任监护人：（一）祖父母、外祖父母；（二）兄、姐；（三）其他愿意担任监护人的个人或者组织，但是须经未成年人住所地的居民委员会、村民委员会或者民政部门同意。"

人的个人或者组织对无民事行为能力或限制民事行为能力成年人的监护。[1]

2. 意定监护。意定监护之监护人的选择确定，依据的是当事人的意愿。根据选择确定监护人之当事人的不同身份，意定监护可以分为父母的遗嘱指定监护、本人的意定监护。

（1）父母的遗嘱指定监护。它是指被监护人的父母担任监护人的，可以通过遗嘱指定被监护人的监护人，在其死亡后监督保护被监护人。父母的遗嘱指定监护是意定监护的一种方式。[2] 国外一些国家的民法典明确规定父母可以通过遗嘱指定监护人。[3] 我国《民法通则》在 1986 年制定和 2009 年修正时均未设立遗嘱指定监护制度，但 2017 年《民法总则》第 29 条首次规定了遗嘱指定监护，《民法典》继续沿用此规定。[4] 担任监护人的被监护人父母通过遗嘱指定监护人，如果遗嘱生效时被指定的人不同意担任监护人的，仍应按照《民法典》第 27 条、第 28 条的规定来确定监护人。未成年人由父母担任监护人，父母中的一方通过遗嘱指定监护人，另一方在遗嘱生效时有监护能力，当事人对监护人的确定有争议的，人民法院应根据《民法典》第 27 条第 1 款，确定另一方父母为未成年人子女的监护人。[5]

（2）本人的意定监护。它是指具有完全民事行为能力的成年人，针对其将来可能丧失行为能力的情况，根据本人的意愿与其近亲属、其他愿意担任监护人的个人或者组织事先协商，提前为自己指定监护人。即与法定监护和父母的遗嘱指定监护不同，本人的意定监护之确定监护人的依据是被监护人"本人"的意愿。在现代社会，成年人监护的观念发生了较大的转变，随着国际人权组织将关注的视野更多地投向残障者，一系列新思潮衍生了，如"维持本人（残障者）生活正常化"和"尊重本人的自我决定权"等。[6] 这些新的思潮改变了过去对欠缺民事行为能力人的隔绝式监护理念，而尊重本人的自我决定权则体现为允许具备民事行为能力的成年人为自己将来可能丧失行为能力的情况提前做出安排，可以通过事先协商确定监护人来协助和保护自己。在我国，2012 年修订的《老年人权益保障法》首次规定了老年人本人指定的意定监护。该法第 26 条第 1 款规定："具备完全民事行为能力的老年人，可以在近亲属或者其他与自己关系密切、愿意承担监护责任的个人、组织中协商确定自己的监护人。监护人在老年人丧失或者部分丧失民事行为能力时，依法承担监护责任。"此后，2020 年制定的《民法典》第 33 条规定："具有完全民事行为能力的成年人，可以与其近亲属、其他愿意担任监护人的个人或者组织事先协商，以书面形式确定自己的监护人，在自己丧失或者部分丧失民事行为能力时，由该监护人履行监护职责。"此规定进一步将指定自己监护人的主体扩大到所有具备完全民事行为能力的成年人。为指导司法实践，最高人民法院出台的《总则编解释》第 11 条规定，具有完全民事行为能力的成年人与他人依据《民法典》第 33 条的规定订立书面协议事先确定自己的监护人后，协议

---

　　[1]《民法典》第 28 条规定："无民事行为能力或者限制民事行为能力的成年人，由下列有监护能力的人按顺序担任监护人：（一）配偶；（二）父母、子女；（三）其他近亲属；（四）其他愿意担任监护人的个人或者组织，但是须经被监护人住所地的居民委员会、村民委员会或者民政部门同意。"

　　[2] 参见陈苇：《中国婚姻家庭法立法研究》，群众出版社 2000 年版，第 370～371 页。

　　[3] 参见罗结珍译：《法国民法典》，北京大学出版社 2010 年版，第 397、398 条；陈卫佐译注：《德国民法典》，法律出版社 2015 年版，第 1776、1777 条。

　　[4]《民法典》第 29 条规定："被监护人的父母担任监护人的，可以通过遗嘱指定监护人。"

　　[5] 参见《总则编解释》第 7 条。

　　[6] 李霞："成年后见制度的日本法观察——兼及我国的制度反思"，载《法学论坛》2003 年第 5 期。

的任何一方在该成年人丧失或者部分丧失民事行为能力前请求解除协议的，人民法院依法予以支持。该成年人丧失或者部分丧失民事行为能力后，协议确定的监护人无正当理由请求解除协议的，人民法院不予支持。该成年人丧失或者部分丧失民事行为能力后，协议确定的监护人有《民法典》第36条第1款规定的情形之一，该条第2款规定的有关个人、组织申请撤销其监护人资格的，人民法院依法予以支持。

（二）协议监护与指定监护

协议监护与指定监护的划分标准，是根据法定监护人的确定依据是当事人的协商决定还是相关机构、法院的指定。根据《民法典》的规定，法定监护人的选择确定可分为两种：协议监护与指定监护。

1. 协议监护。它是指依法具有监护资格的数人之间，通过协议确定监护人。这是约定协议确定监护人的一种方式。[1] 同一顺序的具有监护资格的人可能为数人，为确定权利、落实责任，可以只由其中一人或数人担任监护人。具有监护资格的数人协商确定监护人有助于监护人自愿履行监护职责，但协商确定监护人时，应当尊重被监护人的真实意愿。[2] 未成年被监护人的祖父母、外祖父母、兄、姐，其他愿意担任监护人的个人或者组织，成年被监护人的配偶、父母、子女，其他近亲属，其他愿意担任监护人的个人或者组织，约定不同顺序的人共同担任监护人，或者由顺序在后的人担任监护人的，人民法院依法予以支持。[3]

2. 指定监护。它是指当事人对监护人的确定有争议的，由居民委员会、村民委员会、民政部门或人民法院在具有监护资格的人中指定监护人。根据《民法典》第31条第1款的规定，指定监护有两种途径：一是发生争议时由被监护人住所地的居民委员会、村民委员会或者民政部门指定监护人，有关当事人对指定不服的，在接到指定通知之日起30日内向人民法院申请指定监护人的，人民法院经审理认为指定并无不当，依法裁定驳回申请；认为指定不当，依法判决撤销指定并另行指定监护人。有关当事人在接到指定通知之日起30日后提出申请的，人民法院应当按照变更监护关系处理（《总则编解释》第10条）。二是对确定监护人有争议的当事人可以直接向人民法院申请指定监护人，而不需经过居民委员会、村民委员会、民政部门指定监护人的前置程序。指定监护时，居民委员会、村民委员会、民政部门或者人民法院应当尊重被监护人的真实意愿，按照最有利于被监护人的原则在依法具有监护资格的人中指定监护人（《民法典》第31条第2款）。人民法院依法指定的监护人一般应当是一人，但由数人共同担任监护人更有利于保护被监护人利益的，也可以是数人。按照最有利于被监护人的原则指定监护人时，人民法院应具体参考以下因素："（一）与被监护人生活、情感联系的密切程度；（二）依法具有监护资格的人的监护顺序；（三）是否有不利于履行监护职责的违法犯罪等情形；（四）依法具有监护资格的人的监护能力、意愿、品行等"（《总则编解释》第9条）。

（三）临时监护与固定监护

临时监护与固定监护的划分标准，是依据监护人承担监护职责是临时性的还是固定的、

---

[1] 王利明主编：《中华人民共和国民法总则详解》（上册），中国法制出版社2017年版，第142页。

[2] 《民法典》第30条规定："依法具有监护资格的人之间可以协议确定监护人。协议确定监护人应当尊重被监护人的真实意愿。"

[3] 参见《总则编解释》第8条第2款。

长期性的。

1. 临时监护。它是在指定监护之前，为保护被监护人的合法权益而由特定机关担任临时监护人，待监护人被指定后临时监护终止。依照《民法典》第31条和第36条的规定，临时监护的适用有两种情况：①因对监护人的确定有争议的，居民委员会、村民委员会、民政部门或人民法院在具有监护资格的人中指定监护人之前，被监护人的人身权利、财产权利以及其他合法权益处于无人保护状态，为保障被监护人的合法权益，由被监护人住所地的居民委员会、村民委员会、法律规定的有关组织或者民政部门担任临时监护人。②因有关个人或组织申请撤销监护人资格，人民法院审理撤销监护人资格案件的，在依法指定监护人之前应安排临时监护措施。临时监护人依法履行监护职责，到监护人被指定开始履行监护职责时终止其监护职责。

2. 固定监护。除临时监护外，其他的监护人履行监护职责均为固定监护。固定监护人履行监护职责直至监护关系终止，或监护人被撤销监护人资格。因特殊情况需要变更监护人的，应通过指定监护的程序变更。擅自变更的，不能免除被指定的监护人的责任。[1]

（四）未成年人的监护与成年人的监护

未成年人的监护与成年人的监护之划分标准，是依据被监护人是否达到成年年龄。

1. 未成年人的监护。未成年人的监护，是指对未达到法定成年年龄人的监护。根据监护人的身份之不同，未成年人的监护可以分为父母对未成年人的亲权（或称父母对未成年人的照护权[2]）与非父母对未成年人的监护（此属于狭义的监护）。前者是指父母对未成年子女的权利和义务，亲权最初是指父母对子女的权利，但近现代亲权制度的主要内容已变为父母对子女的扶养、保护、照料、教育的权利和义务。后者是指对不在父母亲权保护之下的未成年人的监护。

2. 成年人的监护。成年人的监护，是指对已经成年，但不能辨认或不能完全辨认自己行为的无民事行为能力人或限制行为能力人的监护。根据被监护人的判断识别能力之不同，为更好地促进被监护人的自主决定权，尊重其意愿，不少国家的监护制度将成年人的监护分为各种类型或层次，分别适用不同情况的被监护人。例如，在日本，成年人监护分为：针对"因精神上的缺陷而缺乏对事物的判断能力常态的人"的"监护"制度；针对"因精神上的缺陷而对事物的判断能力显著低下的人"的"保佐"制度；以及针对"因精神上的缺陷而对事物判断能力不足的人"的"辅助"制度。[3]但我国《民法典》并没有区分成

---

〔1〕《民法典》第31条第4款。

〔2〕例如，《德国民法典》过去使用的"亲权"（elterliche gewalt）一词已经被"父母照顾"（elterliche sorge）所取代。《德国民法典》第1626条第1款第1句规定："父母有照顾未成年子女的义务和权利。"陈卫佐译注：《德国民法典》，法律出版社2015年版，第502页。

〔3〕被监护人可以实施购买日用品等有关日常生活的行为，但其他法律行为需由监护人代为实施；被保佐人在实施重大经济行为时需要得到保佐人的同意；而对成年人设置辅助，需要本人申请或得到本人同意，被辅助人在实施特定法律行为时必须得到辅助人的同意。参见《日本民法典》第7条、第9条、第11条、第13条、第15条、第17条。

年被监护人的具体情形而设置不同层次的监护措施。[1]

三、未成年人的监护与亲权的关系

（一）父母对未成年人的亲权与非父母对未成年人的监护之概念

我国立法采广义的监护的概念，未成年人的父母与其他监护人统称为监护人。父母子女是血缘最近的直系血亲，父母对子女负有抚养、保护、照料的义务，要把未成年子女教育培养成为能独立生活的社会个体，这种亲密的父母子女关系所承载的重大社会意义，与其他监护人与被监护人之间保护监督的功能相比确有差异，所以很多国家专门规定了父母对未成年子女的权利和义务，即亲权制度。亲权制度来源于罗马法和日耳曼法，最初主要强调父母对子女的权利，但近现代亲权制度的主要内容已变为父母对子女的抚养、保护、照料、教育的义务。而非父母对未成年人的监护则是由除父母之外的近亲属或愿意承担监护职责的个人或组织担任监护人，被监护人则是不在父母亲权保护之下的未成年人。

（二）父母对未成年人的亲权与非父母对未成年人的监护之异同比较

父母对未成年人的亲权与非父母对未成年人的监护既有联系又有区别。两者的共同点为不论是父母亲权人还是非父母的监护人，都应尽到保护监督未成年人人身、财产权益的职责，父母亲权人和非父母监护人均为未成年人的法定代理人，因未尽亲权责任或监护职责致未成年人致人损害，均须承担相应的民事责任。两者的不同点则表现为：其一，亲权的身份基础是亲密的父母子女关系，而监护则没有这种血缘最近血亲的基础，监护人可能是被监护人的其他近亲属，也可能是有关组织和机构。因此，基于未成年人的出生，其父母就是其当然的亲权人，不需要经过设定亲权人的程序。而监护人通常都需要经过设立监护人程序才能确定。其二，相比监护人，法律对亲权人更信任，亲权人也享有更多权利。例如，有些国家对监护设有监护监督人，但对亲权人没有专门的亲权监督机构。再如亲权人通常享有对子女财产的用益权，而监护人则受到限制，其对被监护人的财产没有用益权。监护人进行监护伊始，就需要将设定监护当时和将来归属于被监护人的所有财产编制成财产目录；而亲权人不需要，即使法律要求亲权人编制目录，通常也只限于未成年子女因死因取得而获取的较大金额财产。[2] 其三，有些国家规定了监护人可以因其监护活动得到报酬，而亲权人没有取得报酬的权利。[3]

---

〔1〕　主编注：关于中国民法典之监护制度立法体系的研究，参见王利明：《民法典体系研究》，中国人民大学出版社 2012 年版，第 488~489 页；陈苇、李艳："中国民法典之监护制度立法体系构建研究"，载《西南政法大学学报》2017 年第 2 期。关于我国成年人意定监护制度的立法完善研究，参见陈苇、陈钊："瑞士新成年人意定照顾制度研究及其启示"，载陈小君主编：《私法研究》第 22 卷，法律出版社 2013 年版，第 57~81 页。关于我国老年人监护的立法研究，参见张伟、高丰美："老年监护的立法模式、原则与程序研究"，载《安徽大学学报（哲学社会科学版）》2016 年第 6 期。

〔2〕　例如《德国民法典》第 1802 条、第 1805 条关于监护人财产管理的职责和限制的规定，第 1792 条、第 1799 条关于监护监督人的规定，以及第 1638~1649 条关于亲权人财产照顾权利和职责的规定。

〔3〕　杨大文主编：《亲属法》，法律出版社 2012 年版，第 270 页。

第二节　未成年人之监护

一、未成年人之监护的开始

自然人从出生即取得权利能力，但未成年人不具备完全民事行为能力，需要监护制度来补足其行为能力，保护其合法权益，故未成年人从出生时起至取得完全民事行为能力期间均需要为其设定监护。

未成年人之监护的开始，可分为法定监护的开始与意定监护的开始。前者始于未成年人之法定监护的原因出现之时，如未成年人的出生、未成年人的父母死亡或无监护能力（《民法典》第 27 条）；后者如父母以遗嘱指定监护，遗嘱指定监护人从未成年人的父母死亡遗嘱生效之时开始履行监护人职责。

二、未成年人之监护人的范围与顺序

（一）未成年人之监护人的范围

未成年人之监护人的范围，可分为法定监护人的范围与意定监护人的范围。关于我国未成年人之法定监护人范围，根据《民法典》第 27、29、32 条的规定，未成年人之法定监护人范围包括有监护能力的下列个人或组织：父母；祖父母、外祖父母；兄、姐；其他经未成年人住所地的居民委员会、村民委员会或者民政部门同意，愿意担任监护人的个人或者组织；民政部门或具备履行监护职责条件的被监护人住所地的居民委员会、村民委员会。关于我国未成年人之意定监护人的范围，可由未成年人的父母在遗嘱指定监护中予以确定。

（二）未成年人之监护人的顺序

未成年人之监护人的顺序，可分为法定监护人的顺序与意定监护人的顺序。关于我国未成年人之法定监护人的顺序，第一顺序的法定监护人是父母。父母是未成年子女的当然监护人，子女一出生，父母就自然成为其监护人。父母对未成年子女的监护权不容非法侵犯。只有在未成年人的父母已经死亡，或者没有监护能力，或者被人民法院依法撤销监护人资格的情况下，才有另行确定法定监护人的必要性，由《民法典》第 27 条确定的下列有监护能力的人按顺序担任监护人：①祖父母、外祖父母；②兄、姐；③经未成年人住所地的居民委员会、村民委员会或者民政部门同意的其他愿意担任监护人的个人或者组织。没有上述具有监护资格的人担任未成年人监护人的，监护人由民政部门担任，也可以由具备履行监护职责条件的被监护人住所地的居民委员会、村民委员会担任（《民法典》第 32 条）。[1] 关于我国未成年人之意定监护人的顺序，可由未成年人的父母以遗嘱指定。根据《民法典》第 29 条规定，父母监护人可以通过遗嘱指定监护人，但没有明确遗嘱指定监护人的顺序。我们认为，基于《民法典》第 5 条确立的民事活动之意思自治原则，遗嘱指定监护应当优先于除父母以外的法定监护，但一方父母的遗嘱监护，不能排除另一方父母的

---

[1]　主编注：关于人权视角下儿童国家监护制度的构建研究，参见夏吟兰主编：《从父母责任到国家监护——以保障儿童人权为视角》，中国政法大学出版社 2018 年版，第 329~352 页。

法定监护职责。[1] 父母作为未成年子女的第一顺序监护人，其遗嘱指定可视为第一顺序监护人意志或意愿的延续，人民法院在确定未成年人的监护人时，应优先考虑父母遗嘱指定的监护人。[2] 但在遗嘱指定的监护人拒绝担任监护人，或者确有不适合担任监护人的情况，或由其担任监护人不符合未成年人的最大利益时，则应当实行法定监护。这彰显了现代未成年人监护制度之"以未成年人利益为本位"的立法理念。[3]

第三节　成年人之监护

一、成年人之监护的开始

不能辨认自己行为或者不能完全辨认自己行为的成年人因不具备完全民事行为能力，需要为其设定监护人。[4] 认定自然人无民事行为能力或限制行为能力，须经法定程序。在我国，根据《民法典》第 24 条的规定，不能辨认或者不能完全辨认自己行为的成年人，其利害关系人或者有关组织，可以向人民法院申请认定该成年人为无民事行为能力人或者限制民事行为能力人。2023 年修正的《民事诉讼法》第 198 条第 1 款规定："申请认定公民无民事行为能力或者限制民事行为能力，由利害关系人或者有关组织向该公民住所地基层人民法院提出。"其中，有关组织包括居民委员会、村民委员会、学校、医疗机构、妇女联合会、残疾人联合会、依法设立的老年人组织、民政部门等。人民法院经审理判决宣告某公民为无民事行为能力人或者限制民事行为能力人的，应为其设定监护人。

成年人之监护的开始，可分为法定监护的开始与意定监护的开始。前者始于成年人之法定监护的原因出现之时，如根据《民法典》第 28 条的规定，在成年人无民事行为能力或限制民事行为能力时，应当由其有监护能力的近亲属按法定的顺序担任监护人。此即为成年人之法定监护的开始。然而，如果具有完全民事行为能力的成年人本人曾经通过签订委托协议设有意定监护，并约定有监护开始之具体情形的，则于该约定的具体情形发生时，开始对该成年人的意定监护。

二、成年人之监护人的范围与顺序

（一）成年人之监护人的范围

成年人之监护人的范围，可分为法定监护人的范围与意定监护人的范围。我国成年人之法定监护人，根据《民法典》第 28 条及第 32、33 条的规定，包括有监护能力的下列个人或组织：被监护人在具有完全民事行为能力时，经协商以书面形式在其近亲属、其他愿

---

〔1〕　参见《总则编解释》第 7 条第 2 款："……父母中的一方通过遗嘱指定监护人，另一方在遗嘱生效时有监护能力，有关当事人对监护人的确定有争议的，人民法院应当适用民法典第二十七条第一款的规定确定监护人。"

〔2〕　从国外立法看，《德国民法典》中有父母遗嘱指定监护，其第 1779 条第 1 款规定，当不能按照父母遗嘱指定确定监护人时，家庭法院才能在听取青少年福利局的意见后挑选监护人。即也在德国，遗嘱指定监护人是未成年人监护人的优先人选。

〔3〕　主编注：关于未成年人监护制度立法理念的变革，参见董思远：《未成年人监护制度研究》，中国人民公安大学出版社 2019 年版，第 81~82 页。

〔4〕　主编注：关于老年人监护制度的功能定位之探讨，参见李欣：《私法自治视域下的老年人监护制度研究》，群众出版社 2013 年版，第 43~46 页。关于应当针对老年人监护的特殊需要进行独立规范的必要性研究，参见李霞：《老龄监护措施替代机制研究》，光明日报出版社 2022 年版，第 21~22 页。

意担任监护人的个人或者组织中确定的监护人；配偶；父母、子女；其他近亲属；其他经被监护人住所地的居民委员会、村民委员会或者民政部门同意，愿意担任监护人的个人或者组织；民政部门或具备履行监护职责条件的被监护人住所地的居民委员会、村民委员会。关于我国成年人之意定监护人的范围，可由成年人在意定监护协议中予以指定。

（二）成年人之监护人的顺序

成年人之监护人的顺序，可分为法定监护人的顺序与意定监护人的顺序。关于我国成年人之法定监护人的顺序，根据《民法典》第 28 条的规定，下列有监护能力的人按顺序担任监护人：①配偶；②父母、子女；③其他近亲属；④其他经被监护人住所地的居民委员会、村民委员会或者民政部门同意，愿意担任监护人的个人或者组织。没有上述具有监护资格的人担任成年人监护人时，监护人由民政部门担任，也可以由具备履行监护职责条件的被监护人住所地的居民委员会、村民委员会担任。关于我国成年人之意定监护人的顺序，可由成年人在意定监护协议中予以指定。必须说明，《民法典》第 33 条虽然规定了成年人的意定监护制度，但未明确意定监护人与法定监护人担任监护人的顺序。我们认为，根据《民法典》第 35 条第 3 款明确的在成年人监护中应"最大程度地尊重被监护人的真实意愿"的原则，被监护人在具有完全民事行为能力时经协商以书面形式在其近亲属、其他愿意担任监护人的个人或者组织中确定的监护人，应具有优先担任监护人的资格。[1] 这体现了"尊重本人的自我决定权"之现代成年人监护制度变革的新理念。[2] 在意定监护人拒绝担任监护人，[3] 或者确有不适合担任监护人的情形下则实行法定监护，由前述《民法典》第 28 条规定的有监护能力的人按顺序担任监护人。

第四节　监护人的职责与权利、监护职责的履行与法律责任

一、监护人的职责与权利

（一）监护人的职责

监护人的职责，包括代理被监护人实施民事法律行为，保护被监护人的人身权利、财产权利以及其他合法权益等[4]，这是由设立监护制度的目的决定的。监护人的职责具体有如下几项：

1. 代理被监护人实施民事法律行为。无民事行为能力人、限制民事行为能力人的监护人是其法定代理人（《民法典》第 23 条）。作为被监护人的法定代理人，监护人在代理被监护人实施民事法律行为时要注意区分被监护人的行为能力情况：不满 8 周岁的未成年人、不能辨认自己行为的成年人以及不能辨认自己行为的 8 周岁以上的未成年人是无民事行为

---

〔1〕在设立有意定监护制度的国家，成年人的监护开始时，在没有被监护人意定的监护人的情况下，才由有权机构选任其他监护人。参见《德国民法典》第 1897 条第 5 款；《瑞士民法典》第 389 条、第 390 条。

〔2〕主编注：关于现代成年人监护制度变革的新理念，参见陈钊：《我国成年人监护制度立法完善研究》，中国人民公安大学出版社 2019 年版，第 48~51 页。

〔3〕意定监护人拒绝担任监护人，应在被意定监护的成年人丧失或者部分丧失民事行为能力前请求解除协议。如果在被意定监护的成年人丧失或者部分丧失民事行为能力后，协议确定的监护人无正当理由请求解除协议的，人民法院不予支持。参见《总则编解释》第 11 条第 1 款。

〔4〕《民法典》第 34 条第 1 款。

能力人，由监护人代理实施民事法律行为；而对于限制行为能力的被监护人，实施民事法律行为时应由监护人代理或者经监护人同意、追认，但是可以独立实施纯获利益的民事法律行为或者与其年龄、智力或精神健康状况相适应的民事法律行为。

2. 保护被监护人的人身权利、财产权利以及其他合法权益。

（1）监护人对未成年被监护人的职责，包括对未成年被监护人的保护和教育两个方面。第一，监护人对未成年被监护人的保护包括三方面的内容：①未成年人的父母或者其他监护人不得有危害未成年人的人身安全、侵害子女财产权益的行为。禁止对未成年人实施家庭暴力，禁止虐待、遗弃未成年人，不得歧视女性未成年人或者有残疾的未成年人。②监护人应保护未成年人远离危险的环境和事物，阻止来自其他人对未成年人的侵害，确保未成年人的安全和健康成长。③监护人发现未成年人身心健康受到侵害、疑似受到侵害或者其他合法权益受到侵犯的，应当及时了解情况并采取保护措施；情况严重的，应当立即向公安、民政、教育等部门报告。2024 年修正的《未成年人保护法》第 18 条还细化了日常生活中的人身安全保护，"未成年人的父母或者其他监护人应当为未成年人提供安全的家庭生活环境，及时排除引发触电、烫伤、跌落等伤害的安全隐患；采取配备儿童安全座椅、教育未成年人遵守交通规则等措施，防止未成年人受到交通事故的伤害；提高户外安全保护意识，避免未成年人发生溺水、动物伤害等事故。"当被监护人的人身和财产安全受到非法侵害时，监护人作为法定代理人有权代被监护人请求法律保护。监护人对被监护人的财产应妥善管理，但对其财产没有用益权。监护人除为维护被监护人利益外，不得处分被监护人的财产（《民法典》第 35 条第 1 款），监护人也不得接受被监护人的财产，不论是有偿还是无偿的。[1]

必须注意，监护人应亲自履行对未成年被监护人的监护职责，因故不能亲自履行监护职责的，应委托他人代为照护，包括临时照护和委托照护。①临时照护，是指监护人因故在短时间内不能亲自照料未成年人而委托他人临时看护照料。未满 8 周岁或者由于身体、心理原因需要特别照顾的未成年人需要身边有人照料，监护人不应使未满 8 周岁或者由于身体、心理原因需要特别照顾的未成年人处于无人看护状态。但监护人因故短时间内不能亲自照料未满 8 周岁或者由于身体、心理原因需要特别照顾的未成年人的，应该请他人临时照护，但不得将其交由无民事行为能力、限制民事行为能力、患有严重传染性疾病或者其他不适宜的人员临时照护。②委托照护，是 2024 年修正的《未成年人保护法》对过去委托监护的完善和发展。监护人委托照护是指未成年人的监护人因外出务工等原因在一定期限内不能完全履行监护职责的，委托具有照护能力的完全民事行为能力人代为照护未成年人。监护人无正当理由的，不得委托他人代为照护，应亲自履行照护的职责。照护人接受委托后，应亲自代为履行受托的部分监护职责，照料未成年人的生活并保护其人身安全。照护人应为完全民事行为能力人，具有照护未成年人的能力。监护人在确定被委托人时，应当综合考虑其道德品质、家庭状况、身心健康状况、与未成年人生活情感上的联系等情况，并听取有表达意愿能力未成年人的意见。有曾实施性侵害、虐待、遗弃、拐卖、暴力伤害等违法犯罪行为；吸毒、酗酒、赌博等恶习；曾拒不履行或者长期怠于履行监护、照护职责；以及其他不适宜担任被委托人的情形的，不能作为被委托人。照护人作为受托人，

---

[1] 王利明：《民法总则研究》，中国人民大学出版社 2003 年版，第 369 页。

只履行约定的照护职责，监护人依然是未成年人的监护人。[1] 为保障未成年人利益，监护人应当及时将委托照护情况书面告知未成年人所在学校、幼儿园和实际居住地的居民委员会、村民委员会，加强和未成年人所在学校、幼儿园的沟通；与未成年人、被委托人至少每周联系和交流一次，了解未成年人的生活、学习、心理等情况，并给予未成年人亲情关爱。监护人接到被委托人、居民委员会、村民委员会、学校、幼儿园等关于未成年人心理、行为异常的通知后，应当及时采取干预措施。

第二，教育未成年被监护人。对未成年人，监护人应当正确履行对其的教育职责。为促进未成年人全面健康成长，2021 年《家庭教育促进法》规定未成年人的父母或者其他监护人负责实施家庭教育，对未成年被监护人的道德品质、身体素质、生活技能、文化修养、行为习惯等方面培育、引导和影响。2024 年修正的《未成年人保护法》第 16~19 条细化了父母或其他监护人对未成年人的教育职责：父母或者其他监护人应当教育和引导未成年人遵纪守法、勤俭节约，养成良好的思想品德和行为习惯；对未成年人进行安全教育，提高未成年人的自我保护意识和能力；尊重未成年人受教育的权利，保障适龄未成年人依法接受并完成义务教育；保障未成年人休息、娱乐和体育锻炼的时间，引导未成年人进行有益身心健康的活动；不得放任或者迫使应当接受义务教育的未成年人失学、辍学；不得放任、教唆或者利用未成年人实施违法犯罪行为等。父母或者其他监护人应当根据未成年人的年龄和智力发展状况，在作出与未成年人权益有关的决定时告知其本人，并听取他们的意见。我国 2018 年修正的《义务教育法》第 5 条第 2 款也规定，适龄儿童、少年的父母或者其他法定监护人应当依法保证其按时入学接受并完成义务教育。

（2）监护人对成年被监护人的职责，除包括保护成年被监护人的人身权利、财产权利以及其他合法权益之外，还有看护成年被监护人，督促其治疗并协助其康复的职责。看护成年被监护人，督促其治疗并协助其康复。成年被监护人通常因为精神障碍而不能辨认或不能完全辨认自己的行为，对于这样的被监护人，社会应当尊重、理解和关爱，不应歧视和侮辱。为了被监护人的利益，监护人应促进其康复，督促其治疗，看护被监护人以避免发病期间伤害自己和他人的情况的发生。根据 2018 年《精神卫生法》第 49 条和第 59 条的规定，精神障碍患者的监护人应当妥善看护未住院治疗的患者，按照医嘱督促其按时服药、接受随访或者治疗；精神障碍患者的监护人应当协助患者进行生活自理能力和社会适应能力等方面的康复训练。

（二）监护人的权利

监护人依法履行的上述监护职责，从另一个方面看也就是他的权利。这种权利与监护人作为被监护人的法定代理人代行被监护人的权利存在区别，属于监护人自己的一种权利，该权利受法律保护。[2] 监护人的监护权虽然是权利，但不能放弃也不能随意处置，因为监护权是履行监护职责的保障。同时，监护权本身，尤其是父母对未成年子女的监护权包含明显的身份利益，也不容非法侵犯。如果侵害监护人的监护权，可依法追究侵权人的民事侵权责任（《民法典》第 34 条第 2 款、第 120 条）。侵权人非法使被监护人脱离监护，监护人有权请求侵权人赔偿其为恢复监护状态而支出的合理费用等财产损失；如果非法使被监

---

[1] 参见《总则编解释》第 13 条："监护人因患病、外出务工等原因在一定期限内不能完全履行监护职责，将全部或者部分监护职责委托给他人，当事人主张受托人因此成为监护人的，人民法院不予支持。"

[2] 谢怀栻：《民法总则讲要》，北京大学出版社 2007 年版，第 88 页。

护人脱离监护导致了亲子或者其他近亲属关系受到严重损害，监护人有权请求侵权人赔偿精神损害。此外，如果被监护人在其被非法脱离监护期间死亡，作为近亲属的监护人不但有权请求侵权人赔偿人身损害，还有权请求赔偿监护关系受侵害产生的损失。[1]

二、监护职责的履行与法律责任

（一）监护职责的履行

在我国，《民法典》第35条规定了监护人履行监护职责的原则，即"最有利于被监护人"的原则。1986年《民法通则》没有监护职责履行原则的规定，《民法典》新增加了"最有利于被监护人"的原则。所谓"最有利于被监护人"的原则要求在保护被监护人的过程中，监护人不论是代理被监护人实施民事法律行为，还是保护被监护人的人身权利、财产权利以及其他合法权益，其抉择和行动均应以最有利于被监护人为出发点和判断标准。对基于年龄、智力和精神健康状况而有一定判断能力的被监护人而言，一般情况下，符合被监护人的真实意愿的行为可能是最有利于被监护人的自我实现的，也可能是最有利于被监护人的。未成年人的监护人履行监护职责，在作出与被监护人利益有关的决定时，应当根据被监护人的年龄和智力状况，尊重被监护人的真实意愿。而成年人的监护人履行监护职责，应当最大限度地尊重被监护人的真实意愿，保障并协助被监护人实施与其智力、精神健康状况相适应的民事法律行为。对成年被监护人有能力独立处理的事务，监护人不得干涉。

为确保被监护人利益，《民法典》第34条第4款规定：'因发生突发事件等紧急情况，监护人暂时无法履行监护职责，被监护人的生活处于无人照料状态的，被监护人住所地的居民委员会、村民委员会或者民政部门应当为被监护人安排必要的临时生活照料措施。'

（二）监护人的法律责任

在我国，为防止监护人侵害被监护人利益，同时监督监护人切实履行监护职责，根据《民法典》第34条第3款及第1188条的规定，如果发生如下情形，监护人应当承担法律责任：①监护人不履行监护职责，包括作为法定代理人不履行或者不完全履行职责，造成被监护人人身、财产或其他权益损害的；②监护人因故意或者过失侵害被监护人合法权益的；[2] ③被监护人致人损害，而监护人未尽到监护职责的。对于监护人的上述不法行为，2024年修正的《未成年人保护法》还规定了劝诫、制止、训诫和责令父母或其他监护人接受家庭教育指导的措施。[3]

对于被监护人造成他人损害的侵权责任承担，应当注意如下几点：其一，被监护人造成他人损害的，应从被监护人财产中支付赔偿费用，不足部分，由监护人赔偿；但从被监护人财产中支付赔偿费用的，应当保留被监护人所必需的生活费和完成义务教育所必需的费用。[4] 其二，被监护人造成他人损害，监护人承担侵权责任的，监护人尽到监护职责的，可以减轻其侵权责任。[5] 其三，父母离婚后，未成年子女造成他人损害，离异父母应

---

〔1〕　参见《侵权责任编解释（一）》第1~3条。

〔2〕　为保护被监护人的权利，《民法典》第190条、第191条规定，无民事行为能力人或者限制民事行为能力人对其法定代理人的请求权的诉讼时效期间，自该法定代理终止之日起计算；未成年人遭受性侵害的损害赔偿请求权的诉讼时效期间，自受害人年满18周岁之日起计算。

〔3〕　参见2024年修正的《未成年人保护法》第118条。

〔4〕　参见《民法典》第1188条第2款、《侵权责任编解释（一）》第5条。

〔5〕　参见《民法典》第1188条第1款。

共同承担侵权责任，不论其是否与该子女共同生活；离异父母之间的责任份额，可以由双方协议确定，协议不成的，根据双方履行监护职责的约定和实际履行情况等确定，实际承担了超过自己责任份额的一方有权向另一方追偿。[1] 其四，被监护人造成他人损害，监护人将监护职责委托给他人的，监护人应当承担侵权责任；受托人有过错的，在其过错范围内与监护人共同承担责任。[2] 其五，教唆、帮助被监护人实施侵权行为的，教唆人、帮助人应当承担侵权责任；该被监护人的监护人未尽到监护职责的，在其未尽职责范围内与教唆人、帮助人共同承担责任。[3]

第五节　监护的撤销、变更与终止

一、监护的撤销

为保护被监护人的利益，对不尽监护职责，或者侵害被监护人人身、财产权益的监护人，依法可撤销其监护人资格。监护人资格一经依法撤销，原监护人不再担任被监护人之监护人，非经法定恢复程序，监护人资格不能恢复。监护人资格被撤销后，负有扶养义务的原监护人仍应履行扶养义务。

（一）监护的撤销之法定情形

《民法典》第36条明确规定了撤销监护人资格的法定情形：①监护人实施严重损害被监护人身心健康行为的；②监护人怠于履行监护职责，或者无法履行监护职责并且拒绝将监护职责部分或者全部委托给他人，导致被监护人处于危困状态的；③监护人实施严重侵害被监护人合法权益的其他行为的。[4] 监护人有上述情形之一的，未成人住所地、监护人住所地或者侵害行为地基层人民法院应根据有关个人或者组织的申请，撤销其监护人资格，为被监护人安排必要的临时监护措施，并按照最有利于被监护人的原则依法指定监护人。

（二）监护的撤销之请求权主体

在我国，人民法院受理撤销监护人资格案件，应根据有关个人或者组织的申请。根据《民法典》第36条第2、3款，有权申请人民法院撤销监护人资格的有关个人和组织包括：其他依法具有监护资格的人，居民委员会、村民委员会、学校、医疗机构、妇女联合会、残疾人联合会、未成年人保护组织、依法设立的老年人组织、民政部门等。上述个人和民政部门以外的组织未及时向人民法院申请撤销监护人资格的，民政部门应当向人民法院申请。

（三）监护的撤销之法律后果

在我国，人民法院审理撤销监护人资格案件，比照适用2023年修正的《民事诉讼法》第十五章的特别程序，实行一审终审，一般应在立案后30日内审结。经人民法院判决撤销监护人资格后，产生如下法律后果：

---

[1]　参见《侵权责任编解释（一）》第7~8条。

[2]　参见《民法典》第1189条、《侵权责任编解释（一）》第10条第1款。

[3]　参见《民法典》第1169条第2款、《侵权责任编解释（一）》第12条第1款。

[4]　对撤销监护资格更为详细的认定标准，尚可参考最高人民法院、最高人民检察院、公安部、民政部《关于依法处理监护人侵害未成年人权益行为若干问题的意见》（法发〔2014〕24号）中的相关规定。

1. 被撤销监护人资格者停止履行监护职责。因监护人资格被撤销，原监护人不再担任被监护人的监护人，不再继续履行监护职责，也不再享有监护权。

2. 被撤销监护资格者的法定扶养义务并不因此终止。《民法典》第 37 条规定："依法负担被监护人抚养费、赡养费、扶养费的父母、子女、配偶等，被人民法院撤销监护人资格后，应当继续履行负担的义务。"扶养和监护是相互独立的两个不同的法律关系，如果监护人同时也是扶养义务人，监护人资格被撤销仅终止监护关系，原有的扶养权利义务关系并不会终止。

3. 对需要监护的被监护人，应当依法另行确定监护人。根据《民法典》第 36、39 条的规定，监护关系因监护人被撤销监护人资格而终止后，被监护人仍然需要监护的，人民法院应安排必要的临时监护措施，并按照最有利于被监护人的原则依法另行指定监护人。

（四）监护的撤销之恢复

对于被监护人与被撤销监护人资格人之间具有亲子关系的，考虑到父母子女间亲密的血缘联系，多年共同生活的感情基础，被监护人的父母或者子女被人民法院撤销监护人资格后确有悔改表现的，经其申请，人民法院可以在尊重被监护人真实意愿的前提下，视情况恢复其监护人资格，但对被监护人实施故意犯罪的情形除外（《民法典》第 38 条）。被撤销的监护人资格恢复后，监护人与被监护人之间的监护关系恢复，而人民法院指定的监护人与被监护人的监护关系同时终止。

二、监护的变更与终止

（一）监护的变更

监护的变更，是指在监护期间基于某些需要或某些情况而变更监护人。监护的变更分为当事人自行协商变更和依法定程序变更两种方式。[1] 如果监护人是经数位具有法定监护人资格的人协商确定的，一般也可以由当事人协商一致变更；如数位具有法定监护资格的人之间未能达成新的协议，也可以根据《民法典》第 31 条规定的指定监护人程序请求变更监护人，在确定新的监护人之前，原监护人仍应履行监护职责。如果监护人是由指定监护程序确定的，则不得擅自变更，也应依指定监护人程序申请变更监护；对于未经法定程序擅自变更监护的，不能免除被指定的监护人的责任。[2] 被依法指定的监护人与其他具有监护资格的人之间协议变更监护人的，人民法院应当尊重被监护人的真实意愿，按照最有利于被监护人的原则作出裁判（《总则编解释》第 12 条第 2 款）。

（二）监护的终止

监护的终止即监护关系的消灭，分为绝对终止和相对终止。前者是指基于被监护人方面的原因而终止，如被监护人取得相应行为能力；后者是基于监护人方面的原因而终止，但发生监护的内在根据依然存在。[3] 对于相对终止，终止后被监护人仍然需要监护的，应当依法另行确定监护人（《民法典》第 39 条第 2 款）。监护终止的原因包括：①被监护人取得或者恢复完全民事行为能力；②监护人丧失监护能力；③被监护人或者监护人死亡；④人民法院认定监护关系终止的其他情形（《民法典》第 39 条第 1 款）。监护人、其他依法

---

〔1〕 李开国：《民法总则研究》，法律出版社 2003 年版，第 135 页。

〔2〕《民法典》第 31 条第 4 款规定："监护人被指定后，不得擅自变更；擅自变更的，不免除被指定的监护人的责任。"

〔3〕 谭启平主编：《中国民法学》，法律出版社 2015 年版，第 100 页。

具有监护资格的人之间就监护人是否丧失监护能力，或者是否存在应该终止监护关系的其他情形发生争议，直接申请变更监护人的，人民法院经审理认为理由成立的，应依法予以支持（《总则编解释》第 12 条第 1 款）。

 导入案例之要点评析

　　人民法院应当驳回两位原告的诉讼请求，判令两位原告将陆某交付本案反诉原告张某承担抚养和监护职责。

　　根据《民法典》第 27 条的规定，未成年人的父母是未成年子女的第一顺序监护人。在本案中，被告张某作为陆某的母亲，其对陆某享有法定的监护权。《民法典》第 34 条规定，监护人依法履行监护职责产生的权利，受法律保护。被告张某对陆某的监护权不受他人侵犯，同时其也必须履行监护职责，不得随意放弃。法院应当对张某拒不开门哺乳儿子的行为进行批评教育。自 2023 年 3 月两位原告之子与被告张某发生纠纷而其回娘家之后，至 2023 年 10 月两位原告起诉变更陆某的监护权，陆某已经随其祖父母生活长达 8 个月，但被告张某仍然是陆某的法定监护人。虽然被告张某未及时向两位原告要求返还，但从其提出反诉要求将孩子返还自己由其抚养和监护来看，其并无遗弃陆某之意。在未经法定程序撤销被告张某的监护人资格的情况下，两位原告要求监护陆某的诉讼请求于法无据，被告反诉要求返还其孩子，对陆某履行监护职责于法有据，应予支持。

 **思考题**

　　一、选择题

　　（一）单项选择题

　　1. 无民事行为能力或者限制民事行为能力的成年人，应该由有监护能力的（　　）作为第一顺序监护人。

　　A. 配偶　　　　　　　　　　B. 父母

　　C. 成年子女　　　　　　　　D. 成年兄弟姐妹

　　2. 关于非法使被监护人脱离监护，监护人请求损害赔偿的，下列哪一项请求人民法院不予支持（　　）

　　A. 监护人请求赔偿为恢复监护状态而支出的合理费用

　　B. 监护人主张因父母子女关系受到严重损害的，请求精神损害赔偿

　　C. 监护人因找寻被监护人发生交通事故，请求赔偿因交通事故造成的人身和财产损失

　　D. 被监护人在脱离监护期间死亡，作为近亲属的监护人请求赔偿人身损害

　　（二）多项选择题

　　1. 监护人有下列情形之一的，人民法院可根据有关个人或者组织的申请，撤销其监护人资格。（　　）

　　A. 实施严重损害被监护人身心健康行为的

　　B. 怠于履行监护职责，导致被监护人处于危困状态的

　　C. 无法履行监护职责并且拒绝将监护职责部分或者全部委托给他人，导致被监护人处于危困状态的

D. 实施严重侵害被监护人合法权益的其他行为的

2. 李某夫妇因交通事故同时身亡，留下女儿李小华 23 岁，儿子李晓磊 7 岁。李小华因准备考研究生，没有时间精力照顾弟弟，其祖父母、外祖父均已经去世，遂决定将李晓磊送养。下列哪些选项是正确的？（　　）

A. 李小华是李晓磊的监护人

B. 李小华无权将李晓磊送养

C. 李小华有扶养李晓磊的法定义务

D. 李小华有权将李晓磊送养

3. 余某与其妻婚后不育，依法收养了孤儿小翠。不久后余某与妻子离婚，小翠由余某抚养。现余某身患重病，为自己和幼女小翠的未来担忧，欲作相应安排。下列哪些选项是正确的？（　　）（2017 年国家司法考试试题）

A. 余某可通过遗嘱指定其父亲在其身故后担任小翠的监护人

B. 余某可与前妻协议确定由前妻担任小翠的监护人

C. 余某可与其堂兄事先协商以书面形式确定堂兄为自己的监护人

D. 如余某病故，应由余某父母担任小翠的监护人

二、判断分析题

1. 被监护人实施侵权行为时不满十八周岁，被诉时已满十八周岁的，应由其本人承担侵权责任。

2. 父母离婚后，未成年子女造成他人损害，未与该子女共同生活一方父母可不承担或者少承担责任。

三、简答题

1. 简述未成年人之法定监护人的范围和顺序。

2. 简述监护人的职责和法律责任。

3. 简述监护终止的原因。

四、论述题

1. 试论撤销监护人资格的条件和程序。

2. 试论意定监护的有效要件和法律效力。

五、案例分析题

邓某与何某系夫妻关系，双方共生育 4 名子女。邓某患老年性痴呆数年，近年加重，意识不清，反应迟钝，智力严重下降，所有生活需靠家人照顾。2023 年 5 月 9 日，新疆××司法鉴定所鉴定邓某为无民事行为能力人。由于何某也已高龄，没有监护能力，邓某的 4 个子女对于由谁来担任监护人的问题发生争议，现邓某的次子向人民法院提起诉讼，要求法院指定监护人。

请问：人民法院能否直接受理此案？此案又应如何处理？

 阅读参考文献

1. 夏吟兰主编：《从父母责任到国家监护——以保障儿童人权为视角》，中国政法大学出版社 2018 年版。

2. 董思远：《未成年人监护制度研究》，中国人民公安大学出版社 2019 年版。

3. 陈钊：《我国成年人监护制度立法完善研究》，中国人民公安大学出版社 2019 年版。

4. 李欣：《老年人意定监护之医疗与健康代理制度研究》，法律出版社 2017 年版。

5. 孙海涛：《生前预嘱法律制度研究》，中国政法大学出版社 2021 年版。

6. 李霞：《老龄监护措施替代机制研究》，光明日报出版社 2022 年版。

第十章

离婚制度

❖学习的内容和重点

　　通过本章的学习，要求学生了解婚姻终止、离婚、登记离婚、诉讼离婚的基本概念以及我国离婚制度的历史沿革，重点掌握我国离婚制度的指导思想、离婚程序、判决准予离婚的法律原则等基本知识和基本理论。

导入案例

　　张某（男）和周某（女）于2012年经人介绍恋爱结婚。由于结婚已经8年过去了周某还没有生育小孩，引起张某的不满。从2020年1月开始，张某与王某（女）通奸，被周某发现并受到斥责后，张某索性在外租房与王某公开同居生活，很少回家。2024年2月，张某以夫妻感情破裂为由向法院起诉离婚。周某表示不同意离婚，并认为张某有婚外情，也根本就无权起诉要求离婚。

　　请问：

　　1. 人民法院是否应受理张某的离婚诉讼请求？为什么？

　　2. 人民法院能否判决张某与周某离婚？其法律根据和理由是什么？

第一节　离婚概述

一、婚姻终止的概念和原因

（一）婚姻终止的概念

　　婚姻终止，又称婚姻关系的消灭，是指合法有效的婚姻因发生一定的法律事实而归于消灭。对其含义的理解应注意三点：

　　1. 婚姻终止的前提是合法有效婚姻的存在。婚姻无效或被撤销与婚姻终止有严格的区别。

　　2. 婚姻终止必然产生一定的法律后果。即在婚姻家庭法上，在当事人之间及当事人与第三人之间引起的人身关系和财产关系的变化。具体来说，对内消灭了配偶之间的权利义务关系；对外消灭了婚姻关系当事人基于配偶权的对外权利义务。[1]

　　3. 婚姻终止以一定的法律事实为基础。引起婚姻终止的法律事实不同，其法律后果也不同。

---

　　〔1〕　参见王利明、杨立新、王轶、程啸：《民法学》（下册），法律出版社2020年版，第935页。

（二）婚姻终止的原因

婚姻终止的原因有两种：一是配偶一方死亡（包括一方被宣告死亡）；二是夫妻双方离婚。出现以上任何一种情况，其后果都使原有婚姻关系的法律效力归于消灭。

1. 因配偶一方死亡而终止婚姻关系。死亡分为自然死亡和宣告死亡。配偶关系以配偶双方的生命存在为前提，配偶一方死亡必然导致婚姻关系终止的后果。

（1）因配偶一方自然死亡而终止婚姻关系。配偶一方自然死亡，在客观上婚姻关系因失去继续存在的主体而自然终止。应注意的是，终止婚姻关系是对内效力终止，其对外效力并不绝对消灭，即夫妻间的人身关系、财产关系的权利义务不存在，但他方一般仍保持着与死亡一方亲属的姻亲关系。

（2）因配偶一方宣告死亡而终止婚姻关系。宣告死亡是在法律上推定失踪人已经死亡。宣告死亡与自然死亡有相同的法律后果，均使婚姻关系终止。《民法典》第46条规定，自然人下落不明满4年，或者因意外事件，下落不明满2年的，其利害关系人可以向人民法院申请宣告该自然人死亡。但因意外事件下落不明，经有关机关证明该自然人不可能生存的，申请宣告死亡不受2年时间的限制。同时，我国现行《民事诉讼法》第191、192条也规定，公民下落不明满4年，或者因意外事故下落不明满2年，或者因意外事故下落不明，经有关机关证明该公民不可能生存，利害关系人申请宣告其死亡的，向下落不明人住所地基层人民法院提出。人民法院受理宣告死亡案件后，应当发出寻找下落不明人的公告，宣告死亡的公告期间为1年，因意外事故下落不明，经有关机关证明该公民不可能生存的，宣告死亡的公告期间为3个月。公告期间届满，人民法院应当根据被宣告死亡的事实是否得到确认，作出宣告失踪、宣告死亡的判决或者驳回申请的判决。根据《民法典》第51条规定，被宣告死亡的人的婚姻关系，自死亡宣告之日起消除。[1]

宣告死亡只是在法律上推定失踪人已经死亡。宣告死亡后，可能出现两种情况：①被宣告死亡人确实死亡；②被宣告死亡人仍然存活或又重新出现。对此，经本人或利害关系人申请，人民法院应当撤销原宣告死亡的判决，作出新判决。我国现行《民事诉讼法》第193条规定："被宣告失踪、宣告死亡的公民重新出现，经本人或者利害关系人申请，人民法院应当作出新判决，撤销原判决。"对被宣告死亡人重新出现，其配偶一方已经再婚的处理，大多数国家法律规定，生存一方的再婚关系应受保护，即后婚有效，前婚仍然解除。如果生存配偶尚未再婚，在被宣告死亡者生还后，有的国家规定，其婚姻自行恢复；而有的国家规定须履行相关手续后方可恢复婚姻。《民法典》第51条规定："……死亡宣告被撤销的，婚姻关系自撤销死亡宣告之日起自行恢复，但是，其配偶再婚或者向婚姻登记机关书面声明不愿意恢复的除外。"

2. 因离婚而终止婚姻关系。

（1）离婚的概念与特征。离婚是夫妻双方在生存期间依照法律规定的条件和程序解除婚姻关系的法律行为。

离婚具有以下基本特征：①离婚是民事法律行为。作为民事法律行为，当事人离婚必须按法律规定的程序办理，得到国家法律认可后，才能发生法律效力。当事人之间未经法

---

〔1〕　对于宣告死亡后，婚姻关系何时终止，外国立法的规定各有不同：一种是从宣告死亡之日起婚姻关系即行终止，生存一方再婚合法；另一种是配偶一方被宣告死亡后，直至生存一方再婚时，婚姻关系才视为终止。目前我国采用的第一种立法主张。

定程序的任何协议或一方当事人擅自宣告解除婚姻的行为都不发生离婚的法律效力。②离婚的主体是具有婚姻关系的男女双方，没有合法的夫妻身份便不符合离婚的主体条件。③离婚必须在夫妻双方未死亡时进行。④离婚解除婚姻关系，即离婚终止夫妻之间的一切权利义务关系，与对方亲属的姻亲关系也随之消灭，具有消灭对内、对外关系的效力。这一点与前文提到的因配偶一方死亡而导致婚姻关系终止的法律后果不同。

（2）离婚的分类。以当事人对离婚的态度为依据，可分为双方自愿的离婚和一方要求的离婚；以离婚的程序为依据，可分为登记离婚和诉讼离婚；以解除婚姻关系的方式为依据，可分为协议离婚和判决离婚。

（3）离婚解除婚姻关系的时间起算点。在我国，夫妻双方解除婚姻关系的方式分为登记离婚和诉讼离婚两种。《民法典》第 1080 条规定："完成离婚登记，或者离婚判决书、调解书生效，即解除婚姻关系。"在登记离婚时，夫妻双方到婚姻登记机关完成离婚登记后取得离婚证，夫妻双方解除婚姻关系；在诉讼离婚时，离婚判决书或者调解书生效之时，夫妻双方解除婚姻关系。

（4）离婚不同于婚姻无效。具体来说：①在性质方面，离婚是解除合法婚姻关系的手段；婚姻无效是对不具有法律效力的"违法婚姻"的制裁手段。②在请求权方面，离婚诉讼只能由婚姻当事人提起；婚姻无效之诉可由当事人提出，也可由第三人或有关机关提出。③在法律后果方面，离婚的法律后果在于解除夫妻身份关系、分割夫妻共同财产、清偿夫妻共同债务、处理子女抚养及探望等问题。婚姻无效是对违法婚姻的否定，婚姻被确认无效后，当事人不具有夫妻的权利和义务。同居期间所得的财产，由当事人协议处理，协议不成时，由人民法院根据照顾无过错方的原则判决。当事人所生子女，适用《民法典》婚姻家庭编有关父母子女的规定。[1] ④在有无溯及力方面，离婚解除婚姻关系的效力自离婚生效之日起产生，无溯及力；婚姻无效是自始无效，具有溯及力。⑤在时间效力方面，离婚请求权只能存在于双方当事人生存期间；婚姻无效请求权既可在双方生存期间行使，也可在双方或一方死亡后行使。[2] ⑥在程序方面，离婚可依诉讼程序进行，由人民法院处理，也可依行政程序由婚姻登记机关办理。婚姻无效，只能经诉讼程序，由人民法院确认婚姻无效，同时应将收缴的双方的结婚证书和生效判决书寄送当地婚姻登记机关。[3]

（5）离婚不同于婚姻撤销。具体而言：①内涵不同。离婚是对现存有效婚姻关系的解除，不具有制裁性质。而婚姻撤销，是对因胁迫结婚和一方患有重大疾病而未在结婚登记前如实告知另一方的婚姻依法否定其效力，具有制裁"违法婚姻"的性质。②当事人意思表示程序不同。离婚是双方当事人通过合法行为消灭其间婚姻关系的自主行为，允许当事人意思自治，即按双方意愿申请登记离婚或者在离婚诉讼中协议离婚；协议不成，可请求人民法院判决。可撤销婚姻，不以双方达成一致意思表示为必要，而由受胁迫一方和未被配偶如实告知其患有重大疾病的一方自行决定是否申请法院撤销。③原因不同。离婚的原因往往发生在结婚以后。而婚姻撤销的原因往往发生在结婚之时或之前，结婚一开始就包

---

〔1〕　参见《民法典》第 1054 条。

〔2〕　《婚姻家庭编解释（一）》第 14 条规定："夫妻一方或者双方死亡后，生存一方或者利害关系人依据民法典第一千零五十一条的规定请求确认婚姻无效的，人民法院应当受理。"

〔3〕　《婚姻家庭编解释（一）》第 21 条规定："人民法院根据当事人的请求，依法确认婚姻无效或者撤销婚姻的，应当收缴双方的结婚证书并将生效的判决书寄送当地婚姻登记管理机关。"

含了可撤销的内在原因。④提出的主体不同。离婚仅限于婚姻双方当事人提出，由当事人自己表示离婚的意愿。婚姻撤销，只能由受胁迫和未被配偶如实告知其患有重大疾病的一方当事人提出。⑤有无溯及力不同。离婚是对现存婚姻关系的解除，终止婚姻关系，没有溯及力，即离婚前的婚姻是有效的。而婚姻被撤销后，具有溯及力，婚姻自始无效。⑥提出的时间限制不同。离婚，在婚姻关系存续的任何时间都可以提出。因胁迫结婚的，受胁迫的一方请求撤销婚姻的，应自胁迫行为终止之日起 1 年内提出，被非法限制人身自由的，应自恢复人身自由之日起 1 年内提出。因一方隐瞒婚前患有重大疾病而结婚的，被隐瞒的一方请求撤销婚姻的，应当自知道或者应当知道撤销事由之日起 1 年内提出。[1] 如果没有在规定期限内提出撤销婚姻请求的，可撤销婚姻则转化为有效婚姻。⑦法律后果不同。离婚终止当事人之间的夫妻身份关系，对共同财产由双方协议处理；协议不成的，则由人民法院根据财产的具体情况，依据照顾子女和女方权益的原则判决。离婚时符合法定条件的一方当事人有权请求对方给予家务劳动补偿、经济帮助以及向过错方请求离婚损害赔偿。婚姻撤销是对婚姻效力的自始根本否定，夫妻关系并未形成，同居期间所得财产由当事人协议处理；协议不成的，由人民法院根据照顾无过错方的原则判决。任何一方都无权请求对方给予家务劳动补偿、经济帮助等。但可撤销婚姻的无过错方有权请求对方给予损害赔偿。

（6）离婚不同于别居。别居又称分居，别居制度的基本核心就是依法解除夫妻之间的同居义务，而仍保持其婚姻关系。该制度是在中世纪欧洲基督教实行禁止离婚的背景下产生的，为不堪共同生活的夫妻所设，用来补救禁止离婚的不足，以缓和并改善夫妻关系。当今，一些国家仍沿用别居制度，作为离婚制度的补充，或作为夫妻关系恶化走向离婚的一种过渡，它与中世纪的别居制度不同，不再是禁止离婚的补救手段。有些国家，比如意大利，把判决别居和事实上的分居达若干年作为法定的离婚理由之一。[2] 依澳大利亚《1975 年家庭法（2008 年修正）》第 48 条规定，申请离婚令应以夫妻分居为理由，当法院确信夫妻分居已持续 12 个月时，应作出离婚令。[3]

离婚与别居的主要区别如下：①别居期间，夫妻仍负贞操义务；离婚后双方当事人则无此义务。②别居期间，夫妻有相互扶养的法定义务；离婚后此义务消灭。③别居期间，婚姻关系继续存在，夫妻双方只解除同居义务，双方不得另行结婚，否则构成重婚；离婚则完全解除婚姻关系，离婚后，双方当事人均可再婚。④别居期间，夫妻间仍有相互继承财产的权利；离婚后双方当事人无此权利。

---

〔1〕　依《婚姻家庭编解释（一）》第 19 条规定，上述一年的期限不适用诉讼时效中止、中断或者延长的规定。

〔2〕　主编注：在法国，夫妻分居的时间已持续达 3 年的，依配偶一方的请求，分居判决当然转为离婚判决。在其他情况下，需根据夫妻双方的请求，分居判决才能转为离婚判决。在德国，如果婚姻双方分居 1 年并且双方均申请离婚或者被申请人同意离婚，则推定婚姻破裂，此推定为不可驳回之推定。如果婚姻双方分居已逾 3 年，即使双方没有离婚合意或被申请人反对离婚，亦推定婚姻已破裂，此推定亦是不可驳回之推定。在瑞士，定期分居的期限已过，或不定期分居的期限已经持续 3 年，即使只有配偶一方诉请离婚，也应判决准予离婚。在英国，婚姻当事人双方于提起离婚之诉前已连续别居 2 年以上且被告同意离婚，或婚姻当事人双方于提起离婚之诉前已连续别居 5 年以上的，法官可认定其婚姻已经无可挽回地破裂。参见陈苇主编：《外国婚姻家庭法比较研究》，群众出版社 2006 年版，第 401、402、409、420 页。

〔3〕　参见陈苇（项目负责人）：《澳大利亚家庭法（2008 年修正）》，群众出版社 2009 年版，第 110~111页。

《民法典》中没有别居制度的规定，只规定"因感情不和分居满 2 年的"应视为夫妻感情确已破裂，可依法判决准予离婚。此外，经人民法院判决不准离婚后，"双方又分居满一年"的，一方再次提起离婚诉讼，法院应准予离婚。[1]

二、离婚立法主义的历史演变

离婚制度是人类婚姻制度的重要组成部分，它随着社会经济制度和政治制度的发展而不断发展变化，同时还要受社会宗教和其他意识形态的影响和制约。随着历史的发展，特别是在近现代社会，人类社会的离婚制度有了长足的发展并不断得到完善。纵观世界离婚制度的历史演变，对离婚的态度基本上有两种立法主义：一种是禁止离婚主义，另一种是许可离婚主义。在人类历史上，这两种立法主义在很长一段时期内有过并存局面。就禁止离婚主义而言，随着离婚制度的不断发展，其已失去存在的价值，并为历史所淘汰，而许可离婚主义则是人类进入文明时代以来始终存在的一种婚姻制度，它是人类离婚制度的主体部分。[2]

1. 禁止离婚主义。禁止离婚主义是指不允许解除婚姻的立法主张或法律制度，主张夫妻无论出于何种原因，均不得离婚。该主义产生于基督教教义，盛行于中世纪的欧洲，影响及于近现代社会，至今仍主宰着极少数国家的婚姻制度，如圣马力诺、安道尔、马耳他、菲律宾、巴拉圭等国仍奉行这一原则。基督教约产生于公元 1 世纪，到公元 313 年，教会被统治阶级利用，其地位发生了变化，得到迅速发展。10～15 世纪，基督教发展到鼎盛时期，教会法直接干涉人们的婚姻家庭。按照教会法的规定，夫妻关系恶化到无法生活的时候，只能采取别居的方式，而不准离婚。所以，别居是禁止离婚的替代手段。直至现代，一些资本主义国家的法律中，仍然规定有别居制度，但它只作为离婚的过渡形式。如夫妻感情不和，可先别居，缓和一下矛盾；如果夫妻感情继续恶化或夫妻矛盾不能妥善解决，则由别居转为离婚。[3]

禁止离婚主义是宗教婚姻的产物，其理论基础不外乎以下几点：①基于宗教思想；②基于道德观念；③基于子女利益。以上三点是禁止离婚的理由。随着人类历史文明的发展，禁止离婚主义已越来越被人们所反对；到了近代，大多数国家的法律都确认了离婚的合法性；在当代社会，禁止离婚主义在大多数国家已被彻底摒弃。

2. 许可离婚主义。许可离婚主义是指允许解除婚姻关系的立法主张。它强调：婚姻是男女两性为共同生活而自愿结成的，不是自然而成；应承认婚姻的可变性及可离异性，允许夫妻生存期间根据双方或一方的请求解除婚姻关系。许可离婚主义的模式经过了以下发展演变的过程：

---

〔1〕　主编注：关于我国分居制度的立法研究，参见姜大伟：《我国夫妻分居法律制度建构研究》，中国政法大学出版社 2015 年版，第 223～236 页。

〔2〕　主编注：关于离婚法的人文主义基本理念，参见冉启玉：《人文主义视阈下的离婚法律制度研究》，群众出版社 2012 年版，第 54～76 页。

〔3〕　主编注：关于现代别居制度的特点及依据，参见孟德花：《别居与离婚制度研究》，中国人民公安大学出版社 2009 年版，第 17～19 页。关于我国设立分居制度的必要性及立法构想，参见陈苇、罗晓玲："设立我国分居制度的社会基础及其制度构想"（上、下），分别载《政法论丛》2011 年第 1 期和 2011 年第 2 期。And see Wei Chen, Lei Shi and Xiao-Ling Luo, "A Separation System for China's Mainland: Concept and Social Reality", International Journal of Law, Policy and the Family, Vol. 6, No. 1, 2012, Oxford University Press, Printed by Bell and Bain Ltd, UK, pp. 88～101.

（1）专权离婚主义。专权离婚主义是指男子享有较大的离婚权，妇女没有离婚权或者离婚权受到极为严格的限制。这种离婚立法主义是男子在政治上、经济上处于优势地位的必然结果，其在奴隶社会、封建社会的成文法典中有较多体现。如在信奉伊斯兰教的国家里，《古兰经》明确规定丈夫可以休妻；《汉穆拉比法典》规定，妻子通奸、不生育、浪费家庭财产等，丈夫可以与她离异。在负债情况下，丈夫可以出卖妻子或把妻子作为财产交给债权人。恩格斯曾指明了专权离婚制度的本质特点：“一夫一妻制家庭与对偶婚不同的地方，就在于婚姻关系要坚固得多，这种关系现在已不能由双方任意解除了。这时通例只有丈夫可以解除婚姻关系，离异他的妻子。”在我国古代，“七出”属于专权离婚主义。“七出”（或称出妻）是中国古代最主要的离婚方式，它体现了男性权利本位的原则，以“七出”条件作为夫家休妻的理由：不顺父母、无子、淫、口多言、妒忌、盗窃、恶疾。但为维护家庭伦理道德和家庭扶养职能，“七出”受到“三不去”的限制：一是经持舅姑之丧；二是娶时贱后富贵；三是有所受无所归。[1]

（2）限制离婚主义。限制离婚主义，又称“有因离婚”，是指夫妻双方均享有离婚请求权，但法律对离婚条件严加限制的立法主张。法律明确列举了离婚理由，只有符合法定的离婚理由，才允许离婚。最初的法定离婚理由为一方有过错，如通奸、遗弃、虐待、重婚、一方被判刑等，享有离婚请求权的是无过错一方，这又称为“有责离婚主义或过错离婚主义”。在我国古代，“义绝”和基于特定缘由的“呈诉离婚”均体现了有责离婚主义。依唐律，合当义绝的法定情形有五种：一为夫殴妻之祖父母、父母及杀妻之外祖父母、伯叔父母、兄弟、姑、姊妹；二为夫妻祖父母、外祖父母、伯叔父母、兄弟、姑、姊妹自相杀；三为妻殴詈夫之祖父母，杀伤夫外祖父母、伯叔父母、兄弟、姑、姊妹；四为妻与夫之缌麻以上亲奸，或夫与妻母奸；五为妻欲害夫。基于特定缘由的“呈诉离婚”，又称官府断离，指夫妻双方中一方基于特定缘由向官府提出离婚诉讼，由官府判令离异。[2] 最典型的原因包括卖妻为奴婢、夫家尊亲属对妻有严重虐待行为等。随着社会的发展，逐步扩大了离婚法定理由的范围，将客观存在影响婚姻目的实现的事实列为可诉的理由，如一方患严重疾病、生理缺陷、生死不明、夫妻分居一定期限等。在这些情况下，当事人主观上并无过错，这种立法主义被称为“目的主义”，在离婚立法史上开“无责离婚主义”的先河。这使离婚作为制裁手段的作用逐渐褪去，变成了只是对婚姻已经破裂的事实的确认。[3]

（3）自由离婚主义。自由离婚主义是指根据夫妻双方或一方当事人的自由意志，只要婚姻在客观上已经破裂即可准予离婚的主张。这赋予了当事人自行决定是否解除婚姻关系的自由，是一先进的男女两性平权的离婚主义。夫妻双方在法律上享有平等的离婚权利，

---

〔1〕　参见陈苇主编：《婚姻家庭继承法学》，群众出版社 2005 年版，第 225 页。关于我国民国时期 1930 年“民法亲属编”之离婚制度的主要内容包括过错离婚理由，参见陈苇主编：《婚姻家庭继承法学》，法律出版社 2002 年版，第 322~324 页。

〔2〕　主编注：中国古代实行“专权离婚主义”。但正如我国有学者指出的那样，中国古代也有属于“离婚救济”性质的措施。参见李俊：《离婚救济制度研究》，法律出版社 2008 年版，第 43 页。

〔3〕　主编注：关于离婚制度从过错离婚到无过错离婚的发展演变，参见蒋月：《婚姻家庭法前沿导论》，科学出版社 2007 年版，第 121~129 页。

夫妻任一方，无论有无过错，均可依照法定的程序提出离婚。[1] 必须说明，中国古代的离婚方式之一"和离"，从形式上看其相当于现代的协议离婚，但实际上在男尊女卑和夫权统治的中国古代社会现实中是不可能允许女子有独立自主决定自己婚姻的权利的。《唐律·户婚》规定："若夫妻不相安谐而和离者，不坐。"但在当时社会条件下，妇女是很难实现其离婚意愿的，它往往成为出妻的别名。

第二节 我国处理离婚问题的指导思想

离婚是一种十分复杂的社会现象，它不仅关乎夫妻的切身利益，使夫妻双方的人身关系和财产关系发生一系列变化，而且关系到子女的抚养教育和其他家庭成员的利益，影响社会的道德风尚、妇女的发展进步、儿童的健康成长、民族的繁荣发展以及社会的和谐进步。因此，正确把握处理离婚问题的指导思想对于贯彻落实我国《民法典》婚姻家庭编，保障夫妻双方的合法权益，改善和巩固婚姻家庭关系，协调处理婚姻家庭纠纷，促使社会和谐稳定，都具有十分重要的意义。[2]根据我国《民法典》婚姻家庭编的基本原则和有关离婚的具体规定，结合我国长期以来对民事审判和调解工作的经验总结，不论是双方自愿离婚，还是一方要求离婚，我们都必须坚持"保障离婚自由，防止轻率离婚"这一指导思想。[3]

一、保障离婚自由

婚姻自由是《民法典》婚姻家庭编的一项基本原则，也是《宪法》赋予公民的一项基本权利。所谓婚姻自由，是指婚姻当事人有权按照法律规定，自主自愿决定自己的婚姻问题，不受任何人的强制和干涉。如前所述，婚姻自由包括结婚自由和离婚自由两个方面，其中，离婚自由是指夫妻有依法解除婚姻关系的自由。

婚姻关系不同于以友谊为基础的朋友关系，也不是以血缘为基础的血亲关系。婚姻是男女双方在自愿的基础上，以夫妻身份建立家庭为目的的两性结合，应当倡导结婚以爱情为基础，以当事人互爱为前提，任何人不得干涉、也不得强迫。没有感情或者夫妻感情已破裂，婚姻关系就失去了继续存在的基础。对于那些名存实亡的婚姻关系，离婚是正常的，而且对于当事人双方、家庭和社会都是有利的。如果用勉强的办法或行政手段使他们免于离婚，也是徒劳的。即使用法律手段强行维护这种事实上已经死亡的婚姻关系，其最终不但可能给双方及子女带来痛苦和不良影响，也会给社会带来不安定的因素，甚至会使矛盾激化而发生伤亡悲剧。

所以，保障离婚自由，是为了使一些不合理的或者已经死亡的婚姻关系，能够通过正

---

〔1〕 主编注：关于中华人民共和国离婚制度的特点及离婚标准的演变，参见金眉：《中国亲属法的近现代转型——从〈大清民律草案·亲属编〉到〈中华人民共和国婚姻法〉》，法律出版社2010年版，第182~187页。有关当代中国内地与港、澳、台离婚法的发展趋势研究，参见陈苇主编：《当代中国内地与港、澳、台婚姻家庭法比较研究》，群众出版社2012年版，第528~537页。

〔2〕 主编注：关于当代中国的三次离婚高峰期及2003~2008年的离婚率，参见陈苇：《中国婚姻家庭法立法研究》，群众出版社2010年版，第293~300页。

〔3〕 主编注：关于我国社会变迁对离婚法的影响与我国离婚法的价值取向之探讨，参见樊丽君主编：《中华人民共和国婚姻法评注 离婚》，厦门大学出版社2021年版，第51~52页。

当途径得以解决，使双方有可能另建幸福美满的家庭。无数事实证明，不少因感情破裂而不和睦的夫妻离婚后，各自重新组成美满家庭，不仅解除了两个人的痛苦，而且变成了四个人的幸福，使婚姻家庭关系得以改善和巩固。保障离婚自由，不仅是为保护当事人的合法权益，也是构建和谐家庭与和谐社会的需要。

二、防止轻率离婚

保障离婚自由，绝不意味着可以轻率地对待和处理离婚问题，或者把离婚作为改善和巩固婚姻家庭关系的唯一手段。正如马克思指出的："婚姻不能听从已婚者的任性，相反地，已婚者的任性应该服从婚姻的本质。"列宁也指出："承认妇女有离婚自由，并不等于号召所有的妻子都来闹离婚！"[1]

婚姻自由是相对自由，必须接受社会共同生活准则的约束。否则，绝对的婚姻自由下只能是谁都没有自由可言。因此，每一个婚姻当事人，在对待离婚问题上，既要有提出离婚诉讼的自由权利，又要遵守《民法典》婚姻家庭编的规定。只有在夫妻感情确已破裂，无法继续共同生活时，才能使用离婚这一手段。离婚自由的实现，以遵守道德和法律为前提。法律既要保障离婚自由，又要防止轻率离婚，其根本的目的在于改善婚姻家庭关系，化解夫妻矛盾，注意保护妇女和子女合法权益，注意社会效果。[2]

第三节　我国登记离婚制度

登记离婚又被称为行政登记离婚或协议离婚，是指夫妻双方自愿离异，并就子女抚养、财产处理等相关问题达成适当协议后，由有关机关认可即可解除婚姻关系的一种离婚方式。登记离婚，反映了法律尊重当事人有关婚姻意思自治的现代法治精神。登记离婚以当事人完全自愿并达成协议为前提，有利于他们和平友好地分手，有利于防止矛盾激化、消除对立情绪，是一种先进的离婚制度。除我国有登记离婚制度外，还有一些国家也有此制度，如日本允许当事人登记离婚。[3]

一、登记离婚的条件

《民法典》第1076条规定："夫妻双方自愿离婚的，应当签订书面离婚协议，并亲自到婚姻登记机关申请离婚登记。离婚协议应当载明双方自愿离婚的意思表示和对子女抚养、财产以及债务处理等事项协商一致的意见。"在我国，登记离婚应符合以下条件：

第一，双方当事人必须具有完全民事行为能力。离婚是重要的民事法律行为，如果婚姻当事人一方或双方为无民事行为能力人或限制民事行为能力人，不具有民事行为能力或无完全民事行为能力，可能无法表示自己的真实意愿，并对子女、财产问题难以依法妥当

---

〔1〕《马克思恩格斯全集》（第21卷），人民出版社1965年版，第96页；《列宁全集》（第23卷），人民出版社1958年版，第67页。

〔2〕主编注：关于离婚法律制度中的自由与正义的关系，参见夏吟兰：《离婚自由与限制论》，中国政法大学出版社2007年版，第68~85页；邓丽：《婚姻法中的个人自由与社会正义——以婚姻契约论为中心》，知识产权出版社2008年版，第274~289页。

〔3〕依《日本户籍法》第76条规定，协议离婚的双方当事人须双方到户籍机关依法定程序进行，必须填写离婚申报书，办理离婚登记。参见陈苇主编：《外国婚姻家庭法比较研究》，群众出版社2006年版，第410~411页。

地处理。依现行《婚姻登记条例》第 14 条的规定，办理离婚登记的一方或者双方当事人属于无民事行为能力人或限制民事行为能力人的，婚姻登记机关不予受理。《婚姻家庭编解释（一）》第 62 条规定，无民事行为能力人的配偶实施严重损害被监护人身心健康的行为，其他有监护资格的人可以要求撤销其监护资格，并依法指定新的监护人；变更后的监护人代理无民事行为能力一方提起离婚诉讼的，人民法院应予受理。

第二，双方当事人必须具有合法的婚姻关系，双方的结婚登记必须是在我国内地的婚姻登记机关办理的。

第三，双方当事人必须具有离婚的合意，即双方对离婚的意愿必须是自愿、真实、一致的，不是受对方或他方的欺诈、胁迫而作出的。

第四，双方当事人本人必须亲自到场申请办理离婚登记。婚姻关系是专属于双方当事人的人身关系，是否解除婚姻关系应由双方亲自决定。夫妻以外的第三人包括其父母、有关单位都不能代为作出解除婚姻关系的意思表示。[1]

第五，登记离婚的双方当事人必须协商对离婚后子女和财产问题作出适当处理。双方当事人应在保护子女合法权益的原则下对离婚后有关未成年子女和不具有独立生活能力的子女的抚养问题作出合理的安排，包括离婚后子女随哪一方生活、子女的抚养费和教育费如何负担以及不直接抚养子女方对子女的探望方式及时间等，不能因父母离婚而影响子女的健康成长。双方当事人还应在男女平等、保护妇女合法权益的原则下，对夫妻共同财产的合理分割、共同债务的清偿以及离婚后对生活困难一方的经济帮助做好安排。对子女或财产问题不能达成一致协议的，婚姻登记机关不予受理。

二、登记离婚的程序

根据《民政部关于贯彻落实〈中华人民共和国民法典〉中有关婚姻登记规定的通知》和现行《婚姻登记条例》，《民法典》实施后的登记离婚程序如下：

（一）申请

根据现行《婚姻登记条例》第 2、13、15 条规定，内地居民自愿离婚的，男女双方应当签订书面离婚协议，共同到县级人民政府民政部门或者省、自治区、直辖市人民政府按照便民原则确定的乡（镇）人民政府申请离婚登记。男女双方共同到婚姻登记机关申请离婚登记时，须提供以下证件：①本人的居民身份证；②本人的结婚证。

（二）受理

婚姻登记员按照现行《婚姻登记工作规范》有关规定对当事人提交的离婚申请材料进行初审。对于不符合离婚登记申请条件的，不予受理。现行《婚姻登记条例》第 14 条规定："申请离婚登记的当事人有下列情形之一的，婚姻登记机关不予受理：（一）未达成离婚协议的；（二）属于无民事行为能力人或者限制民事行为能力人的；（三）其结婚登记不是在中国内地办理的。"

（三）离婚冷静期

《民法典》第 1077 条规定："自婚姻登记机关收到离婚登记申请之日起三十日内，任何

---

〔1〕　主编注：有学者指出，我国台湾地区法院否定"代理离婚"，却允许"使者离婚"（使者代为传达离婚意思，当事人以使者"为其意思表示机关"），此举是否妥当，实有疑问。从身份行为之特殊性观之，无论是代理或使者，原则上似不应适用于身份行为。参见戴秀雄：《婚姻家庭法之研究》，中国政法大学出版社 2001 年版，第 250~254 页。

一方不愿意离婚的，可以向婚姻登记机关撤回离婚登记申请。前款规定期限届满后三十日内，双方应当亲自到婚姻登记机关申请发给离婚证；未申请的，视为撤回离婚登记申请。"现行《婚姻登记条例》第 16 条规定："婚姻登记机关应当在法律规定期限内，根据当事人的申请，核对离婚登记当事人出具的证件、书面材料并询问相关情况。对当事人确属自愿离婚，并已经对子女抚养、财产以及债务处理等事项协商一致，男女双方亲自到收到离婚登记申请的婚姻登记机关共同申请发给离婚证的，婚姻登记机关应当当场予以登记，发给离婚证。当事人未在法律规定期限内申请发给离婚证的，视为撤回离婚登记申请，离婚登记程序终止。"

根据上述规定，婚姻登记机关收到夫妻双方的离婚申请，并不能当场予以登记，发给离婚证。而是申请离婚的双方当事人有 30 天的冷静期，如果在这 30 天的冷静期内，夫妻任何一方没有反悔的，在 30 天届满后的 30 日内，夫妻双方应当再次亲自到婚姻登记机关申请发给离婚证；未申请的，视为撤回离婚登记申请。

我国的登记离婚制度具有尊重当事人意思自治、程序便利、保护当事人隐私等特点，有利于实现离婚自由。但离婚自由不能是无限的自由，个人自由在与家庭和谐、社会稳定之间，要受到一定的限制。[1]《民法典》增设离婚冷静期，其立法意旨在于，既要保障离婚自由，又要防止轻率离婚。通过离婚冷静期，让婚姻双方当事人冷静思考，确定是否必须离婚，以减少冲动离婚、草率离婚。[2] 这有利于保护婚姻双方当事人及其未成年人子女的合法权益，有利于维护家庭稳定与社会安定。

（四）审查

自离婚冷静期届满后 30 日内，双方当事人应当持相关证件和材料，共同到婚姻登记机关申请发给离婚证。婚姻登记机关应当依照《民法典》和现行《婚姻登记条例》第 16 条的规定，严格审查当事人是否符合登记离婚的法定条件，当事人携带的证件、证明材料是否齐全、真实，以及协议的内容有无虚假、欺骗情况。[3] 应当根据既要保障离婚自由又要防止轻率离婚的指导思想，向双方当事人讲明《民法典》的规定，挽救感情尚未完全破裂的婚姻；对于子女抚养教育、财产处理不恰当的，应当根据法律、法规及有关政策，帮助当事人重新调整；达不成一致意见的，应当建议他们按诉讼离婚方式处理。

（五）登记

《民法典》第 1078 条规定："婚姻登记机关查明双方确实是自愿离婚，并已经对子女抚养、财产以及债务处理等事项协商一致的，予以登记，发给离婚证。"婚姻登记机关对当事人确属自愿离婚，并已对子女抚养、财产、债务等问题达成一致处理意见的，应当当场予以登记，并发给离婚证。完成离婚登记，婚姻关系即解除。[4]

对于离婚证遗失或者损毁的处理，根据现行《婚姻登记条例》第 21 条规定，当事人需

---

〔1〕 参见最高人民法院民法典贯彻实施工作领导小组主编：《中华人民共和国民法典婚姻家庭编继承编理解与适用》，人民法院出版社 2020 年版，第 246~247 页。

〔2〕 王利明、杨立新、王轶、程啸：《民法学》（下册），法律出版社 2020 年版，第 938 页。

〔3〕 主编注：关于虚假离婚的法律分析与司法应对之研究，参见茆荣华主编：《〈民法典〉适用与司法实务》，法律出版社 2020 年版，第 714~734 页。

〔4〕 对于登记离婚后一方翻悔的处理，最高人民法院曾有 1985 年《关于男女登记离婚后一方翻悔，向人民法院提起诉讼，人民法院是否应当受理的批复》，以及 1986 年最高人民法院（1986）民字第 45 号批复作出指导，但上述两批复已于 2013 年被废止。

要补领结婚证或者离婚证的，可以持居民身份证或者本条例第八条第二款至第四款规定的有效身份证件向婚姻登记机关申请办理。婚姻登记机关对当事人的婚姻登记档案进行查证，确认属实的，应当为当事人补发结婚证或者离婚证。[1]

对于复婚的处理，根据现行《婚姻登记条例》第 18 条规定，离婚后，男女双方自愿恢复婚姻关系的，应当到婚姻登记机关重新申请结婚登记。

（六）登记离婚后当事人主张'假离婚"的处理

针对登记离婚后当事人以"假离婚"为由请求确认离婚无效的问题，《婚姻家庭编解释（二）》第 2 条规定："夫妻登记离婚后，一方以双方意思表示虚假为由请求确认离婚无效的，人民法院不予支持。"第 3 条规定："夫妻一方的债权人有证据证明离婚协议中财产分割条款影响其债权实现，请求参照适用民法典第五百三十八条或者第五百三十九条规定撤销相关条款的，人民法院应当综合考虑夫妻共同财产整体分割及履行情况、子女抚养费负担、离婚过错等因素，依法予以支持。"[2] 此规定一方面体现了维护登记离婚制度的严肃性，另一方面体现了保护夫妻的债权人之财产权益和维护社会交易安全。

第四节 我国诉讼离婚制度

一、诉讼离婚的概念和条件

（一）诉讼离婚的概念

诉讼离婚又称裁判离婚，是指婚姻当事人一方基于一定理由，向法院提起离婚之诉，经法院审理裁判离婚的制度。在我国，一方要求离婚或双方对子女抚养及财产分割有争议的离婚，须经人民法院审理裁判。

（二）诉讼离婚的条件

1. 离婚当事人必须有婚姻关系。要求离婚的当事人，必须有法律确认的婚姻关系。在我国法律确认的婚姻关系有两种：①经婚姻登记机关办理了结婚登记，领取了结婚证的合法婚姻关系；② 1994 年 2 月 1 日《婚姻登记管理条例》施行前，没有配偶的男女双方符合结婚条件，未办结婚登记即以夫妻名义同居生活的事实婚姻关系。无效婚姻、重婚、姘居及其他非婚同居关系的男女双方没有婚姻关系，不能请求离婚。

2. 夫妻一方要求离婚或双方同意离婚但对有关离婚事项不能达成协议。夫妻一方要求离婚，对方不同意离婚或夫妻双方虽然自愿离婚但对子女抚养、财产处理未达成协议的，经一方请求，人民法院应予受理。一般来说，任何婚姻关系以外的第三人，包括当事人的父母等近亲属，均无权替代婚姻当事人请求离婚。但在特殊情况下，为保护被监护人的权

---

[1] 主编注：关于我国登记离婚制度实施情况的实证调查，参见陈苇、石雷、张维仑："中国登记离婚制度实施中儿童权益保障情况实证调查研究"，载陈苇主编：《21 世纪家庭法与家事司法：实践与变革》，群众出版社 2016 年版，第 226~248 页。

[2]《民法典》第 538 条规定："债务人以放弃其债权、放弃债权担保、无偿转让财产等方式无偿处分财产权益，或者恶意延长其到期债权的履行期限，影响债权人的债权实现的，债权人可以请求人民法院撤销债务人的行为。"第 539 条规定："债务人以明显不合理的低价转让财产、以明显不合理的高价受让他人财产或者为他人的债务提供担保，影响债权人的债权实现，债务人的相对人知道或者应当知道该情形的，债权人可以请求人民法院撤销债务人的行为。"

益，监护人可以依法代理无民事行为能力一方提起离婚诉讼。《婚姻家庭编解释（一）》第62条规定，无民事行为能力人的配偶实施严重损害被监护人身心健康的行为，其他有监护资格的人可以要求撤销其监护资格，并依法指定新的监护人；变更后的监护人代理无民事行为能力一方提起离婚诉讼的，人民法院应予受理。

3. 须有管辖权的人民法院受理离婚请求。根据我国现行《民事诉讼法》规定的原告就被告的原则，一般情况下，要求离婚的一方须向被告一方住所地的人民法院起诉。被告住所地与经常居住地不一致的，向被告经常居住地人民法院起诉。

二、诉讼外的调解

《民法典》第1079条第1款规定："夫妻一方要求离婚的，可以由有关组织进行调解或者直接向人民法院提起离婚诉讼。"据此，对于夫妻一方要求离婚，另一方不同意离婚的婚姻纠纷，以及双方虽然同意离婚但不能在子女抚养、财产分割问题上达成一致的婚姻纠纷，既可在诉讼前由有关组织进行调解，又可以不经调解直接向人民法院提起诉讼，通过诉讼离婚方式解决。这里的"有关组织"是指当事人所在单位、群众团体、村民委员会或居民委员会、人民调解机构、法律服务机构、婚姻登记机关。

我国诉讼外的调解并非离婚的必经程序，不具有法律强制性，应遵循自愿、合法原则。根据现行《民事诉讼法解释》第148条第1款的规定，对于当事人调解达成协议后，请求人民法院按照调解协议的内容制作判决书的，人民法院不予准许。[1]

诉讼外的调解，具体会产生3种不同的结果：

第一，双方消除矛盾，解决纠纷重归于好，继续保持夫妻关系。诉讼离婚前的调解，即使是行政机关、司法机关对单位工作人员的调解，也是民事行为，不是行政行为或司法行为，对当事人没有约束力。

第二，经过调解，双方当事人同意离婚，达成离婚协议，由一方要求离婚转化为双方自愿离婚。此时，双方当事人应到婚姻登记管理机关办理离婚登记。

第三，调解无效。一方坚持离婚，另一方仍不同意离婚，或者双方虽然同意离婚，但对子女、财产问题无法达成妥善处理的一致意见的，可以通过诉讼离婚方式解决。

三、诉讼离婚程序

（一）起诉与受理

根据现行《民事诉讼法》第122条规定，离婚案件当事人提起离婚诉讼，必须符合以下四个条件：①提出离婚诉讼的必须是夫妻双方的一方当事人。②有明确的被告。作为离婚案件的被告，只能是与原告存在着夫妻关系的对方当事人。③有具体的诉讼请求、事实及理由。④属于人民法院受理民事诉讼的范围及受诉人民法院管辖。

根据现行《民事诉讼法》第22、23条规定，离婚案件一般应由被告住所地人民法院管辖，被告住所地与经常居住地不一致的，由经常居住地人民法院管辖。

但是，下列民事诉讼，由原告住所地人民法院管辖：①对不在中华人民共和国领域内居住的人提起的有关身份关系的诉讼；②对下落不明或者宣告失踪的人提起的有关身份关

---

〔1〕 主编注：关于我国香港地区的家庭调解情况、经过专门培训的调解员采用治疗性家庭调解模式进行调解，治疗性家庭调解模式与诉讼相比，前者所具有的优越性，参见［加］岳云编著：《家庭调解——适用于华人家庭的理论与实践》，苌英丽等译，中国社会科学出版社2005年版，第24～29页。关于中国专业化家事调查制度构建的建议，参见来文彬：《家事调解制度研究》，群众出版社2014年版，第211～237页。

系的诉讼；③对被采取强制性教育措施的人提起的诉讼；④对被监禁的人提起的诉讼。

根据现行《民事诉讼法解释》第 8、11、12 条的规定，双方当事人都被监禁或者被采取强制性教育措施的，由被告原住所地人民法院管辖。被告被监禁或者被采取强制性教育措施 1 年以上的，由被告被监禁地或者被采取强制性教育措施地人民法院管辖。

双方当事人均为军人的民事案件由军事法院管辖。夫妻一方离开住所地超过 1 年，另一方起诉离婚的案件，可以由原告住所地人民法院管辖。

夫妻双方离开住所地超过 1 年，一方起诉离婚的案件，由被告经常居住地人民法院管辖；没有经常居住地的，由原告起诉时被告居住地的人民法院管辖。

依据现行《民事诉讼法》第 127 条第 1 款第 7 项，对人民法院已经判决不准离婚和调解和好的离婚案件，如没有新情况、新理由，原告在 6 个月之内又起诉的，人民法院不予受理。

（二）离婚诉讼中的调解

离婚诉讼中的调解，又称诉讼内调解，或司法调解，是指在人民法院的审判人员主持下，由双方当事人自愿协商，达成协议，解决纠纷的一种方法和程序。《民法典》第 1079 条第 2 款规定："人民法院审理离婚案件，应当进行调解……" 离婚诉讼中的调解与审理普通民事案件的调解有所不同，人民法院审理普通民事案件的调解，应当根据自愿、合法的原则进行；当事人一方或者双方不愿调解的，应当及时裁判。人民法院审理离婚案件中的调解是法定的必经程序，是人民法院行使审判职能的体现，但不应久调不决。[1]

离婚时诉讼内的调解与诉讼外的调解不同，具体表现在：①它是人民法院行使国家审判权的一种方式，与审判结合进行，就审理程序来说，人民法院可以在第一审程序、第二审程序和审判监督程序中进行调解；②离婚诉讼中的调解重在发挥人民法院的主导作用，经过调解，双方达成的离婚协议必须得到人民法院的批准认可，发给离婚调解书后才能发生法律效力。

人民法院进行诉讼内调解，应坚持自愿、合法的原则。所谓"自愿"原则，是指双方当事人在人民法院的主持下，通过协商自愿达成协议，不能违反当事人的意愿，强迫命令；所谓"合法"原则，是指调解的程序符合法律规定，通过调解达成的协议内容也必须符合法律的规定。[2]

离婚诉讼内的调解，可能有三种结果：一是双方达成和好的协议，原告撤诉，将调解协议记录在卷。二是双方达成离婚的协议，人民法院制作离婚调解书，双方签收离婚调解书后发生法律效力，双方当事人不得上诉，双方的婚姻关系解除；无民事行为能力人的离婚案件，由其法定代理人进行诉讼。法定代理人与对方达成协议要求发给判决书的，可根据协议内容制作判决书。[3] 三是协议不成，调解无效或者调解书送达前一方反悔，继续进行诉讼，进入判决阶段。

---

〔1〕 参见现行《民事诉讼法解释》第 145 条。

〔2〕 主编注：在我国香港地区，在离婚诉讼的任何阶段，如果法院认为婚姻双方当事人有合理的达成相互和解的可能，法院就可以将该离婚诉讼适当延后一段时间审理，以便当事人双方尝试达成和解，从而顺利解决离婚纠纷。参见龙翼飞：《香港家庭法》，河南人民出版社 1997 年版，第 98~99 页。

〔3〕 参见现行《民事诉讼法解释》第 148 条第 2 款。

（三）诉讼离婚的判决

判决是人民法院在调解无效时，对当事人争议的诉讼标的作出的强制性决定。

诉讼离婚的判决有两种结果：判决离婚与判决不准离婚。人民法院对离婚案件进行判决，须以开庭宣理查明的事实为依据，以法定判决离婚的条件——夫妻感情确已破裂为标准，对于夫妻感情确已破裂，符合法定准予离婚条件的，应当判决离婚，并对子女、财产等问题一并作出处理；对于夫妻感情尚未真正破裂，不符合法定准予离婚条件的，应当判决不准离婚。

对于一审判决，当事人有权在判决书送达之日起 15 日内提起上诉，未在上诉期内提起上诉的，一审判决发生法律效力。在上诉期内提起上诉的，案件进入二审程序。二审时，仍可进行调解，调解无效作出的判决，属终审判决，一经送达即发生效力，不能再行上诉。

根据我国现行《民事诉讼法》第 213 条规定，当事人对已经发生法律效力的解除婚姻关系的判决、调解书，不得申请再审。[1]

四、诉讼离婚中的两项特殊保护

（一）对男方离婚请求权的限制性规定

《民法典》第 1082 条规定："女方在怀孕期间、分娩后一年内或者终止妊娠后六个月内，男方不得提出离婚；但是，女方提出离婚或者人民法院认为确有必要受理男方离婚请求的除外。"[2] 这体现了保护妇女、儿童合法权益原则。对男方在此期间提出离婚作出限制是必要的。男方提出离婚若违反了此限制性规定，人民法院不应受理。在司法实践中，要正确贯彻执行这一限制性规定，应注意：

第一，这一规定只是推迟男方行使起诉权利的时间，并非剥夺男方的诉权，也不涉及是否准予离婚这一实质问题；在上述期限届满后，男方即可依法行使离婚的起诉权。

第二，一审法院判决离婚时，未发现女方怀孕，女方发现自己怀孕并提出上诉，二审法院查证女方确实怀孕的，应撤销原判决，驳回男方的离婚诉讼请求。

第三，女方分娩后 1 年内，婴儿死亡的，原则上也应适用上述规定。

这一规定有两种例外情况：①女方提出离婚的，不受该规定的限制。女方在此期间提出离婚，就表明她认为离婚才更利于保护自己和子女的利益，并对离婚可能带来的后果做好了充分的思想准备。另外，男女双方一致同意离婚，并对子女、财产问题达成协议的，也应允许双方到婚姻登记机关办理离婚登记手续。②人民法院认为确有必要受理男方离婚请求的，也不受这一规定的限制。这主要针对女方有重大过错的情况，例如，女方婚后与他人发生性关系而怀孕；女方怀孕期间或分娩后 1 年内或终止妊娠 6 个月内，男方生命受到女方威胁或者合法权益受到女方严重侵害；女方有虐待、遗弃婴儿的行为；等等。在上述情况下，男方要求离婚时，如不及时处理，可能使矛盾激化，甚至发生流血事件，因此人民法院可以受理男方的离婚请求，至于是否准予离婚，仍应根据具体情况和法律的规定来处理。

（二）对现役军人配偶的离婚诉权的限制性规定

《民法典》第 1081 条规定："现役军人的配偶要求离婚，应当征得军人同意，但是军人

---

〔1〕　主编注：关于我国家事审判程序立法完善的研究，参见陈苇等：《中国婚姻家庭法理论与实践研究》，中国人民公安大学出版社 2019 年版，第 542~558 页。

〔2〕　现行《妇女权益保障法》第 64 条也作了相同的表述。

一方有重大过错的除外。"这是对非军人一方离婚请求权的限制性规定，体现了在离婚问题上对现役军人的特殊保护。人民军队是人民民主专政的基石，担负着保家卫国，保卫社会主义建设的神圣职责。对现役军人的婚姻家庭实施特殊保护具有重大意义，是符合国家、人民利益的，也符合军人和军人配偶的根本利益。

现役军人是指在中国人民解放军服现役的军官和士兵。同时，根据 2020 年修订的《中华人民共和国人民武装警察法》第 3 条，"人民武装警察享有法律、法规规定的现役军人的权益"。但已经退出现役的退伍、复员、转业军人以及军事单位中不具有军籍的文职人员或其他职工不属现役军人的范围。[1] 现役军人的配偶是指非军人一方。现役军人配偶要求离婚是指非军人一方向军人一方提出的离婚。双方都是现役军人或军人一方向非军人一方提出离婚的不适用上述规定。对此，一般应先经当事人所在部队团级以上的政治机关审查、调解；调解无效时，由部队政治机关出具证明，方可到有管辖权的人民法院提出离婚诉讼。

如果军人有重大过错，非军人配偶要求离婚的，就不受"应当征得军人同意"的限制。这是在军人有重大过错时保护非军人配偶利益的必要措施，这体现了公平原则的要求。若军人没有过错或者虽有过错但并非重大过错，其配偶要求离婚的，仍应当征得军人的同意。对《婚姻家庭编解释（一）》第 64 条规定、《民法典》第 1081 条规定所称的"军人一方有重大过错"的判断，可以依据《民法典》第 1079 条第 3 款前三项规定及军人有其他重大过错导致夫妻感情破裂的情形予以判断。[2]

第五节　判决离婚的法律原则

一、判决离婚的法律原则概述

判决离婚的法律原则指对于夫妻一方或双方提出的离婚请求，由法院依照法律作出肯定或否定判决离婚的法律准则或法律依据。由于各国的社会背景、立法传统、风俗习惯以及人们的婚姻观念等都有所不同，判决离婚的法律原则及其在司法审判实践中的具体运用也存在明显差异。

判决离婚的法律原则主要有以下类型：

1. 过错主义原则。过错主义原则又称有责主义原则，指夫妻一方须以他方有违背婚姻或其他足以导致婚姻解体的过错为由而诉请离婚的法律准则。至于具体是以什么过错作为提起离婚诉讼的理由，均由法律加以规定。但同时也要作出某些限制，即在一定情形下，纵然一方有法定过错，基于特定事由，他方也不得提请判决离婚。[3]

2. 目的主义原则。目的主义原则是指夫妻一方须以婚姻共同生活中发生违背婚姻目的

---

〔1〕　参见 2021 年修订的《中华人民共和国兵役法》。

〔2〕　《民法典》第 1079 条第 3 款前三项规定的情形，包括重婚或者与他人同居；实施家庭暴力或虐待、遗弃家庭成员；有赌博、吸毒等恶习屡教不改。

〔3〕　主编注：例如，《法国民法典》规定，夫妻一方因另一方反复严重违反婚姻权利与义务的事实，致使夫妻共同生活不能忍受时，得请求离婚。此外，配偶一方被判决《刑法典》第 131-1 条所指的刑罚（1992 年 12 月 16 日第 92-1336 号法律第 136 条）之时，另一方配偶得请求离婚（1994 年 3 月 1 日起生效，第 243 条）。但是，如果夫妻双方自发生上述事实后已经和解，则不得再援用这些事实作为请求离婚的理由，否则，法官可宣告离婚申请不予受理。参见陈苇主编：《外国婚姻家庭法比较研究》，群众出版社 2006 年版，第 390~391 页。

的事实为由而诉请离婚的法律准则。这种事实并不能归责于一方，但却使婚姻关系难以持续。如《瑞士民法典》第141条曾经规定："配偶一方患有精神病，致使他方无法继续维持婚姻共同生活，并且病持续3年，经专家鉴定为不治之症时，他方可随时诉请离婚。"[1]

3. 破裂主义原则。破裂主义原则又称无责主义原则或破绽主义原则，指夫妻一方或双方须以婚姻关系破裂，夫妻不能共同生活且无须继续维持为由诉请离婚的法律准则。破裂主义原则只注重婚姻破裂的事实而不注重造成破裂的原因，尤其是不问当事人有无过错。[2] 我国1980年《婚姻法》、2001年修正的《婚姻法》和《民法典》均采破裂主义原则，以夫妻"感情确已破裂"作为判决准予离婚的法律原则。在英国，1969年《离婚改革法》第1条明确规定："本法生效后，婚姻任何一方可以向法庭请求离婚的唯一理由是婚姻关系已无可挽回的破裂。"[3] 在美国，1969年加利福尼亚州制定了该国第一部破裂主义的离婚法；到1981年，除极少数州外，美国绝大多数州都实行了某种模式的无过错离婚法。与此同时，一些西方国家也先后转向采取婚姻破裂原则：瑞典于1974年、奥地利和澳大利亚于1975年，均修改法律摒弃过错原则，而采取婚姻破裂原则；法国于1975年修改法律兼采婚姻破裂原则和过错原则；原联邦德国于1976年确立"婚姻解体"原则；加拿大于1984年确立婚姻破裂原则。[4]

目前，在许多国家的离婚立法中，多将前述各种立法原则结合在一起，采用单一无责主义原则的国家并不普遍。例如，《法国民法典》中属于离婚的情形包括"双方相互同意的离婚""共同生活破裂的离婚"和"因过错而离婚"。

二、我国判决离婚的法律原则

《民法典》第1079条第2款规定："人民法院审理离婚案件，应当进行调解；如果感情确已破裂，调解无效的，应当准予离婚。"

"夫妻感情确已破裂"，是指在程度上，夫妻感情彻底破裂、全面破裂，而不是在某些方面的裂痕；在时间上，夫妻感情已经破裂，而不是可能破裂、将要破裂或刚刚开始破裂；在现实表现上，只能是真正破裂，而不是虚假的破裂表象或当事人主观上认为破裂。

（一）我国判决离婚的法律原则的立法及其理由

我国判决离婚的法律原则是采取婚姻关系破裂主义还是感情破裂主义，这个问题曾在我国婚姻立法修正过程中引起了学界的争议。有部分学者认为，我国判决离婚的法律原则应坚持婚姻破裂主义，他们认为婚姻破裂主义较符合我国的现实状况。另有部分学者则认为，我国判决离婚的法律原则仍应坚持夫妻感情破裂主义，其理由包括婚姻本质、离婚制

---

[1]　该规定已于2011年废止。参见《瑞士民法典》，戴永盛译，中国政法大学出版社2016年版，第61页。

[2]　主编注：关于我国破裂主义离婚法律原则之历史演变的研究，参见胡志超：《中国破裂主义离婚法律制度》，法律出版社2010年版，第29~37页；关于我国以"感情确已破裂"作为判决离婚的法律原则，有学者认为这体现了"道德价值与法律并存"，参见［美］黄宗智：《实践与理论：中国社会、经济与法律的历史与现实研究》，法律出版社2015年版，第610~611页；关于离婚法对亲子关系的调整应当确立未成年人主体地位的探讨，参见冉启玉：《人文主义视阈下的离婚法律制度研究》，群众出版社2012年版，第200~210页；关于英国现代离婚制度修改动向的研究，参见石雷：《英国现代离婚制度研究》，群众出版社2015年版，第38~51页；关于澳大利亚离婚制度发展变革的基本特点之探讨，参见郭庆敏：《澳大利亚离婚制度研究》，中国人民公安大学出版社2022年版，第51~60页。

[3]　参见丁侉庆译："1969年《英国离婚改革法》"，载任国钧、王瑞华编：《外国婚姻家庭法资料选编（上）》，中国政法大学民法教研室1984年内部印刷，第55页。

[4]　参见张贤钰："当代外国离婚法改革的评介和启示"，载《中国法学》1991年第3期。

度的演变、我国司法实践三个方面。

1. 将感情确已破裂作为判决离婚的法律原则，符合婚姻的本质。因为婚姻是男女双方基于感情的结合，但人的感情是微妙而多变的，夫妻之间的感情也是发展变化的。这种变化，既有向积极方面发展的可能，表现为夫妻之间的感情随着同甘共苦的共同生活日趋亲密；也有向消极方面变化的可能，即由于种种原因而演变为感情不和，甚至最终导致感情破裂。马克思在《论离婚法草案》中说："离婚仅仅是对下面这一事实的确定：某一婚姻已经死亡，它的存在仅仅是一种外表和骗局。不用说，既不是立法者的任性，也不是私人的任性，而每次都只是事物的本质来决定婚姻是否已经死亡""立法者对于婚姻所能规定的，只是这样一些条件……在什么条件下婚姻按其实质来说已经离异了。法院判决的离婚只能是婚姻内部崩溃的记录。"[1] 夫妻感情的完全破裂，应该说是婚姻关系的死亡，而已经死亡了的婚姻，就没有必要再继续维持下去。只有解除这种本质上已经死亡的婚姻关系，使双方当事人摆脱痛苦，才有可能使双方重组美满家庭，也才能使社会主义的婚姻家庭关系得以发展和巩固。

2. 将感情确已破裂作为判决离婚的法律原则，符合离婚立法的历史发展方向。随着人类历史的发展，对判决离婚的法律原则，有些国家逐步摒弃了具体列举法定理由的方式，采用概括规定的方法。我国则采取概括和列举并用的方法。为此，《民法典》第 1079 条将感情确已破裂作为判决离婚的法律原则，既反映了婚姻的本质，又有利于保障离婚自由，同时符合我国离婚立法的传统和发展趋势。

3. 将感情确已破裂作为判决离婚的法律原则，是建立在对我国长期立法、司法审判实践经验总结的基础之上的。我国 1950 年《婚姻法》第 17 条第 1 款规定："……男女一方坚决要求离婚的，经区人民政府和司法机关调解无效时，亦准予离婚。"并在第 2 款规定："……县或市人民法院对离婚案件，也应首先进行调解；如调解无效时，即行判决。"对此，原中央人民政府法制委员会在有关婚姻问题的解答中特别指明："如经调解无效，而又确实不能继续维持夫妻关系的应准予离婚。如经调解虽然无效，但事实证明双方并非到确实不能继续同居的程度，也可以不批准离婚。"即以"不能继续维持夫妻关系"作为准予离婚的标准。1963 年《最高人民法院关于贯彻执行民事政策几个问题的意见》"关于婚姻家庭纠纷方面的问题"中指出："……对那些夫妻感情已完全破裂，确实不可能和好的，法院应积极做好坚持不离一方的思想工作，判决离婚。"这就明确地以"感情是否完全破裂"作为准予离婚的标准。1979 年《最高人民法院关于贯彻执行民事政策法律的意见》中又进一步指出："人民法院审理离婚案件准离与不准离的基本界限，要以夫妻关系事实上是否确已破裂，能否恢复和好为原则……"而 1980 年《婚姻法》、2001 年修正的《婚姻法》和《民法典》均把"感情确已破裂"作为判决准予离婚的法定条件。可见，它是对我国离婚立法长期经验的总结。

从夫妻感情的实际情况出发处理离婚案件，也是对我国长期司法实践经验的总结。在20 世纪 50 年代，我国司法机关依据《婚姻法》掌握离与不离的界限，在解除封建包办、强迫婚姻方面，取得了显著成绩。但后来，由于受到"左倾"思想的影响，出现了"正当理由说"，即不管双方感情是否确已破裂，只要没有正当理由，一律不准离婚。特别是对一方因喜新厌旧思想引起的离婚案件，不论双方感情是否确已破裂，有无和好可能，一概判

---

〔1〕　参见《马克思恩格斯全集》（第 1 卷），人民出版社 1956 年版，第 182～185 页。

决不准离婚。反之，如一方犯了政治错误或被判刑，其配偶要求离婚，就认为离婚理由正当，一般予以判决离婚，但实际上夫妻感情并不一定已经破裂。直到中国共产党的十一届三中全会以后，纠正了过去"左"的错误，1980年《婚姻法》和2001年修正的《婚姻法》都明确规定以"感情确已破裂"作为判决准予或不准予离婚的法定条件。[1]

（二）感情破裂与调解无效的关系

感情破裂与调解无效两者是不可分割的有机统一整体，并存在内在的辩证关系。感情破裂是实质性理由，是判决准予或不准予离婚的法律原则；调解无效是程序性理由，不能作为判决离婚的实质要件。感情确已破裂在离婚理由中处于主导的决定地位，调解无效处于从属辅助性地位。一般来说，调解无效是感情确已破裂的自然结果与反映，而感情确已破裂是调解无效的内在原因。但并不是调解无效，感情就一定确已破裂。调解无效作为程序性行为的结果，原因可能是多方面的，而感情确已破裂仅是其中之一。因此，可以从两个方面来理解《民法典》第1079条的规定：①如果感情确已破裂，调解无效，应准予离婚；②如果感情没有破裂或者尚未完全破裂，虽然调解无效，也不准予离婚。

（三）夫妻感情确已破裂的认定方法

1989年《认定夫妻感情确已破裂的意见》规定："……判断夫妻感情是否确已破裂，应当从婚姻基础、婚后感情、离婚原因、夫妻关系的现状和有无和好的可能等方面综合分析……"[2] 对此，可从以下四个方面理解：

1. 看婚姻结合的基础，即看双方结合时的感情基础。双方是包办强迫的，还是自主自愿的；是基于相互爱慕而结合的，还是基于其他利益，如金钱、地位、容貌而草率结合的。这直接或间接地影响到婚姻的质量。当然婚姻基础只代表过去，事物是不断发展变化的，在判断分析时不能一概而论，要结合其他因素来判断。

2. 看婚后感情状况，即看夫妻共同生活期间的感情状况。要从婚后感情变化总体上判断其感情是较好的、一般的、比较差的、差的，从感情变化的趋势得出正确结论。

3. 看离婚原因，即看原告提出离婚的真正理由是什么。应当去伪存真，查清离婚的真实原因，抓住案件的主要矛盾，有针对性地做调解工作。

4. 看夫妻关系的现状及有无和好的可能性。依夫妻关系的实际状况，夫妻感情尚未完全破裂，有和好可能的，法院应尽力调解，帮助当事人和好；感情确已破裂，已无和好可能的，应依法准予离婚。

（四）认定夫妻感情确已破裂的列举性规定

《民法典》第1079条第3款明确规定有下列情形之一，调解无效的，应当准予离婚：

1. 重婚或有配偶者与他人同居。《民法典》第1042条第2款明确规定禁止重婚。现行《刑法》第258条规定，有配偶而重婚的，或者明知他人有配偶而与之结婚的，处2年以下有期徒刑或者拘役。对于重婚一方起诉要求与原配偶离婚的，人民法院应依据夫妻感情是否确已破裂判断，无和好可能的，调解或判决准予离婚。如调解或判决离婚，应当在财产

---

〔1〕 主编注，在对我国1980年《婚姻法》进行修改时，关于判决准予离婚的法定条件应采取"婚姻关系破裂"还是"夫妻感情破裂"，学者们的论争观点及主要理由，参见李银河、马忆南主编：《婚姻法修改论争》，光明日报出版社1999年版，第113~192页。

〔2〕 根据《最高人民法院关于废止部分司法解释及相关规范性文件的决定》（法释〔2020〕16号），该解释已于2021年1月1日废止，但其对于判断夫妻感情是否确已破裂仍具有重要的参考价值。

分割、子女抚养、经济帮助等方面，照顾无过错一方的利益。对因一方重婚而导致离婚的，无过错方有权请求损害赔偿。

《民法典》第 1042 条第 2 款还规定，禁止有配偶者与他人同居。由于有配偶者与他人同居往往严重损害夫妻双方的感情，破坏了婚姻赖以存在的基础，法院应先进行调解，严肃批评有过错的一方，甚至建议其所在单位给予处分，对无过错一方也要做思想工作；如果双方感情确已破裂，法院调解无效的，应准予离婚。

2. 实施家庭暴力或虐待、遗弃家庭成员。《民法典》第 1042 条第 3 款明确规定，禁止家庭暴力，禁止家庭成员间的虐待和遗弃。现行《妇女权益保障法》第 65 条也明确规定，禁止对妇女实施家庭暴力。人民法院处理这类案件，应当认真查明夫妻之间、家庭其他成员之间平时的感情状况，以及虐待、遗弃的具体事实和情节。如果只是一时一事的原因，平时感情较好，可以采取批评教育的方式要求犯错的行为人改正其行为，承认错误，赔礼道歉，调解和好；如果夫妻之间、其他家庭成员之间平时感情不好，经常实施家庭暴力或严重虐待、遗弃家庭成员的行为，甚至习以为常，已经严重伤害夫妻感情，经过调解无效，受侵害的一方仍坚持要求离婚的，应当判决准予离婚；[1] 如果实施家庭暴力或虐待、遗弃家庭成员构成犯罪的，应依法追究行为人的刑事责任。

3. 有赌博、吸毒等恶习屡教不改。人民法院处理这类案件，应查明具体事实和有赌博、吸毒等恶习一方的一贯表现。如果情节较轻的，可以进行批评教育，使其悔改；如果当事人表示真诚悔改并有实际表现，而夫妻双方中的另一方也能谅解的，应当着重调解和好；如果当事人已经构成犯罪或者屡教不改，一贯不履行家庭义务，对方对其悔改已经没有信心，夫妻难以共同生活，确实没有和好可能，经调解无效，对方仍坚决要求离婚的，应当判决准予离婚。

4. 因感情不和分居满二年。这里需要注意两点：①夫妻分居的原因是感情不和，而不是工作、学习、户口或者住房紧张等客观原因造成的；②夫妻分居的时间要满二年。对于因感情不和分居满二年的夫妻，调解无效的，应当调解或判决准予离婚。

5. 其他导致夫妻感情破裂的情形。这属于法律的兜底性条款，是指除了上述四种情形之外的其他导致夫妻感情破裂的情形。"其他情形"由人民法院根据实际情况依法进行确定并严格控制其范围。在现实生活中，导致夫妻感情破裂的情形复杂多样，例如，一方犯有强奸罪、奸淫幼女罪、侮辱妇女罪等，严重伤害夫妻感情的。又如，一方患有严重的精神疾病，久治不愈，夫妻生活无法维持的等。[2] 另外，根据《婚姻家庭编解释（一）》第 23 条规定，夫妻双方因是否生育发生纠纷，致使感情确已破裂，一方请求离婚的，人民法院经调解无效应视为"其他导致夫妻感情破裂的情形"。

此外，《民法典》还规定，一方被宣告失踪，另一方提出离婚诉讼的，应当准予离婚。需要说明的是，这里的判决离婚只是婚姻关系终止的一种法定形式，将导致夫妻之间的权利义务不复存在。下落不明一方的财产可以委托他人代为管理。并且，依据《民法典》第 1079 条第 5 款之规定："经人民法院判决不准离婚后，双方又分居满一年，一方再次提起离婚诉讼的，应当准予离婚。"夫妻一方因感情破裂向人民法院提起诉讼后被驳回，后双方分

---

〔1〕　必须注意，根据《人身安全保护令案件适用法律的规定》第 1 条第 2 款之规定，受侵害的一方向人民法院申请人身安全保护令，不以提起离婚等民事诉讼为条件。

〔2〕　参见黄薇主编：《中华人民共和国民法典婚姻家庭编释义》，法律出版社 2020 年版，第 150 页。

开居住和生活满 1 年以上，这表明夫妻双方的感情已经无可挽回的破裂，事实上已无和好的可能。因此，如果当事人再次起诉离婚，且具备因感情不和分居满 1 年的客观事实，经调解无效的，法院应判决双方离婚。

 导入案例之要点评析

　　人民法院应当受理张某的离婚诉讼。因为张某在提起离婚诉讼时，并不存在《民法典》第 1081、1082 条有关离婚诉讼的两项特别规定对离婚当事人一方离婚请求权的限制。或者说，婚姻当事人一方即使属于有配偶者与他人同居，其对婚姻关系的破裂有过错，也有权利提出离婚诉讼。所以，人民法院应当受理张某的离婚请求。

　　根据《民法典》第 1079 条第 3 款的规定，有配偶者与他人同居，经调解无效，人民法院可以视为夫妻感情确已破裂，准予离婚。从本案的实际情况看，张某坚决要求离婚，他与王某已经由通奸行为发展到租房公开同居生活，并且张某与婚外异性的同居导致其与周某夫妻分居已经有四年时间，虽然周某不同意离婚，但当事人双方缺乏调解和好的条件。法院如果经调解无效，应当认定夫妻感情确已破裂。而且依据《婚姻家庭编解释（一）》第 63 条之规定，人民法院审理离婚案件时，如符合民法典第 1079 条第 3 款规定"应当准予离婚"情形的，不应当因当事人有过错而判决不准离婚。在本案中，张某虽然属于婚姻中的过错方，但不能因此而限制张某离婚的自由。因此，法院应判决准予张某与周某离婚。

 **思考题**

一、选择题

（一）单项选择题

1. 甲、乙夫妻双方经协商同意离婚，甲因出差而委托丙去离婚登记机关代为办理离婚登记手续。依我国法律，丙（　　）。

A. 可以代理

B. 在甲乙双方同意下可以代理

C. 在取得甲授权委托书的情况下可以代理

D. 不能代理

2. 我国判决离婚的法律原则是（　　）。

A. 过错主义　　　　　　　　B. 目的主义

C. 破裂主义　　　　　　　　D. 混合主义

（二）多项选择题

1.《民法典》规定，在（　　）情形下，限制男方的离婚诉权。

A. 女方在怀孕期间和分娩后 1 年内的

B. 女方终止妊娠后六个月内

C. 军人一方向非军人一方提出离婚的

D. 非军人一方向军人一方提出离婚的

2. 无民事行为能力人的配偶有（　　）行为，其他有监护资格的人可以要求撤销其监护资格，并依法指定新的监护人；变更后的监护人代理无民事行为能力一方提起离婚诉讼的，人民法院应予受理。

A. 实施严重损害被监护人身心健康的行为

B. 怠于履行监护职责导致被监护人处于危困状态

C. 导致被监护人处于危困状态导致被监护人处于危困状态

D. 严重侵害被监护人合法权益的其他行为

二、判断分析题

1. 夫妻登记离婚后，一方以双方意思表示虚假为由请求确认离婚无效的，人民法院不予支持。

2. 诉讼外调解和诉讼内调解都是人民法院审理离婚案件的必经程序。

三、简答题

1. 简述离婚与婚姻无效的区别。

2. 如何认定夫妻感情确已破裂？

3. 登记离婚应具备哪些实质要件？

四、论述题

1. 试论我国处理离婚问题的指导思想。

2. 结合 2025 年修订的现行《婚姻登记条例》，论述"离婚冷静期"与婚姻家庭辅导服务的联动作用。

五、案例分析题

2010 年 5 月，杨男与陈女登记结婚，并按农村习俗举办了婚礼。婚后初期，二人感情尚好。次年育有一子。然而好景不长，由于两人性格不合，经常吵架、打架。2014 年 5 月，杨男与陈女发生争吵后，一气之下离家出走再也没回来。2022 年 2 月，由于儿子遭遇车祸丧生，又让这段婚姻生活蒙上阴影。为了结束这段已死亡的婚姻，陈女于 2023 年 5 月向法院起诉离婚。

请问：人民法院是否应判决准予离婚？为什么？

 阅读参考文献

1. 夏吟兰：《离婚自由与限制论》，中国政法大学出版社 2007 年版。

2. 蒋月：《婚姻家庭法前沿导论》，科学出版社 2007 年版。

3. 冉启玉：《人文主义视阈下的离婚法律制度研究》，群众出版社 2012 年版。

4. 来文彬：《家事调解制度研究》，群众出版社 2014 年版。

5. 林建军主编：《"中国式离婚"调查报告》，法律出版社 2016 年版。

6. 茆荣华主编：《〈民法典〉适用与司法实务》，法律出版社 2020 年版。

第十一章

离婚的法律效力

✤学习的内容和重点

通过本章的学习，要求学生了解离婚对当事人在身份、财产上的效力和离婚对父母子女关系的法律后果等，把握我国有关离婚经济补偿请求权、离婚损害赔偿请求权、离婚经济帮助请求权、探望权的行使条件及应注意的事项，重点掌握有关离婚时夫妻财产的分割及债务的清偿、子女的抚养等基本理论。

导入案例

王平（男）与丁兰（女）于 2008 年 1 月结婚。王平婚前于 2007 年 1 月按揭贷款购房，以个人财产首付款 20 万元后，向银行贷款 80 万元，每年还贷 4 万元购买了住房 1 套，并用个人积蓄 5 万元购置了家具，丁兰则购置了全部家用电器。2016 年 3 月，双方生育一子王丰，王丰从小一直随王平的父母生活。2009 年，丁兰父亲去世，丁兰继承了一批字画，估价 20 万元。2010 年，王平父亲去世，王平继承了价值 5 万元的遗产。2012~2013 年，王平所写著作一部已出版，获得稿酬 1 万元，全部用于购买专业书籍。2022 年 7 月至 12 月，王平外出采访收集写作素材，丁兰在此期间与某男同事在外租房同居，王平返家后发现此情况而导致夫妻关系恶化。2023 年 10 月，王平向法院诉请离婚。经法院调解，丁兰同意离婚，但在财产分割、子女抚养及离婚的损害赔偿等问题上与王平争执不下。在财产处理上，王平认为住房是自己贷款购买的并登记在自己名下，贷款也是由自己归还，主张房屋应归自己所有；家具及家用电器均是婚前财产，应分别归各自所有；双方所继承的遗产及丁兰婚后储蓄及利息均应按共有财产分割；自己写的著作属于知识产权，具有人身专属性，故一切收入（包括用此类收入购买的书籍）均应归本人所有；儿子王丰从小长期随自己的父母生活，应由自己抚养；离婚是丁兰的过错造成的，自己因此在精神上受到打击而影响了工作，其应赔偿自己所受到的损失。而丁兰对家具及家用电器均归各自所有没有意见，但对房屋及继承遗产的归属等有不同看法。她认为房屋虽是王平婚前购置，但在房屋贷款的偿还上双方已有约定，王平的收入用于还贷款，自己的收入则用来支付日常生活的开支，故房屋应属夫妻共同财产；继承的遗产带有纪念意义，应归各自所有；王平的著作出版所得收入应为共同财产；儿子王丰尚年幼（现年 7 岁），由母亲抚养更合适；她在婚后把自己的主要精力用在料理家务及协助王平的写作工作上，王平应对她的付出给予一定经济补偿。

请问：

1. 本案离婚当事人主要争执哪些问题？

2. 本案依法应当如何处理？为什么？

离婚的法律效力，又被称为离婚的法律后果。随着婚姻关系的解除，当事人之间在身份关系、财产关系上的权利义务将发生一系列的变化并随之产生夫妻共同财产的分割、共同债务的清偿、离婚经济补偿、离婚经济帮助、离婚损害赔尝、父母对子女的抚养教育及探望权等问题。[1]

第一节　离婚对当事人身份上的效力

离婚对当事人身份上的效力，是指婚姻当事人之间随着婚姻关系的解除，原基于夫妻身份而产生的夫妻间的人身关系的消灭。这是离婚法律效力最直接的体现，具体包括以下方面。

一、夫妻的身份关系消灭

婚姻当事人因结婚而产生夫妻身份关系，此身份关系因离婚而消灭。而随着身份关系的消灭，原夫妻之间基于身份关系而产生的一切权利义务关系都将不复存在。

二、夫妻的忠实义务与同居义务终止

在婚姻关系存续期间，夫妻有忠实义务和同居义务，这既是婚姻道德的要求，也是婚姻自然属性的体现。而离婚后，夫妻的身份关系解除，夫妻忠实义务和同居义务也随之终止。

三、夫妻的日常家事代理权终止

在婚姻关系存续期间，夫妻基于特定的人身关系和财产关系在日常家事范围内互为代理人，并承担由此而产生的法律后果。这一代理权限是其婚姻效力的体现。离婚解除了婚姻关系，夫妻日常家事代理权也随之终止。

四、双方当事人获得再婚的权利

我国实行一夫一妻的婚姻制度，有配偶者在配偶死亡或离婚前不得再行结婚，否则构成重婚，当事人应承担相应的法律责任。但当合法的婚姻关系因离婚而解除时，再婚的障碍即不存在，当事人双方获得再婚自由的权利。

必须注意，在我国，离婚分为登记离婚与诉讼离婚。《民法典》第 1080 条规定："完成离婚登记，或者离婚判决书、调解书生效，即解除婚姻关系。"如果当事人双方选择登记离婚，则双方的婚姻关系自完成离婚登记起解除。如果当事人选择诉讼离婚，调解离婚自双方当事人均在调解书上签字后调解书生效，婚姻关系即解除；判决离婚，则自离婚判决书生效之日起婚姻关系解除。

五、姻亲关系消灭

姻亲关系因结婚而发生，但是否因离婚而消灭则有不同的主张，具体分为消灭主义和不消灭主义两种。采消灭主义的国家和地区，其立法规定姻亲关系因离婚而终止，如日本民法、韩国民法和我国台湾地区"民法"的规定。而采不消灭主义的国家则认为离婚并不消灭姻亲关系，如《德国民法典》第 1590 条第 2 款即规定：'即使姻亲关系所由建立的婚姻已解除，姻亲关系也存续。"《瑞士民法典》的规定与之相同。《民法典》第 1045 条第 1 款规定："亲属包括配偶、血亲和姻亲。"但没有规定姻亲关系的权利义务关系。在我国社会生活中，根据民间风俗习惯，当婚姻因一方死亡而终止时，姻亲关系并不自然消灭，这

---

〔1〕　主编注：关于当代两大法系国家的法国、德国、意大利、瑞士、日本、俄罗斯、英国、美国和澳大利亚之离婚法律效力的研究，参见陈苇主编：《当代外国婚姻家庭法律制度研究》，中国人民公安大学出版社 2022 年版，第 79~81、162~166、213~215、277~281、338~340、397~399、469~473、553、638~641 页。

在《民法典》第 1129 条中亦有体现；[1] 当婚姻因离婚而终止时，姻亲关系则消灭。

在有些国家的法律规定中，虽然姻亲关系因离婚而消灭，但在直系姻亲之间则禁婚效力仍然存在。例如，《日本民法典》第 735 条规定："直系姻亲间不得结婚……在姻亲关系消灭后亦同。"虽然我国《民法典》婚姻家庭编没有此限制性规定，但在民间习惯上是有此禁忌的。

第二节　离婚对当事人财产上的效力

夫妻之间的财产关系以身份关系的存在为前提，随着身份关系的消灭，其财产关系随之终止。故离婚对当事人财产上的效力，是指因当事人身份关系的消灭而引起的财产上的法律后果。其具体包括以下方面：

一、夫妻扶养义务终止

按照《民法典》婚姻家庭编的规定，在婚姻关系存续期间，夫妻有互相扶养的义务，这是婚姻效力的体现。当夫妻离婚后，随着其夫妻身份的消灭，彼此间的扶养义务也随之终止。[2]

二、配偶继承权丧失

按照《民法典》婚姻家庭编的规定，夫妻有相互继承遗产的权利。基于夫妻身份而享有的夫妻继承权，随着夫妻婚姻关系的解除而丧失。离婚后，任何一方不再具有法定继承人资格，也无权以夫妻身份继承对方的遗产。

三、夫妻财产制终止

夫妻财产制因婚姻关系的成立而产生，因婚姻关系的解除而终止。所以，夫妻离婚，也就意味着夫妻共同财产关系终止，从而发生夫妻共同财产的分割、债务的清偿、对夫妻一方的经济补偿等问题。

（一）夫妻共同财产的分割

《民法典》第 1087 条规定："离婚时，夫妻的共同财产由双方协议处理；协议不成的，由人民法院根据财产的具体情况，按照照顾子女、女方和无过错方权益的原则判决。对夫或者妻在家庭土地承包经营中享有的权益等，应当依法予以保护。"由于离婚时夫妻共同财产分割涉及的问题非常复杂，关于立法演变情况，在《民法典》颁布前，最高人民法院曾发布过多个司法解释，以解决司法实务中有关夫妻离婚时的财产分割问题。其中，《婚姻法解释（二）》的相关规定重点是解决婚姻关系解除时的夫妻财产分割及债权债务纠纷问题，《婚姻法解释（三）》也有部分内容涉及夫妻财产特别是房产及债务的处理问题。此外，在 2001 年修正的《婚姻法》实施前，1993 年 11 月 3 日最高人民法院发布的《离婚财产分割意见》，除与 2001 年修正的《婚姻法》以及最高人民法院新出台的司法解释相抵触的条款不再适用外，其他条款只要没有违背该修正后的《婚姻法》的精神，并与最高人民

---

〔1〕　《民法典》第 1129 条规定："丧偶儿媳对公婆，丧偶女婿对岳父母，尽了主要赡养义务的，作为第一顺序继承人。"

〔2〕　关于离婚后的扶养或离婚后的经济帮助，其性质是否属于夫妻扶养义务的延伸，有"肯定说"与"否定说"两种观点。参见陈苇、冉启玉："离婚扶养制度研究——中国法与俄罗斯法之比较"，载王利明、郭明瑞、潘维大主编：《中国民法典基本理论问题研究》，人民法院出版社 2004 年版，第 316~335 页。

法院的其他最新解释不相抵触，仍是人民法院处理离婚案件财产分割的依据。《婚姻法解释（三）》第 18 条规定："离婚后，一方以尚有夫妻共同财产未处理为由向人民法院起诉请求分割的，经审查该财产确属离婚时未涉及的夫妻共同财产，人民法院应当依法予以分割。'2021 年 1 月 1 日《民法典》施行后，《婚姻家庭编解释（一）》第 83 条继续沿用此规定。[1]

1. 离婚时财产分割的范围。离婚时，可以分割的财产只能是夫妻的共同财产。而究竟哪些财产属于夫妻共同财产，可按以下几种方式确定：

（1）根据《民法典》第 1062 条的规定，确定夫妻共同财产。

（2）根据夫妻对财产的约定，确定共同财产。《民法典》第 1065 条第 1 款规定："男女双方可以约定婚姻关系存续期间所得的财产以及婚前财产归各自所有、共同所有或者部分各自所有、部分共同所有……"如果夫妻双方约定婚姻关系存续期间所得的财产以及婚前财产为夫妻共同所有，则离婚时可以分割的共同财产不仅包括婚后所得财产，而且还包括双方或一方的婚前财产；如果夫妻双方约定婚姻关系存续期间所得的财产以及婚前财产为部分各自所有、部分共同所有，则离婚时可以分割的共同财产只有作为共有部分的那些财产。

（3）根据司法解释，确定共同财产。主要包括以下财产：一方以个人财产投资取得的收益；男女双方实际取得或者应当取得的住房补贴、住房公积金、破产安置补偿费；[2] 男女双方实际取得或者应当取得的基本养老金。[3]

（4）对个人财产还是夫妻共同财产难以认定而夫妻双方又无法举证的，则推定为夫妻共同财产。[4]

以上范围的财产都属于夫妻共同财产。除此以外的夫妻个人财产属于夫妻个人所有；子女的财产属于子女所有；[5] 其他家庭成员的财产，属于其他家庭成员所有；全家共有的财产，属于全家共有，分割时应先把夫妻共同财产从家庭共同财产中析出，再进行分割。这样处理，既维护了离婚当事人的利益，也保护了其他利害关系人的合法权益。

2. 分割夫妻共同财产的原则。根据《民法典》婚姻家庭编的有关规定和相关司法解释，在分割夫妻共同财产时，必须遵循以下原则：

（1）男女平等原则。男女平等原则是《民法典》婚姻家庭编的一项基本原则。这一原则要求在离婚时夫妻财产分割问题上，夫妻双方既有平等地分割共同财产的权利，也有平

---

[1]　必须注意，2021 年 1 月 1 日《民法典》施行后，除适用《婚姻家庭编解释（一）》之外，其余的以上司法解释均已废止。

[2]　《婚姻家庭编解释（一）》第 25 条规定："婚姻关系存续期间，下列财产属于民法典第一千零六十二条规定的'其他应当归共同所有的财产'：（一）一方以个人财产投资取得的收益；（二）男女双方实际取得或者应当取得的住房补贴、住房公积金；（三）男女双方实际取得或者应当取得的基本养老金、破产安置补偿费。"

[3]　《婚姻家庭编解释（一）》第 80 条规定："离婚时夫妻一方尚未退休、不符合领取基本养老金条件，另一方请求按照夫妻共同财产分割基本养老金的，人民法院不予支持；婚后以夫妻共同财产缴纳基本养老保险费，离婚时一方主张将养老金账户中婚姻关系存续期间个人实际缴纳部分及利息作为夫妻共同财产分割的，人民法院应予支持。"

[4]　1993 年《离婚财产分割意见》第 7 条规定："对个人财产还是夫妻共同财产难以确定的，主张权利的一方有责任举证。当事人举不出有力证据，人民法院又无法查实的，按夫妻共同财产处理。"（此规定虽已废止，但可供参考）

[5]　未成年的子女不具有独立管理财产的能力，其财产虽由父母代为管理，但财产的所有权仍属于未成年人，非为其利益，父母不得擅自处分其财产。在分割夫妻共同财产时，不能将这部分代管的财产也视为夫妻共同财产。

等地承担共同债务的义务，而不管其收入的高低或有无。

（2）照顾子女、女方和无过错方合法权益原则。离婚时，在财产分割问题上照顾子女、女方和无过错方合法权益原则是《民法典》婚姻家庭编保护妇女和未成年人合法权益原则的具体体现。2001年修正的《婚姻法》对此的规定与1980年《婚姻法》相比有些变化，"即由原来的'照顾女方和子女权益的原则'改为'照顾子女和女方权益的原则'，这一顺序的改变，反映了在处理夫妻共同财产分割时指导思想的变化：离婚时，在夫妻共同财产的分割问题上将优先考虑未成年子女的利益。"[1] 为避免父母离婚而影响未成年子女的学习和生活，有必要从物质上对其提供适当的帮助和照顾。

关于对女方的照顾，这是由我国的历史和现实情况以及女方为社会和家庭所做出的无偿贡献等因素决定的。从历史上看，受传统观念的影响，女性在教育机会、就业机会等方面都不如男性，由此导致其经济能力、独立谋生能力等总体上弱于男性。从现实情况看，在市场经济条件下，劳动力市场的就业竞争日益加大，部分企业就业中针对女性的性别歧视导致女性就业机会减少，而我国作为发展中国家，能够提供的社会保障程度不高，这就需要加强家庭的保障作用；同时，女性通常还承担着家务劳动的职责和繁衍后代的使命，目前家务劳动和女性生育的社会价值还无法获得社会补偿，而家庭补偿在婚姻期间是通过共同财产制实现，在离婚时则必须体现在分割共同财产时对女方的照顾之中。

《民法典》第1087条第1款除规定照顾子女、女方权益原则外，还增加了照顾无过错方权益的原则。在现实生活中，婚姻破裂的无过错方有可能是男性，按原《婚姻法》和司法解释的规定，在离婚财产分割时，由于男性不属于照顾的对象，如仍对女方照顾不仅损害男方的财产权益而有违公平原则，而且也不符合男女平等原则的要求。因此，人民法院在分割夫妻共同财产时，既要考虑照顾子女权益和女方权益，也要兼顾考虑照顾无过错方权益，三者缺一不可。在司法实践中，多数女方权益与无过错方权益是一致的，但也有不一致的情况，人民法院应当具体情况具体分析进行判决。[2]

（3）有利生产、方便生活原则。夫妻的共同财产按照用途来划分，可以分为生产资料和生活资料两种。在分割这两种财产时，必须遵循有利生产、方便生活的原则，使分割后的财产既不损害其效用、性能，也不损害其经济价值。如对生产资料，应尽可能分给需要且有能力生产经营的一方，以做到物尽其用，保证生产活动的正常进行；对生活资料，在分割时也应考虑夫妻、子女的实际需要程度，以达到方便生活的目的。同时，应使另一方得到相应的补偿。

（4）不损害国家、集体和他人利益原则。夫妻财产的分割，不仅涉及夫妻双方的利益，而且还可能影响到国家、集体和他人的利益。因此，按照这一原则的要求，夫妻在分割共同财产时，不得把属于国家、集体和他人所有的财产当作夫妻共同财产进行分割；达成的财产分割协议，不得损害国家、集体和他人的利益。

3. 夫妻共同财产分割的方法。按照《民法典》婚姻家庭编的规定，离婚时，夫妻共同财产的分割方法有两种：

（1）按协议分割。即由当事人双方对财产如何分割进行协商，以达成财产分割协议。对于双方达成的财产分割协议，只要不违背法律的规定，人民法院一般不加以干涉，这体

---

〔1〕　杨立新、秦秀敏主编：《中华人民共和国婚姻法释义与适用》，吉林人民出版社2001年版，第422～423页。

〔2〕　参见黄薇主编：《中华人民共和国民法典婚姻家庭编释义》，法律出版社2020年版，第175页。

现了法律对当事人意思自治的尊重。并且，《婚姻家庭编解释（一）》第 69 条第 2 款规定"当事人依照民法典第一千零七十六条签订的离婚协议中关于财产以及债务处理的条款，对男女双方具有法律约束力。"但是，对于当事人达成的以登记离婚或者到人民法院协议离婚为条件的财产分割协议，如果双方协议离婚未成，一方在离婚诉讼中反悔的，根据《婚姻家庭编解释（一）》第 69 条第 1 款规定："……人民法院应当认定该财产以及债务处理协议没有生效，并根据实际情况依照民法典第一千零八十七条和第一千零八十九条的规定判决。"

（2）依法判决分割。即在当事人协商不成时，由人民法院根据上述财产分割的四项原则，结合实际情况进行判决。按照《婚姻家庭编解释（一）》的规定，人民法院在进行判决时，对不同性质的财产应采取不同的分割方式：

第一，属于军人名下的复员费、自主择业费等一次性费用的分割。《婚姻家庭编解释（一）》第 71 条规定："人民法院审理离婚案件，涉及分割发放到军人名下的复员费、自主择业费等一次性费用的，以夫妻婚姻关系存续年限乘以年平均值，所得数额为夫妻共同财产。前款所称年平均值，是指将发放到军人名下的上述费用总额按具体年限均分得出的数额。其具体年限为人均寿命七十岁与军人入伍时实际年龄的差额。"据此，应明确以下问题：①具体年限的确定，为人均寿命 70 岁与军人入伍时实际年龄的差额，如军人入伍时的实际年龄为 20 岁，其具体年限即为 50 年，也就是 70 岁减去 20 岁的数额。②年平均值的计算，应将发放到军人名下的上述费用总额按具体年限均分得出的数额。如发放到军人名下的费用总额是 50 000 元，而具体年限为 50 年，则年平均值为 50 000 元除以 50 后所得的数额，即 1000 元。③属于夫妻共同财产的数额，计算方法为婚姻关系存续年限乘以年平均值，所得数额即为夫妻共同财产。如婚姻关系存续年限为 10 年，则 10 年乘以年平均值 1000 元，属于夫妻共同财产的数额即为 10 000 元。④夫妻共同财产的分割，如属于夫妻共同财产的数额为 10 000 元，按平均分割的原则，夫妻双方应各分得 5000 元。

第二，股票、债券、投资基金等有价证券的分割。[1] 随着人们收入水平的提高，夫妻双方用共同财产购买公司的股票、债券等有价证券以获取投资收益的行为日益普遍。在婚姻关系存续期间，这些有价证券无论是登记在夫或妻哪一方的名下，都由双方共享其中的权利。有价证券的分割与其他财产的分割形式不同。《婚姻家庭编解释（一）》第 72 条规定："夫妻双方分割共同财产中的股票、债券、投资基金份额等有价证券以及未上市股份有限公司股份时，协商不成或者按市价分配有困难的，人民法院可以根据数量按比例分配。"

第三，夫妻共有的有限责任公司出资额的分割。有限责任公司是股东以其认缴的出资额为限对公司承担责任，公司是以其全部资产对公司债务承担责任的企业法人。[2] 在市场

---

[1]　股票是股份有限公司签发的证明股东所持股份的凭证。股票持有人认购股票是一种出资行为，不能退股，也无权要求股份有限公司返还出资。但持有人作为股份有限公司的股东，享有股东权。债券是指发行人以筹集长期资金为目的，将其所需要资金总额分割为多数单位金额，向社会公众大量地负担金钱债务而发行的证券。债券表示持有人对发行人的债权，而发行人作为债务人，须保证按规定期限向其持有人支付利息和偿还本金。投资基金，又称"共同基金""互惠基金"，是指通过发行受益凭证或基金股份，将众多投资者的资金聚集起来，交由专业人员管理运作，投资于各种证券与金融工具，或投资于产业部门，以获得收益的投资方式。参见刘树成主编：《现代经济辞典》，凤凰出版社、江苏人民出版社 2005 年版，第 1003 页。

[2]　我国《公司法》第 3 条规定："公司是企业法人，有独立的法人财产，享有法人财产权。公司以其全部财产对公司的债务承担责任。有限责任公司的股东以其认缴的出资额为限对公司承担责任；股份有限公司的股东以其认购的股份为限对公司承担责任。"

经济时代，为了使共同财产增值，夫妻一方或双方作为出资人用共同财产投资于有限责任公司，从而成为公司的股东，并因此享有从公司获得经济利益与参与公司经营管理的权利。出资额所代表的股权的分割远较一般财产的分割复杂，除必须遵循《民法典》的规定外，还必须符合《公司法》的要求。结合《公司法》的有关规定，《婚姻家庭编解释（一）》第 73 条规定："人民法院审理离婚案件，涉及分割夫妻共同财产中以一方名义在有限责任公司的出资额，另一方不是该公司股东的，按以下情形分别处理：（一）夫妻双方协商一致将出资额部分或者全部转让给该股东的配偶，其他股东过半数同意，并且其他股东均明确表示放弃优先购买权的，该股东的配偶可以成为该公司股东；（二）夫妻双方就出资额转让份额和转让价格等事项协商一致后，其他股东半数以上不同意转让，但愿意以同等条件购买该出资额的，人民法院可以对转让出资所得财产进行分割。其他股东半数以上不同意转让，也不愿意以同等条件购买该出资额的，视为其同意转让，该股东的配偶可以成为该公司股东。用于证明前款规定的股东同意的证据，可以是股东会议材料，也可以是当事人通过其他合法途径取得的股东的书面声明材料。"[1]另外，《婚姻家庭编解释（二）》第 10 条规定："夫妻以共同财产投资有限责任公司，并均登记为股东，双方对相应股权的归属没有约定或者约定不明确，离婚时，一方请求按照股东名册或者公司章程记载的各自出资额确定股权分割比例的，人民法院不予支持；对当事人分割夫妻共同财产的请求，人民法院依照民法典第一千零八十七条规定处理。"可见，企业登记的持股比例并不被视为是夫妻财产约定，离婚时人民法院不应当按其登记的持股比例分割夫妻共同财产。

第四，夫妻共有的合伙企业出资额的分割。合伙是指两个或两个以上的人为了共同的经济目的，自愿签订合同，共同出资经营，共负盈亏和风险，对外负无限连带责任的联合体。与其他的营利性企业相比，合伙企业具有共同出资、共同经营、共享收益、共担风险的特点。由于其经营情况的好坏，直接影响到每一个合伙人的切身利益，因此，它对合伙人的入伙与退伙等有专门的要求。在夫妻关系存续期间，如果夫妻用共同财产以一方的名义在合伙企业出资，虽然收益由双方共享，风险也由双方共担，但在形式上，只有一方成为该企业的合伙人，另一方则不是该企业的合伙人，不能参与到该企业的生产经营活动中去。而当双方离婚时，若双方已协商一致，同意将其在合伙企业中的财产份额全部或者部分转让给不是该企业合伙人的一方，根据《婚姻家庭编解释（一）》第 74 条规定，应按以下情形分别处理：①其他合伙人一致同意的，该配偶依法取得合伙人地位；②其他合伙人不同意转让，在同等条件下行使优先购买权的，可以对转让所得的财产进行分割；③其他合伙人不同意转让，也不行使优先购买权，但同意该合伙人退伙或者削减部分财产份额的，可以对结算后的财产进行分割；④其他合伙人既不同意转让，也不行使优先购买权，又不同意该合伙人退伙或者削减部分财产份额的，视为全体合伙人同意转让，该配偶依法取得合伙人地位。

第五，夫妻以一方名义设立的独资企业共有财产的分割。在夫妻关系存续期间，夫妻如果以一方名义投资设立独资企业的，按照《婚姻家庭编解释（一）》第 75 条规定，"夫妻以一方名义投资设立个人独资企业的，人民法院分割夫妻在该个人独资企业中的共同财

---

〔1〕　有学者认为，该条规定纯粹针对离婚时夫妻双方就该股权转让份额和转让价格达成一致意见的情况而设立，如双方达不成一致意见法院应如何处理则没有涉及，而后一种情况则更需要探讨，并对此进行了专门的研究。参见张伟、叶名怡："离婚时夫妻所持公司股权分割问题研究"，载《法商研究》2009 年第 3 期。

产时，应当按照以下情形分别处理：（一）一方主张经营该企业的，对企业资产进行评估后，由取得企业资产所有权一方给予另一方相应的补偿；（二）双方均主张经营该企业的，在双方竞价基础上，由取得企业资产所有权的一方给予另一方相应的补偿；（三）双方均不愿意经营该企业的，按照《中华人民共和国个人独资企业法》等有关规定办理。"即在双方均不愿经营独资企业的情况下，该企业只能解散。按照法律规定，个人独资企业解散后，要对企业财产进行清算，对债务进行清偿，只有在债务清偿后有剩余财产时，才涉及对共同财产的分割问题。

第六，离婚诉讼中房屋财产的分割。[1] 在我国大部分家庭中，房屋是最有价值的财产。针对房屋的不同情况，最高人民法院在司法解释中提出了以下处理意见：

其一，双方共有房屋的分割。《婚姻家庭编解释（一）》第76条规定："双方对夫妻共同财产中的房屋价值及归属无法达成协议时，人民法院按以下情形分别处理：（一）双方均主张房屋所有权并且同意竞价取得的，应当准许；（二）一方主张房屋所有权的，由评估机构按市场价格对房屋作出评估，取得房屋所有权的一方应当给予另一方相应的补偿；（三）双方均不主张房屋所有权的，根据当事人的申请拍卖、变卖房屋，就所得价款进行分割。"[2]

---

〔1〕　主编注：关于离婚时涉及房产分割案件的裁判要旨之梳理研究，参见贾明军、张莹主编：《婚姻家庭案件裁判要旨总梳理》，法律出版社2022年版，第5~15页。

〔2〕　由于1996年《公房使用、承租问题解答》已于2021年1月1日起废止，以下该解答的规定仅供参考。关于双方共有的"部分产权房"的分割。根据1991年11月23日国务院住房制度改革小组公布的《关于全国推进城镇住房制度改革的意见》的规定，所谓"部分产权房"，是指职工以标准价格购买公有住房后享有部分权能并且这种权能受到法定限制的产权房。这种房屋既具有福利性，仅售给房屋所有单位的职工，职工购买后享有永久居住权、使用权、收益权、有限的处分权和继承权等权利。而且按照该意见的规定，夫妻双方在享受了一方的福利购房待遇后，另一方就丧失了再次购买本单位福利房的权利。因此，在离婚时如何分割这部分财产一直是司法实践中的一个难题。最高人民法院在1996年《公房使用、承租问题解答》第9、10条中，对"部分产权房"的分割提出了一条概括性的处理意见，以下是该解答的规定仅供参考：如果夫妻双方对房屋的分割有协议的，只要该协议没有违反法律规定，房屋产权单位也同意的，则按协议的规定进行分割；如果双方对房屋的归属有争议，而双方的经济、住房条件基本相同，且双方同意的，可通过竞价的方式解决；如果双方既达不成协议，也无法通过竞价方式解决的，则只能由法院根据双方的具体情况，按照离婚时财产分割的原则通过判决的方式解决。此时，分得房屋"部分产权"的一方，应按所得房屋产权的比例，依照离婚时当地政府有关部门公布的同类住房标准价，给予对方一半价值的补偿。关于双方共同居住的公房的处理，公房指房屋所有权属于全民所有或集体所有的房屋。这类性质的房屋具体又可分为统管公房和自管公房两类。统管公房是指由政府的房地产管理部门统一管理的房屋。而自管公房是指由机关、国有企事业单位等自行营建、自行管理的房屋。这两类公房因其房屋租金低廉，具有福利性质的特点，因而在夫妻离婚时，双方往往对其承租权发生争执，在双方协商解决不了时，就要由法院作出裁判。因而1996年《公房使用、承租问题解答》对夫妻双方共同居住的公房，在离婚时应如何解决提出了以下处理意见：①对于夫妻共同居住的公房，离婚后双方均可承租的情形。具体包括以下几种情形：婚前由一方承租的公房，婚姻关系存续5年以上的；婚前一方承租的本单位的房屋，离婚时，双方均为本单位职工的；一方婚前借款投资建房取得的公房承租权，婚后夫妻共同偿还借款的；婚后一方或双方申请取得公房承租权的；婚前一方承租的公房，婚后因该承租房屋拆迁而取得房屋承租权的；夫妻双方单位投资联建或联合购置的共有房屋的；一方将其承租的本单位的房屋，交回本单位或交给另一方单位后，另一方单位另给调换房屋的；婚前双方均租有公房，婚后合并调换房屋的；其他应当认定为夫妻双方均可承租的情形。②对夫妻双方均可承租的公房的处理原则。在夫妻双方均可承租公房的情况下，除房屋面积较大，能够隔开分室居住使用，或有条件另调房屋分别居住或承租方可以给另一方解决住房的情形外，法院必须作出裁判，决定该房屋的最终承租权。法院在作出裁判时，应依照以下原则处理：照顾抚养子女的一方；男女双方在同等条件下，照顾女方；照顾残疾或生活困难的一方；照顾无过错一方。③对不享有公房承租权一方的经济补偿或帮助。夫妻双方均可承租的公房由一方承租后，承租方应对另一方给予适当的经济补偿。如果离婚时，一方对另一方婚前承租的公房无权承租而解决住房确有困难的，法院可调解或判决其暂时居住，但暂住期限一般不超过2年。暂住期间，暂住方应交纳与房屋租金等额的使用费及其他必要的费用；如果经济上确有困难，承租公房一方有负担能力的，应给予一次性的经济帮助。

其二，对尚未取得所有权的房屋的处理。根据《婚姻家庭编解释（一）》第 77 条规定，离婚时双方对尚未取得所有权或者尚未取得完全所有权的房屋有争议且协商不成的，人民法院不宜判决房屋所有权的归属，应当根据实际情况判决由当事人使用。当事人就前款规定的房屋取得完全所有权后，有争议的，可以另行向人民法院提起诉讼。

其三，对父母出资购置房屋的处理。在我国，无论是农村还是城市，在子女结婚时，大多数父母有为其建造或购置房屋的习惯。在离婚时，双方针对该房屋究竟属于父母对夫妻双方的赠与还是只是对其中一方的赠与常常发生争执。根据《婚姻家庭编解释（一）》第 29 条规定，当事人结婚前，父母为双方购置房屋出资的，该出资应当认定为对自己子女个人的赠与，但父母明确表示赠与双方的除外。当事人结婚后，父母为双方购置房屋出资的，依照约定处理；没有约定或者约定不明确的，按照《民法典》第 1062 条第 1 款第 4 项规定的原则处理。即前一种情况原则上认定为对自己子女个人的赠与；后者原则上推定为赠与双方的夫妻共同财产。但由于此规定存在不足，[1]《婚姻家庭编解释（二）》第 8 条针对出资的情况、应考虑的因素等问题进一步作出了明确规定："婚姻关系存续期间，夫妻购置房屋由一方父母全额出资，如果赠与合同明确约定只赠与自己子女一方的，按照约定处理；没有约定或者约定不明确的，离婚分割夫妻共同财产时，人民法院可以判决该房屋归出资人子女一方所有，并综合考虑共同生活及孕育共同子女情况、离婚过错、对家庭的贡献大小以及离婚时房屋市场价格等因素，确定是否由获得房屋一方对另一方予以补偿以及补偿的具体数额。婚姻关系存续期间，夫妻购置房屋由一方父母部分出资或者双方父母出资，如果赠与合同明确约定相应出资只赠与自己子女一方的，按照约定处理；没有约定或者约定不明确的，离婚分割夫妻共同财产时，人民法院可以根据当事人诉讼请求，以出资来源及比例为基础，综合考虑共同生活及孕育共同子女情况、离婚过错、对家庭的贡献大小以及离婚时房屋市场价格等因素，判决房屋归其中一方所有，并由获得房屋一方对另一方予以合理补偿。"

其四，对双方用夫妻共同财产出资购买以一方父母名义参加房改的房屋的处理。根据《婚姻家庭编解释（一）》第 79 条规定，婚姻关系存续期间，双方用夫妻共同财产出资购买以一方父母名义参加房改的房屋，登记在一方父母名下，离婚时另一方主张按照夫妻共同财产对该房屋进行分割的，人民法院不予支持。购买该房屋时的出资，可以作为债权处理。

其五，对一方婚前贷款购房，婚后夫妻共同还贷房的处理。《婚姻家庭编解释（一）》第 78 条规定："夫妻一方婚前签订不动产买卖合同，以个人财产支付首付款并在银行贷款，婚后用夫妻共同财产还贷，不动产登记于首付款支付方名下的，离婚时该不动产由双方协议处理。依前款规定不能达成协议的，人民法院可以判决该不动产归登记一方，尚未归还的贷款为不动产登记一方的个人债务。双方婚后共同还贷支付的款项及其相对应财产增值部分，离婚时应根据《民法典》第 1087 条第 1 款规定的原则，由不动产登记一方对另一方

---

　　[1] 笔者将这一规定的不足归纳为三点：其一，没有反映出姻亲关系的真实特性；其二，不符合中国父母家产传承或对子女为赠与的习惯；其三，忽视了赠与者对子女配偶将来履行赡养责任的预期。并提出了完善的对策。参见杨晋玲："试论赠与基础丧失规则在我国婚姻法中的设立"，载《中华女子学院学报》2014 年第 2 期。

进行补偿。"[1]

其六，家庭土地承包经营权的处理。[2]《民法典》第 331 条规定："土地承包经营权人依法对其承包经营的耕地、林地、草地等享有占有、使用和收益的权利，有权从事种植业、林业、畜牧业等农业生产。"夫妻作为农村承包经营户中的重要成员，与其他的家庭人员一起共同享有土地承包经营权。在离婚时，应当保护夫或妻所享有的土地承包经营权中的合法权益，任何人不得侵犯。

然而，在现实生活中，离婚当事人（特别是其中的女方当事人）的土地承包经营权在一些地方常常受到侵犯。[3]为保护离婚当事人的土地承包经营权，2001 年修正的《婚姻法》第 39 条第 2 款规定："夫或妻在家庭土地承包经营中享有的权益等，应当依法予以保护。"2022 年修订的《妇女权益保障法》不仅对离婚妇女土地承包经营权的保护作出专门规定，而且还针对实践中存在的各种侵犯农村妇女土地权益的问题作出了明确的规定，其中第 55 条第 1 款规定："妇女在农村集体经济组织成员身份确认、土地承包经营、集体经济组织收益分配、土地征收补偿安置或者征用补偿以及宅基地使用等方面，享有与男子平等的权利。"第 56 条第 1 款规定："村民自治章程、村规民约，村民会议、村民代表会议的决定以及其他涉及村民利益事项的决定，不得以妇女未婚、结婚、离婚、丧偶、户无男性等为由，侵害妇女在农村集体经济组织中的各项权益。"《民法典》第 1087 条第 2 款也明确规定："对夫或妻在家庭土地承包经营中享有的权益等，应当依法予以保护。"据此，离婚时，村民委员会、人民法院应当充分保障男女双方当事人的土地承包经营权，任何人不得侵害或剥夺。

第七，养老金的分割。《婚姻家庭编解释（一）》第 80 条规定："离婚时夫妻一方尚未退休、不符合领取基本养老金条件，另一方请求按照夫妻共同财产分割基本养老金的，人民法院不予支持；婚后以夫妻共同财产缴纳基本养老保险费，离婚时一方主张将养老金账户中婚姻关系存续期间个人实际缴纳部分及利息作为夫妻共同财产分割的，人民法院应予支持。"[4]

第八，离婚时尚未在继承人之间实际分割的遗产的处理。根据《民法典》婚姻家庭编的规定，夫妻双方在婚姻关系存续期间继承的遗产，除遗嘱中明确只归夫或妻一方的遗产外，均属于夫妻共同所有。但该遗产在分割之前，属于数名共同继承人的共同财产，继承人的配偶离婚时要求分割的，应按照《婚姻家庭编解释（一）》第 81 条的规定处理，即

---

〔1〕　主编注：此条司法解释源于《婚姻法解释（三）》第 10 条规定。在《婚姻法解释（三）》征求意见稿公开向社会征求意见期间，我国有学者对其提出了质疑，提出应当考虑"区分出资类型""区分不动产的实际用途"等因素的不同情况，对不动产的权属进行不同的规定。参见蒋月："论夫妻一方婚前借款购置不动产的利益归属——对'《婚姻法》司法解释（三）征求意见稿'第 11 条的商榷"，载《西南政法大学学报》2011 年第 2 期。

〔2〕　家庭土地承包经营权是指土地所属的农业组织内部成员通过承包经营的方式，在集体经济组织所有的或者国家所有由集体经济组织长期使用的土地上进行耕作、养殖或畜牧等农业活动的权利。

〔3〕　农村妇女土地承包经营权得不到有效保护并被侵犯的情况，参见郭建梅、李莹："农村妇女土地权益问题及法律保护的探索与思考"，载李明舜、林建军主编：《妇女法研究》，中国社会科学出版社 2008 年版，第 98～104 页。

〔4〕　主编注：此条司法解释源于《婚姻法解释（三）》第 13 条的规定。在该解释（三）征求意见稿公开向社会征求意见期间，我国有学者对其提出了质疑，提出婚姻期间积累的养老金期待利益，应当属于夫妻的共同财产。参见陈苇："婚后积累的养老金期待利益应当由夫妻共享——《解释（三）》（征求意见稿）第 14 条之商榷"，载《中国社会科学报》2010 年 12 月 7 日，第 10 版。

"婚姻关系存续期间，夫妻一方作为继承人依法可以继承的遗产，在继承人之间尚未实际分割，起诉离婚时另一方请求分割的，人民法院应当告知当事人在继承人之间实际分割遗产后另行起诉。"

第九，离婚时基于婚姻赠与房屋的处理。在现实生活中，夫妻之间存在婚前或者婚后一方将其所有的房屋变更登记至对方名下或者双方名下的情况。在离婚诉讼中，对赠与的房屋应该如何处理，双方常常发生争执，司法实践中不同法院的判决也不尽相同。针对实践中这一亟待解决的问题，《婚姻家庭编解释（二）》第5条作出了规定："婚前或者婚姻关系存续期间，当事人约定将一方所有的房屋转移登记至另一方或者双方名下，离婚诉讼时房屋所有权尚未转移登记，双方对房屋归属或者分割有争议且协商不成的，人民法院可以根据当事人诉讼请求，结合给予目的，综合考虑婚姻关系存续时间、共同生活及孕育共同子女情况、离婚过错、对家庭的贡献大小以及离婚时房屋市场价格等因素，判决房屋归其中一方所有，并确定是否由获得房屋一方对另一方予以补偿以及补偿的具体数额。婚前或者婚姻关系存续期间，一方将其所有的房屋转移登记至另一方或者双方名下，离婚诉讼中，双方对房屋归属或者分割有争议且协商不成的，如果婚姻关系存续时间较短且给予方无重大过错，人民法院可以根据当事人诉讼请求，判决该房屋归给予方所有，并结合给予目的，综合考虑共同生活及孕育共同子女情况、离婚过错、对家庭的贡献大小以及离婚时房屋市场价格等因素，确定是否由获得房屋一方对另一方予以补偿以及补偿的具体数额。给予方有证据证明另一方存在欺诈、胁迫、严重侵害给予方或者其近亲属合法权益、对给予方有扶养义务而不履行等情形，请求撤销前两款规定的民事法律行为的，人民法院依法予以支持。"

（二）夫妻共同债务的清偿

《民法典》第1089条规定："离婚时，夫妻共同债务应当共同偿还。共同财产不足清偿或者财产归各自所有的，由双方协议清偿；协议不成的，由人民法院判决。"根据此规定，夫妻共同债务的清偿方式分为三种：

1. 共同清偿。由于夫妻对共同债务负有连带清偿责任，因而双方对债务都有偿还的义务。所以夫妻对共同债务应首先用共同财产予以清偿。

2. 协议清偿。如果共同财产不足以清偿，或者财产归夫妻各自所有的，则由双方协议清偿。但双方对债务清偿所达成的协议，只是夫妻内部的约定，并不能对抗债权人，离婚的双方当事人对外仍负有连带清偿责任。

3. 判决清偿。如果夫妻共同财产不足以清偿所欠共同债务，或者财产归夫妻各自所有，而双方对共同债务的偿还又达不成协议的，按照《民法典》的规定，由人民法院根据双方的经济状况和所欠债务的具体情况等进行判决。离婚的双方当事人对外仍负有连带清偿责任。

（三）对离婚时擅自处理夫妻共同财产行为的处理

在司法实践中，夫妻离婚时，有时出现一方为了达到多占财产的目的而隐藏、转移夫妻共同财产或为了私怨而毁损夫妻共同财产的行为，为了保护夫妻另一方的合法权益，《民法典》第1092条规定："夫妻一方隐藏、转移、变卖、毁损、挥霍夫妻共同财产，或者伪造夫妻共同债务企图侵占另一方财产的，在离婚分割夫妻共同财产时，对该方可以少分或者不分。离婚后，另一方发现有上述行为的，可以向人民法院提起诉讼，请求再次分割夫妻共同财产。"据此，对离婚时擅自处理夫妻共同财产行为的处理方法有两种：①通过少分或不分共同财产予以处罚；②赋予利益受损的一方再次分割夫妻共同财产的请求权。此请求权的诉讼时效期间为 3 年，从当事人发现之日起计算。[1]

此外，最高人民法院《婚姻家庭编解释（二）》第 6 条规定："夫妻一方未经另一方同意，在网络直播平台用夫妻共同财产打赏，数额明显超出其家庭一般消费水平，严重损害夫妻共同财产利益的，可以认定为民法典第一千零六十六条和第一千零九十二条规定的'挥霍'。另一方请求在婚姻关系存续期间分割夫妻共同财产，或者在离婚分割夫妻共同财产时请求对打赏一方少分或者不分的，人民法院应予支持。"

此外，根据 2023 年修正的《民事诉讼法》第 104 条的规定，如果当事人发现对方有隐藏、转移、变卖、毁损夫妻共同财产行为的，还可以向人民法院申请财产保全。如果对方当事人隐藏、转移、变卖、毁损已被查封、扣押的财产，或者已被清点并责令其保管的财产，转移已被冻结的财产，或伪造、毁灭重要证据妨碍人民法院审理案件，构成妨害民事诉讼的行为的，根据该法第 114 条的规定，人民法院可以根据情节轻重予以罚款、拘留；构成犯罪的，依法追究刑事责任。

（四）离婚时的经济补偿

《民法典》第 1088 条规定："夫妻一方因抚育子女、照料老年人、协助另一方工作等负担较多义务的，离婚时有权向另一方请求补偿，另一方应当给予补偿。具体办法由双方协议；协议不成的，由人民法院判决。'此为我国离婚经济补偿请求权的规定。

1. 设立离婚经济补偿请求权的意义。

（1）离婚经济补偿请求权体现了对夫妻家务劳动的正确评价。家务劳动是指不能直接产生经济效益的为满足家庭成员的生活需要所从事的劳动，包括料理家务、抚养子女、照顾老人等。[2] 夫妻一方通过家务劳动而对婚姻的贡献，与另一方维持家计扶养家庭成员有同等价值。这种价值在婚姻关系存续期间可通过夫妻共享家庭利益来实现；在离婚时则可以通过一方对另一方的离婚经济补偿请求权来体现。

（2）离婚经济补偿请求权以公平原则为基础，有助于夫妻之间实质平等的实现。在现实生活中，夫妻双方都有通过参加社会劳动实现自我价值的权利。但在我国现阶段，由于传统的夫妻分工模式及男女性别观念的影响，在婚姻生活中，抚养子女、照料老人和协助对方工作等义务大多由妇女来承担。这对家庭生活有利，却不利于妇女职业技能的提高，影响了其在社会中的职业竞争能力。在婚姻期间，主要尽家庭义务的一方其生活可以通过夫妻间的扶养义务来保障，该方的职业价值可以通过另一方的职业成就来体现。而婚姻关系一旦解除，夫妻之间的扶养义务即不复存在，其通过另一方的职业成就而获得的预期利益也将消失。因此，设立离婚经济补偿制度可以救济其为家庭付出所造成的经济弱势地位，以体现法律的公平性，有利于实现夫妻实质上的平等。[3]

2. 离婚经济补偿请求权的行使条件。根据《民法典》婚姻家庭编的规定，离婚经济补偿请求权的行使必须满足以下条件：

---

[1]　《婚姻家庭编解释（一）》第 84 条。

[2]　主编注：关于对家务劳动的公平分工对婚姻的影响，参见［英］安东尼·W. 丹尼斯、罗伯特·罗森：《结婚与离婚的法经济学分析》，王世贤译，法律出版社 2005 年版，第 220~230 页。

[3]　主编注：关于我国离婚经济补偿制度设立的必要性研究，参见陈苇、于林洋："论我国离婚经济补偿制度的命运：完善抑或废除"，载《法学》2011 年第 6 期。关于英国离婚制度的公平价值之分析，参见石雷：《英国现代离婚制度研究》，群众出版社 2015 年版，第 257~258 页。

（1）夫妻一方在共同生活中对家庭付出了较多义务。补偿以权利与义务对等为原则，只有一方付出了较多义务才有权依法要求另一方给予补偿。付出较多义务包括以下方面：①抚育子女。这本属夫妻双方的共同义务，如果一方承担了较多义务，则离婚时承担较少义务的一方应对其予以补偿。②照料老年人。主要是照料对方的父母。照料自己的父母是作为子女应尽的义务，而夫妻一方与对方的父母虽是直系姻亲关系，但法律并未赋予其赡养扶助义务，其照料对方父母的行为属于家庭伦理行为，且这种照料势必需要其付出较多的时间和精力，因此应予补偿。③协助另一方工作。在婚姻关系存续期间，这种协助可能是有偿的，也可能是无偿的。如果是无偿的，则受益一方需要对另一方予以补偿，以弥补其因付出而造成的损失。[1]

（2）离婚时付出较多义务一方提出了经济补偿的请求。根据《民法典》第 1088 条的规定，该补偿请求权的行使时间应限于离婚之时，即在协议离婚或诉讼离婚中一并提出。如果在离婚时，符合条件的请求权人不请求对方补偿的，即视为其已经放弃了补偿的请求，以后不得再要求补偿。

3. 离婚经济补偿数额的确定。应予补偿的数额和补偿方式，首先由双方协商确定；协议不成时，则由法院判决确定。《婚姻家庭编解释（二）》第 21 条规定："离婚诉讼中，夫妻一方有证据证明在婚姻关系存续期间因抚育子女、照料老年人、协助另一方工作等负担较多义务，依据民法典第一千零八十八条规定请求另一方给予补偿的，人民法院可以综合考虑负担相应义务投入的时间、精力和对双方的影响以及给付方负担能力、当地居民人均可支配收入等因素，确定补偿数额。"认定夫妻一方婚姻期间获得的利益，不仅包括显性的、有形的财产价值，还应包括隐性的、无形的可期待利益，如文凭、执业资格证书等在学习和考取过程中夫妻他方给予的协助。[2]

四、离婚时对生活困难一方的经济帮助

《民法典》第 1090 条规定："离婚时，如一方生活困难，有负担能力的另一方应当给予适当帮助。具体办法由双方协议；协议不成的，由人民法院判决。"

（一）离婚经济帮助的性质和目的

许多国家的法律中都有关于离婚后一方应为生活确有困难或有特殊需要的另一方提供相应经济保障的规定，但在称谓及性质上却各有不同，我国称为离婚经济帮助，而国外一般称为"扶养费"或"扶养金"。就其性质而言，国外一般把其视为夫妻扶养义务的延续。但在我国，学者们对此却有不同看法。有的学者认为离婚经济帮助属于夫妻扶养义务的延伸；而有的学者认为离婚经济帮助"不同于婚姻关系存续期间的扶养义务，不是这种法定扶养义务的延伸，而只是派生于原夫妻关系的一种责任，是离婚的一种善后措施"；[3] 还有的学者认为"它既是夫妻之间互相扶养的法律义务在离婚后的延伸，也是扶弱济贫的社会主义道德的要求"。[4] 虽然对这一制度的性质和功能存在不同的看法，但一般认为这一

---

　[1]　主编注：关于婚姻期间一方取得学历、文凭等证书，而夫妻他方对其给予支持之家务劳动价值及职业机会利益损失补偿问题研究，参见陈苇、曹贤信："论婚内夫妻一方家务劳动价值及职业机会利益损失的补偿之道——与学历文凭及职业资格证书之'无形财产分割说'商榷"，载《甘肃社会科学》2010 年第 4 期。

　[2]　参见陈苇：《中国婚姻家庭法立法研究》，群众出版社 2010 年版，第 271~292 页。

　[3]　杨大文主编：《亲属法》，法律出版社 2004 年版，第 197 页。

　[4]　杨大文主编：《婚姻家庭法》，中国人民大学出版社 2001 年版，第 195 页。

制度设立的目的在于保障离婚自由原则的贯彻落实，以保障离婚后生活困难一方的利益。[1]

（二）离婚经济帮助的条件

按照《民法典》婚姻家庭编的规定，离婚时一方对另一方进行帮助的条件如下：

1. 在离婚时一方存在生活困难。如果离婚时生活不困难，而在离婚以后才出现困难的，则不能请求帮助，即请求权的享有具有时限性。按照《婚姻家庭编解释（二）》第 22 条规定"离婚诉讼中，一方存在年老、残疾、重病等生活困难情形，依据民法典第一千零九十条规定请求有负担能力的另一方给予适当帮助的，人民法院可以根据当事人请求，结合另一方财产状况，依法予以支持。"[2] 必须注意，即使夫妻一方在共同生活中有一般过错而非离婚损害赔偿的法定过错，离婚时如其存在生活困难，也可以请求适当经济帮助。[3]

2. 提供帮助的一方有经济负担能力。离婚经济帮助采用的是"需要和可能"的原则。如一方有帮助的需要而另一方无帮助能力，则无法提供帮助。只有在一方有需要，而另一方有经济负担能力时，才能提供帮助。

（三）离婚经济帮助的方法

按照《民法典》婚姻家庭编的规定，离婚经济帮助的具体办法由双方协议；协议不成的，由人民法院判决。法院在判决时，除了考虑帮助方的经济条件外，还应考虑受助方的具体情况和实际需要。实践中通常采用的做法是：[4] ①受助方年龄较轻且有劳动能力，只是生活上暂时存在困难的，则采用给予短期或一次性支付帮助费用的办法。②结婚多年，受助方年老体弱，失去劳动能力且又没有生活来源的，帮助方则应在居住或生活等方面给予适当的安排。③在执行帮助期间，受资助一方另行结婚或经济收入足以维持生活时，对已确定的帮助费尚未执行或者未全部执行的，帮助一方即可停止给付。④原定经济帮助执行完毕，受助方又要求对方再给予帮助的，人民法院一般不予支持。

《民法典》婚姻家庭编的离婚经济帮助制度是沿用 2001 年修正的《婚姻法》第 42 条之

---

〔1〕　主编注：有日本学者指出，离婚扶养作为一种负担，在一定程度上限制了离婚自由。有美国学者认为，传统的离婚扶养费有三项独特的经济功能：①对违反婚姻契约的一种损害赔偿；②一种对妻子（在传统婚姻中）偿付其婚姻合伙财产份额的方式；③向妻子提供一种离职金或失业补助，这也许是最重要的功能。设立离婚扶养或离婚经济请求权，其主要意旨在于：填补婚姻关系终止后夫妻扶养请求权之丧失，离婚时无独立生活能力或生活困难的一方依法有权向他方请求扶养，以维持其离婚后的正常生活，直至其重新具备独立生活能力或生活困难已消除或再婚时为止。一方面，救济离婚后一方的生活困难，体现了婚姻家庭法"保障弱者利益"的原则精神。另一方面，它的实施有利于保障生活困难一方当事人实现离婚自由。在现代社会，其仅剩下一种功能，即救济离婚后一方的生活困难。参见陈苇、冉启玉："离婚扶养制度研究——中国法与俄罗斯法之比较"，载王利明、郭明瑞、潘维大主编：《中国民法典基本理论问题研究》，人民法院出版社 2004 年版，第 316~335 页。And see Chen Wei and Ran Qi-yu, "A Study of the System of Spousal Maintenance on Divorce: A Comparison between China and Russia", International Journal of Law, Policy and the Family, Vol. 19, No. 3, 2005, Oxford University Press, pp. 310~326.

〔2〕　主编注：在国外，与我国离婚经济帮助类似的情形被称为离婚扶养。离婚扶养的功能与我国的离婚经济帮助有同有异：前者不仅限于救济离婚当事人于离婚时存在的生活困难，而且还包括对婚姻期间夫妻一方对夫妻他方所作直接贡献和间接贡献的经济补偿。有关美国离婚"补偿性扶养"的立法概况、"补偿为请求权基础的学说"以及获得补偿性扶养之要件，参见张学军：《论离婚后的扶养立法》，法律出版社 2004 年版，第 120~124、254~268、319~320 页。

〔3〕　参见黄薇主编：《中华人民共和国民法典婚姻家庭编释义》，法律出版社 2020 年版，第 181 页。

〔4〕　参考 1984 年 8 月 30 日《最高人民法院关于贯彻执行民事政策法律若干问题的意见》中第 14 条的规定精神。

规定，只是补充了帮助方须"有负担能力"。此制度在我国虽已实行了多年，但由于其制度设计上还存在不足之处，如适用条件过于严格、经济帮助数额过低难以解决受助方的实际生活困难等。因此，有必要对我国离婚经济帮助制度加以改进和完善。[1]

第三节　离婚损害赔偿

一、离婚损害赔偿概述

离婚损害赔偿，是指因夫妻一方的重大过错致使婚姻关系破裂的，过错方应对无过错方的损失予以赔偿的法律制度。离婚损害赔偿制度虽是一项古老的离婚救济方式，但首次对这一制度明确加以规定的是 1907 年的《瑞士民法典》，继其之后，大陆法系的一些国家如法国、德国、日本等的民法典引入了类似的规定。

我国在 2001 年修改《婚姻法》时，增设了离婚损害赔偿制度。在《民法典》婚姻家庭编中，第 1091 条即是对离婚损害赔偿制度的规定。[2] 这一制度的设立具有以下意义：

第一，有利于保障无过错方合法权益的实现。在离婚案件中保障无过错方的利益，一直是我国法律处理离婚纠纷所坚持的一项原则。但由于我国 1950 年和 1980 年先后两部《婚姻法》中都没有关于离婚损害赔偿的内容，司法实践中，即便存在婚姻一方严重损害另一方利益的行为，因无法可依，也难以实现对无过错方合法权益的维护，而只能通过分割夫妻财产时对无过错方给予适当照顾来体现。由于离婚损害赔偿与离婚财产分割两种制度之间存在着本质的差异，仅靠分割夫妻共同财产时照顾无过错方，不仅过错方的行为得不到有效制裁，也难以体现法律对无过错方的保护。

第二，有利于实现我国立法保护弱者利益的功能。我国立法历来都重视对弱者利益的维护，但以往的立法只注重了对弱者的照顾，而没有重视对弱者权利的保护。当婚姻一方违背了婚姻义务，对另一方已造成实际损害时，如果不通过相应制度的设立，使无过错方获得相应的慰藉，并使过错方受到应有的制裁，则不仅弱者的利益无法获得有效保护，法律应有的维护公平正义功能也无从体现。

第三，有利于保障离婚自由原则的实现。离婚损害赔偿制度属于离婚救济制度的一个组成部分。在我国的离婚制度中，只有离婚时对生活困难一方的经济帮助而无离婚后的扶养制度，因此，婚姻当事人出于对今后生活的考虑，在一方长期实施违背婚姻义务的行为时，也不敢主张自己的权益而提出离婚请求。离婚损害赔偿制度对离婚自由具有重要的平衡作用，它在一定程度上消除了婚姻当事人对离婚后生活的顾虑，从而可以自主地提出离婚请求。因此，此制度伸张了正义，明辨了是非，使受害者获得了精神安慰和经济赔偿，使加害者受到了应有的惩罚。[3]

---

〔1〕　关于完善我国离婚扶养立法的具体建议，参见陈苇、冉启玉："离婚扶养制度研究——中国法与俄罗斯法之比较"，载王利明、郭明瑞、潘维大主编：《中国民法典基本理论问题研究》，人民法院出版社 2004 年版，第 333~335 页。孙若军："离婚救济制度立法研究"，载《法学家》2018 年第 6 期。

〔2〕　主编注：关于中国离婚损害赔偿制度的立法与实践情况，See Wei Chen, Lei Shi and Xin Zhang, "The Divorce Damages System in China: Legislation and Practice", International Journal of Law, Policy and the Family, No. 1, 2016, Published by Oxford University Press, pp. 105~114.

〔3〕　参见夏吟兰：《离婚自由与限制论》，中国政法大学出版社 2007 年版，第 263 页。

第四，有利于完善婚姻立法，满足司法实践的需要。现实生活中存在着婚姻一方违背婚姻义务，如重婚、有配偶者与他人同居、实施家庭暴力等现象，这不仅损害了另一方的利益，而且也给社会带来了危害。对这些违法行为，应当通过完善的法律体系，从不同角度、不同层次加以调节、规范，以有效抑制、防范。在这其中，婚姻家庭立法也应通过相应制度的设立来发挥作用，以满足司法实践的需要，实现其维护公平、正义，抑恶扬善的功能。[1]

二、离婚损害赔偿请求权的成立条件

根据《民法典》第 1091 条的规定，离婚损害赔偿请求权的成立必须符合以下条件：

（一）一方具有法定的过错行为

在现实生活中，导致夫妻离婚的情形有很多，如通奸、赌博、吸毒等。按照《民法典》第 1091 条的规定，以下情形之一导致离婚的，无过错方有权请求离婚损害赔偿：①重婚；②与他人同居；③实施家庭暴力；④虐待、遗弃家庭成员；⑤有其他重大过错。2001 年修正的《婚姻法》只规定了前四种情形，即为限制性的列举规定，适用时不能对法定过错行为作扩大化解释。当时立法之所以限定为这四项过错行为，是因为它们都是当时施行的《婚姻法》第 3 条明确禁止的行为，属于严重的违法行为。也正是因为受适用的法定情形所限，这一规定并未如立法者所预期的那样发挥出其应有的作用。[2] 因此，《民法典》编纂时，在 2001 年修正的《婚姻法》已规定的四种法定情形基础上，增加了第五项有其他重大过错的情形作为兜底条款。[3] 这使离婚损害赔偿的适用具有了一定灵活性，法官在审理离婚纠纷案件时，可以根据案件的情形，在存在其他重大过错时，行使自由裁量权，支持无过错方要求损害赔偿的请求。

必须说明，有学者认为，对于"其他重大过错的情形"的认定，由人民法院根据案件的具体情形进行判断，该行为必须与重婚、与他人同居、实施家庭暴力、虐待或遗弃家庭成员的行为具有相当性，并已导致离婚。例如，女方在婚姻期间违反忠实义务生育他人子女且未告知男方，导致男方将他人子女当作自己子女长期抚养的行为，严重损害夫妻感情而导致离婚的。而普通的过错行为，尤其是违反忠实义务的行为，如通奸、嫖娼、一夜情等，只要婚外性行为未达到与重婚、与他人同居行为相当的程度，人民法院就不能支持无过错方的离婚损害赔偿请求。[4]

（二）须有损害事实

离婚损害赔偿，顾名思义，应以损害存在为必要。有损害才有赔偿，无损害就无赔偿的前提与基础。根据《婚姻家庭编解释（一）》第 86 条规定，这种损害既包括财产损害，

---

〔1〕　关于离婚损害赔偿的功能与目的，参见陈苇："建立我国离婚损害赔偿制度研究"，载《现代法学》1998 年第 6 期；关于我国内地离婚损害赔偿制度的司法实践情况实证调查，参见陈苇、张鑫："我国内地离婚损害赔偿制度存废论：以我国内地司法实践实证调查与台湾地区制度比较为视角"，载《河北法学》2015 年第 6 期。

〔2〕　参见夏吟兰："离婚衡平机制研究"，载《中华女子学院学报》2004 年第 5 期；夏吟兰：《离婚自由与限制论》，中国政法大学出版社 2007 年版，第 260~268 页。

〔3〕　参见黄薇主编：《中华人民共和国民法典婚姻家庭编释义》，法律出版社 2020 年版，第 183 页。

〔4〕　参见薛宁兰、谢鸿飞主编：《民法典评注：婚姻家庭编》，中国法制出版社 2020 年版，第 454 页。

也包括非财产损害。财产损害是指过错方实施的法定过错行为造成无过错方财产利益的损失。[1] 非财产损害则包括人身损害和精神损害。前者指人身受到的伤害，后者包括精神利益（如名誉权、自由权等）的损害和精神创伤两部分。精神创伤指因过错配偶的重婚，与他人同居，虐待、遗弃等行为导致婚姻破裂而造成无过错配偶肉体上和精神上的痛苦。[2]

（三）须有因果关系

根据法律的规定，配偶一方实施的重婚，与他人同居，家庭暴力和虐待、遗弃家庭成员等法定过错行为必须是导致婚姻关系破裂而离婚，造成无过错方配偶遭受财产损害和非财产损害的直接原因，即只有损害与赔偿之间存在因果关系，无过错方才能请求损害赔偿。财产损害的存在必须由请求权人即无过错方举证证明；非财产损害的发生，则无须请求权人举证证明，只要过错方有上述法定违法行为并导致离婚的，法律即推定这种损害存在。

（四）须主观上有过错

过错包括故意和过失，而离婚损害赔偿以配偶一方的故意为主观要件，即配偶一方故意实施重婚、与他人同居、家庭暴力和虐待、遗弃家庭成员的行为。如果是因过失伤害家庭成员而导致离婚的，因不具备主观要件而不承担离婚损害赔偿责任。

三、离婚损害赔偿请求权的行使

（一）只能由无过错方配偶提出损害赔偿请求

离婚损害赔偿的请求权主体是无过错的一方婚姻当事人，无过错指的是没有《民法典》第1091条所列举的法定过错情形。根据《婚姻家庭编解释（一）》第90条规定，夫妻双方均有《民法典》第1091条规定的过错情形，一方或者双方向对方提出离婚损害赔偿请求的，人民法院不予支持。在婚姻生活中，对离婚的发生婚姻当事人双方或多或少都会有一些过错，但只要不属于上述几种法定情形之一的无过错方就有权提出赔偿请求。如果双方都有法定过错情形的，则任何一方都不能以对方有过错为由而提出赔偿请求。离婚损害赔偿请求权只能由无过错方配偶享有，即使因过错配偶实施家庭暴力或虐待、遗弃家庭成员导致离婚的，子女及其他家庭成员也不能作为离婚损害赔偿请求权的主体。[3] 并且，根据民事诉讼"不告不理"的原则，损害赔偿的请求只能由无过错的一方当事人自己提出；没有提出的，人民法院在审理离婚案件时不能主动干预、处理。

（二）只能向有过错方配偶提起

根据《婚姻家庭编解释（一）》第87条第1款规定，承担《民法典》第1091条规定的损害赔偿责任的主体，为离婚诉讼当事人中无过错方的配偶。即过错方只能是与无过错方有合法夫妻身份的另一方。由于我国对事实婚姻采取有条件的承认态度，因此，凡符合事实婚姻构成要件的，男女双方离婚时，也适用《民法典》婚姻家庭编有关损害赔偿制度的规定。此外，无婚姻关系的未婚同居、婚外同居以及婚姻被宣告无效或撤销的男女双方之间的损害赔偿问题不适用此规定。

此外，与有配偶者有重婚、同居、通奸等行为的第三人，也不能作为离婚损害赔偿的

---

〔1〕 关于财产损害的范围，学界有不同意见。有的学者认为应包括直接损失和间接损失，而有的认为应包括所持财产的减少和可期待利益的丧失，还有的学者认为是否包括可期待利益的丧失应当区别对待。参见陈苇：《中国婚姻家庭法立法研究》，群众出版社2010年版，第372~373页。

〔2〕 参见陈苇：《中国婚姻家庭法立法研究》，群众出版社2010年版，第373~374页。

〔3〕 参见最高人民法院民法典贯彻实施工作领导小组主编：《中华人民共和国民法典婚姻家庭编继承编理解与适用》，人民法院出版社2020年版，第336页。

义务主体。因他们不是离婚诉讼的当事人，如果"确有必要的，无过错方可通过其他途径主张损害赔偿"。[1]

由于我国婚姻立法没有关于配偶权的规定，也就不可能以配偶权遭受侵害为由向婚姻关系以外的第三人（如与过错方重婚者或同居者）提出赔偿请求。

（三）请求权行使的时间具有限定性

离婚损害赔偿请求权行使的前提条件是离婚，因此，在离婚诉讼中无过错方必须一并提出赔偿请求。根据《婚姻家庭编解释（一）》第88条规定，人民法院受理离婚案件时，应当将《民法典》第1091条等规定中当事人的有关权利义务，书面告知当事人。在适用《民法典》第1091条时，应当区分以下不同情况：①符合《民法典》第1091条规定的无过错方作为原告基于该条规定向人民法院提起损害赔偿请求的，必须在离婚诉讼的同时提出。②符合《民法典》第1091条规定的无过错方作为被告的离婚诉讼案件，如果被告不同意离婚也不基于该条规定提起损害赔偿请求的，可以就此单独提起诉讼。③无过错方作为被告的离婚诉讼案件，一审时被告未基于《民法典》第1091条规定提出损害赔偿请求，二审期间提出的，人民法院应当进行调解；调解不成的，告知当事人另行起诉。双方当事人同意由第二审人民法院一并审理的，第二审人民法院可以一并裁判。

离婚损害赔偿也适用于登记离婚。根据《婚姻家庭编解释（一）》第89条规定，当事人在婚姻登记机关办理离婚登记手续后，以《民法典》第1091条规定为由向人民法院提出损害赔偿请求的，人民法院应当受理。但当事人在协议离婚时已经明确表示放弃该项请求的，人民法院不予支持。

由于离婚损害赔偿请求权行使的前提条件是离婚，因此，《婚姻家庭编解释（一）》第87条规定，人民法院判决不准离婚的案件，对于当事人基于《民法典》第1091条提出的损害赔偿请求，不予支持。在婚姻关系存续期间，当事人不起诉离婚而单独依据《民法典》第1091条提起损害赔偿请求的，人民法院不予受理。

（四）离婚损害赔偿的范围

对离婚损害赔偿的范围，根据《婚姻家庭编解释（一）》第86条规定，《民法典》第1091条规定的"损害赔偿"，包括物质损害赔偿和精神损害赔偿。涉及精神损害赔偿的，适用《最高人民法院关于确定民事侵权精神损害赔偿责任若干问题的解释》的有关规定。即离婚损害赔偿包括物质损害赔偿和精神损害赔偿两个方面。物质损害赔偿通过支付赔偿金的方式承担，法官在确定赔偿金的数额时，应考虑以下因素：①过错方的过错程度；②无过错方所受到的实际损失；③过错方与无过错方的财力与未来的生活需要；④夫妻双方年龄及健康状况；⑤夫妻双方的谋生能力；⑥当事人所在地的经济发展水平。[2] 而精神损害赔偿则适用《最高人民法院关于确定民事侵权精神损害赔偿责任若干问题的解释》的有关规定，其赔偿数额的确定，按该解释第5条的规定应考虑以下因素：①过错程度；②侵害的手段、场合、行为方式等具体情节；③所造成的后果；④过错方获利情况；⑤过错方承担责任的经济能力；⑥当地平均生活水平等。

---

〔1〕　参见最高人民法院民法典贯彻实施工作领导小组主编：《中华人民共和国民法典婚姻家庭编继承编理解与适用》，人民法院出版社2020年版，第334页。

〔2〕　杨立新、秦秀敏主编：《中华人民共和国婚姻法释义与适用》，吉林人民出版社2001年版，第472~473页。

四、离婚损害赔偿与照顾无过错方原则的适用

按照《民法典》第1087条的规定，离婚时法院分割夫妻共同财产，按照照顾子女、女方和无过错方权益的原则判决。而坚持照顾无过错方的原则，其意图是体现法律的公平与正义，通过财产分割时的不分或少分来宣示法院对过错方行为的态度，实际应属于对过错方的一种间接的制裁方式。那么，离婚损害赔偿与照顾无过错方原则能否被同时适用？对此，学术界有两种截然不同的观点。

"否定说"认为，既然我国已增设了离婚损害赔偿制度，用损害赔偿责任取代了照顾无过错方原则，那么在共同财产分割中就不应再考虑引起离婚的个人责任问题，不再适用照顾无过错方原则，而应通过离婚损害赔偿制度使无过错方获得应有的救济。[1] 前人大常委会法工委副主任胡康生主编的《中华人民共和国婚姻法释义》也认为："根据本法的规定，在夫妻共同财产分割时，法院考虑的因素仅是子女权益和女方权益，不涉及过错或无过错的因素。但为了体现公平，照顾无过错方的利益，本法第46条规定了离婚损害赔偿制度……"[2]

"肯定说"认为，离婚损害赔偿与照顾无过错方原则，两者可以并存。"肯定说"具体分为以下两种观点：

第一种观点认为，离婚损害赔偿与照顾无过错方原则在同一案件中可以同时适用。因为，虽然照顾无过错方原则的适用和离婚损害赔偿责任的承担都产生于一方的过错，其结果都直接关系到财产问题，但两者有着明显区别，主要是"照顾"而不是一种民事责任；"损害赔偿"是一种民事责任。因此，如果一方有过错行为，在分割夫妻共同财产时，要照顾无过错方。如果该过错行为属于承担离婚损害赔偿责任的四种法定情形之一，还应该承担离婚损害赔偿责任。[3]

第二种观点则认为，离婚损害赔偿与照顾无过错方原则应当分别适用于具有"法定过错"与"一般过错"的不同过错情形，也就是说两者在同一离婚案件中不能被同时适用。因为，现行法规定的离婚损害赔偿，仅适用于法定的过错行为引起的离婚。在现实生活中，除法定过错引起离婚外，还有通奸、婚外恋、嫖娼、吸毒、赌博等多种过错引起夫妻感情破裂而离婚。对非因法定过错情形导致离婚的，离婚时照顾无过错方适当多分共同财产，可以体现法律的公平、公正。如果法定过错情形引起离婚的，过错方既要承担赔偿责任，又要少分共同财产，这种同时适用的主张，有失公平、公正。[4]

《民法典》第1087条在总结《婚姻法》和有关司法解释经验的基础上，明确规定了离婚财产分割法院要按照照顾子女、女方和无过错方权益的原则来判决，这一规定表明了我国立法采取了"肯定说"的立场。

〔1〕 参见刘春梅："用侵权损害赔偿取代照顾无过错方原则"，载李银河、马忆南主编：《婚姻法修改论争》，光明日报出版社1999年版，第254~256页。

〔2〕 胡康生主编：《中华人民共和国婚姻法释义》，法律出版社2001年版，第162~163页。

〔3〕 参见滕蔓、丁慧、刘艺：《离婚纠纷及其后果的处置》，法律出版社2001年版，第136~137页。

〔4〕 参见陈苇主编：《婚姻家庭继承法学》，群众出版社2005年版，第271~272页。

第四节 离婚对父母子女的法律后果

一、离婚后的父母子女关系

《民法典》第 1084 条第 1 款规定："父母与子女间的关系，不因父母离婚而消除。离婚后，子女无论由父或母直接抚养，仍是父母双方的子女。"第 2 款规定："离婚后，父母对于子女仍有抚养、教育、保护的权利和义务。"此规定表明：①父母子女间的关系不受父母离婚的影响；②子女不论随哪一方生活，仍是父母双方的子女，父母双方在离婚后，对子女仍有抚养、教育、保护的权利和义务。因为，父母子女关系是一种基于出生而自然形成的血亲关系，一旦形成即不以人的意志为转移，不能人为地消灭。

二、离婚后子女随何方生活的确定

离婚后，子女随何方父母生活的问题必须妥善解决，否则会影响子女的健康成长和合法权益的保护。为此，《民法典》第 1084 条第 3 款规定："离婚后，不满两周岁的子女，以由母亲直接抚养为原则。已满两周岁的子女，父母双方对抚养问题协议不成的，由人民法院根据双方的具体情况，按照最有利于未成年子女的原则判决。子女已满八周岁的，应当尊重其真实意愿。"[1] 据此，在处理子女抚养问题时应注意以下几点：

（一）不满两周岁的子女，以由母亲直接抚养为原则

在子女的抚养问题上，"幼年原则"[2] 一直受到世界上不少国家立法的推崇，《民法典》婚姻家庭编对此问题的规定，也体现了此原则。[3] 但此规定只是从婴儿生长发育的利益出发所作的一般性规定，在某些特殊情况下，也可以由父亲直接抚养。根据《婚姻家庭编解释（一）》第 44、45 条的规定，对不满两周岁的子女，应当按照《民法典》第 1084 条第 3 款规定的原则处理，即以由母亲直接抚养为原则。母亲有下列情形之一，父亲请求直接抚养的，人民法院应予支持：①患有久治不愈的传染性疾病或者其他严重疾病，子女不宜与其共同生活；②有抚养条件不尽抚养义务，而父亲要求子女随其生活；③因其他原因，子女确不宜随母亲生活。父母双方协议不满两周岁子女由父亲直接抚养，并对子女健康成长无不利影响的，人民法院应予支持。

（二）已满两周岁的子女的直接抚养

对已满两周岁的子女的抚养，不论是由父母协商还是法院判决，都应从最有利于子女身心健康、保障子女的合法权益出发，并结合父母双方的抚养能力和抚养条件等具体情况

---

〔1〕 主编注：关于我国离婚诉讼中儿童权利保护的实证调查研究，参见陈苇、张庆林："离婚诉讼中儿童抚养问题之司法实践及其改进建议——以某县法院 2011～2013 年审结离婚案件为调查对象"，载《河北法学》2015 年第 1 期。And see Chen Wei and Zhang Qinglin, "The Juridical Practice of Child-Rearing Questions in Divoce Proceedings and Proposals for Improvement", The International Survey of Family Law, 2016 Edition, Printed and Bound by CPI Group (UK) Ltd. Croydon, 2016, pp. 105～128.

〔2〕 "幼年原则"是指子女在年幼时从天性和自然上对母亲的需要超过父亲，且母亲比父亲更适合对年幼子女的养育和保护。这一心理学上的预设，强调母爱在子女年幼时具有不可替代性。参见孙若军："父母离婚后的子女监护问题研究"，载《法学家》2005 年第 6 期。

〔3〕《民法典》婚姻家庭编对此问题的规定，实际上是对司法经验的总结。在 1993 年《子女抚养意见》中，就以 2 周岁为界限来处理子女的抚养问题：2 周岁以下的子女，一般随母方生活；2 周岁以上未成年的子女，如果父方和母方均要求随其生活，则根据各方的条件作不同的处理。

来妥善解决。如果父母对八周岁以上的未成年子女随父或母生活发生争执的，应当听取子女意见，从尊重其真实意愿出发作出判决。[1]

必须说明，由于《民法典》婚姻家庭编关于父母离婚时未成年子女的抚养问题的规定比较原则，在具体处理时，根据《婚姻家庭编解释（一）》第46、47、48条的规定，对已满两周岁的未成年子女，父母均要求直接抚养，一方有下列情形之一的，可予优先考虑：①已做绝育手术或者因其他原因丧失生育能力；②子女随其生活时间较长，改变生活环境对子女健康成长明显不利；③无其他子女，而另一方有其他子女；④子女随其生活，对子女成长有利，而另一方患有久治不愈的传染性疾病或者其他严重疾病，或者有其他不利于子女身心健康的情形，不宜与子女共同生活。如果父母抚养子女的条件基本相同，双方均要求直接抚养子女，但子女单独随祖父母或者外祖父母共同生活多年，且祖父母或者外祖父母要求并且有能力帮助子女照顾孙子女或者外孙子女的，可以作为父或者母直接抚养子女的优先条件予以考虑。并且，在有利于保护子女利益的前提下，父母双方协议轮流直接抚养子女的，人民法院应予支持。[2]必须注意，《婚姻家庭编解释（二）》第14条规定："离婚诉讼中，父母均要求直接抚养已满两周岁的未成年子女，一方有下列情形之一的，人民法院应当按照最有利于未成年子女的原则，优先考虑由另一方直接抚养：（一）实施家庭暴力或者虐待、遗弃家庭成员；（二）有赌博、吸毒等恶习；（三）重婚、与他人同居或者其他严重违反夫妻忠实义务情形；（四）抢夺、藏匿未成年子女且另一方不存在本条第一项或者第二项等严重侵害未成年子女合法权益情形；（五）其他不利于未成年子女身心健康的情形。"也就是说，如父母一方有以上五种情形之一的，排除其优先抚养权。总之，人民法院在具体处理子女抚养问题时，一定要坚持按照最有利于未成年子女的原则来进行。即便父母有抚养子女的实际需要和条件，但如果子女由其抚养并非最有利于子女的，也不应支持其主张。

三、离婚后父母一方对子女的探望权

探望权制度起源于英美法系国家，后为许多国家立法所接受，用以调整离婚后父母与子女的相互交往关系。许多国家的法律中都有关于探望权的规定，只是称谓有所不同，有的称为探视权，有的称为交往权，我国称为探望权。在我国，探望权是指父母离婚后，不直接抚养子女的一方依法享有的、同未与其共同生活的子女进行会面和交往的权利。

---

〔1〕　主编注：有学者认为，决定离婚后子女之监护人的基准有三：①必须重视子女的年龄；②必须衡量父母对子女之爱心；③应尊重至少应斟酌子女之意见。以上三点应当结合其他实际情况予以综合考虑，"以寻求对子女最有利之方法，才能符合法律规定'子女利益'之精神"。参见林秀雄：《婚姻家庭法之研究》，中国政法大学出版社2001年版，第94~95页。

〔2〕　在我国，有些学者在对2001年修正后的《婚姻法》立法完善的研究中曾经指出，我国2001年修正的《婚姻法》中还没有明确确立"儿童最大利益优先原则"；法律中没有取消"非婚生子女"的称谓；关于夫妻生育权的行使没有以"儿童最大利益优先原则"为指引；对于未成年子女抚养关系的确定和变更未规定应依据"儿童最大利益优先原则"；未成年人的收养关系之解除没有规定应依"儿童最大利益优先原则"等，这些都有待修改、补充，以完善相关立法。参见陈苇、谢京杰："论'儿童最大利益优先原则'在我国的确立——兼论《婚姻法》等相关法律的不足及其完善"，载《法商研究》2005年第5期。关于我国亲子法的修改建议，参见夏吟兰："离婚亲子关系立法趋势之研究"，载《吉林大学社会科学学报》2007年第4期；孙若军："父母离婚后的子女监护问题研究"，载《法学家》2005年第6期。有些学者建议，应依据"保护未成年子女最大利益原则"决定未成年子女的监护权由父或母单方行使或由父母双方共同行使。参见陈苇、冉启玉："公共政策中的社会性别——《婚姻法》的社会性别分析及其立法完善"，载《甘肃政法学院学报》2005年第1期。

（一）设立探望权制度的立法动因

1. 探望权制度的设立是社会现实的需要。我国 1950 年、1980 年前后两部《婚姻法》中都没有关于探望权的规定，对于离婚后不直接抚养子女的父母一方与子女的交往问题，实践中主要由父母双方自行协商解决。当父母双方协商无效或难以协商时，也无法通过法律手段予以救济。而随着社会的发展和离婚率的持续上升，离婚双方当事人在子女探望问题上的纠纷也日益增多。为了解决现实生活中的这类矛盾使之有法可依，2001 年修正的《婚姻法》顺应时代的需要，增设了有关探望权的规定，将夫妻离婚后不直接抚养子女的父母一方与子女的相互交往关系纳入法律调控的范围。

2. 探望权制度的设立体现了法律对亲子之间固有权利的尊重和维护。亲子关系即父母子女关系，是一种自然血亲关系，子女一经出生便自然产生，除非一方死亡或子女被人收养，否则在任何情况下它都存在。这种关系既包括物质上的抚养关系，也包括精神上的交往关系。当夫妻关系处于正常状态，父母子女在同一个家庭里共同生活时，这两种关系也便自然享有，正常进行，无需通过法律加以确认和调整。而当父母离婚时，子女只能随父或母一方生活，这才使未与子女共同生活的离婚父母一方在行使这一权利时可能遇到阻碍，需要通过法律来加以规范。但是法律的调整只是对这一权利的尊重和维护，其作为自然权利的性质并未根本改变。有鉴于此，"探望权不是产生于父母之间的协议，也不需要法院判决确认。只要直接抚养权一确定，探望权也同时成立，非抚养一方的父或母自动取得探望权。"[1] 因此，凡无法定理由阻止探望权行使的行为都是违法的。

3. 探望权制度的设立符合子女最大利益原则。探望权制度的设立，体现了法律对父母利益与子女利益的双重维护，但"如何平衡父母探望的权利和促进子女身心健康发展，是探望权制度的关键。"[2] 自 20 世纪 60 年代以来，许多国家在婚姻家庭立法中重视对未成年人利益的维护，将是否符合子女的利益作为确定监护权归属以及探望权的基本依据。[3] 在我国，2001 年修正的《婚姻法》增设探望权的规定，也体现出法律对父母权益的关注，但"立法本意是为了子女身心得到更好的发展"，[4] 也就是说，立法的落脚点在于对子女利益的维护。《民法典》在第 1086 条中也明确规定了探望权。设立探望权，使不直接抚养子女的父或母在离婚后仍然保持与子女的交往关系，可以适当减轻子女的家庭破碎感，有利于子女身心健康成长。

（二）探望权的性质

就权利类型而言，探望权属于身份性的权利，它是基于父母子女关系而产生的一种自然权利，又由于法律对其作出了明确规定而同时具有了法定权利的属性。法律之所以要对

---

〔1〕 杨立新、秦秀敏主编：《中华人民共和国婚姻法释义与适用》，吉林人民出版社 2001 年版，第 412 页。

〔2〕 杨立新、秦秀敏主编：《中华人民共和国婚姻法释义与适用》，吉林人民出版社 2001 年版，第 412 页。

〔3〕 例如，美国法律规定，在允许或限制探望子女时，衡量的标准为是否符合子女最大利益；在瑞典，其亲子法把探望权的主体确定为子女，因此，可以实现多大范围内的探视问题，要以"子女的利益"为中心来决定；在法国和德国，其民法典在规定父母子女交往权时，也明确强调了子女的利益。我国婚姻立法历来重视对未成年人利益的维护，1950 年、1980 年两部《婚姻法》都在总则部分规定了保护儿童合法权益原则，在家庭关系部分和离婚部分的条文规定中，也始终把维护子女利益作为抚养、监护的前提条件。参见夏吟兰：《美国现代婚姻家庭制度》，中国政法大学出版社 1999 年版，第 297 页。[日] 利谷信义等编：《离婚法社会学》，陈明侠、许继华译，北京大学出版社 1991 年版，第 285 页。

〔4〕 "高法民一庭负责人就婚姻法司法解释答记者问"，载《人民法院报》2001 年 12 月 28 日，第 1 版。

这项权利作出明确规定，一方面是有利于保障权利人权利的顺利实现，另一方面也对义务人提出了协助履行的要求。

在我国司法实践中存在离婚当事人为方便离婚而放弃探望权，或虽然约定了探望权而不直接抚养方不进行探望的情况，由此产生了探望权只是一项单纯的权利，还是带有义务的属性的争议。对此问题，我国学者主要有三种观点：其一是探望权权利说。权利说又分为广义说与狭义说两种。广义说认为探望权具有双向性，同时为离婚后不直接抚养子女的父或母一方和子女所享有；狭义说则认为探望权仅为离婚后不直接抚养子女的父或母一方所享有，而子女不享有探望权。其二是探望权义务说。该说认为，探望权应为离婚后不直接抚养子女的父或母一方的一种法定义务，不得放弃。当不直接抚养方不履行探望的义务时，应承担相应的法律责任。其三是探望权权利义务说或附义务的权利说。该说认为，探望权对于不直接抚养方来说既是一种权利，也是一种义务，或者说是一项带有义务性质的权利，不直接抚养方不得主动放弃，也不得消极不履行。[1]

我们认为，探望权又称为会面交往权，未成年子女与父母双亲的会面交往，有益于子女的身心健康成长，故探望权不应只是不直接抚养方的一种权利，也应当是子女的一种权利。[2] 父母的离婚已使未成年子女失去了在父母双亲陪伴下健康成长的机会，而探望权可以保证子女仍然能与不直接抚养父母一方的正常交往与情感维系，在一定程度弥补了子女的这种缺憾，这也是一些国家将子女列为探望权主体的意义所在。而且在婚姻家庭法中，许多权利都常常带有义务的属性，探望权即属于其中的一例，故探望权应属于附义务的权利，父母在达成离婚协议时不得主动放弃，法院在审查离婚协议时应将其列为审查的重点。在判决离婚时，法院也应对探望权问题作出明确判决，包括探望的时间、地点、次数以及应注意的事项等。

（三）《民法典》婚姻家庭编对探望权的规定

《民法典》第 1086 条规定："离婚后，不直接抚养子女的父或者母，有探望子女的权利，另一方有协助的义务。行使探望权利的方式、时间由当事人协议；协议不成的，由人民法院判决。父或者母探望子女，不利于子女身心健康的，由人民法院依法中止探望；中止的事由消失后，应当恢复探望。"可见，我国探望权制度主要有以下内容：

1. 探望权的行使主体。探望权只能由不直接抚养子女的父或母一方享有，除父或母以

---

〔1〕 参见樊丽君主编：《中华人民共和国婚姻法评注 离婚》，厦门大学出版社 2021 年版，第 211 页。

〔2〕 主编注：在俄罗斯家庭法中，子女与父母及其他亲属的来往权利被称为"来往权"。根据《俄罗斯联邦家庭法典》第 55 条规定，子女有与父母双方、祖父母、外祖父母、兄弟姐妹和其他亲属来往的权利。父母离婚、婚姻被确认无效或者分居不影响子女的权利。参见鄢一美译：《俄罗斯联邦家庭法典》第 55 条，载中国法学会婚姻法学研究会编：《外国婚姻家庭法汇编》，群众出版社 2000 年版，第 484 页。在澳大利亚家庭法中，根据父母、子女、祖父母、外祖父母以及其他与子女照顾、福利成长相关的其他人的申请，法院有权判决作出"子女接触令"（又称子女交往令），依据该命令，任何人不得妨碍或阻止父母等亲属及其他相关人员与子女的会面交流，任何人不得妨碍或阻止子女与父母等亲属及其他相关人员与子女的会面交流。参见陈苇主编：《当代外国婚姻家庭法律制度研究》，中国人民公安大学出版社 2022 年版，第 642 页。

外的其他亲属，如祖父母、外祖父母、兄弟姐妹等，没有被规定为探望权的权利主体。[1]虽然法律没有规定这些亲属为探望权主体，但也并没有禁止他们进行探望。而直接抚养子女的一方则作为义务人，负有协助探望一方行使权利的义务。《民法典》婚姻家庭编虽未指明这一义务的具体内容，但根据探望权的含义，应包括：按双方协议或判决确定的时间将子女交给对方；允许对方按确定的方式进行探望；在子女不愿探望而不直接抚养方又无不利于子女身心健康的情形时进行说服、引导；不在子女和探望方之间设置障碍等。同时，为保护不直接抚养子女的父或母一方行使探望权，《婚姻家庭编解释（一）》第65条规定："人民法院作出的生效的离婚判决中未涉及探望权，当事人就探望权问题单独提起诉讼的，人民法院应予受理。"

2. 行使探望权的方式与时间。因为行使探望权涉及直接抚养方与子女的利益，所以在探望的方式与时间的确定上必须顾及三方的利益。根据前述《民法典》第1086条第2款的规定，确定探望的方式与时间的途径有两种：当事人协议和法院判决。其中，以当事人的协议优先，充分尊重当事人的意思自治，有利于探望权的顺利行使；如当事人之间无法协议或协议不成的，则由人民法院判决。然而，无论是当事人协议抑或法院判决，在确定具体的探望方式、时间时，应根据符合"子女最大利益原则"作出安排。[2]

3. 探望权的中止与恢复。探望权是不直接抚养子女一方的一项自然权利，又是其作为父或母的一项基本权利，因此，该项权利不得被任意剥夺。[3]《民法典》婚姻家庭编第1086条第3款规定："父或者母探望子女，不利于子女身心健康的，由人民法院依法中止探望；中止的事由消失后，应当恢复探望。"据此，探望权的中止与恢复应注意以下问题：

（1）中止探望权的法定事由。关于中止探望权行使的法定事由，《民法典》婚姻家庭编并未具体列举，只是作了一个概括性的规定，即"不利于子女身心健康的"。在现实生活和司法实践中，所谓"不利于子女身心健康"的情形，主要是指：探望权人患有严重传染性疾病或者其他严重疾病，可能危及子女健康的；探望权人在行使探望权时对子女有侵权行为或者犯罪行为，损害子女利益的；探望权人滥用探望权，挑唆、损害被探望人与直接抚养方的关系等情形。

（2）中止探望权的请求权人。《婚姻家庭编解释（一）》第67条规定："未成年子女、

---

[1]　主编注：关于探望权的权利主体是否仅限于离婚后的夫妻一方？在我国，有学者认为，探望权的权利主体除离婚后未与子女共同生活的父母一方外，还应当包括分居的夫妻之未与子女共同生活的一方。参见陈苇："离婚后父母对未成年子女监护权问题研究——兼论我国《婚姻法》相关内容的修改与补充"，载《中国法学》1998年第3期。有学者认为，未与子女共同生活的祖父母、外祖父母等近亲属也应为探望权的权利主体。参见夏吟兰、蒋月、薛宁兰：《21世纪婚姻家庭关系新规制——新婚姻法解说与研究》，中国检察出版社2001年版，第323~324页。还有学者认为，未成年子女本人也是探望权的权利主体。参见赵敏、余荣红："应明确子女为探望权的权利主体——兼评我国探望权制度的立法宗旨"，载《前沿》2005年第5期。有学者主张将探望权的权利主体扩大到未与未成年子女共同生活的包括祖父母、外祖父母、兄弟姐妹在内的近亲属。参见余延满：《亲属法原论》，法律出版社2007年版，第373页。

[2]　主编注：虚拟探望，即探望权主体相互之间利用互联网的网络视频通话等现代通信手段进行看望和谈话的交流方式，是对现实中当事人双方的面对面探望交流不足的一种补充。有关美国的虚拟探望立法与实践之研究，参见陈思琴：《离婚后亲子关系法律制度研究》，中国社会科学出版社2011年版，第412页。

[3]　在国外，《美国统一结婚离婚法》第407条规定："只要符合子女的最大利益，法庭可以修改允许或拒绝探视的裁决。但只要这种探视不会危害子女的身体、精神、道德或感情的健康，法庭不应限制父母探视子女的权利。"《法国民法典》第288条第2款规定："仅在有重大理由的情况下，始能拒绝该方探视与留宿子女的权利。"

直接抚养子女的父或者母以及其他对未成年子女负担抚养、教育、保护义务的法定监护人，有权向人民法院提出中止探望的请求。"即中止探望权的请求权人包括未成年子女本人、直接抚养子女的父或母，以及其他对未成年子女负担抚养、教育义务的法定监护人。

（3）中止探望权的程序。中止探望权是司法行为，非经人民法院依法裁定，任何机关、任何个人不得擅自中止不直接抚养方探望子女的权利。根据《婚姻家庭编解释（一）》第66规定，当事人在履行生效判决、裁定或者调解书的过程中，一方请求中止探望的，人民法院在征询双方当事人意见后，认为需要中止探望的，依法作出裁定。

（4）探望权的恢复。探望权的中止不同于终止，它只是暂时停止当事人的探望权，待中止探望的原因消失后，人民法院应当根据当事人的申请宣告以书面通知其恢复探望。

4. 妨碍行使探望权的强制措施。《民法典》婚姻家庭编没有对探望权的强制执行作出规定，但《婚姻家庭编解释（一）》第68条明确规定，对于拒不协助另一方行使探望权的有关个人或者组织，可以由人民法院依法采取拘留、罚款等强制措施，但是不能对子女的人身、探望行为进行强制执行。[1]

四、子女抚养关系的变更

抚养关系确定以后，父母双方应认真履行抚养教育子女的义务。但如果父母的情况发生了重大变化，可以变更抚养关系。根据《婚姻家庭编解释（一）》第56～57条的规定，子女抚养关系的变更分为父母协议变更子女抚养关系和法院判决变更子女抚养关系两种情形。

（一）父母协议变更子女抚养关系

通过协商变更抚养关系，一般只需要父母达成变更协议即可。这体现了对当事人意思自治的尊重。当然，在子女有识别能力的情况下，父母双方还应听取子女的意见，不应违背其意愿而单方面作出变更决定。《婚姻家庭编解释（一）》第57条规定："父母双方协议变更子女抚养关系的，人民法院应予支持。"即对父母双方自愿协商达成的变更子女抚养关系的协议，没有不利于子女健康成长的情形的，人民法院应予准许。

（二）法院判决变更子女抚养关系

如果一方要求变更子女抚养关系，而另一方不同意变更的，要求变更的一方应向法院起诉。因为这不涉及原离婚案件的离婚问题和夫妻财产的处理问题，而是在新情况下父母一方提出子女直接抚养方的变更问题，所以应作为新的案件另行起诉。[2] 至于要求变更的新情况，既可因直接抚养方不愿意继续抚养而发生，也可因无直接抚养权一方要求抚养而发生。对于法院判决变更子女抚养关系，《婚姻家庭编解释（一）》第55、56条分别规定如下："离婚后，父母一方要求变更子女抚养关系的，或者子女要求增加抚养费的，应当另行提起诉讼。""具有下列情形之一，父母一方要求变更子女抚养关系的，人民法院应予支持：（一）与子女共同生活的一方因患严重疾病或者因伤残无力继续抚养子女；（二）与子女共同生活的一方不尽抚养义务或有虐待子女行为，或者其与子女共同生活对子女身心健

---

[1] 主编注：澳大利亚近年来对"子女接触令"（有的国家称为"探望权令"）的实施采取了一些改进措施，以体现"子女最大利益原则"的要求。参见陈苇、赵燕："澳大利亚'子女接触令'实施的改进建议对我国之启示"，载《法治研究》2010年第9期。此外，我国有学者提出，探望被妨碍的救济问题应纳入债之关系进行处理的观点。根据双方是否存在探望权行使约定，可相应形成违约损害赔偿责任、法定义务不履行责任与侵权损害赔偿责任等形态。参见刘征峰："论妨碍探望的民事责任"，载《政治与法律》2024年第6期。

[2] 参见肖峰编著：《民法典婚姻家庭编条文精释与案例实务》，法律出版社2020年版，第247页。

康确有不利影响；（三）已满八周岁的子女，愿随另一方生活，该方又有抚养能力；（四）有其他正当理由需要变更。"

五、子女抚养费的负担与变更

（一）子女抚养费的负担

子女抚养费，也叫抚育费，包括子女生活费、教育费、医疗费等费用。[1]《民法典》第 1085 条第 1 款规定："离婚后，子女由一方直接抚养的，另一方应当负担部分或者全部抚养费。负担费用的多少和期限的长短，由双方协议；协议不成的，由人民法院判决。"即子女无论随父或母何方生活，另一方都应负担部分或者全部抚养费。负担费用的多少和期限的长短，首先由双方协商确定。这样规定，既尊重了当事人的意愿，也有利于以后义务的履行。但在现实生活中，有的当事人为了争得对子女的直接抚养权而愿意全部承担子女的抚养费用，如果其有抚养能力，法院应予准许。但如果其并不具有抚养能力的，法院应进行必要的干预。《婚姻家庭编解释（一）》第 52 条规定："父母双方可以协议由一方直接抚养子女并由直接抚养方负担子女全部抚养费。但是，直接抚养方的抚养能力明显不能保障子女所需费用，影响子女健康成长的，人民法院不予支持。"为了避免离婚后直接抚养方经济情况变化而影响子女的生活所需，《婚姻家庭编解释（二）》第 16 条第 1 款规定："离婚协议中关于一方直接抚养未成年子女或者不能独立生活的成年子女、另一方不负担抚养费的约定，对双方具有法律约束力。但是，离婚后，直接抚养子女一方经济状况发生变化导致原生活水平显著降低或者子女生活、教育、医疗等必要合理费用确有显著增加，未成年子女或者不能独立生活的成年子女请求另一方支付抚养费的，人民法院依法予以支持，并综合考虑离婚协议整体约定、子女实际需要、另一方的负担能力、当地生活水平等因素，确定抚养费的数额。"

如果双方协议不成或协议不被准许的，由人民法院判决确定。人民法院在判决中，应明确以下问题：

1. 抚养费的数额。根据《婚姻家庭编解释（一）》第 49 条规定，抚养费的数额，可以根据子女的实际需要、父母双方的负担能力和当地的实际生活水平确定。有固定收入的，抚养费一般可以按其月总收入的 20%~30% 的比例给付。负担两个以上子女抚养费的，比例可以适当提高，但一般不得超过月总收入的 50%。无固定收入的，抚养费的数额可以依据当年总收入或者同行业平均收入，参照上述比例确定。有特殊情况的，可以适当提高或者降低上述比例。

2. 抚养费的给付方式。抚养费的给付方式应根据父母双方的工作性质、收入情况等确定。定期给付是抚养费支付的一般原则，通常以月、季度、年为时间单位。有固定收入的，抚养费应按月给付；无固定收入的，如从事农业生产的农民等，可按收益季度或年度给付；有条件的也可一次性给付。如果一方无经济收入或者下落不明的，可用其财物折抵子女抚养费。[2]

3. 抚养费的给付期限。《婚姻家庭编解释（一）》第 53 条规定："抚养费的给付期限，一般至子女十八周岁为止。十六周岁以上不满十八周岁，以其劳动收入为主要生活来源，并能维持当地一般生活水平的，父母可以停止给付抚养费。"此外，根据《民法典》第

---

〔1〕　参见《婚姻家庭编解释（一）》第 42 条。

〔2〕　参见《婚姻家庭编解释（一）》第 50、51 条。

1067 条第 1 款的规定精神，对于不能独立生活的成年子女，有负担能力的父母，仍应给付必要的抚养费。[1] 也就是说，抚养费的给付期限，一般至子女 18 周岁为止，但对于不能独立生活的成年子女，有负担能力的父母应当给付必要的抚养费。对于不能独立生活的成年子女的认定，依《婚姻家庭编解释（一）》第 41 条规定，包括以下情形：一是尚在校接受高中及其以下学历教育；二是丧失或部分丧失劳动能力等非因主观原因而无法维持正常生活。[2]

在司法实践中，有的当事人以对方擅自变更子女姓氏为由拒不支付子女抚养费而引起纠纷。对此，《婚姻家庭编解释（一）》第 59 条规定："父母不得因子女变更姓氏而拒付子女抚养费。父或者母擅自将子女姓氏改为继母或继父姓氏而引起纠纷的，应当责令恢复原姓氏。"

（二）子女抚养费的变更

父母协议或法院判决中确定的抚养费数额，是根据离婚当时子女的实际需要和父母双方的经济状况确定的。在以后的实际生活中，如果子女的需要或父母的情况发生了变化，法律允许进行合理变更。《民法典》第 1085 条第 2 款规定："前款规定的协议或者判决，不妨碍子女在必要时向父母任何一方提出超过协议或者判决原定数额的合理要求。"抚养费的变更包括增加、减少和免除三种情况。

1. 抚养费的增加。既然抚养费是根据子女的实际需要和父母的经济状况确定的，当原定的情况发生变化时，子女可以提出增加的要求。至于是否增加或增加多少应先由当事人协议，协议不成的，要求增加的子女可向法院起诉解决。根据《婚姻家庭编解释（一）》第 58 条规定，具有下列情形之一，子女要求有负担能力的父或者母增加抚养费的，人民法院应予支持：①原定抚养费数额不足以维持当地实际生活水平；②因子女患病、上学，实际需要已超过原定数额；③有其他正当理由应当增加。

2. 抚养费的减少和免除。《婚姻家庭编解释（一）》第 49 条规定："抚养费的数额，可以根据子女的实际需要、父母双方的负担能力和当地的实际生活水平确定……有特殊情况的，可以适当提高或者降低上述比例。"据此规定，抚养费在一定条件下也可以减少或免除。根据司法实践的经验，一般在以下情况下，抚养费可以减少或免除：①离婚后，直接抚养子女的一方再行结婚，其新的配偶愿意负担继子女的抚养费的部分或全部，原有给付义务的生父或生母，可酌情减少或免除其负担的抚养费。但必须明确，继父或继母没有负担继子女抚养费的法律义务。如他们不愿负担，生父或生母的原负担义务不得减少或免除。②原有给付义务的一方，因发生重大变化而无力负担的，也可以通过协议或法院判决，减少或免除抚养费。如义务方丧失劳动能力而又无生活来源，或者由于长期患病，或者因犯罪而被判刑等。离婚父母双方协商抚养费的减少或免除，如有不利于子女健康成长的情形，即使直接抚养方同意减免，也不应准许；如果义务方暂时无负担能力，可暂时中止其给付义务，当其有给付能力时则应当恢复给付。

---

[1]《民法典》第 1067 条第 1 款规定，"父母不履行抚养义务的，未成年子女或者不能独立生活的成年子女，有要求父母给付抚养费的权利。"

[2] 主编注：关于接受高等教育的成年子女是否应当是子女抚养义务绝对终止之探讨，参见樊丽君主编：《中华人民共和国婚姻法评注 离婚》，厦门大学出版社 2021 年版。

　　（三）子女成年后欠付抚养费的处理

　　父母对未成年的子女有抚养的义务。但在现实生活中，有些父母在离婚后并未按照约定履行其义务，子女成年后向法院起诉要求父或母支付其欠付的抚养费、或者是直接抚养方起诉对方要求其支付欠付的抚养费，对其主张法院应否支持呢？对此，《婚姻家庭编解释（二）》第 17 条规定："离婚后，不直接抚养子女一方未按照离婚协议约定或者以其他方式作出的承诺给付抚养费，未成年子女或者不能独立生活的成年子女请求其支付欠付的抚养费的，人民法院应予支持。前款规定情形下，如果子女已经成年并能够独立生活，直接抚养子女一方请求另一方支付欠付的费用的，人民法院依法予以支持。"

六、对不履行离婚协议约定的财产给予子女的行为的处理

　　离婚协议是离婚双方当事人对解除婚姻、子女抚养、财产分割等问题所达成的一揽子协议。在该协议中涉及的财产给予子女的约定，可能是以一方同意离婚或在离婚问题上作出重大让步为基础达成的。如果离婚后义务方不履行，则有违公平与诚信原则。但如果协议是在受欺诈、胁迫等情形下达成的，也应给予受害方救济的机会。因此，《婚姻家庭编解释（二）》第 20 条规定："离婚协议约定将部分或者全部夫妻共同财产给予子女，离婚后，一方在财产权利转移之前请求撤销该约定的，人民法院不予支持，但另一方同意的除外。一方不履行前款离婚协议约定的义务，另一方请求其承担继续履行或者因无法履行而赔偿损失等民事责任的，人民法院依法予以支持。双方在离婚协议中明确约定子女可以就本条第一款中的相关财产直接主张权利，一方不履行离婚协议约定的义务，子女请求参照适用民法典第五百二十二条第二款规定，由该方承担继续履行或者因无法履行而赔偿损失等民事责任的，人民法院依法予以支持。……"

七、对离婚诉讼期间或离婚后探望权行使期间抢夺、藏匿未成年子女行为的处理

　　抢夺、藏匿未成年子女情形常发生在离婚诉讼期间父母为争取对未成年子女的直接抚养权以及离婚后探望权行使期间。《婚姻家庭编解释（二）》第 12 条第 1 款对此类行为的处理方式及责任等作出了规定："父母一方或者其近亲属等抢夺、藏匿未成年子女，另一方向人民法院申请人身安全保护令或者参照适用民法典第九百九十七条规定申请人格权侵害禁令的，人民法院依法予以支持。"也就是说，人身安全保护令或人格权行为禁令可适用于抢夺、藏匿未成年子女的情形。第 13 条则对抢夺、藏匿未成年子女的民事责任作出了规定："夫妻分居期间，一方或者其近亲属等抢夺、藏匿未成年子女，致使另一方无法履行监护职责，另一方请求行为人承担民事责任的，人民法院可以参照适用民法典第一千零八十四条关于离婚后子女抚养的有关规定，暂时确定未成年子女的抚养事宜，并明确暂时直接抚养未成年子女一方有协助另一方履行监护职责的义务。"第 12 条第 2 款则对抢夺、藏匿未成年子女的抗辩事由作出了规定："抢夺、藏匿未成年子女一方以另一方存在赌博、吸毒、家庭暴力等严重侵害未成年子女合法权益情形，主张其抢夺、藏匿行为有合理事由的，人民法院应当告知其依法通过撤销监护人资格、中止探望或者变更抚养关系等途径解决。……"

八、离婚后父母对未成年子女致人损害民事责任的承担

　　父母离婚后，子女一般随父母一方生活，在此期间如果发生未成年子女致人损害的情形，就必然涉及民事责任如何承担的问题。《民法典》第 1188 条规定："无民事行为能力人、限制民事行为能力人造成他人损害的，由监护人承担侵权责任。监护人尽到监护责任的，可以减轻其侵权责任。有财产的无民事行为能力人、限制民事行为能力人造成他人损

害的，从本人财产中支付赔偿费用；不足部分，由监护人赔偿。"根据该规定，在未成年子女致人损害时民事责任的承担问题中，必须注意以下问题：

（一）离婚后父母对子女的监护责任

《民法典》第27条第1款规定："父母是未成年子女的监护人。"《民法典》第1084条规定："父母与子女间的关系，不因父母离婚而消除。离婚后，子女无论由父或者母直接抚养，仍是父母双方的子女。离婚后，父母对于子女仍有抚养、教育、保护的权利和义务。"所以，未直接抚养子女的一方，虽与子女不再共同生活，但仍然负有监护的责任。

（二）负有监护责任的父母共同承担民事责任

父母离婚后，未成年子女造成他人损害，被侵权人请求离异父母共同承担侵权责任的，人民法院依照《民法典》第1068条、第1084条以及第1188条的规定予以支持。一方以未与该子女共同生活为由主张不承担或者少承担责任的，人民法院不予支持。离异父母之间的责任份额，可以由双方协议确定；协议不成的，人民法院可以根据双方履行监护职责的约定和实际履行情况等确定。实际承担责任超过自己责任份额的一方向另一方追偿的，人民法院应予支持。[1]

 导入案例之要点评析

本案离婚当事人双方争执的问题，主要集中在以下四个方面：

1. 共同财产分割。双方对婚后所采取的财产制形式没有作出约定，因此应按法定财产制的规定处理。对于没有争议的财产，则按双方的合意协商处理。首先，确定双方共同财产的范围。按照《民法典》婚姻家庭编及相关司法解释的规定，婚姻期间夫妻双方的共同财产应包括：婚后的收入及储蓄和利息、双方各自继承所得财产（因为本案无被指定一方继承的除外情况）、王平的著作出版所得。其次，共同财产的分割。在一般情况下，共同财产采取平均分割的方式。但按照《民法典》第1087条第1款的规定，王平作为无过错方，法院在分割财产时，可依法对其进行适当的照顾。至于房屋，根据《婚姻家庭编解释（一）》第78条规定，夫妻一方婚前签订不动产买卖合同，以个人财产支付首付款并在银行贷款，婚后用夫妻共同财产还贷，不动产登记于首付款支付方名下的，离婚时该不动产由双方协议处理。依前款规定不能达成协议的，人民法院可以判决该不动产归登记一方，尚未归还的贷款为不动产登记一方的个人债务。双方婚后共同还贷支付的款项及其相对应财产增值部分，离婚时应根据《民法典》第1087条第1款规定的原则，由不动产登记一方对另一方进行补偿。该房屋由王平婚前购买且登记在其名下，虽然双方对还款方式作出过约定，但如果双方达不成协议，法院可以判决该房屋归王平所有。婚后王平还贷支付的款项及相对应财产增值部分，由王平对丁兰进行一半价值的补偿。

2. 子女抚养问题。根据《婚姻家庭编解释（一）》第47条规定，父母双方均要求直接抚养子女，父母抚养子女的条件基本相同，但子女单独随祖父母或者外祖父母共同生活多年，且祖父母或者外祖父母要求并且有能力帮助子女照顾孙子女或者外孙子女的，可以作为父或者母直接抚养子女的优先条件予以考虑。本案的离婚当事人双方均要求直接抚养子女，且抚养条件基本相同，但因王丰一直随王平的父母共同生活，因此在子女抚养问题

---

〔1〕 参见《侵权编解释（一）》第8条。

上王平抚养子女的要求依法应当被优先考虑，由其直接抚养王丰更适当，这符合最有利于未成年子女利益原则。

3. 离婚损害赔偿问题。按《民法典》第1091条的规定，无过错方有权请求损害赔偿的情形包括重婚、与他人同居、实施家庭暴力、虐待、遗弃家庭成员和有其他重大过错。本案当事人离婚是由丁兰的婚外同居行为而导致夫妻感情破裂造成的，故法院对王平的诉讼请求应予以支持。

4. 离婚经济补偿问题。按照《民法典》第1088条的规定，夫妻一方因抚育子女、照料老年人、协助另一方工作等负担较多义务的，离婚时有权向另一方请求补偿。在该案中，婚后丁兰在料理家务、协助对方写作工作等方面负担了较多义务，在离婚时可给予其适当的经济补偿。补偿的数额先由双方协商，协商不成则由法院判决确定。

 **思考题**

一、选择题

（一）单项选择题

1. 乙起诉离婚时，才得知丈夫甲此前已着手隐匿并转移财产。关于甲、乙离婚的财产分割，下列哪一选项是错误的？（　　）（2016年国家司法考试试题）

A. 甲隐匿转移财产，分割财产时可少分或不分

B. 就履行离婚财产分割协议事宜发生纠纷的，乙可再起诉

C. 离婚后发现甲还隐匿其他共同财产，乙可另诉再次分割财产

D. 离婚后发现甲还隐匿其他共同财产，乙再行起诉不受诉讼时效限制

2. 钟某性情暴躁，常殴打妻子柳某，柳某经常找同村未婚男青年杜某诉苦排遣，日久生情。现柳某起诉离婚，关于钟、柳二人的离婚财产处理事宜，下列哪一选项是正确的？（　　）（2016年国家司法考试试题）

A. 针对钟某家庭暴力，柳某不能向其主张损害赔偿

B. 针对钟某家庭暴力，柳某不能向其主张精神损害赔偿

C. 如柳某婚内与杜某同居，则柳某不能向钟某主张损害赔偿

D. 如柳某婚内与杜某同居，则钟某可以向柳某主张损害赔偿

3. 甲（男）、乙（女）结婚后，甲承诺，在子女出生后，将其婚前所有的一间门面房变更登记为夫妻共同财产。后女儿丙出生，但甲不愿兑现承诺，导致夫妻感情破裂离婚，女儿丙随乙一起生活。后甲又与丁（女）结婚。未成年的丙因生重病住院急需医疗费20万元，甲与丁签订借款协议从夫妻共同财产中支取该20万元。下列哪一表述是错误的？（　　）（2014年国家司法考试试题改编）

A. 甲与乙离婚时，乙有权请求分割该门面房或请求甲予以补偿

B. 甲与丁的协议应视为双方约定处分共同财产

C. 如甲、丁离婚，有关医疗费按借款协议约定处理

D. 如丁不同意甲支付医疗费，且无权要求分割共有财产

4. 丈夫甲瞒着妻子乙，在网络直播平台用夫妻共同财产打赏30余万元，数额明显超出甲乙家庭一般消费水平，严重损害妻子共同财产利益，下列哪一表述是正确的？（　　）

A. 乙可以请求在婚姻关系存续期间分割夫妻共同财产

B. 乙有权向主播请求全额返还打赏款

C. 乙有权向网络直播平台请求全额返还打赏款

D. 乙有权因甲侵害夫妻共同财产权益而向甲主张损害赔偿

（二）多项选择题

1. 屈赞与曲玲协议离婚并约定婚生子屈曲由屈赞抚养，另口头约定曲玲按其能力给付抚养费并可随时探望屈曲。对此，下列哪些选项是正确的？（　　）（2016 年国家司法考试试题）

A. 曲玲有探望权，屈赞应履行必要的协助义务

B. 曲玲连续几年对屈曲不闻不问，违背了法定的探望义务

C. 屈赞拒不履行协助曲玲探望的义务，经由裁判可依法对屈赞采取拘留、罚款等强制措施

D. 屈赞拒不履行协助曲玲探望的义务，经由裁判可依法强制从屈赞处接领屈曲与曲玲会面

2. 董楠（男）和申蓓（女）是美术学院同学，共同创作一幅油画作品《爱你一千年》。毕业后二人结婚育有一女。董楠染上吸毒恶习，未经申蓓同意变卖了《爱你一千年》，所得款项用于吸毒。因董楠恶习不改，申蓓在女儿不满 1 周岁时提起离婚诉讼。下列哪些说法是正确的？（　　）（2015 年国家司法考试试题）

A. 申蓓虽在分娩后 1 年内提出离婚，法院应予受理

B. 如调解无效，应准予离婚

C. 董楠出售《爱你一千年》侵犯了申蓓的物权和著作权

D. 对董楠吸毒恶习，申蓓有权请求离婚损害赔偿

二、判断分析题

1. 妻子转让用夫妻共同财产出资但登记在自己名下的有限责任公司股权，丈夫以未经其同意侵害夫妻共同财产利益为由请求确认股权转让合同无效的，人民法院应予支持。

2. 甲男与乙女结婚后，借款 2 万元共同开办了一个养猪场，但因没有经验，猪经常死亡，造成严重亏损。一次甲男在去集市途中遇车祸死亡。由于甲男死亡，所欠 2 万元债务乙女只应承担 1/2 即 1 万元债务。

三、简答题

1. 离婚在当事人间产生哪些法律效力？

2. 夫妻共同债务的清偿方式有哪些？

3. 离婚当事人请求离婚经济帮助应当具备什么条件？

四、论述题

1. 试述分割夫妻共同财产时应遵循的原则。

2. 试述离婚损害赔偿请求权的成立及行使的条件。

五、案例分析题

郑某为某企业的供销科长，婚前租住本厂一套两居室的套房。2010 年初经人介绍认识了刘某，并于当年结婚。2011 年 12 月，刘某生一女孩。为了照顾家庭和小孩，郑某动员刘某辞去工作，专心在家料理家务。孩子出生两年后，因郑某经常在外跑业务，在家时间不多，又有传闻说郑某在外与一女子有暧昧关系，为此夫妻二人经常吵架，有几次郑某还动手打了刘某。

2023 年 11 月，刘某向法院起诉要求与郑某离婚，并提出以下请求：①孩子判归郑某抚养；②因离婚是由郑某的过错造成的，分割夫妻共同财产时，其应多分；③郑某应给予自己经济补偿，从 2011 年 12 月起至起诉时，每月补偿 1000 元；④郑某对自己实施了家庭暴力，理应对其给予离婚损害赔偿；⑤自己准备参加就业技能培训，请求郑某支付培训费 5000 元；⑥自己没有工作，要求离婚后继续租住现有住房，在找到工作之前郑某还应按月付给自己一定的生活费。郑某表示同意离婚，也同意抚养女儿，但因其经常出差在外，没时间照顾孩子，故愿意支付抚养费，孩子仍归刘某抚养；刘某长期不工作，家里的所有开支都是自己承担，故不应再多分财产；对刘某提出的第 3~6 项请求郑某也持不同意见。

请问：法院应否支持刘某的诉讼请求？

 阅读参考文献

1. 夏吟兰等：《中国民法典释评 婚姻家庭编》，中国人民大学出版社 2020 年版。

2. 王礼仁、何昌林：《夫妻债务的司法认定与立法完善》，人民法院出版社 2019 年版。

3. 李俊：《离婚救济制度研究》，法律出版社 2008 年版。

4. 陈思琴：《离婚后亲子关系法律制度研究》，中国社会科学出版社 2011 年版。

5. 梁小平：《离婚损害赔偿制度研究》，中国政法大学出版社 2015 年版。

6. 张庆林：《中国诉讼离婚中儿童权利保护研究》，中国人民公安大学出版社 2021 年版。

第十二章
继承制度概述

✤**学习的内容和重点**

通过本章的学习，要求学生把握继承、继承权、遗产等基本概念，了解《民法典》继承编的原则，重点掌握《民法典》规定的继承开始的时间，继承权的取得、接受和放弃、丧失及行使，继承权的法律保护以及遗产的范围等基本知识。

导入案例

张某国与李某珍于1982年登记结婚，婚后育有二女张丽和张娜。张某国与李某珍于1998年共同购买了某市河滨小区8幢1-3-1号房屋。2001年1月3日，李某珍因病去世。2005年，张某国与王某玉登记结婚，居住在河滨小区8幢1-3-1号，张丽、张娜均已结婚并在外地工作。2007年1月，河滨小区8幢1-3-1号房屋拆迁。拆迁方在花园小区为张某国夫妇安置了住房一套（花园小区5幢4-2-2号），并发放旧房补偿款6.4万元、搬家补助费0.2万元、临时安置补偿费1.2万元。2023年2月1日，张丽、张娜因急需买房，向张某国提出分割部分补偿款，张某国以只有等他死后女儿们才有权继承遗产为由，拒绝了张丽、张娜的请求。因不满父亲的做法，2023年3月1日，张丽和张娜向当地人民法院起诉张某国，请求依法确认原告对其母亲遗产的继承权，并分割花园小区5幢4-2-2号房屋、旧房补偿款、搬家补助费、临时安置补偿费中属于母亲李某珍遗产的部分。

请问：

1. 对李某珍遗产的继承从何时开始？为什么？

2. 张丽、张娜起诉请求分割母亲的遗产是否已经超过诉讼时效？为什么？

3. 张丽、张娜起诉请求分割的上述财产中，哪些属于李某珍的遗产？为什么？

第一节　继承的概念和特征

一、继承的概念

"继承"一词的含义，有广义与狭义之分。广义的继承，是指生者对死者生前享有的权利和承担的义务的承受，其内容不仅包括财产继承，还包括身份继承。身份继承是指生者承袭死者的身份，如继承王位、爵位或家长身份等。狭义的继承，即财产继承，是指生者对死者的财产权利和义务的承受。我国古代社会以身份继承为主，是广义的继承。到现代社会，绝大多数国家的现代继承法中已无身份继承而专行财产继承，故当代的"继承"一词是指狭义的继承，即财产继承的简称。[1]

所谓继承制度，是指将死者生前遗留的财产权利和义务，依法律的规定或依死者的遗嘱指定转移给他人承受及遗产债务的清偿等法律制度的总和。在继承关系中，遗留财产的死者称为被继承人，死者遗留的个人财产称为遗产，依法或依遗嘱继承遗产的人称为继承人，继承人依法或依遗嘱取得遗产的权利称为继承权。[2] 继承制度的内容主要包括有关遗产的转移方式（法定继承、遗嘱继承、遗赠等）、法定继承人的范围和顺序、遗产范围、遗产的处理原则和分割方法以及被继承人债务的清偿等法律制度。继承法则是调整自然人死亡后所发生的财产移转关系的法律规范的总称。

二、继承的特征

继承是民事法律关系的重要组成部分之一，这种民事法律关系具有不同于其他民事法律关系的特征，主要如下：

（一）财产继承关系的发生以被继承人死亡为原因

民事法律关系的发生原因，多数是民事法律行为。而财产继承关系的发生原因，则是被继承人死亡这一法律事实的出现。因为，财产继承关系是以财产所有权为基础的，是财产所有权的延伸和继续。[3] 只有被继承人死亡后，其遗留的个人所有的合法财产才是遗产，才能发生遗产所有权转移给继承人的财产继承关系。

（二）财产继承人只能是与被继承人有一定亲属身份关系的自然人

民事法律关系的主体，可以是自然人、法人或国家，而财产继承人只能是自然人，因为财产继承与一定的亲属身份关系相联系。按《民法典》的规定，财产继承人只能是与被继承人之间存在婚姻、血缘或扶养关系的自然人。[4] 国家、法人及其他社会组织都不能成为财产继承人，只能作为遗赠受领人。此外，国家或集体组织对于无人继承又无人受遗赠的遗产，可作为取得该遗产的主体。

（三）财产继承的内容是财产权利和财产义务的全面承受

与单务民事法律关系的权利主体只享有财产权利不同，按《民法典》的规定，财产继承关系的权利主体即继承人，既享有继承遗产的权利，又承担在遗产实际价值范围内清偿被继承人生前所负债务的义务。即财产继承关系的内容是继承人对财产权利和财产义务的全面承受，是取得财产权利和履行财产义务的统一。因此，财产继承的标的，即权利义务指向的对象，不仅包括积极财产即遗产，而且包括消极财产即被继承人遗留的个人债务及应缴纳的税款。此外，在附义务的遗嘱继承情况下，财产继承的标的，除包括积极财产和消极财产外，还可以是遗嘱人指定遗嘱继承人必须履行的某些行为。

（四）财产继承的结果是继承人无偿取得遗产所有权

财产继承是财产所有权转移的一种方式。它不同于有偿民事法律关系需给付相应对价才能取得财产所有权，也不同于赠与财产关系是自然人生前赠与其个人所有财产，使受赠

---

〔1〕 关于现代继承法的发展趋势及其启示研究，参见陈苇等："论现代继承法的发展趋势及其对'中国民法典·继承编'的立法启示"，载陈苇等：《中国继承法理论与实践研究》，中国人民公安大学出版社 2019 年版，第 24~44 页。关于法国、德国、意大利、日本、智利五国的民法典继承法之立法结构研究，参见刘辉："民法典继承编体系之比较"，载陈小君等：《民法典结构设计比较研究》，法律出版社 2011 年版，第 160~177 页。

〔2〕 参见佟柔主编：《继承法教程》，法律出版社 1986 年版，第 1 页。

〔3〕 刘素萍主编：《继承法》，中国人民大学出版社 1988 年版，第 23 页。

〔4〕 参见《民法典》第 1127~1129 条。

人无偿取得该财产所有权。它是于被继承人死亡后由其继承人依法或依遗嘱无偿取得遗产。即财产继承的结果是继承人无偿取得遗产的所有权。

财产继承也不同于分家析产。两者的主要区别是：①从发生的原因看，前者基于被继承人死亡而发生；后者基于家庭共有财产人请求而发生。②从财产关系的性质看，前者是被继承人的遗产通过继承转移给继承人所有；后者是家庭共有财产通过分家析产变为家庭成员分别所有，不发生财产所有权的转移。③从财产的范围看，遗产仅限于被继承人死亡后遗留的个人合法财产，应把夫妻共有财产和家庭共有财产中被继承人享有的份额分离出来，先析产后继承；而分家析产的财产范围仅限于家庭共有财产。

第二节　《民法典》继承编修订的主要内容

在我国，《继承法》自 1985 年颁布实施后至 2020 年《民法典》颁布前一直未被修订。[1]《民法典》继承编在编纂时，以《继承法》的内容为基础，同时根据我国社会经济文化的发展变化、司法实践的有益经验等修改、增补了部分内容。2020 年 5 月 28 日通过的《民法典》已于 2021 年 1 月 1 日起实施。为指导司法实践，2020 年 12 月 29 日最高人民法院公布并于 2021 年 1 月 1 日起实施《继承编解释（一）》。《民法典》继承编与《继承法》相比，其被修订的主要内容如下：

一、修改了死亡时间的确定规则

（一）宣告死亡时间的确定

《继承法》没有规定宣告死亡的时间如何确定，《民法典》第 48 条明确了："被宣告死亡的人，人民法院宣告死亡的判决作出之日视为其死亡的日期；因意外事件下落不明宣告死亡的，意外事件发生之日视为其死亡的日期。"

（二）增加了相互有继承关系的数人在同一事件中死亡且难以确定死亡时间的推定规则

《民法典》第 1121 条将 1985 年《执行继承法意见》第 2 条的推定规则修改后上升为法律，"相互有继承关系的数人在同一事件中死亡，难以确定死亡时间的，推定没有其他继承人的人先死亡。都有其他继承人，辈分不同的，推定长辈先死亡；辈分相同的，推定同时死亡，相互不发生继承"。

二、修改对遗产的界定方式

《继承法》第 3 条规定："遗产是公民死亡时遗留的个人合法财产……"同时以列举的方式规定，遗产的范围包括公民的收入、房屋、储蓄、生活用品、林木、牲畜、家禽、文物、图书资料、法律允许公民所有的生产资料、著作权、专利权中的财产权利以及其他合法财产。1985 年《执行继承法意见》第 3 条规定："公民可继承的其他合法财产包括有价证券和履行标的为财物的债权等。"由于正面列举的方式难以穷尽可继承遗产的范围，故《民法典》编纂时直接采用概括方式规定遗产的范围，第 1122 条第 1 款规定："遗产是自然人死亡时遗留的个人合法财产。"同时该条第 2 款规定："依照法律规定或者根据其性质不得继承的遗产，不得继承。"此即从反面限制可继承的遗产范围。

---

〔1〕 关于我国改革开放后至 1985 年《继承法》施行前继承制度之立法和司法解释，参见龙翼飞主编：《中华人民共和国继承法评注 总则》，厦门大学出版社 2020 年版，第 8~11 页。

三、补充放弃继承的方式和修订接受遗赠意思表示的时间

以 1985 年《执行继承法意见》第 47 条规定为基础，对于继承人放弃继承的，《民法典》第 1124 条增补规定，应当在遗产处理前"以书面形式作出放弃继承的表示"。对接受遗赠意思表示的时间，该条第 2 款将《继承法》第 25 条第 2 款规定的"两个月内"修改为"六十日内"。

四、修改补充继承权丧失制度

一是增加了继承权丧失的法定情形。在《继承法》第 7 条的基础上，《民法典》第 1125 条增加规定，继承人隐匿遗嘱，情节严重；或者以欺诈、胁迫手段迫使或者妨碍被继承人设立、变更或者撤回遗嘱，情节严重的，依法丧失继承权。二是增补继承权丧失后的宽恕制度，明确规定了继承权相对丧失的法定条件。《民法典》第 1125 条第 2 款规定，继承人有遗弃被继承人，或者虐待被继承人情节严重；或者伪造、篡改、隐匿或者销毁遗嘱，情节严重；或者欺诈、胁迫手段迫使或者妨碍被继承人设立、变更或者撤回遗嘱，情节严重等行为，确有悔改表现，被继承人表示宽恕或者事后在遗嘱中将其列为继承人的，该继承人不丧失继承权。三是增补受遗赠人丧失受遗赠权的法定情形，受遗赠人具有第 1125 条第 1 款规定行为的，丧失受遗赠权。

五、扩大代位继承人的范围

《民法典》第 1128 条在《继承法》第 11 条被继承人子女的直系晚辈血亲为代位继承人的基础上，增加兄弟姐妹的子女为代位继承人。"被继承人的兄弟姐妹先于被继承人死亡的，由被继承人的兄弟姐妹的子女代位继承。"此即将法定继承人的范围扩大到了侄子女和外甥子女。

六、放宽部分酌分遗产请求权人的条件

《民法典》第 1131 条对《继承法》第 14 条规定的部分酌分遗产请求权人放宽了主体条件，即对可以请求分给适当遗产的主体中之"继承人以外的依靠被继承人扶养的人"删除了"缺乏劳动能力又没有生活来源"的限制条件，以扩大遗产的扶养职能。

七、增补遗嘱信托、遗嘱的法定形式、遗嘱的有效要件及遗嘱见证人的资格限制

一是《民法典》第 1133 条第 4 款规定，自然人可以依法设立遗嘱信托。二是《民法典》第 1135～1140 条在《继承法》已有的自书遗嘱、代书遗嘱、录音遗嘱、口头遗嘱和公证遗嘱的基础上增加了录像遗嘱和打印遗嘱，并且补充了录音遗嘱和口头遗嘱的有效要件以及遗嘱见证人资格的限制条件。[1]

八、修改遗嘱的撤回和变更规则，取消公证遗嘱的优先适用效力

《继承法》第 20 条规定："遗嘱人可以撤销、变更自己所立的遗嘱。立有数份遗嘱，内容相抵触的，以最后的遗嘱为准。自书、代书、录音、口头遗嘱，不得撤销、变更公证遗嘱。"《民法典》第 1142 条修改为："遗嘱人可以撤回、变更自己所立的遗嘱。立遗嘱后，遗嘱人实施与遗嘱内容相反的民事法律行为的，视为对遗嘱相关内容的撤回。立有数份遗嘱，内容相抵触的，以最后的遗嘱为准。"即《民法典》取消了公证遗嘱的优先适用效力，同时增加了遗嘱撤回的方式。

九、新增遗产管理人制度

《民法典》第 1145～1149 条新增遗产管理人制度，2023 年修正的《民事诉讼法》第

---

〔1〕　详见《民法典》第 1135、1136、1137、1138、1140 条。

194~197条在特别程序中新增了"指定遗产管理人案件"程序，这些是1985年《继承法》无规定但我国民众在遗产处理时和审判实践中都急需的制度。遗产管理人制度包括遗产管理人的确定、职责、民事责任和报酬。继承开始后，遗嘱执行人为遗产管理人；没有遗嘱执行人的，继承人应当及时推选遗产管理人；继承人未推选的，由继承人共同担任遗产管理人；没有继承人或者继承人均放弃继承的，由被继承人生前住所地的民政部门或者村民委员会担任遗产管理人。对遗产管理人的确定有争议的，利害关系人可以向人民法院申请指定遗产管理人。遗产管理人的职责包括：①清理遗产并制作遗产清单；②向继承人报告遗产情况；③采取必要措施防止遗产毁损、灭失；④处理被继承人的债权债务；⑤按照遗嘱或者依照法律规定分割遗产；⑥实施与管理遗产有关的其他必要行为。遗产管理人应当依法履行职责，因故意或者重大过失造成继承人、受遗赠人、债权人损害的，应当承担民事责任。遗产管理人可以依照法律规定或者按照约定获得报酬。

十、增加转继承制度

《民法典》第1152条新增转继承制度："继承开始后，继承人于遗产分割前死亡，并没有放弃继承的，该继承人应当继承的遗产转给其继承人，但是遗嘱另有安排的除外。"此条是对司法实践经验的总结和提升，源于1985年《执行继承法意见》第52条："继承开始后，继承人没有表示放弃继承，并于遗产分割前死亡的，其继承遗产的权利转移给他的合法继承人。"

十一、补充法定继承的适用范围

对于法定继承的适用范围，在沿用《继承法》第27条第2项规定"遗嘱继承人丧失继承权"的基础上，《民法典》第1154条于第2项增补了"受遗赠人丧失受遗赠权"。

十二、补充遗赠扶养协议制度

《继承法》第31条规定的遗赠扶养协议中扶养人没有明确界定，《民法典》第1158条明确了继承人以外的组织或者个人可以作为扶养人："自然人可以与继承人以外的组织或者个人签订遗赠扶养协议。按照协议，该组织或者个人承担该自然人生养死葬的义务，享有受遗赠的权利。"

十三、增补遗产债务清偿的限制

《民法典》第1159条规定："分割遗产，应当清偿被继承人依法应当缴纳的税款和债务；但是，应当为缺乏劳动能力又没有生活来源的继承人保留必要的遗产。"此条是对司法实践经验的总结和提升，源于1985年《执行继承法意见》第61条："继承人中有缺乏劳动能力又没有生活来源的人，即使遗产不足以清偿债务，也应为其保留适当的遗产，然后再按《继承法》第33条和《民事诉讼法》第180条的规定清偿债务。"应当为无劳动能力、无经济来源的"双无"继承人保留必要遗产的强制性规定，体现了对弱势继承人之生存权的法律保障。

十四、明定无人继承又无人受遗赠的遗产的用途

与《继承法》第32条相比，《民法典》第1160条明确规定了无人继承又无人受遗赠的遗产的用途："无人继承又无人受遗赠的遗产，归国家所有，用于公益事业；死者生前是集体所有制组织成员的，归所在集体所有制组织所有。"

十五、明定多种取得遗产方式并存时对被继承人的债务清偿顺序

《民法典》第1163条明确规定："既有法定继承又有遗嘱继承、遗赠的，由法定继承人清偿被继承人依法应当缴纳的税款和债务；超过法定继承遗产实际价值部分，由遗嘱继承

人和受遗赠人按比例以所得遗产清偿。"此条是对司法实践经验的总结和提升，源于 1985 年《执行继承法意见》第 62 条。在法定继承、遗嘱继承和遗赠多种取得遗产方式并存时，此条可以指导当事人依法定顺序承扫清偿被继承人债务的义务，体现了对遗产债权人利益和交易安全的法律保障。

此外，《民法典》还删除了《继承法》第 8 条对继承权保护诉讼时效规定，并调整了一些法律条文的位置和修改了一些法律术语的表述等。[1]

第三节　《民法典》继承编的基本原则

财产继承法律制度是人类社会出现私有制和阶级以后，随国家的产生而产生的。它与其他法律制度一样，是建立在一定社会经济基础上的上层建筑，由经济基础所决定，又为一定的经济基础服务。我国的继承制度是建立在以社会主义公有制为主体的经济基础之上的，是为维护自然人的财产权益，实现家庭的生产、消费和养老育幼等职能服务的。我国 1950 年、1980 年先后颁行的两部《婚姻法》均规定，夫妻、父母子女有互相继承遗产的权利。我国 1954 年及以后修订的历部《宪法》也都确认，国家保护公民的私有财产的继承权。我国 1985 年《继承法》以《宪法》为根据，与《民法通则》《婚姻法》的有关规定相一致，全面贯穿着保护公民私有财产继承权、继承权男女平等、养老育幼及照顾病残、权利义务相一致、互谅互让、协商处理遗产等基本原则。2020 年颁布的《民法典》也保留了这些原则规定。这些基本原则是制定、解释、执行和研究《民法典》继承编的出发点和依据。[2]

一、保护自然人私有财产继承权原则

我国现行《宪法》第 13 条第 2 款规定："国家依照法律规定保护公民的私有财产权和继承权。"宪法确立的保护私有财产继承权原则，是我国继承法的立法依据。《民法典》第 124 条规定："自然人依法享有继承。自然人合法的私有财产，可以依法继承。"第 1120 条明确规定："国家保护自然人的继承权。"《民法典》继承编始终贯穿了保护私有财产继承权这一宪法规定的原则，反映了民法的私有财产权神圣原则之精神。

（一）保护自然人私有财产继承权的必要性

1. 保护自然人私有财产继承权，是保护自然人个人财产所有权的需要。财产继承权是财产所有权的延伸。在我国社会主义初级阶段，坚持以公有制为主体、多种所有制经济共同发展的基本经济制度，坚持以按劳分配为主体、多种分配方式并存的分配制度。自然人的个人所有财产受法律保护，可以调动人们的劳动积极性，促进经济发展。法律允许将自然人死后遗留的个人所有财产转移给他的继承人，这是保护自然人个人财产所有权的必然要求。

---

〔1〕　关于《民法典》继承编的立法理念与新制度、新规则及其立法理由的研究，参见陈苇、贺海燕："论民法典继承编的立法理念与制度新规"，载《河北法学》2020 年第 11 期。

〔2〕　有关中国内地与港、澳、台地区继承法基本原则的比较研究，参见陈苇、宋豫主编：《中国大陆与港、澳、台继承法比较研究》，群众出版社 2007 年版，第 76~84 页。有关外国继承法基本原则的比较研究，参见陈苇主编：《外国继承法比较与中国民法典继承编制定研究》，北京大学出版社 2011 年版，第 44~82 页。

2. 保护自然人私有财产继承权，是调动人们积累财富的积极性的需要。保护自然人私有财产继承权，有利于调动人们为社会、家庭和个人积累财富的积极性，有利于增加生产，厉行节约。

3. 保护自然人私有财产继承权，是实现家庭职能的需要。在我国现阶段，家庭仍然承担着养老育幼、生产、消费等职能。保护私有财产继承权，可保证家庭实现这些职能时有一定的物质条件。

（二）保护自然人私有财产继承权原则在《民法典》继承编中的体现

保护自然人私有财产继承权原则，在《民法典》继承编中主要体现在以下方面：

1. 自然人死亡时遗留的个人所有财产依法可以作为遗产，依法或依遗嘱由死者的继承人继承。

2. 自然人的遗产继承权不受非法剥夺。自然人的继承权，如不具有法定事由，不得被法院判决剥夺或自然丧失，非依合法有效的遗嘱也不得被取消。

3. 自然人的遗产继承权受法律保护。自然人的继承权受到非法侵害时，有权请求人民法院依法予以保护。

二、继承权男女平等原则

我国现行《宪法》第48条第1款规定："中华人民共和国妇女在政治的、经济的、文化的、社会的和家庭的生活等各方面享有同男子平等的权利。"我国2001年修正的《婚姻法》第13、17、24条明确规定了夫妻在家庭中地位平等，夫妻对共同所有的财产，有平等的处理权，夫妻有相互继承遗产的权利等内容。《民法典》婚姻家庭编第1055、1061条分别规定："夫妻在家庭中地位平等。""夫妻有相互继承遗产的权利。"《民法典》第1126条规定，继承权男女平等。

（一）继承权男女平等原则的意义

男女平等原则，既是我国现行《宪法》规定的一项重要原则，也是《民法典》的一项重要原则，它反映了民法的平等原则之精神。继承权男女平等，是我国近现代社会的继承制度区别于我国古代封建社会继承制度的一个显著标志。在我国，从西周到民国初期的继承制度，都是实行宗祧继承。遗产的继承以嫡长子为主或诸子均分，女儿一般无继承权，只有在"户绝"的情况下，遗产才由女儿承受取得，而立嗣制度又排斥了女儿的继承权。至民国时期的1930年"民法继承编"，始废除了宗祧继承，规定男女有平等的继承权，但在半殖民地半封建社会条件下其贯彻施行的实际环境受限。中华人民共和国成立后，颁布了1950年《婚姻法》，废除了封建婚姻家庭制度，确立了婚姻自由、男女平等的原则，旧中国以男子为中心的宗祧继承制度也被彻底废除，妇女享有与男子平等的继承权。在司法实践中，我国各级人民法院审理婚姻家庭继承案件，始终坚持继承权男女平等原则。但由于封建思想的残余影响，在我国有些地方，尤其是有些偏远农村，还存在忽视妇女财产继承权或否定妇女财产继承权的情况。因此，《民法典》明确规定继承权男女平等。[1] 这有

---

〔1〕　在我国，有些学者主张采用"继承权平等原则"一词代替"继承权男女平等原则"一词。因为，继承权平等应当既包括男女的继承权是平等的，还包括非婚生子女与婚生子女以及其他家庭成员的继承权都是平等的。所以，"继承权平等原则"与"继承权男女平等原则"两者相比，前者更能完整地反映继承权平等的立法精神。参见房绍坤、郭明瑞、唐广良：《民商法原理（三）债法　侵权行为法　继承法》，中国人民大学出版社1999年版，第566～569、572～573页；陈苇、宋豫主编：《中国大陆与港、澳、台继承法比较研究》，群众出版社2007年版，第41～43页。

利于消除歧视妇女的封建残余思想影响，保护妇女的合法权益。

（二）继承权男女平等原则在《民法典》继承编中的体现

继承权男女平等原则在《民法典》继承编中主要体现为

1. 法定继承权男女平等。在法定继承时，确定法定继承人的范围、顺序，不因男女性别的不同而有差异，并且继承份额也是男女平等，即不以性别决定自然人有无继承权或继承顺序的先后。每一类继承人和每一顺序继承人中，既有男性也有女性。例如，夫与妻、子与女、父与母都平等地作为第一顺序法定继承人。同时，继承遗产份额的多少也不因男女性别不同而有差异。在法定继承人所尽义务大体相同且无其他特殊情况时，男女继承人继承遗产的份额应均等。

2. 代位继承权男女平等。自然人无论男女均可作为代位继承人。适用于父系的代位继承，同样也适用于母系。

3. 立遗嘱权男女平等。在遗嘱继承时，自然人无论男女均平等地享有按自己的意志，依法立遗嘱处分个人所有财产的权利。并且，自然人无论男女也都可以按遗嘱的指定成为遗嘱继承人。

4. 死亡配偶的遗产与生存配偶的财产平等地受法律保护。《民法典》第1153条规定，对夫妻共同所有的财产，"除有约定的外，遗产分割时，应当先将共同所有的财产的一半分出为配偶所有，其余的为被继承人的遗产。"

5. 丧偶男女平等地享有带产再婚的权利。《民法典》第1157条规定，夫妻一方死亡后另一方再婚的，有权处分所继承的财产，任何组织或者个人不得干涉。这有利于防止现实生活中一些地方时有发生的干涉寡妇带产再婚的违法行为。

三、养老育幼原则

养老育幼，即赡养老人、抚育未成年子女及照顾病残者，这是我国家庭的重要职能之一，也是我们中华民族的传统美德。

（一）养老育幼原则的意义

保护老人和儿童的利益是我国法律的一项原则。根据我国现行《宪法》第45、49条规定，中华人民共和国公民在年老、疾病或者丧失劳动能力的情况下，有从国家和社会获得物质帮助的权利。父母有抚养教育未成年子女的义务，成年子女有赡养扶助父母的义务。禁止虐待老人、妇女和儿童。我国《民法典》第1067、1074、1075条亦明确规定了父母子女之间、祖孙之间、兄弟姐妹之间的扶养义务。

（二）养老育幼原则在我国《民法典》继承编中的体现

养老育幼原则在《民法典》继承编中主要体现在以下方面：

1. 根据养老育幼的需要，确定法定继承人的范围和顺序以及代位继承。《民法典》第1127～1129条规定，子女、父母、配偶为第一顺序继承人，兄弟姐妹、祖父母、外祖父母为第二顺序继承人。丧偶儿媳对公婆，丧偶女婿对岳父母尽了主要赡养义务的，作为第一顺序继承人。并且还规定，被继承人的子女先于被继承人死亡的，由被继承人的子女的晚辈直系血亲代位继承；被继承人的兄弟姐妹先于被继承人死亡的，由被继承人的兄弟姐妹的子女代位继承。

2. 在遗产分配份额上，老弱病残者适当多分。《民法典》第1130、1131、1155条规定，同一顺序继承人分配遗产时，一般应当均等。对生活有特殊困难又缺乏劳动能力的继承人，分配遗产时，应当予以照顾。对继承人以外的依靠被继承人扶养的人，或者继承人以外的对被继承人扶养较多的人，可以分给他们适当的遗产。遗产分割时，应当保留胎儿的继承份额。

3. 遗嘱应当对缺乏劳动能力又没有生活来源的继承人保留必要的遗产份额。依《民法典》第 1141 条的规定，遗嘱应当为缺乏劳动能力又没有生活来源的继承人保留必要的遗产份额。依《继承编解释（一）》第 25 条的规定，遗嘱人未保留缺乏劳动能力又没有生活来源的继承人的遗产份额，遗产处理时，应当为该继承人留下必要的遗产，所剩余的部分，才可参照遗嘱确定的分配原则处理。

4. 遗赠扶养协议制度，使老人、病残者生有所养，死有所葬。《民法典》第 1158 条规定了遗赠扶养协议制度。自然人可以与继承人以外的组织或者个人签订遗赠扶养协议。按照协议，该组织或者个人承担该自然人生养死葬的义务，享有受遗赠（即被扶养人死后其遗产遗赠给该组织或者个人）的权利。

四、权利义务相一致原则

权利义务相一致原则是我国《宪法》的一个重要原则，也是我国《民法典》继承编的一个重要原则。[1] 马克思主义认为，"没有无义务的权利，也没有无权利的义务。"[2] 权利与义务是紧密联系在一起的，在一般情况下不允许任何自然人只享受权利而不履行义务。权利义务相一致原则在《民法典》继承编中主要体现在以下方面：

1. 权利义务相一致原则是法定继承时确定某些法定继承人的身份、应继承份额，以及继承人以外的人酌分遗产的依据之一。该原则在法定继承中表现为：

（1）有扶养关系是产生法定继承权的根据之一。丧偶的儿媳对公婆、丧偶的女婿对岳父母尽了主要赡养义务的，作为第一顺序继承人。继兄弟姐妹之间的继承权，因继兄弟姐妹之间的扶养关系而发生。没有扶养关系的，不能互为第二顺序继承人。[3]

（2）对被继承人尽扶养义务的多少，是在同一顺序法定继承人中确定分配遗产份额的依据之一。对被继承人尽了主要扶养义务或者与被继承人共同生活的继承人，分配遗产时，可以多分。有扶养能力和有扶养条件的继承人，不尽扶养义务的，分配遗产时，应当不分或者少分。[4]

（3）对被继承人尽扶养义务是法定继承时确定酌分遗产人及其酌分遗产份额的依据。继承人以外的对被继承人扶养较多的人，可以分给他们适当的遗产。分给他们遗产时，按具体情况可多于或者少于继承人。[5]

2. 接受遗嘱继承或者遗赠以履行遗嘱所附义务为前提条件。遗嘱继承或者遗赠附有义务的，继承人或者受遗赠人应当履行义务。没有正当理由不履行义务的，经利害关系人或者有关组织请求，人民法院可以取消其接受附义务部分遗产的权利。[6]

---

〔1〕 目前，我国有些学者认为"权利义务相一致原则"不是继承法的基本原则。因为继承法的基本原则在效力方面具有完全性，它贯穿于继承法的始终。"权利义务相一致原则"在法定继承或遗嘱继承中都不能完全适用。所以，它"只能作为遗产分配的一项具体原则"。参见陈苇、宋豫主编：《中国大陆与港、澳、台继承法比较研究》，群众出版社 2007 年版，第 37 页。

〔2〕《马克思恩格斯选集》（第 2 卷），人民出版社 1972 年版，第 137 页。

〔3〕 参见《继承编解释（一）》第 13 条。

〔4〕 参见《民法典》第 1130 条第 2、3 款。

〔5〕 参见《继承编解释（一）》第 20 条。

〔6〕 参见《民法典》第 1144 条。

3. 继承人继承遗产，同时应在遗产实际价值范围内承担清偿被继承人依法应当缴纳的税款和债务的义务。继承人放弃继承的，对被继承人依法应当缴纳的税款和债务可以不负清偿责任。[1]

4. 故意杀害被继承人、遗弃被继承人或者虐待被继承人且情节严重的继承人，丧失继承权。[2]

5. 按遗赠扶养协议，扶养人承担该自然人生养死葬的义务，享有受遗赠的权利。[3]

五、互谅互让、协商处理遗产的原则

《民法典》第 1132 条规定："继承人应当本着互谅互让、和睦团结的精神，协商处理继承问题……"这反映了我国社会主义家庭关系和社会主义道德风尚的要求。并且，当事人协商处理继承问题，也体现了民法的意思自治原则之精神。互谅互让、协商处理遗产的原则[4]在《民法典》继承编中主要表现为：

1. 在法定继承时，同一顺序的继承人可协商确定各自继承的遗产份额。即在法定继承时，同一顺序继承人继承遗产的份额，一般应当均等。但继承人协商同意，也可以不均等。

2. 遗产分割的具体时间和办法，可由继承人协商确定。继承从被继承人死亡时开始，但无论是实行法定继承或者实行遗嘱继承（除遗嘱另有指定外），遗产分割的具体时间和办法，均可以由继承人协商确定。在我国现实生活中，实行法定继承时较为普遍的做法是，当父母一方死亡，另一方尚生存时，子女们一般互相协商不进行遗产分割，待父母双亡后再分割遗产。[5]

第四节　继承的开始

一、继承开始的时间

（一）继承开始时间的确定

《民法典》第 1121 条第 1 款规定："继承从被继承人死亡时开始。"即确定继承开始的时间，应以被继承人死亡的时间为准。

被继承人死亡包括自然死亡（即生理死亡）和宣告死亡两种情况。自然人的"生理死

〔1〕　参见《民法典》第 1161 条。

〔2〕　参见《民法典》第 1125 条第 1、3 款。

〔3〕　参见《民法典》第 1158 条。

〔4〕　目前，我国有些学者认为"互谅互让、协商处理遗产的原则"不是继承法的基本原则。因为，继承法的基本原则在效力方面具有完全性，它贯穿于继承法的始终。"互谅互让、协商处理遗产原则是对法定继承人分割遗产的倡导性规定，不适用于遗嘱继承"，所以它不能成为继承法的基本原则。参见陈苇、宋豫主编：《中国大陆与港、澳、台继承法比较研究》，群众出版社 2007 年版，第 37 页。

〔5〕　近年我国学者在我国十省市（包括东北部的吉林省、东部的上海市、北部的河北省、中部的湖北省和江西省、南部的广东省和海南省、东南部的福建省、西南部的重庆市和四川省）开展了"当代中国民众财产继承观念与遗产处理习惯实证调查"，关于父母一方死亡，另一方尚生存时，子女们一般不进行遗产分割，待父母双亡后再分割遗产的我国民间习惯的数据统计，参见陈苇主编：《当代中国民众财产继承观念与遗产处理习惯实证调查研究》（上卷、下卷），中国人民公安大学出版社 2019 年版，第 106、203、299、391、483、586、699、787、879、967、1068 页。此外，关于当代中国民众继承习惯的特点及发展趋势预测，参见陈苇（项目负责人）：《当代中国民众继承习惯调查实证研究》，群众出版社 2008 年版，第 37~75 页。

亡时间"应以医学上公认的方法所确定的生命终止时间为准。被宣告死亡的人，人民法院宣告死亡的判决作出之日视为其死亡的日期；因意外事件下落不明宣告死亡的，意外事件发生之日视为其死亡的日期。[1]

《民法典》第 1121 条第 2 款规定："相互有继承关系的数人在同一事件中死亡，难以确定死亡时间的，推定没有其他继承人的人先死亡。都有其他继承人，辈分不同的，推定长辈先死亡；辈分相同的，推定同时死亡，相互不发生继承。"

（二）继承开始时间的法律意义

1. 继承开始时间是遗产所有权开始转移给继承人的时间。继承开始时间是继承权从期待权变为既得权的时间，是遗产所有权开始转移给继承人的时间。在继承开始前，继承人对被继承人的遗产仅有期待权，具有将来承受遗产的可能性。只有在继承开始时，继承人的继承权既未放弃也未丧失的，其继承遗产的期待权才转化为既得权，继承人才有资格实际继承被继承人的遗产。也就是说，继承开始时，被继承人生前个人所有的财产转化为遗产，其所有权转移，归有权获得该遗产的人所有。

2. 继承开始的时间是确定遗产范围的时间。在被继承人死亡前，遗产的范围不能被确定。因为随情况的变化，被继承人生前的个人所有财产可能会有变动。只有在被继承人死亡时，其遗留的个人财产范围才能被确定下来。被继承人死亡时遗留的个人所有财产才是遗产。

3. 继承开始的时间是确定继承人范围的时间。只有在继承开始时尚生存着的继承人才有资格参加继承，取得被继承人的遗产。代位继承时，当被继承人的子女先于被继承人死亡的，由被继承人的子女的直系晚辈血亲代位继承；被继承人的兄弟姐妹先于被继承人死亡的，由被继承人的兄弟姐妹的子女代位继承。

4. 继承开始的时间是确定遗产转移方式和遗嘱是否有执行效力的时间。继承开始时，才能确定遗产转移的方式：有遗赠扶养协议的，按协议办理；无协议而有遗嘱的，按遗嘱继承或遗赠办理；没有协议和遗嘱，或协议和遗嘱未处分的遗产，适用法定继承。同时，继承开始时也是确定遗嘱能否生效的时间，只有在被继承人死亡时符合法定条件和形式的遗嘱，才具有法律效力，才能够被执行。

5. 继承开始的时间是确定保护继承权 20 年诉讼时效期间的起算点。《民法典》第 188 条规定："……自权利受到损害之日起超过 20 年的，人民法院不予保护，有特殊情况的，人民法院可以根据权利人的申请决定延长。"即继承权请求保护的长期时效的起算点，始于继承开始的时间。

最后必须明确，继承开始的时间与遗产的分割时间既有区别又有联系。其一，两者的区别在于，继承开始的时间，是被继承人遗产所有权转移给继承人、受遗赠人等人所有的时间。这个时间是不能由继承人或其他任何人加以改变的。遗产分割的时间，是继承人实际取得被继承人遗产的时间。这个时间可以由继承人经过协商加以确定。所以，继承开始的时间与遗产分割的时间往往是不一致的，其间都或长或短有一定的时间差。在这段时间差里，继承开始后，继承人没有表示放弃继承，并于遗产分割前死亡的，其继承遗产的权利转移给他的合法继承人。因为在继承开始后，该继承人已取得了其应继承的遗产所有权，故其于遗产分割前死亡的，他享有的遗产份额应当由其合法继承人继承。这就是"转继

---

[1]　参见《民法典》第 48 条。

承"。其二，两者的联系在于，继承开始之时，亦为遗产分割的效力开始之时。即使遗产分割的实际时间晚于继承开始的时间，遗产分割的效力也应溯及继承开始时。因而如果遗产在分割前产生了孳息或债务，那么，该孳息或债务应随遗产一起转移给该遗产的继承人。

二、继承开始的地点

继承开始的地点指继承开始的具体地方。《民法典》对此无明文规定。在司法实践中，通常以被继承人死亡时住所地为继承开始的地点。如果主要遗产不在被继承人死亡时住所地或被继承人死亡时住所地不明的，则以被继承人主要遗产所在地为继承开始的地点。

确定继承开始的地点的法律意义在于：其一，继承开始的地点是召集继承人、受遗赠人等有权取得遗产的人，前来接受遗产的场所；其二，继承开始的地点是清点被继承人的遗产，并加以妥善保管，清偿被继承人的债务，执行遗赠，继承人协商分割遗产的场所；其三，继承开始的地点是继承遗产纠纷的诉讼地。按我国现行《民事诉讼法》第 34 条第 3 项的规定，因继承遗产纠纷提起的诉讼，由被继承人死亡时住所地或者主要遗产所在地人民法院管辖。

三、继承的通知

继承的通知，是指将被继承人死亡、继承开始的情况告诉继承人、遗嘱执行人的行为。《民法典》第 1150 条规定："继承开始后，知道被继承人死亡的继承人应当及时通知其他继承人和遗嘱执行人。继承人中无人知道被继承人死亡或者知道被继承人死亡而不能通知的，由被继承人生前所在单位或者住所地的居民委员会、村民委员会负责通知。"通知的形式可以是书信、电报、电话、口传等，也可以采用公告形式，以便继承人、遗嘱执行人及时前来参加继承，执行遗嘱。继承开始后，为保护继承人与遗产债权人的利益，应当进行遗产管理。《民法典》继承编第四章"遗产的处理"第 1145～1149 条增设了遗产管理制度，继承的通知是遗产管理人职责的内容之一。[1]

第五节　继承法律关系

一、继承法律关系的概念

继承法律关系是指由继承法律规范调整的社会关系。[2] 它是因被继承人死亡而在继承人、受遗赠人、继承参与人等相互之间，以及他们与继承人以外的其他民事主体之间所发生的权利义务关系。

二、继承法律关系三要素

继承法律关系同其他民事法律关系一样，由主体、客体、内容 3 个要素组成。

---

〔1〕 有关外国遗产管理制度的比较评析以及我国遗产管理制度的立法建议，参见陈苇主编：《外国继承法比较与中国民法典继承编制定研究》，北京大学出版社 2011 年版，第 122～123、139～140 页；薛宁兰、邓丽："构建我国遗产管理制度的若干思考"，载《中国继承法修改热点难点问题研讨会论文集》，西南政法大学民商法学院和外国家庭法及妇女理论研究中心 2012 年内部印刷，第 238～248 页；杜江涌："遗产管理人制度研究"，载陈苇主编：《中国继承法修改热点难点问题研究》，群众出版社 2013 年版，第 437～463 页；陈苇、石婷："我国设立遗产管理制度的社会基础及其制度构建"，载《河北法学》2013 年第 7 期；石婷：《遗产管理制度研究》，群众出版社 2017 年版，第 202～228 页。

〔2〕 参见刘春茂主编：《中国民法学·财产继承》，中国人民公安大学出版社 1990 年版，第 73～74 页。

（一）继承法律关系的主体

继承法律关系的主体是指在财产继承中，享有一定的权利和承担一定的义务的人。继承法律关系的主体与继承的主体不同。前者的范围较广，包括继承人（法定继承人、遗嘱继承人）、受遗赠人、继承参与人以及其他相关民事主体；后者专指继承人。在继承法律关系主体中，继承人、受遗赠人是基本主体，他们既是最基本的权利主体，即遗产的最基本的受益人，也是最基本的义务主体，即履行清偿被继承人债务或遗嘱所附义务的承担者。继承参与人是指继承人、受遗赠人以外的所有参加继承的人，包括遗产管理人、遗嘱见证人、遗嘱执行人、酌分遗产人、遗产债权人、遗产债务人等。他们在参与继承活动中，有的享有一定权利，有的承担一定义务。而一切社会组织和其他自然人，都是继承法律关系的义务主体，都负有不得侵犯权利主体享有的权利的义务。

必须明确，被继承人不是继承法律关系的主体。因为自然人的民事权利能力始于出生，终于死亡。继承从被继承人死亡时开始，继承法律关系发生之时，也就是被继承人的民事权利能力终止之时，故被继承人不是继承法律关系的主体。此外，应明确，每一个权利主体相对于其他权利主体而言，也是义务主体，同样负有不得侵犯其他继承人继承权利的义务。

（二）继承法律关系的内容

继承法律关系的内容是指遗产继承中的权利义务关系，即继承法律关系的主体，如继承人、受遗赠人、继承参与人等，在遗产继承活动中享有的权利和承担的义务。继承法律关系中的权利，包括对被继承人遗产的继承权、受遗赠权、酌分遗产权、债权等；继承法律关系中的义务，包括清偿被继承人依法应当缴纳的税款和债务的义务，以及被继承人在遗嘱中所附的义务（可以是财产性义务，也可是某种行为）等。

必须指出的是，继承法律关系中的权利与义务往往是紧密联系，不可分割的。继承法律关系的权利主体往往又是义务主体。如继承人既有继承遗产的权利，也要承担清偿被继承人债务（包括缴纳税款）的义务；在附义务的遗赠中，受遗赠人享有取得遗赠的权利，承担遗嘱指定必须履行的义务；等等。并且继承法律关系中的各种主体，如继承人、受遗赠人、酌分遗产人、遗嘱执行人等，所享有的权利和承担的义务是不尽相同的。

根据继承法律关系的主体不同，继承法律关系大体包括继承人与继承人以外的不特定的第三人之间的权利义务关系、共同继承人之间的权利义务关系、继承人与受遗赠人之间的权利义务关系、继承人与遗产酌分请求权人之间的权利义务关系、继承人与被继承人的债权人之间的权利义务关系等因被继承人死亡而发生的民事法律关系。[1]

（三）继承法律关系的客体

根据民法原理，民事法律关系的客体是指权利义务所指向的对象或标的。继承法律关系的客体，则是指继承法律关系中权利义务所指向的对象或标的。如前所述，继承法律关系依主体的不同可以划分为不同种类的民事法律关系。而不同性质的民事法律关系，其权利义务所指向的对象或标的是不同的。

继承的客体是指继承开始后继承人承受的权利和义务所指向的对象。即其权利指向的对象是遗产及被继承人遗留的其他不具有人身专属性的财产法律地位等，其义务指向的对象包括被继承人的债务（包括应缴纳的税款）、遗嘱指定的继承人必须履行的某些行为等。

---

〔1〕 张玉敏：《继承法律制度研究》，法律出版社 1999 年版，第 20~21 页。

《民法典》第1122、1159、1144条分别规定："遗产是自然人死亡时遗留的个人合法财产……""分割遗产，应当清偿被继承人依法应当缴纳的税款和债务……""遗嘱继承或者遗赠附有义务的，继承人或者受遗赠人应当履行义务……"此外，依据民法原理，被继承人死亡时遗留的不具有人身专属性质的其他财产法律地位，继承人也得继承。例如，被继承人权利取得权原有之瑕疵、被继承人所负担出卖人之瑕疵担保责任、被继承人处分不动产尚未履行登记之地位、所有权转移之登记义务等，均得继承。又如，股份有限公司股东的法律地位，以及诉讼之权利义务得移转于继承人。而该诉讼因当事人之死亡中断的诉讼法律地位，继承人也得继承。[1] 根据我国2023年修正的《民事诉讼法》第153条及现行《民事诉讼法解释》第55条规定，在民事诉讼中，一方当事人死亡，人民法院应及时通知其继承人作为当事人承担诉讼。但依据现行《民事诉讼法》第154条的规定，离婚案件一方当事人死亡的，或者追索赡养费、扶养费、抚育费以及解除收养关系案件的一方当事人死亡的，终结诉讼。因此，这些案件中被继承人的诉讼地位，继承人不能继承。总之，继承人在继承开始后所继承的对象，既包括遗产和被继承人遗留的其他财产法律地位（包括某些诉讼法律地位），又包括被继承人的债务（应缴纳的税款在内）和遗嘱对遗嘱继承人、受遗赠人所附加的某些负担（履行某些行为）。因此，我国有些学者指出，继承的客体是继承开始后被继承人在财产法上的法律地位。也就是说，继承人在继承开始后概括地承受被继承人遗留的财产上之一切权利义务，但权利义务专属于被继承人本人者除外。[2]

第六节　继承权

一、继承权的概念和法律特征

（一）继承权的概念

继承权是自然人依照法律的规定或被继承人生前所立合法有效遗嘱的指定，享有的继承被继承人遗产的权利。该词汇经常在两种意义上被使用：①客观意义上的继承权；②主观意义上的继承权。[3]

1. 客观意义上的继承权。客观意义上的继承权，又称继承期待权，是指继承开始前准定继承人法律上的地位，为将来继承开始时得为继承之希望的地位。它的产生是基于法律

---

〔1〕　史尚宽：《继承法论》，中国政法大学出版社2000年版，第159~161页。

〔2〕　必须指出，对继承的客体，目前我国学术界有三种学说：遗产说、遗产和债务说、法律地位说。我们赞同法律地位说。正如史尚宽先生所指出的："继承的客体，只需于继承开始时为被继承人的权利义务，不以其效力确定为必要，故附条件或未来期之权利义务，不妨为继承之标的。只需属于财产上之权利义务，其种类在所不同。财产法之形成权、抗辩权，亦为继承之对象。虽非具体的权利义务，仅为法律之地位，亦不妨继承。但属于身份之权利义务，不在其内。故个人的人格权、亲属的身份权，不得继承。扶养之权利义务内容，虽与财产有关，然性质上基于身份，亦原则上不得继承。唯扶养义务人迟延给付之已现实化的扶养费债务，与通常之债权债务同样，由继承人继承。被继承人一身专属之权利，因被继承人死亡而消灭，亦不为继承之对象……法律上禁止让与之权利义务，亦不认有继承。"参见史尚宽：《继承法论》，中国政法大学出版社2000年版，第153~154页。即这种法律地位，是在继承开始时被继承人遗留的、依其性质和法律规定是可以继承的、专属于被继承人个人的财产法律地位。参见张玉敏：《继承法律制度研究》，法律出版社1999年版，第34~38页。此外，我国还有学者认为，继承权的权利说更能反映继承权的本质。参见杨立新、朱呈义：《继承法专论》，高等教育出版社2006年版，第64页。

〔3〕　参见郭明瑞、房绍坤编著：《继承法》，法律出版社1996年版，第62~66页。

的规定（如法定继承权）或遗嘱的指定（如遗嘱继承权），与继承人本人的主观意志无关，具有客观性，并且它本身并不具有直接的财产内容，仅仅是一种将来具有实现可能性的财产权利，即继承人有将来参加继承取得遗产的可能性。台湾学者史尚宽先生指出："推定继承人对于被继承人财产之处分，不得为任何之异议，唯有特留分权人于继承开始后为特留分之保全，得请求被继承人处分之扣减，从而无论以此种继承权为期待权或为附条件之权利，不发生现在被侵害之问题，不得为处分之标的，其性质甚为薄弱。加之，推定继承人之地位因死亡或继承权丧失而被剥夺，因先顺序或同顺序继承人之出现全部或一部被覆灭。"[1] 即由于法定继承人可能因法定事由而丧失其继承遗产的权利，遗嘱继承人也可能因遗嘱的变更、撤销或无效而丧失遗嘱继承权，等等，故继承人将来继承取得遗产只是一种可能性。只有当具备法定条件，即出现了一定的法律事实时，这种可能性继承权转化为现实性继承权（即主观意义上的继承权），才能给继承人带来实际的财产利益。所以，客观意义上的继承权又被一些学者称为"继承期待权"。

2. 主观意义上的继承权。主观意义上的继承权，又称继承既得权，是指继承开始时，继承人享有的对被继承人的遗产实际取得的权利。它反映了继承开始后继承人的法律地位。这种继承权与继承人的主观意志相联系，继承人既可以接受，也可以放弃，并且它是一种具有现实性的财产权利，可以给继承人带来实际财产利益，即实际取得被继承人遗产的继承权。所以，主观意义上的继承权又被一些学者称为"继承既得权"。

总之，继承人享有客观意义上的继承权，只表明他具有取得被继承人遗产的法律地位，但并未实际取得被继承人的遗产；只有当继承人享有主观意义上的继承权时，他才能实际取得被继承人的遗产。由客观意义上的继承权转化为主观意义上的继承权，必须具备以下两个条件：①必须是被继承人已经死亡（如果是遗嘱继承，还须被继承人生前立有合法有效的遗嘱）。因为继承始于被继承人死亡之时，如被继承人尚生存，则不能发生继承问题。②必须是被继承人遗留有遗产。如果未留有遗产，继承权则因无具体的标的而无法实现。

当上述两个条件同时具备时，客观意义上的可能性继承权转化为主观意义上的现实性继承权。至于"继承人没有丧失继承权"，有的学者认为也是继承期待权向继承既得权转化的条件之一。我们认为，如果继承人在前者向后者转化之前已丧失继承权，即丧失继承期待权，就谈不上转化问题。只有继承人享有继承期待权，才谈得上转化问题。所以，"继承人没有丧失继承权"不应作为两者转化的条件之一。

（二）继承权的法律特征

继承权有以下法律特征：

1. 继承权是一种独立的民事财产权利。继承权是继承人通过继承取得被继承人遗产所有权的一种财产权利。法学著作中关于继承权的性质有几种具有代表性的学说，包括法律地位说、物权说、选择权说，以及独立民事权利说等。这些学说在一定的历史阶段中或在某些方面描述了继承权的特征，均具有一定合理性。但依据现行《民法典》对权利的分类，继承权与物权、债权、知识产权等均属于民事权利中的财产权利，故继承权在《民法典》的权利体系中是一项独立的民事财产权利。应当作如下理解：其一，该权利虽然基于特殊的身份关系取得但不属于人身权利，行使继承权的结果是取得遗产。其二，继承权具有其他财产权利所不具有的特性，因此不能被其他财产权利包含，所以是一项独立的民事财产

---

[1]　史尚宽：《继承法论》，中国政法大学出版社 2000 年版，第 92~93 页。

权利。

2. 继承权属于绝对权，具有排他性。继承权的权利主体是特定的，即继承人，如法定继承人或遗嘱继承人；义务主体是不特定的，是除继承人以外的其他民事主体，包括自然人、法人及其他组织等。权利主体无须经义务主体实施一定行为即可实现其权利，义务主体则负有不妨碍权利主体行使继承权和不得侵犯继承权的义务。在共同继承的情况下，每一个共同继承人，相对其他共同继承人而言，也是义务主体，负有不妨碍其他共同继承人行使其继承权和不侵犯他人继承权的义务。

3. 继承权的权利主体只能是与被继承人有一定亲属关系的自然人。按《民法典》规定，能够作为法定继承人和遗嘱继承人成为继承权权利主体的只能是自然人。因为继承关系是基于婚姻、血缘、家庭等方面的人身关系而产生的财产关系，继承权的享有以与被继承人之间有一定亲属身份关系为前提。亲属关系只能发生在自然人之间，只有与被继承人有一定亲属身份关系的自然人才能作为继承人。国家、法人、社团等均不能作为继承权的权利主体，其接受遗产时，只能以受遗赠人的身份取得遗赠财产，或以其原来固有的身分取得无人承受的遗产。

4. 继承权的客体只能是遗产。继承权是自然人享有的一种财产权，其客体只能是被继承人的遗产，包括死者遗留的财产和财产权利。至于死者的债务，属于继承法律关系中义务所指向的客体，而非继承权的客体。自然人的人身权以及某些与自然人的人身不可分离的财产权，也不能作为继承权的客体，只能随自然人的死亡而消灭。

5. 继承权的实现以特定的法律事实的出现为前提。继承从被继承人死亡时开始。在被继承人死亡前，法律规定或遗嘱指定的继承权，还只是自然人具有的将来继承遗产的法律地位，即继承人具有将来继承被继承人遗产的可能性，但并未实际取得任何财产利益。只有当被继承人死亡且留有遗产这一法律事实出现时，继承才开始。享有继承权的自然人即直接当然地取得被继承人的遗产，但表示放弃继承或丧失继承权的除外。至此，继承权得以最终实现。

二、继承权的取得

继承权取得的根据有两种：一是法律的直接规定；二是合法有效遗嘱的指定。因法律直接规定而取得的继承权，是法定继承权；因合法有效遗嘱的指定而取得的继承权，是遗嘱继承权。

（一）法定继承权的取得

法定继承权是基于法律的直接规定取得的。取得法定继承权的根据，主要是血缘关系和婚姻关系。但现代一些国家立法已突破了传统，将与被继承人形成扶养关系（或共同生活关系）作为取得法定继承权的根据之一。在我国，法定继承权取得的根据有三，即婚姻关系、血缘关系和扶养关系。

1. 因婚姻关系而取得法定继承权。根据《民法典》第1061条和第1127条的规定，夫妻有相互继承遗产的权利。配偶为第一顺序法定继承人。夫妻间的遗产继承权，又称配偶继承权，它是基于合法婚姻关系的成立而产生的一种财产权利。婚姻关系是家庭关系的基础和核心，夫妻之间具有密切的人身关系和财产关系。当配偶一方死亡时，生存配偶依法律规定为法定继承人，对死亡配偶的遗产享有继承权。这有利于保护生存配偶的合法权益。

2. 因血缘关系而取得法定继承权。血缘关系是基于出生而产生的亲属关系，如父母子女关系、兄弟姐妹关系、祖孙关系。因血缘关系而取得继承权，是古今中外立法的通例，一般都按照血缘关系的远近确定法定继承人的范围和顺序。其目的是保证实现家庭养老育幼的职能，使人类社会得以延续。从现实生活中看，血缘关系较近的亲属往往相互关系密切，生活上相互关心和帮助，经济上相互扶助和依赖，有的还共同生活在一个家庭之中。所以，《民法典》第1070条、第1127条、第1128条根据血缘关系规定父母子女、兄弟姐妹、祖父母、外祖父母、孙子女、外孙子女、侄子女、外甥子女等近血缘亲属为法定继承人（含本位继承人和代位继承人），相互享有继承权。这有利于实现家庭养老育幼的职能。

3. 因扶养关系而取得法定继承。按《民法典》的规定，扶养关系也是取得法定继承权的根据之一。《民法典》第1129条规定："丧偶儿媳对公婆，丧偶女婿对岳父母，尽了主要赡养义务的，作为第一顺序继承人。"诚然，丧偶儿媳、丧偶女婿与公婆、岳父母之间没有血缘关系，是姻亲关系，相互本无继承权。但如果前者对后者尽了主要赡养义务，则相互间形成扶养关系，依法律的规定，前者可作为后者的法定继承人，享有法定继承权。在我国，家庭目前仍是社会的基本细胞，担负着养老育幼（包括照顾病残者和生活特殊困难者）的职能。社会主义道德亦提倡尊老爱幼，要求家庭成员之间互相关心和互相帮助。我国法律正是基于这些理由将扶养关系作为取得法定继承权的根据之一。[1]

（二）遗嘱继承权的取得

遗嘱继承权的取得根据是合法有效的遗嘱的指定。按《民法典》第1133条第2款的规定，我国遗嘱继承人的范围与法定继承人的范围相同，即遗嘱人只能在法定继承人的范围内指定遗嘱继承人。也就是说，在我国，取得遗嘱继承权的人只能是法定继承人范围以内的人。遗嘱人指定继承人的根据是什么呢？从现实生活中的大多数遗嘱看，遗嘱人往往都指定与自己最亲近的人（如配偶、父母、子女等近亲属）、最需要扶养的人（如遗嘱人的病残子女、年老多病的父母等）或曾经扶养过自己的人作为遗嘱继承人。这表明，遗嘱人指定继承人的主要根据仍然是婚姻关系、血缘关系和扶养关系。当然，这只是一般情况。在特殊情况下，某些遗嘱人也会根据自己的个人好恶、继承人的才德等来指定遗产承受人。例如，遗嘱人指定某个自己最喜欢的非亲属自然人作为受遗赠人并使其取得更多的遗产份额，或指定会生产经营的继承人继承生产资料等。在此情况下，只要该遗嘱合法有效，其指定的受遗赠人或继承人即可取得受遗赠权或遗嘱继承权。

三、继承权的行使

（一）继承权行使的概念

继承权的行使是指继承人或其法定代理人通过实施一定的行为使继承权得以实现。继承权行使的内容包括表示接受或放弃继承、占有和管理遗产、请求分割遗产等行为。

（二）继承权行使的方式

继承权行使的方式与自然人是否具有民事行为能力密切相关。确定自然人是否具有民事行为能力，有两个标准：一是年龄；二是智力。《民法典》根据自然人年龄和智力的不同情况，把自然人的民事行为能力分为三种：完全民事行为能力、限制民事行为能力和无民

---

　　〔1〕　值得注意的是，对尽了主要赡养义务的丧偶儿媳、丧偶女婿依据扶养关系取得继承权，目前我国有些学者提出质疑，认为其作为酌分遗产人更为妥当。参见陈苇、杜江涌："我国法定继承制度的立法构想"，载《现代法学》2002年第3期。另有学者指出："继承法如此规定实际上是将本应由道德规范调整的问题纳入了法律规范调整的范畴，是一种立法上的失误。"参见郭明瑞、房绍坤、关涛：《继承法研究》，中国人民大学出版社2003年版，第75页。目前我国港、澳、台地区都未把扶养关系作为取得继承权的依据。参见陈苇、宋豫主编：《中国大陆与港、澳、台继承法比较研究》，群众出版社2007年版，第154页。

事行为能力。自然人的民事行为能力不同，对继承权的行使方式也有所不同。

1. 完全民事行为能力人继承权的行使。根据《民法典》第 18 条的规定，凡具有完全民事行为能力的人都可以依法独立地行使继承权。在继承开始后，他们可以根据自己的意志独立地表示接受或放弃继承、参加遗产管理、请求分割遗产等。他们在行使继承权时，无需征得他人同意，也不受他人干预。

2. 限制民事行为能力人继承权的行使。根据《民法典》第 19 条和第 22 条规定，限制民事行为能力人，实施民事法律行为由其法定代理人代理或者经其法定代理人同意、追认；但是，可以独立实施纯获利益的民事法律行为或者与其年龄、智力或精神健康状况相适应的民事法律行为。即限制行为能力人的继承权、受遗赠权，一般由他的法定代理人代为行使，或者征得法定代理人同意后行使。但由于我国实行法定的限定继承制度，所以接受没有附义务的遗赠与接受继承的行为都只是纯获利益的民事法律行为，可由本人独立实施。

3. 无民事行为能力人继承权的行使。《民法典》第 20 条和第 21 条规定，无民事行为能力人由其法定代理人代理实施民事法律行为。即无民事行为能力人不能行使继承权。他的继承权，只能由其法定代理人代为行使。

为保护限制行为能力人和无行为能力人的合法利益，法定代理人代理限制民事行为能力人、无民事行为能力人行使继承权时，一般不得代为放弃。被继承人享有的继承权是其无偿取得遗产的依据，而我国实行法定限定继承制度（《民法典》第 1161 条），继承权是一项纯获利益的财产权利，故监护人不得代为放弃。《民法典》第 35 条第 1 款规定："监护人应当按照最有利于被监护人的原则履行监护职责。监护人除为维护被监护人利益外，不得处分被监护人的财产。"代理人的行为明显损害被代理人利益的，应认定其代理行为无效。[1]

四、继承权的接受和放弃

《民法典》第 1124 条规定了继承的接受与放弃和遗赠的接受与放弃。继承人或者受遗赠人接受和放弃的不是遗产，而是继承权或者受遗赠权。[2]

继承的接受是指继承开始后，继承人依照法定方式表示接受继承的单方法律行为。继承人表示接受继承的，享有接受继承的权利，并负有清偿被继承人债务的义务（承担有限清偿责任或无限清偿责任）。继承的放弃是指继承开始后，继承人依照法定方式表示拒绝继承的单方法律行为。继承人表示放弃继承的，不享有继承人的权利，也不承担继承人的义务。[3]

1. 继承权的接受。《民法典》第 1124 条第 1 款规定："继承开始后，继承人放弃继承的，应当在遗产处理前，以书面形式作出放弃继承的表示；没有表示的，视为接受继承。"我国实行当然继承，继承人接受继承不需要作出接受继承的意思表示，只要满足法律规定的法律事实即可。也就是说，继承开始后，继承人享有的继承期待权自动转化为继承既得

［1］　《民法典》第 153 条。

［2］　1985 年《继承法》将继承的接受和放弃规定在第四章"遗产的处理"，因此也有观点认为《继承法》第 25 条规定的是"遗产的接受和放弃"，但从学理上讲是存在疑问的。虽然继承人放弃继承的后果的确是放弃了遗产，但接受继承后也是可以放弃遗产所有权的，故 1985 年《继承法》第 25 条所规定的仍应为继承权（受遗赠权）的接受和放弃。2020 年 5 月颁布的《民法典》将规定"继承的接受和放弃"该条的位置调整到了继承编第一章"一般规定"中，我们认为是适当的。

［3］　参见陈苇主编：《中国遗产处理制度系统化构建研究》，中国人民公安大学出版社 2019 年版，第 160 页。

权。如其不愿接受继承，则需要作出放弃继承权的意思表示；凡没有作出放弃继承权的意思表示的，则推定为接受继承。

2. 继承权的放弃。依据《民法典》第1124条第1款的规定，继承人应按照如下方式放弃继承：

（1）放弃继承权的时间。继承人放弃继承，应当在继承开始后、遗产处理前。因为，继承开始之前，继承人享有的只是继承期待权，该权利只是一种继承人资格，并且具有不确定性，所以不能被放弃。只有在继承开始后，继承人的继承期待权被转化为继承既得权后才能被放弃。放弃继承权，还应当在遗产处理之前。遗产处理前，继承人对遗产享有的是继承权，遗产处理后，继承人对遗产享有的是所有权。即"遗产分割后表示放弃的不再是继承权，而是所有权。"[1] 由于我国立法并未规定遗产处理的期限，按照我国民众的继承习惯，遗产分割可能会在继承开始的若干年之后，所以目前我国放弃继承权的期限是不确定的。

（2）放弃继承权的方式。《民法典》规定继承人应以书面形式作出放弃继承的表示。依据法理和司法解释，放弃继承权应注意：

第一，放弃继承权不需得到他人的同意。放弃继承权的行为是单方法律行为，作出该意思表示即可放弃继承权，不需要其他继承人、遗产管理人或法院的同意。依《继承编解释（一）》第33、34条的规定，继承人放弃继承的意思表示，应当向遗产管理人或者其他继承人作出，也可以在诉讼中向人民法院作出。必须注意，在全体继承人均表示放弃继承而无人接受继承的，他们放弃继承的意思表示应当向人民法院作出。[2]

第二，放弃继承权的意思表示应以书面形式作出。书写放弃继承权的声明、在遗产处理的协议文书中写明放弃继承权的内容、在公证机关将放弃继承的意思表示制作为公证文书等，均属于以书面形式作出。另外，依《继承编解释（一）》第34条规定，在诉讼中，继承人向人民法院以口头方式表示放弃继承的，要制作笔录，由放弃继承的人签名。

第三，放弃继承权不能部分接受、部分放弃。放弃继承权的后果是从继承一开始就不享有继承权，因此放弃继承权是一种整体的、对继承人法律地位的放弃，不能放弃这部分遗产而接受另一部分遗产。如果继承人表示放弃继承但又指明自己的应继份由其他人取得，这就是一种转让遗产份额的行为，而不是放弃继承。继承人放弃继承权后对遗产不享有处分的权利，遗产依遗嘱或以法律规定直接处理。[3] 另外，放弃继承权是对个人财产权利的放弃，不得以不承担法定义务为条件。例如，以将来不赡养父亲为条件放弃对母亲遗产的继承权，或以将来不抚养子女为条件放弃对配偶遗产的继承权，如果附有此类条件，均将被视为未附条件。

第四，法定代理人一般不得代为放弃继承权。监护人的职责是代理被监护人实施民事法律行为，保护被监护人的人身权利、财产权利以及其他合法权益等。继承人依法律或遗嘱享有的法定继承权或遗嘱继承权是其无偿取得遗产的依据，而且我国实行的限定继承制

---

〔1〕　参见《继承编解释（一）》第35条。

〔2〕　参见陈苇主编：《外国继承法比较与中国民法典继承编制定研究》，北京大学出版社2011年版，第138页。

〔3〕　此种行为也称为"相对的拒绝"。参见张玉敏：《继承法律制度研究》，华中科技大学出版社2016年版，第68页。

度（《民法典》第 1161 条），继承权是一项纯获利益的财产权利，监护人作为被监护人的法定代理人不得代为放弃。《民法典》第 35 条第 1 款规定，"监护人应当按照最有利于被监护人的原则履行监护职责。监护人除为维护被监护人利益外，不得处分被监护人的财产。"

（3）放弃继承权的法律效力。依《继承编解释（一）》第 37 条的规定，放弃继承的效力追溯到继承开始的时间。即从继承开始该继承人就没有继承权，其不能取得遗产，并对被继承人依法应当缴纳的税款和债务可以不承担清偿责任（《民法典》第 1161 条第 2 款）。[1] 遗嘱继承人放弃遗嘱继承权的，遗产中的有关部分按照法定继承办理（《民法典》第 1154 条）。法定继承人放弃法定继承权的，被继承人的遗产依法由其他法定继承人取得。

关于夫妻一方放弃继承的效力，我国司法解释明确规定，夫妻一方以对方可继承的财产为夫妻共同财产、放弃继承损害夫妻共同财产利益为由主张对方放弃继承无效的，人民法院不予支持，但有证据证明放弃继承导致放弃一方不能履行法定扶养义务的除外。[2]

（二）受遗赠权的接受与放弃

《民法典》第 1124 条第 2 款规定："受遗赠人应当在知道受遗赠后六十日内，作出接受或者放弃受遗赠的表示；到期没有表示的，视为放弃受遗赠。"与继承的接受和放弃相同，受遗赠人接受和放弃遗赠只能在继承开始之后才能作出，放弃受遗赠权的效力追溯到继承开始的时间。受遗赠人放弃受遗赠的，视为遗嘱不生效，遗产中的有关部分按照法定继承办理。

与继承权的接受和放弃不同的是受遗赠人接受和放弃遗赠的方式。受遗赠人在知道遗赠后六十日内必须作出接受遗赠的意思表示，才能接受遗赠。受遗赠人有两种方式可以放弃受遗赠：其一，在知道遗赠后六十日内，作出放弃受遗赠的意思表示；其二，到期没有表示的，视为放弃受遗赠。

五、继承权的丧失

（一）继承权的丧失的概念

"继承权的丧失"这一概念，有狭义和广义之分。狭义的继承权的丧失，是指法律规定在发生一定事由时，由法院取消继承人的继承权或其自然丧失继承权，又称之为继承权的剥夺。广义的继承权的丧失，包括继承权的依法被剥夺，以及其他非继承人自己的意志所决定的原因而使继承人不得享有继承权（如被遗嘱取消继承）。以下阐述仅限于狭义的继承权丧失，即继承权的剥夺问题。

（二）继承权丧失的法定事由

《民法典》第 1125 条规定："继承人有下列行为之一的，丧失继承权：（一）故意杀害被继承人；（二）为争夺遗产而杀害其他继承人；（三）遗弃被继承人，或者虐待被继承人情节严重；（四）伪造、篡改、隐匿或者销毁遗嘱，情节严重；（五）以欺诈、胁迫手段迫使或者妨碍被继承人设立、变更或者撤回遗嘱，情节严重。继承人有前款第三项至第五项行为，确有悔改表现，被继承人表示宽恕或者事后在遗嘱中将其列为继承人的，该继承人不丧失继承权。受遗赠人有本条第一款规定行为的，丧失受遗赠权。"可见，继承人有下列

---

〔1〕　主编注，关于放弃继承规则的我国司法实践困境之研究，参见陈法："我国放弃继承规则的司法适用困境及其立法完善"，载夏吟兰、龙翼飞主编，李秀华执行主编：《家事法研究》（2024 年卷），法律出版社 2024 年版，第 167~181 页。

〔2〕　参见《婚姻家庭编解释（二）》第 1 条。

行为之一的，丧失继承权：

1. 故意杀害被继承人。构成此行为必须具备两个要件：①主观上具有杀害被继承人的故意，而不论其基于什么动机。如果只具有伤害的故意或只具有过失，则不具备主观要件。②客观上实施了非法剥夺被继承人生命的行为，不论其手段是作为还是不作为，也不论其结果是既遂或未遂。[1] 如因执行公务或正当防卫等合法行为致被继承人死亡的，则不具备客观要件。只有同时具备上述主客观犯罪要件的继承人，才依法丧失对被继承人的遗产的继承权。但必须注意，该继承人对于其他近亲属的遗产继承权，不得被一并予以剥夺。

2. 为争夺遗产而杀害其他继承人。构成此行为必须具备两个要件：①主观上有杀害其他继承人的故意，且具有争夺遗产的动机。如果主观上只有伤害的故意，或只有过失，或虽有杀害的故意，但无争夺遗产的动机，而是出于其他动机，如泄愤报复等，则不具备主观要件。②客观上实施了非法剥夺其他继承人生命的行为，而不论既遂或未遂，不论被害人与加害人是否为同一顺序继承人，也不论是法定继承人或遗嘱继承人。如果被害人不是法定继承人（包括遗嘱继承人）以内的人，则不具备客观要件。只有同时具备上述主客观要件的继承人，才依法丧失继承权。

3. 遗弃被继承人，或者虐待被继承人情节严重。遗弃被继承人，是指依法负有法定义务且具有扶养能力的继承人，对没有独立生活能力的被继承人，故意不履行扶养义务的行为。凡继承人有遗弃被继承人的行为，不论其情节是否恶劣，后果是否严重，也不论其是否构成犯罪，均依法丧失继承权。虐待被继承人，是指继承人对被继承人进行精神上或肉体上的摧残折磨。依《民法典》第 1125 条第 1 款第 3 项规定，虐待被继承人情节严重的，才丧失继承权。虐待被继承人情节是否严重，可以从实施虐待行为的时间长短、手段恶劣程度、后果是否严重、社会影响的大小等方面认定。虐待被继承人情节严重的，不论是否追究刑事责任，均可确认其丧失继承权。[2]

4. 伪造、篡改、隐匿或者销毁遗嘱，情节严重。伪造遗嘱，指继承人为了争夺或独占遗产而以被继承人的名义制造假遗嘱的行为。篡改遗嘱，指被继承人生前立有遗嘱，但继承人认为遗嘱内容对自己不利，为争夺或独占遗产而擅自改变原遗嘱内容的行为。隐匿遗嘱，指被继承人生前立有遗嘱，继承人为了争夺或独占遗产而将该遗嘱隐藏不让他人知晓的行为。销毁遗嘱，指被继承人生前立有遗嘱，继承人为了争夺或独占遗产而将该遗嘱破坏毁灭的行为。以上四种违法行为均违背了被继承人的真实意志，侵犯了其生前依法处分个人合法财产的权利，侵害了其他继承人和受遗赠人的合法权益，其中情节严重的，即侵害了缺乏劳动能力又无生活来源的继承人的利益，并造成其生活困难的，应依法丧失继承权。[3]

5. 以欺诈、胁迫手段迫使或者妨碍被继承人设立、变更或者撤回遗嘱，情节严重。欺诈是指故意告诉对方虚假情况，或者故意隐瞒真实情况，诱使对方作出错误的意思表示；胁迫是指以给对方及其亲友的生命健康、荣誉、名誉、财产等造成损害为要挟，迫使对方作出违背真实意思表示的行为。继承人为达到侵吞多占遗产的目的，实施欺诈、胁迫行为迫使或者妨碍遗嘱人设立、变更或者撤回遗嘱，使被继承人在违背真实意思的情况下作出

---

〔1〕　参见《继承编解释（一）》第 7 条。

〔2〕　参见《继承编解释（一）》第 6 条。

〔3〕　参见《继承编解释（一）》第 9 条。

遗嘱处分或无法作出遗嘱处分，侵害了被继承人的遗嘱自由，损害了其他继承人或受遗赠人的权益。如果上述不法行为情节严重，继承人将依法丧失继承权。判断情节是否严重，可以从非法获利大小、造成他人权益受损后果等方面判断。

（三）继承权丧失的法定事由与宽恕[1]

继承权的丧失，根据其可否恢复，分为绝对丧失与相对丧失。前者是指，如果继承人具有丧失继承权的法定事由，即使被继承人事后对该继承人表示宽恕或者以遗嘱指定该继承人继承遗产，也不被法律认可而无法恢复其继承权；后者是指，如果继承人具有丧失继承权的法定事由，但被继承人事后对该继承人表示宽恕或者仍然以遗嘱指定该继承人继承遗产并且被法律认可的，可以恢复其继承权，此为继承权丧失的宽恕（或称"宥恕"），故此类继承权丧失属于相对丧失。

在《民法典》第 1125 条第 1 款所列的 5 项导致继承权丧失的情形中，有第 1 项和第 2 项行为的继承人依法绝对丧失继承权，即使被继承人事后表示宽恕原谅或者仍然以遗嘱指定了该继承人的遗产份额，均无法恢复其继承权，这是因为第 1 项"故意杀害被继承人"和第 2 项"为争夺遗产而杀害其他继承人"都是非常严重的犯罪行为。根据《继承编解释（一）》第 8 条规定，继承人有上述第 1、2 项所列之行为，被继承人以遗嘱将遗产指定由该继承人继承的，可以确认遗嘱无效，并确认该继承人丧失继承权。

但是继承人如果是有第 3 项至第 5 项行为则依法相对丧失继承权，即"遗弃被继承人，或者虐待被继承人情节严重"，"伪造、篡改、隐匿或者销毁遗嘱，情节严重"，"以欺诈、胁迫手段迫使或者妨碍被继承人设立、变更或者撤回遗嘱，情节严重"，法律规定若继承人确有悔改表现，被继承人表示宽恕或者事后在遗嘱中将其列为继承人的，该继承人不丧失继承权。因为，从违法行为的性质和程度来看，与第 1、2 项行为相比，第 3 项到第 5 项行为相对较轻，同时考虑到继承人与受害人间的亲属关系，为了维护家庭和睦并鼓励有过错的继承人改过自新，在继承人悔改且被继承人谅解宽恕的情况下，继承人不丧失继承权。[2]

（四）继承权丧失的形式

继承权丧失的形式，是指继承权丧失的方式或程序，即继承权的丧失通过何种方式或程序实现。关于继承权丧失的形式，主要有两种立法方式：○继承权当然丧失，即基于法

---

[1]　关于继承权丧失的法定事由与宽恕之域外立法研究，参见史尚宽：《继承法论》，中国政法大学出版社 2000 年版，第 107~109 页。必须注意，域外立法对于继承权丧失的宽恕制度　主要有三种立法例：一是对继承权丧失的全部法定事由均采取相对丧失的单轨制，如法国、德国、瑞士、意大利、俄罗斯之立法例，以体现完全尊重被继承人的宽恕意愿；二是对继承权丧失的全部法定事由均采取绝对丧失的单轨制，如英国、美国的立法例，以体现国家法律公权力保障被继承人及其他继承人的生命健康权；三是对继承权丧失的全部法定事由区别采取绝对丧失与相对丧失的双轨制，如日本立法例，以体现既尊重被继承人的宽恕意愿，又彰显国家法律公权力为保障被继承人及其他继承人的生命健康权之适当干预。参见陈苇主编：《外国继承法比较与中国民法典继承编制定研究》，北京大学出版社 2011 年版，第 187、190、194、198、200、203、206、212、216 页。

[2]　必须注意，在我国，对继承权丧失的法定事由的宽恕之实现，必须具备两个法定条件：一是继承人必须具有继承权相对丧失的法定事由；二是被继承人必须有宽恕的意思表示，即被继承人事后对该继承人表示宥恕或者仍然以遗嘱指定该继承人继承遗产。以上两个法定条件缺一不可，两者同时具备的，被继承人对该继承人的继承权丧失法定事由之宽恕才能实现。这体现了我国《民法典》采取尊重被继承人的宽恕意愿与国家法律公权力的适当干预相结合，以期既彰显民法的意思自治原则，又保护被继承人和其他继承人的生命健康权之立法理念，以利于我国的优良家风建设，促进婚姻家庭的和睦。

定事由的发生，继承人当然丧失继承权，无须经诉讼程序宣告；②继承权宣告丧失，即基于法定事由的发生，由其他继承人或利害关系人请求，经诉讼程序宣告继承人丧失继承权。[1]

根据《民法典》第1125条的规定，即采取继承权当然丧失，如果继承人有丧失继承权的法定事由之一的，则当然丧失继承权，无须经诉讼程序宣告。但是，如果在遗产继承中继承人之间因是否丧失继承权而发生纠纷，诉讼到人民法院的，则由人民法院根据《民法典》第1125条的规定，判决确认其是否丧失继承权。[2]

必须明确：其一，经诉讼确认丧失继承权，不是丧失继承权的法定必经程序。继承人基于丧失继承权法定事由的发生，依法当然丧失继承权，而无需经诉讼程序由法院确认。不论该继承人本人是否仍主张其继承权，均不影响其继承权的当然丧失。如其与其他继承人（或利害关系人）对是否丧失继承权有争议的，可经诉讼程序，由人民法院依法确认其是否丧失继承权。其二，确认丧失继承权的机关只能是人民法院，其他任何社会组织或个人均无权确认继承权之丧失。[3]

（五）继承权丧失的效力

根据《民法典》第1125条规定的精神：其一，继承权丧失的时间效力，应始于继承人具有丧失继承权的法定事由之时。即当继承人具有丧失继承权的法定事由时，其继承权依法当然丧失。但如丧失继承权的法定事由发生于继承开始以后的，其丧失继承权（包括当然丧失继承权或确认丧失继承权）的效力应溯及继承开始之时。如该不当继承人在继承开始后已占有遗产的，应予以返还。其二，在对人的效力方面，继承权丧失的效力及于继承人晚辈直系血亲的代位继承。继承人丧失继承权的，其晚辈直系血亲不得代位继承。[4]但是，特定继承权丧失的效力并不及于继承人对其他被继承人的继承权。即继承人丧失的继承权，只是对某一特定被继承人继承权的丧失，并不意味对其他被继承人的继承权一律丧失。例如，某甲因杀害父亲而丧失对其父的遗产继承权，但他对其母及其他被继承人无导致继承权丧失的行为的，则对其母及其他被继承人仍然享有继承权。

（六）受遗赠权的丧失

根据《民法典》第1125条第3款的规定："受遗赠人有本条第一款规定行为的，丧失受遗赠权。"即受遗赠人如果有下列五种行为之一的，将依法丧失受遗赠权：①故意杀害被继承人；②为争夺遗产而杀害其他继承人；③遗弃被继承人，或者虐待被继承人情节严重；④伪造、篡改、隐匿或者销毁遗嘱，情节严重；⑤以欺诈、胁迫手段迫使或者妨碍被继承人设立、变更或者撤回遗嘱，情节严重。受遗赠人丧失受遗赠权均为绝对丧失，事后悔改或者被继承人宽恕都不能改变受遗赠权丧失的效力。

六、继承权的保护

（一）继承恢复请求权的概念

《民法典》第1120条规定："国家保护自然人的继承权。"继承权的保护，又称继承恢

---

〔1〕　我国澳门地区采宣告丧失，而我国台湾地区采当然丧失。参见陈苇、宋豫主编：《中国大陆与港、澳、台继承法比较研究》，群众出版社2007年版，第187页。

〔2〕　参见《继承编解释（一）》第5条。

〔3〕　参见《继承编解释（一）》第5条。

〔4〕　《继承编解释（一）》第17条："继承人丧失继承权的，其晚辈直系血亲不得代位继承。如该代位继承人缺乏劳动能力又没有生活来源，或者对被继承人尽赡养义务较多的，可以适当分给遗产。"

复请求权的保护。所谓继承恢复请求权，又称遗产诉权或继承回复权，是指合法继承人的财产继承权被他人侵害时，有请求恢复到继承开始时状态的权利。继承恢复请求权的内容包括两个方面：其一，请求确认继承人的继承资格和继承地位；其二，请求恢复其继承标的即对遗产的返还请求权利。因此，继承恢复请求权的意义在于，既能使继承人请求依法确认其继承人的地位和资格，又能根据这种继承人的地位和资格，请求侵权人返还被其非法占有的遗产，从而达到保护继承人的继承权，维护自然人合法权益的目的。

继承人的继承权被侵犯主要有以下情况：一是，在共同继承时，同一顺序继承人中的一人或数人非法侵吞了另一部分继承人应得的遗产份额；二是，第二顺序的法定继承人非法排斥了第一顺序法定继承人的继承权；三是，已丧失继承权的人或非继承人没有法律根据而取得被继承人的遗产又拒不返还。

当继承人的继承权被侵犯时，继承人有继承恢复请求权，并受到法律保护。

（二）继承恢复请求权的保护期限

继承恢复请求权的保护期限，是指继承人在其继承权受侵害时，依法请求恢复其继承权、返还被侵占遗产的请求权的有效期限。在法定的保护期限届满前，被侵权人享有向人民法院提起诉讼要求恢复继承的请求权，并受法律保护；在法定的保护期限届满后则此权利不再受法律保护。

根据《民法典》第 188 条规定，继承权受到侵害的继承人向人民法院请求保护继承权的诉讼时效期间为 3 年。诉讼时效期间自继承人知道或者应当知道继承权受到损害以及义务人之日起计算。但自继承权受到损害之日起超过 20 年的，人民法院不予保护；有特殊情况的，人民法院可根据继承人的申请决定延长。[1]

此外，《民法典》还规定了继承权诉讼时效的中止、中断和延长。

1. 继承诉讼时效的中止。在诉讼时效期间的最后 6 个月内，因法定事由导致继承人无法主张权利的，依法按诉讼时效中止处理。《民法典》第 194 条规定："在诉讼时效期间的最后六个月内，因下列障碍，不能行使请求权的，诉讼时效中止：（一）不可抗力；（二）无民事行为能力人或者限制民事行为能力人没有法定代理人，或者法定代理人死亡、丧失民事行为能力、丧失代理权；（三）继承开始后未确定继承人或者遗产管理人；（四）权利人被义务人或者其他人控制；（五）其他导致权利人不能行使请求权的障碍。自中止时效的原因消除之日起满 6 个月，诉讼时效期间届满。"

2. 继承诉讼时效的中断。遗产继承纠纷具有以下法定情形之一的，诉讼时效即中断。《民法典》第 195 条规定："有下列情形之一的，诉讼时效中断，从中断、有关程序终结时起，诉讼时效期间重新计算：（一）权利人向义务人提出履行请求；（二）义务人同意履行义务；（三）权利人提起诉讼或者申请仲裁；（四）与提起诉讼或者申请仲裁具有同等效力的其他情形。"

3. 继承诉讼时效期间的届满与延长。根据《民法典》第 188 条的规定，自权利受到损害之日起超过 20 年的，人民法院不予保护，但有特殊情况的，人民法院可以根据权利人的

---

[1] 《民法典》第 188 条规定："向人民法院请求保护民事权利的诉讼时效期间为 3 年。法律另有规定的，依照其规定。诉讼时效期间自权利人知道或者应当知道权利受到损害以及义务人之日起计算。法律另有规定的，依照其规定。但是，自权利受到损害之日起超过 20 年的，人民法院不予保护，有特殊情况的，人民法院可以根据权利人的申请决定延长。"

申请决定延长。

4. 超过诉讼时效期间，当事人自愿履行的，不受诉讼时效的限制。[1]

第七节　遗产

一、遗产的概念和特征

(一) 遗产的概念

"遗产" 一词，从内涵看大体有两种含义：广义的遗产，是指被继承人死亡时遗留下来的财产权利（又称积极财产）和财产义务（又称消极财产）；狭义的遗产，专指被继承人死亡时遗留下的财产权利，不包括财产义务。我国采用狭义的遗产概念。《民法典》第1122条规定："遗产是自然人死亡时遗留的个人合法财产。依照法律规定或者根据其性质不得继承的遗产，不得继承。"可见，在我国，遗产作为继承权的客体，是指被继承人死亡时遗留的个人合法财产和依法可以继承的财产权利。[2]

(二) 遗产的特征

遗产具有以下法律特征：

1. 遗产是自然人死亡时遗留的财产，具有特定的时间性和财产性。自然人死亡这一法律事实的出现，是自然人生前个人财产转化为遗产的法定时间界限。在自然人死亡之前，其拥有的一切财产都不属于遗产，而属个人所有财产。只有在自然人死亡后，其遗留的个人所有财产才转化为遗产。而财产性则是区别自然人遗留的物或权利能否作为遗产的标准之一。死者遗留的物或权利中，凡具有财产性的物或权利（如房屋、家具或所有权、债权等）都可作为遗产；反之，凡不具有财产性的物或权利（如死者消费后已丧失使用价值的废物，或具有人身性的权利如死者的姓名权、肖像权、监护权等）都不能作为遗产。

2. 遗产是自然人遗留的个人合法所有的财产，具有专属性和合法性。死者遗留的财产和财产权利中，凡属其个人所有的部分，包括死者单独所有或在共有财产中死者享有的份额都属于遗产；反之，凡属他人所有的部分，如租赁物、借用物及在共有财产中他人享有的份额等都不能作为遗产。同时，死者遗留的财产中，凡属法律允许为自然人个人所有且系其合法取得的财产，都可作为遗产。反之，凡属法律规定不得为自然人个人所有的财产（如土地、森林、矿藏资源等），或自然人无合法根据取得的财产（如盗窃或非法侵占有国

---

〔1〕　参见《民法典》第192条。

〔2〕　必须说明，随着对继承法理论研究的深入，我国有些学者对1985年《继承法》有关遗产的概念提出了质疑，认为立法之不足有：①未从正反两方面对遗产进行界定；②对遗产正面列举的内容不够科学；③对遗产的合法性规定不合理。并且提出修改立法的建议：①从正反两个方面界定遗产的范围；②增加对遗产排除范围的规定；③对属于遗产的某些特殊财产进行适度列举；④删除遗产的 "合法性" 限制语。参见陈苇、宋豫主编：《中国大陆与港、澳、台继承法比较研究》，群众出版社2007年版，第223~224页。值得注意的是，近年在对遗产范围界定的研究中，有些学者主张将遗产分为一般遗产和特殊遗产，后者可以称为 "不完全遗产"。"不完全遗产" 包括归扣中的不完全遗产与减中的不完全遗产两种。参见陈苇主编：《外国继承法比较与中国民法典继承编制定研究》，北京大学出版社2011年版，第232~234页；陈苇、魏小军："论我国遗产范围立法的完善"，载《河南财经政法大学学报》2013年第6期。有关建立我国遗产归扣制度的研究，参见李洪祥："遗产归扣制度的理论、制度构成及其本土化"，载《现代法学》2012年第5期；陈苇、杜志红："我国设立归扣制度的基础与制度构建研究"，载《政法论丛》2013年第2期。

家、集体、他人的财产）都不能作为遗产。

3. 依照法律规定或者根据其性质不得继承的遗产，不得继承。自然人死亡时遗留的个人合法财产虽然是遗产，但并非都可以继承。根据《民法典》第 1122 条第 2 款的规定，依照法律规定不得继承的，例如，合伙企业中普通合伙人的合伙人资格，非经合伙协议的约定或者经全体合伙人一致同意，其继承人不能继承其合伙人资格；根据其性质不得继承的遗产，例如，某些具有人身性质的财产权（如夫妻间请求扶养费的权利、工伤职工领取伤残津贴的权利、残疾军人领取医疗费的权利等）不得继承。

二、遗产的范围

根据《民法典》的规定，财产权利包括物权、债权、知识产权、继承权、股权和其他投资性权利等。

1. 物权。物权是权利人依法对特定的物享有直接支配和排他的权利，包括所有权、用益物权和担保物权，而物包括了动产和不动产（《民法典》第 114、115 条）。但用益物权的继承要区别情况，依法可以继承的方可继承。例如在农村土地承包权中，林地承包权，或通过招标、拍卖、公开协商等方式取得土地承包经营权，承包人死亡后，在承包期内其继承人可以继承其承包权。再如《民法典》新增的用益物权——居住权，根据《民法典》第 369 条，"居住权不得转让、继承"。

2. 债权。债权是因合同、侵权行为、无因管理、不当得利以及法律的其他规定，权利人请求特定义务人为或者不为一定行为的权利（《民法典》第 118 条）。除依其性质或约定不能继承外，债权也可以作为遗产继承。

3. 知识产权中的财产性权利。知识产权是权利人依法就作品、发明、实用新型、外观设计、商标、地理标志、商业秘密、集成电路布图设计、植物新品种，以及法律规定的其他客体享有的专有的权利，除人身性质的权利外，知识产权中的财产性权利可以继承。

4. 继承权。继承权可以转继承。转继承是指继承开始后，继承人于遗产分割前死亡，并没有放弃继承的，该继承人应当继承的遗产转给其继承人，但是遗嘱另有安排的除外。[1]

5. 股权和其他投资性权利。股权和其他投资性权利主要包括股份有限公司的股份、有限责任公司的股权、合伙企业的合伙份额、个人独资企业的出资额等。除依法或依约定不能继承的以外，股权和其他投资性权利可以继承。例如有限责任公司的股东资格，除非章程另有规定，"自然人股东死亡后，其合法继承人可以继承股东资格"（现行《公司法》第 90 条）。

6. 其他财产。其他依法可以作为遗产的财产。例如，身故保险金一般应归属于受益人，但根据 2015 年修正的《保险法》第 42 条的规定，在下列情况下也可以作为被保险人的遗产：被保险人死亡后，"（一）没有指定受益人，或者受益人指定不明无法确定的；（二）受益人先于被保险人死亡，没有其他受益人的；（三）受益人依法丧失受益权或者放弃受益权，没有其他受益人的。受益人与被保险人在同一事件中死亡，且不能确定死亡先后顺序的，推定受益人死亡在先。"

---

〔1〕《民法典》第 1152 条。

三、认定遗产应注意的问题

(一) 被继承人的遗产与公共财产的区别

遗产的范围只限于被继承人生前个人所有的财产。即只有被继承人生前享有所有权的财产，才属于遗产。而被继承人生前享有使用权的自留地、自留山、宅基地等，或享有承包权的土地、荒山、滩涂、果园、鱼塘等，因属国家或集体所有的财产即公共财产，均不能作为被继承人的遗产。

(二) 被继承人的遗产与共有财产的区别

共有财产包括夫妻共有、家庭共有、合伙共有等财产。当被继承人为共有财产的权利人之一时，其死亡后，应把死者享有的份额从共有财产中分出，作为死者遗产的组成部分。《民法典》第 1153 条第 1 款规定："夫妻共同所有的财产，除有约定的外，遗产分割时，应当先将共同所有的财产的一半分出为配偶所有，其余的为被继承人的遗产。"也就是说，当夫妻一方死亡时，只能将夫妻共同财产的二分之一作为死者的遗产，其余的二分之一则为生存配偶的个人所有财产。该条第 2 款规定："遗产在家庭共有财产之中的，遗产分割时，应当先分出他人的财产。"也就是说，只有把家庭共有财产中属于其他家庭成员的财产分出后，剩余的部分才是死亡的家庭成员的遗产。同样，当合伙共有财产关系中某合伙人死亡时，只能把其在合伙财产中享有的份额分出作为其遗产，而不能把其他合伙人享有的财产份额都作为死者的遗产。

(三) 被继承人的遗产与保险金、抚恤金、死亡赔偿金的区别

被继承人生前和保险公司签订的人身保险合同，如果在合同中投保人已指定了受益人，被保险人死亡后，则由合同所指定的受益人取得保险金并享有所有权。即该保险金因死者生前不享有所有权，故不能作为死者的遗产。如果没有指定受益人或者受益人指定不明的，则被保险人死亡后，给付的保险金方可作为死者的遗产。[1]

抚恤金是职工因公死亡、革命军人牺牲或病故时，国家或死者生前所在单位等给予死者家属的精神关怀和物质帮助，不是死者生前的个人财产，故不能作为遗产。

死亡赔偿金是死者因他人的侵权行为导致死亡而由赔偿义务人支付给死者近亲属的民事赔偿金。死亡赔偿金具有抚慰和经济补偿等性质，有权请求死亡赔偿金的主体是死者的近亲属，故死亡赔偿金不是遗产。

四、遗产的保管

继承开始后至遗产分割前的这一期间内，为防止遗产毁损、灭失或被隐匿、被侵吞，应对遗产妥善保管。[2]《民法典》第 1151 条规定："存有遗产的人，应当妥善保管遗产，任何组织或者个人不得侵吞或者争抢。"《继承编解释（一）》第 30 条规定："人民法院在

---

〔1〕 2015 年修正的我国《保险法》第 42 条规定："被保险人死亡后，有下列情形之一的，保险金作为被保险人的遗产，由保险人依照《中华人民共和国继承法》的规定履行给付保险金的义务：①没有指定受益人，或者受益人指定不明无法确定的；②受益人先于被保险人死亡，没有其他受益人的；③受益人依法丧失受益权或者放弃受益权，没有其他受益人的。受益人与被保险人在同一事件中死亡，且不能确定死亡先后顺序的，推定受益人死亡在先。"

〔2〕 关于我国遗产管理制度的立法建议，参见石婷：《遗产管理制度研究》，群众出版社 2017 年版，第 202～228 页。由于我国《继承法》规定的是限定继承（有限责任继承），为保护继承人和遗产债权人的利益，对遗产进行妥善管理是实行限定继承的必要条件。参见黎乃忠：《限定继承制度研究》，群众出版社 2017 年版，第 74～77 页。

审理继承案件时，如果知道有继承人而无法通知的，分割遗产时，要保留其应继承的遗产，并确定该遗产的保管人或者保管单位。"因保管遗产而支出的必要费用，应当从遗产中扣除或由继承人支付。该司法解释第43条还规定："人民法院对故意隐匿、侵吞或争抢遗产的继承人，可以酌情减少其应继承的遗产。"如果继承人以外的个人或组织非法侵占、损坏遗产的，也应追究其法律责任。

导入案例之要点评析

1. 《民法典》第1121条第1款规定："继承从被继承人死亡时开始。"即确定继承开始的时间，应以被继承人死亡的时间为准。对李某珍遗产的继承也应该从2001年1月3日李某珍因病去世时开始。李某珍去世时，其第一顺序法定继承人包括其配偶和子女，即张某国、张丽和张娜。

2. 2001年1月3日，李某珍患病去世后继承开始，张丽、张娜作为第一顺序的法定继承人，均享有对李某珍遗产的继承权，她们作为共同继承人可随时提出分割共同继承的遗产。2023年2月1日，张丽和张娜向其父亲张某国提出分割其母亲遗产的请求，遭到张某国的拒绝，张某国拒绝女儿们分割遗产请求的行为是对法定第一顺序共同继承人张丽、张娜继承权的否认。根据《民法典》第188条规定，继承权受到侵害的继承人向人民法院请求保护继承权的诉讼时效期间为3年。诉讼时效期间自继承人知道或者应当知道继承权受到损害以及义务人之日起计算。但自继承权受到损害之日起超过20年的，人民法院不予保护；有特殊情况的，人民法院可以根据继承人的申请决定延长。本案的共同继承人张丽、张娜知道其继承权被侵犯是在2023年2月1日张某国拒绝分割共有遗产之时，所以2023年3月1日张丽、张娜即向人民法院起诉请求确认继承权并分割遗产并没有超过3年的诉讼时效，也没有超过20年的最长时效。

3. 1998年张某国和李某珍购买的河滨小区8幢1-3-1号房屋系夫妻两人的共同财产。《民法典》第1153条第1款规定："夫妻共同所有的财产，除有约定的外，遗产分割时，应当先将共同所有的财产的一半分出为配偶所有，其余的为被继承人的遗产。"因此，河滨小区8幢1-3-1号房屋产权的一半应属于李某珍的遗产，由其第一顺序法定继承人张某国、张丽、张娜共同继承而共有。2007年1月河滨小区8幢1-3-1号房屋拆迁，拆迁方还房一套（花园小区5幢4-2-2号）并补足拆迁房与所还房屋的差价（旧房补偿款6.4万元）。搬家补助费系对居住在拆迁房内人口搬家所需费用的补助，临时安置补偿费则是对居住在拆迁房内人口因房屋拆迁而不得不暂时另觅住房的补偿，原则上只有实际居住在拆迁房屋内的人口才能享有，本案中即只有张某国、王某玉夫妇才享有搬家补助费和临时安置补偿费，故张丽、张娜请求分割搬家补助费、临时安置补偿费的请求于法无据，法院应当不予支持。李某珍原遗产的形态发生转化，由河滨小区8幢1-3-1号房屋的一半产权转化为花园小区5幢4-2-2号产权的一半以及旧房补偿款6.4万元的一半。故本案原告请求分割的财产中，花园小区5幢4-2-2号产权的一半以及旧房补偿款5.4万元的一半为李某珍的遗产，依法应由李某珍的第一顺序法定继承人张某国、张丽、张娜三人共同继承，遗产分割时如无法定的特殊情形，原则上三人应平均分割。

一、选择题

（一）单项选择题

1. （　　）情形，行为人不会因此丧失继承权。

A. 故意伤害被继承人致其死亡的

B. 为争夺遗产而杀害其他继承人的

C. 遗弃被继承人的，或者虐待被继承人情节严重的

D. 伪造、篡改或者销毁遗嘱，情节严重的

2. 遗产分割时，应当保留胎儿的继承份额。胎儿出生时是死体的，保留的份额（　　）。

A. 归属胎儿的继承人　　　　　　　B. 归属胎儿的母亲

C. 按照法定继承办理　　　　　　　D. 以上选项均不正确

（二）多项选择题

1. 甲、乙为夫妻，长期感情不和。2015年5月1日甲乘火车去外地出差，在火车上失踪，没有发现其被害尸体，也没有发现其在何处下车。2021年6月5日法院依照法定程序宣告甲死亡。之后，乙向法院起诉要求铁路公司对甲的死亡进行赔偿。关于甲被宣告死亡，下列哪些说法是正确的？（　　）（2016年国家司法考试试题改编）[1]

A. 甲的继承人可以继承其财产

B. 甲、乙婚姻关系消灭，且不可能恢复

C. 2021年6月5日为甲的死亡日期

D. 铁路公司应当对甲的死亡进行赔偿

2. 王某与李某系夫妻，两人带女儿外出旅游，因发生车祸3人全部遇难，但无法确定死亡的先后时间。下列哪些选项是正确的？（　　）（2008年国家司法考试试题）

A. 推定王某和李某先于女儿死亡

B. 推定王某和李某同时死亡

C. 王某和李某互不继承

D. 女儿作为第一顺序继承人继承王某和李某的遗产

二、判断分析题

1. 李四曾经虐待其父亲李三，情节严重，后经过教育以后确有悔改表现，因此李三生前立遗嘱将部分遗产指定给李四继承，由此依法可不确认李四丧失对其父李三的继承权。

2. 王强是不满10周岁的未成年人，父母早已离异。后其生父死亡，生父立有遗嘱将一半遗产指定给王强继承，但王强的母亲不愿意接受此遗产，就代理王强表示放弃继承，该放弃继承有效。

三、简答题

1. 简述丧失继承权的法定事由。

2. 简述相互有继承关系的数人在同一事件中死亡，难以确定死亡先后时间时，依法确

---

[1]　由于我国《民法典》于2021年1月1日起施行，为适用《民法典》分析相关法律问题，此试题中当事人起诉或事件的发生时间被更改为2021年1月1日之后，特此说明。

定这几个人的死亡顺序的方式。

3. 简述自然人遗产的范围。

四、论述题

1. 试论我国继承法的基本原则。

2. 试论继承开始的法律意义。

五、案例分析题

刘春和陈丽系夫妇，育有两个子女刘晓云和刘晓刚。刘晓云已经结婚，有一子罗琦。2024 年 5 月 16 日，刘春和陈丽带着罗琦前往某景区旅游，路上遭遇泥石流灾害，他们全部遇难死亡，但不能确定死亡的先后时间。刘春和陈丽有夫妻共同财产价值 50 余万元。刘春还有弟弟刘夏，陈丽除子女外没有其他继承人。

请分析本案的继承法律关系。

 阅读参考文献

1. 郭明瑞、房绍坤、关涛：《继承法研究》，中国人民公安大学出版社 2003 年版。

2. 张玉敏：《继承法律制度研究》，华中科技大学出版社 2016 年版。

3. 陈苇主编：《外国继承法比较与中国民法典继承编制定研究》，北京大学出版社 2011 年版。

4. 刘耀东：《继承法修改中的疑难问题研究》，法律出版社 2014 年版。

5. 黄薇主编：《中华人民共和国民法典继承编释义》，法律出版社 2020 年版。

6. 杨立新：《中国民法典释评·继承编》，中国人民大学出版社 2020 年版。

第 十 三 章

法定继承

✤**学习的内容和重点**

通过本章的学习，要求学生了解法定继承的概念、特征等基本知识，重点掌握我国《民法典》继承编有关法定继承人的范围和顺序、法定继承的份额及遗产分配原则等规定，理解代位继承与转继承的区别。

叶小龙是孤儿，1970 年 1 月与江雪结婚，婚后夫妻共生育 3 名子女，分别为叶丹、叶雯和叶钢。叶丹从小患眼疾，成年后双眼完全失明，没有劳动能力，依靠父母抚养。叶雯大学毕业后到外地工作，叶钢技校毕业后参加工作。2000 年叶钢与莫玲结婚，婚后生育一子叶滔。2015 年 1 月，因叶小龙夫妇年事已高，经济条件也不好，照顾叶丹确有困难，叶钢就将姐姐叶丹接到自己家里扶养并照顾其日常生活。2023 年 6 月 20 日上午，叶钢出差时因车祸遇难，叶小龙得知爱子死亡的消息时极度悲痛，当天下午突发脑溢血，经抢救无效死亡。

请问：

1. 叶钢死亡时，哪些人有权请求分得其遗产？

2. 叶小龙死亡时，哪些人有权请求分得其遗产？

第一节　法定继承概述

一、法定继承的概念和特征

（一）法定继承的概念

法定继承是遗嘱继承的对称，是指在无遗嘱的情况下，直接依据法律规定的继承人范围、继承顺序及遗产分配原则进行遗产转移的一种继承方式。这种继承只能在无遗嘱时才能发生，故又称为无遗嘱继承。

（二）法定继承的特征

根据我国《民法典》的规定，法定继承具有以下两个特征：

1. 法定继承以一定的人身关系为前提。即法定继承权的取得根据，是被继承人与继承人之间存在婚姻关系、血缘关系或扶养关系。我国法定继承人原则上被限定在有法定扶养义务的近亲属范围内，以及有事实上扶养关系的特定姻亲之内。

2. 法定继承人的范围、继承顺序、继承份额和遗产分配原则等都由法律明确规定，属于强制性规范，除法律另有规定外，其他任何单位、组织和个人均无权变更。

二、法定继承的适用范围

法定继承是我国现实生活中继承遗产的一种主要方式。我国《民法典》第 1123 条规定："继承开始后，按照法定继承办理；有遗嘱的，按照遗嘱继承或者遗赠办理；有遗赠扶养协议的，按照协议办理。"根据《民法典》第 1154 条及其他有关规定，法定继承适用以下情况：①被继承人生前未同他人订立遗赠扶养协议，或已订立的遗赠扶养协议无效的；②被继承人生前未立遗嘱的；③遗嘱继承人放弃继承权、丧失继承权或者受遗赠人放弃、丧失受遗赠权的；④遗嘱继承人、受遗赠人先于遗嘱人死亡或者终止[1]的；⑤遗嘱无效部分所涉及的遗产，以及遗嘱未处分的遗产。[2]

第二节　法定继承人的范围及顺序

一、法定继承人的范围

法定继承人的范围是指适用法定继承方式时，哪些人可以作为死者遗产的继承人。确定法定继承人的范围，是法定继承的首要问题。在我国，确定法定继承人范围的依据，包括婚姻关系、血缘关系和扶养关系，这是"发挥家庭职能的要求"[3]。根据《民法典》第 1127~1129 条的规定，我国法定继承人的范围包括：配偶、子女、父母、兄弟姐妹、祖父母、外祖父母；孙子女、外孙子女及其直系晚辈血亲，兄弟姐妹的子女；对公婆或岳父母尽了主要赡养义务的丧偶儿媳或丧偶女婿。[4]

（一）配偶

夫妻是共同生活的伴侣，夫妻双方互称配偶。夫妻是家庭的基本成员，相互间有着密切的人身关系和财产关系。《民法典》第 1061 条规定，夫妻有相互继承遗产的权利。依《民法典》第 1127 条第 1 款第 1 项规定，配偶是第一顺序法定继承人。配偶继承权的取得，是基于合法有效的婚姻关系成立和存续。只有存在合法婚姻关系的夫妻，才能享有配偶继承权。如果男女之间没有合法有效的婚姻关系，双方不具有合法配偶的身份，则不能享有配偶继承权。如果在继承开始之前，夫妻间已依法解除了婚姻关系，配偶身份随之终止，则配偶继承权也归于消灭。因此，如男女双方或一方系有配偶者与他人同居或为重婚等违法两性关系，则不具有婚姻的效力，双方当事人之间则不具有配偶身份，当然也不能享有配偶继承权。但对于 1994 年 2 月 1 日民政部《婚姻登记管理条例》施行前形成的、符合我

[1]　这里的"终止"，是指非自然人的受遗赠人终止其民事主体资格。

[2]　关于法定继承制度的价值追求之探讨，参见王歌雅、任江：《中华人民共和国继承法评注 法定继承》，厦门大学出版社 2019 年版，第 13 页。关于我国法定继承制度完善的现实与理论基础之探讨，参见李艳：《法定继承制度研究》，中国人民公安大学出版社 2021 年版，第 117~154 页。

[3]　刘素萍主编：《继承法》，中国人民大学出版社 1988 年版，第 195 页。

[4]　关于我国法定继承人的范围，我国有些学者提出了修改立法的不同建议，参见张玉敏：《继承法律制度研究》，法律出版社 1999 年版，第 207~211 页；陈苇、杜江涌："我国法定继承制度的立法构想"，载《现代法学》2002 年第 3 期；郭明瑞、房绍坤、关涛：《继承法研究》，中国人民大学出版社 2003 年版，第 72~76 页；杨立新、朱呈义：《继承法专论》，高等教育出版社 2006 年版，第 161~162 页。关于外国继承法之法定继承人（即无遗嘱继承人）的范围与顺序之比较研究，参见陈苇主编：《外国继承法比较与中国民法典继承编制定研究》，北京大学出版社 2011 年版，第 374~414 页；刘文：《继承法律制度研究》，中国政法大学出版社 2016 年版，第 92~98 页。

国有关司法解释规定条件的事实婚姻，因系比照"合法"婚姻关系处理，有条件地承认其效力，故事实婚姻双方当事人互相享有配偶继承权。[1] 此外，对在 1950 年《婚姻法》施行前形成的重婚、纳妾等，属历史遗留问题，如本人未提出解除关系，一般不予干涉。[2] 应承认妻、妾对丈夫的遗产均享有继承权，并且妻与妾对夫的遗产享有同等的配偶继承权。

（二）子女

子女与父母有着最近的血缘关系，是父母最近的晚辈直系血亲。他们之间有密切的人身关系和财产关系，故《民法典》第 1070 条规定，父母子女有相互继承遗产的权利。根据《民法典》第 1127 条第 1 款第 1 项规定，子女是父母的法定继承人，不论其已婚或未婚，也不论其是男是女，享有平等的继承权。该条第 3 款规定："本编所称子女，包括婚生子女、非婚生子女、养子女和有扶养关系的继子女。"

1. 亲生子女。亲生子女包括婚生子女和非婚生子女。他们都享有平等的继承权，即子女无论是婚生还是非婚生，不论是儿子还是女儿，也不论是否结婚，他们享有的继承权都是平等的。任何否定或限制非婚生子女继承权的行为，否定或限制女儿包括已婚女儿继承权的行为，都是违法的。

被继承人的亲生子女，不仅包括被继承人死亡前已出生的，也包括被继承人死亡前已怀孕、在其死亡时尚未出生的胎儿。诚然，自然人的民事权利，始于出生，但是胎儿虽不是现实的民事权利主体，却可能是将来的民事权利主体。[3] 根据养老育幼原则，《民法典》第 1155 条规定："遗产分割时，应当保留胎儿的继承份额。胎儿娩出时是死体的，保留的份额按照法定继承办理。"

2. 养子女。根据《民法典》第 1111 条的规定，养父母和养子女间的权利义务，适用《民法典》关于父母子女关系的规定。根据《民法典》第 1127 条第 3 款规定，养子女属于法定继承人之一，养子女享有与亲生子女同等的继承权。根据《民法典》第 1111 条第 2 款的规定，养子女与生父母以及其他近亲属的权利义务关系，因收养关系的成立而消除，故收养关系成立后，养子女在享有对养父母遗产继承权的同时，对其生父母及其他近亲属的遗产继承权消灭。但是，养子女虽无权继承生父母的遗产，如果对养父母尽了赡养义务，同时又对生父母扶养较多的，除可依《民法典》第 1127 条的规定继承养父母的遗产外，还可依《民法典》第 1131 条的规定分得生父母的适当遗产。[4] 在养子女与养父母的收养关系解除后，则他们之间的继承权随之消灭；养子女如恢复了与生父母的权利义务关系，则对生父母的遗产享有继承权。

在收养关系中，还有一种养孙子女。这种养孙子女是指收养人在没有亲生子女或养子女的情况下直接收养的养孙子女，由于收养人与被收养人之间年龄相差悬殊、辈分不同，收养人对被收养人称为"养孙子女"，我国民间习惯上认为此属于"隔代收养"。我国审判实践中视这种养祖孙关系具有与养父母子女关系相同的权利义务，即隔代收养的"养祖孙"之间互为第一顺序法定继承人。

---

〔1〕 参见《婚姻家庭编解释（一）》第 7、8 条。

〔2〕 参见 1952 年《婚姻法施行以前重婚的处理原则的规定》。

〔3〕 我国《民法典》第 16 条规定："涉及遗产继承、接受赠与等胎儿利益保护的，胎儿视为具有民事权利能力。但是，胎儿娩出时为死体的，其民事权利能力自始不存在。"

〔4〕 参见《继承编解释（一）》第 10 条。

对于我国 1991 年《收养法》施行前（1992 年 4 月 1 日起施行）形成的事实收养关系，如果不违背当时有关法律政策规定的条件，应予承认。事实收养关系的养父母与养子女互有遗产继承权。

关于 1991 年《收养法》施行前的"过继"子女的继承权问题，根据有关司法解释，应当区别对待。"过继"子女与"过继"父母形成扶养关系的，即为养父母子女，互有继承权；如系封建性的"过继""立嗣"，没有形成扶养关系的，不能享有继承权。该《收养法》施行后，不符合收养的实质要件和形式要件的过继，不能成立养父母子女关系。

3. 有扶养关系的继子女。在我国，继父母子女关系分为有扶养关系的与没有扶养关系的两种。继父母与继子女，如有扶养关系的，相互就有继承遗产的权利；如没有扶养关系的，就没有相互继承遗产的权利。必须注意，在《民法典》中，继承编规定的"扶养关系"，既包括继子女受继父母抚养的情形，也包括继子女赡养继父母的情形。但根据婚姻家庭编的规定，只有在继子女受到继父母抚养的，才能适用父母子女间的权利义务关系。也就是说，继承编界定的"扶养关系"包括继父母对继子女或继子女对继父母之间的"扶养关系"，而婚姻家庭编界定的"抚养关系"只是继父母对继子女单方面的"抚养关系"，即前者的扶养义务主体是宽于后者的。[1]《继承编解释（一）》第 19 条规定："对被继承人生活提供了主要经济来源，或者在劳务等方面给予了主要扶助的，应当认定其尽了主要赡养义务或主要扶养义务。"必须明确，有扶养关系的继子女除有权继承继父母的遗产外，还有权继承生父母的遗产（即享有双重继承权）。[2]

（三）父母

父母是子女最亲近的直系长辈血亲。根据《民法典》第 1127 条第 1 款第 1 项规定，父母为子女的第一顺序法定继承人。《民法典》第 1127 条第 4 款还规定，对子女有遗产继承权的父母，"包括生父母、养父母和有扶养关系的继父母"。但必须注意，生父母对于已经被他人收养的生子女并无继承权。因为生父母与生子女在法律上的权利义务关系已经随收养的成立而消除。父母子女互有继承权，父母能否取得子女遗产继承权与子女能否取得父母遗产继承权两者要求的条件是完全一致的。如有扶养关系的继子女，享有对继父母和生父母的遗产继承权，同样，有扶养关系的继父母，也享有对继子女和生子女的遗产继承权。因此，可以参照子女继承父母的遗产的条件来确定父母对子女的遗产继承权。

（四）兄弟姐妹

根据《民法典》第 1127 条第 1 款第 2 项的规定，兄弟姐妹为第二顺序法定继承人，有互相继承遗产的权利。根据《民法典》第 1127 条第 5 款规定，兄弟姐妹包括：

1. 亲兄弟姐妹。亲兄弟姐妹是血缘关系最近的旁系血亲，包括同父同母的兄弟姐妹、同父异母或同母异父的兄弟姐妹。他们之间具有血缘联系，是自然血亲关系，互有遗产继承权。[3]

---

〔1〕　参见黄薇主编：《中华人民共和国民法典继承编释义》，法律出版社 2020 年版，第 48 页。

〔2〕　参见《继承编解释（一）》第 11 条。

〔3〕　有学者指出，在我国台湾地区无论全血缘或半血缘的兄弟姐妹，均为第三顺序继承人，且其应继份样等。但在日本民法上，兄弟姐妹固为第三顺序继承人（第 889 条第 1 项第 2 款），唯半血缘兄弟姐妹之应继份仅为全血缘兄弟姐妹之 1/2（第 900 条第 4 项但书）。参见陈棋炎等：《民法继承新论》，三民书局股份有限公司 2005 年版，第 36 页。并参见刘士国、牟宪魁、杨瑞贺译：《日本民法典》第 900 条第 4 项但书内容，中国法制出版社 2018 年版，第 229 页。

2. 养兄弟姐妹。养兄弟姐妹包括养子女与养子女之间、养子女与生子女之间两种养兄弟姐妹关系，是基于收养关系的成立而产生的法律拟制旁系血亲关系，他们互有继承权。但被收养人与其亲兄弟姐妹间的权利义务关系，因收养关系的成立而消除，故互无继承权。

3. 有扶养关系的继兄弟姐妹。[1] 有扶养关系的继兄弟姐妹之间的继承权是基于继兄弟姐妹之间的扶养关系而发生，故没有形成扶养关系的，不能互有继承权。如继兄弟姐妹仅与其继父母形成扶养关系，而继兄弟姐妹间未形成扶养关系的，则不能互为遗产继承人。有扶养关系的继兄弟姐妹，如有亲兄弟姐妹的，除继兄弟姐妹间可互相继承遗产外，还可继承亲兄弟姐妹的遗产（即享有双重继承权）。[2]

（五）祖父母、外祖父母

祖父母、外祖父母是除父母以外的血缘关系最近的直系长辈亲属。《民法典》第 1074 条第 1 款规定："有负担能力的祖父母、外祖父母，对于父母已经死亡或者父母无力抚养的未成年孙子女、外孙子女，有抚养的义务。" 根据《民法典》第 1127 条第 1 款第 2 项的规定，祖父母、外祖父母为第二顺序法定继承人。这里的祖父母、外祖父母包括：生祖父母和生外祖父母；养祖父母和养外祖父母。法律规定祖父母、外祖父母享有继承孙子女、外孙子女遗产的权利，有利于发挥家庭养老育幼的职能。

（六）孙子女、外孙子女及其晚辈直系血亲

孙子女、外孙子女是被继承人的隔代直系晚辈亲属，他们具有平等的法律地位。根据《民法典》第 1128 条[3]和有关司法解释的规定，孙子女、外孙子女及其直系晚辈血亲均为法定代位继承人，代位继承人不受辈数限制。代位继承人包括：被继承人的子女（生子女、养子女和有扶养关系的继子女）的直系晚辈自然血亲和直系晚辈养亲。[4]

（七）侄子女、外甥子女

根据《民法典》第 1128 条第 2 款规定，被继承人的兄弟姐妹先于被继承人死亡的，由被继承人的兄弟姐妹的子女代位继承。即侄子女、外甥子女为法定代位继承人。如果继承开始时，被继承人的兄弟姐妹已经先于被继承人死亡的，依法应由被继承人的兄弟姐妹的子女（即被继承人的侄子女、外甥子女）代位继承。与我国《继承法》第 28 条规定的代位继承人范围相比，这是《民法典》新增的一种代位继承人。这实际上扩大了法定继承

---

〔1〕　关于继兄弟姐妹之间的继承权，我国有学者认为，形成扶养关系的继兄弟姐妹在实际中是很少见的，主张不把他们作为法定继承人，而是赋予他们遗产酌分请求权，按《继承法》第 14 条的规定取得遗产。参见张玉敏：《继承制度研究》，成都科技大学出版社 1994 年版，第 253 页。也有的学者认为，继兄弟姐妹间虽没有血缘关系，但由于其父母再次结婚而形成姻亲关系，形成扶养关系的继兄弟姐妹间也就产生了权利义务。根据权利义务一致的原则，形成扶养关系的继兄弟姐妹间应当相互有继承权。参见郭明瑞、房绍坤、关涛：《继承法研究》，中国人民大学出版社 2003 年版，第 68 页。有的学者亦赞同后一种观点，认为我国未来继承立法应继续维持现行《继承法》关于兄弟姐妹的继承权之规定。参见张平华、刘耀东：《继承法原理》，中国法制出版社 2009 年版，第 172~173 页。

〔2〕　参见《继承编解释（一）》第 13 条。

〔3〕　《民法典》第 1128 条第 1 款规定："被继承人的子女先于被继承人死亡的，由被继承人的子女的直系晚辈血亲代位继承。"

〔4〕　参见《继承编解释（一）》第 14、15 条。

的范围，也符合我国民众的财产继承观念和遗产处理习惯。[1]

（八）对公婆尽了主要赡养义务的丧偶儿媳和对岳父母尽了主要赡养义务的丧偶女婿

儿媳与公婆、女婿与岳父母是姻亲关系，他们之间本无法律上的权利和义务，故在一般情况下，不论其是否丧偶对公婆或岳父母均无遗产继承权。但在现实生活中，有些儿媳或女婿在丧偶以后仍然继续对公婆或岳父母尽主要赡养义务。对此敬老养老的"优良家风"和"家庭美德"应当继续鼓励发扬光大。[2] 所以，《民法典》第 1129 条继续沿用《继承法》第 12 条的规定："丧偶儿媳对公婆，丧偶女婿对岳父母，尽了主要赡养义务的，作为第一顺序继承人。"

《继承编解释（一）》第 19 条规定："对被继承人生活提供了主要经济来源，或者在劳务等方面给予了主要扶助的，应当认定其尽了主要赡养义务或主要扶养义务。"在现实生活中，认定"尽了主要赡养义务"一般可从以下两方面综合考虑：①在经济上对公婆或岳父母生活提供了主要经济来源，或者在生活上对公婆或岳父母提供了主要劳务帮助。②对公婆或岳父母尽赡养义务具有长期性、经常性。

以上两个条件同时具备的，即可认定为尽了主要赡养义务。尽了主要赡养义务的丧偶儿媳或丧偶女婿，依法享有对公婆或岳父母遗产的继承权，不论他们是否再婚，均为第一顺序法定继承人。必须注意，丧偶儿媳或丧偶女婿依《民法典》第 1129 条的规定作第一顺序法定继承人时，既不影响其子女代位继承，也不影响他们本人对其父母的遗产继承。[3]

二、法定继承的顺序

法定继承的顺序，是指法律规定的各法定继承人继承遗产的先后次序。继承开始后，并非所有的法定继承人都同时参加继承，而是根据法律规定的先后顺序，依次参加继承。继承顺序在前的法定继承人，有优先参加遗产继承的权利。继承顺序在后的法定继承人，只有在无前一顺序继承人或前一顺序继承人全部丧失继承权或全部放弃继承权的情况下，才能参加遗产继承。

《民法典》第 1127 条规定，遗产按照下列顺序继承：第一顺序：配偶、子女、父母。[4] 第二顺序：兄弟姐妹、祖父母、外祖父母。第 1129 条规定："丧偶儿媳对公婆，丧偶女婿对岳父母，尽了主要赡养义务的，作为第一顺序继承人。"我国《民法典》确定以上继承顺序的依据主要有二：一是亲属关系的亲疏远近；二是近亲属间扶养关系的密切程度。亲属关系近的，扶养关系最密切的配偶、子女、父母，以及尽了主要扶养义务的丧偶

---

〔1〕 近年我国学者在我国十省市（包括东北部的吉林省、东部的上海市、北部的河北省、中部的湖北省和江西省、南部的广东省和海南省、东南部的福建省、西南部的重庆市和四川省）开展了"当代中国民众财产继承观念与遗产处理习惯实证调查"，关于承认侄子女、外甥子女为法定继承人的我国民众财产继承观念的统计数据，参见陈苇主编：《当代中国民众财产继承观念与遗产处理习惯实证调查研究》（上卷、下卷），中国人民公安大学出版社 2019 年版，第 80、184、280、372、467、563、670、770、859、948、1047 页。

〔2〕 参见《民法典》第 1043 条第 1 款："家庭应当树立优良家风，弘扬家庭美德，重视家庭文明建设。"

〔3〕 参见《继承编解释（一）》第 18 条。

〔4〕 关于配偶的法定继承顺序，目前在世界上有两种立法例：①将配偶作为固定顺序的继承人，其仅可与某一顺序（多为第一顺序）的血亲继承人共同继承遗产，如我国和俄罗斯采此立法例；②将配偶不作为固定顺序的继承人，其可与参加继承的任一顺序（有的英美法系国家仅限于第一、二顺序）的血亲继承人共同继承遗产，多数国家如德国、瑞士、日本、美国等国采此立法例。参见刘春茂主编：《中国民法学·财产继承》，中国人民公安大学出版社 1990 年版，第 250~257 页；张玉敏主编：《继承法教程》，中国政法大学出版社 1998 年版，第 197 页；郭明瑞、房绍坤、关涛：《继承法研究》，中国人民大学出版社 2003 年版，第 71 页。

儿媳或丧偶女婿被列为第一顺序继承人；而与第一顺序继承人相比较而言，亲属关系稍远的、扶养关系不够密切的（尽扶养义务是有条件的）兄弟姐妹、祖父母、外祖父母被列为第二顺序继承人。[1] 至于孙子女、外孙子女，虽与祖父母、外祖父母同是被继承人的隔代直系血亲，其法律上的权利义务都一样（《民法典》第 1074 条），但因《民法典》规定其为代位继承人，所以没有将他们列入继承顺序。

第三节　法定继承的份额与酌分遗产

一、法定继承的份额

在法定继承中，如数人共同继承，就产生了在同一顺序数名法定继承人之间确定各自继承份额的问题。根据《民法典》第 1130 条的规定，法定继承中的遗产分配，应遵循以下原则：

1. 同一顺序继承人继承遗产的份额，一般应当均等。即当同一顺序的各个法定继承人，在生活状况、劳动能力以及对被继承人尽扶养义务等条件大体相同时，其继承遗产的份额应当均等。[2]

2. 对生活有特殊困难又缺乏劳动能力的继承人，分配遗产时，应当予以照顾。即对没有独立经济来源或其他经济收入而难以维持最低生活水平，并且因年幼或年迈、病残等原因没有劳动能力的继承人，应照顾多分遗产，其所得份额应大于平均份额。

3. 根据继承人尽扶养义务的情况确定其继承遗产的份额。我国《民法典》规定，对被继承人尽了主要扶养义务或者与被继承人共同生活的继承人，分配遗产时，可以多分，有扶养能力和有扶养条件的继承人，不尽扶养义务的，分配遗产时，应当不分或者少分。即在被继承人生前，对被继承人在经济上承担了主要生活费用或生活上提供了主要劳务帮助，以及与被继承人共同生活的继承人，可以多分遗产。有扶养能力和扶养条件的继承人，对

---

〔1〕 对于配偶和血亲继承人的法定继承顺序，我国学者们提出了修改立法的不同建议。有些学者认为，为保证遗产保留在被继承人的家庭内部，宜将子女作为第一顺序继承人，父母作为第二顺序继承人，并且为兼顾保护配偶和血亲继承人的利益，宜采取不固定配偶的顺序的立法例。参见张玉敏：《继承法律制度研究》，法律出版社 1999 年版，第 207~208、211~212 页；陈苇、杜江涌："我国法定继承制度的立法构想"，载《现代法学》2002 年第 3 期；陈苇、宋豫主编：《中国大陆与港、澳、台继承法比较研究》，群众出版社 2007 年版，第 292~293 页；张华贵主编：《夫妻财产关系法研究》，群众出版社 2017 年版，第 287 页；陈苇、董思远："民法典编纂视野下法定继承制度的反思与重构"，载《河北法学》2017 年第 7 期。但是，有些学者则认为，从有利于保障老年人的赡养出发，应当继续坚持配偶、父母、子女都作为第一顺序法定继承人的立法例。参见郭明瑞、房绍坤、关涛：《继承法研究》，中国人民大学出版社 2003 年版，第 72~73 页；杨立新、朱呈义：《继承法专论》，高等教育出版社 2006 年版，第 170 页。关于外国继承法之法定继承顺序（又称无遗嘱继承人的继承顺序）之比较评析，参见陈苇主编：《外国继承法比较与中国民法典继承编制定研究》，北京大学出版社 2011 年版，第 406~408 页；关于法定继承顺序的我国四川省民众观念的实证调查，参见陈苇、李艳："当代中国四川省民众的法定继承观念及遗产处理习惯实证调查研究——兼论'民法典继承编'法定继承制度之立法完善"，载中国法学会婚姻法学研究会、苏州大学王健法学院编：《中国法学会婚姻法学研究会 2017 年年会暨民法典婚姻家庭编立法重大问题研讨会论文集》，2017 年 9 月内部印刷，第 18~46 页；本文节选稿"论我国民法典'继承编'法定继承制度之立法完善——基于四川省民众法定继承观念与遗产处理习惯的问卷调查"，载《学术论坛》2018 年第 4 期。

〔2〕 关于配偶的应继份之研究，参见李俊："论法定继承中配偶的顺序及应继份的确认"，载陈苇主编：《中国继承法修改热点难点问题研究》，群众出版社 2013 年版，第 195~214 页。

需要扶养的被继承人不尽扶养义务的，应当不分或少分遗产。但适用上述规定有两种情况应除外：①继承人有扶养能力和条件，愿意尽扶养义务，但被继承人因有固定收入和劳动能力，明确表示不要求其扶养的，分配遗产时，一般不应因此而影响其继承份额；②有扶养能力和扶养条件的继承人，虽然与被继承人共同生活，但对需要扶养的被继承人不尽扶养义务，分配遗产时，可以少分或者不分。[1]

4. 继承人协商同意的，也可以不均等。即同一顺序的法定继承人经平等协商，互谅互让，自愿达成遗产分配份额协议的，即使分配份额不均等，也应按协议处理。

二、酌分遗产

（一）酌分遗产人与酌分遗产权的概念

酌分遗产人是指除法定继承人外，与被继承人生前形成过一定扶养关系，依法可以分得适当遗产的人。酌分遗产权是指酌分遗产人依法享有的可以酌情分得适当遗产的权利。《民法典》第 1131 条规定："对继承人以外的依靠被继承人扶养的人，或者继承人以外的对被继承人扶养较多的人，可以分给适当的遗产。"

（二）酌分遗产权的法律特征

根据《民法典》第 1131 条的规定，酌分遗产权具有以下法律特征：

1. 酌分遗产权的权利主体是特定的，其只限于除法定继承人以外的两种人：①继承人以外的依靠被继承人扶养的人；②继承人以外的对被继承人扶养较多的人。

2. 酌分遗产权的取得根据是被继承人生前与酌分遗产人形成了一定的扶养关系，包括依靠被继承人扶养或对被继承人扶养较多这两种情况。

3. 酌分遗产权的标的，即酌分的遗产，其数额是不确定的。这主要取决于酌分遗产人依靠被继承人扶养的程度或对被继承人进行扶养的程度，以及遗产总额的多少。在一般情况下，酌分遗产人的份额应少于继承人的平均份额。但在酌分遗产人完全依靠或主要依靠被继承人扶养，或者酌分遗产人对被继承人扶养较多或完全扶养时，其酌分遗产的份额，也可以等于或高于继承人的平均份额。[2]

（三）酌分遗产的适用

酌分遗产只能在法定继承时适用，而不能在遗嘱继承时适用。《民法典》对酌分遗产规定在法定继承之中，这表明在法定继承时，法定继承人以外的人可依法请求酌分遗产。但对遗嘱继承，《民法典》第 1141 条仅规定，"遗嘱应当为缺乏劳动能力又没有生活来源的继承人保留必要的遗产份额"，而没有规定为法定继承人以外的人保留酌分遗产份额，故酌分遗产不能被适用于遗嘱继承。[3]

（四）酌分遗产权的保护

为保护酌分遗产人的合法权益，根据《继承编解释（一）》第 21 条规定，依照《民

---

〔1〕 参见《继承编解释（一）》第 23 条。

〔2〕 参见《继承编解释（一）》第 20 条。

〔3〕 此外，必须注意，如果既是酌给遗产人又是受遗赠人，应当依何种顺序交付遗产？有学者认为，酌给遗产含有死后扶养之思想，以受酌给人不能维持生活而无谋生能力为必要，而受遗赠不以此为要件。因此，受遗赠之顺序应在受酌给遗产之后。但是，因受赠相当之遗赠，而无法受酌给遗产，若采通说之见解，该受赠人将沦为最后顺序之受偿者，此不仅使其居于不利之地位，且有违背被继承人特为赠与之意思。因此，如果受遗赠人未受遗赠时，本有受酌给之权利者，其受偿之顺序宜与受酌给遗产之顺序相同，较为合理。参见林秀雄：《继承法讲义》，元照出版有限公司 2005 年版，第 95 页。

法典》第 1131 条规定可以分给适当遗产的人，在其依法取得被继承人遗产的权利受到侵犯时，本人有权以独立的诉讼主体资格向人民法院提起诉讼。即酌分遗产人享有独立的诉权，当其酌分遗产权受到侵犯时，根据《民法典》第 188 条规定应当在 3 年内[1]向人民法院起诉，请求保护其酌分遗产权。

第四节　代位继承与转继承

一、代位继承的概念和条件

（一）代位继承的概念

代位继承是指当被继承人的子女或兄弟姐妹先于被继承人死亡的，其子女的直系晚辈血亲或其兄弟姐妹的子女代替被继承人的子女或兄弟姐妹参加继承的制度。在代位继承中，先于被继承人死亡的继承人，称为被代位继承人或被代位人；代替被代位人继承遗产的人称为代位继承人或代位人；代位人代替被代位人继承遗产的权利，叫代位继承权。

（二）代位继承的条件

《民法典》第 1128 条规定：“被继承人的子女先于被继承人死亡的，由被继承人的子女的直系晚辈血亲代位继承。被继承人的兄弟姐妹先于被继承人死亡的，由被继承人的兄弟姐妹的子女代位继承。代位继承人一般只能继承被代位继承人有权继承的遗产份额。”可见，代位继承必须具备以下条件：

1. 代位继承的发生原因。代位继承只能发生在法定继承中，且只有两种血亲继承适用。第一种是被继承人的子女先于被继承人死亡的，被继承人子女的直系晚辈血亲可以代位继承。第二种是第二顺序的法定继承人继承时，兄弟姐妹先于被继承人死亡的，其子女可以代位继承。

必须明确，代位继承制度是法定继承制度的组成部分，代位继承只适用于法定继承，不适用于遗嘱继承和遗赠。遗嘱继承人和受遗赠人如先于立遗嘱人死亡，则遗嘱不发生效力。即遗嘱继承人未取得继承权，受遗赠人也未取得受遗赠权，故均不发生代位继承问题。代位继承的目的，旨在保护被代位继承人的晚辈直系血亲的合法权益。因此，如被继承人的长辈直系亲属（父母）或被继承人的配偶等，在法定继承时先于被继承人死亡的，均不能发生代位继承。

2. 被代位继承人包括被继承人的子女和被继承人的兄弟姐妹。被继承人的子女可以是被继承人的婚生子女、非婚生子女、养子女，以及有扶养关系的继子女。被继承人的兄弟姐妹可以是被继承人同父同母的兄弟姐妹、同父异母或同母异父的兄弟姐妹、养兄弟姐妹以及有扶养关系的继兄弟姐妹。

3. 代位继承人包括被继承人子女的直系晚辈血亲和被继承人兄弟姐妹的子女。被继承人子女的直系晚辈血亲作为代位继承人，不受辈数的限制，被继承人的孙子女、外孙子女、曾孙子女等均可作为代位继承人。另外，《继承编解释（一）》第 15 条规定：“被继承人的

---

[1]《民法典》第 188 条规定：“向人民法院请求保护民事权利的诉讼时效期间为三年。法律另有规定的，依照其规定。诉讼时效期间自权利人知道或者应当知道权利受到损害以及义务人之日起计算。法律另有规定的，依照其规定。但是，自权利受到损害之日起超过二十年的，人民法院不予保护，有特殊情况的，人民法院可以根据权利人的申请决定延长。”

养子女、已形成扶养关系的继子女的生子女可以代位继承；被继承人亲生子女的养子女可以代位继承；被继承人养子女的养子女可以代位继承；与被继承人已形成扶养关系的继子女的养子女也可以代位继承。"即被继承人子女的直系晚辈血亲，只能是其具有自然血缘联系的直系晚辈血亲或因收养而形成的直系晚辈血亲。被继承人兄弟姐妹的子女是被继承人的侄子女和外甥子女，即被继承人的兄弟姐妹的婚生子女、非婚生子女、养子女是代位继承人。

4. 被代位人必须有继承权。代位继承人只能继承被代位人有权继承的遗产份额。根据司法解释，我国的代位继承人不是基于自己固有的继承顺序直接取得继承权，而是基于代替被代位人的地位取得继承权。因此，被代位人必须有继承权，代位继承人才有位可代。被代位人丧失继承权的，其代位继承人不得代位继承。[1] 并且，《民法典》第 1128 条第 3 款规定代位继承人一般只能继承被代位人有权继承的遗产份额。代位继承人有 2 人以上的，则由数个代位继承人共同继承和分割被代位人应得的遗产份额。

二、转继承

转继承是指继承人在被继承人死亡之后，遗产分割前死亡，其应继承的遗产份额由他的继承人继承。《民法典》第 1152 条规定："继承开始后，继承人于遗产分割前死亡，并没有放弃继承的，该继承人应当继承的遗产转给其继承人，但是遗嘱另有安排的除外。"在转继承中，死亡的继承人称为原继承人，原继承人的继承人称为转继承人。转继承权的标的是原继承人享有的遗产份额。当数个同一顺序转继承人共同继承时，则应由他们共同继承和分割原继承人享有的遗产份额。但对有权取得但尚未分割的遗产，被转继承人在遗嘱中有明确处理的，按其遗嘱处分。可见，转继承是原继承人继承遗产权利的转移，所以，它又被称为再继承或第二次继承。

转继承适用于遗嘱继承和法定继承，被转继承人只要在生前没有放弃继承权即可。但这一情况不适用于遗赠。继承开始后，受遗赠人表示接受遗赠，并于遗产分割前死亡的，其接受遗赠的权利转移给他的继承人；[2] 受遗赠人没有表示接受遗赠并于遗产分割前死亡的，不发生受遗赠权利的转移，遗嘱中对该遗赠部分的处分不发生效力。

导入案例之要点评析

《民法典》第 1127 条第 1、2 款规定："遗产按照下列顺序继承：（一）第一顺序：配偶、子女、父母；（二）第二顺序：兄弟姐妹、祖父母、外祖父母。继承开始后，由第一顺序继承人继承，第二顺序继承人不继承；没有第一顺序继承人继承的，由第二顺序继承人继承。"

2023 年 6 月上午，叶钢死亡时，其有第一顺序继承人配偶莫玲、儿子叶滔以及父母叶小龙和江雪，因此其第二顺序继承人两个姐姐叶丹和叶雯不能参加继承。但是根据《民法

---

〔1〕 参见《继承编解释（一）》第 17 条。对于我国法律规定的，被代位人丧失继承权则其晚辈直系血亲不得代位继承，我国有学者认为，此规定与现代法律的自己责任原则精神相悖，是不合理的。这实际上是让子女承担了自己死亡父母的行为的部分不利后果。参见陈苇、宋豫主编：《中国大陆与港、澳、台继承法比较研究》，群众出版社 2007 年版，第 294 页。

〔2〕 参见《继承编解释（一）》第 38 条。

典》第 1131 条的规定，"对继承人以外的依靠被继承人扶养的人，或者继承人以外的对被继承人扶养较多的人，可以分给适当的遗产。"叶钢的姐姐叶丹是缺乏劳动能力又没有生活来源的残疾人，2015 年 1 月以来一直依靠叶钢扶养，依据《民法典》第 1131 条的规定，叶丹可以请求酌情分得弟弟叶钢的部分遗产。同时，根据《民法典》第 1152 条规定，"继承开始后，继承人于遗产分割前死亡，并没有放弃继承的，该继承人应当继承的遗产转给其继承人，但是遗嘱另有安排的除外。"父亲叶小龙虽然在分割儿子叶钢的遗产前死亡，但其并未表示放弃继承，并且也未立遗嘱指定继承人，所以其继承叶钢遗产的权利依法应转移给他的法定继承人。

叶小龙死亡时，其第一顺序法定继承人有其配偶江雪、两个女儿叶丹和叶雯。根据《民法典》第 1128 条第 1 款和第 3 款的规定："被继承人的子女先于被继承人死亡的，由被继承人的子女的直系晚辈血亲代位继承。""代位继承人一般只能继承被代位继承人有权继承的遗产份额。"叶小龙的儿子叶钢虽然先于其父亲叶小龙死亡，但叶钢的儿子叶滔作为代位继承人，有权继承其父叶钢应当继承的遗产份额。因此，有权请求分割叶小龙遗产的法定继承人有被继承人叶小龙的配偶江雪、两个女儿叶丹、叶雯以及孙子叶滔。

思考题

一、选择题

（一）单项选择题

1. 周某的（　　），是她的第二顺序法定继承人。

A. 女儿　　　　　　　　　　B. 外孙女

C. 养兄弟　　　　　　　　　D. 继子

2. 在杨城的子女先于杨城死亡的情形下，（　　）不可以代位继承杨城的遗产。

A. 杨城养女的子女

B. 杨城亲生儿子的女儿

C. 杨城亲生儿子的形成抚养关系的继子女

D. 与杨城形成抚养关系的继子的亲生子女

（二）多项选择题

1. 熊某与杨某结婚后，杨某与前夫所生之子小强由二人一直抚养，熊某死亡，未立遗嘱。熊某去世前杨某孕有一对龙凤胎，于熊某死后生产，产出时男婴为死体，女婴为活体但旋即死亡。关于对熊某遗产的继承，下列哪些选项是正确的？（　　）（2016 年国家司法考试试题）

A. 杨某、小强均是第一顺位的法定继承人

B. 女婴死亡后，应当发生法定的代位继承

C. 为男婴保留的遗产份额由杨某、小强继承

D. 为女婴保留的遗产份额由杨某继承

2. 李某死后留下一套房屋和数十万存款，生前未立遗嘱。李某有三个女儿，并收养了一子。大女儿中年病故，留下一子。养子收入丰厚，却拒绝赡养李某。在两个女儿办理丧事期间，小女儿因交通事故意外身亡，留下一女。下列哪些选项是正确的？（　　）（2007 年国家司法考试试题）

A. 二女儿和小女儿之女均是第一顺序继承人

B. 大女儿之子对李某遗产的继承属于代位继承

C. 小女儿之女属于转继承人

D. 分配遗产时，养子应当不分或少分

二、判断分析题

1. 1991 年《收养法》施行前的"过继"子女与"过继"父母形成扶养关系的，即为养父母子女，互有继承权；如系封建性的"过继""立嗣"，没有形成扶养关系的，不能享有继承权。

2. 继兄弟姐妹之间的继承权，因继兄弟姐妹的父母结婚而发生。

三、简答题

1. 简述法定继承的适用。

2. 简述酌分遗产权的法律特征。

3. 简述代位继承的条件。

四、论述题

1. 试论法定继承遗产分配的原则。

2. 试论我国法定继承人的范围和顺序。

五、案例分析题

胡玫 5 岁时生父母离婚，胡玫由母亲直接抚养，胡玫的弟弟胡强由父亲直接抚养。3 年后胡玫的母亲与田赛再婚，胡玫由母亲和继父共同抚养成人。2018 年 9 月，田赛死亡，胡玫作为继承人之一继承了其继父的财产。2024 年 2 月，胡玫的生父死亡，胡玫要求继承其父亲的遗产，但遭到其弟弟胡强的反对。胡强认为，姐姐已经继承了继父田赛的遗产，就不能再继承生父的遗产。

请问：胡强的观点是否正确？并简述理由。

 阅读参考文献

1. 杨立新、朱呈义：《继承法专论》，高等教育出版社 2006 年版。

2. 张玉敏主编：《中国继承法立法建议稿及立法理由》，人民出版社 2006 年版。

3. 陈苇、宋豫主编：《中国大陆与港、澳、台继承法比较研究》，群众出版社 2007 年版。

4. 陈苇主编：《当代中国民众财产继承观念与遗产处理习惯实证调查研究》（上卷、下卷），中国人民公安大学出版社 2019 年版。

5. 最高人民法院案例指导与参考丛书编选组编：《最高人民法院婚姻家庭、继承案例指导与参考》，人民法院出版社 2021 年版。

6. 李艳：《法定继承制度研究》，中国人民公安大学出版社 2021 年版。

第十四章

遗嘱继承

‼学习的内容和重点

通过本章的学习，要求学生把握遗嘱、遗嘱继承、遗嘱成立、遗嘱效力等基本概念，了解《民法典》继承编的遗嘱继承制度，重点掌握遗嘱的成立条件，遗嘱的效力及遗嘱的撤回、变更等内容。

张强是一名退休工人，中年丧妻，与其妻育有一子张某，张某性格粗暴，对父亲很不孝顺。后来，张强认识了同样丧偶的王某，两人情投意合，双方自愿办理了结婚登记。

2019 年 8 月，张强身患重病，精神失常。后经过老伴王某的悉心照料，逐渐恢复了正常。2023 年 1 月张强病愈后立下自书遗嘱，在遗嘱中他表示将自己的住房留给老伴王某，存款 10 万元中的 5 万元留给老伴王某，5 万元留给儿子张某，并委托其好友李某作为遗嘱执行人。张某得知其父立下遗嘱的消息后，前往父亲家中要求其改变遗嘱内容，却没有得到父亲的同意，在父子两人争吵过程中张强心脏病突发去世。

李某按照遗嘱处理张强的遗产时，张某以父亲生前患有精神病为由，主张遗嘱无效，要求按照法定继承处理，并主张其对父亲的房屋也享有继承权。

请问：本案中张强所立的遗嘱是否有效？

第一节　遗嘱和遗嘱继承

一、遗嘱和遗嘱继承的概念和特征

（一）遗嘱的概念和特征

1. 遗嘱的概念。所谓遗嘱，是指自然人生前按照法律的规定处分个人财产及安排与此有关的事务并于死亡后发生效力的民事行为。遗嘱有广义与狭义之分。广义的遗嘱包括死者生前对于其死后一切事务作出处置和安排的行为。在我国，《民法典》继承编中的遗嘱是指狭义的遗嘱，仅涉及自然人所作出的与财产处置有关事务的安排。设立遗嘱的自然人，被称为立遗嘱人或遗嘱人；被遗嘱指定继承遗产的继承人，被称为遗嘱继承人；被遗嘱指定按照遗嘱处理遗嘱人的遗产及有关事务安排的人，被称为遗嘱执行人。

2. 遗嘱的特征。遗嘱具有以下法律特征：

（1）遗嘱是一种单方民事法律行为。民事法律行为有单方法律行为、双方法律行为、多方法律行为之分。双方法律行为须有双方的意思表示一致才能成立，多方法律行为须有两个或两个以上共同的意思表示一致而成立。而单方法律行为，只要有行为人一方的意思表示就能够成立。遗嘱为单方民事法律行为，仅有遗嘱人一方的意思表示就可以成立，而无须有相对方的意思表示的一致。单方民事法律行为又可分为有相对人的单方民事法律行为和无相对人的单方民事法律行为。有相对人的单方民事法律行为须意思表示到达相对人时生效。《民法典》第 138 条规定："无相对人的意思表示，表示完成时生效。法律另有规定的，依照其规定。"遗嘱为无相对人的单方民事法律行为，其不以意思表示到达相对人为生效要件。也就是说，只要有遗嘱人自己的意思表示，遗嘱即可成立，不论遗嘱中涉及的继承人、受遗赠人等相关人何时知晓遗嘱的内容，遗嘱都是自被继承人死亡时生效的。正因为遗嘱是一种单方的且无相对人的民事行为，在遗嘱生效前，遗嘱人都可依自己的意思撤回或变更遗嘱。

（2）遗嘱是要式民事法律行为。要式民事法律行为，是指须具备法律规定的形式才发生法律效力的民事法律行为。遗嘱虽然是遗嘱人自己意思表示的体现，但由于遗嘱涉及继承人、继承人以外的个人、组织的利益，并且它是在遗嘱人死亡时才发生效力的。因此，为确保能够体现遗嘱人的真实意愿并尽量避免纠纷，各国法律无不对遗嘱的形式给予了较为严格的限制，只有符合法律规定形式的遗嘱才能发生法律效力。

（3）遗嘱于遗嘱人死亡时发生法律效力。遗嘱虽然是遗嘱人生前所立，但遗嘱在设立时并没有发生法律效力，而是于遗嘱人死亡时才生效的。《民法典》第 1121 条规定，继承从被继承人死亡时开始。即遗嘱从遗嘱人死亡时生效。因此在遗嘱人死亡前，任何人无权要求依遗嘱内容分得财产。

（4）遗嘱行为不适用代理。依照《民法典》第 161 条第 2 款的规定，依照法律规定、当事人约定或者民事法律行为的性质，应当由本人亲自实施的民事法律行为，不得代理。遗嘱行为由于带有强烈的人身性，因此应当由遗嘱人亲自实施而不能适用代理制度，代理的遗嘱不具有效力。

（5）遗嘱内容须符合法律规定。遗嘱虽然是遗嘱人对自己的个人财产所作的处理，但遗嘱人处分遗产的自由受法律的限制，遗嘱内容不得违反法律、行政法规的强制性规定和公序良俗。违反法律、行政法规的强制性规定和公序良俗的遗嘱无效。

（二）遗嘱继承的概念和特征

1. 遗嘱继承的概念。遗嘱继承是与法定继承相对应的继承方式，是指遗嘱继承人按照被继承人的合法有效的遗嘱继承遗产的法律制度。由于在遗嘱继承中，继承人的范围、继承份额等均由遗嘱人指定，因此遗嘱继承又被称为指定继承。

2. 遗嘱继承的特征。遗嘱继承具有以下特征：

（1）被继承人死亡且立有合法有效的遗嘱是遗嘱继承的发生原因。在法定继承中，只要存在被继承人死亡的单一法律事实即可引起法定继承，但在遗嘱继承中，则必须有被继承人死亡和合法有效遗嘱的存在两个法律事实才能引起遗嘱继承，缺少其中任何一个都不能引起遗嘱继承。因此，虽然遗嘱是遗嘱继承的前提，但两者并不能等同，遗嘱继承的发生除必须有遗嘱外，还必须满足该遗嘱合法有效并且被指定的继承人没有放弃继承这一要件。

（2）遗嘱继承是对被继承人意思自治的尊重。遗嘱继承按照被继承人生前所立遗嘱继承遗产，体现了被继承人的生前意志。在遗嘱继承中，遗嘱继承人的范围、继承份额、方式等均由被继承人指定，是被继承人对自己财产所作的处分，因而遗嘱继承体现了对被继承人意思自治的尊重。

（3）遗嘱继承优先于法定继承被适用。由于遗嘱继承体现了被继承人的意志，而对个人意志的尊重是近代私法的基本理念之一，因此遗嘱继承具有优先于法定继承的效力。在继承开始后，如有合法有效遗嘱的，要先按照遗嘱进行继承，对于遗嘱中没有处分的财产再适用法定继承。

二、遗嘱继承的适用

根据《民法典》规定，只有在满足以下条件时，才适用遗嘱继承：

1. 有合法有效遗嘱的存在。被继承人死亡和合法有效遗嘱的存在是引起遗嘱继承的共同原因，因此合法有效的遗嘱是遗嘱继承的前提条件。据此，遗嘱必须是被继承人真实的意思表示，并且其内容和形式要符合法律的规定，只有合法有效的遗嘱，才具有执行力。

2. 遗赠扶养协议没有处分的遗产，才能适用遗嘱继承。《民法典》第1123条规定："继承开始后，按照法定继承办理；有遗嘱的，按照遗嘱继承或者遗赠办理；有遗赠扶养协议的，按照协议办理。"《继承编解释（一）》第3条规定："被继承人生前与他人订有遗赠扶养协议，同时又立有遗嘱的，继承开始后，如果遗赠扶养协议与遗嘱没有抵触，遗产分别按协议和遗嘱处理；如果有抵触，按协议处理，与协议抵触的遗嘱全部或者部分无效。"可见，在遗赠扶养协议与遗嘱继承并存时，只有对遗赠扶养协议没有处理的遗产，才能适用遗嘱继承。

3. 继承人有继承权且没有放弃继承权。继承人有继承资格也是适用遗嘱继承的前提之一，若继承人丧失了继承权，则其不能参加遗嘱继承。对遗嘱指定的继承，继承人也可以放弃，但继承人放弃继承的意思表示必须以明示的方式作出。继承开始后，如果对遗嘱指定的继承，继承人未明确表示放弃的，就应适用遗嘱继承。

三、遗嘱自由原则

（一）遗嘱自由原则的意义

基于民法的意思自治原则，遗嘱自由受法律保护。在我国，保障遗嘱自由主要有以下几方面意义：

1. 实行遗嘱自由是对个人私有财产权的尊重。继承权是个人财产权的延伸，承认遗嘱自由也就是承认财产权人处分其财产的自由，是对个人私有财产权的尊重。只有承认遗嘱自由，法律对个人财产权的保障才是完善的。

2. 实行遗嘱自由有利于减少继承纠纷和稳定家庭关系。由于继承与每一个继承人的切身利益密切相关，因而在没有遗嘱的情况下，就有可能发生继承人为争夺遗产而发生纠纷的情形，尤其是在人员较多的家庭中。而若被继承人在生前对自己的财产处理作出安排，则可以有效减少纠纷的发生，有利于家庭和睦及家庭关系的稳定。

3. 实行遗嘱自由有利于发展社会福利事业。虽然近代社会实行遗嘱自由的主要原因是保护个人私有财产权利，但是，另一方面遗嘱自由也可以促进社会福利事业的发展。遗嘱人可以通过遗嘱将财产用于社会福利事业，如创办学校、医院、养老院，建立各种福利基金会等。随着社会的不断进步，文明程度的不断提高，遗嘱自由在这方面的作用也越来越突出。[1]

---

〔1〕　房绍坤、范李瑛、张洪波编著：《婚姻家庭与继承法》，中国人民大学出版社2007年版，第314页。

（二）遗嘱自由的限制——必留份制度

遗嘱自由并不是绝对的，总要受到一定的限制，除了法律和公序良俗外，还要受到家庭制度的限制。在外国立法上，主要通过两种方式来限制遗嘱自由：①特留份制度，即被继承人在处分自己的财产时，必须为配偶及一定范围的亲属保留法定的遗产份额。该制度为多数大陆法系国家所采用，其特点是一定范围内的法定继承人均享有特留份权利而不问其生活状况如何，该制度的主要目的是维护被继承人的亲属的利益。[1] ②没有一般性地规定特留份，但给予特定继承人以保障的制度。该制度通常是英美法系国家采用，其适用一般要求为特定范围的继承人并且其与受扶养的需要。[2]

在我国，对遗嘱自由的限制主要是通过必留份制度实现的。《民法典》第 1141 条规定："遗嘱应当为缺乏劳动能力又没有生活来源的继承人保留必要的遗产份额。"其目的主要是维护需要受扶养的家庭成员的利益。[3] 我国必留份制度主要包含以下内容：

1. 必留份的权利主体必须在法定继承人范围以内。必须注意，《民法典》虽然没有直接规定胎儿为必留份的主体。但《民法典》第 1155 条规定："遗产分割时，应当保留胎儿的继承份额。胎儿娩出时是死体的，保留的份额按照法定继承办理。"因此，从上述规定的立法精神看，对于胎儿，也应当成为必留份的主体。[4]

2. 法定继承人必须同时具备缺乏劳动能力和没有生活来源两个法定条件，才能适用必留份制度。因为必留份制度的目的是保护没有劳动能力和生活来源的法定继承人的利益，维持其基本生活。至于有劳动能力或者有生活来源的法定继承人，其有能力维持自己的生活，因而也就不必在必留份制度的保护范围内。《继承编解释（一）》第 25 条第 2 款规定："继承人是否缺乏劳动能力又没有生活来源，应当按遗嘱生效时该继承人的具体情况确定。"即判断法定继承人是否缺乏劳动能力又没有生活来源，应以继承开始时为准。无论其在遗嘱设立时是否缺乏劳动能力和没有生活来源，只有在继承开始时同时具备了该两种法定条件的，才能适用必留份制度。

3. 遗嘱应当对缺乏劳动能力又没有生活来源的继承人保留"必要的遗产份额"。"必要的遗产份额"是指能够满足其基本生活需要，维持当地群众一般生活水平的遗产份额，并不一定与应继份额相等。根据该特定继承人的具体情况和当地经济状况，"必要的遗产份额"可以少于或者等于法定继承人的应继份额，一般不得大于应继份额。但如该特定继承人属于《民法典》第 1130 条第 2 款的情形，应予以照顾。

4. 遗嘱中未给缺乏劳动能力又没有生活来源的继承人保留必要的遗产份额的，分割遗

---

[1]　参见郭明瑞、房绍坤、关涛：《继承法研究》，中国人民大学出版社 2003 年版，第 146~147 页。

[2]　参见龙翼飞：《比较继承法》，吉林人民出版社 1996 年版，第 81~36 页。

[3]　主编注：关于对我国必留份制度的修改，我国有学者主张设立"必取份、居住权和生活费请求权"三位一体的制度来取代我国的必留份制度。参见魏小军：《遗嘱有效要件研究：以比较法学为主要视角》，中国法制出版社 2010 年版，第 233~235 页。另外，我国有些学者提出，由于特留份制度与必留份制度两者具有不同的功能，建议增设特留份制度并保留必留份制度，以期既保障被继承人的无劳动能力且无生活来源的法定继承人之利益，又兼顾保护被继承人的其他法定继承人之利益。参见陈苇主编：《外国继承法比较与中国民法典继承编制定研究》，北京大学出版社 2011 年版，第 344~345、349~350 页。有关特留份制度的伦理价值研究，参见夏吟兰："特留份制度之伦理价值分析"，载陈苇主编：《中国继承法修改热点难点问题研究》，群众出版社 2013 年版，第 93~101 页。

[4]　司法实践中亦采相同观点。参见最高人民法院指导案例 50 号：李某、郭某阳诉郭某和、童某某继承纠纷案。载《最高人民法院公报》2015 年第 10 期（总第 228 期）。

产时应为其留下必要的遗产。《继承编解释（一）》第25条第1款规定："遗嘱人未保留缺乏劳动能力又没有生活来源的继承人的遗产份额，遗产处理时，应当为该继承人留下必要的遗产，所剩余的部分，才可参照遗嘱确定的分配原则处理。"

第二节　遗嘱成立的条件

由于遗嘱是对被继承人财产的处置，无论对被继承人还是对继承人来说都关系重大，因此法律对遗嘱进行了一系列限制，只有符合一定条件的遗嘱才能成立。

一、遗嘱人必须有遗嘱能力

（一）遗嘱能力的概念和立法例

1. 遗嘱能力的概念。遗嘱能力，是指自然人依法享有的设立遗嘱、对自己的财产在死后作出处分的资格。由于遗嘱是一种特殊的民事行为，因此行为人必须得具有法律特别规定的行为能力才可以设立遗嘱。

2. 遗嘱能力的立法例。

（1）外国法的规定。在外国法律上，完全民事行为能力人都有遗嘱能力，无民事行为能力人则不具有遗嘱能力。对遗嘱能力规定的差别主要体现在限制民事行为能力人上，即限制民事行为能力人是否具有遗嘱能力，对此主要有两种不同的规定：①遗嘱能力与民事行为能力相一致，完全民事行为能力人具有遗嘱能力，欠缺民事行为能力的人也就不具有遗嘱能力，英国、美国即采取此立法例。②遗嘱能力与民事行为能力不完全一致，一定条件下的限制民事行为能力人也可以有遗嘱能力，如德国、法国等国的规定。

（2）我国《民法典》的规定。我国《民法典》没有直接规定自然人的遗嘱能力，但《民法典》第1143条第1款规定，"无民事行为能力人或者限制民事行为能力人所立的遗嘱无效。"这也就是从反面规定了只有完全民事行为能力人才有遗嘱能力的规则。因此，我国自然人可分为有遗嘱能力人和无遗嘱能力人。①有遗嘱能力人。根据《民法典》第18条的规定，成年人为完全民事行为能力人，可以独立实施民事法律行为。遗嘱为单方民事法律行为。所以，有遗嘱能力人必须是完全民事行为能力人。并且，依该条规定，完全民事行为能力人包括两类：一是年满18周岁的成年人，具有完全民事行为能力，是完全民事行为能力人；二是16周岁以上的未成年人，以自己的劳动收入为主要生活来源的，视为完全民事行为能力人。因此，我国具有遗嘱能力、能够设立遗嘱的人有两种：18周岁以上的成年人和16周岁以上且以自己的劳动收入为主要生活来源的未成年人。②无遗嘱能力人。无遗嘱能力人在我国包括无民事行为能力人和限制民事行为能力人两类。根据《民法典》第19、20条的规定，不满8周岁的未成年人和不能辨认自己行为的成年人，为无民事行为能力人；8周岁以上的未成年人和不能完全辨认自己行为的成年人，为限制民事行为能力人。这两部分人都不具有遗嘱能力，其所设立的遗嘱无效。

在遗嘱能力的问题上，还需要注意两点：

第一，被宣告为无民事行为能力人或限制民事行为能力人的精神障碍患者，在其精神恢复正常而宣告其为无民事行为能力人或限制民事行为能力人的判决尚未撤销前，其所立的遗嘱是否有效？由于对民事行为能力进行宣告，既是为了维护精神障碍患者的利益，也是为了维护交易安全、保护第三人。而设立遗嘱并不损害交易安全，也不影响精神障碍患者的利益，因此，即使其宣告尚未撤销，只要其确已治愈并且遗嘱是其真实的意思表示，就不应当否认遗嘱的效力。但主张遗嘱有效的人应当对立遗嘱人的精神状况承担举证责任。[1]

第二，患有聋、盲、哑等疾病的成年人，是否具有遗嘱能力？我们认为，即使患有聋、盲、哑等疾病，只要其精神状况正常，就是完全民事行为能力人，因此也应当具有遗嘱能力。

（二）遗嘱能力的确定时间

遗嘱的成立与生效之间还有一定的时间间隔，因而遗嘱能力的确认究竟是以遗嘱设立时为准还是以遗嘱生效时为准，也需要予以明确。对此，《继承编解释（一）》第28条规定："遗嘱人立遗嘱时必须具有完全民事行为能力。无民事行为能力人或者限制民事行为能力人所立的遗嘱，即使其本人后来具有完全民事行为能力，仍属无效遗嘱。遗嘱人立遗嘱时具有完全民事行为能力，后来成为无民事行为能力人或者限制民事行为能力人的，不影响遗嘱的效力。"可见，遗嘱人的遗嘱能力是以立遗嘱时为标准的，只要立遗嘱时遗嘱人有遗嘱能力，则遗嘱不因其之后丧失遗嘱能力而失去效力；而只要其立遗嘱时不具有遗嘱能力，即使之后其具有了遗嘱能力，遗嘱也不因此而有效。

二、遗嘱的意思表示必须真实

只有意思表示真实的遗嘱，才能真正体现遗嘱人的意愿。因此遗嘱必须是遗嘱人完全自愿作出的，不反映遗嘱人真实意思表示的遗嘱是不发生效力的。《民法典》第1143条第2、3、4款规定："遗嘱必须表示遗嘱人的真实意思，受欺诈、胁迫所立的遗嘱无效。伪造的遗嘱无效。遗嘱被篡改的，篡改的内容无效。"受欺诈所立的遗嘱，是指遗嘱人因受他人的言语或行为的错误导向而作出的与自己真实意愿不符的遗嘱。受胁迫所立的遗嘱，是指遗嘱人受到他人的非法威胁而作出的不符合自己真实意思表示的遗嘱。伪造的遗嘱则是指他人以遗嘱人的名义设立的遗嘱。这三种遗嘱都不是遗嘱人真实意愿的体现，因而都是无效的。被篡改的遗嘱是指遗嘱被遗嘱人以外的人作了更改的遗嘱，这时被篡改的部分已经不是遗嘱人的意思表示，因而是无效的。

同时，为了确保遗嘱的真实性，遗嘱必须由遗嘱人亲自设立，而不能由他人代为设立，故代理设立的遗嘱无效。应当注意的是，代理不同于代书，遗嘱不得代理，但可以由他人代书。

三、遗嘱的内容必须合法

遗嘱的内容，是指遗嘱人在遗嘱中所表示出来的对自己的财产及相关事务作出的具体安排。作为民事法律行为的一种，遗嘱的内容应当合法。同时基于意思自治和遗嘱自由原则，遗嘱人对遗嘱的内容具有决定权。只要不违反法律和公序良俗的，遗嘱人可以在遗嘱中指定任何内容而不限于法律规定的事项。若遗嘱的内容中有违法的内容，则该内容无效，遗嘱的其余部分仍然是有效的。一般说来，遗嘱的内容主要包括以下方面：

（一）指定继承人、受遗赠人

因为遗嘱的主要目的就是指定继承人、受遗赠人，因此指定继承人、受遗赠人是遗嘱的主要内容。同时，指定的继承人、受遗赠人必须明确。根据《民法典》第1133条第2、3款规定，自然人可以立遗嘱将个人财产指定由法定继承人的一人或者数人继承。自然人可

---

[1] 参见郭明瑞、房绍坤：《继承法》，法律出版社2004年版，第141页。

以立遗嘱将个人财产赠与国家、集体或者法定继承人以外的组织、个人。据此，遗嘱指定的继承人必须是法定继承人范围内的一人或数人，但不受法定继承顺序的限制；受遗赠人则是法定继承人以外的国家、集体、组织或个人。

（二）指定遗产的分配方法或份额

遗嘱的主要内容就是处分遗产，因此在遗嘱中应当对财产的具体分配方法作出安排。遗嘱人应当对指定的继承人和受遗赠人所分得的具体财产作出说明，若有数个继承人或受遗赠人共同继承一项财产的情况，则应对每个继承人、受遗赠人所继承的份额进行说明，没有作出说明的，应当平均分配。遗嘱人可以在遗嘱中处分全部财产，也可以仅对部分财产作出安排，对于遗嘱人没有处分的财产，应适用法定继承办理。

（三）对遗嘱继承人、受遗赠人附加义务

《民法典》第 1144 条规定："遗嘱继承或者遗赠附有义务的，继承人或者受遗赠人应当履行义务。没有正当理由不履行义务的，经利害关系人或者有关组织请求，人民法院可以取消其接受附义务部分遗产的权利。"据此，遗嘱人可以在遗嘱中对指定的继承人、受遗赠人附加义务作为其接受继承或受遗赠的条件。

（四）指定替补继承人、受遗赠人

遗嘱人可以在遗嘱中指定，若指定的继承人、受遗赠人不能继承或接受遗赠时由某人继承或者受遗赠。遗嘱中再指定的继承人、受遗赠人就被称为替补继承人和替补受遗赠人。目前我国《民法典》对此无规定。因为要发生遗嘱继承，除了遗嘱人的指定外，还要该指定的继承人具有继承权，并且其没有放弃继承权，遗赠也是同理。所以就有可能发生遗嘱人指定的继承人、受遗赠人不能继承或者受遗赠的情况，为了避免在此情况下依照法定继承处理，有些国家的立法规定，遗嘱人可以指定替补的继承人和受遗赠人。例如，《德国民法典》第 2096 条规定："被继承人可以针对继承人在继承开始前或者开始后丧失继承权的情形，指定另一人为继承人（补充继承人）。"所以，我们建议今后在修法或者出台司法解释时，对此予以规定。因为指定替补的继承人、受遗赠人在本质上仍然是遗嘱人对自己财产的处分，并且也不违反法律和公序良俗，基于对遗嘱人意思自治的尊重，应当承认这样的指定是有效的。

（五）指定遗嘱执行人

为了确保遗嘱能够得到充分的执行，遗嘱人可以在遗嘱中指定其所信任的人作为遗嘱执行人。《民法典》第 1133 条第 1 款规定，在遗嘱中"可以指定遗嘱执行人"。但因为遗嘱执行人问题只涉及遗嘱的执行而非处分，因此遗嘱执行人并不是遗嘱中必不可少的内容，没有指定遗嘱执行人的并不影响遗嘱的效力。

（六）设立遗嘱信托

《民法典》第 1133 条第 4 款规定："自然人可以依法设立遗嘱信托。"

1. 遗嘱信托的概念和特征。

（1）遗嘱信托的概念。遗嘱信托，是指遗嘱人以遗嘱的方式设立信托处分身后遗产的制度。《民法典》第 1133 条第 4 款规定："自然人可以依法设立遗嘱信托。"遗嘱信托不同于一般的遗嘱。遗嘱信托包括三方当事人。委托人（被继承人/遗嘱人）、受托人（遗嘱执行人）、受益人（继承人或受遗赠人）。遗嘱信托必须指定受托人（遗嘱执行人），受托人一般选择具有理财能力的律师、会计师、信托投资机构等专业人员或专业机构，也可以是委托人信任的其他自然人。

（2）遗嘱信托的特征。遗嘱信托具有以下特征：①财产转移。在遗嘱信托中，订立遗嘱的人去世时遗嘱生效，而后遗产并非在当前的继承人中分配，而是转移至受托人名下由受托人对遗产进行管理处分。②受托人为了受益人的利益而作出管理行为。受托人应当遵守信托文件的规定，为受益人的最大利益处理信托事务。受托人必须恪尽职守，履行诚实信用、谨慎、有效管理的义务。③遗嘱信托下的财产具有独立性。遗嘱信托下的遗产虽然由受托人持有、在受托人名下，但是遗产为信托财产，不归属于受托人。信托财产与属于受托人所有的财产相区别，不得归入受托人的固有财产或者成为固有财产的一部分。受托人死亡或者依法解散、被依法撤销、被宣告破产而终止，信托财产不属于其遗产或者清算财产。独立性还意味着信托财产不直接归属于受益人。

2. 遗嘱信托的生效要件。

（1）遗嘱信托的形式。我国《信托法》第 8 条规定："设立信托，应当采取书面形式。书面形式包括信托合同、遗嘱或者法律、行政法规规定的其他书面文件等。"该法第 13 条第 1 款规定："设立遗嘱信托，应当遵守继承法关于遗嘱的规定。"据此，我国遗嘱信托的设立应当采取书面遗嘱形式设立，包括自书遗嘱、代书遗嘱、打印遗嘱以及公证遗嘱，但不包括录音录像遗嘱、口头遗嘱设立。

（2）遗嘱信托的成立。我国《信托法》第 8 条第 3 款规定："采取信托合同形式设立信托的，信托合同签订时，信托成立。采取其他书面形式设立信托的，受托人承诺信托时，信托成立。"据此，我国遗嘱信托的成立，必须得到受托人的同意。

（3）遗嘱信托的财产登记。根据我国《信托法》第 10 条规定，信托财产应当办理登记的，须根据相关规定办理信托登记。应当办理未办理登记的，该信托不产生效力。据此，遗嘱信托下的遗产需要办理登记的，应当依法办理信托登记，否则该遗嘱信托不产生效力。

3. 遗嘱信托的内容。根据我国《信托法》第 9 条的规定，设立遗嘱信托，其遗嘱应当载明下列事项：①遗嘱信托的目的；②委托人（遗嘱人）、受托人的姓名或者名称、住所；③受益人或者受益人范围；④遗嘱信托财产的范围、种类及状况；⑤受益人取得信托利益的形式、方法。⑥除前述所列事项外，可以载明遗嘱信托期限、遗嘱信托财产的管理方法、受托人的报酬、新受托人的选任方式、信托终止事由等事项。

此外，遗嘱人还可以在遗嘱中对其他事项作出安排。

四、遗嘱的形式必须符合法律规定

遗嘱的形式，是指遗嘱人以何种方式来表达自己对于财产如何处理的意思表示。作为要式法律行为，遗嘱只有按照法律规定的形式作成才具有效力。为确保遗嘱是遗嘱人的真实意思表示，法律既要对遗嘱形式有严格的限制，又同时为保障遗嘱自由原则的实现，对遗嘱形式作出多种类型的规定，以供遗嘱人选择。《民法典》规定的遗嘱形式共有六种：自书遗嘱、代书遗嘱、打印遗嘱、录音录像遗嘱、口头遗嘱和公证遗嘱。

（一）自书遗嘱

自书遗嘱是指由遗嘱人亲笔书写的遗嘱。自书遗嘱简便易行、易于保密，因而常为遗嘱人所采用。《民法典》第 1134 条规定："自书遗嘱由遗嘱人亲笔书写，签名，注明年、月、日。"由此可见，自书遗嘱应当符合以下要求：

1. 遗嘱内容必须是遗嘱人亲自书写。为了确保遗嘱的真实性，防止他人伪造、篡改遗嘱，自书遗嘱必须由遗嘱人亲自书写而不能由他人代写。至于遗嘱人自书遗嘱所用的工具、书写材料及文字等则无限制。

2. 遗嘱人需要在自书遗嘱上签名。遗嘱人的亲自签名既可以证明遗嘱确是遗嘱人所写，又可以证明该遗嘱是遗嘱人的真实意思表示，因此没有遗嘱人签名的自书遗嘱是无效的。同时，自书遗嘱的签名必须由遗嘱人亲自书写自己的名字，而不能以盖章或者按手印等方式代替。若遗嘱中有需要修改、增删的地方，遗嘱人也应该在该修改、增删处签名并注明日期，否则视为遗嘱没有修改、增删。

3. 需要注明年、月、日。遗嘱中记载的时间是确定遗嘱人是否有遗嘱能力以及存在多份遗嘱时确定遗嘱先后的依据，因此，自书遗嘱中必须注明日期。该日期应当是遗嘱制作完毕，遗嘱人签名之日。标注的日期要明确、具体，包括年、月、日，若遗嘱中标注的日期不具体，而且又无法通过遗嘱的其他内容予以确定的，遗嘱无效。

《继承编解释（一）》第27条规定："自然人在遗书中涉及死后个人财产处分的内容，确为死者的真实意思表示，有本人签名并注明了年、月、日，又无相反证据的，可按自书遗嘱对待。"可见，只要确实是遗嘱人处分遗产的真实意思表示，没有"遗嘱"字样的遗书也可按自书遗嘱对待。

（二）代书遗嘱

代书遗嘱是指由遗嘱人口述遗嘱内容，由他人代写的遗嘱，多发生在遗嘱人不能书写的情况下。因为代书遗嘱极容易被伪造和篡改，因此法律必须对其进行较为严格的规定。《民法典》第1135条规定："代书遗嘱应当有两个以上见证人在场见证，由其中一人代书，并由遗嘱人、代书人和其他见证人签名，注明年、月、日。"因此，代书遗嘱要符合以下要求：

1. 代书遗嘱应当有两个以上见证人在场见证。为了确保遗嘱确实是遗嘱人的真实意思表示，防止他人对遗嘱的伪造和篡改，遗嘱人必须指定两个以上的遗嘱见证人在场见证。

2. 遗嘱应由遗嘱人口述遗嘱内容，而由其中一名见证人代书。代书遗嘱的内容必须是由遗嘱人口述的，代书人只是把具体内容代写出来，而不是由代书人代理设立遗嘱。代书人只需要忠实记载遗嘱人的意思表示即可。代书人在记录完遗嘱内容后，应向遗嘱人宣读一遍，以便遗嘱人核实，确保代书遗嘱真实准确地反映遗嘱人的意思。

3. 遗嘱人、代书人和其他见证人须在遗嘱上签名，并注明年、月、日。遗嘱见证人的签名必须亲自书写而不能以盖章或者按手印的方式代替，而考虑到代书遗嘱的遗嘱人多是无法书写或者不识字的人，因此应当允许遗嘱人的签名采取盖章或者按手印的方式。代书遗嘱也需要注明设立遗嘱的年、月、日，日期的具体要求同自书遗嘱一致。

（三）打印遗嘱

打印遗嘱是指遗嘱内容全部或部分用电脑排版、打印机输出而形成的遗嘱书面纸质文件。打印遗嘱的形成过程主要有三种情形。①遗嘱人本人亲自录入遗嘱内容然后将其打印为书面文件。②遗嘱人先将遗嘱内容亲笔书写完成，再由他人将遗嘱人亲笔书写的遗嘱内容输入进电脑并打印为书面文件。③由遗嘱人将遗嘱内容进行口述，并由他人将遗嘱内容录进电脑再打印为书面文件。

《民法典》第1136条规定："打印遗嘱应当有两个以上见证人在场见证。遗嘱人和见证人应当在遗嘱每一页签名，注明年、月、日。"可见，打印遗嘱在我国为一种独立的遗嘱形式。打印遗嘱应当符合以下要求：

1. 打印遗嘱应当有两个以上见证人在场见证。为了确保遗嘱确实是遗嘱人的真实意思表示，防止他人对遗嘱的伪造和篡改，遗嘱人必须指定两个以上的遗嘱见证人在场见证打印遗嘱制作的全程。

2. 遗嘱人和见证人需要在打印遗嘱每一页签名。为了保证打印遗嘱是遗嘱人的真实意思表示，法律要求遗嘱人和见证人需要在打印遗嘱的每一页签名。遗嘱人的亲自签名能够证明该遗嘱是遗嘱人的真实意思表示。见证人签名确认要件是指见证人需在打印遗嘱上的每一页上亲笔注明"遗嘱制作过程我已全程见证"等能够确保打印遗嘱真实性的文字表达。

3. 需要注明年、月、日。遗嘱人和见证人需要在打印遗嘱每一页注明年、月、日。遗嘱中记载的时间是确定遗嘱人是否有遗嘱能力以及存在多份遗嘱时确定遗嘱先后的依据，也是确定见证人是否具有见证能力的依据。因此，打印遗嘱中必须注明年、月、日。

（四）录音录像遗嘱

录音录像遗嘱是指以录音录像的形式记录下来的遗嘱人的口述遗嘱。录音录像遗嘱比代书遗嘱表达的意思更准确，更能反映遗嘱人的意愿，有其有利的一面，但同时录音录像也极容易被剪辑、伪造，因此法律应当对录音录像遗嘱规定严格的限制条件。《民法典》第1137条规定："以录音录像形式立的遗嘱，应当有两个以上见证人在场见证。遗嘱人和见证人应当在录音录像中记录其姓名或者肖像，以及年、月、日。"因此，录音录像遗嘱要符合以下要求：

1. 遗嘱人必须当着见证人的面口述遗嘱的全部内容，口述要清楚、明白，并在录音录像中记录其姓名或者肖像，以及遗嘱的设立日期。

2. 必须有两个以上见证人在场见证。见证人应当在录音录像中记录其姓名或者肖像，并将见证证明录制在录音带上或录像制品中；

3. 录音录像遗嘱制成后，要当场封存，并由见证人签名，注明年、月、日。

（五）口头遗嘱

口头遗嘱是指由遗嘱人口头设立而没有任何记载的遗嘱。口头遗嘱简便易行，而且在某些危急的情况下口头遗嘱也是唯一可以采用的形式，因而有必要承认此种遗嘱。然而，口头遗嘱极易被篡改，而且其内容完全靠见证人的表述来证明，安全性极低，所以口头遗嘱的适用更要有严格的限制。《民法典》第1138条规定："遗嘱人在危急情况下，可以立口头遗嘱。口头遗嘱应当有两个以上见证人在场见证。危急情况消除后，遗嘱人能够以书面或者录音录像形式立遗嘱的，所立的口头遗嘱无效。"据此，口头遗嘱必须具备以下两个条件：

1. 遗嘱人在危急情况下，无法以其他方式设立遗嘱。危急情况一般是指遗嘱人生命垂危、发生意外灾害随时有生命危险等情况。

2. 必须有两个以上的见证人在场见证。为了保证真实体现遗嘱人的意思，口头遗嘱也要求必须有两个以上的见证人在场见证。我国法律并没有规定要求见证人将口头遗嘱的内容记录下来，但为了确保真实，有条件的情况下，见证人应当将遗嘱人口述的遗嘱记录下来或者事后补记下来，并由记录人、其他见证人签名，注明年、月、日。[1]

另外，根据《民法典》的规定，危急情况消除后，遗嘱人能够以书面或者录音录像形式立遗嘱的，所立的口头遗嘱无效。但是，遗嘱人应当在危急情况解除多久后另立遗嘱呢？我国法律对此并没有规定。但是为了避免纠纷，我们认为，法律应当规定遗嘱人在危急情

---

[1] 主编注：对于口授遗嘱，我国台湾地区明确要求通过书面或录音方式予以记录并且见证人须签名。参见陈苇、宋豫主编：《中国大陆与港、澳、台继承法比较研究》，群众出版社2007年版，第354页。

况解除后另立遗嘱的合理期间。对此有学者建议，在危急情况解除后，遗嘱人应于两周内重新以其他形式设立遗嘱。如果遗嘱人于危急情况解除后不足两周未另立遗嘱死亡的，应当承认其所立的口头遗嘱。如果遗嘱人于危急情况解除两周后仍未设立其他形式遗嘱的，则对其所立的口头遗嘱不予认可。[1]

（六）公证遗嘱

公证遗嘱是指经公证机关进行了公证的遗嘱。《民法典》第 1139 条规定："公证遗嘱由遗嘱人经公证机构办理。"公证遗嘱的办理需要符合以下要求：

1. 须由遗嘱人亲自申请办理。由于遗嘱是本人的意思表示，所以公证遗嘱必须由本人亲自办理，不得代理。遗嘱人申请设立公证遗嘱时，应当携带有关的身份证明和遗嘱涉及的财产的产权证明等材料亲自到公证机关以口头或者书面形式提出申请，遗嘱人亲自到公证机关办理确有困难的，可以请求公证人员到其所在地办理。

2. 公证人员在对相关事项的真实性、合法性作出审查的基础上依法对遗嘱进行公证。根据我国法律规定，公证人员审查的内容包括遗嘱人是否具有遗嘱能力、遗嘱人提供的材料是否合法有效、遗嘱的内容是否合法有效等。即我国对遗嘱公证的审查是实质审查。公证机关经审查，认为申请人提供的材料真实、合法，遗嘱也不违反法律规定的，应当向遗嘱人出具《遗嘱公证书》，并由公证机关和遗嘱人分别保存。

另外，办理遗嘱公证的公证人员，若与遗嘱人或者继承人有亲属关系或者利害关系，遗嘱人认为其有可能影响公证的，有权要求其回避。

五、遗嘱见证人

遗嘱见证人是证明遗嘱真实性的第三人。遗嘱见证人证明的真伪直接关系着遗嘱的效力，关系到对遗产的处置。如前所述，依据《民法典》的规定，代书遗嘱、录音录像遗嘱、打印遗嘱、口头遗嘱都必须有两个以上的见证人在场见证。为保证遗嘱内容的真实性，《民法典》第 1140 条对遗嘱见证人的资格进行了规定，下列人员不能作为遗嘱见证人：

1. 无民事行为能力人、限制民事行为能力人以及其他不具有见证能力的人。无民事行为能力人不能辨认自己行为，不能以自己名义参加民事活动并享有民事权利和承担义务。限制民事行为能力人则是其民事行为能力受到限制，二者均不是完全民事行为能力人，不能参与订立遗嘱这类较复杂的民事活动。其他不具有见证能力的人，如盲、聋、哑人等由于身体残障而影响到客观公正地证明遗嘱真实性的人也不适宜作为遗嘱见证人。

2. 继承人、受遗赠人。继承人、受遗赠人不能作为见证人的原因不在于其是否有民事行为能力，而在于他们与遗嘱有直接利害关系，有可能影响遗嘱人自愿表达其内心意志；再者，他们的证明也难以保持客观性和真实性。因此，他们不得作为遗嘱见证人。

3. 与继承人、受遗赠人有利害关系的人。《继承编解释（一）》第 24 条规定："继承人、受遗赠人的债权人、债务人，共同经营的合伙人，也应当视为与继承人、受遗赠人有利害关系，不能作为遗嘱的见证人。"因为这些人与继承人、受遗赠人有利害关系，由于受利害关系的影响，难以保证其证明的客观性、真实性，所以他们也不能作为遗嘱见证人。

---

〔1〕　郭明瑞、房绍坤、关涛：《继承法研究》，中国人民大学出版社 2003 年版，第 119 页。

第三节　遗嘱的效力

一、遗嘱效力概述

（一）遗嘱效力的概念

遗嘱效力是指立遗嘱人在遗嘱中所作的意思表示得以实现的效力，亦即遗嘱的生效。此种效力实际上就是遗嘱的执行效力，即遗嘱从何时起可以执行。

遗嘱的生效与遗嘱的成立是两个既有联系又有区别的概念。遗嘱的成立属于事实判断的问题，其着眼点在于遗嘱行为是否存在；而遗嘱的生效属于价值判断的问题，其着眼点在于遗嘱行为能否获得法律的承认和保障。

首先，遗嘱生效的前提条件是存在有效的遗嘱行为。但遗嘱在满足了成立要件之后并不立即发生法律效力，只有当立遗嘱人死亡这一事实出现时才实际地发生法律效力。其次，遗嘱行为作为一种民事法律行为，同一般民事法律行为一样可以附加一定的生效条件。《民法典》第1144条对附义务的遗嘱作了规定："遗嘱继承或者遗赠附有义务的，继承人或者受遗赠人应当履行义务。没有正当理由不履行义务的，经利害关系人或者有关组织请求，人民法院可以取消其接受附义务部分遗产的权利。"这表明我国法律认可遗嘱人在遗嘱中为继承人等受益人附加一定的义务作为遗嘱生效的附加条件。遗嘱人死亡后，继承人或者其他受益人履行了义务，遗嘱所附生效条件成就或者期限届至，遗嘱方发生效力。

（二）遗嘱发生法律效力的时间标准

由于遗嘱是遗嘱人按照法律规定的方式处分遗产或其他事务，并于遗嘱人死亡时发生法律效力的一种法律行为。因此，遗嘱的法律效力开始于遗嘱人死亡之时，遗嘱人死亡之前，遗嘱不发生法律效力。遗嘱人死亡，包括两种情况：①自然死亡，也就是遗嘱人因疾病、年老等原因而生命终结；②经人民法院宣告死亡，也就是指自然人下落不明满法定期限，人民法院根据利害关系人的申请，依法定程序宣告该自然人死亡。遗嘱人自然死亡时，遗嘱从其自然死亡时发生法律效力。遗嘱人经人民法院宣告死亡的，自人民法院宣告死亡的判决作出之日，或者因意外事件下落不明宣告死亡的，意外事件发生之日视为其死亡的日期[1]，遗嘱发生法律效力。

二、遗嘱的无效

遗嘱的无效是指遗嘱由于欠缺法律规定的有效要件而自始、当然地不发生法律效力，即遗嘱人在遗嘱中所作的意思表示无效，遗嘱人处分自己财产遗愿不能实现。遗嘱合法即有效，违法即无效。因此，《民法典》对遗嘱的无效也作出了规定。依据《民法典》规定，遗嘱无效包括以下几种情形：

1. 无民事行为能力人或者限制民事行为能力人所立的遗嘱无效。遗嘱作为遗嘱人处分个人财产的行为，对于遗嘱人而言是非获利的行为，所以要求遗嘱人在设立遗嘱时必须具有与此行为相适宜的年龄、智力和正常的精神状况，在此前提下，法律才能够赋予其以遗嘱形式处分财产的资格。而无民事行为能力人和限制民事行为能力人不具备这方面的心智，因此，他们所设立的遗嘱只能是无效的。《继承编解释（一）》第28条规定："遗嘱人立遗

---

[1]　参见《民法典》第48条。

嘱时必须具有完全民事行为能力。无民事行为能力人或者限制民事行为能力人所立的遗嘱，即使其本人后来具有完全民事行为能力，仍属无效遗嘱。遗嘱人立遗嘱时具有完全民事行为能力，后来成为无民事行为能力人或者限制民事行为能力人的，不影响遗嘱的效力。"即遗嘱人的行为能力以设立遗嘱时为准，完全民事行为能力人在设立遗嘱之后丧失民事行为能力的，不影响其遗嘱的效力。反之，无民事行为能力人和限制民事行为能力人在设立遗嘱后成为完全民事行为能力人的，其所立遗嘱仍不能产生法律效力。

2. 遗嘱人因受到胁迫或欺诈而设立的遗嘱无效。受胁迫所立的遗嘱，是指遗嘱人在受到他人的威胁或要挟，为了避免自己或亲属的生命健康或财产等权益遭受侵害而违心地设立与自己真实的内心意思相违背的遗嘱。

受欺诈所立的遗嘱，是指遗嘱人因受到他人故意歪曲事实的言词及虚假的行为的误导而产生错误的认识，从而在设立遗嘱时作出了与自己真实意志不相符合的意思表示。

对遗嘱人进行胁迫或者欺诈的人可以是继承人或者是继承人以外的其他人，可以是能够从遗嘱人违背真实意愿所设立的遗嘱中获益的人，亦可以是不会从中获益的人。由于遗嘱人是在受到胁迫或欺诈的情况下设立的遗嘱，这严重违背了要求遗嘱内容是遗嘱人真实意思表示的法律精神，所以此种遗嘱当然无效。

3. 伪造的遗嘱无效。伪造的遗嘱是指以被继承人的名义设立，而实际上却并非是被继承人意思表示的遗嘱。伪造遗嘱的人一般会出于从伪造行为中获益或者不因遗嘱人亲自处分财产而丧失获益机会的目的而实施伪造遗嘱的行为。但同时需要明确的是，伪造人出于何种目的和动机均不会成为此种无效遗嘱的构成要件。由于伪造的遗嘱中的内容完全不是被继承人的意思表示，所以不论遗嘱的内容如何、也不论遗嘱是否会对被继承人及继承人的利益造成损害，伪造的遗嘱都不发生法律效力。

4. 遗嘱被篡改的，篡改的内容无效。被篡改的遗嘱是指除遗嘱人以外的其他人对遗嘱的内容进行了更改。需要注意的是，与伪造遗嘱不同，篡改只是对遗嘱的部分内容作了更改。因为篡改的内容不是遗嘱人的真实意思表示，所以被篡改的部分不发生法律效力。[1]

5. 遗嘱没有为缺乏劳动能力又没有生活来源的继承人保留必要的遗产份额，对应当保留的必要份额的处分无效。《民法典》第1141条规定："遗嘱应当为缺乏劳动能力又没有生活来源的继承人保留必要的遗产份额。"根据《民法典》第153条的规定，违反法律、行政法规的强制性规定和违背公序良俗的民事法律行为无效。《继承编解释（一）》第25条第1款规定："遗嘱人未保留缺乏劳动能力又没有生活来源的继承人的遗产份额，遗产处理时，应当为该继承人留下必要的遗产，所剩余的部分，才可参照遗嘱确定的分配原则处理。"[2] 即此类遗嘱的无效，只是其中处分了"应保留遗产份额"的部分内容无效，并不影响其他部分内容的效力。

6. 遗嘱中处分不属于遗嘱人自己财产的遗嘱内容无效。根据《民法典》第1122、1133条规定，遗产是自然人死亡时遗留的个人合法财产。自然人可以依法立遗嘱处分自己的个人财产。如果遗嘱人以遗嘱处分了属于国家、集体或他人所有的财产，根据《继承编解释（一）》第26条，遗嘱的这部分内容，应认定为无效。

---

〔1〕 以上遗嘱无效的四种情形参见《民法典》第1143条之规定。

〔2〕 《继承编解释（一）》第25条第2款规定："继承人是否缺乏劳动能力又没有生活来源，应当按照遗嘱生效时该继承人的具体情况确定。"

三、遗嘱的不生效

遗嘱的不生效是指遗嘱人设立的合法遗嘱于遗嘱人死亡时由于一些客观原因的出现致使遗嘱无法执行，即不发生法律效力。这样的情形包括以下几种：

1. 遗嘱中所指定的继承人或受遗赠人先于遗嘱人死亡。

2. 遗嘱所指定的继承人丧失了继承权或受遗赠人丧失了受遗赠权。

3. 遗嘱所指定的继承人放弃继承权或受遗赠人放弃受遗赠权。

4. 附有解除条件的遗嘱，如果在遗嘱人死亡以前条件已经成就，则遗嘱不发生法律效力。因为附解除条件的民事法律行为在条件成就时其效力停止，因此，该遗嘱内容也不会发生效力。

5. 附有停止条件的遗嘱，遗嘱继承人、受遗赠人在条件成就前已经死亡，则遗嘱不能生效。

6. 遗嘱人死亡时，遗嘱中涉及的财产已经不存在。此种情形又可分为两种状态：①这部分财产如果是被遗嘱人在生前以事实行为或者法律行为处分而不再存在，可以推定为遗嘱人对遗嘱相关内容的撤回；②财产由于其他原因而不再存在，而该部分财产的继承人又不能够就该部分财产向保险公司或第三人请求赔偿时，则针对该部分财产的遗嘱内容不生效。

在这里，应该对遗嘱的无效与不生效加以区别，两者的相同之处在于遗嘱均不能发生法律效力。两者的区别在于遗嘱不发生法律效力的原因不同。遗嘱的无效是由于遗嘱本身违反了法律之规定，而遗嘱不生效则是由于其他的客观原因所导致的。[1]

第四节　遗嘱的撤回、变更与执行

一、遗嘱的撤回与变更

《民法典》第 1142 条规定："遗嘱人可以撤回、变更自己所立的遗嘱。立遗嘱后，遗嘱人实施与遗嘱内容相反的民事法律行为的，视为对遗嘱相关内容的撤回。立有数份遗嘱，内容相抵触的，以最后的遗嘱为准。"

（一）遗嘱的撤回与变更的概念

遗嘱的撤回，是指遗嘱发生效力以前，为防止其效力发生而取消原来所立的遗嘱，即遗嘱人将自己原来所立遗嘱的全部内容或部分内容予以废弃，使之不发生法律效力。遗嘱的变更，是指遗嘱人在遗嘱依法成立以后对其全部或部分内容所作的修改或变动，并且确认修改后的遗嘱将在遗嘱人死亡时发生法律效力。

---

〔1〕　主编注，关于共同遗嘱的效力，我国《继承法》及《民法典》均无规定，在国外立法中有的采"肯定说"，有的则采"否定说"，参见陈苇主编：《外国继承法比较与中国民法典继承编制定研究》，北京大学出版社2011年版，第 333 页。对于共同遗嘱的效力，我国学者亦有"肯定说"与"否定说"之争，"肯定说"参见杨晓林、段凤丽："婚姻财产协议中共同遗嘱条款的效力"，载陈苇主编：《中国继承法修改热点难点问题研究》，群众出版社2013年版，第 138~153 页；"否定说"参见陈苇主编：《外国继承法比较与中国民法典继承编制定研究》，北京大学出版社2011年版，第 333 页，张华贵："利益平衡与立法选择：论立法应当禁止夫妻共同遗嘱"，载陈苇主编：《中国继承法修改热点难点问题研究》，群众出版社2013年版，第 138~153 页。

（二）遗嘱的撤回与变更的要件

遗嘱人对遗嘱的撤回与变更可以在遗嘱成立至遗嘱人死亡之前，基于任何理由而为之，但撤回或变更行为必须满足以下法定要件，才能具有法律效力：

1. 遗嘱的撤回或变更时，遗嘱人必须具有完全民事行为能力，即具有遗嘱能力。若遗嘱人在设立遗嘱之后，丧失了遗嘱能力的，在其恢复遗嘱能力之前对遗嘱所作的撤回或变更将不会产生法律效力。法律仍承认原遗嘱的效力。

2. 遗嘱的撤回或变更，必须是遗嘱人真实的意思表示。同遗嘱的设立一样，遗嘱的撤回或变更也应当是遗嘱人内心真实意思的表达，伪造遗嘱的撤回或变更以及遗嘱人因受到胁迫或欺诈而违背自己的真实意愿作出的对遗嘱内容的撤回或变更不发生法律效力，原设立遗嘱仍有效。

3. 遗嘱的撤回或变更的意思表示必须由遗嘱人亲自作出。遗嘱的特殊性质决定了遗嘱的设立、撤回及变更都只能由遗嘱人亲自为之，而不得适用代理。所以，遗嘱的撤回或变更只能是遗嘱人的生前行为。

（三）遗嘱的撤回和变更的方式

遗嘱的撤回和变更有明示和推定两种方式：

1. 明示方式。适用明示方式对遗嘱进行撤回和变更，是指遗嘱人针对已经设立的遗嘱明确作出撤回或变更遗嘱的意思表示。这种撤回和变更的方式简单明了，容易被外界所认知和把握。明示方式包括两种情形：①针对已经设立的遗嘱，遗嘱人明确表示对其部分或全部内容予以废弃，如被继承人可以直接在文件中注明"该遗嘱无效"，或者修改原遗嘱内容；②遗嘱人重新设立新的遗嘱，且在新遗嘱中明确表示撤回原遗嘱。

2. 推定方式。适用推定方式对遗嘱进行撤回和变更，是指遗嘱人虽未明确地作出撤回和变更原遗嘱的意思表示，但法律可以依据遗嘱人在遗嘱成立以后实际作出的某种行为，推定遗嘱人具有撤回和变更原遗嘱的内心意思，并产生实际的法律后果。与明示方式相比，推定方式在为外界的认定和把握方面更为复杂。实践中包括以下几种情况：

（1）遗嘱人立有数份遗嘱，且数份遗嘱的部分或全部内容互相抵触，则遗嘱人虽未在后立遗嘱中明确表示撤回先立遗嘱，也应当推定遗嘱人撤回先立遗嘱。《民法典》第1142条第3款规定："立有数份遗嘱，内容相抵触的，以最后的遗嘱为准。"

（2）遗嘱人在生前实行的行为与遗嘱内容相抵触，则推定遗嘱人以行为撤回已设立的遗嘱。《民法典》第1142条第2款规定："立遗嘱后，遗嘱人实施与遗嘱内容相反的民事法律行为的，视为对遗嘱相关内容的撤回。"此种情形是指遗嘱人在遗嘱成立之后、生效之前，对在遗嘱中已经预先分配过的财产进行了生前处分，而实际作出的生前分配又与遗嘱内容不相符合，导致预先设立的遗嘱部分或全部内容的实际执行成为不可能，只能推定遗嘱人撤回原遗嘱。

（3）遗嘱人有意为毁损遗嘱的行为，视为撤回遗嘱。如通过故意将遗嘱撕掉、烧毁等方式废弃遗嘱。《民法典》对此未作规定，但学界的通说认为，遗嘱人故意将已经设立的遗嘱毁损的，应当推定遗嘱人撤回原遗嘱。

（四）遗嘱的撤回和变更的效力

遗嘱的撤回和变更的效力，自遗嘱人作出撤回或变更行为，且行为符合法定要件之时起产生。遗嘱的撤回和变更的效力在于使原遗嘱相关内容不能够自遗嘱人死亡时转变为现实的民事法律关系。

遗嘱被撤回的，被撤回的遗嘱失效，将遗嘱人重新设立的遗嘱视为遗嘱人真实的意思表示实际执行。若遗嘱人未设立新遗嘱的，则视为被继承人未设立遗嘱，按照法定继承处理被继承人的遗产。

遗嘱变更的，应当将变更后的遗嘱视为遗嘱人处分自己财产的真实意思表示。遗嘱人死亡时，变更后的遗嘱即产生法律效力。

二、遗嘱的执行

（一）遗嘱执行的概述

遗嘱的执行是指遗嘱生效之时，由特定的人按照遗嘱人设立遗嘱的内容处分财产，以完成遗嘱人遗愿的行为。《民法典》第1133条第1款规定："自然人可以依照本法规定立遗嘱处分个人财产，并可以指定遗嘱执行人。"遗嘱执行人是指依被继承人的指定产生的，有权执行遗嘱的内容实现遗嘱人意愿的人。就遗嘱的内容而言，并非全部事项都需要经过遗嘱执行才能完成。其中，遗嘱所涉及的消极内容，如遗嘱中指明某继承人不得继承遗产，或是对某一债务人债务的免除等内容都不需要执行行为的辅助，而于遗嘱人死亡时自然生效。但是，遗嘱中有一些内容必须通过执行行为才能够实现，如遗产的分配、遗赠的执行、债务的清偿等。所以遗嘱的执行对于遗嘱内容的最终实现具有重要意义。

（二）遗嘱执行人的产生

1. 遗嘱执行人的资格。遗嘱执行是于遗嘱人死亡之后开始的执行行为及程序，所以遗嘱执行人必须是除遗嘱人以外的其他人。但并非任何人都可以被确定为遗嘱执行人，由于遗嘱执行是完成遗嘱人遗愿的关键行为，同时遗嘱执行又关系到众多继承人的切身利益，所以必须对遗嘱执行人的资格作出一定的限制。遗嘱执行人可以是自然人，也可以是法人、非法人组织等。如可以指定遗嘱人生前所在的单位或继承开始地的基层组织（如居民委员会、村民委员会）、律师事务所等来担任遗嘱的执行人。虽然《民法典》并未对此作出规定，但是依据遗嘱继承的特点及司法实践经验，有的个人和组织是不适宜担任遗嘱执行人的。就自然人而言，无行为能力人或限制行为能力人不适合担任遗嘱执行人，原因在于通常遗嘱所涉及的内容较多，执行过程也较为复杂，所以要求执行人应当是具有执行能力的完全民事行为能力人。

2. 遗嘱执行人的产生。对于遗嘱执行人的产生方式，外国法律的规定主要有：遗嘱指定、遗嘱委托第三人指定、法院指定等。我国台湾地区还承认亲属会议指定。遗嘱指定是指遗嘱人在遗嘱中直接指定遗嘱执行人，也称为遗嘱执行人的直接指定。遗嘱委托第三人指定是指遗嘱人在遗嘱中委托他人选定遗嘱执行人，也称为遗嘱执行人的间接指定。法院指定是指由法院指定遗嘱执行人，包括委托法院指定和法院自行指定。《民法典》第1133条第1款规定："自然人可以依照本法规定立遗嘱处分个人财产，并可以指定遗嘱执行人。"即我国现行法只明确了一种遗嘱执行人的产生方式，即遗嘱执行人仅基于遗嘱人的直接指定而产生，并没有规定间接指定和法院指定。

遗嘱人可以在遗嘱中指定法定继承人或法定继承人以外的其他人担任遗嘱执行人。遗嘱人可以指定一人或数人作为遗嘱执行人。由于遗嘱执行人责任的履行状况直接关系到遗嘱人的遗愿能否得以实现，而相对于法定继承人而言，其他人不负有担任遗嘱执行人的义务，且其他人一般不会从遗嘱执行当中获得利益。所以，当法定继承人以外的其他人被指定为遗嘱执行人时，被指定人并非必须接受遗嘱人的指定而成为遗嘱执行人，而是有权选择是否担任，可以接受也可以拒绝。但是，法定继承人是遗嘱人的近亲属，又会因为遗嘱的执行而获得一定的利益，所以被指定为遗嘱执行人的法定继承人原则上不得拒绝，应当认真履行执行职责。

（三）遗嘱执行人与遗产管理人的关系

我国采用遗嘱执行人和遗产管理人并存的制度。《民法典》第1145条规定："继承开始后，遗嘱执行人为遗产管理人；没有遗嘱执行人的，继承人应当及时推选遗产管理人；继承人未推选的，由继承人共同担任遗产管理人；没有继承人或者继承人均放弃继承的，由被继承人生前住所地的民政部门或者村民委员会担任遗产管理人。"同时，第1146条规定："对遗产管理人的确定有争议的，利害关系人可以向人民法院申请指定遗产管理人。"即我国并无法定的遗嘱执行人，即依据法律当然享有遗嘱执行权的人，而是通过将遗嘱执行人与遗产管理人制度有机连接的方式达到实现遗嘱内容的最终落实。

当遗嘱执行面临以下几种情形时需要遗产管理人来履行职责：①遗嘱中没有指定遗嘱执行人；②遗嘱指定的执行人是法定继承人以外的其他人，而被指定人拒绝担任遗嘱执行人；③遗嘱所指定的执行人丧失担任执行人的能力，或是先于遗嘱人死亡，或是出现了不适宜担任遗嘱执行人的其他情形。

在我国，遗嘱执行人与遗产管理人主要的区别在于，两者产生的方式和分配遗产的方式不同。遗嘱执行人产生的依据为被继承人的遗嘱指定，并且要按照遗嘱分配遗产，实现被继承人的遗嘱；遗产管理人的产生依据可以是法律的直接规定、继承人的推选或者法院的指定。遗产管理人对遗产的分配，应当依据法律实行法定继承，但如有遗嘱则应当先依据遗嘱实行遗嘱继承。当然，两者也有重合现象。当被继承人指定遗嘱执行人时，遗嘱执行人即为遗产管理人，两者的职责重合。

（四）遗嘱执行人的职责与权利

根据我国法律规定，当遗嘱人在遗嘱中已经指定了遗嘱执行人的，遗嘱执行人同时为遗产管理人，应当依法履行遗产管理人的法定义务。当然，遗嘱人在指定遗嘱执行人时，也可以明确指定其应当履行一定的职责和享有一定的权利的范围。由于遗嘱执行人在履行职责、完成遗嘱人遗愿的过程中，需要同时保护继承人、受遗赠人等遗嘱的相关受益人的合法权益，所以在遗嘱中指定的遗嘱执行人履行的职责和享有的权利主要有：

1. 审查遗嘱。在执行遗嘱前，遗嘱执行人必须查明遗嘱的内容是否真实且合法。包括遗嘱人是否具有遗嘱能力、遗嘱中所作出的意思表示是否真实、遗嘱的内容是否合法、遗嘱人生前是否曾作出过变更或者撤销遗嘱的意思表示等情况。在确定遗嘱真实有效的情况下方可开始遗嘱的执行。

2. 清点遗产并制作遗产清单。作为遗嘱的执行人，其必须清楚地了解遗嘱中所涉及的各项遗产的数量、价值、状态等情况，所以清理遗产是遗嘱执行人的重要职责。根据《民法典》第1147条对清点遗产的规定，遗嘱执行人在查明遗产状况时应当编制遗产清单，并将清单交付继承人等利害关系人，告知遗嘱处分的财产范围。

3. 管理遗产。在经过清点掌握了遗产的范围后，遗嘱执行人有权对遗产进行管理。如果遗嘱人在遗嘱中明确指出遗嘱执行人应当如何对财产进行管理的，遗嘱执行人应当遵照遗嘱人的要求进行管理。遗嘱中没有此类要求的，遗嘱执行人应当以遗嘱的顺利执行为管理遗产的必要限度。所以，遗嘱执行人有代遗嘱人为收取债权、偿还债务、缴纳欠缴税款等行为的权利。如遗产为他人所占有，遗嘱执行人可以针对该部分遗产行使返还请求权。但遗嘱执行人不得依照自己的意志对财产行使处分权。因遗产管理而支出的必要费用可以从遗产中扣除。

4. 公布遗嘱内容。遗嘱执行人应当在遗产范围确定之后，向全体遗嘱继承人和受遗赠人公布遗嘱的内容，同时说明遗产的范围及状况。

5. 排除执行妨碍。对于在遗嘱执行过程中遇到的，来自遗嘱的受益人或者其他人的非法干涉和妨碍，遗嘱执行人都可以行使排除妨害请求权。必要时遗嘱执行人还可以通过诉讼途径请求人民法院保护遗嘱执行的顺利完成。

6. 交付遗产。遗嘱执行的最终目的在于按照遗嘱人的遗愿将遗产交付给遗嘱继承人和受遗赠人，至此遗嘱的执行结束。

遗嘱执行人必须严格地依照法律的规定及遗嘱内容忠实地履行执行遗嘱的职责。根据《民法典》第 1148 条规定，遗嘱执行人在执行过程中因故意或者重大过失而给遗嘱的受益人造成损害的，应当承担赔偿责任。同时，若遗嘱执行人由于不可归责于自身的原因而受到损害的，也可以请求遗嘱继承人作出赔偿。如遗嘱执行人在执行过程中出现擅自处分遗产等不忠实履行职责的情形，遗产的受益人可以请求人民法院作出撤销遗嘱执行人资格的裁决。

 导入案例之要点评析

此案件涉及遗嘱人的遗嘱能力问题。只有具备完全民事行为能力的人才具有遗嘱能力，其所立的遗嘱才能产生法律效力。

《民法典》没有对自然人的遗嘱能力作出明确规定，只规定无民事行为能力人或者限制民事行为能力人所立的遗嘱无效，即只有完全民事行为能力人才具有遗嘱能力，而遗嘱人是否具有遗嘱能力应当以立遗嘱时的情形为判断标准，设立遗嘱之前或之后的行为能力状况对遗嘱的效力不产生影响。《继承编解释（一）》第 28 条规定："遗嘱人立遗嘱时必须具有完全民事行为能力。无民事行为能力人或者限制民事行为能力人所立的遗嘱，即使其本人后来具有完全民事行为能力，仍属无效遗嘱。遗嘱人立遗嘱时具有完全民事行为能力，后来成为无民事行为能力人或者限制民事行为能力人的，不影响遗嘱的效力。"

本案中的遗嘱人张强虽曾患过精神病，但其在设立遗嘱时该疾病已痊愈。因此，张强设立遗嘱时具有遗嘱能力，而且该遗嘱是其真实的意思表示。遗嘱也不存在其他不合法因素，应当认定该遗嘱有效。

 **思考题**

一、选择题

（一）单项选择题

1. 贡某立公证遗嘱：死后财产全部归长子贡文所有。贡文知悉后，自书遗嘱：贡某全部遗产归弟弟贡武，自己全部遗产归儿子贡小文。贡某随后在贡文遗嘱上书写：同意，但还是留 10 万元给贡小文。其后，贡文先于贡某死亡。关于遗嘱的效力，下列哪一选项是正确的？（　　）（2016 年国家司法考试试题）

A. 贡某遗嘱已被其通过书面方式变更

B. 贡某遗嘱因贡文先死亡而不发生效力

C. 贡文遗嘱被贡某修改的部分合法有效

D. 贡文遗嘱涉及处分贡某财产的部分有效

2. 甲立下一份公证遗嘱，将大部分财产留给儿子，少部分留给女儿。后儿子因犯罪被判刑，甲伤心至极，在病床上当众将遗嘱销毁，不久后去世。其子出狱后要求按照遗嘱继承遗产。对此，下列哪一选项是正确的？（ ）（2008年国家司法考试试题）

A. 其子有权依照遗嘱内容继承遗产

B. 其子只能依据法定继承的规定继承遗产

C. 其子丧失继承权

D. 可以酌情分给其子适当的遗产

（二）多项选择题

1. 甲有一子一女，二人请了保姆乙照顾甲。甲为感谢乙，自书遗嘱，表示其三间房屋由两个子女平分，所有现金都赠给乙。后甲又立下自书遗嘱，将其全部现金分给两个子女，不久甲去世。下列哪些选项是错误的？（ ）

A. 甲的前一遗嘱无效

B. 甲的后一遗嘱无效

C. 所有现金应归甲的两个子女所有

D. 所有现金应归乙所有

2. 张某立有遗嘱，表示将遗产20万元留给弟弟甲，但此款项中的10万元须用于设立高校奖学金。张某死后，甲取得他的20万遗产，但并未履行设立奖学金的义务且无正当理由。张某有一子一女。下列选项正确的是（ ）。

A. 甲的继承权被取消后，张某的儿子和女儿继承张某的遗产

B. 甲的继承权被取消后，按照法定继承分配张的遗产

C. 取消甲取得遗产的权利的裁决应由张某的儿子或女儿请求人民法院作出

D. 张某的儿子或女儿必须按照张某的要求履行义务，才能取得张某的遗产

二、判断分析题

1. 遗嘱人可以因未成年子女不服管教而用遗嘱剥夺其继承权。

2. 遗嘱人在遗嘱中对夫妻共同财产的处分行为无效。

三、简答题

1. 试述遗嘱继承的概念和特征。

2. 试述遗嘱继承的适用。

3. 试述遗嘱的成立条件。

四、论述题

1. 试论遗嘱的效力。

2. 试论遗嘱的执行。

五、案例分析题

李某有一养子李甲，李某立遗嘱，将房产及所有遗产留给其妻。后因李某病重，担心自己去世后无人照顾妻子，就修改遗嘱内容将房产及财产留给李甲，但要求李甲赡养养母。后李某病故，其全部遗产由李甲继承。两年后，李甲与养母关系恶化，李甲不再对养母尽赡养义务。2024年3月，养母诉至人民法院，请求解除养母子关系，并取消李甲继承李某

遗产的权利，按照李某第一次立的遗嘱继承遗产。

　　请问：该案应如何处理？为什么？

 阅读参考文献

　　1. 龙翼飞：《比较继承法》，吉林人民出版社 1996 年版。

　　2. 杨立新主编：《继承法修订入典之重点问题》，中国法制出版社 2015 年版。

　　3. 魏小军：《遗嘱有效要件研究——以比较法学为主要视角》，中国法制出版社 2010 年版。

　　4. 李宏：《遗嘱继承的法理研究》，中国法制出版社 2010 年版。

　　5. 陈苇等：《中国继承法理论与实践研究》，中国人民公安大学出版社 2019 年版。

　　6. 肖峰、刘耀东：《中华人民共和国民法典继承编条文释义与疑难适用》，人民法院出版社 2022 年版。

第十五章
遗赠和遗赠扶养协议

✤学习的内容和重点

通过本章的学习，要求学生了解我国《民法典》继承编关于遗赠、遗赠扶养协议的相关规定，了解遗赠、遗赠扶养协议的概念、法律特征。理解遗赠与遗嘱继承、赠与的异同，遗赠扶养协议与遗赠的异同。重点掌握受遗赠权的接受与放弃、遗赠扶养协议生效与解除的相关条件。

导入案例

2021 年 5 月，杨某向朋友甲借款 5000 元，承包了一口鱼塘。次年，杨某用鱼塘盈利的 4000 元购买了一辆摩托车。乙受杨某的邀请帮助管理鱼塘。在共事中，杨某很赏识乙，在自己儿子丙的见证下，立遗嘱将摩托车赠与乙，并告知了乙。2023 年 6 月，一场山洪冲毁了鱼塘。在鱼塘抢险过程中，杨某不幸溺水死亡。杨某死亡后，乙帮助丙处理了杨的丧事，在处理杨的遗产时，发现除了摩托车外，还有 3000 元的银行存款。在得知杨某死亡的事实后，甲要求丙归还 5000 元借款；3 个月后乙向丙提出要求取得遗嘱赠与他的摩托车。

请问：

1. 本案发生了哪些法律关系？
2. 丙能否作为遗嘱见证人？
3. 乙是否有权取得摩托车？
4. 本案的遗产应如何处理？

我国《民法典》继承编第 1123 条规定："继承开始后，按照法定继承办理；有遗嘱的，按照遗嘱继承或者遗赠办理；有遗赠扶养协议的，按照协议办理。"可见，自然人死亡后，其遗产转移方式依适用先后顺序依次为：遗赠扶养协议、遗嘱继承与遗赠、法定继承。其中，遗赠扶养协议和遗赠是自然人生前处分自己死后财产的两种重要方式。

第一节 遗赠

在我国，《民法典》继承编第 1133 条规定："自然人可以依照本法规定立遗嘱处分个人财产，并可以指定遗嘱执行人。自然人可以立遗嘱将个人财产指定由法定继承人中的一人或者数人继承。自然人可以立遗嘱将个人财产赠与国家、集体或者法定继承人以外的组织、个人。"据此可知，自然人可以立遗嘱，用遗嘱将其遗产处分给法定继承人，也可以将遗产处分给法定继承人以外的人，前者是遗嘱继承，后者即遗赠。从《民法典》继承编第1133条的规定可以看出，遗赠是被继承人死后遗产转移的一种方式。遗赠充分尊重了遗嘱人的意愿，体现了遗嘱自由原则。

一、遗赠的概念和特征

（一）遗赠的概念

根据《民法典》的规定，遗赠是自然人以遗嘱方式将其个人合法财产的一部分或全部，赠送给国家、集体或法定继承人以外的组织、个人，并于遗嘱人死亡时发生执行效力的单方法律行为。[1] 在遗赠制度中，遗嘱人称为遗赠人，遗嘱指定的接受财产的人称为受遗赠人。

遗赠制度早在古罗马时代就已经出现，在罗马法中，遗嘱以指定继承人为使命，遗赠仅是从属于遗嘱的一个部分。[2] "综合罗马法学家关于遗赠的定义，可知罗马法上的遗赠，是指遗赠人以遗嘱对继承人以外的第三人所作的赠与，而使继承人负执行义务的行为。"[3]

在罗马法上，遗赠虽然是采取遗嘱的方式，但遗赠与遗嘱继承的目的是不相同的，它经过了一个演变过程。在古代罗马法中，遗嘱的主要目的在于指定继承人，被指定的继承人不仅继承死者的遗产，而且还要继承死者的人格，而遗嘱中的遗赠，其目的仅在于处分财产，将遗产赠送给他人，受遗赠人并不承继死者的人格。在古代罗马，继承的目的在于承继死者的人格，当其中一个子女被指定为人格继承人后，未被指定为继承人的其他子女将不会得到遗产。为调节子女之间在财产继承上的不公平，于是创设遗赠制度，通过遗赠将遗产分配给没有被指定为人格继承人的子女，以补救遗嘱继承的缺陷。后来，随着基督教在罗马的传播，教徒将财产遗赠给教会的情况增多，也有生前受他人恩惠，死后将财产遗赠给恩主作为报答的情形。此时遗赠的目的与古代罗马法已大不相同。[4]

到了中世纪，遗赠被教会利用，教会可以从教徒那里接受遗赠从而增加财产，针对世俗封建政权通过《永久产业法》禁止对宗教团体的一切土地赠与，12世纪初教会法通过"受益权"遗赠的方式获得了赠与土地的利益。于是，作为一种取得所有权或利益的手段，遗赠很快发展起来，成为以遗嘱方式转移遗产的组成部分。至近现代社会，许多国家的民法典中都有遗赠制度的规定。[5] 值得注意的是，在现代社会许多国家民法典中的遗赠制度，其主要目的是充分实现财产所有人处分自己财产的自由意志。[6]

（二）遗赠的特征

如同继承权，受遗赠权是独立于物权与债权之外的特殊财产权，具有特殊的法律效力。遗赠以遗嘱的设立为前提，在我国，遗赠具有以下法律特征：

1. 遗赠是以遗嘱为之的单方法律行为。遗赠是遗嘱的内容之一，遗赠必须以遗嘱的方式进行。在我国，当遗嘱中指定的遗产接受人为法定继承人以外的组织、个人时属于遗赠，

〔1〕 巫昌祯主编：《婚姻与继承法学》，中国政法大学出版社2007年版，第284页。

〔2〕 史尚宽：《继承法论》，中国政法大学出版社2000年版，第498页。

〔3〕 周枏：《罗马法原论》（下册），商务印书馆1994年版，第545页。

〔4〕 参见龙斯荣：《罗马法要论》，吉林大学出版社1991年版，第228页。

〔5〕 主编注：关于大陆法系和英美法系的部分国家之遗赠与继承合同制度的比较评析，参见陈苇主编：《外国继承法比较与中国民法典继承编制定研究》，北京大学出版社2011年版，第476~483页。

〔6〕 主编注：关于遗赠制度的立法价值之探讨，参见贺海燕：《遗赠制度研究》，中国人民公安大学出版社2023年版，第64~67页。

接受遗产的人为受遗赠人，遗嘱中指定的财产为遗赠物。自然人死亡时没有遗嘱或遗嘱无效的，则不发生遗赠。遗赠人在订立遗嘱时必须是有遗嘱能力的人，未成年人、不能辨认或者不能完全辨认自己行为的成年人由于行为能力受限，不具有遗嘱能力，因而他们所立的遗赠无效。

遗赠是以遗嘱为之的赠与行为，遗嘱属于单方法律行为，遗赠也是单方法律行为。遗赠仅须遗嘱人的单方意思表示即可成立，不需要征得受遗赠人的同意，也不需要征求其他人的意见。但受遗赠人可以拒绝接受遗赠。

2. 遗赠是于遗嘱人死亡后发生效力的行为。遗嘱是自然人生前按照法律规定的方式对自己死亡后的遗留财产进行处分，并于其死亡时生效的法律行为。从遗嘱订立直至遗嘱人死亡前，该遗嘱都未生效，任何人不得依遗嘱要求对遗嘱人的财产进行分割。同样，遗赠作为遗赠人以遗嘱处分自己死亡后遗留财产的一种方式，在遗赠人死亡前不能生效，受遗赠人不得要求受让遗嘱指定的遗赠财产。由于遗嘱在遗嘱人死亡前没有生效，因此，遗赠人在订立遗嘱后可根据自己的意愿，随时变更或撤回遗赠。

3. 遗赠是对法定继承人以外的特定组织、个人给予财产利益的行为。根据我国《民法典》的规定，受遗赠人必须是国家、集体或法定继承人以外的组织、个人，如果遗嘱中指定的财产承受人是法定继承人，则依该遗嘱发生的是遗嘱继承而不是遗赠。接受遗产的人是否是法定继承人，是我国区分遗嘱继承与遗赠的唯一标志。

遗嘱确定受遗赠人后，该受遗赠人则成为特定的人。不论是自然人，还是国家、集体或法人、非法人组织，都是遗嘱人在遗嘱中明确指定的，具有不可替代性。根据《民法典》继承编第 1154 条第 1 款第 3 项的规定，受遗赠人先于遗嘱人死亡或者终止的，遗产中的相关部分按法定继承办理。也就是说，如果受遗赠人是自然人，则该自然人在继承开始时必须是生存着的人，继承开始时已经死亡的自然人不能成为受遗赠人，其继承人不能继承其受遗赠权。如果该受遗赠人是法人或非法人组织时，则继承开始时该组织必须存在，没有终止，否则不能接受遗赠。受遗赠人在继承开始后，明确表示自己放弃接受遗赠，而将受遗赠权转让给其他人，该转让行为无效。受遗赠人的受遗赠权虽然不能继承与转让，但并不影响受遗赠人接受遗赠的权利由其代理人代为行使，也不影响受遗赠人在接受遗赠后死亡，其继承人受让遗赠财产的权利。《继承编解释（一）》第 38 条规定："继承开始后，受遗赠人表示接受遗赠，并于遗产分割前死亡的，其接受遗赠的权利转移给他的继承人。"

4. 遗赠是一种给予财产利益的无偿行为。遗赠是给予他人财产利益的行为，是遗嘱人对自己财产的一种无偿转让。[1] 这种财产利益，既可以是给予财产权利，也可以是免除受遗赠人的财产义务。

遗赠是一种无偿的财产让与行为。根据我国《民法典》的规定，受遗赠人只能是法定继承人以外的组织、个人。因此，受遗赠人与遗嘱人没有法定继承人的血缘关系、婚姻关系或扶养关系。受遗赠人接受遗赠不需要以履行法定义务为前提，遗赠属于一种无偿的财产让与。虽然遗赠人有时在遗嘱中也可以附设某种义务，但财产性义务不能超出转让的财产权利范围。

---

〔1〕 刘文编著：《继承法比较研究》，中国人民公安大学出版社 2004 年版，第 279 页。

二、遗赠与遗嘱继承、赠与的区别

（一）遗赠与遗嘱继承的区别

遗赠与遗嘱继承都是自然人以遗嘱的方式处分自己的财产，在其死亡时发生法律效力的法律行为，但两者在具体内容上还是有显著差别。

1. 主体范围不同。根据我国《民法典》的规定，遗嘱继承的主体即遗嘱继承人，只能是法定继承人范围内的人，我国法定继承人包括：配偶、子女（孙子女、外孙子女为代位继承人）和父母，祖父母、外祖父母和兄弟姐妹（兄弟姐妹的子女即被继承人的侄子女、外甥子女为兄弟姐妹的代位继承人）。此外，丧偶儿媳对公婆尽了主要赡养扶助义务的、丧偶女婿对岳父母尽了主要赡养扶助义务的，作为第一顺序法定继承人。遗嘱继承人与遗嘱人之间具有法定的亲属关系或扶养关系，与遗嘱人之间存在着法律上的权利义务。而遗赠的主体即受遗赠人则必须是法定继承人范围以外的人，既可以是国家、集体、法人或非法人组织，也可以是自然人。由于受遗赠人与遗赠人之间不具有法定的亲属关系，也就没有法定的权利义务关系。

2. 接受或放弃权利的法律要求不同。根据我国《民法典》继承编第1124条的规定，受遗赠人应当在知道受遗赠后60日内，作出是否接受遗赠的明确意思表示，即受遗赠人要通过明确的意思表达方式，来表明接受遗赠或放弃接受遗赠，如果在60日内受遗赠人没有作出明确的意思表示，则推定其放弃接受遗赠。遗嘱继承权的行使方式与受遗赠权的行使方式正好相反，遗嘱继承人对继承的接受，既可以通过明示的方式进行，也可以通过默示的方式进行，如果遗嘱继承人没有作出意思表示的，则推定其接受继承；同时在时间上，遗嘱继承人作出放弃继承的意思表示不以60日为限，继承开始后至遗产分割前的任何时间内，遗嘱继承人均可作出放弃继承的意思表示。

3. 主体地位不同。我国《民法典》物权编第230条规定："因继承取得物权的，自继承开始时发生效力。"根据《民法典》的相关规定，我国实行的是当然继承，即自继承开始后，遗产归继承人所有，不论继承人是否占有或管理了遗产。我国《民法典》继承编确立了遗产管理人制度，根据《民法典》的规定，遗嘱执行人为遗产管理人，没有遗嘱执行人的，由继承人推选遗产管理人或共同担任遗产管理人。[1] 因此，继承开始后，遗嘱继承人已处在一个特别的地位，他可以直接参与遗产的管理与分配，同时实现其继承权。虽然遗赠也是在遗嘱人死亡时发生效力，但受遗赠人不能直接参与遗产的管理与分配，只有请求遗产管理人交付遗赠财产的权利，如遗产管理人拒不交付，则受遗赠人有权提起诉讼。由于受遗赠人是无偿取得遗产，因而只有在清偿遗产债务后遗产尚有余额时，其受遗赠权才能实现。

（二）遗赠与赠与的区别

我国《民法典》合同编第657条规定："赠与合同是赠与人将自己的财产无偿给予受赠人，受赠人表示接受赠与的合同。"其中出赠财产的一方为赠与人，接受赠与方为受赠人。遗赠与赠与存在相同之处，即两者都是一种财产转让方式，是自然人自愿将自己的财产无偿地给予他人的法律行为。尽管遗赠与赠与都是无偿取得财产的方式，都涉及财产的无偿转移，但两者之间仍有较大区别，具体如下：

1. 两者的法律性质不同，且受调整的法律规范不同。遗赠是一种单方法律行为，遗嘱

---

[1] 参见《民法典》第1145条。

人立遗嘱时不必征得受赠与人同意，只需要自己单方的意思，并在遗嘱中作出遗赠的意思表示就可以成立。遗赠人死亡后，受遗赠人依据遗嘱就可以获得遗嘱指定的遗产。而赠与是一种双方的法律行为，赠与人与受赠人之间是一种合同关系，是赠与人将自己的财产无偿给予受赠人，受赠人表示接受的合同，赠与人与受赠人双方必须意思表示一致，赠与合同方可成立。虽然遗赠和赠与都属于民事法律行为，但遗赠受《民法典》继承编调整，赠与则受《民法典》合同编调整。

2. 两者的有效形式要件不同。遗赠以遗嘱的存在为前提，遗嘱是一种要式法律行为，遗嘱人遗赠其财产，应遵守法律对于遗嘱的规定，遗赠必须符合法律规定的形式要件，以遗嘱的方式进行，否则，遗赠不能合法成立，不产生法律效力。我国《民法典》继承编第1134～1139 条规定了自书遗嘱、代书遗嘱、打印遗嘱、录音录像遗嘱、口头遗嘱以及公证遗嘱等多种形式，并对每一种遗嘱提出了设立形式的要求。而赠与是一种非要式法律行为，法律对赠与没有严格的形式要求，当事人双方用口头形式或书面形式都可达成赠与协议。

3. 两者的生效时间与撤回的条件不同。遗赠是遗赠人生前作出于其死后生效的一种意思表示。遗赠必须在遗赠人死亡后才能生效，因此受遗赠人不能在遗赠人尚未死亡时就请求交付遗赠财产。遗赠标的物在继承开始前灭失的，遗赠不生效，受遗赠人也不能要求遗嘱执行人承担相应的交付义务。而且，遗赠人在生存期间有权无条件地随时撤回遗赠。然而，赠与则不同，根据我国《民法典》合同编第 502 条第 1 款规定："依法成立的合同，自成立时生效，但是法律另有规定或者当事人另有约定的除外。"第 658 条规定："赠与人在赠与财产的权利转移之前可以撤销赠与。经过公证的赠与合同或者依法不得撤销的具有救灾、扶贫、助残等公益、道德义务性质的赠与合同，不适用前款规定。"可见，赠与合同在赠与人与受赠人达成赠与协议后成立并生效。而且，赠与人在将赠与财产的权利转移给受赠人前，除法定的不得撤销的赠与合同外，可以任意撤销。也就是说，并不是所有的赠与合同都是可以随意撤销的。

4. 两者处分的财产范围与限制不同。遗赠是赠与人以遗嘱的方式处分其死后遗留财产的法律行为。因此，我国《民法典》对遗嘱合法性的要求同样适用于遗赠。遗嘱人在遗嘱中，应当为缺乏劳动能力又无生活来源的法定继承人保留的必要遗产份额。赠与则与此不同，首先，赠与合同是赠与人处分自己生存时的个人合法财产的合同；其次，法律对赠与人处分的财产没有特别的限制，如果赠与人为了躲避债务或恶意拖欠债务而将自己的财产赠与他人，则债权人可以通过诉讼申请法院撤销赠与。

三、遗赠的主要内容

根据我国《民法典》及《继承编解释（一）》的相关规定，遗赠的内容主要有：

（一）受遗赠权的取得

我国《民法典》继承编第 1133 条第 3 款规定："自然人可以立遗嘱将个人财产赠与国家、集体或者法定继承人以外的组织、个人。"也就是说，合法有效的遗嘱是获得遗赠的前提。遗嘱于遗嘱人死亡时发生法律效力，且遗嘱涉及的财产在遗嘱人死亡时仍然存在，该遗嘱才发生执行效力。因此，合法有效的遗嘱是受遗赠人获得的受遗赠期待权，在遗嘱人死亡并留有遗产的情况下，受遗赠人的受遗赠期待权才转化为既得权。但是，如果受遗赠的自然人先于遗嘱人死亡或受遗赠的组织在遗嘱人死亡前已经终止的，则该遗赠遗嘱不发生效力，遗赠所涉遗产按法定继承办理。

（二）受遗赠权的行使与放弃

受遗赠权的行使是指受遗赠人通过一定的行为使受遗赠权得以实现，具体表现为接受遗赠、放弃遗赠和请求遗产管理人或遗嘱执行人移交受遗赠的遗产。我国《民法典》继承编第 1124 条第 2 款规定："受遗赠人应当在知道受遗赠后 60 日内，作出接受或者放弃受遗赠的表示；到期没有表示的，视为放弃受遗赠。"是否接受遗赠，受遗赠人要作出明确的意思表示，如果沉默，则视为放弃。作出明确意思表示的期限是在知道或应当知道受遗赠后的 60 日之内。《继承编解释（一）》第 38 条规定，继承开始后，受遗赠人表示接受遗赠并于遗产分割前死亡的，其接受遗赠的权利转移给他的继承人。

受遗赠人如为无民事行为能力或限制民事行为能力的自然人，由其法定代理人代理行使受遗赠权。由于遗赠是受遗赠人无偿取得财产利益，因此，其法定代理人代理行使受遗赠权时，不得损害被代理人的利益，一般不能代理被代理人放弃受遗赠权。明显损害被代理人利益的，应认定其代理行为无效。

（三）受遗赠权的取消与丧失

受遗赠权取消，是指在附义务的遗赠中，受遗赠人没有履行遗嘱指定的义务，而被法院取消其受遗赠权。我国《民法典》继承编第 1144 条规定："遗嘱继承或者遗赠附有义务的，继承人或者受遗赠人应当履行义务。没有正当理由不履行义务的，经利害关系人或者有关组织请求，人民法院可以取消其接受附义务部分遗产的权利。"据此，遗嘱人可以在遗嘱中对指定的受遗赠人规定义务作为其接受遗赠的条件。《继承编解释（一）》第 29 条规定："附义务的遗嘱继承或者遗赠，如义务能够履行，而继承人、受遗赠人无正当理由不履行，经受益人或者其他继承人请求，人民法院可以取消其接受附义务部分遗产的权利，由提出请求的继承人或者受益人负责按遗嘱人的意愿履行义务，接受遗产。"由此可知，当受遗赠人能够履行义务而无正当理由拒不履行的，则利害关系人或有关组织可以向法院申请，取消受遗赠人相应部分遗产的受遗赠权。受遗赠人不履行遗嘱义务，利害关系人申请，是受遗赠权被取消的条件。

受遗赠权的丧失也称受遗赠权的被剥夺，是指受遗赠人犯有某种罪行或者其他违法行为被依法剥夺受遗赠权。我国《民法典》继承编第 1125 条第 1 款规定："继承人有下列行为之一的，丧失继承权：（一）故意杀害被继承人；（二）为争夺遗产而杀害其他继承人；（三）遗弃被继承人，或者虐待被继承人情节严重；（四）伪造、篡改、隐匿或者销毁遗嘱，情节严重；（五）以欺诈、胁迫手段迫使或者妨碍被继承人设立、变更或者撤回遗嘱，情节严重。"第 3 款规定："受遗赠人有本条第一款规定行为的，丧失受遗赠权。"据此，受遗赠人如果实施了我国《民法典》继承编第 1125 条第 1 款的违法犯罪行为时，则依法丧失受遗赠的权利。

（四）接受遗赠遗产与清偿遗赠人的债务

遗赠人的债务主要是指遗嘱人生前欠下的，用于遗嘱人生产、生活需要所负的债务，或其他应由其个人承担法律责任的债务以及其生前应当缴纳的税款。根据我国《民法典》继承编第 1159 条"分割遗产，应当清偿被继承人依法应当缴纳的税款和债务"以及第 1162 条"执行遗赠不得妨碍清偿遗赠人依法应当缴纳的税款和债务"的规定，在受遗赠人接受遗赠遗产前，应当先缴纳遗赠人的税款与债务，只有在清偿税款和债务后遗产仍有剩余时，受遗赠人才能请求支付遗赠遗产部分。如果遗赠人的税款与债务超过了法定继承遗产的实际价值部分，则由遗嘱继承人和受遗赠人按比例以所得遗产清偿。[1] 虽然受遗赠人接受的遗赠只有财产权利没有财产义务，但其接受遗赠遗产是在清偿完遗赠人所有税款和债务之后，如果清偿税款和债务后没有剩余遗产，则受遗赠人不能实际取得遗产。

第二节　遗赠扶养协议

一、遗赠扶养协议概述

（一）遗赠扶养协议的概念

我国《民法典》继承编第 1158 条规定："自然人可以与继承人以外的组织或者个人签订遗赠扶养协议。按照协议，该组织或者个人承担该自然人生养死葬的义务，享有受遗赠的权利。"根据这一规定，遗赠扶养协议是指被扶养人（遗赠人）与扶养人订立的，以被扶养人的生养死葬及财产的遗赠为内容的协议。根据这一协议，扶养人承担被扶养人生养死葬的义务，被扶养人的义务则是将自己合法财产的一部或全部于其死后转移给扶养人所有。其中，接受扶养、给付财产的一方是遗赠人、被扶养人或称受扶养人，承担生养死葬义务、接受财产赠与的一方为受遗赠人、扶养人。扶养人可以是自然人，也可以是法人、非法人组织。与此相应的遗赠扶养协议有两种：一是自然人与自然人签订的遗赠扶养协议，另一则是自然人与法人、非法人组织签订的遗赠扶养协议。

遗赠扶养协议是当事人双方签订的关于生养死葬的合同，但该合同不同于一般的商品经济关系的合同，它带有明显的互助性质，不单纯以财产利益为目的，它是我国继承法律制度中的一项特殊制度，具有中国特色。

（二）遗赠扶养协议的现实意义

遗赠扶养协议作为自然人生前对其死后遗产的一种处置方式，是一种独具特色的遗产转移方式，是对我国民间长期存在的遗赠扶养协议实践经验的总结与肯定，是我国继承立法的一个创新。我国人口众多且老龄化现象严重，据国家统计局 2020 年 2 月 28 日公布的《中华人民共和国 2019 年国民经济和社会发展统计公报》，2019 年年末，全国 60 周岁及以上的有 25 388 万人，占总人口的 18.1%。其中：65 周岁及以上的为 17 603 万人，占12.6%。[2] 民政部《2018 年民政事业发展统计公报》公布：截至 2018 年底，全国 60 周岁及以上老年人口为 24 949 万人，占总人口的 17.9%，其中 65 周岁及以上老年人口为 16 658万人，占总人口的 11.9%，享受高龄补贴的老年人 2972.3 万人，享受护理补贴的老年人74.8 万人，享受养老服务补贴的老年人 521.7 万人。[3] 从国家公布的老年人口统计数据来看，我国已进入人口老龄化社会，[4] 享受国家高龄补贴和养老补贴的老人在逐年增加。尽管如此，国家的经济能力和社会保障措施尚不足以使每一个老人都能无偿地充分享受到国

---

〔1〕　参见我国《民法典》第 1163 条规定。

〔2〕　《中华人民共和国 2019 年国民经济和社会发展统计公报》，http://www.caam.org.cn/chn/7/cate_76/con_5228905.html，访问日期：2020 年 6 月 18 日。

〔3〕　民政部《2018 年民政事业发展统计公报》，http://images3.mca.gov.cn/www2017/file/201908/1565920301578.pdf，访问日期：2020 年 6 月 18 日。

〔4〕　当一个国家或地区 60 岁以上老年人口占人口总数的 10%，或 65 岁以上老年人口占人口总数的 7%，即意味着这个国家或地区的人口处于老龄化社会。

家的社会福利保障，在吸收"五保"协议经验基础上形成的遗赠扶养协议，在一定范围内、一定程度上为孤寡老人的生活提供了保障。它对于解决老年人的扶养问题，减轻国家、社会的负担，维护被扶养人的利益，维护社会稳定，弘扬社会主义道德，具有重要意义。

在我国，遗赠扶养协议在一段时期内解决了农村"五保户"的扶养问题。"五保户"是指无劳动能力、无生活来源、无法定扶养义务人，或者虽有法定扶养义务人，但是扶养义务人是无扶养能力的老年人、残疾人或未成年人。在我国农村，"五保户"长期以来由农村集体经济组织负责供养，在吃、穿、住、医、葬方面接受农村集体经济组织提供的生活照顾和物质帮助。虽然享受"五保"的老人财产都十分有限，但当他们死亡时，其亲属往往与集体经济组织争夺遗产。遗赠扶养协议制度的产生，为解决农村"五保户"问题提供了立法依据。1994年1月23日国务院公布实施的《农村五保供养工作条例》，为解决五保对象死亡后的财产纠纷，第19条明确规定："五保对象死亡后，其遗产归所在的农村集体经济组织所有；有五保供养协议的，按照协议处理。"〔1〕《农村五保供养工作条例》为避免五保对象亲属与集体组织之间的上述纠纷，提供了一种新的五保供养形式，即双方签订供养协议。1985年《继承法》吸收了我国五保供养的成功经验，在第31条中确立了遗赠扶养制度。遗赠扶养协议明确了农村"五保"双方的权利义务，可以避免五保对象死亡后其亲属与集体组织之间争夺遗产纠纷的发生，同时也给不符合五保供养的自然人解决了生养死葬的后顾之忧。随着国家社会保障体系的逐步完善，农村"五保"被纳入了国家的社会福利保障体系。1996年《老年人权益保障法》第23条第2款规定："农村的老年人，无劳动能力、无生活来源、无赡养人和扶养人的，或者其赡养人和扶养人确无赡养能力或者扶养能力的，由农村集体经济组织负担保吃、保穿、保住、保医、保葬的五保供养，乡、民族乡、镇人民政府负责组织实施。"从该条的规定中我们可以看出，"五保"是农村集体经济组织对"三无"老人承担的法定的生养死葬义务与责任，但该法并没有涉及遗产赠与问题。2006年3月1日，新的《农村五保供养工作条例》实施，明确将"五保供养"纳入国家的社会福利保障体系中，由国务院民政部门及县级以上地方各级人民政府民政部门主管，乡、民族乡、镇人民政府管理行政区域内的五保供养工作，村民委员会协助乡、民族乡、镇人民政府开展农村五保供养工作，五保供养资金在地方政府财政预算中安排,〔2〕原条例中第19条关于五保对象死亡后遗产归属的相关规定被废止。

遗赠扶养协议制度是我国养老、扶老制度的重要补充。虽然农村五保户的供养被纳入了国家的社会福利保障体系中，但并不影响自然人或组织与老年人签订扶养协议。2018年修正的《老年人权益保障法》第36条规定："老年人可以与集体经济组织、基层群众性自治组织、养老机构等组织或者个人签订遗赠扶养协议或者其他扶助协议。负有扶养义务的组织或者个人按照遗赠扶养协议，承担该老年人生养死葬的义务，享有受遗赠的权利。"

遗赠扶养协议制度有利于减轻国家和社会的负担。由于我国当前的社会保障福利事业还不发达，还不能满足全社会的需要，也不能把所有老人的养老职责全包下来，因此需要发动社会力量来养老、扶老。对于不符合国家供养但又需要扶养的老人，国家福利机构、自然人或其他组织兴办的老年福利院、敬老院、老年公寓，按照遗赠扶养协议，解决了他们的生养死葬问题。遗赠扶养协议不仅为老人生前提供了可靠的生活保障，也打消了他们

---

〔1〕　1994年《农村五保供养工作条例》第19条。
〔2〕　2006年《农村五保供养工作条例》第3、11条。

对死后安葬问题的顾虑，还在一定程度上减轻了国家和社会的负担。

　　（三）遗赠扶养协议的法律特征

　　根据我国《民法典》继承编的规定，遗赠扶养协议具有以下法律特征：

　　1. 遗赠扶养协议是一种双方法律行为。遗赠扶养协议由扶养人与被扶养人双方共同订立，协议的成立、变更和解除必须双方协商一致。除了受《民法典》继承编调整外，遗赠扶养协议同时还受《民法典》合同编的调整，它是一种特殊的合同。虽然法律对遗赠扶养协议的形式并没有作特别的限制性要求，但是由于该类合同的履行时间一般都比较长，为避免合同履行期间发生争议，故我们认为宜采取书面形式。

　　2. 遗赠扶养协议是一种双务有偿法律行为。遗赠扶养协议是以扶养和遗赠为内容的合同，扶养与遗赠在合同中是相互依存、密不可分的：扶养以受遗赠为条件或前提，遗赠则是以接受扶养为前提或条件，合同双方彼此之间既承担义务，又享有权利，但享有权利是以履行义务为前提的。扶养人只有履行了扶养义务才能获取遗赠，被扶养人接受扶养后必须承担遗赠义务，所以说，遗赠扶养协议是一种双务有偿的法律行为。

　　3. 遗赠扶养协议的主体具有一定的特殊性。遗赠扶养协议是以生养死葬为内容的合同，因此接受扶养的主体一方必须是自然人，扶养人可以是有扶养能力的自然人，也可以是集体经济组织或其他法人、非法人组织。扶养人如为自然人则必须是法定继承人以外的人，因为法定继承人本身就负有扶养或赡养的义务。

　　4. 遗赠扶养协议自合同成立时生效。遗赠扶养协议是被扶养人生前与他人签订的生养死葬的合同，是诺成性合同，自合同成立时生效，但当事人双方权利与义务的实现则有时间上的差异。合同成立后，扶养人依约开始履行对被扶养人的扶养义务，被扶养人则享有受对方扶养的权利，但扶养人权利的实现则必须是在被扶养人死亡后，即只有在被扶养人死亡后才能取得遗赠的财产。扶养人在被扶养人生前不得提出取得遗赠财产的要求。

　　5. 遗赠扶养协议在适用上具有优先性。自然人死亡后，其遗留财产可因法定继承而发生转移，也可因遗嘱、遗赠而发生转移，还可能因遗赠扶养协议而转移，但在这些遗产转移的方式中，遗赠扶养协议具有优先适用的特性。我国《民法典》继承编第 1123 条规定："继承开始后，按照法定继承办理；有遗嘱的，按照遗嘱继承或者遗赠办理；有遗赠扶养协议的，按照协议办理。"《继承编解释（一）》第 3 则也明确规定了遗赠扶养协议优先适用的特性："被继承人生前与他人订有遗赠扶养协议，同时又立有遗嘱的，继承开始后，如果遗赠扶养协议与遗嘱没有抵触，遗产分别按协议和遗嘱处理；如果有抵触，按协议处理，与协议抵触的遗嘱全部或者部分无效。"可见，不仅遗赠扶养协议与遗嘱具有同等的效力，而且在遗赠扶养协议与遗嘱内容上有抵触时，与协议抵触的遗嘱还全部或部分无效。

　　（四）遗赠扶养协议与遗赠的区别

　　遗赠扶养协议既具有合同的性质，又具有遗赠的某些特征，它是一种特殊的协议。虽然遗赠扶养协议与遗赠都属于死后遗赠遗产的法律行为，但两者仍然具有明显的区别：

　　1. 在性质上，遗赠扶养协议是双方法律行为，遗赠则是单方法律行为。遗赠扶养协议是由当事人双方协商一致订立的合同，合同的订立、变更、解除和履行，除适用《民法典》继承编外，还适用《民法典》合同编的基本原则和规定。而遗赠则是遗嘱人单方的意思表示，遗赠的成立只要有遗嘱人单方的意思表示即可，无须征得受遗赠人的同意。同时，遗赠随意性较大，遗赠人不仅可以单方立遗嘱，还可以随时变更遗嘱的内容，或撤销遗嘱另立新遗嘱。但遗赠扶养协议一经签订，非经对方同意，任何一方都不得随意变更或撤销。

在形式上，遗赠是要式法律行为，必须通过遗嘱来进行，而对于遗赠扶养协议的形式法律无规定，但其协议内容含有遗赠财产，而遗赠属于遗嘱处分财产的一种方式，遗嘱为要式行为，故遗赠扶养协议也应当属于要式法律行为。

2. 在内容上，遗赠扶养协议是有偿法律行为，遗赠是无偿法律行为。遗赠扶养协议的扶养人取得遗产是以履行扶养义务为前提的，被扶养人接受扶养人的扶养以死后遗赠财产为代价，因此，遗赠扶养协议体现了权利与义务相一致的原则。而遗赠是无偿的财产转让，受遗赠人接受遗产不以尽义务为前提。现实生活中虽然也有一些附义务的遗赠，但这种遗赠不仅少，而且受遗赠人所承担的财产性义务基本是限定在受遗赠的财产范围内，不会改变遗赠的无偿性质。

3. 在时间上，遗赠扶养协议自合同成立之日起生效，遗赠只能在遗嘱人死亡后才发生效力。虽然遗赠扶养协议中扶养人取得遗产是在被扶养人死亡之后，也即遗赠是在被扶养人死后才发生执行效力，但扶养人对被扶养人承担的扶养义务却已于合同成立之日开始履行了，也是从这一时间开始，被扶养人即已承担赠与扶养人财产的义务，双方的债权债务关系自合同成立之日起已经形成，只是在遗产交付上根据约定于被扶养人死亡后才进行而已。遗赠是遗嘱的内容之一，遗嘱只能在遗嘱人死亡后才发生执行效力。

4. 在效力上，遗赠扶养协议具有先于遗赠适用的效力。由于遗赠扶养协议是当事人双方协商一致的有偿合同，因此，在财产权利转移时间上，它比在被继承人死亡后才发生的继承、遗赠都要早。同时由于遗赠扶养协议是双务有偿合同，其必然要比单务无偿法律行为具有优先适用的效力。依我国《民法典》继承编第 1123 条和《继承编解释（一）》第 3 条的规定，如死者生前既有遗嘱又有遗赠扶养协议且两者相互抵触时，适用遗赠扶养协议，与遗赠扶养协议抵触的遗嘱全部或部分无效。

（五）遗赠扶养协议与继承契约、赡养协议的区别

在国外，与我国遗赠扶养协议具有相似作用的制度是继承契约。继承契约是被继承人与民事主体订立的关于继承或遗赠的协议。[1] 继承契约作为一种合同，其主体双方为被继承人与继承人或第三人，也就是说，契约的受益人可以是合同的一方，也可以是合同以外的第三人。

对于继承契约的效力，在国外的立法中有两种截然不同的态度。一种是否定继承契约，如法国、意大利、西班牙等。如《法国民法典》规定，任何人不得就尚未开始的继承订立契约，即使取得被继承人同意也不可。《法国民法典》禁止继承契约的理由是，被继承人生前的继承权是一种期待权，期待权转化为既得权取决于各种因素和条件，因此通过契约处理将来继承遗产的权利显然是不合理的。另一种是肯定继承契约，如德国、瑞士、英国、美国等。在这些国家的立法中，被继承人得通过订立继承契约指定继承人或受遗赠人。如《德国民法典》第 1941 条（继承合同）规定："被继承人可以通过合同指定继承人以及下达遗赠和遗托指令（继承合同）。既可以将订立合同的另一方也可以将第三人指定为继承人（合同继承人）或指定为受遗赠人。"[2]

遗赠扶养协议与继承契约都是以合同的方式处置被继承人的遗产，两者有许多相似之

---

〔1〕　陈苇、宋豫主编：《中国大陆与港、澳、台继承法比较研究》，群众出版社 2007 年版，第 378 页。

〔2〕　主编注，关于在我国设立继承合同制度的研究，参见朱凡："我国《继承法》增设继承扶养合同研究"，载陈苇主编：《中国继承法修改热点难点问题研究》，群众出版社 2013 年版，第 519~534 页。

处，如都是双方法律行为，接受遗产的效力均在被继承人死亡时，双方都要受合同的约束，效力都优于遗嘱继承与遗赠等。但两者的区别如下：①订立合同的主体不同，通常遗赠扶养协议的扶养人是法定继承人以外的人，继承契约的主体却多为相互间有继承关系的人，特别是有夫妻关系的人；②订立合同的目的不同，订立遗赠扶养协议主要是为了保障财产赠与方的生养死葬，继承契约则主要是为了指定继承人或受遗赠人，以减少继承纠纷；③合同的性质不同，遗赠扶养协议是双务合同，双方互享权利互负义务，继承契约一般为单务、无偿合同，受益人获得遗产利益往往是无偿的，不一定以履行义务为对价。[1]

2018 年修正的《老年人权益保障法》第 20 条第 1 款规定："经老年人同意，赡养人之间可以就履行赡养义务签订协议。赡养协议的内容不得违反法律的规定和老年人的意愿。"从法律的规定精神来看，赡养协议是指赡养人与被赡养人之间就赡养义务的履行达成的协议，或是赡养人之间就赡养义务的履行达成的协议，但赡养人达成的赡养协议要经过被赡养人的同意。法律允许赡养人之间就赡养义务的履行签订协议，不论是"轮流值养""分包父母"还是"委托赡养"，其目的都是为了被赡养人能得到更好的照顾，避免因各赡养义务人相互推诿，或其他客观原因导致被赡养人得不到照护。根据法律规定，虽然赡养协议是关于老年人赡养问题，并不涉及遗产继承，法律也禁止赡养人以放弃继承为由不履行赡养义务，但现实生活中，不排除赡养人之间将遗产继承引入赡养协议，经过各方同意，赡养义务人之间、全体赡养义务人与被赡养人之间就赡养与继承问题达成协议，如我国民间的继承协议。[2]

赡养协议不同于遗赠扶养协议。首先，订立协议的主体不同，赡养协议的主体通常是相互有法定继承关系的人，而遗赠扶养协议的扶养人是法定继承人以外的人。其次，订立协议的目的不同，赡养协议的目的是解决被赡养人的赡养问题，而订立遗赠扶养协议主要是为了财产赠与方的生养死葬。再次，协议的内容不同，赡养协议的内容主要是如何履行赡养义务，不以继承为必要条件，即使涉及遗产，也只是法定继承人之间就将来的遗产分配达成的协议，属于法定继承范畴，而遗赠扶养协议的核心内容是被扶养人的生前扶养和死亡后的遗产赠与，扶养人获得遗产是其履行生养死葬合同义务的回报。

二、遗赠扶养协议的内容与当事人双方的权利和义务

（一）遗赠扶养协议的内容

作为我国社会福利保障制度的重要补充措施，遗赠扶养协议首先要解决被扶养人的生前扶养和死后安葬问题，其次要明确扶养人在被扶养人死后能获得遗赠之财产。因此，遗赠扶养协议的内容包括扶养和遗赠两个方面。根据合同法的一般原理，遗赠扶养协议的内容至少要包括以下几个方面：当事人双方的基本信息；扶养人的义务，也即受扶养人的权利；受扶养人的义务，也即扶养人的权利；协议的解除方式以及争议解决条款等。为便于

---

〔1〕　参见郭明瑞、房绍坤、关涛：《继承法研究》，中国人民大学出版社 2003 年版，第 187 页；刘文编著：《继承法比较研究》，中国人民公安大学出版社 2004 年版，第 315~320 页；陈苇、宋豫主编：《中国大陆与港、澳、台继承法比较研究》，群众出版社 2007 年版，第 378 页。

〔2〕　在我国民间存在有继承协议。从重庆、吉林、上海、河北、湖北、江西、四川、海南、福建等地的调查情况来看，至少有五成以上的被调查者经历过继承协议，继承协议的签订者有被继承人与全体继承人，也有全体继承人，其内容基本都涉及继承与养老问题。有关被调查地区民众对于继承协议民间习惯的调查统计数据，参见陈苇主编：《当代中国民众财产继承观念与遗产处理习惯实证调查研究》（上卷、下卷），中国人民公安大学出版社 2019 年版。

合同的有效履行，协议应当明确扶养的内容和具体要求，遗赠的财产种类、名称、数量等状况。

（二）扶养人的主要权利与义务

扶养人应当根据协议中约定的标准，负责被扶养人生前的衣食住行，妥善安排、照料被扶养人的生活。如果被扶养人生病，还应予以医疗和护理。被扶养人死后，应料理其后事，处理丧葬事务。扶养人不得有虐待、遗弃被扶养人的行为，不得随意中断对被扶养人的供养与照料。根据《继承编解释（一）》第40条，扶养人签订遗赠扶养协议后，无正当理由不履行，导致协议解除的，不能享有受遗赠的权利，其支付的供养费用一般不予补偿。扶养人有权在被扶养人死亡后取得约定遗赠的财产，在有正当理由的情况下，有权要求解除遗赠扶养协议，但应事先通知，并安排好被扶养人的短期生活。因被扶养人无正当理由不履行协议，导致协议解除的，扶养人有权要求被扶养人偿还已支出的扶养费用。

（三）被扶养人的主要权利与义务

被扶养人应遵守协议，不得对已约定的财产进行出卖、赠与、毁损等不利于扶养人的处分；应妥善保管、使用协议约定的遗赠财产，保证死后协议中约定的该财产能够为扶养人取得。依前述《继承编解释（一）》第40条规定，遗赠人无正当理由不履行，导致协议解除的，则应当偿还继承人以外的组织或者个人已支付的供养费用。因被扶养人无正当理由不履行协议，导致协议解除的，被扶养人对扶养人已经支出的扶养费用应予补偿。

被扶养人有权要求扶养人按照协议约定的标准，对自己扶养、照顾、扶助，死后由扶养人办理丧事。在有正当理由的前提下，有要求解除遗赠扶养协议的权利。因扶养人无正当理由不履行协议，导致协议解除的，被扶养人对扶养人已经支出的扶养费用有权不予补偿。

三、遗赠扶养协议的解除

遗赠扶养协议成立后，即对双方产生了法律约束力，双方都必须按照协议约定的内容履行。但在协议履行过程中，双方发生纠纷要求解除遗赠扶养协议的，或利害关系人要求解除的，应从双方当事人的合法权益出发，遵循自愿、平等、公平、诚信原则，尊重当事人意愿，合理解决。

（一）当事人要求解除的情形

根据《继承编解释（一）》第40条规定，继承人以外的组织或者个人与自然人签订遗赠扶养协议后，无正当理由不履行，导致协议解除的，不能享有受遗赠的权利，其支付的供养费用一般不予补偿；遗赠人无正当理由不履行，导致协议解除的，则应当偿还继承人以外的组织或者个人已支付的供养费用。

从扶养人的角度来看，遗赠扶养协议扶养人的扶养义务自协议生效时即发生效力，且是持续性的，直至被扶养人死亡时停止而不得中断。如果扶养人无正当理由不履行扶养义务，或不认真履行扶养义务，致使被扶养人的生活经常处于缺乏照料的状态，或扶养人虐待被扶养人，则被扶养人有权要求解除遗赠扶养协议。协议解除后，扶养人不能享有受遗赠的权利，对其已经支付的扶养费用一般也不予补偿。

从被扶养人的角度来看，由于遗赠扶养协议是以被扶养人将其约定的财产于死后为扶养人取得为条件而接受扶养的，因此，扶养人对于将来可能成为被扶养人遗产的财产享有期待权。为了保障协议的履行和扶养人的财产期待权，被扶养人未经扶养人同意，不得擅自处分协议中约定的遗赠财产，如果被扶养人擅自处分约定的该财产，致使扶养人无法取得被扶养人遗产，或约定的该财产受到损害时，扶养人有权要求解除协议，并得要求被扶养人补偿已经支付的扶养费用。

（二）利害关系人要求取消遗赠的情形

利害关系人主要是指被扶养人的近亲属，主要是其法定继承人。利害关系人要求取消扶养人接受遗赠，涉及遗赠扶养协议在被扶养人死亡后的履行，如果取消了扶养人的受遗赠，实际上也就是由利害关系人终止了遗赠扶养协议或解除了遗赠扶养协议。利害关系人只有在下列情况才有权要求解除遗赠扶养协议：①扶养人在被扶养人生前未尽扶养义务或虐待被扶养人；②扶养人在被扶养人死亡后未尽丧葬义务；③协议订立后被扶养人变成无民事行为能力或限制民事行为能力人，无法维护自身权益。对于利害关系人要求解除协议或取消扶养人接受遗赠的诉讼，法院应在查明事实的基础上，具体情况具体对待。扶养人确实没有对被扶养人履行生养死葬义务的，可酌情减少其受遗赠财产的数量或份额，扶养人根本没有对被扶养人履行生养死葬义务，或以非法手段谋取被扶养人财产的，则可以取消其获得遗赠财产的权利。如果扶养人对已变成无民事行为能力或限制民事行为能力的被扶养人无正当理由不履行扶养义务，则可判决解除遗赠扶养协议，对扶养人已经支付的供养费用一般不予补偿。

此外，需要指出三点，其一，遗赠扶养协议一经签订，双方应当遵守协议的各项约定。扶养人应当按照约定履行扶养义务，具体的扶养标准有约定的按照约定，未约定的，应当不低于当地的最低生活水平。其二，遗赠扶养协议在本质上属于财产性质的合同，而非身份合同，所以，在法律适用上，如《民法典》继承编没有规定的，应当适用合同编的相关规定。其三，遗赠扶养协议不仅对签订协议的双方具有法律约束力，还对受扶养人的继承人、其他受遗赠人有约束力，受扶养人的继承人不得根据法定继承排斥扶养人的受遗赠权，受扶养人的遗嘱不能与遗赠扶养协议的内容相抵触。

 导入案例之要点评析

在我国，《民法典》继承编第 1133 条第 3 款规定："自然人可以立遗嘱将个人财产赠与国家、集体或者法定继承人以外的组织、个人。"第 1124 条第 2 款规定："受遗赠人应当在知道受遗赠后 60 日内，作出接受或者放弃受遗赠的表示；到期没有表示的，视为放弃受遗赠。"第 1140 条规定："下列人员不能作为遗嘱见证人：……（二）继承人、受遗赠人。"第 1159 条规定："分割遗产，应当清偿被继承人依法应当缴纳的税款和债务；"第 1161 条第 1 款规定："继承人以所得遗产实际价值为限清偿被继承人依法应当缴纳的税款和债务。超过遗产实际价值部分，继承人自愿偿还的不在此限。"第 1162 条规定："执行遗赠不得妨碍清偿遗赠人依法应当缴纳的税款和债务。"

1. 本案的相关法律关系。2021 年 5 月杨某向甲借款 5000 元承包鱼塘，因而与甲形成了借贷关系。2023 年杨某死亡，因而发生了其子丙的法定继承法律关系。杨某生前立有遗嘱，指定将摩托车赠与乙，因此，于杨某死后发生了遗赠法律关系。

2. 丙不能作为遗嘱见证人。根据《民法典》继承编第 1140 条第 2 项的规定，继承人、受遗赠人不能作为遗嘱见证人。因为丙与杨某是父子关系，是杨的法定继承人，与遗嘱有着直接的利害关系，他的证明难以保证客观性与真实性。

3. 本案的遗赠应被推定为放弃。根据《民法典》继承编第 1124 条第 2 款的规定，乙应在杨某死亡后60日内向丙明确表示接受遗赠的摩托车。然而，乙虽然帮助丙办理了杨某的丧事，但却未在法定的时间内作出接受杨某赠与的意思表示，而是在杨某死亡后的第3个月才主张受遗赠权，其已超过法定表示接受遗赠的期限。故农法应当推定乙已放弃接受遗赠，乙无权取得摩托车。

4. 本案遗产的处理。本案的遗产有3000元的银行存款和实物摩托车，另有被继承人的债务5000元。根据《民法典》继承编第1159条的规定，分割遗产应清偿被继承人的债务，清偿债务以遗产的实际价值为限，执行遗赠不妨碍清偿债务。因此，本案应先清偿债务，因乙已放弃接受遗赠，而杨某又没有其他遗嘱，故剩余遗产按法定继承处理，由其法定继承人丙继承。遗产的分割方法：先以3000元存款清偿5000元债务，不足部分用摩托车抵偿，或变卖或作价，清偿债务后的剩余遗产应当由丙继承。

 **思考题**

一、选择题

（一）单项选择题

1. 甲与乙签订协议，约定甲将其房屋赠与乙，乙承担甲生养死葬的义务。后乙拒绝扶养甲，并将房屋擅自用作经营活动，甲遂诉至法院要求乙返还房屋。下列哪一项是正确的？（　　）

A. 该协议是附条件的赠与合同

B. 该协议在甲死亡后发生法律效力

C. 法院应判决乙向甲返还房屋

D. 法院应判决乙取得房屋所有权

2. 甲死后留有房屋1套、存款3万元和古画1幅。甲生前立有遗嘱，将房屋分给儿子乙，存款分给女儿丙，古画赠予好友丁，并要求丁帮丙找份工作。下列哪种说法是正确的？（　　）

A. 甲的遗嘱无效

B. 若丁在知道受遗赠后2个月内没有作出接受的意思表示，则视为接受遗赠

C. 如古画在交付丁前由乙代为保管，若意外灭失，丁无权要求乙赔偿

D. 如丁在作出了接受遗赠的意思表示后死亡，则其接受遗赠的权利归于消灭

（二）多项选择题

1. 因生病时得到了弟媳的悉心照料，2018年王某立有遗嘱，表示将现二室一厅的住房给弟弟的儿子甲（12岁），但需帮助偿还王某欠丙的20000元债务。2021年5月王某死亡。王某有一女已出嫁。下列哪些选项是正确的？（　　）

A. 甲未成年，应由其父代理接受遗赠

B. 王某欠丙的债务应由其女儿偿还

C. 甲必须在2个月内亲自表示是否接受遗赠，不能由他人代理

D. 王某欠丙的债务应由甲偿还

2. 梁某已80多岁，老伴和子女都已过世，年老体弱，生活拮据，欲立一份遗赠扶养协议，死后将3间房屋送给在生活和经济上照顾自己的人。梁某的外孙子女、侄子、侄女及干儿子等都争着要做扶养人。你以为他们中的哪些人可以作遗赠扶养协议的扶养人？（　　）

A. 外孙子女　　　　B. 侄子　　　　C. 侄女　　　　D. 干儿子

二、判断分析题

1. 遗赠与遗赠扶养协议都是遗嘱人生前处分自己死后财产，并于死后发生执行效力的单方法律行为。

2. 自然人甲于 2018 年立一遗嘱，将自己的遗产全部捐献给希望工程。2020 年 10 月甲结婚，同年底其妻怀孕。2021 年 3 月甲因病死亡。其所立遗嘱因取消了胎儿的继承权而归于无效，本案转为法定继承。

三、简答题

1. 简述遗赠与遗嘱继承、赠与的区别。

2. 简述遗赠扶养协议的法律特征。

3. 简述遗赠扶养协议双方当事人的权利义务。

四、论述题

1. 试论遗赠的概念与法律特征。

2. 试论遗赠扶养协议的现实意义。

五、案例分析题

老人张林，系某矿井下工人，其妻子早逝，唯一的女儿张玲也远嫁他乡。他退休以后，身体状况较差，生活越来越需要他人的照顾，可出于封建思想又不愿到女儿家生活。邻居李某系张某的同事，邻里关系十分融洽，经常帮助料理张某的生活，张某生病了还送张某去医院看病或帮助请医生上门。为表达感谢同时又使自己的生活有人照顾，张某与李某协商，由李某一家照料张某生活，包括养老送终，张某死亡后则将所有财产赠给李某。李某对此表示同意，2006 年 10 月 5 日，双方签订了一份书面遗赠扶养协议，并且到公证机关办理了公证。2014 年夏，张某的外甥小华利用暑假来看外公，在双方共同生活的一个多月里，小华不仅在生活上给外公无微不至的关心与照顾，还在精神上给外公带来了极大的乐趣。小华走后，张某十分思念，立下自书遗嘱：现在居住的三间房子在自己去世后由小华继承。将自书遗嘱办理公证后，张某将遗嘱的事告诉了女儿，要求女儿每当小华放假就让其来与自己共同生活。从此每次放假小华都与外公共同生活一段时间。2024 年 3 月张某去世，在料理完丧事后，李某与张玲就房屋发生了争执，李某认为根据协议张某所有的财产都应归自己所有，包括房屋三间，张玲认为，父亲已用公证遗嘱改变了原来的遗赠扶养协议的部分内容，房屋应该由小华继承。双方争执不下，李某起诉到法院，要求取得三间房屋。

请问：本案应如何处理？为什么？

阅读参考文献

1. 张平华、刘耀东：《继承法原理》，中国法制出版社 2009 年版。

2. 陈苇主编：《中国继承法修改热点难点问题研究》，群众出版社 2013 年版。

3. 刘文：《继承法律制度研究》，中国政法大学出版社 2016 年版。

4. 和丽军：《继承权丧失研究》，法律出版社 2017 年版。

5. 贺海燕：《遗赠制度研究》，中国人民公安大学出版社 2023 年版。

6. 最高人民法院民法典贯彻实施工作领导小组主编：《中华人民共和国民法典婚姻家庭编继承编理解与适用》，人民法院出版社 2020 年版。

第 十 六 章

遗产处理

╋**学习的内容和重点**

　　通过本章的学习，要求学生把握遗产管理人等基本概念，了解遗产分割的原则和方法，重点掌握被继承人遗产债务的清偿原则、方法和顺序以及无人承受遗产和"五保户"遗产的处理等基本知识。

　　王某早年丧偶，有两个女儿王樱和王琴，后又收养了一子取名王新。王新在外地工作成家，生有一子王建军。2009 年王新因工伤事故死亡，当时王建军只有两岁。王新的妻子一年后与张某结婚，王建军与母亲、继父张某共同生活，张某自己没有子女，待王建军如同己出，后王建军改名为张建军。2025 年 1 月，王某因病去世，王樱、王琴在整理父亲遗物时发现王某亲笔书写的遗嘱一份，其中写明祖传房屋一栋留给生活比较困难又照顾自己较多的女儿王樱。该遗嘱对其他财产未作处分。经查，王某尚有存款、家具及家用电器若干，价值约 15 万元。

　　王樱因与妹妹关系一直很好，父亲又将房子留给了自己，故提出自己只要房屋，其他财产放弃继承。但赶回奔丧的张建军的母亲提出异议，认为张建军也是王家的后代，也有权继承祖父的遗产。而王家姐妹则认为王新本不是父亲的亲生儿子，张建军又长期与继父生活，并已经改姓为张，故与王家没有关系，也无权继承财产。

　　请问：

　　1. 张建军是否有继承权？为什么？

　　2. 王樱放弃法定继承部分的遗产的效力如何？为什么？

　　3. 王某的遗产应如何处理？为什么？

第一节　遗产的管理

　　《民法典》继承编第四章规定了遗产处理制度，体现了对于我国新时期家庭结构、民众继承观念以及处理遗产的新情况、新问题的回应，其中一大亮点就是增设了遗产管理人制度，通过明确遗产管理人的产生方式、职责和权利等内容，以便妥善管理遗产、处理被继承人的债权债务、依遗嘱或法律分割遗产，更好地维护继承人和遗产债权人的利益。[1]

从立法演变看，我国《继承法》第 16 条规定可以指定遗嘱执行人，第 24 条规定遗产应当妥善保管，但没有明确规定遗嘱执行人及遗产保管人的各项权利义务。从立法和司法角度来说，这不能指导遗产的妥善管理，也不利于保护被继承人、继承人以及债权人的合法权益。该法第 23 条虽然规定了"遗嘱执行人"，但也仅适用于由立遗嘱人指定的遗嘱继承的情形，而我国现实生活中遗嘱人很少有指定遗嘱执行人的。此外，遗嘱执行人应当如何来执行遗嘱、确定遗产范围以及实施遗产分配活动等，《继承法》都无规定，也无其他配套的制度予以明确，从而导致其缺乏可操作性。同样，就"遗产保管人"而言，也仅仅是对存有遗产的人规定了临时保管义务，功能过于单一，职责也不明确，无法解决遗产处理过程中产生的诸多现实问题。针对此立法缺陷，《民法典》第 1145 条～1149 条增加规定了遗产管理人制度，包括遗产管理人的确定，遗产管理人争议情形的指定，遗产管理人的职责范围，遗产管理人没有尽职尽责造成损害的赔偿责任，以及遗产管理人的报酬等。

一、遗产管理人的概念

遗产管理人是依遗嘱或依法律的规定负责管理被继承人遗产的人，其负有清点遗产并制作遗产清单、妥善保管被继承人的遗产、处理被继承人的债权债务、依遗嘱或法律在继承人和其他遗产权利人之间分配遗产等职责。在现实生活中，被继承人如果同时留下遗产和债务，继承人在处理遗产和被继承人的债务时往往存在较大困扰，继承人之间、继承人与债权人之间矛盾凸显，纠纷也难以化解。随着当今社会财产形态越发多样，关于遗产问题的法律关系也愈加复杂，为了统筹保障遗产价值、实现继承人权利、保护债权人利益，构建遗产管理人制度就十分必要。遗产由专人进行管理，便于及时查明遗产范围和数额、更妥善地保管遗产和及时处理被继承人的债权债务，然后依法或按照遗嘱分割遗产，避免引起不必要的纠纷。顺应时代的要求，《民法典》继承编设立"遗产管理人"制度，有关配套规定和措施也将予以补充细化，从而把遗产管理制度落至实处。[2]

二、遗产管理人的选定及遗产管理人类型

(一) 遗产管理人的选定程序

《民法典》第 1145 条详细规定了遗产管理人的选定程序："继承开始后，遗嘱执行人为遗产管理人；没有遗嘱执行人的，继承人应当及时推选遗产管理人；继承人未推选的，由继承人共同担任遗产管理人；没有继承人或者继承人均放弃继承的，由被继承人生前住所地的民政部门或者村民委员会担任遗产管理人。"

据此可知，继承开始后：

1. 遗嘱指定了遗嘱执行人的，遗嘱执行人为遗产管理人；

2. 没有遗嘱执行人的，继承人应当及时推选遗产管理人；

3. 继承人未推选的，由继承人共同担任遗产管理人；

4. 没有继承人或者继承人均放弃继承的，由被继承人生前住所地的民政部门或者村民委员会担任遗产管理人。

---

〔1〕　主编注：关于遗产处理制度的原则之研究，参见陈苇主编：《中国遗产处理制度系统化构建研究》，中国人民公安大学出版社 2019 年版，第 22～31 页。

〔2〕　主编注：关于遗产管理制度的理论基础之探讨，参见石婷：《遗产管理制度研究》，群众出版社 2017 年版，第 83～97 页。

根据上述法定的选定程序所指定的自然人或组织即为遗产管理人。同时，该程序规定了不同类型遗产管理人的指定顺序，根据这些规则，可以将遗产管理人分为五类。

（二）遗产管理人的类型

根据《民法典》第1145条规定，我国遗产管理人有以下类型。

1. 遗嘱执行人任遗产管理人。除遗嘱另有规定外，遗嘱执行人被《民法典》明确规定为遗产管理人，由其承担遗产管理职责，遗嘱执行人由被继承人指定，既可以是继承人，也可以是继承人以外的人；既可以是自然人，也可以是法人或其他组织。

2. 继承人共同推选遗产管理人。没有遗嘱执行人的，继承人应当及时推选遗产管理人，该类型遗产管理人的选定要充分尊重当事人的意思自治。

3. 继承人共同担任遗产管理人。继承人未推选遗产管理人的，由继承人共同担任遗产管理人。当继承人之间意见不统一，或相互之间矛盾较大，或人数很少，无法或没有必要推选出遗产管理人的，由继承人共同担任。

4. 民政部门或村民委员会担任遗产管理人。没有继承人或者继承人均放弃继承的，由被继承人生前住所地的民政部门或者村民委员会担任遗产管理人。

5. 法院指定遗产管理人。《民法典》第1146条规定："对遗产管理人的确定有争议的，利害关系人可以向人民法院申请指定遗产管理人。"根据2023年修正的《民事诉讼法》之特别程序对"指定遗产管理人案件"的规定，利害关系人应向被继承人死亡时住所地或者主要遗产所在地基层人民法院提出指定遗产管理人的申请。人民法院受理后，应当按照有利于遗产管理的原则判决指定遗产管理人。被指定的遗产管理人无法继续履行遗产管理职责情形的，人民法院可以根据利害关系人或者遗产管理人的申请另行指定遗产管理人。遗产管理人违反遗产管理职责，严重侵害继承人、受遗赠人或者债权人合法权益的，人民法院可以根据利害关系人的申请，撤销其遗产管理人资格，并依法指定新的遗产管理人。[1]

三、遗产管理人的职责、责任和权利

（一）遗产管理人的职责

遗产管理人的职责就是遗产管理人应当完成的工作任务。根据《民法典》第1147条的规定，遗产管理人应当履行下列法定职责：①清理遗产并制作遗产清单；②向继承人报告遗产情况；③采取必要措施防止遗产毁损、灭失；④处理被继承人的债权债务；⑤按照遗嘱或者依照法律规定分割遗产；⑥实施与管理遗产有关的其他必要行为。

（二）遗产管理人的民事责任

遗产管理人必须尽职尽责并受到监督。根据《民法典》第1148条的规定，"遗产管理人应当依法履行职责，因故意或者重大过失造成继承人、受遗赠人、债权人损害的，应当承担民事责任。"据此，遗产管理人如具有上述法定情形就应当承担损害赔偿等民事责任。[2]

（三）遗产管理人的权利

基于遗产管理人依法应当履行的法定职责以及如果造成继承人、受遗赠人、债权人损害时应当承担民事责任。本着权利义务一致的原则，遗产管理人享有获得报酬权。因此，

---

〔1〕 2023年修正的《民事诉讼法》第194~197条。

〔2〕 主编注：关于遗产管理人的法律责任之德国、瑞士、日本和英国、美国的立法状况，参见陈苇主编：《中华人民共和国继承法评注 遗产的处理》，厦门大学出版社2019年版，第72~75页。

《民法典》第 1149 条规定："遗产管理人可以依照法律规定或者按照约定获得报酬。"此规定有助于提高遗产管理人的工作积极性，更有效保障遗产的安全。

第二节　遗产的分割

一、遗产分割概述

（一）遗产分割的概念

遗产分割，是指数个共同继承人或者继承人与其他遗产取得权人在继承开始后对遗产形成共有，按照各自应得遗产份额分配遗产的法律行为。继承开始后，遗产是共同继承人或者继承人与其他遗产取得权人的共同财产。但是，遗产的共有状态只是暂时的，遗产的分割却是必然的。遗产一经分割，遗产上的权利义务即归属于各个继承人分别享有和承担，从而结束遗产共有关系。

在继承开始后，遗产分割之前，存有遗产的人应当妥善保管遗产。《民法典》第 1151 条规定："存有遗产的人，应当妥善保管遗产，任何组织或者个人不得侵吞或者争抢。"并且，《继承编解释（一）》第 43 条规定："人民法院对故意隐匿、侵吞或者争抢遗产的继承人，可以酌情减少其应继承的遗产。"对于因遗产保管而支付的费用，应从遗产中扣除。

（二）遗产分割的时间

《民法典》继承编规定继承从被继承人死亡时开始。可见，遗产分割的时间只能是继承开始后的时间，但却未规定遗产分割应当在继承开始后的什么时间内进行。在遗产分割的时间问题上，应当注意区分遗产分割的时间与继承开始的时间的区别。具体来说，两者的区别主要如下：

1. 遗产分割的时间是约定的，它可以是继承开始后的任何时间，其具体时间是通过继承人协商或其他方式确定的；而继承开始的时间是法定的，它只能是被继承人死亡的时间，继承人或其他任何人都不能加以变更。

2. 遗产分割的时间可以是一个具体时间，也可以是一段时间，即在一段时间内分割遗产；而继承开始的时间只有一个具体时间。

3. 遗产分割的时间是继承人实际取得遗产的时间，继承人可以对其取得的遗产份额加以处分；而继承开始时，继承人即取得客观意义上继承权，继承人虽享有其应继份遗产的所有权，但在遗产分割前并没有实际取得其应继份。

（三）遗产分割的原则

遗产分割的原则是指遗产依据何种准则进行分割，是继承法的重要内容，直接涉及继承人的切身利益，是保证遗产分割公平合理的准则。在英美法系国家，实行间接继承，即被继承人死亡后，遗产应先由遗嘱执行人或遗产管理人清算后，再交与各继承人，即无遗产分割问题。在大陆法系国家，实行直接继承、当然继承。遗产于继承开始时即转归全体继承人共有（或为共同共有，如德国、瑞士），或为分别共有（如法国、日本），并准许各共有人随时请求分割。外国民法大多数规定有遗产分割的一些准则。规定得最简单的如日本，《日本民法典》第 906 条规定，遗产的分割，应考虑属于遗产的物或权利的种类及性质，各继承人的年龄、职业、身心状态、生活状况及其他有关情事而进行。而《德国民法典》与《瑞士民法典》都有极详细的规定。遗产分割应在一定的原则指导下进行，在我国，根据《民法典》继承编的立法精神，遗产分割的原则可以概括为以下六项：

1. 均等原则和适当照顾原则。《民法典》第1130条第1款规定："同一顺序继承人继承遗产的份额，一般应当均等。"此规定是指各继承人条件大致相同的情况下均等分割遗产。但在特殊情况下可以不均等。依第1130条第2~5款之规定，不均等分割遗产的情形主要有：①对生活有特殊困难又缺乏劳动能力的继承人，分配遗产时，应当予以照顾。②对被继承人尽了主要扶养义务或者与被继承人共同生活的继承人，分配遗产时，可以多分。③有扶养能力和有扶养条件的继承人，不尽扶养义务的，分配遗产时，应当不分或者少分。④继承人协商同意的，也可以不均等。此外，《民法典》第1131条规定："对继承人以外的依靠被继承人扶养的人，或者继承人以外的对被继承人扶养较多的人，可以分给适当的遗产。"必须注意，如果继承人以外的人请求分得适当遗产，必须符合法定的条件：①主体只能为法定的两种特定的人，即或是依靠被继承人扶养的人，或为继承人以外的对被继承人扶养较多的人；②所得遗产的数额是不确定的，这主要取决于对被继承人的依靠程度或是对被继承人的平时生活所照顾的程度；③适当分得并不代表就要少于平均数额，也有可能分得的数额等于或高于继承人的平均数额。④此酌情适当分得遗产的权利受到法律保护。如该请求权受到侵害，则相关的权利主体可以依法维权。[1]

2. 尊重被继承人意愿原则。被继承人留有遗嘱时，如果遗嘱中定有分割遗产的方法，或者在遗嘱中委托他人代为决定的，只要是遗嘱人真实的意思表示，并不违反法律、社会公共利益和社会主义道德，且符合法定形式要件，此遗嘱制定有效，依法优先于法定继承适用。

3. 遗产分割自由原则。遗产共有只是一种暂时性的共有关系，以遗产分割为终局目的和结果，而不追求共有状态的持续性和长久性，所以随时请求遗产分割是其必然要求。很多国家皆规定了此原则。所谓遗产分割自由原则，是指共同继承人得随时行使遗产分割请求权，任何继承人不得拒绝分割遗产。遗产分割请求权从性质上说属于形成权，继承人可以随时行使，不因时效而消灭。为更好地满足继承人生活、生产需要，故应允许继承人得随时请求分割遗产。[2]

4. 保留胎儿的继承份额原则。继承人中有未出生的胎儿的，分割遗产时应当为胎儿保留一定的遗产份额。胎儿的应继份一般为各继承人所得遗产的平均数，也可视遗产的价值大小，大于或小于平均数。胎儿的应继份额由其母亲代管。《民法典》第1155条规定："遗产分割时，应当保留胎儿的继承份额。胎儿娩出时是死体的，保留的份额按照法定继承办理。"《继承编解释（一）》第31条规定："应当为胎儿保留的遗产份额没有保留的，应从继承人所继承的遗产中扣回。为胎儿保留的遗产份额，如胎儿出生后死亡的，由其继承人继承；如胎儿娩出时是死体的，由被继承人的继承人继承。"可见，《民法典》并未规定胎儿出生是分割遗产的前提，只要确定有胎儿存在，不管是否出生，皆可分割遗产，但胎儿的继承份额必须保留。

5. 互谅互让、协商分割原则。《民法典》第1132条规定："继承人应当本着互谅互让、

<hr />

[1]　我国台湾地区亦设有酌给遗产制度，参见陈苇、宋豫主编：《中国大陆与港、澳、台继承法比较研究》，群众出版社2007年版，第286~288页。

[2]　关于遗产分割的自由与限制，参见郭明瑞、房绍坤、关涛：《继承法研究》，中国人民大学出版社2003年版，第168~170页。

和睦团结的精神，协商处理继承问题。遗产分割的时间、办法和份额，由继承人协商确定；协商不成的，可以由人民调解委员会调解或者向人民法院提起诉讼。"贯彻此原则，有利于促进家庭和睦团结、社会稳定安宁。外国继承立法也有类似规定，如《日本民法典》第907条规定："以遗嘱禁止分割情形外，共同继承人可以随时以协议分割遗产。"

6. 物尽其用原则。物尽其用原则是指遗产分割时，应当从有利于生产和生活需要出发，不损害遗产的效用，注意充分发挥遗产的实际效用。《民法典》第1156条规定："遗产分割应当有利于生产和生活需要，不损害遗产的效用。不宜分割的遗产，可以采取折价、适当补偿或者共有等方法处理。"《继承编解释（一）》第42条规定："人民法院在分割遗产中的房屋、生产资料和特定职业所需要的财产时，应当依据有利于发挥其使用效益和继承人的实际需要，兼顾各继承人的利益进行处理。"因此，在实际分割遗产时，应将生产资料尽可能分配给有生产经营能力的继承人；对于生活资料的分割，要考虑到继承人的实际需要，首先分配给有特殊需要的继承人。当取得生产资料或生活资料的继承人所得的遗产价值超出其应继承的遗产价值的，应给其他继承人以合理补偿。在国外，不少国家立法也有类似规定。如《日本民法典》第906条规定："遗产的分割，应考虑属于遗产的物或权利的种类及性质、各继承人的年龄、职业、身心状态、生活状况及其他有关情事而进行。"

（四）遗产分割的方法

遗产分割的方法，是指继承人取得遗产应继份的方法。关于遗产分割的方法，如果遗嘱中已经指定了分割方法，则应按遗嘱指定的方法分割遗产；遗嘱中没有指定遗产分割方法的，由继承人协商遗产的具体分割方法；继承人协商不成的，可以通过调解确定遗产分割的方法；调解不成的，则通过诉讼程序，由人民法院确定遗产的分割方法。

《民法典》第1156条第2款规定："不宜分割的遗产，可以采取折价、适当补偿或者共有等方法处理。"据此，我国遗产分割中处理的方法主要有以下四种：

1. 实物分割。遗产分割在不违反分割原则的情况下，可以采取实物分割的方法。适用实物分割的遗产，可以是可分物也可以是不可分物。对可分物，可以作总体的实物分割。如对粮食，可划分出每个继承人应继承的数量。但对不可分物，则不能作总体的分割，只能作个体的分割，如电视机、冰箱等。对不可分物不能作实物分割的，应当采取折价补偿的办法。

2. 变价分割。对不宜实物分割的遗产，可以将其变卖，换取价金，再由各继承人按照自己应得的遗产份额的比例，对价金进行分割，各自取得与应得遗产份额相对应的价金。需要注意，用此方法分割，实际上是对遗产的处分，所以，遗产的变价应当经过全体继承人的同意。

3. 补偿分割。对不宜分割的遗产，如果继承人中有人愿意取得该遗产，则由该继承人取得该遗产的所有权。取得遗产所有权的继承人按照其他继承人应继份的比例，分别补偿其他继承人相应的价金。

4. 保留共有的分割。遗产不宜实物分割，继承人又都愿意取得遗产，或继承人愿意继续保持遗产共有状况的，则可将其作为共同所有的财产，由各继承人按各自应得的遗产份额，确定该项财产所应享有的权利与应分担的义务。但要注意，在共有分割之后，继承人之间就不再是原有的遗产共同共有关系，而变成了普通财产的按份共有关系。

二、遗产分割的效力

（一）遗产分割效力的立法主义

关于遗产分割效力的立法主义，国外继承立法主要有以下两种做法：

1. 转移主义，又称不溯及主义。即认为遗产分割有转移或创设的效力。古罗马法认为遗产分割的效力为归属的移转，即将分割看作是一种交换，各继承人因分割而互相让与各自的应有部分，从而取得分配于自己财产的单独所有权。如《德国民法典》第 2042 条将遗产分割适用普通共同共有财产分割的规定，确定了遗产分割的转移主义。

2. 宣告主义，又称溯及主义。即认为遗产分割仅有宣告或认定的效力。因为在遗产分割前，各继承人对遗产所享有的应继份额已经确定，只有在遗产分割后，各继承人对其应继份额的潜在的所有权才转化为现实的所有权。如《日本民法典》第 909 条规定："遗产分割溯及于继承开始时发生效力，但不得侵害第三人的权利。"

（二）遗产分割后各共同继承人相互间对遗产的担保责任

无论是采取转移主义还是宣告主义的国家，都规定了共同继承人之间的相互担保责任。如《德国民法典》第 2042 条规定，分割遗产适用第 757 条关于"对共有人分割所得的物的担保"的规定。《日本民法典》第 911 条也规定："各共同继承人，按其应继份，对其他共同继承人负有与出卖人相同的担保责任。"

《民法典》继承编虽未明文规定遗产分割的效力，但《民法典》第 304 条第 2 款规定了共有人分割共有物的瑕疵担保责任。据此规定，为保护各共同继承人的利益，共同继承人之间对于遗产分割应当承担相互担保责任。

1. 对遗产瑕疵的担保责任。这是指遗产分割后，各共同继承人对其他继承人因分割所得的遗产的瑕疵，在一定条件下负有担保责任。承担此担保责任必须具备的条件是：①遗产的瑕疵必须是在遗产分割前就已经存在；②遗产的瑕疵必须是非因分得该遗产的继承人本人的故意或过失而产生；③遗产的瑕疵必须是分得该遗产的继承人在遗产分割时不知其存在；④各共同继承人之间对遗产的瑕疵的担保责任，未经被继承人用遗嘱予以免除，也未被各共同继承人以契约加以限制。

2. 对遗产被追夺的担保责任。这是指遗产分割后，各共同继承人对其他继承人所分得的遗产，承担因遗产被追夺的担保责任。之所以出现此情况，可能是因为其分得的财产，原来并不是被继承人的财产，或虽是被继承人的财产，但被继承人生前对该财产已进行了合法处分，而在遗产分割时，各继承人对此不知情，误认为属于遗产加以分割，以致出现某继承人分得的遗产被追夺的情况，对此，其他共同继承人应负担保责任。

3. 对债权的担保责任。各共同继承人对其他继承人所分得的债权应负的担保责任，有以下两种情况：

（1）对未附停止条件而已届清偿期或不定期的债权，各共同继承人就遗产分割时债务人的支付能力，承担担保责任。

（2）对附有停止条件或尚未到期的债权，各共同继承人对分得此种债权的继承人，仅就条件成立时或清偿期到来时债务人的支付能力，承担担保责任。[1]

---

[1]　关于对遗产担保责任的分担方法，参见陈苇主编：《婚姻家庭继承法学》，法律出版社 2002 年版，第 491~492 页。

第三节 被继承人债务的清偿

一、被继承人债务的确定

（一）被继承人债务的概念

所谓被继承人的债务，是指被继承人生前欠下的，用于被继承人生产、生活需要所负的债务或其他依法应由其个人承担法律责任的债务。被继承人的债务主要包括以下几类：①被继承人依照我国税收法律的规定应当缴纳的税款；②被继承人因合同之债欠下的债务；③被继承人因侵权行为而承担的损害赔偿的债务；④被继承人因不当得利而承担的返还不当得利的债务；⑤被继承人因无因管理而承担的补偿管理人必要费用的债务；⑥其他属于被继承人个人的债务，如合伙债务中各属于被继承人应当承担的债务，被继承人承担的保证债务；等等。

以上诸类型的债务中，第一类是被继承人对国家所承担的法定义务，税收具有强制性、无偿性和固定性等特征，为保障国家利益，被继承人生前欠缴的税款，自应由其继承人依法用遗产清偿。其他几类都是一般的财物债务，即被继承人作为债务人对相对的债权人所负有的债务。由其继承人依法用遗产清偿这些债务，既是为了保护债权人的合法财产权益，也是维护市场经济秩序、保障正常的民事流转的需要。必须注意，劳务债务不能算在其中，因为它是一种行为债务，一般不能由第三人代为履行。

（二）被继承人债务的特征

确定被继承人遗产债务的范围具有重要的实践意义，而正确认定遗产债务，必须明确它的两个突出特征：

1. 被继承人的债务是一种法定或约定的义务，是基于被继承人生前所为的民事行为而产生的，以其生存时所欠为限，故自继承开始后因丧葬及处理继承债务所形成的费用，不应列入其中。依我国民间习惯做法，安葬死者是继承人的义务，其费用应由继承人自行承担。而处理继承事务所形成的费用，主要包括因遗产的管理、分割和执行遗嘱等程序性活动而支出的必要费用，具有遗产优先偿付的效力，不能纳入被继承人的生前债务之中。一些外国民事立法对继承费用也有明文规定，如《日本民法典》第 885 条规定："有关继承财产的费用，从该财产中支付。但是因继承人过失而消费的费用，不在此限。"

2. 被继承人的债务是为满足被继承人生前需要所欠的，应由其清偿的份额。在对被继承人债务清偿时，要注意区分被继承人的个人债务和家庭债务。个人债务是被继承人生前以个人名义，并且为个人所需欠下的债务，应列入遗产范围，以遗产的实际价值清偿。遗产的实际价值不足以全部清偿个人债务的，被继承人的继承人没有义务代为清偿。被继承人生前以个人名义，但为家庭生活需要所欠下的债务，为家庭债务，应首先以家庭共有财产清偿，不能直接作为个人债务处理。[1]

二、清偿被继承人债务的原则

根据我国法律规定，继承人在继承了被继承人财产权利的同时，也要承担偿还被继承

---

〔1〕 主编注：关于遗产债务制度的发展态势研究，参见杜江涌：《遗产债务法律制度研究》，群众出版社 2013年版，第 134～141 页。

人债务的义务。即使债权债务关系双方当事人都已死亡，双方的债权债务关系通常并不消灭；除非债务人死亡时没有遗产，债权债务关系才消灭。根据《民法典》继承编和《继承编解释（一）》的规定以及长期形成的司法实践经验，清偿被继承人生前所负债务，应当遵循以下四项规则：

1. 有限清偿责任。所谓"有限清偿"，是指继承人所承担的清偿被继承人生前所欠的税款和债务的义务，仅以其继承遗产的实际价值为限。超过遗产实际价值的部分，继承人不负清偿的义务。当然，如果继承人自愿承担偿还义务，法律也并不禁止，而且偿还后继承人不得以自己不知道只应承担有限清偿义务而要求返还超过遗产实际价值的那部分。《民法典》第 1159 条规定："分割遗产，应当清偿被继承人依法应当缴纳的税款和债务。"第 1161 条第 1 款进一步规定，"继承人以所得遗产实际价值为限清偿被继承人依法应当缴纳的税款和债务。超过遗产实际价值部分，继承人自愿偿还的不在此限。"[1]

2. 以接受继承为前提。即继承人只有在接受继承时，才需要依法清偿被继承人的债务，这是权利义务相一致的原则的体现。依《民法典》第 1161 规定，继承人有以所得遗产实际价值为限清偿被继承人应缴税款和债务的义务。但"继承人放弃继承的，对被继承人依法应当缴纳的税款和债务可以不负清偿责任。"

3. 为特定继承人保留必要的遗产。《民法典》第 1159 条规定："分割遗产，应当清偿被继承人依法应当缴纳的税款和债务；但是，应当为缺乏劳动能力又没有生活来源的继承人保留必要的遗产。"此规定系吸收了 1985 年《执行继承法意见》第 61 条之司法解释的规定。[2] 这是贯彻我国养老育幼原则的具体体现。在清偿被继承人债务时，即使遗产的实际价值不足以清偿债务，也应当为需要特殊照顾的缺乏劳动能力又无生活来源的继承人保留必要的遗产，以满足其基本生活需要。

4. 清偿遗产债务优先于执行遗赠。《民法典》第 1162 条规定："执行遗赠不得妨碍清偿遗赠人依法应当缴纳的税款和债务。"第 1163 条规定："既有法定继承又有遗嘱继承、遗赠的，由法定继承人清偿被继承人依法应当缴纳的税款和债务；超过法定继承遗产实际价值部分，由遗嘱继承人和受遗赠人按比例以所得遗产清偿。"据此，在遗赠和清偿遗产债务的顺序上，后者优先于前者。此立法目的在于防止遗嘱人利用遗赠形式转移财产，从而损害国家和遗产债权人的利益。所以，只有在清偿遗产债务后，还有剩余遗产时，遗赠才能得到执行。如果遗产已不足以清偿债务，则遗赠就不能执行。但是要注意，此规则只适用于遗嘱中的遗赠，而不适用于遗赠扶养协议中的"遗赠"。

三、清偿被继承人债务的方法

在共同继承中，如何确定清偿被继承人债务的方法，主要有两种立法例：①先偿债，后分割遗产。如《德国民法典》第 2046 条规定，遗产的债务应首先清偿，债务未到期或有争议者，应保留为清偿所必需的财物。②先分割遗产，后偿债。如《法国民法典》第 870、873 条规定，共同继承人在分割遗产后，按各自所得遗产的比率，分担遗产债务。但各共同

---

[1]　主编注：关于限定继承制度的价值之研究，参见黎乃忠：《限定继承制度研究》，群众出版社 2017 年版，第 89~126 页。

[2]　1985 年《执行继承法意见》第 61 条规定："继承人中有缺乏劳动能力又没有生活来源的人，即使遗产不足清偿债务，也应为其保留适当遗产，然后再按《继承法》第 33 条和《民事诉讼法》第 180 条的规定清偿债务。"

继承人对享有抵押权的债务承担连带清偿责任。[1]

在我国，《民法典》继承编未明文规定清偿被继承人债务的方法，社会生活和司法实践中的一般做法有：①继承开始以后，共同继承人在遗产分割之前，首先用被继承人遗留的财产来清偿被继承人遗留的债务，清偿后剩余的财产，才作为实际存在的遗产按照遗嘱或法定继承进行分割。②也可以在继承开始以后，共同继承人先根据遗嘱或者法律规定对遗产进行分割，然后按照各自所继承到的遗产份额的多少，按比例分别承担清偿被继承人债务的责任，并应以遗产实际价值为限，对债权人承担连带清偿责任。当有两个或两个以上的继承人同时继承遗产时，从内部关系讲，应当依照每个继承人各自所得的遗产份额，按照比例分担清偿被继承人债务的责任。通俗地讲，就是继承遗产多的人多分担债务，继承遗产少的人少分担债务。当然，在限定继承原则下，这种分担必须以遗产的实际价值为限。有时，被继承人遗留的都是实物或不动产，各共同继承人要求保留这些实物作为纪念或使用这些不动产的，也可由各共同继承人先继承实物或不动产，然后按照实物或不动产价值的比例分担清偿被继承人债务的责任，但在外部关系上他们应对债权人负连带清偿责任。

四、清偿被继承人债务的顺序

《民法典》第 1161 条对遗产债务的清偿问题只作了原则性规定，结合 2007 年施行的《企业破产法》第 109 条及第 113 条的规定，在遗产不足以清偿债务时，对遗产债务的清偿顺序一般先后为：为保全、管理和分配遗产而发生的继承费用；工资类债权；其他社会保险和税款债权；其他普通债权。但在遗产中特定财产上享有担保权的债权，应当就担保财产优先受偿，担保财产不足清偿部分则作为普通债权受偿。

此外，还会产生不同顺位的债务清偿责任问题。在遗产已被分割而未清偿遗产债务的情况下，如果在同一继承关系中既有法定继承又有遗嘱继承和遗赠的，《民法典》第 1163 条规定："既有法定继承又有遗嘱继承、遗赠的，由法定继承人清偿被继承人依法应当缴纳的税款和债务；超过法定继承遗产实际价值部分，由遗嘱继承人和受遗赠人按比例以所得遗产清偿。"按照此规定，为了保护债权人的利益，同时考虑到各种继承方式的法律效力，清偿被继承人的债务应当遵循以下顺序：首先由法定继承人在遗产实际价值范围内用其所得遗产清偿被继承人的债务，如不足清偿被继承人的全部债务时，剩余的债务则由遗嘱继承人和受遗赠人按比例用所得的遗产清偿；如果只有遗嘱继承人和受遗赠人取得遗产的，则应由遗嘱继承人和受遗赠人按比例用所得遗产清偿被继承人的债务。因为，"有限清偿责任"同样适用于遗嘱继承。在被继承人用遗嘱仅指定遗嘱继承人取得其遗产中的财产权利而对其财产义务的负担未作任何安排的情况下，为了保护债权人的合法权益，就必须由遗嘱继承人在遗产实际价值范围内承担清偿被继承人债务的责任。至于受遗赠人之所以也要在遗产分割后以其取得的遗产承担清偿被继承人债务的责任，这是由清偿被继承人债务优先于遗赠的法律规定决定的。[2]

对于被继承人的债务，我国法律确定了"先法定继承人，后遗嘱继承人和受遗赠人"

---

[1]　罗结珍译：《法国民法典》，北京大学出版社 2010 年版，第 250～251 页。

[2]　主编注，关于我国遗产债务清偿顺序的立法构想，我国学者有不同的见解，主要有"三顺序说""四顺序说""五顺序说""六顺序说""八顺序说""十顺序说"，参见陈苇："我国遗产债务清偿顺序的立法构建"，载《法学》2012 年第 8 期；陈苇、姜大伟："我国遗产债务清偿顺序之立法探析"，载陈苇主编：《中国继承法修改热点难点问题研究》，群众出版社 2013 年版，第 484～506 页。

的清偿责任顺序，体现了"遗嘱继承和遗赠优先于法定继承'的规则，表现出对被继承人的意愿以及遗嘱继承人和受遗赠人按照遗嘱取得遗产的权利的尊重。

另外，还须注意，在分割遗产时，应先清偿税款和债务，然后才能执行遗嘱交付遗赠。如果对税款和债务清偿后遗产无剩余的，遗赠也就不能执行。

第四节 无人承受遗产和"五保户"遗产的处理

一、无人承受遗产的处理

（一）无人承受遗产的概念和界定

所谓无人承受遗产，是指在继承开始后，既无人继承又无人接受遗赠的被继承人的遗产。[1]

一般认为，自然人死亡后，有下列情况之一的，其所留的遗产属于无人继承的遗产：①死者既无法定继承人，又无遗嘱指定继承人和受遗赠人；②全体继承人都放弃继承或丧失继承权的；③受遗赠人放弃受遗赠或丧失受遗赠权的；④被继承人没有法定继承人，或只用遗嘱处分了一部分遗产，其余未加处分的那一部分遗产也属于无人继承又无人受遗赠的遗产；⑤有无继承人以及受遗赠人情况不明，公告期满后仍无人主张继承权以及受遗赠权。

但必须指出的是，当第一顺序的继承人全部放弃继承或丧失了继承权时，若有第二顺序的继承人，则不属于遗产无人承受；当遗嘱继承人、受遗赠人全部放弃继承或丧失了继承权、受遗赠权时，若有替补继承人、受遗赠人存在，也不属于遗产无人承受。

无人承受遗产与无主财产的主要区别在于：

1. 无人承受的遗产确定存在所有人，却无人继承也无人受遗赠该财产，但不排除存在于该财产上的债权，如遗产酌给债权等。而无主财产是指依法不属于任何人的财产，财产没有所有人。

2. 无人承受的遗产无须经过人民法院审理解决，根据《民法典》继承编的规定直接确定其归属。而无主财产通常必须经过人民法院特别程序加以确认和解决其归属。

无人承受的遗产与无人承认的遗产的主要区别在于：无人承受的遗产，是指没有继承人又无受遗赠人承受的遗产，《民法典》继承编明确规定了该遗产的归属。而无人承认的遗产是指在继承开始后，有无继承人不明确的遗产，因此，其应经过司法程序确认是否存在继承人或者受遗赠人。

（二）无人承受的遗产的处理

对于无人继承又无人受遗赠的遗产的处理，主要有两种立法例：

1. 国家优先占权主义，该主义认为国家以优先于个人的权利先占取得无人继承的遗产。如《法国民法典》第 539 条规定："一切无主财产或无继承人的财产，或继承人放弃继承的财产，归国家所有。"英国、美国、奥地利等国也采取此主义。

2. 国家法定继承权主义，该主义认为国家是作为无人承受遗产的法定继承人而取得其

---

〔1〕 关于"无人承受遗产"的含义，我国内地学者主要有四种观点，参见陈苇、宋豫主编：《中国大陆与港、澳、台继承法比较研究》，群众出版社 2007 年版，第 439~441 页。

遗产的所有权的。如《匈牙利人民共和国民法典》第 599 条规定，无其他继承人时，遗产转移给国家，国家是法定继承人。瑞士也采取国家法定继承权主义。

我国则根据被继承人生前的身份来确定其无人承受遗产的归属。《民法典》第 1160 条规定："无人继承又无人受遗赠的遗产，归国家所有，用于公益事业；死者生前是集体所有制组织成员的，归所在集体所有制组织所有。"据此，如果死者生前是城乡集体所有制组织成员的，其遗产应归其生前所在的集体所有制组织所有；如果死者生前是国家机关、全民所有制企业、事业单位工作人员或城镇居民的，其遗产应收归国家所有，用于公益事业。

在处理无人承受的遗产时，应当注意以下两个问题：

1. 死者债务清偿问题。按照《民法典》第 1159 条的规定，分割遗产应当清偿被继承人依法应当缴纳的税款和债务。同理，取得无人承受的遗产的国家或集体所有制经济组织也应当在遗产的实际价值范围内清偿死者生前欠下的税款和债务。

2. 非继承人酌情取得遗产问题。根据《民法典》第 1131 条规定，在处理遗产时，若有继承人以外的依靠被继承人扶养的人或者继承人以外的对被继承人扶养较多的人，根据酌分遗产请求权而要求分得一定遗产时，人民法院应视情况予以其适当的遗产份额。并且，《继承编解释（一）》第 20 条明确规定，对于可以分给适当遗产的人，分给他们遗产时，按具体情况可以多于或者少于继承人。

二、"五保户"遗产的处理

（一）"五保"制度概述

"五保户"供养保障制度是农村集体所有制组织对其成员在丧失劳动能力又无生活来源时，从公益金中给予生活保障的法律制度，也是一种集体福利事业。1994 年 1 月 23 日国务院曾经发布实施《农村五保供养工作条例》，2006 年 1 月 21 日发布新的《农村五保供养工作条例》，自 2006 年 3 月 1 日起施行。2006 年《农村五保供养工作条例》第 6 条规定："老年、残疾或者未满 16 周岁的村民，无劳动能力、无生活来源又无法定赡养、抚养、扶养义务人，或者其法定赡养、抚养、扶养义务人无赡养、抚养、扶养能力的，享受农村五保供养待遇。"

（二）"五保户"遗产的处理

"五保户"遗产是指享受"五保"的自然人死亡后所遗留的财产。《继承编解释（一）》第 39 条规定："由国家或者集体组织供给生活费用的烈属和享受社会救济的自然人，其遗产仍应准许合法继承人继承。"此外，如果"五保户"的亲友或邻居对其生前生活曾经有过一定程度照顾的，符合《民法典》第 1131 条酌分遗产请求权规定的，也可分得适当的遗产。

导入案例之要点评析

1. 张建军有继承权。因为张建军之生父王新为被继承人王某的养子，根据《民法典》第 1111 条第 1 款规定："自收养关系成立之日起，养父母与养子女间的权利义务关系，适用本法关于父母子女关系的规定；养子女与养父母的近亲属间的权利义务关系，适用本法关于子女与父母的近亲属关系的规定。"可见，自收养关系成立之日起，养父母与养子女间的权利义务关系适用法律关于父母子女关系的规定，因此王新作为养子依法应与王家两姐妹一起作为王某的第一顺序法定继承人。由于王新先于王某死亡，因此应当适用代位继承的法律制度，由王新之子张建军代王新之位继承其份额。虽然王新死亡后，张建军已随母亲和继父生活，但是张建军与生父的父母子女之权利义务关系，并不因其与继父形成抚养教育关系而消除，其依然为王新的儿子，具有代位继承人的资格，故享有代位继承王某遗产的权利。

2. 王樱放弃法定继承部分的遗产，应按法定继承办理。按照《民法典》第 1124 条的规定，王樱接受遗嘱继承但放弃法定继承权的行为效力溯及至继承开始之时，王樱对适用法定继承的遗产部分不再参与继承，其放弃的法定继承部分的遗产由其他法定继承人取得。

3. 王某的遗产依法应当如下处理：首先，按照遗嘱继承优先于法定继承的原则，尊重王某的遗愿，将祖传房屋一栋分给对王某照顾较多的女儿王樱。然后，剩下的财产（存款及家具、电器等约 15 万元）按照法定继承处理，鉴于王樱已经放弃对其他财产的继承权，这部分财产由第一顺序法定继承人王琴和王新的代位继承人张建军平均分配，财物按照评估价计算，各继承价值约 7.5 万元的财产。

一、选择题

（一）单项选择题

1. 蔡永父母在共同遗嘱中表示，二人共有的某处房产由蔡永继承。蔡永父母去世前，该房由蔡永之姐蔡花借用，借用期未明确。2018 年 5 月，蔡永父母先后去世，蔡永一直未办理该房屋所有权变更登记，也未要求蔡花腾退。2021 年 6 月，蔡永因结婚要求蔡花腾退，蔡花拒绝搬出。对此，下列哪一选项是正确的？（   ）

A. 因未办理房屋所有权变更登记，蔡永无权要求蔡花搬出

B. 因诉讼时效期间届满，蔡永的房屋腾退请求不受法律保护

C. 蔡花系合法占有，蔡永无权要求其搬出

D. 蔡永对该房屋享有物权请求权

2. 肖某死亡后给 3 名子女肖某 1、肖某 2、肖某 3 留下的遗产中有 21 只山羊，子女商议后决定一人领走 7 只羊。肖某 1 领走的羊中有一只当时正患病，领回家后不久死亡。肖某 2 领走的 7 只羊中，有一只被邻居王某发现是自己的羊，将该羊领走。肖某 3 赶羊回家路上，不慎丢失了一只羊。对此，以下哪一项是正确的？（   ）

A. 肖某 1 明知羊患病还将羊领回，应对羊的死亡自己负担损失

B. 肖某 2 有权要求肖某 1、肖某 3 分担羊被原主领走的损失

C. 肖某 3 有权要求肖某 1、肖某 2 分担羊丢失的损失

D. 以上说法均错误

（二）多项选择题

1. 何某死后留下一间价值 6 万元的房屋和 4 万元现金。何某立有遗嘱，4 万元现金由 4 个子女平分，房屋的归属未作处理。何某女儿主动提出放弃对房屋的继承权，于是 3 个儿子将房屋变卖，每人分得 2 万元。现债权人主张何某生前曾向其借款 12 万元，并有借据为证。下列哪些说法是错误的？（   ）

A. 何某已死，债权债务关系消灭

B. 4 个子女平均分担，每人偿还 3 万元

C. 4个子女各自以继承所得用于清偿债务，剩下2万元由4人平均分担

D. 4个子女各自以继承所得用于清偿债务，剩下2万元4人可以不予清偿

2. 张某与李某系夫妻，生有一子张甲和一女张乙。张甲于2017年1月意外去世，有一女丙。张某在2021年2月死亡，生前拥有个人房产一套，遗嘱将该房产处分给李某。关于该房产的继承，下列哪些表述是正确的？（　　）

A. 李某可以通过张某的遗嘱继承该房产

B. 丙可以通过代位继承要求对该房产进行遗产分割

C. 继承人自张某死亡时取得该房产所有权

D. 继承人自该房产变更登记后取得所有权

二、判断分析题

1. 夫妻一方以另一方可继承的财产为夫妻共同财产、放弃继承侵害夫妻共同财产利益为由主张另一方放弃继承无效的，人民法院一律不予支持。

2. 同一顺序继承人共同继承时，应当平均分配遗产。

三、简答题

1. 简述遗产管理人应当履行的法定职责。

2. 简述被继承人遗产债务的清偿原则。

3. 简述遗产分割的主要方法。

四、论述题

1. 试述被继承人遗产债务的范围和清偿顺序。

2. 试述遗产分割后各共同继承人相互间的瑕疵担保责任。

五、案例分析题

甲有A、B、C三个孩子。甲晚年时因感到寂寞，收养一个孩子D，因双方年龄差距较大，遂以祖孙相称。其儿子A早年去世，留下妻子E和女儿F。在儿子A去世后，甲的身体状况每况愈下，需要人照顾，于是E主动与甲共同生活，精心照顾甲的起居生活。2023年2月甲预感自己即将离世，在邻居及朋友在场的情况下留下口头遗嘱，将自己位于S路的一套住房留给孙女F，并将自己的一幅古画赠送给其侄女G，不久甲即死亡，留下20万元的存款。B因为对父亲甲的遗嘱非常不满，遂起歹心想将F杀死，后F获救而幸免于难。在甲死亡后不久，又发现甲生前2020年3月曾经立有一份自书遗嘱，遗嘱中写明位于S路的甲的住房由其儿子C继承。侄女G在甲死后次日得知遗嘱的内容，但60日内未做出任何表示。现在B、C、D都认为自己是法定继承人应当继承甲的遗产，E、F也认为自己有继承权。请分析并回答下列问题，请叙明理由。

1. 甲的两份遗嘱中，执行哪一份遗嘱？

2. 本案中，F是否可以继承甲的遗产？

3. B能否继承其父亲的遗产？

4. 侄女G后来可否主张继承遗赠的财产？

5. 本案中，甲的遗产应由哪些继承人继承，为什么？

 阅读参考文献

1 刘耀东：《继承法修改中的疑难问题研究》，法律出版社2014年版。

2. 杜江涌:《遗产债务法律制度研究》,群众出版社 2013 年版。

3. 石婷:《遗产管理制度研究》,群众出版社 2017 年版。

4. 黎乃忠:《限定继承制度研究》,群众出版社 2017 年版。

5. 陈苇主编:《中国遗产处理制度系统化构建研究》,中国人民公安大学出版社 2019 年版。

6. 杜志红:《遗产分割制度比较与适用研究》,中国人民公安大学出版社 2024 年版。

第十七章

少数民族、华侨、港澳台同胞的婚姻家庭

❖学习的内容和重点

通过本章的学习，要求学生把握少数民族婚姻家庭的概念和特点。了解我国民族自治地区对婚姻家庭制度制定变通规定的程序及适用范围、变通规定的主要内容、处理民族婚姻家庭纠纷应注意的问题，以及办理涉及华侨、港澳台居民的婚姻和收养的登记机关和应提交的证明材料。重点掌握我国民族自治地区变通规定的主要内容。

导入案例

2015 年 6 月 5 日，居住在贵州省镇宁布依族苗族自治县的某甲（布依族，男，20 周岁）与某乙（汉族，女，18 周岁）相恋并准备结婚，但某甲的父母以某乙是汉族为由坚决反对他们结婚。某甲不顾父母的反对仍与某乙交往。2016 年 6 月 22 日，某甲背着父母与某乙办理了结婚登记。次年，某乙怀孕生子某丙。由于婚后共同生活中某甲父母不断干涉，某甲没有处理好父母与妻子间的关系，导致夫妻之间及家人之间的矛盾越来越激化，进而夫妻感情破裂。2024 年 7 月 15 日，某乙与某甲登记离婚。

请问：

1. 某甲与某乙结婚时是否已达法定婚龄？

2. 如何处理不同民族之间的通婚问题？

3. 某甲与某乙所生之子某丙的民族从属问题如何确定？

第一节　少数民族婚姻家庭

我国现行《宪法》第 116 条规定："民族自治地方的人民代表大会有权依照当地民族的政治、经济和文化的特点，制定自治条例和单行条例。自治区的自治条例和单行条例，报全国人民代表大会常务委员会批准后生效。自治州、自治县的自治条例和单行条例，报省或者自治区的人民代表大会常务委员会批准后生效，并报全国人民代表大会常务委员会备案。"根据现行《宪法》赋予的权限，民族自治地方的人民代表大会有权制定本地区少数民族婚姻家庭的单行条例。从制定单行条例的实际情况看，我国很多少数民族自治地区都制定了有关本地区婚姻家庭的单行条例（变通规定或补充规定），虽然我国《民法典》并未规定涉及少数民族婚姻家庭的变通规定，但并不能因此否定我国民族自治地区的现行单

行条例（变通规定或补充规定）的效力。[1] 另外，从我国婚姻家庭法的渊源看，《民法典》婚姻家庭编是我国婚姻家庭制度的一般规定，而我国民族自治地区根据本民族特点所制定的有关婚姻家庭的单行条例则属于特别规定，后者也是我国婚姻家庭制度的重要组成部分。

一、少数民族婚姻家庭的概念和特点

（一）少数民族婚姻家庭的概念

少数民族婚姻简称民族婚姻，它是指少数民族在本民族内、本民族与其他少数民族之间、本民族与汉族之间形成的各种婚姻关系。少数民族家庭简称民族家庭，它是指少数民族在本民族内、本民族与其他少数民族之间、本民族与汉族之间形成的各种家庭关系。少数民族婚姻与少数民族家庭合称为少数民族婚姻家庭，简称民族婚姻家庭。

（二）少数民族婚姻家庭的特点

少数民族婚姻家庭具有以下几个明显的特点：

1. 少数民族婚姻家庭关系的主体中至少有一方是少数民族。少数民族婚姻家庭关系之所以具有特殊性，主要是因为主体的特殊性，即少数民族婚姻家庭关系的主体中至少有一方是少数民族。如果婚姻家庭关系的主体均为汉族，即使他们生活在少数民族的聚居地，也不能适用少数民族地区关于婚姻家庭制度的变通规定。

2. 少数民族婚姻家庭形态具有民族性。所谓的民族性，是指由于少数民族的传统文化、宗教信仰、生活方式以及婚姻家庭习俗对少数民族婚姻家庭的深刻影响而形成的民族特色。我国少数民族众多，并且或多或少都具有本民族的民族特色，少数民族婚姻家庭在本民族所特有的传统文化、宗教信仰、生活方式以及婚姻家庭习俗的影响下，必然形成具有民族特色的婚姻家庭形态。

3. 婚姻家庭形态具有差异性。少数民族婚姻家庭形态的差异性主要体现在两个方面：其一，少数民族与其他少数民族之间的婚姻家庭形态具有差异性。由于某一少数民族所具有的民族特色与其他少数民族所具有的民族特色都是各不相同的，从而形成了少数民族与其他少数民族之间的婚姻家庭形态的差异性。其二，同一少数民族在不同地区的婚姻家庭形态具有差异性。由于我国的少数民族往往与其他少数民族或者汉族有通婚或者杂居的情况，这样就形成了在同一少数民族的不同地区中，有的地区呈现出本民族高度聚居状态，而另一些地区则呈现出本民族与其他少数民族或者汉族杂居的状态。而后者由于受到了其他少数民族或者汉族的影响，使得同一少数民族在不同地区的婚姻家庭形态具有了差异性。

---

〔1〕 必须说明，关于民族自治地区的现行变通规定或补充规定在2021年1月1日起《民法典》施行后的效力问题，我们认为，在我国，目前虽然各民族自治地方的人民代表大会就本地区的婚姻家庭所制定的变通规定或补充规定都是针对2001年修正的《婚姻法》所作的变通规定或补充规定，在2021年1月1日起《民法典》施行后，2001年修正的《婚姻法》已经被废止，但并不影响民族自治地区现行变通规定或补充规定的效力，主要理由如下：①民族自治地区的变通规定或补充规定的效力，源于我国现行《宪法》赋予的权限，因此2001年修正的《婚姻法》被废止并不影响民族自治地区现行变通规定或补充规定的效力。②《民法典》婚姻家庭编已经替代了2001年修正的《婚姻法》，并且已经增补修改了部分内容，但民族自治地区现行变通规定或补充规定与该婚姻家庭编新增或修改内容的精神并无抵触之处，故在民族自治地区没有制定新的变通规定或补充规定之前，原有的变通规定或补充规定应当仍然有效。③民族自治地区的变通规定或补充规定的内容，本身就不同于2001年修正的《婚姻法》的规定，其内容具有独立性，因此即使该《婚姻法》被废止也不应当影响民族自治地区的变通规定或补充规定的效力。综上所述，在我国立法机关对民族自治地区的变通规定或补充规定没有被明确废止之前，应当认为其继续有效。

二、我国民族自治地区对婚姻家庭制度的变通性立法

我国是一个统一的多民族国家。1949 年中华人民共和国成立后，通过识别并经中央政府确认的民族共有 56 个。由于汉族以外的 55 个民族相对汉族人口较少，习惯上被称为"少数民族"。根据第七次全国人口普查的统计，我国汉族人口为 128 631 万人，占 91.11%；各少数民族人口为 12 547 万人，占 8.89%。与 2010 年相比，汉族人口增长 4.93%，各少数民族人口增长 10.26%，少数民族人口比重上升 0.40 个百分点。[1]

由于少数民族的婚姻家庭具有特殊性，因此，我国民族自治地方根据现行《宪法》规定的权限，结合当地民族婚姻家庭的具体情况，可以对全国普遍适用的婚姻家庭制度作出某些变通规定。我国 2023 年修正的《立法法》第 85 条也规定："民族自治地方的人民代表大会有权依照当地民族的政治、经济和文化的特点，制定自治条例和单行条例。自治区的自治条例和单行条例，报全国人民代表大会常务委员会批准后生效。自治州、自治县的自治条例和单行条例，报省、自治区、直辖市的人民代表大会常务委员会批准后生效。自治条例和单行条例可以依照当地民族的特点，对法律和行政法规的规定作出变通规定，但不得违背法律或者行政法规的基本原则，不得对宪法和民族区域自治法的规定以及其他有关法律、行政法规专门就民族自治地方所作的规定作出变通规定。"

（一）制定变通规定的机关与程序

1. 制定变通规定的机关。根据现行《宪法》和 2023 年修正的《立法法》的规定，有权制定变通规定的机关是民族自治地方的人民代表大会。民族自治地方包括自治区、自治州和自治县。

2. 制定变通规定的程序。根据现行《宪法》和 2023 年修正的《立法法》的规定，民族自治地方人民代表大会制定的变通规定必须报批后才能生效。其中，自治州、自治县制定的变通规定，报省、自治区、直辖市人民代表大会常务委员会批准后生效。自治区制定的变通规定，报全国人民代表大会常务委员会批准后生效。

（二）对变通规定的限制性规定

虽然民族自治地方人民代表大会有权依照当地民族的政治、经济和文化的特点制定适合本地区的变通规定，但在制定变通规定时也是有所限制的，即该变通规定不得违背法律或者行政法规的基本原则，不得对宪法和民族区域自治法的规定以及其他有关法律、行政法规专门就民族自治地方所作的规定作出变通规定。例如，一夫一妻是我国婚姻家庭制度的基本原则，虽然某些民族的宗教信仰或习俗允许一夫多妻或者一妻多夫，但变通规定不得违背一夫一妻这一基本原则。

（三）变通规定与《民法典》婚姻家庭编的关系

目前，我国调整婚姻家庭的法律中，既有全国性立法的《民法典》，也有民族自治地方对于调整婚姻家庭关系的变通性规定。《民法典》与民族自治地方的变通规定，两者的关系属于一般法与特别法的关系，根据法律适用的一般原理，在法律适用中特别法优先于一般法。因此，如果民族自治地方的变通规定（或补充规定）中对《民法典》调整婚姻家庭关系内容已有变通规定的，应当按变通规定执行；未作变通规定的内容，应当适用《民法典》的规定。

---

　〔1〕　中华人民共和国国家统计局，《第七次全国人口普查主要数据情况》，载 http://www.stats.gov.cn/tjsj/zxfb/202105/t20210510_1817176.html，最后访问日期：2021 年 10 月 5 日。

（四）变通规定的适用范围

变通规定的适用范围包括空间范围和主体范围。

1. 空间范围。从空间范围来看，民族自治地方制定的变通规定，仅适用于本自治地方行政区划内的婚姻家庭关系。不在本自治地方行政区划内的婚姻家庭关系不得适用变通规定，即使这些婚姻家庭中的成员也属于本少数民族，但由于他们不在本自治地方行政区划内居住，因此不适用变通规定，应当适用婚姻家庭制度的一般规定。

2. 主体范围。从主体范围来看，民族自治地方制定的变通规定，一般仅适用于本自治地方行政区划内的少数民族，这里的少数民族既包括本少数民族，也包括其他少数民族。例如《甘肃省阿克塞哈萨克族自治县施行〈中华人民共和国婚姻法〉部分条款的变通规定》第 4 条规定："本规定第二条适用于居住在阿克塞哈萨克族自治县内的哈萨克族及其他各少数民族公民。"对本自治地方行政区划内的汉族一般不适用变通规定，应当适用现行法律中有关婚姻家庭的一般规定。但这一规定也不是绝对的，有一些民族自治地方对此作了某些例外规定，主要包括：①有一些民族自治地方的变通规定仅适用于该自治地方行政区划内各少数民族中的一般群众，不适用于少数民族中的国家干部和职工。如 2011 年修订的《循化撒拉族自治县关于施行〈中华人民共和国婚姻法〉的补充规定》第 10 条规定："本补充规定只适用于本自治县的各少数民族群众。国家职工均按《中华人民共和国婚姻法》的规定执行。"②有一些民族自治地方的变通规定仅适用于该自治地方行政区划内的居住于农村和牧区的各少数民族居民，不适用于国家职工和居住于城镇的少数民族居民。如《云南省孟连傣族拉祜族佤族自治县对〈婚姻法〉的变通规定》中："一、在我县定居的农村各少数民族的结婚年龄，男不得早于二十周岁，女不得早于十八周岁。"③有一些民族自治地方的变通规定不仅适用于该自治地方行政区划内的各少数民族，也适用于与少数民族结婚的汉族公民，如贵州省镇宁布依族苗族自治县、四川省甘孜藏族自治州、四川省阿坝藏族羌族自治州、四川省凉山彝族自治州的变通规定。2021 年修订的《甘孜藏族自治州施行〈中华人民共和国民法典〉婚姻家庭编的变通规定》第 2 条规定："本变通规定适用于自治州行政区域内各少数民族，以及与少数民族通婚的汉族公民。"2021 年修订的《阿坝藏族羌族自治州施行〈中华人民共和国民法典〉婚姻家庭编的补充规定》第 9 条规定："本补充规定适用于自治州各少数民族，也适用于同少数民族结婚的汉族。"2022 年《四川省凉山彝族自治州施行〈中华人民共和国民法典〉婚姻家庭编的变通规定》第 2 条规定："本变通规定适用于自治州内各少数民族公民和与少数民族公民结婚的汉族公民。"④有一些民族自治地方的变通规定不仅适用于该自治地方行政区划内的农村中的各少数民族，也适用于该自治地方行政区划内的居住于农村的汉族，但不适用于双方都是国家机关、企事业单位干部、职工和城镇居民的情况，如云南省澜沧拉祜族自治县的变通规定。1982 年发布的《云南省澜沧拉祜族自治县变通执行〈婚姻法〉的规定》第 1 条规定："澜沧拉祜族自治县各民族男女的结婚年龄，农村社员，男不得早于 20 周岁，女不得早于 18 周岁，结婚双方都是国家机关、企事业单位干部、职工和城镇居民的，仍按现行《婚姻法》规定的年龄执行；其中一方是农村社员的，可按变通规定的结婚年龄执行。"⑤有一些民族自治地方的变通规定适用于该自治地方行政区划内的所有民族，如黔南布依族苗族自治州的变通规定。1999 年修订的《黔南布依族苗族自治州执行〈中华人民共和国婚姻法〉变通规定》第 1 条第 1 款规定："本变通规定适用于黔南布依族苗族自治州行政区域内的各民族公民……"

（五）我国民族自治地方制定《变通规定》或《补充规定》的情况

自1980年《婚姻法》颁布以来，许多民族自治地方先后制定执行了《婚姻法》的《变通规定》或《补充规定》。在《变通规定》或《补充规定》的立法层次上，自治区、自治州、自治县均制定了相应的《变通规定》或《补充规定》。我国民族自治区制定的《变通规定》或《补充规定》主要有：《西藏自治区施行〈中华人民共和国婚姻法〉的变通条例》（2010年修正）、《新疆维吾尔自治区执行〈中华人民共和国婚姻法〉的补充规定》（1988年修正）。

我国民族地区自治州先后制定的《变通规定》或《补充规定》主要有：《阿坝藏族羌族自治州施行〈中华人民共和国婚姻法〉的补充规定》（2021年修订）、《甘孜藏族自治州施行〈中华人民共和国婚姻法〉的补充规定》（2021年修订）、《四川省凉山彝族自治州施行〈中华人民共和国婚姻法〉的规定》（1983年发布）、《果洛藏族自治州施行〈中华人民共和国婚姻法〉的变通规定》（2011年修订）、《海北藏族自治州关于施行〈中华人民共和国婚姻法〉的补充规定》（2011年修订）、《海南藏族自治州施行〈中华人民共和国婚姻法〉的变通规定》（2011年修订）、《黄南藏族自治州关于施行〈中华人民共和国婚姻法〉的补充规定》（2011年修订）、《海西蒙古族藏族哈萨克族自治州关于施行〈中华人民共和国婚姻法〉结婚年龄的变通规定》（2002年修订）、《玉树藏族自治州施行〈中华人民共和国婚姻法〉的变通规定》（2019年发布）、《伊犁哈萨克自治州施行〈中华人民共和国婚姻法〉的补充规定》（2005年修订）、《黔南布依族苗族自治州执行〈中华人民共和国婚姻法〉的变通规定》（1994年发布）、《甘南藏族自治州施行〈中华人民共和国婚姻法〉结婚年龄变通规定》（1989年发布）、《甘肃省临夏回族自治州施行〈中华人民共和国婚姻法〉的变通规定》（2012年发布）等。我国民族地区自治县制定的变通规定主要有：《沧源佤族自治县对〈婚姻法〉的变通规定》（1981年发布）、《耿马傣族佤族自治县执行〈中华人民共和国婚姻法〉的补充规定》（1982年发布）、《宁蒗彝族自治县对〈婚姻法〉的变通规定》（1981年发布）、《云南省澜沧拉祜族自治县变通执行〈婚姻法〉的规定》（1982年发布）、《云南省孟连傣族拉祜族佤族自治县对〈婚姻法〉的变通规定》（1981年发布）、《云南省西盟佤族自治县变通执行〈婚姻法〉意见》（1982年发布）、《镇宁布依族苗族自治县执行〈中华人民共和国婚姻法〉变通规定》（1985年发布）、《甘肃省阿克塞哈萨克族自治县施行〈中华人民共和国婚姻法〉部分条款的变通规定》（1993年发布）、《大通回族土族自治县关于施行〈中华人民共和国婚姻法〉结婚年龄的变通规定》（2011年修订）、《河南蒙古族自治县关于施行〈中华人民共和国婚姻法〉的补充规定》（2011年修订）、《互助土族自治县施行〈中华人民共和国婚姻法〉补充规定》（2018年修订）、《化隆回族自治县关于施行〈中华人民共和国婚姻法〉的补充规定》（2011年修订）、《门源回族自治县关于施行〈中华人民共和国婚姻法〉的补充规定》（2011年修订）、《民和回族土族自治县施行〈中华人民共和国婚姻法〉的变通规定》（2011年修订）、《循化撒拉族自治县关于施行〈中华人民共和国婚姻法〉的补充规定》（2011年修订）、《峨边彝族自治县施行〈中华人民共和国婚姻法〉的补充规定》（2021年修订）、《马边彝族自治县施行〈中华人民共和国婚姻法〉的补充规定》（2021年修订）、《甘肃省阿克塞哈萨克族自治县施行〈中华人民共和国婚姻法〉部分条款的变通规定》（1993年发布）等。

《民法典》颁布以后，我国民族自治地区制定或修改的《变通规定》或《补充规定》主要有：《大通回族土族自治县施行〈中华人民共和国民法典〉结婚年龄的变通规定》

（2022 年）、《海南藏族自治州施行〈中华人民共和国民法典〉结婚年龄的变通规定》（2023 年）、《海西蒙古族藏族自治州施行〈中华人民共和国民法典〉结婚年龄的变通规定》（2022 年）、《河南蒙古族自治县施行〈中华人民共和国民法典〉结婚年龄的变通规定》（2024 年）、《互助土族自治县施行〈中华人民共和国民法典〉结婚年龄的变通规定》（2024 年）、《化隆回族自治县施行〈中华人民共和国民法典〉结婚年龄的变通规定》（2024 年）、《黄南藏族自治州施行〈中华人民共和国民法典〉结婚年龄的变通规定》（2023 年）、《门源回族自治县施行〈中华人民共和国民法典〉结婚年龄的变通规定》（2023 年）、《民和回族土族自治县施行〈中华人民共和国民法典〉结婚年龄的变通规定》（2024 年）、《玉树藏族自治州施行〈中华人民共和国民法典〉结婚年龄的变通规定》（2021 年）、《凉山彝族自治州施行〈中华人民共和国民法典〉婚姻家庭编的变通规定》（2022 年）、《海北藏族自治州施行〈中华人民共和国民法典〉结婚年龄的变通规定》（2021 年）、《果洛藏族自治州施行〈中华人民共和国民法典〉结婚年龄的变通规定》（2021 年）、《阿坝藏族羌族自治州人民代表大会关于修改〈阿坝藏族羌族自治州施行《中华人民共和国婚姻法》的补充规定〉的决定》（2021 年）、《甘孜藏族自治州人民代表大会关于修改〈甘孜藏族自治州施行《中华人民共和国婚姻法》的补充规定〉的决定》（2021 年）、《峨边彝族自治县人民代表大会关于修改〈峨边彝族自治县施行《中华人民共和国婚姻法》的补充规定〉的决定》（2021 年）、《马边彝族自治县人民代表大会关于修改〈马边彝族自治县施行《中华人民共和国婚姻法》的补充规定〉的决定》。

　　已废止的《变通规定》或《补充规定》有：1987 年发布的《玉树藏族自治州施行〈中华人民共和国婚姻法〉的补充规定》（2019 年发布的《玉树藏族自治州施行〈中华人民共和国婚姻法〉的变通规定》废止了该补充规定）、《南涧彝族自治县执行对农村结婚年龄的变通规定》（《南涧彝族自治县人大常委会关于废止南涧彝族自治县执行对农村结婚年龄的变通规定的决定》，于 1991 年 1 月 20 日南涧彝族自治县第六届人民代表大会常务委员会第六次会议通过，经 1991 年 2 月 7 日云南省第七届人民代表大会常务委员会第十六次会议批准。该规定于 1991 年废止）、《紫云苗族布依族自治县执行〈中华人民共和国婚姻法〉变通规定》（《紫云苗族布依族自治县人民代表大会常务委员会关于废止〈紫云苗族布依族自治县执行《中华人民共和国婚姻法》变通规定〉的决定》，经紫云苗族布依族自治县第十三届人民代表大会第一次会议于 2003 年 3 月 24 日通过，并经贵州省第十届人民代表大会常务委员会第三次会议于 2003 年 7 月 25 日批准，该决定于 2003 年废止）、《松桃苗族自治县执行〈中华人民共和国婚姻法〉变通规定》（《松桃苗族自治县人民代表大会关于废止〈松桃苗族自治县执行《中华人民共和国婚姻法》变通规定〉的决定》，于 2002 年 3 月 8 日经松桃苗族自治县第十二届人民代表大会第五次会议通过，2002 年 5 月 26 日经贵州省第九届人民代表大会常务委员会第二十八次会议批准，该决定于 2002 年废止）、1981 年发布的《宁夏回族自治区执行〈中华人民共和国婚姻法〉的补充规定》（2024 年发布的宁夏回族自治区人民代表大会关于废止《宁夏回族自治区执行〈中华人民共和国婚姻法〉的补充规定》的决定）、《内蒙古自治区执行〈中华人民共和国婚姻法〉的补充规定》（2021 年发布的内蒙古自治区人大常委会关于废止《内蒙古自治区执行〈中华人民共和国婚姻法〉的补充规定》的决定）等。

三、我国民族自治地区《变通规定》或《补充规定》的主要内容

　　我国民族自治地方根据本行政区划内少数民族婚姻家庭的具体情况所制定的《变通规

定》或《补充规定》，虽然不尽相同，但仍有许多共同之处。总体来说，主要集中在以下方面作了变通或补充规定。

（一）有关基本原则方面的补充规定

1. 禁止干涉寡妇再婚。婚姻自由是我国婚姻家庭制度的一项基本原则，不仅汉族应当遵守这一基本原则，少数民族也应当遵守这一原则。特别是在少数民族地区，由于历史上不准寡妇再婚或者强迫寡妇转房[1]的现象盛行，严重侵害了寡妇的婚姻自由权。为了保障寡妇的婚姻自由权，许多民族自治地区的补充规定均规定寡妇有再婚的自由等内容。例如，2021 年修正的《峨边彝族自治县施行〈中华人民共和国民法典〉婚姻家庭编的补充规定》第 3 条规定："禁止干涉丧偶妇女的婚姻自由，不得强迫丧偶妇女转房。"

2. 禁止利用宗教干涉婚姻家庭。根据我国《宪法》第 36 条的规定，中华人民共和国公民有宗教信仰自由。但同时该条也规定，任何人不得利用宗教进行破坏社会秩序、损害公民身体健康、妨碍国家教育制度的活动。对该条也同样可以理解为，不得利用宗教干涉婚姻家庭。为了防止宗教对婚姻家庭的破坏，一些民族自治地方的补充规定进一步强调禁止利用宗教干涉婚姻家庭。例如，2021 年修正的《甘孜藏族自治州施行〈中华人民共和国民法典〉婚姻家庭编的变通规定》第 6 条规定："禁止利用宗教、家支或者其他形式干涉婚姻自由。"

3. 禁止干涉不同民族的男女通婚。不同民族的男女通婚同样体现了婚姻自由原则，但一些民族基于本民族的习俗，禁止本族男女与外族通婚。对此，许多民族自治地方在其补充规定中强调，不同民族的男女通婚受法律保护。例如，2022 年修正的《凉山彝族自治州施行〈中华人民共和国民法典〉婚姻家庭编的变通规定》第 5 条规定："不同民族的男女双方自愿结婚的，受国家法律保护，任何人不得歧视和干涉；其子女的民族成分，可以随父，也可以随母。"

4. 禁止一夫多妻或一妻多夫。一夫一妻是我国婚姻家庭制度的一项基本原则，任何人均不得违背。对此，许多民族自治地方在其补充规定中进一步强调一夫一妻制原则，禁止一夫多妻或一妻多夫。

但是，在我国个别的少数民族地区，由于历史原因和民族习惯，残存着兄弟共妻、朋友共妻、姐妹共夫的一夫多妻制和一妻多夫制。这些婚姻关系有着深刻的历史根源，必须予以慎重对待。[2] 对此，一些民族自治地方在强调坚持一夫一妻制的同时，也对基于历史原因形成的一夫多妻或一妻多夫予以维持。例如，2010 年修订的《西藏自治区施行〈中华人民共和国婚姻法〉的变通条例》第 2 条规定："废除一夫多妻，一妻多夫等封建婚姻，对执行本条例之前形成的上述婚姻关系，凡不主动提出解除婚姻关系者，准予维持。"

5. 对计划生育的要求适当放宽。由于少数民族人口较少，因此对计划生育的要求可以比照汉族适当放宽。例如，1988 年修订的《新疆维吾尔自治区执行〈中华人民共和国婚姻法〉的补充规定》第 9 条规定："在少数民族中也要实行计划生育，但必须加强宣传教育，积极创造条件，逐步推行。对汉族和少数民族实行计划生育要有区别，对汉族要求要严，对少数民族要适当放宽。"

---

〔1〕 寡妇转房是指妇女丧偶后，必须按顺序将寡妇转给亡夫家的男性，如果不顺从，要受到亡夫家族的残酷处罚。

〔2〕 陈苇主编：《婚姻家庭继承法学》，群众出版社 2012 年版，第 398 页。

（二）有关结婚、离婚的条件和程序方面的变通或补充规定

1. 适当降低法定婚龄。我国《民法典》和原《婚姻法》都将法定婚龄规定为男 22 周岁、女 20 周岁，规定如此高的法定婚龄是为了贯彻计划生育政策。根据《人口与计划生育法》的规定，少数民族地区对计划生育的要求基本上是比照汉族适当放宽，所以，许多民族自治地方对法定婚龄作了变通规定，对于男性、女性的法定婚龄分别降低了 2 周岁。例如，2010 年修订的《西藏自治区施行〈中华人民共和国婚姻法〉的变通条例》第 1 条规定：“结婚年龄，男不得早于二十周岁，女不得早于十八周岁。”

2. 强调禁止三代以内的旁系血亲结婚。医学研究证明，近亲结婚会导致后代患有遗传性疾病的概率增加。为了优生优育，许多民族自治地方进一步强调禁止三代以内的旁系血亲结婚。例如，1988 年修订的《新疆维吾尔自治区执行〈中华人民共和国婚姻法〉的补充规定》第 3 条规定：“依照中华人民共和国婚姻法的规定，禁止三代以内的旁系血亲结婚。”

3. 尊重少数民族婚姻习俗。少数民族的婚姻习俗作为一种文化传统，在不违背婚姻家庭制度的前提下应当得到尊重，一些民族自治地方对此作出了补充规定。例如，2021 年修订的《马边彝族自治县施行〈中华人民共和国民法典〉婚姻家庭编的补充规定》第 9 条规定：“提倡婚事新办，嫁娶礼仪从简。对彝族和其他少数民族传统的嫁娶仪式，在不违背《中华人民共和国婚姻法》的基本原则和本补充规定的前提下，应予尊重。”

4. 坚持履行结婚、离婚的法定程序。由于受到民族习俗和宗教的影响，一些少数民族地区的男女一般只按当地的民族习俗举行结婚、离婚仪式或宗教仪式，而不按法定程序办理相应手续，产生了一定的社会危害性。对此，一些民族自治地方在其补充规定中进一步强调了必须坚持履行结婚、离婚的法定程序。例如，2011 年修订的《循化撒拉族自治县关于施行〈中华人民共和国婚姻法〉的补充规定》第 3 条规定：“结婚、离婚必须履行法律规定的手续，任何一方用口头或文字方式通知对方离婚的，一律无效。”

（三）其他方面的变通或补充规定

1. 强调订婚不是结婚的必经程序。在许多少数民族地区，男女在结婚前一般要先订婚，而且婚约不得违反。显然，这是与现行法律的规定相违背的。对此，一些民族自治地方在其补充规定中强调，订婚不是结婚的必经程序。例如，2021 年修订的《阿坝藏族羌族自治州施行〈中华人民共和国民法典〉婚姻家庭编的补充规定》第 8 条规定：“结婚、离婚应当依照《中华人民共和国民法典》婚姻家庭编的规定，严格履行法律手续。订婚不是结婚的法定程序，不具有法律效力。”

2. 强调生父对非婚生子女抚养费的负担。非婚生子女与婚生子女应当同等受到法律保护，但在一些少数民族地区歧视非婚生子女的现象仍很严重。对此，一些民族自治地方的变通规定进一步强调非婚生子女享有与婚生子女同等权利，生父应当负担非婚生子女的抚养费。例如，2010 年修订的《西藏自治区施行〈中华人民共和国婚姻法〉的变通条例》第 6 条规定：“对非婚生子女生活费和教育费的负担，应按中华人民共和国婚姻法第 25 条的规定执行。改变全由生母负担的习惯。”[1]

---

〔1〕　主编注：我国少数民族结婚条件和程序的现状研究，参见雷明光：《中国少数民族婚姻家庭法律制度研究》，中央民族大学出版社 2009 年版，第 443～453 页。

四、处理民族婚姻家庭纠纷应注意的问题

（一）不同民族男女所生子女的民族从属问题

对于不同民族男女所生子女的民族从属问题，一般由父母协商处理。1985 年发布的《镇宁布依族苗族自治县执行〈中华人民共和国婚姻法〉变通规定》第 13 条规定："不同民族男女双方自愿结婚的，任何人不得歧视和干涉；其子女族属和姓氏，未成年由父母商定，成年后由子女自定。"根据 2016 年 1 月 1 日实施的《中国公民民族成份登记管理办法》，公民的民族成份只能依据其父亲或者母亲的民族成份确认、登记。这里所指的父母，包括生父母、养父母和与继子女有抚养教育关系的继父母。公安部门在办理新增人口户口登记时，应当根据新增人口父母的民族成份，确认其民族成份。新增人口的父母民族成份不相同的，应当根据其父母共同签署的民族成份填报申请书予以确认并登记。自然人民族成份经确认登记后，一般不得变更。符合法定特别条件的，未满 18 岁的未成年人可以申请变更一次民族成份，已满 18 周岁的成年人在年满 20 周岁以前可以申请变更一次。

（二）少数民族一方与汉族一方在离婚时争抚养子女的问题

少数民族一方与汉族一方离婚，双方对抚养子女不能达成协议的，1957 年曾有《最高人民法院关于回族男方与汉族女方离婚后对子女抚养问题发生争执应如何处理的复函》。该复函的主要内容是，凡少数民族一方与汉族一方离婚后，对子女抚养问题发生争执的，应尽量以调解方式解决。调解不成时，应本着贯彻少数民族政策和保障子女利益的目的出发对该问题进行处理，哺乳期内的子女一般判决由母方抚养；哺乳期后的子女，除显然对子女不利者外，应判决由少数民族一方母方或父方抚养。但该复函已于 2012 年被《最高人民法院关于废止 1979 年底以前发布的部分司法解释和司法解释性质文件（第八批）的决定》废止。因此，对于此问题，应当按照《民法典》的规定予以处理。[1]

第二节　涉及华侨、港澳台居民的婚姻和收养

一、涉及华侨、港澳台居民的婚姻

关于华侨、港澳台居民与内地公民的婚姻登记，我国民政部曾于 1983 年 3 月 10 日颁布了《华侨同国内公民、港澳同胞同内地公民之间办理婚姻登记的几项规定》，以及于 1998 年 12 月 10 日颁布了《大陆居民与台湾居民婚姻登记管理暂行办法》。但是，在 2003 年 8 月 8 日国务院颁布《婚姻登记条例》以后，以上两个规章已经被废止。[2] 2024 年 12 月 6 日国务院对《婚姻登记条例》进行了第一次修订，2025 年 4 月 6 日又进行了第二次修订。

（一）涉及华侨、港澳台居民的结婚

1. 结婚登记机关。根据现行《婚姻登记条例》第 2 条规定，在内地办理华侨、港澳台居民与内地公民的婚姻登记机关是省、自治区、直辖市人民政府民政部门或者省、自治区、直辖市人民政府民政部门确定的机关。内地居民同港澳台居民、华侨在中国内地结婚的，男女双方应当共同到省、自治区、直辖市人民政府民政部门或者省、自治区、直辖市人民政府民政部门确定的机关办理结婚登记。

---

〔1〕　参见《民法典》第 1067~1068、1071~1072、1084~1086 条等相关规定。

〔2〕　参见 2007 年 10 月 29 日民政部《关于废止部分规章和规范性文件的通知》。

2. 华侨、港澳台居民应提交的证明。根据现行《婚姻登记条例》第8条的规定如下：

（1）港澳台居民办理结婚登记应当提交：本人的有效通行证（或者港澳台居民居住证、身份证）；经居住地公证机构公证的本人无配偶以及与对方当事人没有直系血亲和三代以内旁系血亲关系的声明。

（2）华侨办理结婚登记应当提交：本人的有效护照；居住国公证机构或者有权机关出具的、经中华人民共和国驻该国使（领）馆认证的本人无配偶以及与对方当事人没有直系血亲和三代以内旁系血亲关系的证明，或者中华人民共和国驻该国使（领）馆出具的本人无配偶以及与对方当事人没有直系血亲和三代以内旁系血亲关系的证明。中华人民共和国缔结或者参加的国际条约另有规定的，按照条约规定的证明手续办理。

（二）涉及华侨、港澳台居民的离婚

内地居民或港澳台居民、华侨要求在中国内地离婚的，有两种途径：一是登记离婚；二是诉讼离婚。

1. 登记离婚。根据现行《婚姻登记条例》第2、13、14、15、16、17、18条的规定，内地居民同香港居民、澳门居民、台湾居民、华侨在中国内地自愿离婚的，男女双方应当签订书面离婚协议，共同到省、自治区、直辖市人民政府民政部门或者省、自治区、直辖市人民政府民政部门确定的机关申请离婚登记。申请离婚登记的当事人有下列情形之一的，婚姻登记机关不予受理：（一）未达成离婚协议的；（二）属于无民事行为能力人或者限制民事行为能力人的；（三）其结婚登记不是在中国内地办理的。当事人办理离婚登记时，除了应提交结婚证、离婚协议书以外，内地居民还应当提交本人的身份证；香港、澳门、台湾居民还应当提交本人的有效通行证或者港澳台居民居住证、身份证；华侨还应当出具本人的有效护照或者其他有效的国际旅行证件，或者外国人永久居留身份证等中国政府主管机关签发的身份证件。

自婚姻登记机关收到离婚登记申请之日起三十日内，任何一方不愿意离婚的，可以向原申请离婚登记的婚姻登记机关撤回离婚登记申请，婚姻登记机关应当终止离婚登记程序。在离婚冷静期限届满后三十日内，男女双方应当持本条例第15条规定的证件和离婚协议共同到原申请离婚登记的婚姻登记机关申请发给离婚证。离婚协议应当载明双方自愿离婚的意思表示和对子女抚养、财产以及债务处理等事项协商一致的意见。婚姻登记机关应当对离婚登记当事人出具的证件、书面材料进行审查并询问相关情况。对当事人确属自愿离婚，并已对子女抚养、财产、债务等问题达成一致处理意见的，应当当场予以登记，发给离婚证。

2. 诉讼离婚。内地居民与港澳台居民或华侨的婚姻，当事人一方在中国内地要求离婚的，应按照我国2023年修正的《民事诉讼法》和《民法典》的相关规定，向内地公民一方户籍所在地的基层人民法院起诉。对此类诉讼离婚案件，人民法院按《民法典》的相关规定进行审理，如果经调解和好无效，认定夫妻感情确已破裂的，依法应当判决准予离婚。为保障当事人双方和子女权益及避免执行上的困难，子女抚养费，共同财产分割所得财产及一方对另一方的经济帮助费、损害赔偿费，原则上应判决一次性给付。[1]

（三）双方均为华侨、港澳台居民的婚姻

根据民政部《关于贯彻执行〈婚姻登记条例〉若干问题的意见》第8条的规定精神，

〔1〕　陈苇主编：《婚姻家庭继承法学》，群众出版社2012年版，第404页。

双方均为港澳台居民或华侨，或者一方为外国人、另一方为港澳台居民或华侨，要求在内地办理结婚登记的，如果当事人能够出具现行《婚姻登记条例》规定的相应证件和证明材料，当事人工作或生活所在地具有相应办理婚姻登记权限的登记机关应予受理。

二、涉及华侨、港澳台居民的收养

关于华侨、港澳台居民收养内地公民的子女，除受到《民法典》中有关收养的一般规定的调整以外，还应遵守民政部 2023 年《中国公民收养子女登记办法》以及《华侨以及居住在香港、澳门、台湾地区的中国公民办理收养登记的管辖以及所需要出具的证件和证明材料的规定》。

（一）华侨、港澳台居民收养内地公民子女的条件

根据我国《民法典》的规定，收养人须无子女或者只有一名子女。但是，港澳台地区以及华侨的定居国并不适用我国内地的此规定。所以，华侨、港澳台居民收养内地公民子女不受收养人须无子女或者只有一名子女的限制。

（二）华侨、港澳台居民收养内地公民子女的登记机关

根据 1999 年 5 月 25 日民政部发布的《华侨以及居住在香港、澳门、台湾地区的中国公民办理收养登记的管辖以及所需要出具的证件和证明材料的规定》，华侨、港澳台居民收养内地公民子女的登记机关是被收养人常住户口所在地的直辖市、设区的市、自治州人民政府民政部门或者地区（盟）行政公署民政部门。

（三）华侨、港澳台居民收养内地公民子女应提交的证明

根据《华侨以及居住在香港、澳门、台湾地区的中国公民办理收养登记的管辖以及所需要出具的证件和证明材料的规定》以及《收养评估办法（试行）》的规定，华侨、港澳台居民收养内地公民的子女的，华侨、港澳台居民应提交下列证件和证明材料：

1. 华侨应提交的证明。居住在已与中国建立外交关系国家的华侨申请办理成立收养关系的登记时，应当提交收养申请书和下列证件、证明材料：①护照；②收养人居住国有权机构出具的收养人的年龄、婚姻、有无子女、职业、财产、健康、有无受过刑事处罚等状况的证明材料，该证明材料应当经其居住国外交机关或者外交机关授权的机构认证，并经中国驻该国使领馆认证。

居住在未与中国建立外交关系国家的华侨申请办理成立收养关系的登记时，应当提交收养申请书和下列证件、证明材料：①护照；②收养人居住国有权机构出具的收养人的年龄、婚姻、有无子女、职业、财产、健康、有无受过刑事处罚等状况的证明材料，该证明材料应当经其居住国外交机关或者外交机关授权的机构认证，并经已与中国建立外交关系的国家驻该国使领馆认证。

2. 香港居民应提交的证明。香港居民中的中国公民申请办理成立收养关系的登记时，应当提交收养申请书和下列证件、证明材料：①香港居民身份证、香港居民来往内地通行证或者香港同胞回乡证；②经国家主管机关委托的香港委托公证人证明的收养人的年龄、婚姻、有无子女、职业、财产、健康、有无受过刑事处罚等状况的证明材料。

3. 澳门居民应提交的证明。澳门居民中的中国公民申请办理成立收养关系的登记时，应当提交收养申请书和下列证件、证明材料：①澳门居民身份证、澳门居民来往内地通行证或者澳门同胞回乡证；②澳门地区有权机构出具的收养人的年龄、婚姻、有无子女、职业、财产、健康、有无受过刑事处罚等状况的证明材料。

4. 台湾居民应提交的证明。台湾居民申请办理成立收养关系的登记时，应当提交收养

申请书和下列证件、证明材料：①在台湾地区居住的有效证明；②中华人民共和国主管机关签发或签注的有效期内的旅行证件；③经台湾地区公证机构公证的收养人的年龄、婚姻、有无子女、职业、财产、健康、有无受过刑事处罚等状况的证明材料。

5. 收养评估报告。根据《收养评估办法（试行）》第15条的规定，华侨以及居住在香港、澳门、台湾地区的中国公民申请收养的，当地有权机构已经作出收养评估报告的，民政部门可以不再重复开展收养评估。没有收养评估报告的，民政部门可以依据当地有权机构出具的相关证明材料，对收养申请人进行收养评估。

 导入案例之要点评析

本章"导入案例"的处理要点如下：

1. 某甲与某乙结婚时某甲已达法定婚龄，但某乙未达到法定婚龄。根据《镇宁布依族苗族自治县执行〈中华人民共和国婚姻法〉变通规定》第3条规定："结婚年龄，男不得早于二十周岁，女不得早于十八周岁。"以及第14条规定："本规定适用于我县境内的少数民族男女和与我县少数民族男女结婚的汉族男女。"本案中，在结婚时某甲已满20周岁，已经达到法定婚龄。某乙虽为汉族，但与该县少数民族男女结婚的汉族男女同样适用该变通规定，即女不得早于十八周岁，因此，某乙在结婚时也已经达到法定婚龄。

2. 对于不同民族之间的通婚问题，应当保障当事人的婚姻自主权，不得以民族习惯或者宗教为由干涉当事人的婚姻自主权。《镇宁布依族苗族自治县执行〈中华人民共和国婚姻法〉变通规定》第13条规定："不同民族男女双方自愿结婚的，任何人不得歧视和干涉；……"

3. 某甲与某乙所生之子某丙的民族从属问题，应当由某甲与某乙双方协商确定，某丙成年后可以由某丙自定。《镇宁布依族苗族自治县执行〈中华人民共和国婚姻法〉变通规定》第13条规定："……其子女族属和姓氏，未成年由父母商定，成年后由子女自定。"子女的民族从属，未成年时由父母商定，成年后由子女自定。"根据以上规定，某甲与某乙所生之子某丙的民族从属问题应当由某甲与某乙双方协商确定。

 **思考题**

一、选择题

（一）单项选择题

1. 制定少数民族自治地方变通规定的机关是（　　）。

A. 少数民族自治地方的人民代表大会

B. 少数民族自治地方的人民代表大会常务委员会

C. 少数民族自治地方的人民代表大会及其常务委员会

D. 少数民族自治地方的人民政府

2. 没有制定少数民族自治地方变通规定或补充规定的自治区是（　　）。

A. 内蒙古自治区　　B. 新疆维吾尔自治区

C. 广西壮族自治区　　D. 西藏自治区

（二）多项选择题

1. 关于制定少数民族自治地方变通规定的程序说法正确的是（　　）。

A. 自治区制定的变通规定，报全国人民代表大会常务委员会批准后生效

B. 自治区制定的变通规定，报全国人民代表大会常务委员会备案后生效

C. 自治州制定的变通规定，报省级人民代表大会常务委员会批准后生效

D. 自治县制定的变通规定，报自治州人民代表大会常务委员会批准后生效

2. 少数民族自治地方变通规定或补充规定的主要内容包括（　　）。

A. 法定婚龄降低2周岁　　　B. 不实行计划生育

C. 尊重少数民族婚姻习俗　　D. 禁止利用宗教干涉婚姻家庭

二、判断分析题

1. 少数民族自治地方均提倡三代以内的旁系血亲不结婚。

2. 少数民族自治地方的变通规定或补充规定均不适用于汉族。

三、简答题

1. 简述制定少数民族自治地方变通规定的机关和程序。

2. 简述少数民族自治地方的变通规定的适用范围。

3. 简述涉及华侨、港澳台居民收养的条件及程序。

四、论述题

1. 试论少数民族自治地方有关基本原则方面的补充规定。

2. 试论少数民族自治地方有关结婚、离婚的条件和程序方面的变通或补充规定。

五、案例分析题

2022年3月5日，内地居民王女与台湾居民张男在北京市民政局登记结婚。次年，王女与张男回台湾定居。王女到台湾后，因性格不合、气候不适等原因，不愿待在台湾，但张男却不同意来内地。王女返回内地以后，打算在内地提起与张男的诉讼离婚，但王女不知应当如何处理，故前来向律师进行咨询。

请问：针对王女遇到的问题，律师应当如何回答？

 阅读参考文献

1. 雷明光：《中国少数民族婚姻家庭法律制度研究》，中央民族大学出版社2009年版。

2. 陈苇主编：《当代中国内地与港、澳、台婚姻家庭法比较研究》，群众出版社2012年版。

3. 程维荣、袁奇钧：《婚姻家庭法律制度比较研究》，法律出版社2011年版。

4. 孙丽君：《法律变通问题研究》，法律出版社2015年版。

5. 陈苇主编：《婚姻家庭继承法学》，群众出版社2017年版。

6. 最高人民法院案例指导与参考丛书编选组编：《最高人民法院婚姻家庭、继承案例指导与参考》，人民法院出版社2021年版。

第十八章
涉外婚姻、涉外收养与涉外继承

✤学习的内容和重点

　　通过本章的学习，要求学生把握涉外婚姻、涉外收养与涉外继承等基本概念，了解涉外结婚、涉外收养的条件和程序及涉外离婚的方式与程序，重点掌握涉外结婚、涉外离婚及涉外继承的法律适用。

　　德国商人安德里来我国某市经营，2018 年 1 月，他与该市女子张惠结识，于 2018 年 5 月结婚并定居在该市。2019 年 10 月，夫妻两人生有一个女儿，中文姓名为张晓晓。2025 年 5 月 20 日，安德里因车祸不幸去世，其父母从德国赶到该市为安德里办理丧事后，因继承问题与张惠发生纠纷。张惠认为，按德国法律规定，第一顺序继承人只包括被继承人的配偶和子女，不包括被继承人的父母。所以，安德里的全部遗产应由张惠、张晓晓两人继承，其父母无权继承。安德里的父母却认为，安德里死亡时住所地在中国，应按中国法律处理遗产继承。按照中国法律的规定，被继承人的配偶、子女、父母同为第一顺序继承人，应当共同继承安德里的遗产。双方对此无法达成一致意见。2025 年 5 月 30 日，安德里的父母向该市某区人民法院提起诉讼。张惠得知此事后，认为由中国法院审理此案会对自己及其女儿不利，于是便向安德里原住所地的德国某地法院提起诉讼。据查，安德里死亡时主要遗产均在我国该市，包括其婚姻生活的住房一套（价值约 150 万元）和 90 多万元的存款，此外，在德国某地还有少量存款和一些动产。

　　请问：本案被继承人的遗产原则上应当如何处理？为什么？

　　涉外婚姻、收养及继承中，因为其主体或地域等具有涉外因素，需要通过冲突法规范来解决相应的法律适用问题。为了维护国家主权及我国公民的基本权利，根据平等互利等原则，我国法律对涉外婚姻、收养及继承进行了相应的规定。

第一节　涉外婚姻

一、涉外婚姻的概念和特征

　　涉外婚姻的概念有广义和狭义之分，不同的涉外婚姻，其特征及法律适用不同。我国相关法律规定的是狭义的涉外婚姻。

（一）广义的涉外婚姻及其特征

广义的涉外婚姻，是指不同国籍的公民或同一国籍的公民在本国以外的国家办理的结婚、复婚或离婚，其特征包括：①婚姻主体涉外。涉外婚姻的当事人往往涉及不同的国家或地区，或者当事人虽然来自同一国家，但在他国办理结婚、复婚或离婚手续。②地域涉外。涉外婚姻的主体来自不同国家或地区，或虽然来自同一国家或地区，但在他国办理婚姻的相关手续。③法律适用涉外。因涉外婚姻的主体和地域包含涉外因素，而该婚姻的效力需要得到婚姻当事人双方所在国法律的认可，因此涉外婚姻的法律适用不同于国内法的适用，往往通过国际私法中的冲突规范或婚姻当事人所在国缔结的国际条约的相关规定处理。〔1〕

（二）狭义的涉外婚姻及其特征

狭义的涉外婚姻，是指中国公民同外国人或外国人与外国人在中国境内办理的结婚、复婚或离婚，其特征包括：①婚姻当事人一方或双方为外国人。即婚姻当事人一方为中国人，另一方为外国人，或者婚姻双方当事人都是外国人，在中国办理婚姻手续。②婚姻事项在我国办理。即中国人与外国人或双方都是外国人在我国办理的婚姻事项。③适用我国法律。中国公民同外国人或外国人与外国人在中国境内办理的结婚、复婚或离婚都必须适用我国法律的相关规定。

在我国，实行改革开放以来，涉外婚姻逐年增多，为了适应调整涉外婚姻的要求，我国民政部于1983年8月26日颁布《中国公民同外国人办理婚姻登记的几项规定》（已废止）予以规范。〔2〕此后，2025年修正的《婚姻登记条例》、2010年《涉外民事关系法律适用法》、2022年修正的《民事诉讼法解释》、2023年修正的《民事诉讼法》及我国2020年颁布的《民法典》等法律法规，为处理涉外婚姻提供了法律依据。〔3〕

二、涉外结婚

（一）涉外结婚的条件

我国《涉外民事关系法律适用法》第21条规定："结婚条件，适用当事人共同经常居所地法律；没有共同经常居所地的，适用共同国籍国法律；没有共同国籍，在一方当事人经常居所地或者国籍国缔结婚姻的，适用婚姻缔结地法律。"

---

〔1〕　参见陈苇主编：《婚姻家庭继承法学》，群众出版社2017年版，第411~412页。

〔2〕　因2003年《婚姻登记条例》的颁布实施，该规定于2008年1月15日被《国务院关于废止部分行政法规的决定》所废止。

〔3〕　中国于2023年3月8日正式加入《取消外国公文书认证要求的公约》，该公约已于2023年11月7日对中国内地生效。11月7日起，中国送往其他缔约国使用的公文书，仅需我国外事部门办理《公约》规定的附加证明书（Apostille），即可送其他缔约国使用，无需办理中国和缔约国驻华使领馆的领事认证。其他缔约国公文书送中国内地使用，只需办理该国附加证明书，无需办理该国和中国驻当地使领馆的领事认证。根据海牙国际私法会议官网的统计数据，截至2024年12月，该公约共有127个缔约国。鉴于印度在中国加入该公约时对中国的加入提出了异议，故该公约在中国和印度之间不生效。由于中国至今未承认科索沃的主权国家地位，因此，该公约在中国与科索沃之间也不生效。《公约》只适用于缔约国之间的公文书，根据《公约》第1条第2款规定，具体包括：①与一国法院或法庭相关的机关或官员出具的文书，包括由检察官、法院书记员或司法执行员（"执达员"）出具的文书；②行政文书；③公证文书；④对以私人身份签署的文件的官方证明，如对文件的登记或在特定日期存在的事实进行记录的官方证明，以及对签名的官方和公证证明。本章以下涉及此类文书均根据该《公约》附加证明书取代传统的"双认证"。

（二）涉外结婚的程序

我国《涉外民事关系法律适用法》第 22 条规定："结婚手续，符合婚姻缔结地法律、一方当事人经常居所地法律或者国籍国法律的，均为有效。"根据现行《婚姻登记条例》第 2 条的规定，中国公民同外国人在中国结婚，应当到省、自治区、直辖市人民政府民政部门或者省、自治区、直辖市人民政府民政部门确定的机关申请登记。其程序分为申请、审查及登记。

1. 申请。结婚的男女双方必须亲自到婚姻登记机关申请结婚登记。根据现行《婚姻登记条例》第 8 条的规定，申请结婚时，双方必须提交法律规定的证件和证明材料。

（1）中国内地公民应提交的证件和证明材料包括：本人身份证；本人无配偶以及与对方没有直系血亲和三代以内旁系血亲关系的签字声明。

（2）外国人应当出具的证件和证明材料包括：本人的有效护照或者其他有效的国际旅行证件或者外国人永久居留身份证；所在国公证机构或者有权机关出具的、经中华人民共和国驻该国使（领）馆认证或者该国驻华使（领）馆认证的本人无配偶的证明，或者所在国驻华使（领）馆出具的本人无配偶的证明。中华人民共和国缔结或者参加的国际条约另有规定的，按照条约规定的证明手续办理。根据 2024 年《民政部办公厅关于做好我国加入〈取消外国公文书认证要求的公约〉后涉外婚姻登记管理工作的通知》，办理结婚登记的外国人出具的证件和证明材料调整为：本人的有效护照或其他有效的国际旅行证件，所在国公证机构或者有权机关出具的本人无配偶的证明，附加证明书及中文译文。或：本人的有效护照或其他有效的国际旅行证件，所在国驻华使（领）馆出具的本人无配偶证明及中文译文。但取消"双认证"程序只是适用于缔约国之间，与中国无外交关系的国家出具的有关证明，应当经与该国及中国均有外交关系的第三国驻该国使（领）馆和中国驻第三国使（领）馆认证，或者经第三国驻华使（领）馆认证。

2. 审查。根据现行《婚姻登记条例》第 10 条的规定，婚姻登记机关应当核对结婚登记当事人出具的证件、书面材料，询问相关情况，并对当事人的身份以及婚姻状况信息进行联网核对，依法维护当事人的权益。

3. 登记。经过审查，对当事人符合结婚条件的，应当当场予以登记，发给结婚证；对当事人不符合结婚条件不予登记的，应当向当事人说明理由。[1] 有争议的，当事人可以向本级人民政府或上级主管部门提出行政复议申请。

三、涉外离婚

（一）涉外登记离婚

我国《涉外民事关系法律适用法》第 26 条规定："协议离婚，当事人可以协议选择适用一方当事人经常居所地法律或者国籍国法律。当事人没有选择的，适用共同经常居所地法律；没有共同经常居所地的，适用共同国籍国法律；没有共同国籍的，适用办理离婚手续机构所在地法律。"根据现行《婚姻登记条例》第 13 条的规定，中国公民同外国人自愿在中国办理离婚登记的，男女双方应当签订书面离婚协议，共同到省、自治区、直辖市人民政府民政部门或者省、自治区、直辖市人民政府民政部门确定的机关办理。如申请离婚登记的当事人有下列情形之一的，婚姻登记机关不予受理：①未达成离婚协议的；②属于无民事行为能力人或者限制民事行为能力人的；③其结婚登记不是在中国内地办理的。

---

〔1〕　参见现行《婚姻登记条例》第 10 条。

现行《婚姻登记条例》第15条规定，申请离婚时，双方应出具必要的证件和证明材料：内地居民应当出具本人的身份证；本人的结婚证；双方当事人共同签署的离婚协议书。外国人除应当出具本人结婚证和双方签订的离婚协议书外，还应当出具本人的有效护照或其他有效国际旅行证件或者外国人永久居留身份证等中国政府主管机关签发的身份证件。

婚姻登记员按照现行《婚姻登记工作规范》有关规定对当事人提交的离婚申请材料进行初审。对于不符合离婚登记申请条件的，不予受理。《民法典》第1077条规定："自婚姻登记机关收到离婚登记申请之日起三十日内，任何一方不愿意离婚的，可以向婚姻登记机关撤回离婚登记申请。前款规定期限届满后三十日内，双方应当亲自到婚姻登记机关申请发给离婚证；未申请的，视为撤回离婚登记申请。"现行《婚姻登记条例》第16条规定，婚姻登记机关应当在法律规定的期限内核对离婚登记当事人出具的证件、书面材料进行审查并询问相关情况。对当事人确属自愿离婚，并已对子女抚养、财产、债务等问题达成一致处理意见的，应当当场予以登记，发给离婚证。对不予登记的，发给《不予办理离婚登记通知单》并说明不予登记的理由。当事人对此有异议的，根据《行政复议法》第11条第3项及第28条的规定，可向本级人民政府或上一级主管部门申请行政复议。

（二）涉外诉讼离婚

我国《涉外民事关系法律适用法》第27条规定："诉讼离婚，适用法院地法律。"因此，涉外婚姻当事人如果在我国法院起诉离婚，应当适用我国法律。具体而言，涉外诉讼离婚主要涉及下列问题：

1. 涉外诉讼离婚案件的管辖。中国公民同外国人或居住在中国的外国人双方自愿离婚，但不符合登记离婚条件的，或双方虽自愿离婚但不能就相关事项达成一致意见的，或一方要求离婚、另一方不同意离婚的，应通过诉讼方式离婚。离婚诉讼案件的管辖应以方便诉讼的原则进行。

关于法院对涉外离婚案件的管辖权，根据2023年修正的《民事诉讼法》第23条规定，对不在中华人民共和国领域内居住的人提起的有关身份关系的诉讼，由原告住所地人民法院管辖；原告住所地与经常居住地不一致的，由原告经常居住地人民法院管辖。

现行《民事诉讼法解释》第531条规定，中华人民共和国法院和外国法院都有管辖权的案件，一方当事人向外国法院起诉，而另一方当事人向中华人民共和国法院起诉的，人民法院可予受理。判决后，外国法院申请或者当事人请求人民法院承认和执行外国法院对本案作出的判决、裁定的，不予准许；但双方共同缔结或者参加的国际条约另有规定的除外。外国法院判决、裁定已经被人民法院承认，当事人就同一争议向人民法院起诉的，人民法院不予受理。此种诉讼模式被称作"平行诉讼"。

2. 涉外离婚案件的代理。根据2023年修正的《民事诉讼法》第274、275条规定，外国人、无国籍人、外国企业和组织在人民法院起诉、应诉，需要委托律师代理诉讼的，必须委托中华人民共和国的律师。在中华人民共和国领域内没有住所的外国人、无国籍人、外国企业和组织委托中华人民共和国律师或者其他人代理诉讼，从中华人民共和国领域外寄交或者托交的授权委托书，应当经所在国公证机关证明，并经中华人民共和国驻该国使领馆认证，或者履行中华人民共和国与该所在国订立的有关条约中规定的证明手续后，才具有效力。现行《民事诉讼法解释》第524条规定，外国人、外国企业或者组织的代表人在中华人民共和国境内签署授权委托书，委托代理人进行民事诉讼，经中华人民共和国公证机构公证的，人民法院应予认可。该解释第526条规定，涉外民事诉讼中的外籍当事人，可以委托本国人为诉讼代理人，也可以委托本国律师以非律师身份担任诉讼代理人；外国驻华使领馆官员，受本国公民的委托，可以以个人名义担任诉讼代理人，但在诉讼中不享有外交或者领事特权和豁免。

3. 涉外离婚案件的判决、生效与执行。人民法院处理涉外离婚案件，按我国 2023 年修正的《民事诉讼法》的规定精神，应先进行调解；如感情确已破裂，调解无效的，根据我国《民法典》规定的准予离婚法定条件进行判决。在离婚财产分割、离婚经济帮助、离婚后子女的抚养及抚养费的分担、离婚损害赔偿、离婚经济补偿等方面，适用《民法典》有关规定进行判决。

在中国领域内居住的中国公民或外国人，不服一审判决的，自收到判决之日起 15 日内向上一级人民法院提出上诉。在中国领域内没有住所的当事人，不服一审人民法院判决的，有权在判决书送达之日起 30 日内提起上诉。当事人不能在法定期间提起上诉，申请延期的，是否准许，由人民法院决定。

2023 年修正的《民事诉讼法》第 297 条第 1 款规定："人民法院作出的发生法律效力的判决、裁定，如果被执行人或者其财产不在中华人民共和国领域内，当事人请求执行的，可以由当事人直接向有管辖权的外国法院申请承认和执行，也可以由人民法院依照中华人民共和国缔结或者参加的国际条约的规定，或者按照互惠原则，请求外国法院承认和执行。"鉴于我国当前与某些国家尚未签订司法协助条约，离婚后由外国人一方支付的相关扶养费及分割的财产等，宜一次性给付，以防止执行中的困难。给付有困难的，可要求对方提供担保。

四、涉外复婚

中国公民与外国人离婚后，双方自愿恢复婚姻关系的，所需证件和证明材料以及复婚的程序与涉外结婚相同。

第二节　涉外收养

一、涉外收养概述

（一）涉外收养的概念及相关立法

涉外收养包括中国公民收养外国子女及外国人收养中国公民的子女。我国现行法规定的涉外收养是狭义角度的"单向涉外收养模式"，即外国人对中国公民子女的收养。《涉外民事关系法律适用法》《民法典》及 2024 年修订的《涉外收养办法》对涉外收养进行了规定。因此，外国人收养中国公民的子女应双重适用法律，既要遵守我国的《涉外民事关系法律适用法》《民法典》《涉外收养办法》及其他相关法律的规定，也不得违背收养人所在国有关收养的法律。此外，1993 年 5 月 29 日经海牙国际私法会议第十七次外交大会通过了《跨国收养方面保护儿童及合作公约》，该公约明确规定其目的是："制定保障措施，确保跨国收养的实施符合儿童最大利益和尊重国际法所承认的儿童的基本权利。"2000 年 11 月 30 日我国政府代表已经签署了该公约。该公约成为缔约各国跨国收养方面保护儿童最大利益的重要国际公约文献。

但需要注意的是，我国外交部发言人毛宁在 2024 年 9 月 5 日主持的例行记者会上已经说明，目前我国已调整了跨国收养政策，从 2024 年 8 月 28 日起，除外国人来华收养三代以内旁系同辈血亲的子女和继子女外，不再向国外送养儿童。[1]

（二）涉外收养应提交的相关证明

1. 收养人应提供的收养证明。根据 2024 年《涉外收养办法》第 4 条规定，外国收养人在中国收养子女，必须提供收养申请书、家庭情况报告和证明，这些证明必须由外国人所在国有权机构出具，经其所在国外交机关或外交机关授权的机构认证，并经我国驻该国使（领）馆认证方为有效。这些证明材料具体包括：跨国收养申请书；出生证明；婚姻状况证明；职业、经济收入和财产状况证明；身体健康检查证明；有无受过刑事处罚的证明；收养人所在国主管机关同意其跨国收养子女的证明；家庭情况报告。

外国收养人如果在中国工作或学习，连续居住 1 年以上的，应当提交上述证明中除身体健康检查证明以外的文件，并提交在中国所在单位或有关部门出具的婚姻状况证明，职业、经济收入或财产状况证明，有无受过刑事处罚情况证明和县级以上医疗机构出具的身体健康检查证明。

2. 送养人应提供的证明。根据 2024 年《涉外收养办法》第 5 条规定，中国送养人应向户籍所在地的省、自治区、直辖市人民政府民政部门提交本人户口簿和居民身份证（社会福利机构作送养人的，提交其负责人的身份证件）、被收养人户籍证明。此外，按送养人的不同情况，分别送交下列证明：

（1）被收养人的生父母为送养人。被收养人的生父母（包括离婚的生父母）应提供的证明包括：①生父母有特殊困难，无力抚养其子女的证明；②父母双方同意送养子女的书面意见。其中，被收养人的生父或生母一方死亡或下落不明的，由单方送养，并应当提交配偶死亡或者下落不明的证明，还须提供死亡或下落不明一方的父母不行使优先抚养权的书面声明。

（2）监护人作送养人。被收养人的父母均不具备完全民事行为能力，由被收养人的监护人（祖父母、外祖父母或成年兄、姐等）作送养人的，应提供：①被收养人父母不具备完全民事行为能力且对被收养人有严重危害的证明；②监护人有监护权的证明。

被收养人的父母均已死亡的，监护人应提供：①被收养人的生父母死亡证明；②监护人实际承担监护责任的证明；③其他对被收养人有抚养义务的人同意送养的书面意见。

（3）社会福利机构作送养人。如果被收养人是弃婴、弃儿的，应提交：①弃婴、儿童被遗弃和发现情况证明；②查找其生父母或监护人的情况证明。

如果被收养人是孤儿的，应提交：①孤儿父母死亡（包括宣告死亡）的证明；②有抚养孤儿义务的其他人同意送养的书面意见。送养残疾儿童的，还应提交县级以上医疗机构出具的该儿童的残疾证明。

根据 2024 年《涉外收养办法》第 6 条的规定，省、自治区、直辖市人民政府民政部门应当对送养人提交的证件和证明材料进行审查，对查找不到生父母的弃婴和儿童公告查找其生父母；认为被收养人、送养人符合《民法典》规定条件的，将符合法律规定的被收养人、送养人名单通知中国收养组织，同时转交下列证件和证明材料：①送养人的居民户口簿和居民身份证（社会福利机构作送养人的，为其负责人的身份证件）复制件；②被收养人是弃婴或者孤儿的证明、户籍证明、成长情况报告和身体健康检查证明的复制件及照片。

---

[1] 外交部：“中国政府调整了跨国收养政策”，载封面新闻，https://mp.weixin.qq.com/s/12v7G Rm-wzQeDD7G2vNi0Ow，访问日期：2024 年 9 月 12 日。

省、自治区、直辖市人民政府民政部门查找弃婴或者儿童生父母的公告应当在省级地方报纸上刊登。自公告刊登之日起满 60 日，弃婴和儿童的生父母或者其他监护人未认领的，视为查找不到生父母的弃婴和儿童。

二、涉外收养的条件及程序

（一）涉外收养的条件

涉外收养关系成立的条件，包括收养人的条件、送养人的条件及被收养人的条件。涉外收养关系成立的实质要件包括其年龄、权利能力、行为能力、身份、婚姻状况和意思表示等内容，这些都涉及收养关系当事人的资格条件。[1] 必须注意，1998 年《收养法》规定的被收养人为不满 14 周岁的未成年人，《民法典》第 1093 条放宽了被收养人的条件，即对未成年人删除年龄的限制，将其扩大至符合该条规定被收养条件的全体未成年人。在涉外收养的法律适用上，我国《涉外民事关系法律适用法》第 28 条规定："收养的条件和手续，适用收养人和被收养人经常居所地法律。收养的效力，适用收养时收养人经常居所地法律。收养关系的解除，适用收养时被收养人经常居所地法律或者法院地法律。"因此，目前外国人在中国收养子女的条件既要适用收养人经常居所地法律，又要适用我国《民法典》和《涉外民事关系法律适用法》《收养评估办法（试行）》等的规定。

（二）涉外收养的程序

根据我国《涉外民事关系法律适用法》第 28 条的规定，外国人在中国收养子女的程序既要适用收养人经常居所地法律，又要适用《民法典》《涉外民事关系法律适用法》的规定。根据我国 2024 年《涉外收养办法》的规定，外国人在中国收养子女，不允许直接与送养人办理收养手续，必须经两国的收养组织办理。我国《民法典》第 1109 条规定，外国人在中华人民共和国收养子女，应当经其所在国主管机关依照该国法律审查同意，且与送养人签订书面协议，并亲自向省、自治区、直辖市人民政府民政部门登记。同时，《民法典》还特别要求收养人应当提供由其所在国有权机构出具的有关其年龄、婚姻、职业、财产、健康、有无受过刑事处罚等状况的证明材料。

外国人在中国收养子女应遵循的程序如下：

1. 收养申请。外国人在中国收养子女的，应当通过所在国政府或其委托的收养组织向中国政府委托的收养组织转交收养申请，并提交 2024 年《涉外收养办法》第 4 条规定的收养人的家庭情况报告和证明。在收养申请书中须明确承诺能够接受安置后回访并按要求提交安置后报告。[2]

根据 2024 年《涉外收养办法》第 7 条的规定，中国收养组织对外国收养人的收养申请和有关证明进行审查后，应当在省、自治区、直辖市人民政府民政部门报送的符合《民法典》规定条件的被收养人中，参照外国收养人的意愿，选择适当的被收养人，并将该被收养人及其送养人的有关情况通过外国政府或者外国收养组织送交外国收养人。外国收养人同意收养的，中国收养组织向其发出来华收养子女通知书，同时通知有关的省、自治区、直辖市人民政府民政部门向送养人发出被收养人已被同意收养的通知。

2. 签订收养协议。《民法典》第 1109 条规定，外国人在中华人民共和国收养子女，应

---

[1] 蒋新苗："我国涉外收养关系成立实质要件法律适用规范的重构"，载《时代法学》，2019 年第 6 期。

[2] 主编注：关于我国办理涉外收养中"优先办理"的条件及其实践情况介绍，参见黄薇主编：《中华人民共和国民法典婚姻家庭编释义》，法律出版社 2020 年版，第 238~240 页。

当与送养人签订书面协议，亲自向省、自治区、直辖市人民政府民政部门登记。依据 2024 年《涉外收养办法》第 9 条规定，外国人来华收养子女，应当与送养人订立书面收养协议。协议一式三份，收养人、送养人各执一份，办理收养登记手续时收养登记机关收存一份。书面协议订立后，收养关系当事人应当共同到被收养人常住户口所在地的省、自治区、直辖市人民政府民政部门申请办理收养登记。

3. 申请收养登记。外国人来华收养子女，应当亲自来华申请办理登记手续。夫妻共同收养的，应当共同来华申请办理收养手续；一方因故不能来华的，应当书面委托另一方。委托书应当经所在国公证和认证。涉外收养登记的机关，是被收养人户籍所在地的省、自治区、直辖市民政部门。根据《民法典》第 1105 条规定，在办理收养登记的过程中，县级以上人民政府民政部门应当依法进行收养评估。

涉外收养的登记程序，包括收养申请、收养评估、审查和登记。收养关系当事人办理收养登记时，应当填写外国人来华收养子女登记申请书并提交收养协议，同时提供下列材料：中国收养组织发出的来华收养子女通知书；收养人的身份证件和照片。送养人应当提供下列材料：省、自治区、直辖市人民政府民政部门发出的被收养人已被同意收养的通知；送养人的居民户口簿和居民身份证（儿童福利机构作送养人的，为其负责人的身份证件）、被收养人的照片。

收养登记机关在收到外国人来华收养子女登记申请书和收养人、被收养人及其送养人的有关材料后，应当依法组织进行收养评估。[1] 收养登记机关审查时应当参考收养评估报告，经审查对符合收养法定条件的，为当事人办理收养登记，发给收养登记证书。收养关系自登记之日起成立。收养登记机关应当将登记结果通知中国收养组织。

必须说明，《民法典》中已删除 1998 年《收养法》第 21 条第 3 款，关于涉外收养关系当事人一方或双方要求办理收养公证的，应当到收养登记地的具有办理涉外公证资格的公证机构办理收养公证的规定。但《民法典》第 1105 条第 4 款已规定，收养公证由当事人自主办理。所以，涉外收养当事人可据此规定双方协商或一方要求办理收养公证。[2] 涉外收养关系成立后，外国收养人如果将被收养人带回本国抚养的，外国收养人必须凭收养证及相关证明到收养登记地的公安机关办理被收养人的出境手续。

第三节　涉外继承

一、涉外继承的概念和特征

（一）涉外继承的概念

涉外继承是继承法律关系的要素或与继承相关的法律事实中，存在至少一项涉外因素情形下的继承。涉外继承涉及的涉外因素主要包括：继承主体涉外，如继承人或被继承人涉及外国人；继承客体具有涉外因素，即遗产的一部分或全部在国外；继承法律事实具备涉外因素，如被继承人的死亡，或遗嘱的订立发生在国外。只要上述因素中至少一项具有涉外因素，就构成涉外继承。

---

〔1〕　关于收养评估的机构、原则、内容和流程等规定，参见本书第七章的相关内容。

〔2〕　参见薛宁兰、谢鸿飞主编：《民法典评注：婚姻家庭编》，中国法制出版社 2020 年版，第 574 页。

（二）涉外继承的特征

涉外继承的法律特征如下：①涉外继承中至少存在一项涉外因素。即继承的主体、继承法律关系的客体或继承法律事实的发生中至少有一项涉外。②涉外继承解决的是法律冲突问题。涉外继承是根据国际私法的冲突规范解决继承问题。也就是说，由于各国的国内法对继承问题的规定存在较大的差异，不同国家的国内法规定不可能一致，在发生涉外继承的情况时，需要通过国际私法中的冲突规范指引某国的国内法以作为准据法处理涉外继承问题。③涉外继承纠纷案件实行专属管辖。许多国家基于保护本国继承人利益或便于诉讼等原因，规定遗产继承纠纷案件实行专属管辖。我国 2023 年修正的《民事诉讼法》第 34 条第 3 项规定，人民法院对遗产继承实行专属管辖权，即因继承遗产纠纷提起的诉讼，由被继承人死亡时住所地或者主要遗产所在地人民法院管辖。

我国有关涉外继承的法律，目前主要有《民法典》、2023 年修正的《民事诉讼法》、2022 年修正的《民事诉讼法解释》《涉外民事关系法律适用法》及 1954 年 9 月 28 日外交部、最高人民法院颁布的《外人在华遗产继承问题处理原则》等。

二、我国涉外继承案件的管辖

我国现行《民事诉讼法》第 34 条规定，因继承遗产纠纷提起的诉讼，由被继承人死亡时住所地或者主要遗产所在地人民法院管辖。该法第 19 条规定，重大涉外案件由中级人民法院管辖。根据现行《民事诉讼法解释》第 529 条第 2 款的规定，属于中华人民共和国人民法院专属管辖的案件，当事人不得协议选择外国法院管辖，但协议选择仲裁裁决的除外。根据以上规定，我国法院对涉外继承案件享有专属管辖权，当事人不得用协议变更该专属管辖权，也不得以协议选择其他国家的法院管辖。

三、涉外法定继承

我国《涉外民事关系法律适用法》第 31 条规定："法定继承，适用被继承人死亡时经常居所地法律，但不动产法定继承，适用不动产所在地法律。"

外国继承人到我国境内主张继承的，应持交亲属关系证明书和继承权证明书。如果外国继承人不能亲自来华办理继承事项的，可以委托在华亲友或律师代为办理。委托书包括受托人的姓名、住址、委托权限等。委托书必须办理公证、认证方为有效。

四、涉外遗嘱继承

根据我国《涉外民事关系法律适用法》第 32~35 条的规定，遗嘱方式，符合遗嘱人立遗嘱时或者死亡时经常居所地法律、国籍国法律或者遗嘱行为地法律的，遗嘱均为成立。遗嘱效力，适用遗嘱人立遗嘱时或者死亡时经常居所地法律或者国籍国法律。遗产管理等事项，适用遗产所在地法律。无人继承遗产的归属，适用被继承人死亡时遗产所在地法律。

最后，必须注意的是，外国人在华遗产中的动产，原则上可以继承。但继承人在取得遗产后，如果遗产中有被国家禁止出境物，其不得被携带出境。根据我国文化部《文物进出境审核管理办法》（2007 年 7 月 3 日施行）第 8 条的规定，下列文物出境，应当经过审核：①1949 年（含）以前的各类艺术品、工艺美术品；②1949 年（含）以前的手稿、文献资料和图书资料；③1949 年（含）以前的与各民族社会制度、社会生产、社会生活有关的实物；④1949 年以后的与重大事件或著名人物有关的代表性实物；⑤1949 年以后的反映各民族生产活动、生活习俗、文化艺术和宗教信仰的代表性实物；⑥国家文物局公布限制出境的已故现代著名书画家、工艺美术家作品；⑦古猿化石、古人类化石，以及与人类活动有关的第四纪古脊椎动物化石。国家文物局《文物出境审核标准》（2007 年 6 月 5 日公布实施）规定，凡在 1949 年以前（含 1949 年）生产、制作的具有一定历史、艺术、科学价值的文物，原则上禁止出境。其中，1911 年以前（含 1911 年）生产、制作的文物一律禁止出境。少数民族文物以 1966 年为主要标准线。凡在 1966 年以前（含 1966 年）生产、制作的有代表性的少数民族文物禁止出境。《中华人民共和国国家货币出入境管理办法》（1993 年 3 月 1 日施行）规定，外国人入出境，每人每次携带的人民币不得超出限额。

五、申请法院指定、变更与撤销遗产管理人

为了与《民法典》的遗产管理人制度衔接，2023 年修正的《民事诉讼法》新增"指定遗产管理人案件"一节。该法第 194 条规定，对遗产管理人的确定有争议，利害关系人申请指定遗产管理人的，向被继承人死亡时住所地或者主要遗产所在地基层人民法院提出。申请书应当写明被继承人死亡的时间、申请事由和具体请求，并附有被继承人死亡的相关证据。该法第 195 条确立了涉外遗产管理人指定的原则，人民法院受理申请后，应当审查核实，并按照有利于遗产管理的原则，判决指定遗产管理人。根据该法第 196、197 条，被指定的遗产管理人死亡、终止、丧失民事行为能力或者存在其他无法继续履行遗产管理职责情形的，人民法院可以根据利害关系人或者本人的申请另行指定遗产管理人。遗产管理人违反遗产管理职责，严重侵害继承人、受遗赠人或者债权人合法权益的，人民法院可以根据利害关系人的申请，撤销其遗产管理人资格，并依法指定新的遗产管理人。

导入案例之要点评析

1. 本案的管辖权。我国 2023 年修正后的《民事诉讼法》第 34 条规定："下列案件，由本条规定的人民法院专属管辖：……（三）因继承遗产纠纷提起的诉讼，由被继承人死亡时住所地或者主要遗产所在地人民法院管辖。"本案中，虽然安德里的父母向我国某市某区人民法院提起诉讼，张惠向德国法院提起诉讼，但由于该案属于专属管辖，我国某市是被继承人死亡时的住所地和主要遗产所在地，该案标的额不大，所以该市某区人民法院对此案享有专属管辖权。

2. 本案的准据法。我国《涉外民事关系法律适用法》第 31 条规定："法定继承，适用被继承人死亡时经常居所地法律，但不动产法定继承，适用不动产所在地法律。"

本案被继承人死亡时经常居所地为中国某市，不动产也在中国某市，所以应按照中国的法律来处理遗产继承。由于安德里未立遗嘱，应按法定继承处理其遗产。即安德里的父母、配偶张惠及女儿张晓晓 4 人同为第一顺序法定继承人。对于不动产，根据不动产"适用不动产所在地法"的规定，对于被继承人位于中国某市的不动产，应当适用诉讼时施行的我国《民法典》继承编。即对本案被继承人的遗产，应按我国《民法典》继承编有关法定继承的规定，处理动产和不动产的继承和遗产分割问题。

思考题

一、选择题

（一）单项选择题

1. 根据我国关于外国人在华收养子女的法律规定，下列哪一选项是错误的？（　　　）

A. 外国人在华收养子女，应经其所在国主管机关依照该国法律审查同意

B. 外国收养人应提供由其所在国有权机构出具的有关收养人的年龄、婚姻、职业、财产、健康、有无受过刑事处罚等状况的证明材料

C. 外国收养所需证明材料须经该外国人所在国的主管机关签发"附加证明书"

D. 外国收养所需证明材料需经中国驻该外国使馆认证才有效

2. 下列有关涉外结婚的说法错误的是？（　　）

A. 中国公民同外国人登记的机关是省、自治区、直辖市人民政府民政部门或者省、自治区、直辖市人民政府民政部门确定的机关。

B. 涉外结婚的登记程序分为申请、审查和登记三个环节

C. 中国公民同外国人或外国人与外国人在我国境内申请结婚登记的条件，可以适用共同经常居所地法律

D. 涉外结婚不得当场登记

（二）多项选择题

1. 定居甲国的华侨王某与李某在甲国结婚并共同居住在甲国，后王某在甲国起诉与李某离婚时被该国法院以当事人均具有中国国籍为由拒绝受理。王某转而在我国法院诉请离婚。根据我国现行法律及司法解释，有关此案的管辖与适用法律，下列哪些选项是正确的？（　　）

A. 王某原住所地法院有管辖权

B. 因两人定居国外且在国外结婚，我国法院不应受理

C. 李某在国内的最后住所地法院有管辖权

D. 如中国法院管辖，认定其婚姻是否有效应适用甲国法律

2. 王某系已取得美国国籍且在纽约州有住所的华人，2025年2月回中国探亲期间病故于上海，未留遗嘱。王某在上海遗有1栋别墅和200万人民币的存款，在美国纽约遗有1套公寓房、2家商店、3辆汽车、若干存款。王某在纽约没有亲属，其在上海的亲属因继承王某遗产发生争议，诉至上海某区人民法院。根据国际私法规则，我国法院应适用下列哪些法律审理这一案件？（　　）

A. 在纽约的财产适用纽约州的法律

B. 在上海的财产适用中国的法律

C. 遗产中的动产适用纽约州的法律

D. 遗产中的不动产适用不动产所在地法律

二、判断分析题

1. 涉外婚姻指婚姻当事人一方为本国公民，他方为外国人或无国籍人的婚姻。

2. 2024年8月28日以后，外国人一律不能在中国收养儿童。

三、简答题

1. 简述涉外结婚的条件。

2. 简述涉外离婚的程序。

3. 简述涉外收养的程序。

四、论述题

1. 试论涉外离婚案件的处理。

2. 试论涉外继承的法律适用。

五、案例分析题

藤井先生和夫人美智子是一对日本夫妇，多年来在我国某市某大学从事外教工作。早年因忙于工作，藤井先生和夫人美智子一直未生育孩子。2024 年 3 月，藤井先生和夫人美智子向民政部门表达了自己想要收养一名中国女婴的愿望，并递交了收养申请。但民政部门的负责同志告诉藤井先生及其夫人美智子，外国人在中国收养子女必须符合法律规定的条件，并按法定程序办理收养手续，不能直接在中国收养中国子女。

请问：本案当事人为外国人，其收养中国儿童应符合哪些条件和履行哪些程序？

 阅读参考文献

1. 巫昌祯主编：《婚姻与继承法学》，中国政法大学出版社 2007 年版。

2. 宋豫主编：《国家干预与家庭自治：现代家庭立法发展方向研究》，河南人民出版社 2011 年版。

3. 张力主编：《婚姻家庭继承法学》，群众出版社 2021 年版。

4. 黄薇主编：《中华人民共和国民法典婚姻家庭编释义》，法律出版社 2020 年版。

5. 李永军主编：《民法典婚姻家庭编法律适用与案例指引》，中国民主法制出版社 2022 年版。

6. 陈苇主编：《当代外国婚姻家庭法律制度研究》，中国人民公安大学出版社 2022 年版。

主要参考文献

一、中文教材、著作

1. 法学教材编辑部《婚姻法教程》编写组：《婚姻法教程》，法律出版社 1982 年版。

2. 法学教材编辑部《婚姻法教程》编写组：《婚姻立法资料远编》，法律出版社 1983 年版。

3. 陶毅、明欣：《中国婚姻家庭制度史》，东方出版社 1994 年版。

4. 杨大文主编：《婚姻法教程》，法律出版社 1986 年版。

5. 李忠芳主编：《婚姻法学》，辽宁人民出版社 1989 年版。

6. 杨怀英主编：《中国婚姻法论》，重庆出版社 1989 年版。

7. 巫昌祯主编：《婚姻与继承法学》，中国政法大学出版社 1997 年版。

8. 胡平主编：《婚姻家庭继承法论》，重庆大学出版社 2000 年版。

9. 杨大文主编：《婚姻家庭法学》，复旦大学出版社 2002 年版。

10. 夏吟兰主编：《婚姻家庭继承法》，中国政法大学出版社 2004 年版。

11. 陈苇主编：《婚姻家庭继承法学》，群众出版社 2005 年版。

12. 刘达临、鲁龙光主编：《中国同性恋研究》，中国社会出版社 2005 年版。

13. 史尚宽：《亲属法论》，荣泰印书馆股份有限公司 1980 年版。

14. 陈苇：《中国婚姻家庭法立法研究》，群众出版社 2000 年版。

15. 夏吟兰主编：《婚姻家庭与继承法学原理》，中国政法大学出版社 1999 年版。

16. 杨大文主编：《亲属法》，法律出版社 1997 年版。

17. 陈小君主编：《婚姻家庭法学》，中国检察出版社 1995 年版。

18. 潘绥铭、王爱丽、〔美〕白维廉、〔美〕劳曼：《当代中国人的性行为与性关系》，社会科学文献出版社 2004 年版。

19. 张希坡：《中国婚姻立法史》，人民出版社 2004 年版。

20. 杨大文主编：《婚姻法学》，北京大学出版社 1991 年版。

21. 杨大文主编：《亲属法》，法律出版社 2004 年版。

22. 陈戍国点校：《周礼·仪礼·礼记》，岳麓书社 1989 年版。

23. 杨大文、马忆南编著：《婚姻家庭法（一）》，北京大学出版社 2004 年版。

24. 巫昌祯主编：《〈中华人民共和国婚姻法〉讲话》，中央文献出版社 2001 年版。

25. 陈苇：《中国婚姻家庭法立法研究》，群众出版社 2010 年版。

26. 张贤钰主编：《婚姻家庭继承法》，法律出版社 2002 年版。

27. 巫昌祯：《我与婚姻法》，法律出版社 2001 年版。

28. 马忆南：《婚姻家庭法新论》，北京大学出版社 2002 年版。

29. 戴炎辉：《中国法制史》，台湾三民书局 1979 年版。

30. 李忠芳：《两性法律的源与流》，群众出版社 2002 年版。

31. 夏吟兰主编：《民法学卷五·婚姻家庭继承法》，中国政法大学出版社 2004 年版。

32. 陈苇主编：《改革开放三十年（1978~2008）中国婚姻家庭继承法研究之回顾与展望》，中国政法大学出版社 2010 年版。

33. 房绍坤、范李瑛、张洪波编：《婚姻家庭与继承法》，中国人民大学出版社 2007 年版。

34. 李秀华：《妇女婚姻家庭法律地位实证研究》，知识产权出版社 2004 年版。

35. 赵文宗、阮陈淑怡、李秀华编：《中国内地、香港婚姻法及调解：比较与实务》，红投资有限公司 2009 年版。

36. 陈苇主编：《家事法研究》（2007 年卷），群众出版社 2008 年版。

37. 陈苇主编：《家事法研究》（2006 年卷），群众出版社 2007 年版。

38. 余延满：《亲属法原论》，法律出版社 2007 年版。

39. 巫昌祯主编：《婚姻与继承法学》，中国政法大学出版社 2007 年版。

40. 陈苇主编：《外国婚姻家庭法比较研究》，群众出版社 2006 年版。

41. 陈苇主编：《结婚与婚姻无效纠纷的处置》，法律出版社 2001 年版。

42. 房绍坤等编著：《亲属与继承法》，科学出版社 2006 年版。

43. 李洪祥、吕大可：《婚姻法律制度研究》，长春出版社 2000 年版。

44. 王洪：《婚姻家庭法热点问题研究》，重庆大学出版社 2000 年版。

45. 王歌雅：《中国亲属立法的伦理意蕴与制度延展》，黑龙江大学出版社 2008 年版。

46. 王薇：《非婚同居法律制度比较研究》，人民出版社 2009 年版。

47. 何丽新：《我国非婚同居立法规制研究》，法律出版社 2010 年版。

48. 陈鹏：《中国婚姻史稿》，中华书局 1994 年版。

49. 薛宁兰、金玉珍主编：《亲属与继承法》，社会科学文献出版社 2009 年版。

50. 叶英萍：《婚姻法学新探》，法律出版社 2004 年版。

51. 李志敏主编：《比较家庭法》，北京大学出版社 1988 年版。

52. 陈棋炎、黄宗乐、郭振恭：《民法亲属新论》，台湾三民书局 1995 年版。

53. 全国人大常务委员会法工委研究室编：《中华人民共和国婚姻法实用问答》，中国物价出版社 2001 年版。

54. 马原主编：《新婚姻法条文释义》，人民法院出版社 2002 年版。

55. 蒋月：《婚姻家庭法前沿导论》，科学出版社 2007 年版。

56. 曹诗权主编：《婚姻家庭继承法学》，中国法制出版社 1999 年版。

57. 林秀雄：《夫妻财产制之研究》，中国政法大学出版社 2001 年版。

58. 史尚宽：《亲属法论》，中国政法大学出版社 2000 年版。

59. 裴桦：《夫妻共同财产制研究》，法律出版社 2009 年版。

60. 胡苷用：《婚姻合伙视野下的夫妻共同财产制度研究》，法律出版社 2010 年版。

61. 黄松有主编：《最高人民法院婚姻法司法解释（二）的理解与适用》，人民法院出版社 2004 年版。

62. 夏吟兰等主编：《呵护与守望——庆祝巫昌祯教授八十华诞暨从教五十周年文集》，中国妇女出版社 2008 年版。

63. 陈苇主编：《婚姻家庭继承法学》，法律出版社 2002 年版。

64. 曹诗权：《未成年人监护制度研究》，中国政法大学出版社 2004 年版。

65. 高留志：《扶养制度研究》，法律出版社 2006 年版。

66. 陈棋炎、黄宗乐、郭振恭：《民法亲属新论》，台湾三民书局 2004 年版。

67. 王洪：《从身份到契约》，法律出版社 2009 年版。

68. 吕国强：《生与死：法律探索》，上海社会科学出版社 1991 年版。

69. 杨振山主编：《民商法实务研究》，山西经济出版社 1997 年版。

70. 王丽萍：《亲子法研究》，法律出版社 2004 年版。

71. 孔祥瑞、李黎：《民法典亲属编立法若干问题研究》，中国法制出版社 2005 年版。

72. 李开国：《民法总则研究》，法律出版社 2003 年版。

73. 王洪：《婚姻家庭法》，法律出版社 2003 年版。

74. 夏吟兰：《离婚自由与限制论》，中国政法大学出版社 2007 年版。

75. 邓丽：《婚姻法中的个人自由与社会正义——以婚姻契约论为中心》，知识产权出版社 2008 年版。

76. 金眉：《中国亲属法的近现代转型——从〈大清民律草案·亲属编〉到〈中华人民共和国婚姻法〉》，法律出版社 2010 年版。

77. 李俊：《离婚救济制度研究》，法律出版社 2008 年版。

78. 林秀雄：《婚姻家庭法之研究》，中国政法大学出版社 2001 年版。

79. 龙翼飞：《香港家庭法》，河南人民出版社 1997 年版。

80. 巫昌祯主编：《婚姻法执行状况调查》，中央文献出版社 2004 年版。

81. 李明舜、林建军主编：《妇女法研究（2008）》，中国社会科学出版社 2008 年版。

82. 陈苇主编：《家事法研究》（2009 年卷），群众出版社 2010 年版。

83. 杨大文主编：《婚姻家庭法》，中国人民大学出版社 2001 年版。

84. 杨立新、秦秀敏主编：《中华人民共和国婚姻法释义与适用》，吉林人民出版社 2001 年版。

85. 孟德花：《别居与离婚制度研究》，中国人民公安大学出版社 2009 年版。

86. 滕蔓、丁慧、刘艺：《离婚纠纷及其后果的处置》，法律出版社 2001 年版。

87. 胡康生主编：《中华人民共和国婚姻法释义》，法律出版社 2001 年版。

88. 夏吟兰：《美国现代婚姻家庭制度》，中国政法大学出版社 1999 年版。

89. 夏吟兰、蒋月、薛宁兰：《21 世纪婚姻家庭关系新规制——新婚姻法解说与研究》，中国检察出版社 2001 年版。

90. 佟柔主编：《继承法教程》，法律出版社 1986 年版。

91. 刘素萍主编：《继承法》，中国人民大学出版社 1988 年版。

92. 张玉敏：《继承法律制度研究》，法律出版社 1999 年版。

93. 陈苇、宋豫主编：《中国大陆与港、澳、台继承法比较研究》，群众出版社 2007 年版。

94. 史尚宽：《继承法论》，中国政法大学出版社 2000 年版。

95. 杨立新、朱呈义：《继承法专论》，高等教育出版社 2006 年版。

96. 郭明瑞、房绍坤编著：《继承法》，法律出版社 1996 年版。

97. 郭明瑞、房绍坤、关涛：《继承法研究》，中国人民大学出版社 2003 年版。

98. 陈苇（项目负责人）：《当代中国民众继承习惯调查实证研究》，群众出版社 2008 年版。

99. 陈棋炎、黄宗乐、郭振恭：《民法继承新论》，三民书局 2005 年版。

100. 张玉敏主编：《继承制度研究》，成都科技大学出版社 1994 年版。

101. 张平华、刘耀东：《继承法原理》，中国法制出版社 2009 年版。

102. 刘春茂主编：《中国民法学·财产继承》，中国人民公安大学出版社 1990 年版。

103. 张玉敏主编：《继承法教程》，中国政法大学出版社 1998 年版。

104. 林秀雄：《继承法讲义》，元照出版有限公司 2005 年版。

105. 龙翼飞：《比较继承法》，吉林人民出版社 1996 年版。

106. 郭明瑞、房绍坤：《继承法》，法律出版社 2004 年版。

107. 周枏：《罗马法原论》（上、下册），商务印书馆 1994 年版。

108. 龙斯荣：《罗马法要论》，吉林大学出版社 1991 年版。

109. 刘文编著：《继承法比较研究》，中国人民公安大学出版社 2004 年版。

110. 雷明光：《中国少数民族婚姻家庭法律制度研究》，中央民族大学出版社 2009 年版。

111. 曹贤信：《亲属法的伦理性及其限度研究》，群众出版社 2012 年版。

112. 黄宇：《婚姻家庭法之女性主义分析》，群众出版社 2012 年版。

113. 陈苇主编：《当代中国内地与港、澳、台婚姻家庭法比较研究》，群众出版社 2012 年版。

114. 夏吟兰主编：《家庭暴力防治法制度性建构研究》，中国社会科学出版社 2011 年版。

115. 秦志远：《基于性别的家庭暴力之民法规制——中国法与美国法之比较》，群众出版社 2012 年版。

116. 佟丽华主编：《未成年人法学·家庭保护卷》，法律出版社 2007 年版。

117. 陈苇主编：《婚姻家庭继承法学》，群众出版社 2012 年版。

118. 胡志超：《中国破裂主义离婚法律制度》，法律出版社 2010 年版。

119. 许莉：《〈中华民国民法·亲属〉研究》，法律出版社 2009 年版。

120. 陈思琴：《离婚后亲子关系法律制度研究》，中国社会科学出版社 2011 年版。

121. 冉启玉：《人文主义视阈下的离婚法律制度研究》，群众出版社 2012 年版。

122. 陈苇主编：《外国继承法比较与中国民法典继承编制定研究》，北京大学出版社 2011 年版。

123. 陈苇主编：《21 世纪家庭法与家事司法：实践与变革》，群众出版社 2016 年版。

124. 徐国栋主编：《绿色民法典草案》，社会科学文献出版社 2004 年版。

125. 王利明主编：《中国民法典学者建议稿及立法理由（人格权编·婚姻家庭编·继承编）》，法律出版社 2005 年版。

126. 梁慧星主编：《中国民法典草案建议稿》，法律出版社 2003 年版。

127. 张玉敏主编：《中国继承法立法建议稿及立法理由》，人民出版社 2006 年版。

128. 李秀华、李傲：《性别与法》，中国政法大学出版社 2012 年版。

129. 杨晋玲：《夫妻财产制比较研究》，民族出版社 2004 年版。

130. 张华贵：《夫妻财产关系法研究》，群众出版社 2017 年版。

131. 王森波：《同性婚姻法律问题研究》，中国法制出版社 2012 年版。

132. 高凤仙：《亲属法理论与实务》，五南图书出版股份有限公司 2013 年版。

133. 卢文捷：《夫妻忠实义务制度研究》，中国政法大学出版社 2016 年版。

134. 夏吟兰、薛宁兰主编：《民法典之婚姻家庭编立法研究》，北京大学出版社 2016 年版。

135. 陈苇主编：《我国防治家庭暴力情况实证调查研究——以我国六省市被抽样调查地区防治家庭暴力情况为对象》，群众出版社 2014 年版。

136. 陈苇主编：《中国妇女儿童权益法律保障情况实证调查研究——以我国五省市被抽样调查地区妇女儿童权益法律保障情况为对象》（上卷、下卷），群众出版社 2017 年版。

137. 曹贤余：《儿童最大利益原则下的亲子法研究》，群众出版社 2015 年版。

138. 司丹：《亲子关系的体系构建与制度延展》，法律出版社 2016 年版。

139. 赖红梅：《亲子鉴定法制化进程之思考》，法律出版社 2013 年版。

140. 姜大伟：《我国夫妻分居法律制度建构研究》，中国政法大学出版社 2015 年版。

141. 来文彬：《家事调解制度研究》，群众出版社 2014 年版。

142. 石雷：《英国现代离婚制度研究》，群众出版社 2015 年版。

143. 魏小军：《遗嘱有效要件研究——以比较法学为主要视角》，中国法制出版社 2010 年版。

144. 刘文：《继承法律制度研究》，中国政法大学出版社 2016 年版。

145. 房绍坤、郭明瑞、唐广良：《民商法原理（三）债法　侵权行为法　继承法》，中国人民大学出版社 1999 年版。

146. 陈苇主编：《中国继承法修改热点难点问题研究》，群众出版社 2013 年版。

147. 石婷：《遗产管理制度研究》，群众出版社 2017 年版。

148. 黎乃忠：《限定继承制度研究》，群众出版社 2017 年版。

149. 王利明：《我国民法典重大疑难问题之研究》，法律出版社 2006 年版。

150. 杨立新主编：《民法总则重大疑难问题研究》，中国法制出版社 2011 年版。

151. 陈小君等：《民法典结构设计比较研究》，法律出版社 2011 年版。

152. 陈苇等：《中国婚姻家庭法理论与实践研究》，中国人民公安大学出版社 2019 年版。

153. 夏吟兰主编：《中华人民共和国婚姻法评注 总则》，厦门大学出版社 2016 年版。

154. 李明舜、林建军主编：《中华人民共和国婚姻法评注 救助措施与法律责任》，厦门大学出版社 2016 年版。

155. 薛宁兰主编：《中华人民共和国婚姻法评注 家庭关系》，厦门大学出版社 2018 年版。

156. 雷明光主编：《中华人民共和国收养法评注》厦门大学出版社 2016 年版。

157. 王歌雅、任江：《中华人民共和国继承法评注 法定继承》，厦门大学出版社 2019 年版。

158. 陈苇主编：《中华人民共和国继承法评注 遗产的处理》，厦门大学出版社 2019 年版。

159. 王利明：《民法典体系研究》，中国人民大学出版社 2012 年版。

160. 陈小君主编：《私法研究》第 22 期，法律出版社 2018 年版。

161. 谢怀栻：《民法总则讲要》，北京大学出版社 2007 年版。

162. 最高人民法院民法典贯彻实施工作领导小组主编：《中华人民共和国民法典婚姻家庭编继承编理解与适用》，人民法院出版社 2020 年版。

163. 王利明主编：《中华人民共和国民法总则详解》（上册），中国法制出版社 2017 年版。

164. 黄薇主编：《中华人民共和国民法典婚姻家庭编释义》，法律出版社 2020 年版。

165. 江必新主编：《民法典重点修改及新条文解读》（下册），中国法制出版社 2020 年版。

166. 王利明、杨立新、王轶、程啸：《民法学》（下册），法律出版社 2020 年版。

167. 张玉敏：《继承法律制度研究》，华中科技大学出版社 2016 年版。

168. 陈苇主编：《婚姻家庭继承法学案例教程》，群众出版社 2017 年版。

169. 李洪祥：《我国民法典立法之亲属法体系研究》，中国法制出版社 2014 年版。

170. 薛宁兰、谢鸿飞主编：《民法典评注：婚姻家庭编》，中国法制出版社 2020 年版。

171. 中国法学会编：《中国法治建设年度报告 2018》，法律出版社 2019 年版。

172. 杨晋玲：《亲属法基础理论问题研究》，法律出版社 2017 年版。

173. 刘征峰：《论民法教义体系与家庭法的对立与融合：现代家庭法的谱系生成》，法律出版社 2018 年版。

174. 柳经纬主编：《共和国六十年法学论争实录民商法卷》，厦门大学出版社 2009 年版。

175. 李银河、马忆南主编：《婚姻法修改论争》，光明日报出版社 1999 年版。

176. 高凤仙：《亲属法理论与实务》，五南图书出版股份有限公司 2017 年版。

177. 梁慧星主编：《中国民法典草案建议稿附理由：亲属编》，法律出版社 2013 年版。

178. 刘引玲：《婚姻权利问题研究》，法律出版社 2019 年版。

179. 蒋新苗：《收养法比较研究》，北京大学出版社 2005 年版。

180. 石雷：《功能主义视角下外国代孕制度研究》，华中科技大学出版社 2020 年版。

181. 宋豫主编：《国家干预与家庭自治：现代家庭立法发展方向研究》，河南人民出版社 2011 年版。

182. 杨立新：《家事法》，法律出版社 2013 年版。

183. 肖峰编著：《民法典婚姻家庭编条文精释与案例实务》，法律出版社 2020 年版。

184. 王礼仁、何昌林：《夫妻债务的司法认定与立法完善》，人民法院出版社 2019 年版。

185. 吴晓芳主编：《婚姻家庭政策法律解读与实用范本典型案例全书》，中国法制出版社 2010 年版。

186. 杨奕主编：《夫妻共同债务纠纷案件裁判规则》，法律出版社 2021 年版。

187. 夏吟兰、龙翼飞主编：《家事法研究》（2018 年卷），社会科学文献出版社 2018 年版。

188. 茆荣华主编：《民法典适用与司法实务》，法律出版社 2020 年版。

189. 董思远：《未成年人监护制度研究》，中国人民公安大学出版社 2019 年版。

190. 陈钊：《我国成年人监护制度立法完善研究》，中国人民公安大学出版社 2019 年版。

191. 熊英：《婚姻家庭继承法判例与制度研究》，法律出版社 2015 年版。

192. 任伊珊、张卫主编：《中国调解制度与最佳调解事例——中国调解高峰论坛优秀作品集》，法律出版社 2015 年版。

193. 陈苇主编：《婚姻家庭继承法学》，群众出版社 2017 年版。

194. 陈苇主编：《中国遗产处理制度系统化构建研究》，中国人民公安大学出版社 2019 年版。

195. 陈苇等：《中国继承法理论与实践研究》，中国人民公安大学出版社 2019 年版。

196. 陈苇主编：《当代中国民众财产继承观念与遗产处理习惯实证调查研究》（上卷、下卷），中国人民公安大学出版社 2019 年版。

197. 黄薇主编：《中华人民共和国民法典继承编释义》，法律出版社 2020 年版。

198. 陈苇主编：《当代外国婚姻家庭法律制度研究》，中国人民公安大学出版社 2022 年版。

199. 张中秋：《中西法律文化比较研究》，法律出版社 2009 年版。

200. 田韶华：《民法典背景下身份行为的体系化研究》，社会科学文献出版社 2023 年版。

201. 雷春红：《婚姻家庭法的地位研究》，法律出版社 2012 年版。

202. 李秀华主编：《反家庭暴力法律诊所理论与实务》，厦门大学出版社 2023 年版。

203. 罗杰：《防治家庭暴力立法与实践研究》，群众出版社 2013 年版。

204. 夏吟兰、龙翼飞主编，马忆南执行主编：《家事法研究》（2023 年卷），法律出版社 2023 年版。

205. 孙若军：《身份权与人格权冲突的法律问题研究》，中国人民大学出版社 2013 年版。

206. 蒋月编著：《中华人民共和国婚姻法评注 夫妻关系》，厦门大学出版社 2021 年出版。

207. 马贤兴：《夫妻债务司法认定及实案评析》，法律出版社 2018 年版。

208. 冉克平：《夫妻团体法：法理与规范》，北京大学出版社 2022 年版。

209. 白玉：《我国收养制度立法完善研究》，中国人民公安大学出版社 2022 年版。

210. 夏吟兰主编：《从父母责任到国家监护——以保障儿童人权为视角》，中国政法大学出版社 2018 年版。

211. 李欣：《私法自治视域下的老年人监护制度研究》，群众出版社 2013 年版。

212. 李霞：《老年监护措施替代机制研究》，光明日报出版社 2022 年版。

213. 李欣：《老年人意定监护之医疗与健康代理制度研究》，法律出版社 2017 年版。

214. 樊丽君主编：《中华人民共和国婚姻法评注 离婚》，厦门大学出版社 2021 年版。

215. 冉启玉：《离婚扶养制度研究》，群众出版社 2013 年版。

216. 贾明军、张莹主编：《婚姻家庭案件裁判要旨总梳理》，法律出版社 2022 年版。

217. 郭庆敏：《澳大利亚离婚制度研究》，中国人民公安大学出版社 2022 年版。

218. 龙翼飞主编：《中华人民共和国继承法评注 总则》，厦门大学出版社 2020 年版。

219. 李艳：《法定继承制度研究》，中国人民公安大学出版社 2021 年版。

220. 贺海燕：《遗赠制度研究》，中国人民公安大学出版社 2023 年版。

221. 杜江涌：《遗产债务法律制度研究》，群众出版社 2013 年版。

222. 李俊主编：《中国民法典婚姻家庭编与继承编理论与实务研究》，中国人民公安大学出版社 2024 年版。

223. 夏吟兰、龙翼飞主编，李秀华执行主编：《家事法研究》（2024 年卷），法律出版社 2024 年版。

224. 杜志红：《遗产分割制度比较与适用研究》，中国人民公安大学出版社 2024 年版。

二、外文译作

1. ［美］哈里·D. 格劳斯、大卫· D. 梅耶：《美国家庭法精要（第五版）》，陈苇等译，中国政法大学出版社 2010 年版。

2. ［德］康德："公正的哲学原理"，载法学教材编辑部《西方法律思想史编写组》编：《西方法律思想史资料选编》，北京大学出版社 1983 年版。

3. ［德］黑格尔：《法哲学原理或自然法和国家学纲要》，范扬、张企泰译，商务印书馆 1982 年版。

4. ［美］威廉·杰欧·唐奈、大卫·艾·琼斯：《美国婚姻与婚姻法》，顾培东、杨遂全译，重庆出版社 1986 年版。

5. ［英］伯特兰·罗素：《婚姻革命》，靳建国译，东方出版社 1988 年版。

6. ［英］梅因：《古代法》，沈景一译，商务印书馆 1959 年版。

7. ［意］彼德罗·彭梵得：《罗马法教科书》，黄风译，中国政法大学出版社 1992 年版。

8. ［美］凯特·斯丹德利：《家庭法》，屈广清译，中国政法大学出版社 2004 年版。

9. ［日］利谷信义等：《离婚法社会学》，陈明侠、许继华译，北京大学出版社 1991 年版。

10. ［加］岳云编著：《家庭调解——适用于华人家庭的理论与实践》，芆英丽等译，中国社会科学出版社 2005 年版。

11. ［英］安东尼·W. 丹尼斯、罗伯特·罗森：《结婚与离婚的法经济学分析》，王世贤译，法律出版社 2005 年版。

三、外国法

1. 李浩培、吴传颐、孙鸣岗译：《拿破仑法典》，商务印书馆 1979 年版。
2. 仲联译："南斯拉夫塞尔维亚社会主义共和国婚姻法"，载任国钧：《外国婚姻家庭法典选编》，北京政法学院民法教研室 1981 年内部印刷。
3. 丁保庆译："英国离婚改革法（1969 年）"，载任国钧、王瑞华选编：《外国婚姻家庭资料选编》（上），中国政法大学民法教研室 1984 年版。
4. 马骧译："苏俄婚姻和家庭法典"，载张贤钰主编：《外国婚姻家庭法资料选编》，复旦大学出版社 1991 年版。
5. 《世界著名法典汉译丛书》编委会编：《汉穆拉比法典》，法律出版社 2000 年版。
6. 罗思荣译："美国纽约州家庭法"，载张贤钰主编：《外国婚姻家庭法资料选编》，复旦大学出版社 1991 年版。
7. 魏绪巧、罗芳译："加拿大安大略省家庭法"，载陈苇主编：《加拿大家庭法汇编》，群众出版社 2006 年版。
8. 蒋月等译：《英国婚姻家庭制定法选集》，法律出版社 2008 年版。
9. 陈苇（项目负责人）：《澳大利亚家庭法（2008 年修正）》，群众出版社 2009 年版。
10. 杜景林、卢谌：《德国民法典——全条文注释》（下册），中国政法大学出版社 2015 年版。
11. 于海涌、赵希璇译：《瑞士民法典》，法律出版社 2016 年版。
12. 王爱群译：《日本民法典》，法律出版社 2014 年版。
13. 陈卫佐译注：《德国民法典》，法律出版社 2010 年版。
14. 罗结珍译：《法国民法典》，北京大学出版社 2010 年版。
15. 费安玲、丁玫译：《意大利民法典》，中国政法大学出版社 2004 年版。
16. 鄢一美译："俄罗斯联邦家庭法典"，载中国法学会婚姻法学研究会编：《外国婚姻家庭法汇编》，群众出版社 2000 年版。
17. 渠涛编译：《最新日本民法》，法律出版社 2006 年版。
18. 刘士国、牟宪魁、杨瑞贺译：《日本民法典》，中国法制出版社 2018 年版。